比較國法學　全

末岡精一遺稿

明治三十三年再版

比較國法學 全

日本立法資料全集 別巻 1232

信山社

故法科大學教授
法學博士　末岡精一遺稿

比較國法學　全

東京　博文館藏版

序

嗚呼法科大學教授法學博士末岡精一君長逝スルモ其勞績永滅セス博士ノ教職ニ在ルヤ憲法國法學ノ講座ニ就キ兼ネテ行政法ノ講座ニ就ケリ實ニ法科大學ノ良師ニシテ國法學ノ巨擘タリ回顧スレハ君明治八年東京開成學校ニ入ル予ノ初メテ君ヲ知リシハ此時ニ在リ當時舊諸藩ノ學生笈ヲ負フテ此ニ集マリ茂材彬蔚トシテ林ヲ成セリ君其間ニ在リ卓然脩幹ヲ擢ツ後年學界ニ盛名ヲ樹テタルモノ良ニ以アルナリ君安政二年周防國熊毛郡宿井村ニ生ル夙ニ舊山口藩ノ文學寮ニ入リ和漢學ヲ修メ經史ニ通ス明治五年東都ニ出テ英學ヲ修ム開成學校

ノ東京醫學校ト合シテ東京大學ト成ルニ迨ヒ文學部ニ入リ理財學及哲學ヲ修メ十四年業ヲ卒リ文學士ノ學位ヲ授ケラル抑モ君刻苦研鑽他ニ挺テ學業操行衆ニ超ユ玆ニ大學ヲ卒業シ學術ノ素養正ニ具ハルモ固ヨリ之ヲ以テ足レリトセス益其蘊奥ヲ究メ以テ大ニ爲ス所アランコトヲ期セリ此年文學部兼法學部准講師ヲ命セラル

十五年　朝廷ニ於テ憲法ノ制定ニ關シ歐洲各立憲國ノ制度ヲ查察セシメンカ爲ニ大官ヲ特派セラルヽニ際シ政府ニ於テ政治學ヲ研究セシメンカ爲ニ特ニ海外留學生ヲ增派スルノ議アリ君輙チ特派留學生ニ選拔セラレ同時ニ差遣セラル其海外ニ在ルヤ獨墺二國ニ留學シ伯

林維也納二大學ニ入リ專ラ國法學ヲ修メ且廣ク諸大家ニ質シ諸國ノ憲法行政法ノ比較研究ヲ遂ケ之ヲ學理ニ徵シ之ヲ實際ニ察シ大ニ得ル所アリ又英佛伊白ノ數國ヲ歷觀シ大ニ見聞ヲ擴ムル所アリ十九年歸朝ス幾モ無ク法科大學教授ニ任セラレ二十二年東京圖書館長ニ兼任シ翌年其兼任ヲ解カレ二十四年法學博士ノ學位ヲ授ケラル惟フニ博士大學ノ教職ニ在リ學生ノ教導ト學理ノ攷究トヲ以テ畢生ノ業トナシ毫モ他念ナカリキ在職數年恪勤異常其教導ニ於ケル博詳懇篤學生ヲシテ敬慕措ク能ハサラシメ其攷究ニ於ケル深邃精緻識者ヲシテ景仰措ク能ハサラシム不幸ニシテ病ニ罹リ二十七年一

月二十二日醫科大學ノ醫院ニ歿ス春秋僅ニ三十九青山ノ墓域ニ葬ル學界慟哭遠近悲悼永別哀涙ヲ留メ敬重ヲ存セリ博士温厚ニシテ嚴肅清廉ニシテ堅節ナリ學ニ篤ク道ヲ重ンシ名利ヲ欲セス榮達ヲ求メス而シテ博士國法學ニ精通シ顯職ニ知己アルヲ以テ屢要路ニ擢用セラレントシタルコトアルモ應セスシテ曰ク高位高官ノ如キ素ヨリ望ム所ニアラス終生學理ヲ講明シ以テ國家ノ爲學術ノ爲ニ盡スアランノミト蓋シ世界ニ於ケル一科學ノ泰斗タランコトヲ期シタルナラン博士又大學教授ノ外他事ニ渉ルヲ欲セス已ムヲ得スシテ一時他校ノ囑託ヲ受ケ國法學ノ一部ヲ講授シタルコトアリ某社ノ請

ニ依リ論文ヲ雜誌ニ投載シタルコトアルモ報酬ノ如キハ固辭シテ一切之ヲ受ケス曰ク本職定俸アリ衣食ニ窮セス已ニ高官ニ轉シテ厚俸ヲ受クルヲ欲セス況ヤ斯ノ如キ報酬ヲヤ講授論文ニシテ學生世人ニ裨補スル所アラハ以テ足ルト博士又平生他ノ嗜好娯樂ナシ常ニ敎導ト攷究トヲ以テ至樂トナセリ知友時ニ休養ヲ說キ娯樂ヲ勸ムル者アレハ肯セスシテ曰ク暫時ト雖モ講授ヲ止ムルカ如キハ却テ苦ヲ感スヘク學者往々雜戲ヲ好ムモノアルモ眞ニ其專門ノ學術ニ熱心ナルニ於テハ之カ攷究ニ優ル樂ナカルベキナリト博士氣力强盛其病ヲ得ルニ及ヒテモ猶日常講授ヲ缺カス疲勞アルモ日夕攷究ヲ

廢セス諄々倦マス孜々弛マス鋭意勇進學術ノ爲ニ斃レテ後已ムヲ期シタルモノヽ如シ此他博士ノ善行清操亦枚擧ニ遑アラス博士ノ如キハ實ニ千古ニ師表タルニ足ルモノト謂フヘシ博士國法學ヲ大成スルノ志アリ古今ニ通シテ稽攷シ東西ニ渉リテ查覈シ蘊蓄豐富量知スヘカラス而シテ一大著書ヲ世ニ公ケニスルノ意アルモ授業ノ繁忙ナルト用意ノ周到ナルトニ由リ未タ其編修ニ從事スルニ至ラス親友等博士ノ病變ヲ憂慮シ寧ロ授業ヲ休止シテ編書ヲ完成セシメンコトヲ切望シタルモ果サスシテ逝キヌ嗚呼博士ヲシテ常命ヲ保タシメハ益覃思探原玄秘ヲ闡キ幽深ヲ穿チ其造詣スル所測ルヘカラ

サルモノアリシナランヽ況ヤ方今宇內學術ノ進步顯著ナルモ國法ノ學猶未タ完全ナラサルモノアリ本邦憲法ノ制定アルモ益典章ヲ顯彰シ政法ノ事愈整備ヲ要スルモノアリテ博士ノ講明ヲ待ツモノ尠少ニアラサルニ於テヲヤ憾ムラクハ博士未タ著書稿本ヲ修成スルニ至ラサリシカ各種ノ講說手記ノ遺存スルモノアリ學生ノ聽講筆記シタルモノアリ諸國ノ憲法行政法ニ就キ原則ヲ究メ異同ヲ辨シ正理ヲ明カニシ僻說ヲ斥ケ殊ニ諸般ノ事項ニ論及シ沿革ヲ詳カニシ實例ヲ示シ要義ヲ釋キ以テ其構成セントスル國法學ノ梗概ヲ推知スルコトヲ得セシム頃者同僚友人受學生等胥謀リ博士ノ紀念ノ爲ニ之

ヲ輯集印刷シテ相頒タントス庶幾クハ永遠ニ保存シ又以テ後學ニ裨益スル所アルヘシ本書編纂成ルヲ告ケ序ヲ予ニ屬ス題シテ比較國法學ト云フ全編ヲ通覽シテ萬感交臻ル復言フ所ヲ知ラス吁噫

帝國大學總長室ニ於テ

明治三十年六月上浣

濱尾新識ス

小川一眞製

故法學博士末岡精一君

緒言

一本編ノ編纂出版ハ明治二十七年二月井上毅。濱尾新。鳩山和夫。穗積陳重。仝八束。富井政章。渡邊洪基。和田垣謙三。加藤弘之。金井延。田尻稻次郎。增島六一郎。木下廣次。宮崎道三郎。土方寧諸君ノ發起ニヨリ企圖セラレタルモノナリ

一其後此事業ハ法科大學諸教授ニ於テ引續カレ編纂ハ穗積八束君ガ負擔セラルヽ筈ナリシモ公務多忙ナルヲ以テ法學士中村進午君ニ依囑セラレ成功ノ上穗積君モ亦校閲一過セラレタリ

一中村君ハ大學々生ノ筆記ニ係ル末岡博士ノ講義錄ヲ主トシ其他ノ論文演說等ヲモ蒐集シ從テ得レハ從テ之ヲ編入セラレタルヲ以テ文字語句ハ勿論、全篇ノ結構敍次等ニ於テ固ヨリ其責ニ任スル能ハザルベシ況ヤ穗積君ニ於テヲヤ又況ヤ末岡博士ニ於テヲヤ蓋シ博士ノ愼重ナル未ダ嘗テ生前ニ於テ其研究ノ結果ヲ公ニセシコトアラズ而シテ今其死後ニ至テ本篇ヲ刊行スルハ決シテ博士ノ本意ニ非ズト信ズ但朋友ノ情誼亦已ムヲ得ザルモノアルナリ

一出版ニ付テハ博士、學士、大學々生諸君等ノ捐資贊助セラレタル者少カラズ特ニ博文舘主大橋新太郎君ハ厚意ヲ表シ營利ノ外ニ於テ本編ヲ發行スルコトヲ承諾セラレタリ而シテ其間ニ於テ尤モ斡旋ノ勞ヲ執ラレタルハ和田垣謙三君ナリトス

一茲ニ編纂出版ノ顚末ヲ略述シ末岡博士ノ遺族朋友ニ代リ前項盡力セラレタル諸君ニ鳴謝ス

明治卅二年十一月

故末岡精一君友人

田中稻城謹識

比較國法學目次

第一編　憲法

第三章　獨逸憲法……二三八

第二編　行政法……三四三

第四編　英佛獨各國權限裁判……六三一

附錄

比較國法學目次 終

比較國法學

故法科大學教授
法學博士　末岡精一著

第一編　憲法

第一章　米英佛獨比較憲法

主權論

主權ナル語ハ、種々ノ意義ニ用フ、故ニ先ツ其意義ヲ確定スヘシ。歐洲中古ニテハ、主權ナル字ヲ、凡テ最終ノ裁决權ヲ有スル官衙ニ用ヰ、之ヲ指シテ主權ヲ有スル官衙ト云ヘタリ。此語漸ク變化シ、其後歐洲大陸各國專政ニ赴キ、中央集權ヲナスニ及ヒテハ、此語ハ只タ全國ヲ支配スル無制限ノ國家最高權ヲ呼ブニ至レリ、學術上ニ主權ハ無制限ニシテ、絶躰的ノ權力ナリト論シタルモノハ、ポーダンナリ。十六世紀以來、佛國ニ於テ、專制ノ盛ナル間ハ、此説行ハレ、且ツ又歐洲各國ニ於テモ、此説獨リ盛ニ行ハレタリ。而シテ十八世紀ノ終ニ至テハ、全ク之ニ反對ノ主權說起リ來レリ。即チ主權ハ國民ニアリト呼ヒタリ。斯ク主權ノ掌握者ハ、變シタルモ其意義ハ變セス、尙ホ無制限ノ權ヲ指シタリ、後チ制限的ノ意ニ用ヒタル次第ヲ述ヘンニ、以後歐洲各國憲法成立以來君主ノ權力ヲ無制限トナスコトハ、論理上困難ナルガ故ニ、國家ノ主權ハ、無制限トナレ𪜈君主カ此ノ主權ヲ運用スルニ當テハ、憲法ニ從ハサルヘカラスト云フ折衷說起リ、此說獨墺等ノ立憲君主國ニ流行シタリ、斯ク此說ニヨレハ、君主ノ權ニ制限アレ𪜈、尙ホ君主ヲ以テ主權者トセリ、故ニ、主權ナル字ヲ、法人タル國家ニ用フル場合ト君主ニ用フル場合トニヨリ、二樣ノ意義ヲ附セリ、現今此說ヲ持スル公法家モアリ。

然レ𪜈國家ニ付テ主權ナル字ヲ用フル𪜸ハ、必ス外ニ對シテハ獨立、內ニハ無制限ノ統法權ナルヿ必要ナリ。若シ爲メニ獨立タラズバ、純然タル獨立國家ニアラス又タ內ニ統一支配スルニハ、勢ヒ無制限ナラサルヘカラズ。

英佛獨ニテ主權（無制限）ノ所在

英ニ於テハ、已ニ十七世紀頃、有名ナル學者ガ主權ノ所在ヲ論シタルガ其著シキハホッブスナリ、而シテ或ハ主權ハ君主ニアリトシ、或ハ人民ニアリ、或ハ君主ト議會トノ共同躰ニアリトセリ、然レトモ現今ノ英憲法及ヒ公法學者ノ説ニヨレハ、英ニ於テハ、主權ハ君主ト議會トノ共同躰ニアリ。而シテ其理由ハ、即チ下ノ如シ、英ニ於テハ、制定ノ手續上ニ於テモ、憲法ト法律ノ差別ナク、則チ法理上、憲法ハ尋常法律ノ上ニ立ツヘキモノニアラスシテ、凡テ同等ノモノナリ、故ニ法律ハ國家最高ノ命令ナリ、而シテ此命令ヲ發スルモノハ、君主ト議會トノ共同躰ナリ、君主ノミニテハ、有効ノ法律ヲ發スルヿ能ハズ、又議會ノミニテモ、有効ノ法律ヲ制定スルヿヲ得ズ、議會ト君主ト共同シテ發シタル法律ハ、政治上又ハ德義上人民ニ不適當ノモノト雖モ尚ホ人民ハ之レニ服從スルノ義務アリ、又裁判所ハ之レヲ强行スルノ義務アリ、而シテ國民カ、現今何程政治上勢力ヲ有スト雖モ、國民ノ意思ハ、立法ノ手續ニヨリ法律トナラザレハ人民ハ之ニ服從スルノ義務ナク、又裁判所モ之ヲ强行スルヲ得ス又下院ガ最モ勢力ヲ有シ、人民即チ撰擧人ノ多數ヲ代表スル議會意思ニハ、上院及君主モ終ニ之ニ從ハサルヲ得ザルノ有樣ナルモ、之レ政治上ノ事ニシテ、法理上ヨリ見レバ、尙ホ主權ハ君主ト議會ノ共同躰ニアリトス。

獨逸ニ於ケル主權論幷ニ主權ノ所在

獨ノ國法家ノ說ニヨレバ、(Verfassungsmonarchie) 即チ立憲君主政ニテハ、主權ハ君主ニアリトス。然レドモ主權君主ニ在リトスルモノハ、皆同一理由ニヨルカト云フニ、然ラズ或國法家ハ、君主ハ主權ナレドモ、君主ハ國家ノ機關ニシテ、無制限ノ主權ノ所在ハト云フニ、ソハ法人タル國家ニ屬シ、其最高機關タル君主ニハ屬セズ。故ニ主權ナル語ヲ、君主ニ付キ用フルトキハ、無制限ノ意ニハ非ズト說ク。此說ハ、廣ク獨逸ニ行ハレタルモノナレドモ、其論理充分ナラズ、其故ハ、此說ハ主權ナル語ヲ、二樣ノ意味ニ用ヒ、君主ニ之ヲ用フルトキハ、無制限ノ義ニ用フ。此說ニ依レバ、主權ハ眞ノ主權者ニハ非ズ、只ダ說ヲ穩ニスル爲メニ、無制限ノ權ヲ有セザル君主ニ、主權者ノ字ヲ用ヒタルノミ。且此說ニヨレバ、國家ハ無形ノ法人ナリ、故ニ國家ガ無制限ノ主權ヲ有スルトスレバ、必ズ其主權ノ運用者アルヲ必用トス。主權ト其運用者トハ、同時ニ成立シ、消滅スベキモノニシテ、國家ニ主權ノ有無ハ、其運用者ノ有無ニ因テ、之ヲ知ルヲ得ヘシ。然ルニ此說ニヨレバ、國家ヲ以テ無制限ノ主權ヲ有スルモノトナセトモ、其運用者ヲ認メズ、之レ此說ノ不都合ナル論點ノ一ナリトス。

君主、主權者一國民主權者ノ說ノ後ニ、憲法制定ノ頃ニ出テタル說ナリ、伊藤伯ノ日本憲法解釋亦此ノ說ニ似タリ。

或國法家ハ主權即チ國法ナリ、而シテ立憲君主政ニ於テハ、君主主權者ナリ、故ニ君主即チ國家ナリト云フコトヲ以テ其論ノ基礎トス。斯クノ如ク、君主ト國家トヲ全一物ト見做スニモ關ラズ、尙ホ君主ノ權ニハ制限アリトナセリ。而シテ此論ノ要點ヲ擧クレバ下ノ如シ

專制ノ君主ガ其固有ノ無制限權ヲ以テ憲法ヲ制定シ、爾來君主ガ國家ノ法人トシテ發表スヘキ意思及ヒ行爲ノ方式（Torm）手續ヲ確定シ、法ハ、國會ノ協贊ヲ要シ、凡テ君主ノ行爲ハ大臣ノ副署ヲ要シ、司法權ハ獨立ノ裁判所ヲシテ之ヲ行ハシムベシト確定シタリ。故ニ憲法ノ制定以後ハ、君主ガ國家ノ法人トシテ發表スル所ノ意思及ヒ行爲ハ、皆此方式手續ニヨルヲ要ス、此手續ニヨラサルモノハ、君主ガ國家ノ法人タル資格ニ於テ發表シタルモノト見做スベカラズ、一箇私人ノ意思行爲ト見

做スベキモノナリ。故ニ法理上、此法式及手續ニ違フモノ即チ違憲ノモノハ、法理上効力ヲ有スベキモノニ非ズ、而シテ又此方式及ヒ手續、換言スレバ、憲法ハ特ニ其條項ノ中ニ確定セル方式手續ニヨリテ之ヲ修正スルヲ得ヘシ。此ノ方式手續ニヨラザル憲法ノ廢止變更ハ、國家ノ法人タル資格ニ於テ發表シタルモノト見做スベカラズ、故ニ効力ヲ有スベキモノニ非ズ。而シテ君主ト其繼承者トハ國法上全一ノ法人ト見做スベキモノナリ、故ニ君位ノ繼承者ハ、凡テ前君主ノ確定セル方式手續ニヨルヲ要ス、其ノ方式手續ニヨラザルモノハ、君主ノ資格ニ於テ發表シタルモノト見做スベカラズ、故ニ効力ヲ有セズ。

此說モ、又論理ノ貫徹セサル所アリ、此說ノ主論ハ、即チ君主ト國家ト全一物ナリト云フニアリ。故ニ君主ノ意思行爲ハ、憲法ニ據ラザルベカラズ、憲法ニヨラザルモノハ、効力ヲ有セズト云フハ、即チ國家ノ意思行爲ハ、憲法ニ準據セザルベカラズ、準據セザルモノハ、効力ヲ有セズト云フニ全シ。而シテ又君主ハ、確定ノ方式手續ニヨリ憲法ヲ修正シ得ルカ故ニ、憲法ニ從フヲ以テ制限ト見做スベカラスト云フト雖モ、國會ノ協贊ヲ以テ手續中ノ要件トナスガ故ニ、君主ハ國會ノ同意ヲ經サレバ有効ノ修正ヲナスヲ得ズ。然レバ主權者タル君主ハ、其服從者ヨリ制限ヲ受クト言ハザルベカラズ。而シテ此學派ノ主論ニヨレバ、君主ト國家トハ全一物ナルガ故ニ、國家ガ其服從者、即チ其命令ヲ受クベキモノヨリ制限ヲ受クルト云フニ全ジ、之レ此論ノ最不都合ナル點ナリトス。

立憲君主政ニ於テ、君主ヲ主權者トスルニハ、君主ハ國家最高ノ命令タル憲法ヲ、法理上自由ニ制定廢止スルノ權ヲ有スヘキモノト解セザルベカラズ。而シテ憲法修正ノ事ハ、憲法ノ條項ニ於テ規定セルガ故ニ、其範圍內ニ於テ、國會ノ協賛ヲ要ス、之ニ反シテ、憲法ノ制定廢止ハ、憲法ノ範圍外ニアリテ君主ノ掌握セルモノトナスヲ得ザレバ、君主ハ主權者ナリト云フヲ得ズ。如何トナレバ、君主ガ國家最高ノ命令タル憲法ヲ、法理上自由ニ制定廢止スルノ權ヲ有セザレバ、君主ノ權ハ憲法ノ範圍內ニ在テ其制限ヲ受クベキモノナレバナリ。

憲法ハ、國家最高ノ命令ナルガ故ニ、其制定廢止ノ權君主ニアリトスルトキハ、憲法ハ君主ガ主權ヨリ出ル國家ノ諸權ヲ運用スル方式、手續ヲ確定シタルモノト見做スヲ得ベシ。故ニ君主ノ行爲ハ憲法ニ準據セザルベカラズ、凡テ違憲ノ行爲ハ、法律上効力ヲ有セズトスルモ、尚ホ君主ヲ主權者ナリト云フヲ得ベシ、憲法ノ存スル間ハ、君主ハ之ヲ制定シタル時ノ意思ヲ變ゼズ、自ラ制限シテ之レ憲法ニ從フモノト見做スベシ、故ニ凡テ違憲ノ行爲ハ、君主ガ統治者ノ資格ニ於テ、發表スルモノニ非スト見做スヲ得ベシ。

或人ハ、立憲君主制ニテハ君主ガ主權者ナリ、故ニ君主ノ行爲ハ、凡テ其發表ノ手續ニ從タルモノハ違憲ナリト雖モ、尚ホ効力ヲ有スベシト。此說ハ立憲君主制ト、專制君主制トヲ、差別スルノ要素ヲ消滅セシムルノ說ニシテ、取ルニ足ラサルナリ。(スタールノ如キ、此說ヲ執ルモノナリ。蓋シ如何ナル專政君主制ニテモ其意思發表ノ手續アルナリ、其立憲君主制トノ差ハ、決シテ手續上ノ制限ノ有無ニ非ズ、只ダ立憲國ニテハ、司法行政上ノ別鮮明ナルトカ、行政司法ノ諮詢アルトカ、議會等ノ設アルヲ以テ專制國ト分ツノミ)

前陳ノ主權ノ意義(即チ歷史的ニ、其進步ヲ述ベタルモノ)ハ、英佛ノ如キ單獨ノ國ニ於テ、(即チ聯合ニ非ザルモノ)進步シタルモノナレバ、直ニ之ヲ獨逸ノ如キ聯合國ニ適用スベカラズ。主權ノ字ヲ、獨逸各國及ビ帝國ニ付テ用フルトキハ、絕對無限ノ意義ニ非ズ、獨逸帝國ハ、獨逸廿五邦ノ聯合ニナルモノニシテ、各邦ハ其固有ノ主權ニ屬セル支配權ノ幾分ヲ割キテ之ヲ中央ノ帝國ニ歸シタリ。例ハ外交、郵便、電信ノ行政、立法及ビ刑法、民法ノ類ナリ。此ノ如ク、帝國ノ權內ニ歸シタル事柄ニ付テハ、帝國ハ全ク獨立ニシテ他ノ干涉ヲ受ケズ、即チ其高權ヲ有スルカ故ニ、之ヲ主權ト稱ス、然レヒ帝國ノ權內ニ屬セザル國家ノ支配權ハ、尙ホ各邦ニ屬セルカ故ニ、帝國ハ國家ニ屬スベキ支配權ノ全躰ヲ掌握スルニ非ズ、故ニ絕對的無制限トハ云フヿヲ得ス。唯其權內ニ屬セル事項ニ付テ、無制限ノ權ヲ有スルノミ。而シテ又タ各邦ハ、已ニ帝國ニ歸シタル事柄ニ付テハ、帝國ノ命令ヲ受クヘキ者ニシテ、其機關タルニ過ギストハ雖モ、各邦ノ權內ニ屬スル所ノ事柄ニ付テハ、獨立無制限ノ權ヲ有ス、故ニ各邦モ亦タ主權者ナリト稱スルヲ得ベシ。

或說ニヨレバ、獨帝國ハ其憲法ヲ修正シテ自ラ其權限ヲ廣ムルヿヲ得ベシ、而シテ獨逸帝國ガ、其權限ヲ擴ムルトキハ、各邦ノ權限ヲ狹少ナラシムルガ故ニ、獨ノ主權ハ獨逸帝國ニ在リテ、各邦ニアラズト云フモノアリト雖モ、此說ハ普國ニ付テ用フヘキニ非ズ、又タ各邦ニ付テモ之ヲ適用スルヲ得ス。如何トナレバ、獨帝國ノ憲法ハ、帝國共議院（或ハ參議院）ニ於テ、十四票ノ反對アレバ改正スルヿヲ得ズ、而シテ普國ハ、共議院ニ於テ十七票ヲ有スルガ故ニ、普國ノ同意セザル改正ハ、之ヲ行フヿヲ得ス、而シテ又タ各邦ハ・Reserve Right（特保ノ權）ニ付テハ、其仝意ヲ得サレハ之ヲ變換スルヲ得ザレハナリ。

（參議院ノ議員ハ、國會ノ議員ト異ニシテ、其國ノ委員ナレバ隨意ニ自己ノ意見通リニ投票スルヿヲ得ス、仝ク其委任セラレタル國ノ意見ヲ代表スル故、其國ノ議員皆仝一ノ投票ヲナス。以上ハボルンハツク等ノ執ル所ニシテ、最モ善ク獨聯邦帝國ニ適用サレ居ルモノナリ）。

佛國ニ於テハ、千七百八十九年ノ國民權利ノ公布（Declaration of Right）ニ於テ、主權ハ、國民ニ在リト云フ主義ヲ取リタリ。爾來一二ノ塲合（即チルイ十八世ノ欽定憲法及フヰリツプノ主權君主制）ヲ除キ、其他ノ憲法ハ、國民ヲ以テ主權者トナシ、現今憲法モ、亦タ此主義ヲ執レリ。而シテ主權ハ此ノ名ヲ國民ニ屬スト雖モ、國民ハ各自其職業ニ從事シ、而シテ又タ國家統治ノ事務ハ、特制ノ智識ヲ要スルカ故ニ、國民ハ自ラ統治ノ事務ヲ行フヲ得ス。故ニ代表者ヲ撰擧シ、國家統治權ノ運用ヲ委任セリ、然レバ立法、司法、及ビ行政ハ、特別ノ機關アリテ其權ヲ運用スト雖モ、其職權ハ皆主權者タル國民ニ淵源セルモノニシテ、其代者又ハ委任者ト見做スベキモノトス。現今ノ憲法モ亦タ國民ノ撰擧シタル議會ノ制定ニ成ルモノナレバ、其制定ノ手續ニ因テ見ルモ、國民ヲ主權者ナリトスルノ理由明ナリトス。

主權國民ニ在リトスルノ論理ハ、ルウソーニ基ク。(佛國ニ於テ)其意ニ曰ク、人民ハ元來自由ノ權ヲ有セルモノナリ、而シテ此自由ノ人民ノ意思ヲ集メタル團躰、即チ主權ナリ、而シテ此權ハ決シテ一個人、若シクバ一家族ニ、專有セラレテ國民ヲ左右スベキモノニ非ズト云フニアリ。

ルイ十八世ハ、即チ王政復古ノ時ニシテ、主權君主ニアリト云フノ說ヲ執リ。フヰリツプノ朝ハ、英國ト全ク主權ハ、共全躰ニ屬ストセリ。現今ノ憲法ハ、國民ノ撰擧ニ成レル National convention ニ於テ制定セリ、即チ國民ノ代表者カ憲法ヲ制定セルナリ。

公法、國法、及ヒ憲法ノ意義

公法ナル語ハ、種々ノ意義ニ用フ。(一)古代ノRomansハ、凡テ法ヲ分テ公法、私法ノ二トナセリ。即チ私法ニ屬セザルモノハ、公法ニ屬シタリ。然レ𪜈當時羅馬人ハ、獨立不覊全等ノ國家ノ間ニ行ハルヽ國際公法ハ、之ヲ認メザリシナリ。但シ、Jus Gentiumナルモノアリテ、之ヲ或人ハ國際公法ノ淵源ト云フモ、此ノ法ハ、羅馬國ノ統一ノ支配ノ下ニ立ツ諸國民ノ間ニ行ハレタル私法的ノ法理ナリ。故ニ羅馬人ノ公法ノ内ニハ、國際公法ヲ包括セズ。羅馬以來、此羅馬人ノ用法ノ如ク公法ナル語ヲ用ユルモノ最モ多ク、而シテ憲法行政法ノ外ニ、刑法、治罪法、及ビ訴訟法ヲ合セテ、之ヲ公法ト稱ス、但シ訴訟法ハ、私法中ニ入ルヽモアリ。

(二)然レ𪜈刑法治罪法ノ類ハ、憲法及ビ行政法トハ其目的ヲ異ニシ、又タ原則ヲ異ニスル所アルガ故ニ、各完全ナル一學科ヲナス故ニ、之ヲ公法中ヨリ省キ、憲法行政法ヲ合セテ之ヲ公法ノ如クスルモノアリ。

(三)又憲法及ビ通例、成文憲法ニ載スル所ノ國民ノ權利義務ヲ總括シテ公法ト稱スルモノアリ。(四)專ラ國民ノ權利義務ノミヲ公法ト稱スルモノアリ。(五)之ニ反シテ、公法ノ語ヲ、最廣キ意義ニトリ、憲法、行政法、刑法、治罪法、訴訟法、幷ニ國際法、寺院法ヲ、總ヘテ之ヲ公法ト稱スルモノアリ。

此用法ハ、即チ羅馬人ノ公法ト云フモノト、僅少ノ差ノミ、只ダ羅馬以來進步シタル所ノ學科ヲ加ヘテ公法ト稱ス。

國法 Staatsrecht ノ語ハ、獨逸人ガ常ニ用フル所ノモノナリ。我國ヘモ獨逸書ノ飜譯、及ビ獨逸風ノ學者ニヨリ、此語傳ハリタリ、此語モ亦タ種々ノ用法アリ。(一)羅馬人ノ公法ト、仝一ノ意義ニ用フルモノアリ。(二)憲法、行政法ヲ合シテ國法ト云フモノアリ、此場合ニハ、國法ヲ公法ノ一部ト見タルナリ。(三)國法ヲ、憲法ノ語ト仝意義ニ用フルモアリ。斯ク公法、國法ナル語ハ、種々ノ意義ニ用フルカ故ニ、只ダ肩書ノ表題ヲ見タルノミニテハ、其論スル事柄ノ界ヲ知ル能ハズ。

憲法ナル語モ、亦タ種々ノ意義ニ用フ、其中二個ノ用方ヲ、最モ要用ナリトス。即チ(一)成文憲法ヲ指シテ稱スルト(二)廣ク國家統治權ノ組織、及ビ其運用ノ綱領ヲ規定スル法則ヲ總括シテ、憲法ト稱スルト是ナリ。

我國及ビ歐大陸ノ成文憲法ハ、其規定スル箇條ニハ差異アリテ、必ズシモ、國家統治權ノ組織、及其運用綱領ヲ規定スル法則ヲ總括スルモノニハ非ズ。例ハ甲國ノ憲法ニ記スル條項中、緊要ナル規定ニシテ、乙國憲法ニ載セザルアリ、佛國現行憲法中ニ、國會ノ毎年召集スベキヿ。判事ノ轉免スベカラザルヿ。及ビ國民權利義務ハ之ヲ載セズ、故ニ只ダ成文ニ規定セル法則ヲ指シテ憲法ト稱スル時ハ、此ノ如キ事項ハ、憲法ニ屬スベキモノナレドモ、佛國憲法ノ一部ヲナスモノニ非ズ。又タ英憲法ハ、我國及ビ歐大陸各國ノ憲法トハ、其成立ヲ異ニシ、漸次ニ進歩シ來リタルモノナリ。成文ノ規定ハ、甚ダ少キ上ニ、其憲法ト尋常ノ法律ノ間ニ於テ、我國及ビ歐各國ノ如ク差別ヲナサズ、故ニ英國法律ノ全部ヲ探ルモ尋常ノ法律ト異リタル憲法ヲ見出ス能ハズ、只ダ尋常ノ法律ト異ル所ノ成文ノ規定ヲノミ指シテ憲法ト云フトキニハ、英國ニハ憲法ナシト云フモ不都合ナシ、即チ英ニハ、尋常ノ法律ト異ル憲法一モナシ。之レニ反シテ、廣ク國家統治權ノ組織、及ビ其運用ノ綱領ヲ規定セル法則ヲ總括シテ憲法ト稱スル場合ニハ、タトヒ成文憲法ノ正條ニ含マサル事項ニ〆尋常法律ヲ以テ規定シ、又ハ慣習法ニ成立ツモノト雖モ、國家統治權ノ組織、及ヒ其運用ノ綱領ヲ規定スルモノハ、之ヲ憲法ト稱ス。此意義ニ於テ憲法ノ語ヲ用ユルトキハ、佛國古來ノ憲法ニ載スル所ノ規定ニ〆既ニ得權トナリタルモノ、及ヒ其他行政法的ノ原則ヲ規定スル條項ニシテ現今ノ憲法ノ成文ニ載セザルモノト雖モ、尙ホ佛國憲法ノ一部ヲナスモノト見ルヘシ。例ハ每年國會ヲ召集スヘキヿ、法官ノ轉免スヘカラサルヿノ類ハ、其憲法ノ一部ヲ爲スモノト云フヘキナリ。又タ英國憲法ハ、漸次ニ進步スルモノニシテ成文ノ規定甚タ少ク、而シテ我國及ヒ歐大陸各國ノ成文憲法ノ如ク、尋常ノ法律ト異ナルモノナシト雖モ、英國憲法ハ歐各國憲法ノ內ニ於テ、最モ完美ナルモノト云フヘキナリ。

英佛獨各國憲法ノ成立

憲法ノ原則ハ、英國ニ於テ漸次生長完備シ、歐米各國憲法ノ模範トナリタルモノニシテ、歐米各國ノ憲法ハ皆百千餘有年以來、直接或ハ間接ニ、其模範ヲ英國憲法ニ取リテ制定シタルモノナリ。然レドモ此各國憲法ト、英國憲法トハ、决シテ同一ノモノニ非ズ。其制定ノ方法ヲ異ニシ、其修正ノ手續ヲ異ニシ、從テ諸種法律トノ關係ヲ異ニセリ、英國憲法ハ國王ノ欽定ニテ成立シタルモノニ非ズ、又タ官民共仝シテ制定シタルニモアラズ。又革命ニテ起リタル憲法ニテモナシ、國家文明ノ進步ト共ニ漸次ニ成立チ、且ツ完備シタルモノニメ、慣習及ビ慣習法ハ其一大淵源ナルガ故ニ、何人ト雖モ、正シク何時ニ起端シタルヤヲ確言スルヲ得ズ。英國憲法ノ一大淵源ト稱スルMagna charta及ビ爾后ノCharta及ビBill of Rightノ如キモノモ、已ニ習慣ニ成立チ、或ハ慣習法ニ含蓄シタル原則ヲ、記明確定シタルモノ少カラズ。故ニMagna chartaハ、千二百十五年英國貴族ガ、國王ジヨンニ迫リ約定セシメタルモノニメ、貢租ハ、貢納者ノ全意ニヨラザレハ、之ヲ徴集スルヲ得ズ、凡テ自由ノ人民ハ、其全等人民ヲ以テ組成スル裁判ノ判決ヨラザレハ、恣ニ刑罰罰金ニ處スルヲ得ズト云フノ二ケ條ヲ以テ、最モ緊要ノモノトス、

Amosノ終ニMagna chartaアリ、而メ爾後エドワルド第一世ノ時マデハ、國王ハ此大憲章ニ確定シタル權限ヲ犯スヿ多カリシガ、遂ニエドワルド第一世ノ時、始メテ各County各Boroughヨリ代議士ヲ撰擧スルノ制ヲ設ケタリ。然レ𪜈當時未ダ立法ト、行政ノ區分判然セズ、代議士ガ立法ニ參與スルノ權ヲ認メズト雖𪜈、已ニ租税ノ徴集ヲ認可スルノ權ヲ得タルガ故ニ、代議士ハ國王ニ必要ノ機關トナレリ。代議士ガ愈立法ニ參與スルノ權ヲ得タルハ十四世紀中頃ノ事ニシテ、漸次ニ法律ハ、代議士ノ

全意ヲ得ザレバ、制定廢止スベカラズト云フニ至レリ。而シテ十五世紀ノ終ニハ、立法ノ手續大ニ進歩シ、貴族院及ヒ代議院ガ、法律制定ニ參與スルコト殆ド現今ノ如クナルニ至リタリト云フ。十六世紀ノ間ニ英國ヲ統御シタル「チウドル」家ノ君主ハ、實際ニハ、大ナル權力ヲ有シタリト雖モ、表面ニハ、常ニ議院ノ權利ヲ敬重シタルガ故、已ニ十五世紀ノ終迄ニ、成立シタル憲法ノ進歩ニ著シク變化ヲ與ヘザリキ。十七世紀ニ「スチユアルト」王家ノ君主ニ至リ、君主ノ特權ヲ濫用シ、議院ノ權限ヲ侵害シ、專政ヲ行ハント企テタルガ故、一革命起リ「チヤールス」第一世王位ヲ失ヒ、暫ク共和政ヲ設ケ、再ヒ「スチユアルト」起リヂエームス第一世憲法ヲ變更シ、國教ヲ廢止セント企テタルカ故ニ、議院ハ千六百八十八年「スチユアルト」Stuart王家ノ廢止ヲ公布シ、ウヰリアム第三世ヲ迎ヘテ王位ニ登ラシメ、更ニBill of Rightヲ定メ國王ノ專權ヲ制限シ、國會ノ權利ヲ明證確定シタリ。此Bill of Rightハ、大憲章制定以來漸次ニ成長シタル憲法ノ要領ニシテ「スチユアルト」王ガ其專權ヲ以テ破壞シ、或ハセント企テタルガ故ニ、更ニ之ヲ明證確定シタルモノナリ。而シテBill of Right.ノ條項ハ、即チ(一)國王ガ議院ノ全意ヲ得ズ「其專權ヲ以テ法律ヲ廢止停止スルハ、國法ニ違背スルモノトナス」

(二)議院ノ認可ヲ得ズシテ國王ノ特權ヲ以テ、稅金ヲ賦課スルヲ得ザルコ(三)國民ハ國王ニ訴願スルノ權ヲ有スルコ。而メ訴願ノ爲ニ、訴願者ヲ罰スルヲ得ザルコ(四)代議士ノ選擧ノ自由ナルコ(五)議院內ニ於テ、言論ノ自由ニ干涉シ、及ビ代議士ガ院內ニ於ケル言論ノ爲メ、院外ニ責罰ヲ蒙ラシムルヲ得ザルコ。(六)法律ノ保存、修正及ビ請願、受理ノ爲メ屢議院ヲ開クコ。(七)請願ノ爲メ、過當ノ保證金ヲ出サシメ、不正ノ罰金ヲ課シ、或ハ不當ノ刑罰ニ處スルヲ得ザルコ。(八)及ビ陪審官ノ制度ニ關スルコ等ニシテ、條項凡テ十三ケ條アリテ以上ノモノ最モ緊要ナルモノナリ。而メ平時ニ議院ノ承諾ヲ得ズ常備兵ヲ置クヲ以テ、國法ニ違背スルモノトナスコモ、亦タ此 Bill of Right ニ於テ始テ、之ヲ確定セリ、而メ又タ英國現今ノ豫算制度、及ビ法律ト豫算ノ關係ハ、重ニ「スチユアルト」家ノ內亂以來進步シタルモノナリ。

政治上ニ於テ緊要ナル事項ノ中、代議政躰ノ組織ハウヰリアム第三世以來殊ニ進步シ、十八世紀ノ終リ頃ニハ、內閣ハ代議院ニ於テ、多數ヲ占ムル黨派ノ首領ガ、之ヲ組織スルノ慣習ヲ成スニ至レリ。然レバ英國憲法ハ、歐米各國憲法ノ如ク、法律ト異ナル國躰最高ノ法典トシテ、一時ニ制定シタルモノニ非ズ。而シテ十八世紀ノ末、佛獨各國及ビ北米合衆國ノ憲法ノ未ダ制定セラレザル前已ニ頗ル完美ノ度ニ遂シタレバ、終ニ直接或ハ間接ニ、此各國憲法ノ模範トナレリ。

米國憲法ノ由來

英國ガ佛國ト戰ヒ、終ニ加奈太全土ヲ得タル后、米國植民地ニ壓制ヲ施シ、重税ヲ課シ、終ニ植民地ノ分離獨立ヲ起スニ至レリ。千七百七十四年ヂヨージア洲ヲ除キ其他ノ各洲ハ其總代ヲフヒラデルフヒヤニ集合セシメ、此集合ニ於テ、植民地ガ英國ニ對スル權利ヲ議定シ、英國王ニ奏上シ、且ツ英國民及ビ加奈太人民ヘ通告シ、及ビ植民地ガ國王ニ奏上シタル請願ノ實行ヲ得ンカ爲メ其方法ヲ決議シ、及ビ英國會ノ制定シタル法律ニ、服從セザルヿヲ議定セリ。而シテ千七百七十五年再集會シ、此集會ニハヂヨージア洲モ加入セリ。而シテ此集會ニ於テ、始テ聯合政府ヲ組織シ、凡テ各邦內政ノ事項ハ、自治獨立ニ委シ開戰講和、及ビ通商ノ事幷ニ凡テ全般ノ安寧幸福ニ關スルヿハ、之ヲ聯合政府ニ屬シタリ。而シテ此聯合政府ノ權ハ、十二名ヲ以テ組織スル會議躰ニ委任セリ、千七百七十六年七月四日彼聯合植民地ハ、獨立ノ聯合タルヿヲ議決公布シタリ。而シテ已ニ聯合政府ヲ組織スト雖、未ダ完全ナル中央政府ト稱スベキ組織ニ非ズ。故ニ千七百七十八年更ニ聯合ノ條款Confederation articlesヲ制定セリ、此條款ハ十三邦ノ全意ヲ以テ成ルモノニシテ、而シテ此聯合ハ、只十三邦ノ人民ガ、共同ノ利益ヲ經營シ共同ノ事項ヲ處分スル爲ニ定メタル國家ノ組合ニ過ギズ。未ダ各聯合ヲ統一スル國家ヲ成サズ、而シテ聯合政府ハ直接ニ各邦ノ人民ヲ支配スルノ權ヲ有セズ、故ニ更ニ中央ノ國家ヲ組織スル爲メ、千七百八十七年各邦ノ委員ヲ以テ議會ヲ組織シ、ワシントンヲ此會ノ議長ニ選擧シ、終ニ現行憲法草案ヲ議決シ、各邦ニ於テ人民ノ選擧シタル議會ニ付シ、採用スルヤ否ヤヲ決議セシムベシト議定シ、而シテ十三邦ノ內九邦ノ同意ヲ以テ、有効憲法トナスヘキヿト定メタリ。而シテ各邦ニ於テ人民ノ、選擧シタル憲法批準ノ議會ハ、終ニ皆多數同意ヲ表シ、現行憲法ノ成立ヲ見ルニ至レリ。此ノ如ク合衆國ノ憲法ハ、各邦ノ同意ヲ以テ制定シタルモノナリトス。

佛國

英國憲法ヲ歐大陸各國人民ニ知ラシメタルモノノ中、尤モ著シキハ、モンテスキューナリ。萬法精理ニ於テ、英憲法ヲ賞シ、三權獨立ヲ說キ、佛其他歐大陸各國憲法ノ制定ニ、大勢力ヲ及シタリ。シカシ佛國第一ノ共和憲法ノ成立ニ、最大ノ勢力ヲ存シタルハ、ルーソーノ民約編ナリ佛國ハ、從來ノ君主獨裁ノ政躰ヲ廢止シ、千七百九十一年始テ憲法ヲ制定スルトキニハ、三權分立ノ原則ヲ參照シタルモ、尙ホ民約主義ヲ以テ憲法ノ基礎トシタリ。故ニ此憲法ニハ、君位ハ依然存セリト雖ドモ、極テ王權ヲ減少シ、國家ノ主權ハ國民ノ掌握スルモノトナシタリ。次ニ千七百九十二年遂ニ王位ヲ廢シ、共和政躰ヲ設ク、此時ハ全ク三權分離獨立ノ主義ヲ取ラズシテ、專ラ民約主義ヲ以テ基礎トシ、千七百九十三年ニ憲法ヲ起草シ、投票ノ手續ニ因テ、國民ノ批準ヲ經テ發布シタルモノナレバ、純粹ノ民約主義ノ憲法ナリトス。此憲法ニヨレバ、立法部ハ國民ノ直選シタル代議士ヲ以テ組織シ、任期ハ一ケ年、而シテ行政權ハ立法院ノ撰選スル廿四名ノ委員ニ屬ス。但シ此憲法ハ實施ニ至ラズシテ廢止シタリ。千七百九十四年更ニ憲法ヲ制定シタリ。此憲法モ亦タ投票ノ手續ニ因テ、國民ノ批準ヲ經タル者ナレバ、純然タル民約主義ノ憲法ナルハ勿論ナルモ、前年ノ憲法ホド過激ノモノニ非ズ。此憲法ニヨレバ、立法機關ハ國老院(Senate-House)及ビ五百名ノ代議士ヲ以テ組織スル代議院ヨリ成リ、而シテ兩院ノ議員共ニ複選法ニヨリ選擧ス。兩議員共每年三分一ヲ改選ス、行政權ハ五名ヨリ成ル Dictator ニ委任セリ、此五名ハ立法府之ヲ選擧シ、每年一名交代スルモノトス。此憲法ニ於テハ行政、立法兩權ノ分離獨立說ヲ採用シ、此兩權ノ分離獨立ヲ保タンガ爲メ、雙方ノ交通ハ書面ヲ以テ爲スヿトセリ。此憲法ハ千七百九十九年那破翁ノ廢スル所トナリ、仝年更ニ憲法ヲ制定ス此憲法モ尙ホ共和制ノ外形、及名義ヲ存シ、且ツ前憲法ト等シク、國民ノ批準ヲ經タルモ、立法院ハ法律ノ發議權ヲ有セズ、發議權ハ行政府ノ掌握トス。行政權ハ十年任期ニテ選擧サル、「コンサル」ニ委任シ、那破翁其三名中ノ首タリ。已ニ君主ニ屬スル特權ハ、悉ク之ヲ掌握シ、遂ニ千八百二年那破翁ヲ終身ノ「コンサル」トナシ憲法ヲ改正シ、益々立法院ノ權ヲ縮メ、千八百四年ニ遂ニ帝國ヲ設ケ、爾來千八百十四年那破翁ノ帝位ヲ下ル迄ハ、立法院ハ有名無實ニシテ實際ハ全ク獨裁政府ナリ。千八百十四年那破翁帝位ヲ下リルイ第十八世王位ニ登リ立憲君立制ノ主義ヲ基トシ、憲法ヲ欽定ス。此憲法ニヨレバ國家ノ主權ハ君主ニ屬シ、凡テ國家ノ諸權ハ國王ノ一身ヨリ出デ、只ダ國會ノ參與ニヨリテ此權ノ運用ニ制限ヲナス。而シテ立法院ハ貴族、代議二院ヲ以テ組織シ、前者ハ世襲貴族國王推選終身議員ヲ以テ成リ、後者ハ財產制限ノ選擧人ガ直選スル議員ヲ以テ成ル。而シテ法律ノ發議權ハ獨リ國王ニ屬スルモノトス。此憲法モ亦タ千八百三十年之ヲ廢ス。此年チャールス十世憲法ニ確定シタル權限ヲ擅ニ勅令ヲ以テ出版ノ自由ヲ停止シ、且ツ選擧法ヲ變換セント企テタル爲メ革命起リ、王遂ニ王位ヲ下リ、議院ハ直ニ憲法ヲ改正シ、ルイフヒリツプヲ王位ニ上ラシメ、此憲法ニヨレバ法律發議權ヲ議院ニモ屬シタリ。其他ノ幾分ノ改正アルモ、著シキヿハナシ。此憲法モ亦タ國王ガ議院選擧法ノ改正ヲ拒ムヿト、租稅ノ增加トガ、近因トナリ、千八百四十八年第三革命ノ內亂起リ、復タ共和制ヲ設ケタリ。次ニ普通選擧法ニヨリ選擧シタル代議會ヲ組織シテ、更ニ憲法ヲ制定セシメタリ。此憲法ニ於テ著シキハ、議會一院制ヲトリシコトナリ併シ從來ノ經驗ニヨリ行政權ヲ會議體ニ委スルノ不可ヲ知リシガ故、之ヲ一人ノ大統領ニ歸シタリ。但シ大統領ハ國民ノ直選トナシタルガ故ニ、大統領ガ國會ト全等ノ權力ヲ有スルノ原因トナリタリ。又大統領ハ再選ヲ得ズトノ制ヲ取レリ。此主意ニテ千八百四十八年ルイ、ナポレオンヲ大統領ニ選擧セリ、後暫クシテ、彼ハ立法院ト爭ヲ生ジタリ。千八百五十一年憲法ヲ修正シ、大統領再選ヲ得ルノ制ヲ定メタルガ、之ヲ實行スルニ至ラズ那破翁兵力ヲ以テ立法院ヲ解散シタリ。而シテ國民ハ多數投票ヲ以テ那破翁ニ憲法ヲ制定スルノ權力ヲ與ヘタリ。然レドモ左ノ基礎ニ從テ之ヲ制定スルヲ要シタリ。即チ任期十年ヲ以テ選擧スル責任大統領ヲ置ク、大統領ニ隷屬スル大臣、政府ノ任命スル參事官ヲ置クコ、而シテ此參事官ノ職務ハ、立法院ニ對シ政府ノ法律案ニ付キ、政府ノ委員トナルコ。普通選擧法ヲ以テ選擧スル代議士ヲ以テ組織スル立法院、及ヒ憲法ノ保護者タル國老院ヲ置クコ、是ナリ。那破翁ハ此基礎ニ本キ、憲法ヲ改正シ、更ニ大統領ニ推選サレタリ。而シテ此憲法制定後、間モナク帝國ヲ建設シ那破翁帝位ニ登リタリ。爾來八百六十年迄ハ著ク反動力ノ增サヾリシガ、其後漸次ニ不人望トナリ、反動力ノ盛ナル徵候アルカ為ニ、更ニ憲法ヲ改正シ、人望ヲ維持スル為メ、勅語ニ對シ上奏案ヲ議決スルノ權、及ヒ法律ノ發議權ヲ立法院ニ與ヘタリ。其他數個ノ改正ヲナシ、代議制帝國トナリタリト雖モ千八百七十年獨佛戰爭ノ失敗ニヨリ復タ共和制ヲ建設シ、而シテ一般普通ノ選擧法ニ由テ、選擧シタル代議士ヲ以テ國民會ヲ組織シタリ。而シテ此國民會ハ、通常ノ立法事務ヲトルノ外ニ憲法ノ制定ニ着手シ、千八百七十五年現今ノ憲法ヲ確定發布シタリ。

此憲法ハ、一箇ノ法律ヲ以テ成ラズ、三個ノ法律ヨリ成ル第一國家權ノ組織、第二國老院組織、第三國家權相互ノ關係、是ナリ。此憲法ト前ノ憲法トノ著シキ點ハ、國民權利其他主義等ハ記セズ、只ダ必要ナルヿノミ記シタルニ在リ。

普國憲法及ビ獨逸帝國憲法ノ成立

佛國憲法ノ制定及ビ佛國憲法學者ノ論ハ、歐洲各國憲法ノ制定ニ大勢力ヲ有シタリ。今世紀ノ始メヨリ成立チタル歐洲大陸各國ノ憲法ハ其模範ヲ佛國ニトリタルモノ多シトス。而シテ獨逸各邦ニ於テモ、今世紀ノ始ヨリ憲法ノ制定ヲ以テ必要トナシ、其準備計畫ヲ爲シタリト雖モ、守舊主義ノ反動力大ニ勢力ヲ得タルカ爲メニ、憲法ヲ制定スルノ運ニ至ラサリシモノ多カリキ。南獨各邦ハ、千八百二十年前後ニ於テ大概憲法ヲ制定シ、而シテ其模範ヲ千八百十四年制定ノ佛國憲法ニトリタリ。北獨各邦ノ中ニ於テ、佛國第二革命(千八百三十年)ニ激セラレ、佛國憲法ヲ模範トシテ憲法ヲ制定シタルモノ少カラズ。而シテ此時ニ當リ、未ダ憲法ヲ制定セザリシ獨各邦ハ佛國第三革命(千八百四十八年)ノ時ニ憲法ヲ制定シタリ。普國ノ憲法モ亦タ此時始テ制定シタルモノトス。

普國ハ、千八百六年ニ破翁トノ戰爭ニ於テ大敗シ、殆ド領地ノ半ヲ失ヒタリ。後スタインノ計畫ニヨリ大ニ國務ノ組織ヲ改革シ、憲法ノ制定、及國會設立ノ計畫ヲ為シタリト雖モ、反動力ノ勢強キガ為ニ其計畫ヲ廢シ、只タ從來ヨリ成立スル州會(Provincial Landtag)ノ組織ヲ改正シ、其權限ヲ廣ムルニ止リタリ。爾來憲法ノ制定ヲ希望スルモノ漸次ニ增加シタリト雖モ、尚ホ國王ハ純粹ノ議會ヲ開集スルヲ欲セズ、千八百四十七年州會ノ聯合會ヲ召集シタリ。而シテ翌年佛國革命ノ為メニ、憲法制定ヲ希望スルモノヽ勢力俄ニ增加シタルカ故ニ、此聯合會ヲシテ憲法ヲ議決セシムル為メニ、召集スヘキ國民代議士ノ選擧法ヲ議定セシメタリ。此選擧法ニ依リ、國民ノ代議會ヲ召集シ、憲法草案ヲ議セシメタリト雖モ、政府ト國民會ト協議調ハズ、政府ハ國民會ヲ解散シ憲法ヲ欽定シ、議員ヲ召集シ、此欽定憲法ヲ議決セシムルコトナシ。(兩院ノ制ヲ設ケテ)千八百四十九年之ヲ召集シ、欽定ノ憲法ヲ議セシメタリト雖モ後政府ト議會トノ協議調ハズ、再ビ代議院ヲ解散シ、假定ノ憲法ニ定リタル緊急命令權ニ本キ、勅令ヲ以テ選擧法ヲ制定シ此選擧法ニ本キ代議士ヲ召集シ、又タ憲法ヲ議セシム。此時政府ト議員意見一致シ、現今ノ憲法ヲ公布シタリ。憲法制定以後數回ノ改正ヲナシ、其改正中千八百六十七年北獨聯合憲法制定、及ビ千八百七十一年獨帝國憲法制定ニ因テ生シタル改正ヲ最モ緊要トス。

此外尚ホ獨逸帝國憲法ニ付キ陳ベンニ、現今憲法ハ千八百七十一年制定ニシテ北獨聯合ノ憲法ヲ基礎トシタルナリ。而シテ此北獨聯合ノ憲法ハ、普墺戰爭ノ後、從來ノ獨逸聯合ヲ解散シ、普國主トナリ、北獨逸各邦ヲ聯合シ組織シタリ而シテ其憲法ハ普國ガ起草シ、北獨廿二邦ノ委員ヲシテ之ヲ議決セシメタル後チ、各邦ニ於テ選擧シタル議員ヲ以テ組織セル議會ヲ伯林ニ召集シ、之ヲ議決セシメタリ。而シテ此議會ニ於テ緊要ナル修正ヲナシタル後、各邦ノ議員ヲシテ之ヲ受理スルヤ否ヤニ付キ、議決セシメテ公布シタルモノナリ。故ニ此憲法ハ國家間ノ條約ニ因テ成立シタルモノトス。現今獨帝國ノ憲法ハ、千八百七十年獨佛戰爭ノ後北獨聯合ト、南獨各邦ノ條約ニ因テ成立タルモノニシテ千八百七十一年普國王獨逸皇帝ノ位ニ即キ帝國ヲ建設シ、議會ヲ召集シ、此憲法ヲ議決セシメテ之ヲ公布シタリ。

憲法修正手續

前ニ陳ベタル如ク、英憲法ハ其性質ニ於テハ通常ノ法律ト差別アリト雖モ法理上ニハ差別ナク、凡テ全一ノ立法手續ヲ以テ制定修正ス。

我國憲法修正ノ事ハ、憲法第七十三條第七十四條第七十五條ニ確定ス。此修正ニハ殊ニ鄭重ノ手續ヲ設ケテ、他ノ通常法律修正手續ニ由テ修正スルヿヲ得ザラシムルノ主義ヲ取ルヿ、佛普各國ト異ル所ナシ。

普國ハ其憲法ノ制定ニ付テモ議會ノ協贊ヲ求メタリ、故ニ其修正ニ付テモ亦タ我國トハ大ニ異ナル點アリ修正ノ發議權ハ、國王及ビ各院共ニ之ヲ有ス、而シテ通常立法ノ規定ニヨリ之ヲ修正シ得ベシトス、即チ通常法律ヲ制定スルガ如ク、貴族院及衆議院ニ於テ過半數ノ可決ト國王ノ裁可トニ因テ成ル、然レドモ通常法律ノ制定ニ比スレバ、一層議決ヲ鄭重ニシテ必ズ二回ノ可決ヲ要シ、而シテ其二回ノ議決間ニ少クモ廿一日ヲ經過スルヲ要ス。

佛國憲法修正ハ、國老院及衆議院總會ニ於テ之ヲ行フモノニシテ、其手續ノ要點ヲ擧グレバ、先ヅ大統領ノ請求或ハ兩院中一院ノ發議ニ由リ、兩院各自ニ憲法修正ノ必要ナルヤ否ヤヲ議シ過半數ヲ以テ修正ノ必要アリト決シタルトキハ兩院ノ總會ヲ組織ス此總會ハ通常ノ立法院即チ兩院各自ノ上ニ位スルモノニシテ大統領ハ發議權ヲ有セズ、此總會ヲ閉鎖シ、或ハ解散スルノ權ヲ有セズ、通常ノ立法ニ關シテハ、大統領ハ議會ニ於テ議決シタルヲ再議ヲ要求スルヲ得ルモ、憲法修正ノ議決ニ付テ要求權ヲ有セズ、故ニ憲法修正ノ權ハ全ク此總會ニ歸ス。

獨帝國憲法修正モ亦タ通常ノ立法、即チ帝國共議院ト衆議院トノ協議ニヨリ爲スモノトス。然レ𪜈憲法修正ニ付テハ共議院ニ於テ十四票ノ反對アルトキハ修正ヲ廢棄スベキモノトス、之レ一般ノ手續ナリ。元來帝國ハ廿五邦ノ組織スル所ナレバ、聯邦間ノ條約ハ憲法ノ基礎ナルカ故ニ、此條約ニ基ク所ノ各邦ノ權利及ビ憲法ノ條項ニ規定セル各邦ノ特別權利、及ビ北獨逸聯邦ト各國ノ間ニ結ベル條約ニヨリ特有ノ權利ハ之ヲ有スル國ノ全意ヲ得サレバ變更スルヲ得ス、此ノ如キ特別ノ場合ヲ除クノ外ハ、帝國ノ中央立法機關ハ憲法ヲ修正シ得。

米國ニテハ中央立法ノ機關ノミニテ憲法ヲ修正スルヿヲ得ズ、其修正ニ二ツノ手續アリ。(一)各邦立法院總數ノ三分二以上ノ請求ニヨリ、合衆國議會ハ憲法修正ノ爲ニ特別ノ議會ヲ召集スルヲ要ス。而シテ此特別議會ハ憲法ノ修正案ヲ議決ス、之ヲ各邦ノ認可ニ付スルヲ要ス、合衆國憲法制定以來此手續ヲ用ヰタルヿアラズ、之レ迄ハ第二種ノ手續ヲ用ヒタリ。即チ(二)修正案ヲ合衆國議會ニ於テ起草シ各院ニ於テ三分二ノ多數ヲ以テ通過シタル后。各邦立法院ノ認可ヲ要ス、大統領ハ拒否ノ權ヲ有セズ而シテ又タ各邦ハ兩院ノ議決シタル修正案ヲ認可スルト、否トハ各邦ノ權内ニアリ。而シテ合衆國議會ハ各邦ノ立法院ヲシテ認可ヲナサシムベキカ、或ハ認可ノ爲メ特別ニ議會ヲ召集シテ認可セシムベキカヲ定ム。以上二手續ノ中、何レモ聯邦總數四分ノ三以上ノ多數ヲ要ス。

君位繼承ノ事

歐洲大陸各國古代、及中古ニ於テ君主ヲ選立スルノ法行ハレタルモノ少カラズ、然レモ漸次ニ君位ノ世襲ヲ以テ各國王家ノ通則トナシ、王室典範ヲ制定シ、君位繼承ノ要件ヲ確定シタリ。普國ニ於テモ亦タ其憲法ヲ制定スルニ際シ、君位繼承ノ事ハ已ニ王室典範ノ規定アルガ故ニ、之ヲ認メ、憲法ニ於テハ只ダ君位ハ皇統男系ノ男子ノ長幼、近親ノ順次ニヨリ繼承スベキヿト定メタルノミ、現行獨逸帝國憲法ニヨレバ、帝位ハ常ニ普國王之ヲ兼ヌルヲ以テ法トナスガ故ニ、帝位繼承ノ要件ト、普國王繼承ノ要件トハ全一ナルガ故ニ、帝國憲法ハ帝位繼承ノ要件ヲ規定セズ。而シテ憲法ト王室典範ノ關係ハ、我國ノ憲法ト皇室典範トノ關係ト、法理上ニ異ル所アリ。即チ普國ニテハ憲法ヲ以テ皇室典範ヲ變更スルヿヲ得ベシ、我國ニ於テハ憲法ヲ以テ皇室典範ヲ變更スルヿヲ得ズ、(法理論ニ大關係アリ、普國ニテハ憲法性質修正手續ニテ國最高ノ命令ナリ、以テ他ノ法規ヲ支配ス我憲法モ矢張然ルモ皇室典範ハ之ト并立ス)。英國ニモ王位繼承ニ定リタル法アリ、然レドモ英國ニテハ憲法ト通常ノ法律ト差別ナキガ故ニ、通常ノ立法手續ヲ以テ王位繼承ノ事ヲ改正シ得ベシ。

歐洲中古ニ於テハ、君位ノ繼承ヲ私法上ノ相續ト全視シ、國土ヲ分割シテ繼承スルノ法行ハレタルガ繼承法ノ進歩スルニ從テ漸次ニ君位繼承ノ意義ヲ變更シ、君位繼承ハ公法ノ權ニシテ君主ノ私事ニアラズ、國ハ分割シテ繼承スベキモノニ非ズトナスニ至レリ。現今ハ、國土ハ分割スベカラズ、國家ニ二王ヲ立テズ、繼位ハ公法上ノ權トナスヲ以テ歐洲各國ノ通法トセリ。

君位ハ、一刻モ欠クベカラズ、故ニ君主崩スレバ、即時ニ繼承ノ權ヲ有スルモノガ位ニ立ツヲ以テ英普各國ノ通法トシ。即位ノ式、或ハ其他一定ノ儀式ヲ經テ始テ位ヲ得ルニ非ズ。而シテ又ダ英普各國ニ於テハ、君位ヲ繼承シタルモノハ、憲法ノ規定ニ從ヒ憲法及法律ヲ確定スベキノ誓ヲナスヲ要ス。而シテ此兩國ニ於テ誓ノ言語ニハ多少ノ差異アルモ、其意義ノ大躰ハ全一ナリ。然レ𪜈英ニテハ若シ君位ノ繼承者ガ誓ヲナスヲ拒絶スル𪜈ハ、之ヲ以テ君位ヲ辭スルモノト見做シ、只ダ君主ノ資格ヲ以テ行ヒタルモノ、凡テ効力ヲ有スルモノトス。普國ニ於テハ誓言ヲ拒絶スルヲ以テ、君位ヲ辭スルモノト見做スヲ得ズ。而シテ或公法家ノ說ニヨレバ、誓言ハ憲法確定ノ法ナレバ、若シ嗣君ニシテ之ヲ拒絶スル𪜈ハ、即チ憲法規定ノ義務ヲ拒絶スルモノナルガ故ニ、實際統治權ヲ行フヿアリト雖𪜈、其行爲ハ法律上効力ヲ有スルモノトナスベカラズ。但シ後日ニ至リ、誓ヲ宣ル𪜈ハ宣誓前ニナシタル行爲モ、亦タ法律上ノ効力ヲ有スルヲ得ベシトス。然レ𪜈多數ノ公法家ハ、全ク之ニ反對ノ說ヲ取リ君主タルノ權ヲ得ルハ誓言ニ關スルモノニ非ズ、故ニ統治權ヲ行フモ亦誓言アリテ後チ法律上ノ効力アリトナスベカラズ。以上陳ヘタルノ外、即位ノ儀式、及ビ之ニ類似ノ式ハ、繼位ノ權ニ關シ、法律上ノ効力ヲ有スルモノニアラズ。

君位繼承順序ノ事

君位繼承者男系ノ男子ニ限ルト、女系ノ女子モ亦タ繼承スルノ權ヲ有スルトノ差アリ我國ノ皇室典範ニテハ、男系ノ男子ヲ以テ定法トス。普國ニ於テモ、亦タ男系ノ男子ニ限ル。之ニ反シテ英ニテハ、男系ノ女子又女系ノ所出モ、長幼ノ順序ニヨリ、君位ヲ繼承スルヲ得ベシト雖モ、兄弟姉妹ノ中ニ於テハ、常ニ男子ヲ先ニシテ、女子ヲ後ニス、男子アラザルトキニ於テハ、女子モ又タ長幼ノ順序ニヨリ、繼承スルヲ得ヘシ。其他近親ニ次グノ順序ハ、我國モ此兩國ニ於テ異ルコトナシ。而シテ英國ニ於テハ、繼承ハ正婚ノ所出ニ限リ、君主ノ許可ヲ得婚姻スルトキハ、貴族或ハ平民ノ女子ヲ娶ルヲ論セズ、其所出ハ凡テ繼承權ヲ有スベキモノトス。之ニ反シテ普國ニ於テハ、同等正婚ノ所出タルヲ要ス。同等正婚トハ、高等貴族ノ女子ト、正當ニ婚スルモノヲ云フ。

(君主ノ許可ヲ經テ婚スルヲ正婚ト云フ)

攝政

攝政ハ君ノ大權ヲ攝行スルモノニシテ之ヲ受承襲繼スルモノニ非ズ。只ダ暫時帝王ニ代テ大權ヲ運用スルノミ我國ニテ攝政ノ事モ皇室典範ニテ規定シ、憲法ニハ只ダ攝政ヲ置クハ、皇室典範ノ定メニヨルヿ、攝政ハ天皇ノ名ニ於テ大權ヲ行フヿ、攝政ヲ置クノ間ハ憲法及ヒ皇室典範ヲ改正スルヲ得サルヿノミ、箇條ヲ定ムルノミ。

普國ニ於テハ、攝政ノ事ヲ憲法ニ於テ規定シ、而シテ王位繼承ノ權利ヲ有スルモノガ攝政タルノ順序ハ、王室典範ノ定メニヨリ。英國ニテハ。攝政ノ事ハ之ヲ置クノ必要アル塲合ニ、法律ヲ以テ定ム。次ニ普國憲法、及ビ英國ノ慣例ニヨレバ、攝政ヲ置クノ塲合ヲ二トス。(一)君主未ダ成年ニ達セザル𪜈、即チ滿十八歳以下ナル𪜈。(二)君主永キ間故障アリテ、君主ノ大權ヲ自ラ行フ能ハザルノ𪜈。普國ニテハ、王位繼承ノ權利ヲ有スル成年ノ男子アル𪜈ハ、其中ニ付テ第一ニ王位ヲ繼クノ權利ヲ有スルモノ自ヲ攝政タルノ權利ヲ有ス。然レ𪜈攝政トナルモノハ、直ニ議員ヲ召集シ攝政ヲ置クノ必要アルヤ、否ヤヲ議決セシメ、若シ必要ナシト議決スルトキハ攝政タルヲ得ズ。

普國ニ於テハ、攝政モ亦タ王族成年ノ男子ニ限リ、王位繼承ノ順序ニ因リ、攝政タルノ權利ヲ存ス、故ニ議會ニ於テ攝政ヲ置クノ必要アリト議決スルトキハ、攝政タルベキ權利ヲ有スルモノノ意ニ反シテ、他ノモノヲ以テ攝政トナスヲ得ズ。然レドモ若シ成年ノ男子ナク、又タ前以テ法律ニテ攝政タルベキモノヲ定メタルヿナキトキハ、必要ノ場合ニ、內閣ハ直ニ議員ヲ召集スルヲ要ス。而シテ議員ハ兩院ノ總會ニ於テ攝政ヲ撰擧ス、而シテ攝政ノ撰擧ヲ終ルマデ、內閣ハ假ニ攝政ノ事ヲ行フ。而シテ又タ議院ガ攝政ヲ撰擧スルニハ、其候補者ニ制限ナシ。

英國ニ於テモ、亦タ攝政ヲ置クノ必要アル場合ニハ、王位ノ繼承者及ビ近親ノ順序ニ因テ、攝政トナルヲ慣例トナス。然レ𪜈法律ニ因ルニ非ザレバ、自ラ攝政タルノ權利ヲ有スルモノナシ。

次ニ攝政ハ、君主ノ大權ヲ代理スルモノニシテ、凡テ君主ノ名義ヲ以テ大權ヲ行フモノナレバ、君主ノ尊榮ハ之ヲ有スルヿヲ得ズ。而シテ又タ我國ニ於テハ憲法及ビ皇室典範ヲ改正スルノ權ヲ有セザルモ、普ニテハ、憲法改正ノ事モ亦タ攝政タルモノ之レヲ行フコトヲ得ベシ。英國ノ實例ニヨレバ、攝政ノ職權モ亦タ其塲合ニヨリ、Regency act法律ヲ以テ之ヲ定ム可キモノトス、

攝政ノ止ムハ、之ヲ置クノ理由去ルトキニアリ。我國ニ於テ、之ヲ止ムルノ規定皇室典範ニ在リ。

大統領選任ノ事

北米合衆國ニ於テ憲法草案ヲ議スルヰ、政府權行政權掌握者ノ組織ニ付キ、三種ノ法案議會ニ提出サレタリ(一)行政權ヲ會議ニ委任スルコ。(二)之ヲ一人ニ專任スルコ。(三)一人ニ任ジ、傍ニ參議會ヲ置テ緊要ノ事ヲ議セシムルノ制ヲ設クルコ。此三案中遂ニ一人專任制ヲ採用ス。即チ現今大統領制是ナリ佛國ハ革命以來、凡ソ十二回憲法ノ改正ヲナシ、其中數度共和制ヲ組織シテ行政權ヲ會議躰ニ委任シタルコアリ。又タ大統領ノ外、參議會ノ如キモノヲ設ケタルコアリ。現今憲法ハ合衆國ト同樣ニ、專任ノ大統領ヲ置クノ制ヲ取ル、

合衆國ニテハ、大統領在職ノ年限ニ付テモ、終身、廿年、十五年、十一年、七年、四年ト云フ種々ノ案出デタルガ遂ニ四年ト定マリタリ。佛國ニテモ、革命以來大統領ノ年期ニ付キ、屢變シタルガ、現今ハ七年トス。兩國共ニ大統領ハ、再選スルコヲ得。併シ合衆國ニテハ、三度ノ選擧ヲセザルヲ憲法上ノ慣習ナリトス。

合衆國ニテハ、大統領ノ被選者ハ、合衆國生ノ國民ニシテ、國内ニ十四年間住居ヲ有シ、年齡卅五以上タルヲ要ス。佛國憲法ニテハ、大統領ノ被選權ニ、特別ノ制限ヲ設ケアラズ。併シ一般公法上ノ原則ニヨリ、公權ヲ有スルモノニ限ルコハ疑ナシ。後千八百八十四年更ニ法律ヲ以テ制限ヲ設ケ、佛國ニ君主タリシ王族ノ子孫ハ大統領タルコヲ得ズト定メタリ。

大統領選擧手續

合衆國ノ憲法草案ヲ議スルニ際シ、大統領選擧法ニ付テモ種々ノ案出テタルガ、終ニ複選法ヲ取ルコニ決セリ。即チ先ヅ各邦ニ於テ大統領ノ選擧者ヲ選擧セシメ、此選擧者ニ大統領ヲ選バシムルノ制ナリ。――合衆國憲法第二章ニヨレバ、各邦ニ選ブ所ノ選擧者ノ人數ハ各邦ヨリ、合衆國議會ニ出ル代議士、及ビ國老院議員ノ數ト同シキヲ要ス。而シテ國老議員代議士、及ビ合衆國官吏ハ選擧者ニ選バルヽヲ得ズ。撰擧手續、合衆國議會ハ、法律ヲ以テ選擧者ノ選擧日ヲ定ム、合衆國ヲ通ジテ同日ナルヲ要ス。此時日ヲ定ル外ニ、選擧手續ノ細目ハ各邦之ヲ定ム。而メ現今ハ、各邦ハ皆公民ヲシテ選擧セシムルノ法ヲトル。概ヲ名籍投票、比較多數ヲ以テ當選トナス。

——斯クシテ撰擧サレタルモノ更ニ大統領ヲ選擧スル爲メ、各邦ノ首府ニ集會シ、無記名投票ヲ以テ大統領候補者一名、副統領候補一名ヲ、別々ニ選擧シ、投票記錄ヲ作リ之ヲ密封シ、國老院議長ニ宛テヽ送ル、國老院議長ハ、同議員及ビ代議院議員ノ總會ニ於テ之ヲ開封シ、投票ノ數ヲ數テ撰擧者總數ノ過半數ヲ得タルモノヲ以テ當選トシ。若シ過半數ヲ得タルモノナキトキハ、最多數ヲ得タル候補者三名ノ中ニ付テ、代議院ニ於テ投票ヲナス。但シ投票ハ、各聯邦各一票ト定ム。而シテ又タ投票スルトキニハ、聯邦ノ總數三分ノ二以上ノ議員ノ出席ヲ要シ、聯邦總數ノ過半數ヲ以テ當選トス。次ニ副統領ノ當撰者ナキ場合ニ於テハ、最多數ヲ得タル二名ノ候補者ノ中ヨリ國老院之ヲ選ブ。而シテ國老院議員ハ各一票ヲ有シ、議決ヲナスニハ總數ノ三分ノ二出席シ、國老院議員總數ノ過半數ヲ得タルモノヲ以テ當選トス。佛國ニテハ、大統領ハ國老院及ビ代議院ノ合併總會ニ於テ選擧ス。此總會ノ總人數ノ過半數ヲ得タルモノヲ以テ當選トス。大統領ノ在職終期一ケ月前ニ、合併總會ヲ開テ、選擧ヲ行フヿヲ必要トス。而シテ大統領ハ總會ヲ召集セサル場合ニハ、大統領在職終期ノ十四日前ニ、議院自ラ集會シテ選擧ヲ行フヿヲ得。而シテ大統領選擧期ニ至リ、代議員解放ノ時ニ當レバ、直ニ議員ノ選擧ヲ行フノ手續ヲナシ、且ツ國老議員ノ集會ヲ要ス。現今佛國憲法ニハ副統領ヲ設ケズ、故ニ大統領ガ其在職終期前ニ死去、或ハ退職ニヨリ、其位ヲ空ウセルトキハ、大臣會議ニ於テ假ニ大統領ノ職權ヲ行フ。而シテ此場合ニハ、議會ハ直ニ集會シ大統領ノ選擧ヲ行フヲ要ス。已ニ陳ベタル如ク、北米合衆國ニ於テハ、副統領ヲ置ク。然レ𪜈大統領在職ノ間ハ行政權ニ參與セズ、國老院議長ノ職權ヲ以テ專務トス、大統領ノ死亡、退職、若クハ永久其職權ヲ行フ能ハサル場合ニハ、次ノ大統領選擧期限迄、大統領ノ職權ヲ行フモノトス。而シテ大統領及ビ副統領同時ニ其職權ヲ空ウスル場合ニハ、之ガ所置ヲ定ムルヿハ議會權內ニアルガ故ニ、議會ハ直ニ法律ニ因テ、其空位ニ充ツベキモノヲ國老院副議長及代議院議長ト順次ニ選擧シ、大統領ノ職權ヲ行ハシムルコヲ得。

國家ノ元首

國家ノ元首ト同意義ノ原語ハ、佛普兩國ノ憲法ニ於テ屢〻用フ。固ヨリ國柄ニヨリ多少ノ差異アルモ、大躰ハ同ジ。佛國千八百三十年ノ憲法ニ、國王ハ國家ノ元首ナリ。又千八百五十二年ノ憲法ニ、大統領ハ國家ノ元首ナリト稱シ、而シテ又タ普國普通法典ニ、國王ハ國家ノ元首ニシテ國家ノ權利義務國權ヲ總攬スト云フガ如シ。以上ノ用例ニヨレバ、國家ノ主權ヲ掌握セル君主、及ビ國家ノ主權ヲ掌握セザル大統領モ、只ダ行政ノ權ヲ統一スルト共ニ國家ノ元首ナリト稱セリ。而シテ主權ヲ有スル君主ニテモ之ヲ國家ノ元首ト稱スルトハ、國家ト君主トヲ同一物ト見做サザルコ明ナリ。國家ヲ此用例ニスレバ、一定ノ土地ヲ占領セル人民ガ、外ニ對シテ不羈獨立ノ權ヲ有シ、領土內ニ於テ統治ノ組織ヲナセルトハ、此共同躰ヲ法人ト見做シ、即チ外ニ對シテ、不羈獨立ノ權ノ主領土內ニ於テハ統一權ノ主ト見做シ、之ヲ其權ノ掌握ヨリ分離シテ國家ト稱ス。

我國憲法第四條ニ於テ、天皇ハ國ノ元首ニシテ云々トアリ。而シテ又タ憲法發布ノ敕語ニ、朕祖宗ノ威烈ヲ受ケ、萬世一系ノ帝位ヲ踐ミ、朕カ親愛スル所ノ臣民ハ、即チ朕カ祖宗ノ惠撫慈養シ玉ヒシ所ノ臣民ナルヲ念ヒ、其康福ヲ增進シ、其懿德良能ヲ發達セシメンヿヲ願ヒ、又其翼贊ニヨリ與ニ倶ニ國家ノ進運ヲ扶持センヿヲ望ム、故ニ我國憲法モ亦タ君主ト、國家ヲ同一物ト見做サズ、共同躰ノ國家ト其主權掌握者トヲ分離シ、而シテ君主ガ、其共同躰ノ主權掌握者ナリト云フノ意義ヲ取ルヿ明ナリ。我國、及ビ普國ニテハ、君主ヲ以テ主權者トスルガ故ニ、憲法ハ其主權ニ基ク所ノ國家權ノ運用ノ手續ヲ定メタルモノニシテ、君主ガ權ノ淵源ニシテ憲法制定ノ後モ依然主權者ナレバ憲法ニ於テ明ニ制限セザル權者ナレバ、憲法ニ於テ明ニ制限セサル權ハ、凡テ君主ニ屬スルモノトス。之ニ反シテ、國民ヲ以テ主權者トナス白耳義國憲法及ビ佛國ノ共和制ニヨレバ、君主及ビ大統領ハ、國民ヨリ委任サレタル權ヲ有スルノミ。而シテ又英國ニ於テハ、君主ノ權ハ國民ノ委任シタルモノニ非ズ、慣習及ビ法律ニヨリ君主ノ固有セルモノニシテ、而メ君主ガ主權者ニアラズ、而メ又タ憲法ト法律ノ差別ナク、凡テ法律ハ國家最高ノ命令ナレバ、君主ノ權ハ法律ヲ以テ之ヲ變更スルヲ得ベシ。然レ圧現今ノ立法手續ニヨレバ、君主ノ特權ニ關スル法律案ハ、先ヅ君主ノ認可ヲ經テ、之ヲ議會ノ議決ニ付スベキモノトス。

憲法ヲ以テ、通常ノ法律ノ上ニ位スルモノトシ、通常ノ法律ハ、憲法ノ範圍内ニ於テ制定スベキモノニシテ、之ヲ以テ憲法ヲ變更スルヲ得ズト爲ス國ニ於テハ、憲法ニ規定セル國家元首ノ權ハ、通常ノ法律ヲ以テ之ヲ變更スベカラザルモノナリ。此權ハ國家ノ元首ガ、立法ニ對シテ獨立ニ有スルモノニシテ、法律ニヨラズ憲法ノ範圍ニ於テ自由ニ之ヲ行フヲ得ベシ。而シテ只ダ憲法ニ規定セル國家元首ノ權ニ付テ見ルトキハ、國家元首カ主權ヲ有スルト、否トニヨリ、法律トノ關係ヲ異ニセズ。——憲法ノ規定スル所ノ國家元首ノ權ハ、通常ノ法律ヲ以テ之ヲ動スヿヲ得ズ。即チ憲法ニ規定セル國家元首ノ權ハ立法權ニ對シテ特別ニ有スルモノニシテ、法律ニヨラズ、憲法ノ範圍内ニ於テ自由ニ運用スルヲ得。然レ圧其運用ノ條件、及ビ手續ハ法律ヲ以テ規定スベシト確定シ、又ハ法律ノ範圍内ニ於テ運用スベシト、憲法ニ確定シタルトキハ、其權ノ運用ハ必ズ法律ニ準據スルヲ要スルヿ明ナリ。

國家元首ノ權ヲ分テ尊榮ノ權及ビ統治權ノ二トス。尊榮權トハ、國家ノ元首ノ特別ノ地位ヲ表スル所ノ尊稱、徽章、及ビ特別ノ軍隊ノ敬禮ノ類、及ビ爵位、勳章、及ビ其他ノ榮典授與ノ權モ亦タ尊榮權ノ中ニ屬ス。我國ノ憲法ニ於テハ、天皇ハ神聖ニシテ犯スベカラサル⼅及天皇ハ爵位、勳章、及ビ其他ノ榮典ヲ授與スル⼅ノ二ヶ條ヲ除クノ外、天皇ノ尊榮權ノ事ハ之ヲ規定セズ。然レ𪜈憲法ハ天皇ニ屬セル權ヲ盡ク列記スルモノニアラズ、天皇ハ主權者ニシテ權ノ淵源ナレバ、憲法ニ制限ヲ設ケズ。又ハ他ニ委任セザル權ハ盡ク天皇ニ屬ス。故ニ憲法制定前ニ天皇ノ有シ玉ヒタル尊榮ハ、之ヲ憲法ニ規定セズト雖𪜈、天皇ニ屬スル⼅疑ナシ。

次ニ共和國ノ大統領ハ、君主ノ如キ尊榮權ヲ有セズ。現今佛國共和憲法ニ於テモ、大統領ハ出版物ノ司法ニ對スル刑法上ノ特別ノ保護ヲ受クル⼅、在職中一定ノ宮殿ニ住居スル⼅ヲ得ル⼅及ビ國家元首タルノ資格ヲ以テ行フ⼅ニ付キ無責任トスル外、其身上ニ付キ、特別ノ尊榮權ヲ有セズ。而シテ又タ大統領ヲ無責任トナス⼅ハ大統領ノ身上ノ尊榮ヲ保ツ爲ニ非ズ以上ノ外ニ、勳章及ビ其他ノ榮典授與ノ權、及ビ國家ノ大祝日等ノ儀式ニ於テ、國家ヲ代表スルノ權ヲ有ス、次ニ統治權トハ、凡テ立法、司法、行政ニ關スル權ヲ總稱スルモノナレバ、順次ニ之ヲ論述スベキガ故ニ此ニ之ヲ總論セズ。

便宜ノ爲メ、先ヅ彈劾ノヿヲ述ベン。講義ノ順序ヨリスレバ、君主ノ權ノヿヲ先ヅ述ブルヲ適當トスルモ、元首ノ無責任ノ事、及ビ大臣ノ責任ノ事ヲ論ズルニ付テハ、彈劾ノ制ヲ參照スルノ必要アルガ故ニ、先ヅ彈劾ノ要點ヲ陳ベ、然ル後ニ國家元首ノ無責任ノ事及、ビ大臣ノ責任ノ事ヲ述ブベシ。

彈劾ノ制度ハ、元來英國ニ於テ進歩シタルモノニシテ、佛米普各國ハ皆之ヲ摸倣シ、其憲法ニ於テ彈劾ノ原則ヲ定ムト雖モ其制度ニハ多少ノ差別アリ。英國ニ於テノ彈劾ノ制ハ、エドワードノ時ニ起リタルモノニシテ行政司法ノ組織未ダ完全ナラズ、憲法ニ付キ政府ト議院トノ間ニ屢〻爭ノアルトキニ於テハ、彈劾ハ議院ガ政府ノ行爲ヲ監督スルニ最必用ナルモノナリシガ、憲法上ノ爭漸次ニ減少シ、司法ノ權力確定シ代議政躰ノ組織進歩シ、内閣ハ下院ニ於テ多數ヲ占有セル黨派ノ首領ガ之ヲ組織スル慣習ヲ爲スニ至テハ、國家ノ官吏ガ憲法ニ違背スル行ヲ爲ス場合少ク、又タ政治ノ方向、及ビ行政ノ行爲ニ關スルヿハ、特別ノ監督及ビ財政ノ監督ヲ以テ之ヲ箝制スルガ故ニ、彈劾ノ制ハ實際其必要ヲ減ズルニ至レリ。千六百二十一年以來現今迄、五十四面ノ彈劾ヲナシタリ。而シテ百年以來ハ只ダ二度ノミニシテ、八十年以來一回モ彈劾ヲナシタルヿナシ。

如此英國ニ於テハ、久シク之ヲ用フルヿナシト雖𪜈、憲法上之ヲ廢止シタルニアラズ。北米合衆國ニ於テハ、三權分離ノ原則ヲ適用シ、行政府ト議會トノ關係、英佛各國ト同シカラズ。英佛各國ニ於ケルガ如キ、特別及ビ全般ノ會計ノ監督ノ制ナシ。然レ𪜈憲法ニ於テ、官吏ヲ彈劾スルノ權ヲ確定シタルガ故ニ、此彈劾ニ因テ、議院ハ政府ヲ監督箝制スルヲ得ベシ。而シテ又タ合衆國ノ彈劾ノ權ハ、只ダ官吏ヲ免職シ、及ビ官吏タルノ資格ヲ奪フニ限ルガ故ニ、立法權ヲ以テ司法權ニ干渉スベキモノト爲サズ。佛國現今憲法第十二條ニ於テ、大臣ハ其職權ヲ行フ爲ニ犯シタル犯罪ニ付キ、代議院ノ起訴ニヨリ、上院之レヲ判決スベシ。但シ彈劾審問及ビ裁判ノ手續ハ、特別法ヲ以テ規定スベシト確定セリ。然レ𪜈爾來此法律ヲ發セズ、故ニ彈劾ノ手續ハ舊例ニヨラザルベカラズ。次ニ普國憲法モ、其第六十一條ニ於テ彈劾ノ事ヲ規定ス。而〆彈劾ノ手續及ビ罰則ハ特別ノ法律ヲ以テ之ヲ確定スベシト定メタリト雖𪜈、爾來此法律ヲ制定セズ、又タ彈劾ノ舊例ナキガ故ニ、實際議院ガ大臣ヲ彈劾スルヲ得ズト云フモノアリ、之ニ反シテ。或人ハ未ダ特別ノ法律ヲ制定セズト雖モ、刑法及ビ治罪法ノ法理ヲ適用シ、彈劾ヲ爲スヲ得ベシト云フ。獨逸帝國憲法ハ大臣責任ノ原則ヲ規定シ、皇帝ガ帝國ノ名ニ於テ發スル命令ハ、大宰相ノ副署ヲ要シ、大宰相ハ其責任ヲ負フベキモノトス。然レモ彈劾ノ事ヲ載セズ、又他ニ責任ヲ負ハシムル爲メニ制裁ヲ設ケズ。故ニ其責任ニ付テハ、法律上ノ制裁ナシ。次ニBundesrathノ事ヲ述ベン』獨逸協議院ノ議員ハ、各政府ノ委員ニシテ其政府ノ訓令ニヨリ議決ヲナスモノナレバ、協議院ノ議決ニ對シ責任ヲ有セズ。又タ其委員ニ訓令ヲ與ヘ、或ハ訓令ニ副署スル各邦ノ大臣モ、委員ノ議決ニ對シ法律上ノ責任ヲ負フモノニ非ズ。如何トナレバ、帝國憲法ニ於テ各邦大臣ガ帝國議會ニ對シテ責任ヲ負フヿヲ載セズ、又タ各邦ノ議會ニ對シテハ其國憲法及ビ法律ニ準據スルノ責任ヲ負フノミ、斯ノ如ク帝國協議院ノ議決ニ對シテ直接ニ責任ヲ負フモノナシ而シテ協議院ハ自ラ其議決ヲ執行スルノ權ヲ有セズ、大宰相帝ノ命ヲ受ケテ之ヲ執行シ、其事ニ付キ責任ヲ負フ。然レドモ上ニ陳ベタルガ如ク、獨帝國憲法ニハ責任ニ付キ制裁ヲ與フルノ方法ヲ規定セズ。故ニ大宰相ノ責任ト云フヿハ、只ダ政治上ニ付テ之ヲ言フノミ。

彈劾提起及ヒ判決

彈劾ハ、英佛米ニテハ代議院之ヲ司リ、普國ノ憲法ニヨレバ、貴族院、代議院共ニ彈劾權ヲ有ス。但シ兩院共同スルヲ要セズ、各自獨立ニ彈劾ヲ爲スヲ得。審問及ビ判決ハ、英佛米ニテハ上院之ヲ司リ、普國憲法ニヨレバ、最高ノ裁判所之ヲ司ルベキ者トス。

彈劾ノ被告人

英國ニテハ、彈劾ノ被告人ハ獨リ大臣ニ限ラズ、凡テ國家權ノ一部ヲ以テ委任サルヽモノ、或ハ重要ノ地位ヲ有スルモノハ、貴族ト平民トヲ論セズ。凡テ下院ガ彈劾ヲ提起シ而シテ上院之ヲ審問判決スルヿヲ得。次ニ佛國現行憲法ニヨレバ、大統領ハ只ダ大逆罪ニ付キ、大臣ハ其職權ヲ行フガ爲ニ犯シタル重罪ニ付キ、代議院之ヲ彈劾シ、上院之ヲ判決シ得。一己人ハ國家ノ安寧ヲ害スル所ノ犯罪ニ付キ、普通裁判所ノ裁判ヲ受クルヲ通例トス。然レドモ國家ノ元首ハ、勅令ヲ以テ國老院ニ裁判權ヲ與フルヲ得。合衆國ニ於テハ、文官ハ凡テ其他位ノ上下ニ關ラズ、彈劾ノ被告人トナスヲ得。而メ文官トハ、行政官及ヒ裁判官ヲ總稱スルモノナリ、兩院ノ議員ハ之ヲ包括セズ。千七百九十九年代議員ガ國老院ノ議員某ニ付キ彈劾ヲ提起シタルヿアリ。而シテ國老院ハ、凡テ國會議員ハ其職務ニ付テ彈劾ヲ受クベキモノト見做ヲ得ズト議決セリ。如何トナレバ憲法ニ於テ國老院ノ議員ハ、國老院ニ對シ、代議院ノ議員ハ代議院ニ對シ、責任ヲ負フベシト規定スレバナリ。武官ハ之ヲ軍法裁判ニ付スルヲ以テ、彈劾ノ被告人トナサズ。已ニ述ベタル如ク英國ニ於テハ、被告人ニ差別ヲナサズ議會ノ議員モ、軍人モ、代議院彈劾人ノ被告人トナスヲ得。次ニ普國憲法六十一條ニヨレバ、大臣ハ憲法違反、賄賂及叛逆罪ノ爲メ、兩院中一院ノ彈劾ノ被告人トナスヲ得ベシ。

彈劾ノ手續

ハ英米ハ大躰同様ナリ。佛國現行憲法ニ於テ彈劾ノ手續ハ別ノ法律ヲ以テ之ヲ規家スベシト定ムト雖ドモ未ダ特別ノ法律ヲ制定セズ。而シテ最著キ舊例即チ千八百三十年チヤールス第十世ノ諸大臣ヲ彈劾シタル例ニヨレバ、其手續ハ英米ト大躰同樣ナリ。

彈劾ノ手續ハ、三國共ニ代議院ノ議員一名ガ某ヲ代議院ニ於テ告發シ、彈劾ヲ提起スベキ動議ヲ起ス。此動議ヲ可決スルトキハ、英國ニ於テハ、告發者ハ上院ニ至リ大英國代議院ノ名ヲ以テ某ニ付キ彈劾ヲ提起ス。次ニ代議院ハ委員ヲ選任シ、公訴狀ヲ作ラシメ、之ヲ上院ニ送リ、又タ被告人ヘモ其寫ヲ與ヘ、而シテ被告人ハ之ニ答辯ヲナスヿヲ得。而シテ若シ被告人ガ貴族ナルトキハ、裁判ノ爲メ上院ノ命令ニヨリ、上院ノ監視ニ付ス。平民ナレバ、代議院ノ監視長之ヲ上院ノ監視長ニ引渡ス。次ニ代議院ハ彈劾ヲ作ス爲メノ專任者ヲ選ブ、次ニ裁判ノ方式ハ、刑事裁判ノ方式ニ準據シ、而シテ貴族院ノ議員ハ判事トシテ出席シ、內藏頭裁判ヲ主ル。但シ平民ヲ裁判スルトキハ、Lord Chancellor 之ヲ主ル、審問終レバ各出席ノ議員ニ有罪無罪ヲ問フ而シテ年齡ノ少キモノヨリ始メ、各問ニ應ヘテ順次起立シ、帽ヲ脫シ、右手ヲ胸ニ置キ、答ヲ爲ス。有罪無罪ハ多數ニ因テ决ス、斯ノ如ク罪ノ有無ヲ决スルモ、代議院ノ請求ニヨラザレバ、刑ノ宣告ヲ爲スヲ得ズ。而シテ代議院ガ刑ノ宣告ヲ請求スルトキハ、時日ヲ定メ之ヲ代議院ニ通知シ、裁判長之ヲ宣告ス。

米ニテモ、大躰同ジ。上院三分ノ二ノ多數ヲ必要トシ、大統領ヲ彈劾スル場合ニハ、高等裁判所長ガ裁判長トナル。他ノ塲合ニハ、上院議長(即チ副頭領)裁判長ナリ。

如何ナル犯罪ニ付テ、彈劾ヲ提起スルカ、

英國ニ於テハ、彈劾ハ只ダ憲法及ビ法律違反ノ職務上ノ犯罪ニ止ラズ、千六百七十八年ノ彈劾ノ例ニヨレバ、大臣ハ其職務上ニ付キ、正直及ビ有益ナルヿニ付キ、責任ヲ負フヘキモノトス。故ニ大臣ノ行爲ガ憲法及ビ法律ニ違背セズト雖ドモ、不正及ビ有權ノ行爲アルトキハ、之ニ付テ彈劾ヲ爲スヿヲ得。而シテ又タ各種ノ犯罪、即チ罪ノ輕重ニ關ラズ、貴族平民ヲ論セズ、彈劾シ得ヘシト雖ドモ、實際代議院ノ彈劾ハ、非常ノ犯罪及ビ犯罪人ニ限ル。合衆國憲法ハ、謀叛、賄賂其他ノ重輕罪ニ付テ彈劾スベシト定ム。然レドモ此言語ノ中ニ、如何ナル犯罪ヲ含ムベキヤハ、法律ヲ以テ之ヲ確定セズ。而シテ又タ尋常ノ犯罪ヲ犯シタル爲メ官吏ヲ告訴シ得ベキヤ、否ヤハ、有名憲法律家ストーリーノ如キモ、之ヲ確言セズ。然レトモ憲法ノ條項ニヨレハ、官吏職權罪ニ限ルノ意味ヲ含マズ。故ニ職權ニ關セザル犯罪ニ付テモ、彈劾ヲ爲スヿヲ得ベシ。佛國現今憲法ハ、如何ナル犯罪ヲ以テ彈スルカヲ確定セズ。即チ種目ヲ定メズ。

而シテ舊例ニヨレバ、之ヲ定ムルコハ、代議院及ビ上院ノ權内ニアリ。即チ如何ナル犯罪ヲ以テ彈劾ノ目的トナスヤハ、代議院之ヲ定メ。而シテ如何ナル犯罪ニ付キ裁判スベキヤハ、上院之ヲ定ム。

被告人ハ如何ナル刑罪ニ處スベキカ

英國ニテハ、此事ヲ定ムルハ上院ノ權内ニアリ。刑罰ニ付テ制限ナシ。之ニ反シテ、合衆國ニテハ、上院ハ官位ノ剝奪及ビ有給ノ官吏及ビ名譽官吏タルノ資格ヲ剝奪スルニ止レリ。上院ガ自ラ他ノ刑罰ヲ課スルヲ得ズ。其他ノ刑罰ニ處スベキモノハ、治罪法ノ規定ニ從ヒ、尋常ノ裁判所ニ提起スベキモノトス。佛國憲法モ、亦タ刑罰ノ種類ヲ定メズ。而シテ舊例ニヨレバ、之ヲ定ムルコ上院ノ權内ニアリ只ダ刑法ノ規定ニ從ヒ、刑罰ノ目ヲ撰ブベキモノトシ、更ニ特別ノ刑罰ヲ設クルヲ得ザルヲ以テ、制限トス。此理由不明。普國憲法ニ於テハ、刑罰ハ特別ノ法律ヲ以テ、確定スベキモノトシ。而シテ以來未ダ制定セズ。彈劾ノ有無ハ、法律上ノ制裁ノ有無ヲ決ス。

赦罪權

英國ニテハ、代議院ノ彈劾ニ因テ上院ニ於テ罰ニ處シタルモノハ、君主之ヲ特赦スルノ權ヲ有スト雖ドモ、裁判ヲ停止スルノ權ヲ有セズ。合衆國大統領ハ、上院ノ罰ニ處シタルモノヲ、特赦スルヲ得ズト確定シタル法律ナシ。故ニ法律上特赦權ヲ有スルヿ、尙ホ尋常ノ刑罰ニ於ケルガ如シ普國憲法ニヨレバ、國王ハ彈劾ニ因テ罰セラレタル大臣ヲ、彈劾シタル議院ノ發議ニヨリ、特赦スルノ權ヲ有ス。而シテ又タ裁判ヲ停止スルニハ、法律ニヨラザル可ラズ

米國ノ外元首ハ解散權ヲ有ス

彈劾ノ裁判ハ、議院ノ解散ニヨリ、之ヲ中絕セザルヲ以テ、各國憲法ノ主義トナス。

國家元首無責任ノ事

歐洲各國ノ憲法ニ於テ、君主ヲ以テ神聖ニシテ、犯スベカラズト云フ條項ヲ裁スル

モノアリ。或ハ神聖ノ語ヲ除キ、只ダ犯スベカラズト載スルモノアリ。或ハ單ニ君主ハ無責任ト爲スト云フノ條項ヲ載スルニ止マルモノアリ。而シテ神聖ト云フ語ハ我國ノ憲法ニモ、之ヲ載スト雖ドモ、我國ト歐洲各國トハ、其起原ヲ異ニス。我國ニ於テハ、天皇ハ神聖ニシテ犯スベカラズト爲スモノハ、我國固有ノ事實ニシテ憲法ノ制定ニ因リ始テ設ケタルモノニ非ズ。歐洲ニ於テハ。古代羅馬國共和政躰ノ頃、其平民ノ總代者ノ職位ヲ確保センガ爲メ、此職位ヲ以テ神聖ニシテ犯スベカラズトシ犯スモノハ、其身躰財產共ニ神ノ爲ニ沒取シ、犧牲トスル所トナルベシト云フニ起リタリ。羅馬國ノ政體變更シテ帝國トナルニ及ンデハ、帝ヲ以テ神聖ニシテ犯スベカラザルモノトシ、又タ耶蘇教ノ傳播スルニ及ンデハ、神聖ト云フ語其意義ヲ變ジ耶蘇教ノ意義ヲ含ムニ至レリ。

我國ノ憲法三條ニ、天皇ハ神聖ニシテ犯スベカラズトシ。又タ普國憲法ニハ、神聖ノ二字ヲ除キ、君主ハ犯スベカラズトナシ。獨帝國憲法モ、亦タ帝ハ犯スベカラズト定ム。然レドモ法理上ヨリ見ルトキハ、神聖ト云フ言語ノ有無ニ關セズ、犯スベカラズト云フ事ハ、法律裁判ヲ君主ニ付スベカラズト云フコトナリ。而シテ君主ニハ法律ノ制裁ヲ付スベカラズト云フハ、即チ君主ハ其行爲ニ付キ、責任ナキモノト云フニ等シ。神聖ナル語ノ有無ニヨリ、犯スベカラズノ語ノ意義ニ差異ヲ生セズ。而シテ英國ニ於テ君主ヲ無責任トナスノ制ハ、其他ノ憲法ノ原則ト共ニ漸次、ニ進歩シ已ニ十七世紀ニ於テハ、大ニ完備シ、歐各國ノ憲法ノ模範トナリタリ。即チ換言スレバ、各國憲法ニ犯スベカラズ、無責任ナド云フハ、英國ヨリ取來レルナリ。

斯ノ如ク君主ハ犯スベカラザルモノナルガ故ニ、其身ニ付テ法律ノ制裁ヲ加フベカラズト雖ドモ、立憲制ノ國ニ於テハ、主權者タル君主ガ憲法ヲ制定シ、國家統治權ノ運用ノ方法ヲ定メ、爾來此方法ニヨリテ、國家ノ權ヲ運用セザルベカラズト爲スガ故ニ、憲法ノ存在スル間ハ、君主ノ行爲モ亦憲法ニ準據セザルベカラズ。而シテ又憲法ニ於テ、法律命令ノ關係ヲ定ムルトキハ、必ズ命令ハ其關係ニ從テ發セザルベカラズ。故ニ君主ヲ以テ主權者ナリトナスト雖ドモ、憲法ノ存スル間ハ、君主ノ行爲ガ憲法ニ違背スルコトヲ得ズ。然レドモ時トシテ、違背ノ行爲アルノ恐アリ、又タ次ニ代議制ニ於テハ、君主ハ主權者ニ非ズ。故ニ君主ハ犯スベカラズト雖ドモ、君主ノ行爲ハ憲法及ビ法律ニ準據セザルベカラス。而シテ若シ憲法違反ノ行爲アリト雖ドモ、君主ニ制裁ヲ付スベカラス、故ニ責任ノ大任ヲ置キ、君主ノ行爲ノ憲法法律ニ準據シ、及ビ國家公益ヲ目的トナスヲ以テ其責トナシ。若シ君主ノ行爲ニ付テ、憲法違反及ビ法律違背ノ事アルトキ、及ビ國家ニ害アルノ行爲アルトキハ、凡テ其責ニ任ゼシム。

君主無責任ト大臣責任トノ關係

君主ノ無責任ト、大臣ノ責任トハ全ク關係ノナキヿナリ。君主ハ法律ノ下ニ立タズ、法律ノ制裁ヲ加フベカラズ。即チ無責任タルガ故ニ、大臣ノ責任ハ君主ニ代テ之ヲ負フモノニ非ズ。故ニ君主ノ無責任ト關係ノナキヿナリト論ズルモノアリト雖ドモ。大臣ノ責任ノ制度ノ歴史的ノ進歩、及ビ憲法ノ條文ニ照ラシテ見ルトキハ、此論ヲ以テ適當トナスヲ得ズ。君主ノ無責任、及ビ大臣ノ責任ノ事ハ、英國ニ於テ漸次ニ進歩シタルモノニシテ、十三世紀以來ノ歴史ヲ見ルニ、君主ヲ神聖ニシテ無責任ナリトナセドモ、其國政ニ關スル行爲ハ、或ハ國法違反又ハ政治上有害ト見做スベキ者アルヲ免レズ。故ニ君主ノ補佐ヲシテ凡テ君主ノ行爲ハ法律ニ準據スルノミナラズ、政治上有益ノモノタルヿヲ保證スルノ義務ニ任ジ、若シ國法違反ノ行爲、又ハ政治上害アルノ行爲アレバ、其責ヲ負フベキモノトナシタリ。此制度漸次ニ進步シ、遂ニ憲法ノ一大原則トナリタリ、斯ノ如ク大臣ノ責任ト、君主ノ無責任ノヿハ相關係シテ進步シタルノミニアラズ、佛國ノ舊立憲君主制ノ憲法、及ビ獨逸各邦ノ憲法中ニハ、君主犯スベカラザルヿ、大臣ノ責任ノヿヲ幷ベテ規定シ、相關係シタルモノト見做スヿヲ明ニセルモノアリ。而シテ又タ法理ニ於テモ、君主ノ無責任ト、大臣ノ責任トハ相關係ジタルモノト見做スヲ得ベシ。其故ハ君主ノ無責任ト云フコトハ、君主ノ行爲ニ違憲又ハ違法ノ行爲ナシト云フ意義ヲ含ムモノニ非ズ。無責任トハ、法律ノ制裁ヲ加フベカラズト云フヿナレバ、君主ノ行爲モ亦タ憲法及ビ憲法準據ノ法律ニ違背スルヿアリ。而シテ大臣ハ憲法ノ規定ニヨリ、凡テ君主ノ國政ニ關スル行爲ガ、憲法及ビ法律ニ準據スルヿ、及ビ國政上有益ナルヿノ責任ヲ負擔シテ之ヲ施行スルヲ以テ。其職ニ就クモノナリ、換言スレバ、凡テ君主ノ國政ニ關スル行爲ガ、憲法及ビ法律ニ準據シ、幷ニ國政上有益ナルヿヲ保證シテ之ヲ施行スルヲ以テ、其職務トナスモノナリ。故ニ君主ノ行爲ニ違法違憲ノ者又ハ國政上害アリト認ムルヿハ、保證ヲ拒ミ之ヲ施行セザルヲ得ベシ。若シ之ヲ施行スルトキハ、大臣ハ君主ヲ補弼シ、其命令ニ副署シ、其責ニ任ズト云フ憲法ノ原則ニ違背シ其職務ヲ怠ルモノナレバ、君主ノ違憲及ビ違法ノ行爲ハ國政上害アルノ行爲ニ付キ副署シテ施行スルトキハ自ラ違憲違法ノ行爲又ハ國政上害アルノ行爲ヲ爲シタルニ等シ。故ニ法理上其責ニ任ゼザルベカラズ、或ハ曰ク、立憲君主制ニ於テハ、大臣ハ君主ノ違憲及ビ違法ノ行爲ニ付テハ、其責ニ任ズベシト雖ドモ、憲法準據ノ行爲ハ、之ヲ政治上有害ト認ムルモ、尙ホ之ヲ遵奉スルノ義務アリ、此場合ニ於テハ大臣ガ辭職ヲ乞フト雖ドモ、君主ハ之ヲ許可セザルヲ得ベシ。故ニ大臣ガ止ムヲ得ズ、其害アリト認ムルモノヲ遵奉施行セザルベカラズ、其害アリト認ムルモノ、即チ同意セザルヿヲ、强テ遵奉施行セシメナガラ之ニ其責任ヲ負ハシムルハ、罪ナキモノニ罰ヲ加フルニ等シ。故ニ立憲君主政ニ於テハ、大臣ハ君主ノ行爲ノ憲法法律ニ準據スルヿニ付キ、責任アレドモ其行爲ノ國政上害アルト、否トニ付キ責任アルヿナシ云々。此説ハ立憲君主制ニ於テハ、君主ハ大臣ノ辭職ヲ拒ムヿヲ得ルガ故ニ、大臣ハ其有害ト認ルヿモ、之ヲ遵奉施行スルノ議論アリト云フニ基キタルモノナリ、然レドモ憲法上、大臣ハ君主ヲ補弼シ、君主ノ命令ニ副署シ、其責ニ任ズト云フコハ、大臣ノ責任ヲ一定ノ塲合ニ限ルニ憲法違法ノ塲合ノミニ非ズ、故ニ君主ガ大臣ノ辭職ヲ許可セザルトキハ、大臣ハ其職ニ留ラザルヲ得ザルベシト雖ドモ、大臣ハ君主ヲ補弼シ、其責ニ任ズト云フ憲法ノ原則ヲ遵奉シ、政治上害アリト認ムルトキハ、其施行ヲ拒ムノ義務ヲ有ス。若シ此義務ヲ怠ルトキハ、其責ニ任ゼザルベカラズ。

大臣ハ誰ニ對シテ責任ヲ負フカ

誰ニ對シテ大臣ハ責任ヲ負フカト云フコハ、一方ヨリ言ヘバ、誰カ大臣ニ責任ヲ負ハシムルノ權力ヲ有スルカ、即チ法律上ノ制裁ヲ負ハシムルカト云フコニ歸ス。已ニ彈劾ノコニ於テ陳ベタル如ク、英國ニ於テハ、議會ハ大臣ニ違憲又ハ違法ノ事、又ハ政治上有害ト認ムルコニ付キ彈劾ニ因テ責任ヲ負ハシムルコヲ得。普國ニ於テハ、憲法規定ノ通則ニヨレバ議院ハ只ダ大臣ノ違憲及ビ違法ノ行爲及ビ賄賂ヲ取リタルニ付キ、彈劾ニヨリ責任ヲ負ハシムルコヲ得。然レドモ彈劾ハ實際普國ニテハ之ヲ行フコヲ得ズ、其他彈劾ノ範圍外ニアル違憲違法ノ行爲、又ハ國政上有害ト認ムル行爲ニ付テハ、君主ガ責任ヲ負ハシムルヿヲ得ベシ。即チ君主ハ懲戒ノ爲メ大臣ヲ免職スルノ權ヲ有ス。我國ニ於テハ、議會ハ凡テ大臣ノ責任ヲ强制スルノ權ヲ有セズ。只ダ上奏建議、質問等ニヨリ大臣ノ行爲ニ付キ可否スルノ意見ヲ示スノ方法ヲ有スルノミ、而シテ君主ハ大臣ヲ免職スルノ權ヲ有スルモノナレバ、此權ニヨリ大臣ノ責任ヲ强制スルヿヲ得ベシ。故ニ我國ニ於テハ、大臣ハ只ダ君主ニ對シテ法律上ノ責任ヲ有スルモノト見做スベシ。此外ニ刑法範圍内ニ屬スル行爲ニ付テハ、固ヨリ刑法ノ制裁ニ從フベキヿ論ヲ俟タズ。而シテ又佛國共和制ニ於テハ、議會ハ彈劾權ヲ有スルガ故ニ、大臣ノ責任ヲ强制スルノ權ヲ有ス。即チ換言スレバ、大臣ハ議會ニ對シテ責任ヲ有スルモノナリ。而シテ實際ノ關係ニ於テハ、彈劾ヲ以テ責任ヲ負ハシムル場合少ク、議會ノ信任ト、否トニヨリ、大臣ハ其進退ヲ決ス。英國ニ於テモ、亦タ然リトス。

共和國ニ於テハ、國家元首ノ權ハ國民ヨリ委任サレタルモノトナスガ故ニ、元首ハ其行爲ニ付キ、自ラ責任ヲ負フモノトナスヲ通例トス。然レドモ現今佛國ノ憲法ハ、大統領ハ國家ノ元首タル資格ヲ以テ爲ス所ノ事ハ、大逆罪ノ場合ヲ除テハ、凡テ無責任トス。之レ君主國ノ原則ヲ適用シタルモノニシテ、其目的ハ立憲君主制ニ於ケルガ如ク元首ガ法律ノ下ニ立タズト云フニ非ズシテ代議政體ノ責任宰相制ヲ取リ、時勢ノ必要ニ應ジテ、政治ノ方向ヲ變換スルヿヲ得セシメンガ爲ナリ、即チ責任ヲ解除シタルナリ

次ニ民事上ノ事ヲ說述セン

君主ニ對スル民事上ノ要求ニ關シテハ、英國ト普國トノ間ニ於テ差異アリ。英國ニ於テハ、君主ニ對シ民事上ノ訴訟ヲ提起スルニハ、檢事總長ノ認可ヲ要ス。之ニ反シテ、普國ニ於テハ、君主ニ對スル民事上ノ訴訟ヲ直ニ提起スルヲ得ベシ。然レドモ君主ヲ被告トナサズ、君主ノ會計ニ對シ起訴スルヲ法トス。裁判所搆成法改正前ハ、英國ニテハ、起訴ト言ハズ、請願ト言ヒタリ。固ヨリ現今ニ於テモ、君主ノ身ニ對スルニ非ズ、會計主任ニ對シテ起訴スルナリ。

國家ノ元首ノ立法權

獨逸ノ國法家ガ――立憲君主制ト稱スル國ニ於テハ、君主ハ國家ノ統治權ヲ總攬

スルモノニシテ、立法權モ亦君主ニ屬ス。然レドモ其權ヲ行フニハ、必ズ議會ノ贊與ト、一定ノ手續トニヨルヲ要ス。議會ノ贊與ト、憲法規定ノ一定ノ手續ニヨラザレバ、法律ヲ制定スル事ヲ得ズ。普國モ此主義ヲ取ルモノニシテ、立法權ハ君主一人ニ屬セリト雖トモ、之ヲ行フニハ君主ト、議會ノ共同ヲ要ス。獨逸帝國ニ於テハ、帝ハ統治權ノ總攬者ニ非ズ、只タ憲法ニ於テ帝ニ屬シタル權ヲ有スルノミニシテ、立法權ハ帝ニ屬セズ、獨逸廿五邦ノ委員ヲ以テ組織セル團躰、即チ聯邦協議院ガ立法權ヲ掌握シ、而シテ之ヲ行フニハ帝國議會ノ協同ヲ要スル〻、尙ホ普國ニ於ケルガ如シ。我國憲法モ、亦タ獨逸ノ公法家ガ立憲君主制ト稱スルモノト同一ノ主義ヲトリ、憲法第五條ニ、天皇ハ帝國議會ノ協贊ヲ以テ立法權ヲ行フト定メ、天皇ハ主權者ニシテ立法ノ權ハ天皇ニ屬ス。然レドモ此權ヲ行フニハ、必ズ議會ノ協議贊成ヲ要ス。英國ニ於テハ、立法權ハ君主ト、上下兩院ト共同掌握スル所ニシテ、之ヲ行フニモ、亦君主ト上下兩院ノ共同ヲ要ス。

佛國及ビ北米合衆國ノ共和制ニ於テハ、立法權ハ議會ノ掌握スル所ニシテ、大統領ハ立法機關ニ非ズ、只一定ノ塲合ニ於テ、立法權ノ節制者タルニ過ギズ。

前ニ述ベタル如ク、立憲君主制ノ國ニ於テハ、君主ヲ以テ立法權ノ掌握者トナスト雖モ其運用ニ付テハ、議會ノ協賛ヲ要ス。而シテ君主ノ裁可ト、議會ノ議決トノ關係ニ付キテ、二個ノ説アリ。或人ハ君主ノ裁可ニ重ヲ歸シ裁可ガ法律ノ效力ヲ與フルモノニシテ、議會ノ協賛ハ只ダ法律案ノ事項ヲ議シ、法律制定ノ要件ヲ定ムルニ過ギズ。普國及ビ其他獨逸君主制ノ憲法ハ此主義ヲ取ルモノナリト云フモノアリ。之ニ反シテ、或人ハ法律ト、君主ト、議會ト共同制定スルモノニシテ、議會ノ議決ハ只ダ法律案ノ事項ヲ議シ、法律制定ノ要件ヲ定ムルニ止マラズ、法律ノ効力ニ協賛ヲナスモノナリ。次ニ普國及ビ獨逸帝國ノ聯邦共議院ハ、議會ノ可決シタルモノニ裁可ヲ拒ムノ權ヲ有ス、此裁可ヲ拒否スルノ權ニハ制限ヲ設クルヿナシ、議會ガ政府ノ提出シタル法律案ヲ少シモ修正ヲ加エズ原案ノ儘ニ議決シタル塲合ト雖ドモ、尙ホ君主ハ之ヲ裁可セザルノ權ヲ有セリトス。我國ニ於テモ、憲法ノ條項ニハ裁可ヲ拒否スルノ權ヲ明ニ掲ケザレドモ、議會ノ議決シタルモノニ、裁可ヲ拒否スルノ權アルコト明ナリ。

裁可ノ時期ニ付テハ、制限アリトス。我議院法三十二條ニ、兩院ノ議決ヲ經テ奏上シタル議案ニシテ裁可セラルヽモノハ、次ノ會期迄ニ公布セラルベシトアルガ故ニ、次ノ會期迄公布セラレザルモノハ廢案トナリタルモノトス。又タ普國ニ於テハ、裁可ノ制限ニ關スル特別ノ規定ナシ。而シテ或論者（レンチー）ハ、次ノ會期ヲ以テ其期限トナスベシト云フモ、法律上理由ナシ。或人ハ法律ハ現在成立スル議會ノ協賛ニ因テ制定スルモノナルガ故ニ、議會ノ改撰ヲ以テ裁可ノ期限トナシ、改撰期迄ニ公布ナキモノハ、裁可セラレザルモノト謂ヘリ、此說ヲ以テ正當トス。

獨逸帝國ニ於テハ、共議院ノ議決ヲ以テ裁可ス。然レドモ又タ裁可ニ期限ヲ設ケズ、故ニ普國ニ於ケルガ如ク、議會ノ改撰期ヲ以テ、裁可ノ期限トナスベキナリ。英國ニ於テモ、亦君主ノ同意ヲ經テ始テ有効ノ法律トナスト雖ドモ、凡君主ノ同意ハ、法律制定ノ一部ト見做ス可キモノニシテ、君主ノ同意ガ法律ヲナスモノト見做スヲ得ズ。而シテ英國ノ君主ハ、上下兩院ノ可決シタル議案ニ對シ、同意ヲ拒ムノ權ヲ有ス。然レドモ一千七百九年以來兩院ノ可決シタル法律案ニ同意ヲ拒ミタル例ナシトス。

佛國及ビ北米合衆國ニ於テハ、立法權ハ全ク議會ノ掌握スル所ニシテ、大統領ハ只ダ節制權ヲ有シ兩院ノ可決シタル法律ニシテ不同意アルトキハ、之ニ其理由ヲ附シ議院ニ付シ再議ヲ要求スルノ權ヲ有スルニ過ギズ。而シテ佛國大統領ハ、議會ノ制定スル法律ハ、之ヲ受取リタル日ヨリ一ケ月内ニ公布スルヲ要シ。若シ兩院ガ至急ヲ要スト定メタルモノハ、三日内ニ公布スルヲ要ス。而シテ大統領ハ此期限内ニ理由ヲ付シテ議院ニ再議ヲ要求スルノ權ヲ有シ、兩院ハ此要求ヲ拒ムヲ得ズ。而シテ此再議ニ於テモ、前案ヲ再院共ニ多數可決スルトキハ、大統領ハ之ヲ公布執行スルヲ要ス。

北米合衆國ニ於テハ、兩院議決シタル法律案ハ之ヲ大統領ニ送附シ、其記名ヲ得テ、始テ法律ノ効力ヲ有スルモノトス。而シテ若シ大統領ガ此法律案ニ不同意アルトキハ、其理由ヲ付シ之ヲ其法律案ノ發議者タル議院ニ返付シ、再議ヲ要求スル權ヲ有ス。然レドモ再議ニ於テ前法律案ヲ、兩院共ニ三分ノ二ノ多數ヲ以テ可決シタル片ハ法律トナル。又タ大統領ガ法律案ヲ受取タル日ヨリ、日曜日ヲ除キ十日以內ニ之ヲ議院ニ返付セザル場合ニモ、其案ハ即チ法律トナル。合衆國ニ於テハ、大統領ノ此節制ノ權ヲ指シテ通例 Veto ト稱ス然レドモ之レ憲法ニ據準シタル名稱ニ在ラズ。Vetoトハ立法ノ一部ヲ成スモノガ、法律案ニ同意ヲ拒ムノ名稱ナルガ故ニ、合衆國ノ如ク立法權ガ全ク議會ニ歸スル所ニ於テハ、大統領ノ立法權ニ關スル權ヲVetoト稱スルハ不當ナリトス。

已ニ述ベタル如ク、法律ガ成立シタル後チ之ヲ公布スルコハ、政府ノ權内ニ屬ス可キモノナリト雖ドモ、公布ノコハ、其國ニ因テ正式ト否トアリ、英國ニ於テハ、ジョージ第三世ノ時迄ハ、法律ハ之ヲ制定シタル議會ノ會期ノ始ヨリ効力ヲ有スルモノト成シタリシガ、此時之ヲ改正シ、凡テ法律ハ其條文中ニ於テ、効力ヲ有スベキ時期ヲ規定セザルトキハ、即チ國王ガ之ニ同意ヲ與ヘタル時日ヨリ、効力ヲ有スベキモノト定ム。而シテ論理上人民ハ國民代表者ニヨリテ法律制定ニ參與スルモノトナスガ故ニ、法律上正式ノ公布ヲ要ス。然レドモ實際之ヲ人民ニ告知スルコ必要ナルガ故ニ、國王ノ印刷官ハ之ヲ公布スルノ義務アリトス。北米合衆國モ、亦タ英國ト同樣ノ主義ヲ取ル。之ニ反シテ、我國佛國兩國及ビ獨帝國ニ於テハ正式ノ公布ヲ要ス。而シテ法律ハ公布前ニ成立スルモ、法律ノ効力ハ公布ニ因テ始ルモノトス。佛國ニ於テハ、公布ハ大統領ノ職權ニ屬シ。我國及ビ普國ニ於テハ、公布ヲ命令スルコハ君主ノ大權ニ屬ス我國ニテハ、官報、普國ニハ、法律全書ヲ以テ、公布シ。獨帝國ニ於テハ、帝之ヲ司リ、帝國法律全紙ヲ以テ之ヲ公布セリ。

裁可ト、公布ト異ルハ獨ニテ見レバ明ナリ。法律發議ノ權ヲ以テ、立法權運用ノ件ニ要セル一部トナシ、而シテ獨乙各邦ノ或國ニ於ル憲法ニ於テハ、君主ヲ以テ主權者トナスガ故ニ發議ノ權ハ獨リ君主ニ屬スルモノトナシ、議會ニ此權ヲ與ヘザルモノ多カリシガ、現今ハ之ヲ改正シ、發議ノ權ハ君主及ビ兩院ニ屬スルモノト成スヲ通例トス。我國及ビ普國ニ於テモ。發議ノ權ハ君主及ビ兩院ニ屬ス。獨帝國ニ於テハ、協議院及ビ議會ニ屬ス。佛國共和制ニ於テモ、大統領及ビ兩院ニ屬ス。而シテ英國ニ於テハ、通常ノ法律案ノ發議ハ、政府員及ビ兩院ノ議員ニ屬ス。但シ君主ノ特權ニ關スルコノ議案ハ君主ノ同意ヲ經テ發議スルモノトス。又タ各院ノ特權ニ關スルコハ、其院ノ發議ス可キモノトス。財政ニ關スル法律ニ付テハ、特別ノ規定アリト雖ヲ財政ノ部ニ於テ之ヲ述ベン。

斯ノ如ク現今ハ發議ノ權ハ、君主及ビ兩院或ハ大統領及ビ兩院ニ屬ストス。之ヲ以テ立法權ヲ運用スルモノトナサザルコ明ナリ。

議會ノ召集開會停會及ヒ衆議院ノ解散

議會ノ集會ヲ分テ、定期及ヒ臨時ノ二種トス。我國及ヒ英普兩國ニ於テハ、議會ヲ召集スルコハ、君主ノ特權ニ屬シ、議會自ラ集會シ、議會ヲ組織スルヲ許サズ。自ラ集會スルコアルモ、法律上議會ト見做スベキモノニ非ズ。而シテ召集ノ權ハ君主ニ屬スト雖モ此權ニ憲法上ノ制限アリ。

我國ニ於テハ、通常議會ハ、毎年之ヲ召集スベキモノトス。普國及ビ獨乙帝國ニ於テモ、亦タ毎年之ヲ召集スベキモノトス。而シテ獨乙帝國ニ於テハ、帝ハ獨乙聯合政府ノ名ヲ以テ、議會ヲ召集セリ。英國ニ於テハ、毎年議會ヲ召集スルコトハ憲法ノ規定ニ非ズ。然レドモ毎年豫算ヲ確定シ、及ビ法律案ヲ議定スルノ必要アルガ故ニ、之ヲ召集スルヲ要ス。臨時會ハ、必要アル場合ニ之ヲ召集スベキモノトス。故ニ臨時會ヲ召集スル權ニ制限ヲ設ケズ。次ニ共和制ノ佛國ニ於テハ、定期召集ニ付テハ、大統領ガ召集令ヲ發ス。然レドモ集會ノ期日ニ至リ、召集令ヲ發セザレバ議院自ラ集會ノ權ヲ有ス。而シテ北米合衆國ニ於テハ、定期集會ハ議會自ラ之ヲ爲スコヲ得。而シテ又議院ハ臨時集會ノ期日ヲ定ムルコトヲ得。而シテ又大統領モ臨時會ヲ召集スルノ權ヲ有ス。

佛國ニ於テハ、臨時會ハ大統領之ヲ召集スルノ權ヲ有シ、且ツ代議院及ビ國老院議員總數ノ過半、若クハ大統領ハ之ヲ召集スルヲ要ス。

我國及ビ英佛普各國ノ議會ハ、兩院ヲ以テ組織スルモノナリ。故ニ兩院ヲ必ズ同時ニ召集スルヿヲ要ス、之レ通則ナリ。然レドモ北米合衆國ニ於テハ、大統領臨時ニ兩院ノ一院ヲ召集スルヲ得。例ハ大統領リンコルンハ、一千八百十五年國老院ノミヲ召集シタルヿアリ。而シテ合衆國ノ國老院ハ、殊ニ外交及ビ官吏任命等ノ行政事務ニ參與スルガ故ニ、獨リ上院ノミヲ召集スルノ必要ヲ生ズルヿアリ。佛國ニ於テモ亦タ二ツノ例外アリ。即チ

（一）衆議院解散ノ時ニ際シ、大統領ガ欠クルトキ、國老院ハ直ニ自ラ召集スベシ。然レドモ此場合ニハ、立法ヲ行フヲ得ズ。

（二）大統領又ハ大臣ノ彈劾ノ場合ニハ、上院ノミ集會シ、彈劾ノ裁判ヲ爲スヲ得。此場合ニハ、其職權ハ彈劾ノ場合ニ限ル。

以上ノ事故ハ、上院ヲ直ニ召集スルノ例外ナリトス。

次ニ獨乙帝國ハ議會ハ一院ヲ以テ成レリ。然レドモ議會ヲ召集スルトキハ、必ズ聯合政府ナル帝國協議院ヲ召集スルヲ要ス。次ニ我國及ビ英普兩國、及ビ獨逸帝國ニ於テハ、開會モ亦タ國家元首ノ特權ニ屬シ、議會ハ開會ヲ以テ始テ議事ヲ取ルヿヲ得ベシ。開會前ハ議事ヲ成スモ、凡テ効力ヲ有セズ。而シテ又タ以上ノ各國ニ於テハ、開會ノ式ハ元首自ラ之ヲ行フアリ、特命委員ヲシテ之ヲ行ハシムルアリ、英國ニ於テハ國王自ラ之ヲ行フトキハ、國王上院ニ親臨シ、侍從長ヨリ上院ノ監守長ニ命ジテ、衆議院議員ヲ上院ヘ召集セシム。而シテ議院ノ議長ハ議員ノ先導トナリ、上院ニ至ル。而シテ國王自ラ勅語ヲ讀ムヲ以テ開會ノ式トス。尚書(Lord chancellor)ヲシテ開會式ヲ行ハシムルトキモ、亦タ衆議院議員ヲ上院ニ召集シ、國王ノ勅語ヲ讀ムヲ以テ式トス。

普國及ビ獨逸帝國ニ於テモ、亦タ君主自ラ開會式ニ臨マルヽトキハ、通例大臣ニ命ジ之ニ行ハシム。佛國及ビ北米合衆國ニ於テ、殊ニ開會式ヲ要セズ。始ノ二人ノ大統領ハ、英國ノ制度ニ倣ヒ、開會式ヲ行ヒ、演説ヲナシタルモ、爾來之ヲ行フヿナシ。現今ハ只タ審計官ヲシテ大統領ノ教書ヲ議會ニ送附セシムルノミ。

停會ハ英國ニ於テハ兩院各自隨意ニナス者ニシテ、甲院ガ停會スルト雖モ乙院ニハ關係ナキヲ通例トナス。且又停會ノ日限ヲ定ムルコモ各院ノ權內ニ在リテ停會ヲ命ズルヲ得ズ。又タ停會終期前ニ於テ事務ヲ取ラシムルヲ得ズ。北米合衆國モ亦タ各院隨意ニ停會スト雖モ三日以上ノ停會ニハ必ズ他ノ一院ノ同意ヲ得ルヲ要ス。我國及ビ佛普兩國及ビ獨逸帝國ニ於テハ停會ハ國家元首ノ命ズル所ニシテ、議院自ラ停會ヲ成スヲ得ズ。然レドモ議院ガ實際事務ヲ取ラズシテ、休息ヲ成スコトヲ得ベシ。

斯ノ如ク國家元首ノ權ニ屬スルモ其權ニ制限アリ。普國及ビ獨乙帝國ニ於テハ停會ハ三十日以上トス。而シテ議院ノ同意ヲ經ザレバ同回期中ニ一回以上ノ停會ヲ成スヲ得ズ。佛國ニ於テモ停會ハ一ヶ月以內トス。又タ一回以上ノ停會ヲ成スヲ得ズ。我國ノ議院法ニヨリ停會ハ十五日以內トス。然レドモ回數ヲ限ラズ。而シテ我國ト佛國トニ於テハ停會ト及ビ會期ノ日數トニ關係ニシテ差異アリ。佛國ニ於テハ停會ノ日數ハ會期ノ日數外ニアリ。而シテ議院ガ自ラ休會シタル日數ハ會期ノ日數中ニ算入ス。我國ニ於テハ停會ノ日數ハ、會期內ノ日數トス。

我國及ビ英佛普各國、及ビ獨乙帝國憲法ニヨレハ、閉會及ビ解散ヲ命ズル丁モ、亦タ國家元首ノ權ニ屬ス。而メ閉會ハ開會及ビ停會ト同ジク議會ニ關メ云フ者ナレバ、兩院ヲ同時ニ閉會スルモノトス。但シ佛國ニ於テハ、通常會ハ少クモ五ケ月間繼續スベキモノニシテ、憲法上確定スルガ故ニ、大統領ハ此期限前ニ、閉會ヲナスヲ得ズ。我國ニ於テハ、通常會ハ三ケ月トス、故ニ三ケ月前ニ閉會ヲナスハ、違憲ノ行爲ト見做スベキモノナリ。而シテ普國ニ於テハ、通常會ハ通例十一月ノ始ヨリ、次年正月ノ中ニ至ルマデノ間ニ、國王之ヲ召集スベキモノトナシ、月數テ確定セズ。次ニ英國ニ於テハ、解散ハ國會全躰ニ及ブモノト爲スト雖モ、解散ノ要點ハ。議院ノ改撰ニ因テ輿論ヲ問フニアリ。故ニ實際衆議院ノ解散ヲ目的トナスモノナリ、普國憲法第五十一條ニヨレバ、國王ハ同時ニ兩院ヲ解散シ、或ハ其一院ヲ解散スル丁ヲ得ベシ。然レドモ上院ハ多數ノ世襲、及ビ終身議員ヲ以テ組織スルモノナル故ニ、實際ノ解散ハ獨リ衆議院ヲ目的トスルモノナリ。佛國憲法モ、亦タ解散ハ衆議院ニ限ル。而シテ大統領ハ臨時解散權ヲ有ストト雖ドモ、之ヲ行フニハ必ズ國老院ノ同意ヲ要ス。獨乙帝國ニ於テハ、帝ハ協議院ノ議決ヲ經テ、臨時解散ヲ命ズルノ權ヲ有セリ。北米合衆國ノ大統領ハ、議會ヲ閉會、停會及ビ解散スルノ權ヲ有セズ。故ニ議員ノ任期ノ終期ノ外ニ、議會ノ解散ヲ見ルヿナシ。

斯ノ如ク解散權ハ米國ヲ除キ、國家元首ニ屬スト雖モ。其權ヲ憲法上ノ制限ヨリ、英國ニ於テハ、國會解散ノ proclamation ト、議會ヲ召集スルヲ同一ノ proclamation ニ定ム。而シテ又同時ニ議員ノ撰擧ヲ行フノ命令ヲ發セシム。(尙書ヲシテ)佛國ニ於テハ、二ケ月ニ撰擧人ヲ召集シ、撰擧事務ノ完結ヨリ、十日內ニ議院ノ集會ヲ要ス。我國ニテハ、衆議院ガ解散ヲ命ゼラレタルトキハ、勅令ヲ以テ新ニ議院ヲ撰擧セシメ、解散ノ日ヨリ五ケ月以內ニ召集スベキ者トス。而シテ衆議院ガ解散ヲ命ゼラレタルトキハ、貴族院ハ同時ニ停會セラルベシ、此場合ノ停會ト、議會全躰ノ停會ト同一ナラズ此場合ニ於テハ、全ク事務ヲ繼續セザル者トス。全躰ノ停會ノ場合ニ於テハ、事務ヲ繼續スベキモノトス。而シテ又タ此ニ停會ト、閉會ノ差別ヲ陳ベンニ、議會ノ停會ハ、凡テ事務ヲ繼續スト雖モ、閉會ハ事務ヲ繼續セズト爲スヲ以テ各國ノ通則トス。然レドモ佛國ニハ、例外アリ、議會ノ部ニ於テ之ヲ陳ベン。

官制及ビ官吏任命ノ事

立憲政ノ國家ニシテ、法律ト命令ノ差別明ナル所ニ於テハ、裁判所ノ官制ヲ定ムルコハ、必ズ法律ニヨル。之ニ反シテ、行政官衙ノ組織、及ビ其職權ヲ定ムルコニ付テハ、我國及ビ英、佛、獨各國ノ間ニ多少ノ差異アリ。其中我國及ビ佛普兩國ニ於テハ、行政各部ノ官制ヲ定ムルノ權ハ、國家ノ元首ニ屬ス、(例外會計撿查院)然レドモ、其官制ヲ定ムル權ニ制限アリ。即チ法律及ビ豫算ノ制限トナリ。(一)法律ヲ以テ制定シタル官制ハ、命令ヲ以テ之ヲ變更スルヲ得ズ。故ニ法律ニテ一度定メタルモノハ、必ズ法律ヲ以テ改正セザルベカラズ。(二)又タ憲法ニ於テ、法律ヲ以テ制定スベシト定メタルモノハ、命令ヲ以テ之ヲ定ムルコヲ得ズ。次ニ豫算ノ制限トハ、我國ノ憲法第六十七條ニ、憲法上ノ大權ニ基ケル既定ノ歳出ハ、政府ノ同意ナクシテ帝國議會之ヲ廢除シ又ハ削減スルコヲ得ズトナスガ故ニ、憲法施行前ヨリ已ニ確定ノ經常費額ヲナスモノ、及ビ憲法施行後豫算ニ於テ議定シタルモノハ、次年ノ豫算提出前ニ已ニ既定ノ歳出ヲ増スモノナルガ故ニ、議會ハ政府ノ同意ナクシテ、之ヲ廢除シ、又ハ削減スルヿヲ得ズ。然レ𪜈新ニ官職ヲ設クル塲合ニ於テ、之ニ要スル費額ハ、帝國議會ノ協賛ヲ經ベキモノナレバ、議會ハ當然其經費ニ付キ、修正ヲナスノ權ヲ有ス。然レドモ、又タ之ニ反對ノ解釋アリ。其解釋ニヨレバ、官制ヲ定ムルノ權ハ、我國ニ於テハ天皇ノ大權ニ屬ス。故ニ豫算ノ削減アルベキ理由ナシ、若シ新ニ官制ヲ設クル塲合ニ於テ之ニ要スル經費ヲ、議會ガ政府ノ同意ヲ經ズシテ廢除、又ハ削減スルヲ得ベキモノトスレバ、天皇ハ官制ヲ定ムルノ權ヲ有スト云フヲ得ズ。若シ官制ヲ定ムルノ權天皇ニアリトスレバ、新ニ官制ヲ定ムレバ、即チ法理上其官制ハ效力ヲ有スベキ者トナサヾルベカラズ。然ルニ之ニ要スル經費ハ、議會ノ協賛ヲ經テ始テ確定スベキモノトスレバ、議會ノ協賛後ニアラザレバ、官制ハ其效力ヲ有スルヲ得ズ。故ニ天皇ノ大權ニ基ケル既定ノ歳出トハ、天皇ガ官制ヲ定メタル時ニ付テ、已ニ既定トナリタルモノヲ指スモノニシテ、議會ノ協賛ヲ經タル後ニ付テ言フニ非ズ。

佛國ニテハ、革命以來二箇ノ塲合ヲ除キ、各省ノ官制ヲ定ムルヿハ、之ヲ政府ノ權ニ屬シ、現行ノ憲法モ亦タ此主義ヲ取ルガ故ニ、大統領ハ勅令ヲ以テ各省ヲ廢立增減シ、其組織權限ヲ定ムルヿヲ得ベシト雖𪜈、之ガ爲ニ經費ノ增減ヲ命ズルガ故ニ、議會ハ豫算ヲ議定スル時ニ當テ、大統領ノ官制ヲ定ムルノ權ニ制限ヲナスヲ得ベシ。
斯ノ如ク各省官制ヲ定ムル權ハ、佛國ニ於テハ政府ニ屬スト雖ドモ、參事院官制ハ革命以來常ニ法律ヲ以テ之ヲ定ム。又タ地方ノ官制ハ地方制度ト同時ニ定ムルガ故ニ法律ヲ以テ之ヲ定ム。(其他會計撿査院ハ行政裁判所トスル故、固ヨリ法律ヲ以テ定ム。)

(四五年前解釋者帝國ニテハ命令、共和政ニテハ法律ニテ官制ヲ定ムト云フモノアリシモ誤謬ナリ)。

普國ニ於テモ憲法又ハ法律ヲ以テ定ルモノ、或ハ定ムベキモノトナスモノヽ外、行政各部ノ官制ヲ定ムルノ權ハ、國王ニ屬ス。然レドモ新ニ官職ヲ設ケ、或ハ改正シタル爲メニ要スル經費ハ、議會ノ議決ヲ經テ、始テ支出シ得ベキモノトス。然レドモ或説ニヨレバ、憲法及ビ法律ニ於テ制限ヲ設クル外ハ、官制ヲ定ムルノ權ハ國王ニ屬スルガ故ニ、之ニ要スル經費ハ議會ハ之ヲ議決スベキ義務アリトス。若シ議會ガ之ニ要スル經費ヲ廢除シ得ベキモノトスレバ、官制ヲ定ムルノ權ハ、同然國王ニ屬スルモノト云フヲ得ズ。

英ノ官制ハ、其一部ハ慣習法ニヨリ、他ノ一部ハ法律ヲ以テ定メタルモノニシテ、現今ハ法律ヲ以テ之レヲ定メ、其内部ノ組織ハ政府ノ定ムル所ニ任ズルヲ通例トス。但シ國王ハ未ダ法律ヲ以テ制定セザル場合ニ於テハ、官制ヲ定ムルノ特權ヲ有スト雖ドモ、現今ハ只ダ名義上ノ事ニシテ、實際ハ官制ノ大躰ハ皆法律ヲ以テ規定セリ。

獨乙帝ハ、獨リ帝ノ職權(憲法上)ニ屬スル事項ヲ司ル所ノ官職ヲ組織シ、其權限ヲ定ムルノ權ヲ有ス。

北米合衆國憲法ニヨレバ、大統領ハ官制ヲ定ムルノ權ヲ有セズ、凡テ官制ヲ定ルノ權ハ議會ニ屬シ、法律ヲ以テ之ヲ定ムベキモノトス。

(同シク共和ナルモ、佛米ハ成立異ナルガ故ニ差異アリ。)

文武官ノ任免

文武官ノ任免ノ權ハ、立權君主制ノ國ニ於テハ、君主ニ屬シ、此權ヲ運用スルヿモ、亦タ君主之ヲ主ルヲ通則トス、而シテ又タ共和制ニ於テモ、國家ノ元首之ヲ主ルヲ通例トス、然レドモ任命ニ付キ、法律ト豫算トノ制限アリ。我國ノ憲法モ、亦タ此ニ制限ヲ認メ、而シテ或種類ノ官吏ノ任命ニ付キ、憲法又ハ法律ニ於テ要件ヲ定メタルモノハ、各其規定ニヨルヲ要ス。例ヘハ裁判官ハ、法律ヲ以テ定メタル資格ヲ具フル者ヲ以テ之ニ任ジ、又其免職ハ刑法ノ宣告ニヨリ、又ハ法律ノ定メタル懲戒處分ニヨルヲ要スルノ類ナリ。斯ノ如キ法律ノ外、豫算ノ制限アリ、新ニ官吏ヲ増スガ爲メ經費ノ増額ヲ要スルヿアル場合ニハ、必ズ議會ノ協贊ヲ要ス、然レドモ或説ニヨレハ、豫算ノ制限ナキモノトス。君主ハ官吏ヲ任命シ、其俸給ヲ定ム、故ニ此權ニ豫算ノ制限ヲ置クベキモノニ非ズ、若シ豫算ノ制限アリトスレバ、官吏任免及ビ俸給ヲ定ムル權ハ、全ク君主ニ屬スルモノト云フヲ得ズ。次ニ英國ニ於テハ、官吏任命ノ權ハ、名義上國王ニ屬ス。然レドモ慣習法律及ビ豫算ノ制限ニ準據スルヲ要ス。而シテ又免職ハ裁判官及ビ會計檢査官ノ數名ヲ除クノ外ハ、凡テ之ヲ免ズルニ法律制定アラズ、然レドモ政治上ノ慣例ニヨリ、大臣ト交迭スル所ノ六十名許ノ政務官 (Parliamentary officer) ヲ除クノ外ハ、實際終身官ナルモノ多シ。

佛普兩國ニ於テモ、亦タ國家ノ元首官吏ヲ任命スルヿニ付キ、法律ト豫算トノ制限アリ。而シテ普國ニ於テハ、官吏登用ノ要件ハ、法律ヲ以テ之ヲ定ルモノ多シ。而シテ又其免職モ、定期任命スルモノヲ除クノ外、行政官ハ法律ノ規定ニヨラズシテ、之ヲ免職スベカラザルモノトス。此制限ノ外ニ、豫算ノ制限アリ。然レドモ或說ニヨレバ、普國ニ於テハ、君主ノ官吏任命權ニ豫算ノ制限ナキモノトス

次ニ、獨逸帝國ニ於テハ、官吏任命ノ要件ハ、一般ニ法律ヲ以テ之ヲ定メ、或種類ノ官吏ヲ除キ、其他ノ帝國官吏ハ帝之ヲ任命ス。然レドモ聯邦協議院或ハ協議委員ノ指名ニヨリ、任命スルヲ要スルモノアリ。而シテ又議院ノ同意ヲ要スルモノアリ。例ヘハ領事ノ任命ハ、協議院商務委院ノ同意ヲ要シ、帝國裁判官及ビ檢事ノ任命ハ、協議院指名ニヨルヲ要スルノ類之ナリ。

已ニ述ベタル通リ、官吏任命ノ權ヲ行フヿハ、國家ノ元首ハ是ヲ他ノ機關ニ委スルヿヲ得ベキモノトス。而シテ實際其一部ヲ他ノ機關ニ委任セリ。

次ニ北米合衆國憲法ニヨレバ、大統領ハ國老院ノ同意及ビ協議ヲ經テ、公使領事及ビ高等裁判所判事ヲ任命ス可キモノト定メ。而シテ又憲法ニ於テ殊ニ定メザル官吏ニシテ、法律ニヨリ設クルモノモ、亦タ國老院ノ同意ヲ經テ任命スベキモノアリ

其他部屬官吏ノ任命權ヲ行フコハ、法律ヲ以テ之ヲ定メ、大統領及ビ各部長官ニ之ヲ委員スルコヲ得ルガ故ニ、憲法ニ於テ殊ニ規定セルモノヽ外ハ、任命權ノ[illegible]用ノ分配ヲ定ムルコハ議會ノ立法權內ニアリ。而シテ又合衆國ニ於テモ、裁判官ハ終身官トシ、其他ノ官吏ニ付テハ免職ニ關スル規定ナシ。然レドモ憲法制定以來ノ習慣ニヨレバ、免職權ハ任命權ヲ有スルモノヽ掌ル所トス。

統帥及ビ編制ノ權

陸海軍ハ、即チ國家ノ力ヲ組織シタルモノナリ。國家ガ外國ト對立シ、其獨立及ビ利益ヲ保護シ、其統一安寧ヲ保維スル爲メニ欠ク可カラザルモノナリ。故ニ此權ハ分割ス可カラズ。國家ノ元首之ヲ掌握スルヲ通則トス。我國ノ憲法第十條ニ於テ、天皇ハ海陸軍ヲ統帥スト定メ、之ヲ天皇ノ大權ニ屬ス。

英國ニ於テモ、亦タ國王ヲ以テ陸海軍ノ統帥(General amos)トス。而シテジョージ第二世以來、國王自ラ戰場ニ臨テ、軍隊ヲ都督シタルコナシト雖𪜈。統帥權ヲ以テ國王ノ特權ニ屬スルコハ、古今同一ナリトス。

獨乙帝國ニ於テハ、帝ヲ以テ獨逸國陸海軍ノ統帥トス。而シテ海軍ハ平時ト、戰時トヲ別タズ、帝ノ統帥ニ歸スレドモ、陸軍ハ獨乙帝國ヲ組織スル各邦ノ兵ヲ以テ編制スルカ故ニ、統帥權モ平時ニハ幾許ノ制限アリ。平時ニ於テハ、バベリア國ノ軍隊ハ其國王之ヲ統帥スルモノトス。而シテ戰時ニハ其國ノ軍隊モ、亦タ王之ヲ統帥シ例外ヲ設ケズ。佛ニテハ、大統領ハ全軍隊ヲ指揮スト定ム。而シテ此指揮ハ凡テ陸海軍ニ及ブ者トス。斯ク大統領ハ統帥ト云ハズト雖モ。各國ノ憲法ニ於テ、統帥ト云フト毫モ差別ナキガ如シ。

北米合衆國憲法第二章ニヨレバ、大統領ヲ以テ陸海軍ノ統帥トス、而シテ又タ戰場ニ於テハ、護國民軍(militia)ヲ指揮スルヿモ、其統帥權ニ屬セリ。斯ノ如ク共和國ニ於テモ、統帥權ヲ大統領一人ニ歸スルハ、國家ノ獨立及ビ利益ヲ保護シ、統一安全ヲ保タンガ爲メナリ。而シテ又タ之レ統帥トハ、必シモ自ラ戰時ニ臨ンテ軍隊ヲ都督スルノミヲ云フニ非ズ、或ハ自ラ軍隊ヲ都督シ、或ハ將校ヲシテ都督セシムルヿハ、皆統帥權ニ屬セリ。

等シク共和制ニテモ佛ハ Dispose ト云ヒ、米ハ英獨等ト同ジク、General amos ト云フ。

陸海軍編制ノ權ニ付テモ、亦タ我國及ビ英、佛、獨各國ノ間ニ、多少ノ差別アリ。我國ノ憲法第十二條ニヨルニ、陸海軍編制ハ全ク天皇ノ大權ニ屬ス。編制ノ事項、即チ軍隊艦躰ノ編制、管區ノ分チ、兵器ノ準備、軍人ノ敎育、撿閲規律、軍隊ノ禮式、服制、城塞、海防等ノ類ハ、皆天皇ノ大權ニ屬ス。而シテ此ノ如キ事項ハ、皆直接ニ人民一般ノ權利義務ニ關セズ。故ニ責任大臣ノ補佐ト、將校ノ合議ニ因テ、天皇之ヲ裁定シ玉フモノトス。

英國ニ於テモ、亦タ我國憲法ニヨリ、天皇ノ編制權ノ中ニ包括スベキ事項ニシテ、海防ノ規定及ビ其他數種ノ事柄ハ、國王ノ特權ニ屬スベキモノトス。然レドモ凡テ編制權ニ關スル事項ヲ、悉ク國王ノ特權ニ歸スルモノトナサズ。而シテ常備軍ノ設置ハ、每年法律ノ認可ヲ要スルモノトス。其他編制ニ屬スル事項ノ中ニ付テ、臣民ノ權利義務ニ關セザルモノハ、多クハ勅令及ビ省令ヲ以テ、規定スルヲ以テ通例トス。即チ隊伍ノ編制、士官ノ補任、管區ノ分、軍人ノ敎育、兵器ノ準備ノ類ハ、勅令又ハ省令ヲ以テ之ヲ定ム。――次ニ護國民軍（militia）編制ノ事ハ、從來精細ニ法律ヲ以テ規定スル所ナリ。志願兵及ビ常備兵役滿期ノ者ヲ以テ組織セル、豫備ノ編制ニ關シテハ、概シテ法律ノ通則幷ニ法律ノ委任ニヨリ、敕令幷ニ省令ヲ以テ規定セリ。而シテ又タ海軍ニ於テモ、通例陸軍常備軍ニ關シ、敕令及省令ヲ以テ規定スル事項ハ、大概敕令及省令ヲ以テ規定ス。然レドモ外交ニ關スル事項ニ付テハ、特ニ敕令及ビ省令ノ區域ヲ廣クスルヲ慣習トス。（政府ノ自由活動範圍ヲ廣クス）次ニ獨逸帝國ノ陸軍ハ、已ニ陳ベタルガ如ク、獨逸各邦ノ兵ヲ以テ組織スルガ故ニ、其編制ノ事項ニ付テモ、各邦ノ君主ニ屬スルモノアリト雖ドモ、微少ノモノタルニ過ギズ。

但シサクセン、ウユルテムブルヒ、バイエルンノ三國ハ、他ノ小國ヨリモ大ナル權ヲ有シ、殊ニバイエルン國ハ編制ノ事ニ關シテモ、特別ナル地位ヲ有セリ。此例外ヲ除キ、編制ノ事ハ帝ノ權ニ屬ス。然レドモ編制ノ通則ハ、法律ヲ以テ之ヲ定ム。但シ戰時ノ編制ハ全ク帝ノ權内ニ屬シ、國民軍ノ制モ、亦タ帝之ヲ定ム。次ニ帝國海軍ハ全ク帝國ノ直轄ニシテ、海軍編制ノ事ハ今日迄法律ヲ以テ之ヲ規定セズ、敕令ヲ以テ之ヲ規定セリ

佛國ニ於テ陸軍編制ノ通則ハ、法律ヲ以テ定ム。即チ管區ノ分チ、軍隊ノ編制、兵器ノ準備、司令官補任ノ制限、撿閲ノ事柄ノ類ハ凡テ大躰ハ法律ヲ以テ定ムルガ故ニ、政

府ハ法律ノ範圍内ニ於テ、陸軍ノ編制及ビ軍務ヲ處辨スルモノナリ。而シテ海軍ノ編制ニ關ハルコハ、法律ヲ以テ規定セルモノ甚ダ少シ。然レドモ海軍ノ編制權ヲ以テ、大統領ノ特權トナスニ非ズ。

常備兵額ノ定額ヲ定ムルコニ付テモ、我國ト歐米各國トノ間ニ、多少ノ差異アリ。我國ニテハ、之ヲ天皇ノ大權ニ屬シ、議會ノ與ラザルモノトス。但シ新ニ兵額ヲ增ス爲ニ、歲出ノ增額ヲ要スルトキニハ、議會ノ議決ヲ要ス。而シテ一度確定シタルトキハ、既定歲出ニ屬シ、政府ノ同意ナクシテ變更スルヲ得ズ。一說ニヨレバ、天皇ハ兵額ヲ定ムル權アルガ故ニ、兵額ヲ定メタル爲メ、歲出ノ增額ハ既定ノ歲出ニシテ、議會ハ政府ノ同意ナクシテ之ヲ變更スルヲ得ズ。

英國ニ於テハ、常備兵ノ設置及ビ兵額ハ、每年議會ノ議決ヲ要ス。議決ヲ經ズシテ常備兵ヲ設置スルハ違憲トス。次ニ海軍ノ兵額ハ、法律ヲ以テ定メズ、豫算ノ制限ニヨル。斯ノ如ク陸軍常備兵額ハ、法律ヲ以テ每年認可セザレバ置クコヲ得ズ。然レドモ兵ハ國家ノ獨立安寧ヲ保持シ、且ツ殖民地ヲ保護スルニ必要ナルガ故ニ、常備兵員ハ漸次ニ增加シテ三十年以來同數ノ定數ヲ置クコトス。

チャールス第一世ハ常備兵力ヲ以テ壓制ヲ施シ、クロムウェルモ常備兵ヲ以テ議會ヲ壓抑シ、チャールス第二世ノ終ニ於テモ、同ジク常備兵ヲ以テ議會ヲ壓ス、ジェームス第二世亦タ然リ。

獨逸帝國ニ於テハ、一千五百七十四年以來ハ七ケ年ヲ制限トナシ、法律ヲ以テ其額ヲ定ム。而シテ終期ニ至リ、法律ヲ以テ定メザルトキハ、殊ニ豫算ノ制限ニヨルベキモノトス。而シテ帝ハ、法律ノ定額内ニ於テ、現在屯集ノ兵額ヲ定ムルコトヲ得ベシ。次ニ海軍ノ兵額ハ、法律ヲ以テ之ヲ定メズ、必要ニ從ヒ、帝之ヲ定ム但シ豫算ノ制限内ニ於テス。

佛國ニ於テハ、常備兵額ハ毎年豫算ヲ以テ定ム。

條約開戰媾和ハ、我憲法二十一條ニ規定スルモ、今分チ論ズベシ。

開戰媾和ノ權ハ、君主國ニ於テハ君主之ヲ掌握シ。英國ニ於テハ、議會ノ參與ヲ要セズ、樞密院令(Order in Council)ヲ以テ之ヲ公布スト雖ドモ、戰爭ノ勝敗ハ金額ニ基クコト少ナカラズ、故ニ開戰前ニ其理由ヲ通知シ、其共同ヲ求ムルヲ政治上ノ慣習トス。獨乙帝國ニ於テハ、開戰媾和ノ事ハ、帝之ヲ主ル。然レドモ開戰ハ、協議院ノ同意ヲ要ス。但シ敵ノ來襲セル場合ハ、此限ニアラズ。佛ニ於テハ、開戰媾和ハ大統領主ルモ、獨裁スルヲ得ズ。開戰前以テ兩院ノ同意ヲ要ス。媾和モ亦タ然リ。我國ノ開戰媾和ハ、天皇ノ權內ニアリ。豫算ノ制限ノ有無ハ、豫算ノ部ニ精ク論ズベシ。

榮譽權ノ事

國家ノ元首ヲ以テ榮譽ノ淵源トナスヲ以テ、君主國ノ通則トス。我國ニ於テハ、爵位、勳章其他榮典ヲ授與スルコハ天皇ノ大權ニ屬ス。而シテ各種ノ爵位、勳章授與ノ外ニ、貴族ヲ增置シ、顯榮ノ記章等ヲ、授與スル等ヲ凡テ含ム。然レドモ恩給年金ノ如キハ、之ヲ勳章ト共ニ授與スルコアリト雖ドモ新ニ國庫ノ負擔トナルトキハ、必ズ議會ノ協贊ヲ要ス。然レドモ一說ニヨレバ、議會ノ協贊ヲ要セズ。英國及ビ普國ニ於テモ、平民ヲ貴族ニ列シテ爵位、勳章及ビ尊稱ヲ授與スルコハ、國王ノ特權ニ付屬スルモノニ非ズ。而シテ亦タ恩給年金ノコハ、法律ヲ以テ之ヲ制定セリ。次ニ普國王ハ、常ニ獨逸皇帝ニシテ、爵位、勳章及ビ其他ノ榮典ヲ授與スルノ權ハ、普國王ノ資格ニ於テ之ヲ有スルガ故ニ、獨逸帝ノ資格ニ於テハ、帝國官吏ノ稱號ヲ定ムルノ外ハ、別ニ爵位、勳章授與等ノ特權ヲ有セズ。次ニ佛國憲法モ、亦タ勳章其他榮典授與ノ事ハ大統領ノ主ル所トス。

大赦、特赦、減刑ノ事

法律ハ、全躰ニ人民ノ權利及ビ國家ノ秩序ヲ平等ニ保護スルモノニシテ、時事及ビ人情ヲ斟酌スルコト能ハザルコトヲ免レズ、大赦特赦ノ制度ハ、即チ時事人情ヲ斟酌シテ、法律ノ及バザル所ヲ補助スルモノナリ。而シテ此權ヲ以テ、國家元首ノ特權ニ屬スルヲ通則トス。我國ノ憲法十六條ニ於テ、大赦、特赦、減刑及ビ復權ヲ以テ天皇ノ大權ニ屬シ、其適用ニ付キ、特別ノ制定ヲ設ケズ。英國ニ於テハ、或一定ノ場合ヲ除キ、凡テ各種ノ犯罪者ヲ特赦或ハ減刑スルノ權ヲ有ス。而シテ裁判ノ確定前後ヲ論ゼズ、此特權ヲ行フヲ得ベシ。之レ大陸ト異ナル所ナリ。裁判確定前ニ於テ之ヲ赦スノ權ヲ有セズ。一般ノ大赦ハ、法律ニヨリ之ヲ行フモノニシテ、其議案ハ國王之ヲ欽定シ、兩院ニ於テ一讀會ヲ以テ之ヲ可決シ、或ハ否決スルニ止リ、修正ヲナスヲ得ザルモノトス。

普國憲法ニヨレバ、普國王ハ特赦、減刑、大赦ノ權ヲ有ス。而シテ裁判ノ審問前ニ當リ、其罪人ヲ赦免シ、或ハ裁判確定後、其罪ヲ減刑シ、或ハ赦免スルノ權ヲ有スト雖ドモ、裁判中ノモノハ裁判確定迄ハ之ヲ赦免スルヲ得ズ。而シテ赦免ノ効力ハ、其主刑及ビ付從ノ刑ニ及ブモノニシテ、其ノ範圍ハ各場合ニ於テ之ヲ定ム。故ニ大赦ト特赦ノ差別ハ、全ク一箇ノ犯罪人ヲ赦スト、一種類ノ犯罪人ヲ赦ストニ付テ云フ。而シテ又タ憲法ニヨレバ、國王ハ議會ノ彈劾スル大臣ハ、之ヲ彈劾シタル議院ノ上奏ニヨラザレバ赦スルヲ得ズ。

次ニ獨逸帝國憲法ニヨレバ、帝ハ凡テ帝國裁判所ガ、始審裁判ヲナス犯罪ニ付キ、赦免ノ權ヲ有ス。

佛國憲法ニヨレバ、大統領ハ只ダ特赦權ヲ有スルノミニテ、此特赦權ハ議會ノ彈劾セル犯罪人ニ及ブモノトス。大赦ハ立法權ニ屬シ、法律ヲ以テ之ヲ行フモノトス。而シテ佛國ニ於テ、特赦トハ只ダ其刑罰ヲ赦免シ、或ハ減等スルニ止リ、其犯罪ヲ赦免セルモノニ非ズトス。故ニ裁判確定ノ後、之ヲ行フモノトス。之ニ反シテ、大赦トハ刑罰ト犯罪ト、共ニ赦免スルモノニシテ、裁判確定ノ前後ヲ論ゼズ、之ヲ赦免スルヿヲ得。

我國ノ刑法注譯者モ、亦タ大赦ト特赦ニ付キ、佛國ト同一ノ差別ヲナス。故ニ大赦ノ手續ヲトルニアラザレバ、未ダ裁判ノ確定セザル犯罪人ヲ赦スルノ權ヲ有セズ。北米合衆國憲法ニヨレバ、大統領ハ議院ノ彈劾セルモノヲ除キ、凡テ合衆國ニ對スル犯罪ニ付キ、其刑ノ執行ヲ停止シ、或ハ赦免ヲ與フルノ權ヲ有スト定ム。故ニ凡テ合衆國法律ノ犯罪者ハ、其罪ノ輕重ニ關ラズ、赦免ノ權ヲ有ス。而シテ裁判確定ノ前後ニ關ラズ、之ヲ行フヿヲ得ルモノトス。

戒嚴令ノ事

戒嚴令モ、亦緊急命令ノ一種ナリ。然レドモ緊急命令トハ、憲法ニ對スル關係ヲ異ニセリ。緊急命令ハ、議會ノ開會セサルトキニ際シ、一時ノ緊急ヲ救フ爲ニ法律ヲ停止スルノ命令ニ過ギズ、之ニ反シテ、戒嚴令ハ戰時又ハ其他國家ノ事變ニ際シ發スルモノニシテ、憲法ノ條項ヲ停止シ、而シテ戒嚴令ヲ宣告、施行セル地方ノ行政及ビ司法ノ要件ノ全部、又ハ其一部ヲ司令官ニ委任スルモノトス。

我國ニ於テハ、戒嚴令ヲ宣告スルコハ、天皇ノ大權ニ屬シ、而シテ戒嚴ノ要件、即チ戒嚴宣告スル時機ノ區域、及ビ急速ヲ要スル塲合ニ其地ノ司令官ヲシテ假ニ戒嚴ヲ宣告セシムル塲合、其他宣告ニ必要ナル規定、幷ニ戒嚴ノ効力(即チ戒嚴令ノ權力ノ及ブ限界)ハ、法律ヲ以テ規定スベキモノトス。

獨逸帝國憲法ハ、戰時又ハ叛亂ノ起リタル塲合ニ、非常警備ノ爲メニ、全國又ハ各邦ノ一部ニ戒嚴令ヲ宣告スルノ權ヲ、全ク皇帝ニ屬ス。而シテ戒嚴ノ要件及ビ効力ハ、法律ヲ以テ之ヲ規定スル迄ハ、一千八百五十一年ノ普國法律ヲ適用ス。斯ノ如ク帝ハ帝國内何レノ場所ニ於テモ、戒嚴令ヲ宣告スルノ權ヲ有セリ。然レドモ又古來各邦ノ憲法ニ掲グル所ノ戒嚴令ヲ宣告スルノ權ハ、之ヲ廢止シタルニ非ズ。故ニ各邦モ、亦タ其領内ニ戒嚴ヲ宣告スルノ權ヲ有ス。然レドモ或説ニヨレバ、各邦ハ此權ヲ有セザルモノトス。何トナレバ、臣民ノ權利ハ帝國ノ法律ヲ以テ之ヲ確定セルモノ多シ、故ニ各邦ハ特ニ帝國法律ヲ以テ許セル塲合ニ非ザレバ、帝國法律ノ効力ヲ停止スベキモノニ非ザレバナリ。

次ニ佛國ニ於テハ、戰時又ハ內亂ノ塲合ニハ、法律ヲ以テ戒嚴令ヲ宣告シ、幷ニ其區域及ビ期限ヲ定ム。然レドモ議會閉會ノ場合ニ於テハ、大統領ハ大臣會議ヲ經タル勅令ヲ以テ戒嚴ヲ宣告ス。但シ兩院ハ二日間內ニ集會シ、戒嚴令ニ關スル議決ヲナスベキモノトス。而シテ若シ兩院ノ同意ヲ得ザルトキハ、勅令ヲ以テ宣告シタル戒嚴令ハ廢止ニ歸ス。而シテ又タ衆議院解散ノ時ニ際シテハ、戒嚴令ハ議員ノ選擧ヲ完結スル迄ハ、効力ヲ有セザルモノトス。

英國及ビ北米合衆國ニ於テモ、亦タ法律ヲ以テ戰亂ノ時ニ際シテ、裁判所ガ行政機關ノ逮捕及ビ禁獄ニ對シ、其逮捕及ヒ禁獄シタルモノヲ、裁判所ヘ引致セシムルノ令狀ヲ發スルノ權ヲ停止シ、行政機關ニ臨時處分ヲ爲スヲ得セシムベシト雖ドモ、只ダ國民ノ權利ノ一部ヲ停止スルニ過ギズ。歐大陸諸國ノ戒嚴令ト同一ナル制度ニアラズ。

英國ニテハ、君主ヲ以テ宗敎ノ長トナシ、宗敎ノ事ヲ勅令ヲ以テ規定ス。然レドモ臣民ノ權利ニ關スルヿハ、必ズ法律ニテ規定ス。其他祭日ヲ規定シ、日曜日ヲ神聖ニ保ツヿ、又タ貨幣鑄造、度量衡規定ノ事モ、從來君主ノ特權ニ屬ス。然レドモ英國ノ君主ノ特權ハ、法律ノ範圍內ニ於テ之ヲ行フベキヿハ論ヲ俟タズ。

普國憲法ニ於テモ、貨幣鑄造ノ件ヲ君主ノ特權ニ屬シタリ。然レドモ獨逸帝國ノ建設ニヨリ貨幣鑄造ノ件ハ帝國ニ屬シタル故、只ダ普國ノミナラズ、凡テ獨各邦ノ貨幣鑄造ノ件ハ、帝國ニ屬シ、各邦ハ之ヲ有セズ。

我國ニ於テハ、此ノ如キ事項ヲ天皇ノ大權中ニ引擧セズト雖ドモ、殊ニ法律ヲ以テ定ムベシトナスモノヲ除テハ、天皇ノ大權ニ屬スルヿ明ナリ。

英國法律沿革

英國ノ法律沿革史ヲ見ルニ、Lawナル語ハ(一)習慣法、羅馬法ヨリ採用シタル法則。(二)國會ノ制定シタルモノ及ビ(三)國王ノ Charters ヲ總稱スルモノナリ。而シテブラックストーン氏ハLawヲ分テ、Lescripta及ビ lenonscripta ノ二種トス。此第二種ハ、凡テ普通及ビ特別ノ習慣法幷ニ習慣法ニ基キ、法庭ニ於テ適用シタル羅馬法ヲ含ム。第一種ハ、凡テ國會ノ制定シタルモノヲ包括ス。次ニ法制沿革ニヨルニ、議會ハ國民ノ代表者トシテ、國王ノ請求ニヨリ租稅ヲ認可シ、而シテ亦タ國民ノ代表トシテ、國王ニ請願ヲナシ、國王ハ此請願ニ因テ法律ヲ制定シ、此外ニ議會ノ進步ニ從ツテ、法律ニヨラザレバ、習慣法ニ反ク處ノ特權ヲ一己人ニ與フルヲ得ズ、或ハ一己人ニ不利益ナル義務ヲ課スルヲ得ズ。而シテ又タ國王ハ法律服從ノ義務ヲ特免スルヲ得ズト云フ亅、漸次ニ進歩シタルガ爲メ、法律ヲ以テ特別人ノ場合ヲ規定スル亅トナレリ。此ノ特別ノ場合ヲ規定シタル法律ハ、其性質ニ就テ見レバ、一箇ノ裁決又ハ一箇一箇ノ事柄ヲ規定スル行政ノ行爲ト稱スベキモノナリ。

以上ニ陳ベタル三種ノ關係ヨリシテ、三種ノ國會ノ行爲ヲ生ジタリ。然レドモ法律上此三種ノ行爲ハ、皆國家主權ノ意思ノ發表ニシテ、同ジ性質ノモノタリト雖ドモ、國會設立ノ始ヨリ、此三種ノ差別アリ。而シテ換言スレバ、(一)一般ノ法律ハ、國王ガ議會ノ議決ニ裁可ヲ與ヘテナスモノニシテ、歳入歳出ニ關スル議案ハ、必ズ國王ノ發議ニヨリ議會ハ國民ノ代表者トシテ之ヲ議決シ、國王之ヲ受クルモノトス。(三)私條欵ハ、一己人ノ請願ニヨリ、議會ノ議決ヲ經テ國王ノ裁可セルモノトス。併シナガラPublic bill ト Private bill トハ、精密ニ論理上ノ區別ヲ成ス亅能ハズ。何トナレバ、一個ノ場合事柄ヲ定ムルモノニシテ、尙ホ Public bill ニ屬スル亅アレバナリ。

Private bill（私條欵案）ニ關スル手續ハ、立法及ビ行政裁判的ノモノナリ。即チ此案ニ付キ利害ノ關係ヲ有スルモノハ、此案ヲ提出セル請願ニ付テ故障ヲ申シ立ツルコヲ得。而シテ故障ノ申立ヲナシタル者アル場合ニハ、私條欵案ノ審査委員ハ、證據調ヲナシ、且ツ双方(請願者ト故障申立者)ノ對審ヲナシ、而シテ審査委員ハ、審査ノ結果ニ意見ヲ付シタル私條欵案ヲ議院へ提出ス。而シテ議院ハ議事法ニヨリテ之ヲ議決セリ。次ニ私條欵案ヲ分テ、Local and ersonal bill 及ビ全ク Individual bill ノ二種トナス。第一種ハ、一般ノ法律ト異ル點ハ、只議決ニ付スル前ノ手續ニアルノミ、判事ハ其職權上之ヲ知ルヲ要ス。第二種ハ、全ク一己人ニ關スルモノニシテ、現今此部ニ入ルベキモノ甚ダ少シ、判事ハ職權上之ヲ知ルヲ要セズ。當事者ガ之ヲ證明スルヲ要ス。

已ニ陳ベタル通リ、英國議會ノ立法權ハ、租税認可ノ權及ビ請願ノ件ヨリ漸次ニ進歩シタルモノナリ。十三世紀ニ於テハ、代議士ハ未ダ立法ニ參與スルノ權ヲ有セズ、而シテ漸次ニ租税認可ノ權ヲ得タルガ故ニ、租税認可ノ議決ヲナス前ニ、國王へ請願ヲナシ、國王ハ此ノ請願ヲ法律トナスノ慣習ヲ成スニ至レリ。而シテ請願ヲ直ニ法律ト成スニ非ズ、時トシテハ、國王之ヲ變更修正シタリシガ、リチャード第二世ノ時ニ請願ヲ國王ガ認可スルトキニハ、即チ請願ヲ採用シテ法律ト成ストキニハ、之ヲ變更スベカラザルモノトナシタリ。而シテ又タヘンリー第五世ノ時ニ至リ、後來請願ニ增補スル削除ヲ加フ可カラズ、而シテ之ヲ認可スト、拒否スルコトハ、國王ノ特權ナリト、代議士ハ議定セリ。然レトモ此時以後モ、請願ヲ變更スルヿアリシガ、終ニヘンリー第六世ノ時ニ至リ請願ヲ認可シテ法律トナスノ制ヲ廢シ、法律案ヲ起草シ、之ヲ議院へ提出シ、兩院ニ於テ議決シタル案ハ國王之ヲ裁可シ、或ハ拒否スルノ權ヲ有ス。而シテ此ノ後モ國王ガ法律案ヲ修正シタルコトアレドモ、エドワード第四世以來ハ此ノ如キヿナシ、

歲入、歲出ニ關スル案

歲入、歲出ニ關スル案ハ、已ニ述ベタル如ク、國民ニ對シテ國王ノ要求ナルガ故ニ、其發議ハ必ズ國王ニ屬シ。而シテ代議士ニ對スル要求ナルガ故ニ、貴族院ハ之ヲ修正スルヲ得ズ、全體ノ可否ヲナスニ止ルト云フ、制度ヲ生ツタリ。而シテ貴族院ハ此ノ如ク修正權ヲ有セズ、故ニ歲出入ノ案ニ於テ、通常ノ立法ニ屬スベキ事柄ヲ包括スルトキハ、貴族院ノ立法權ハ有名無實トナルガ故ニ、歲出入案ニ於テ金錢外ニ關ス

ル事項ヲ含ム事ヲ禁ズルコモ、亦タ歴史的ニ起リタルモノナリ。

豫算案中、他ノ事項ヲモ含ム案ヲTaches bill ト云フ。

次ニ法律ハ、代議士ノ請願ニ基キ國王之ヲ制定シタリシガ、漸次ニ現今ノ如キ立法ノ手續ヲ生ジタリ、故ニ現今ハ實際ニ付テ見レバ、重ナル法律案ハ殆ド皆内閣ヨリ出ズルト雖ドモ、之ヲ議院ノ發議ニ係ル法律案ニ異ルコナシ。即チ内閣員ガ一議員ノ資格ニ於テ之ヲ提出セリ。

命令 (Verordnung, Verfügung.)

Verordnung ハ命令中、通則ノモノヲ云フ。

Verfügung ハ一部ニ達スル命令ナリ。

議會召集閉會等ハ Verfügung ナリ。法律ヲ執行スル命令ノ如キハ Verordnung ナリ。例ヘハ狩獵規則後者ナリ、我國ニハ性質上區別アルモ、言語上ニ區別ナシ。

歐各大國ノ歴史ヲ見ルニ、國家ノ統一ハ專制ニヨッテ生ジタルコト明ナリ。而シテ英國ニ於テハ「ノルマンコンクスト」ヨリ十三世紀迄ノ間ハ、專政ノ政度ヲ行ヒタリ。

此時代ニ於テハ、法律ト命令ノ差別ナク、國王ノ命令モ法律効力ヲ有シタリ。而シテ英國憲法ノ進歩ハ、法律ト命令ノ差別ノ進歩ニ相伴ヒテ、エドワルド第一世ノ頃ニハ未ダ法律命令ノ差別ヲ成スヲ得ザリシガ、エドワルド第三世以來代議士ガ法律ニ參與スルコトトナリ、議會ノ參與ヲ得テ發スル命令ヲStatuteト稱シ、之ヲ只貴族高僧ノ諮詢ヲ經テ發セル者又單ニ國王ノ發セル命令ト差別スルニ至レリ。而シテStatuteハ之ヲ制定シタル手續ニ依ラザレバ、廢止スルヿヲ得ザルモノトス。之ニ反シテ、國王ガ單獨ニ又ハ貴族高僧ノ諮詢ヲ經テ發セル命令ハ、國王隨意廢止スルヲ得ベキ者トセリ。然レドモ此時代ニ於テハ、法律命令ノ差別ハ、只形式上ノ差別ニ止リ。未ダ實質上ノ差別ヲ成スヲ得ズ。國王ノ命令又ハCharter(特準)ヲ以テ新ニ權利義務ヲ定ムルヿアリ。故ニ法律及ビ命令ノ差別、其形式ト及ビ法律ハ國王隨意ニ之ヲ廢止スルヲ得ズト云フニ止リ、全ク同一ノ効力ヲ有シタリシガ、議會ノ組織及ビ立法ノ手續ノ進歩ト共ニ、國王ノ權ニ判然タル制限ヲ生ジ、國王ノ特權(Prerogative)ト云フ語ニ、一定ノ意義ヲ附スルニ至レリ。即チ此ノ意義ハ凡テ議會ソ參與ヲ要セズ、國王ガ獨立ニ有スル所ノ權ヲPrerogativeト稱シ、而シテ時代ニヨッテ此權ノ廣狹ニ差異アリタリ。此權ハ習慣法ニ本ヅクモノニシテ、國王ガ法律以外ニ於テ有スルニ非ズ、法律ヲ以テ之ヲ制限シ、或ハ變更スルヲ得ルモノナリ。然レドモ國民ガ國王ニ與ヘタルモノト爲スハ誤ナリ。此權ハ國王ガ主權者タル時ニ於テ有スル權ノ一分拘存セルモノニシテ、法律ヲ以テ之ヲ變更スルヲ得ベシト雖モ、法律ハ國民一般ノ意志ノ發表ニ非ズ、國民ノ意志ハ國王ノ同意ヲ經ザレハ法律トナラズ。國王ガ、此特權ニ因リ發スル命令ヲ、獨立命令ト稱ス。然レドモグナイスト氏ガ、此命令ト法律ト相對立スルモノヽ如ク見做スハ誤ナリ。英國ニ於テハ、君主ハ無制限ノ主權者ニ非ズ、而シテ法律ハ國家至高ノ命令ナレバ、君主ガ法律ニ對抗スベキ命令權ヲ有スル筈ナシ。次ニ此種類ニ屬スベキ例ヲ上グレバ、即チ開戰ノ宣言、媾和勅令、戰時ニ通商ヲ制限スル命令ノ類ナリ、議會ノ召集閉會、解散ノ命令ノ類モ、亦タ此内ニ屬ス。

第二種ノ命令　或人ハ國家ノ緊急アル場合ニ、政府ガ法律違反ノ責任ヲ負フテ法律ヲ停止スルノ命令モ、又タ國王ノ特權ニ基クモノト見做スハ誤ナリ。Declaration of Right ニ於テ法律ヲ停止スルヿヲ禁止シ、國王ハ此ノ如キ命令ヲ發スルノ權ヲ有セズ。歐大陸ノ或國ノ憲法ニ於テ、政府ヘ緊急命令ヲ發スルノ權ヲ與フルモノト同ジカラズ。英國ノ政府ガ緊急命令ヲ發スルハ、法律違反即チ違憲ノ行爲ナリ。政府ハ此ノ違憲ノ行爲ニ付キ、自ラ責任ヲ取ッテ國家ノ危急ヲ救フタメニ、此命令ヲ發シ、後日責任解除ノ法律案ヲ議會ニ提出シ、違憲ノ行爲ニ付キ責任解除ヲ求ム、而シテ議會ハ之ヲ認可スルヲ慣例トス。

第三種ノ命令　法律ヲ執行スル爲メニ發スルモノニシテ、我國憲法第九條ニ定メタル執行命令ト同一ノモノナリトス。而シテ此命令ヲ發スルモ、亦タ國王ノ特權ニ基クモノナリト雖ドモ、第一種ノ命令トハ差別アリ、第一種ノ命令ハ、只ダ法律執行細則ノ命令ニ非ズ。

第四種ノ命令ハ、法律ノ委任ニ因リ發スルモノナリ。是ハ法律ヲ以テ、明ニ政府ヘ法律ノ區域ニ屬スベキ事項ヲ、命令ニ規定スルヿヲ委任スルモノニシテ、其委任ノ法律ニ於テ之ヲ發シ得ベキ範圍ヲ定ム。英國ニ於テハ、從來法律ヲ以テ細カニ行政ノ事ヲ規定シ、政府ノ命令權ヲ制限スルコト甚ダシキガ故ニ、現今ハ政府ニ自由活動ヲ爲スヲ得セシムル爲メ、法律ヲ以テ命令權ノ區域ヲ廣クスル場合多シ。

佛國法律沿革大要

ルーソーノ社會契約ノ說ハ、佛國ノ憲法制定ニ付テ非常ノ勢力ヲ有シタリ。法律ハ何物ナルヤ、即チ法律ノ意義ヲ定ムルコトニ付テモ、亦タ大ナル勢力ヲ有シタリ。革命ノ時ノ人民權利ノ公布 (Declaration of Right) ニ於テ la loi (法律) ハ國民全般ノ意志ノ發表ナリ。而シテ保護スルコトニ付テモ、處罰スルコトニ付テモ、凡テノ人ニ對シ同一ナルベキモノト定メタリ。故ニ佛國革命ノ時ニ於テハ、法律ハ普通ノ法則トナセリ。斯ノ如ク法律ノ意義ヲ定メタリト雖ドモ、凡ソ同時ニ法律第二ノ意義ヲ生ジタリ、千七百八十九年國民ノ代議會ガ憲法ヲ議スルニ當テ、凡ソ國民代議會ノ命令ハ、之ヲ loi ト稱スベシト定メ、千七百九十一年ノ憲法ニ於テモ、亦タ之ヲ採用シタリ。然レドモ此形式的ノ意義ノ外ニ、實質的ノ意義即チ第一ノ意義ニモ、亦タ之ヲ用井タリ。而シテ千七百九十三年ノ憲法草案ニヨレバ、凡テ國家ノ行爲ヲ定ルヿハ立法ニ屬シ、行政ハ只ダ之ヲ執行スルモノトシ、立法ノ行爲ヲ分テ法律、命令トス (loi.

décrets)而シテ法律ハ、選擧人ノ批準ニ付スベキモノナレドモ、命令ハ、批準ニ付スルヲ要セズ、而シテ如何ナル事柄ヲ、命令ノ中ニ合ミ居ルヤヲ尋ヌレバ、命令ハ凡テ其性質、行政ノ行爲ニ屬スベキモノヲ含メリ。其後ノ憲法ニ於テモ亦タ立法ノ行爲ヲ法律及ビ其他ノ立法行爲ノ二種トス。

斯ノ如ク法律ノ二樣ノ意義ヲ、憲法ニ於テ、明ニ用ヰ來リシガ、Consular Constitution 即チ總領事制憲ニ於テ、始メテ專ラ形式上ノ意義ノミヲ採用シタリ。從來ノ憲法ハ、皆法律ハ全般ノ意志ノ發表ナリト云フ規定ヲ載セタリシガ、此憲法ニ於テハ之ヲ載セズ。凡テ立法權ノ議決シタルハ法律ナリトシタリ。而シテ又國家ノ歲出入ノ議決ヲ以テ、一年限ノ法律即チ Loi annuelle ト稱スルモ、亦此憲法ヲ以テ始トス。此憲法以來佛國ノ憲法ニ於テモ、形式上ノ意義ヲ主トシ、ルイ第十三世ノ欽定憲法及ビルイフリップノ憲法ニ於テ憲、凡テ立法權ノ議決ヲ經テ定ムル所ノ命令ヲ以テ法律トナセリ。斯ノ如ク憲法ノ明文ニ於テハ形式上ノ意義ヲ用フト雖ドモ、クルーソーノ法律說ハ之ヲ採用シ、法律ハ全般ノ意志ノ發表ニシテ普通ノ法則ナリトス。各箇ノ事項ヲ定ムルモノハ、其性質行政ノ行爲ナリトセリ。

次ニ佛國ノ憲法及ビ佛人ノ憲法論ヲ摸範トシテ制定シタル憲法ノ中ニ於テ Consular vesfassung 以前ノ憲法ヲ模範トシタルモノハ、法律ノ二樣ノ意義ヲ採用シタリ。而シテ立法ノ行爲ニ付キ、法律ト否ヤトノ差別ヲ爲セリ。其他ノ模法ヲ摸範トシタルモノハ憲法ノ、明文上ニ於テモ其ノ差別ヲ爲サズ。

佛國命令ノ沿革

佛國ニテ國民ヲ以テ主權者トナスノ論ト、政府ノ人民ニ對シテ信任ナキトニヨリ、革命ノ始期ニ於テハ政府ノ命令權ヲ大ニ制限シ、國王ハ只ダ法律ノ執行者ニシテ、獨立ノ通則命令ヲ發スルノ權ヲ有セズ、只ダ法律執行ノ爲ニ命令ヲ發スルヲ得ルノミ。斯ノ如ク君主ハ內部ノ事ニ付キ只法律執行ノ命令ヲ發スルニ止ルノミナラズ、外交ノ事ニ付テモ獨立ニ活動スルノ權ヲ有セズ。國民ノ代議會（National Convention）ハ政府ノ權ヲ制限シタリト雖モ、只ダ法律ノ執行ノミニシテハ國家及ビ人民ノ行政上ノ關係ヲ處分スルヲ得ズ、故ニ法律執行ノ外ニ事物ノ變遷ニ應ジテ、行政ノ處分ヲ爲スノ必要アリ。然レドモ政府ヲ信任セザルガ故ニ、法律ノ範圍內ニ於テ自由活動スルノ權ヲ政府ニ與フルヲ欲セズ。一千七百八十九年法律ヲ以テ、Commune（市町村ヲ含ム）ニ警察令ヲ發スルノ權ヲ與ヘ、又タ同年ニ法律ヲ以テ國ヲ縣及ビ郡ニ分チ、其行政機關ニ行政事項ヲ委任シタリ。國王ハ之ヲ監督スルノ權ヲ有シ、違法及ヒ國王ノ處分ニ違反スル地方ノ處分ヲ取消スノ權ヲ有ス。王制滅亡ノ後チ一千七百九十三年憲法ニヨレバ、凡テ國家ノ行爲ノ規定ハ、立法權之ヲ定ムルモノトシ、行政權ハ行政ヲ指揮監督スルモノナリトスルモ、立法權ノ發セザル法律及ビ命令ヲ執行スルノ外ニ職權ヲ有セザルモノトス、此ニ至テ政府權ハ殆ド消滅シタリ。專政ノ時ニ於テハ法律命令ノ差別ナク、命令ノ內ニ法律ヲ含ムガ如ク、此時代ニハ法律ノ內ニ命令ヲ含ミ、法律ト命令トノ差別ナキニ至レリ。然レドモ地方ニ必要ノ命令ハ、各縣郡及ビ邑ニ之ヲ發スルノ權ヲ與ヘタリ。

（一千七百九十三年ヲ以テ共和第一年トス）

而シテ此後法廢止后、地方機關命令權モ一時ニ廢セリ。然レモ又共和第三年ノ憲法ニ於テハ、政府ヘ執行命令ヲ發スル權ヲ與ヘタリ、兵事及ビ外交ノ事ニ付テハ、革命ノ始期國王ノ有セシヨリハ大ナル自由活動ノ權ヲ與ヘタリ。而シテ又タ中央政府ト地方行政ニ關シテ、中央政府ハ地方機關ヲ任免スルノ權ヲ有シ、上官ノ官廳ハ下ノ官吏ノ處分ガ、法律又ハ命令ニ背クトキハ之ヲ取消ス權ヲ有シ、而シテ其終決ハDirector認可ヲ要ス。此憲法ハ要スルニルーソーノ主義ニ基キタル王制憲法ヨリハ、大ナル權ヲ政府ニ與ヘタリ。次ニConsular verfassungニ於テハ法律執行命令權ヲ有シ三人中一人ヲ首トス。而シテ又タ政府ハ緊急命令ヲ以テ憲法全躰ヲ停止スルノ權ヲ有ス、而シテ又地方ノ行政機關ハ中央集權及ビ獨任ノ主義ニ依テ組織シタルモノニシテ、全ク中央ノ政府ニ從屬スルモノトス。次ニ那破翁ガ帝位ニ上リタル後ハ、法律ト政府ノ命令ノ差別ハ、全ク那破翁ノ意志ヲ以テ定ムルモノニシテ、實際立法ハ那破翁ノ權内ニ在リ。而シテ又タ地方ノ命令權モ法律ノ委任ニ非ズシテ、政府之ヲ委任セラタル者トス。王制復古ニ於テ國王ハ那破翁帝、政ノ大ナル政府權ヲ繼續シ、而シテ欽定憲法ヲ定メ、更ニ人民ニ國家權ノ運用ニ參與スルノ權ヲ與ヘタリ。論理上、國王其祖先ノ勇士タル主權ヲ受繼キタルモノトスルモ、實際ハ那破翁掌政ノ權ヲ受繼キタルモノナリ。此ノ欽定憲法ニ於テハ立法ト政府トヲ差別シ、國王ガ其特權ヲ有スルハ、國民ノ利害ニ關シテ必要ナル義務ナリトセリ。而シテ國王ハ此ノ特權ニヨリ獨立命令ヲ發スルノ權、幷ニ法律施行ノ命令ヲ發スルノ權ヲ有スル外ニ、公共ノ安寧ノ保護ノ爲メニ、無制限ノ警察命令ヲ發スルノ權ヲ有セリ。チヤールス第十世ガ此ノ權ヲ以テ法律ヲ變更シタルガ爲メ、終ニ一千三百〇一年ノ革命ヲ惹起シタリ。次ニルイブヒリツプノ憲法ニ於テハ、國王ハ法律ヲ停止シ、又ハ其施行ヲ特免スルヲ得ズト規定セリ、故ニ此憲法ニヨレバ國主ハ、公共安寧ノ爲メ法律ヲ變更スルノ警察命令ヲ發スルヲ得ズ。之レヨリ以後ハ、命令權ニ付キ新主義ヲ付セリ。只ダ革命ノ始期ヨリ一千三百〇一年迄ノ命令ノ沿革ヲ、再ビ繰返シタルニ過ギズ、一千八百四十八年ノ共和憲法ニ於テハ、命令權ノコヲ規定セズ、次ニ帝政ニ於テハ、大躰欽定憲法ニヨレリ、要スルニ一千三百〇一年以來現今迄命令權ノ憲法上ノ基礎及ビ性質ハ變スルコナシ、只ダ其權ノ區域ニ差異アルノミ。

現今佛國ノ法理ニ於テハ、政府ト行政トヲ差別ス。政府トハ英國ノ國王ノ特權ニ類シタルモノヲ云フ、即チ國家ノ凡テノ事項ノ總指揮ノ內外ニ於テ、國家ノ安寧幸福ノ保護、及ビ凡テノ政略ニ關スルコト、幷ニ國家元首ガ議會ニ對シテ有スル權ヲ包括ス。此政府ハ憲法ニヨリテ其權ヲ有スルモノニシテ、特別ノ法律施行ハ此權ノ中ニ合マズ。此權ニヨリ發スル命令ヲ政府行爲ト稱シ、凡テ通常及ビ行政裁判ノ監督外ニ在ルモノトス。只議會ガ政府ニ對シ、憲法上ノ責任ヲ負ハシムルヿヲ得ルノミ、之ニ反シテ行政ハ法律執行、又ハ法律補定ノ爲メニ命令ヲ發スルコトヲ得。

Décrets reglementaires decrets portent reglements d' administration publique.

此第一ハ、參事院ノ諮詢ヲ要セズシテ發スル元首ノ命令、第二ハ參事院ノ諮問ヲ經テ、國家元首ノ發スル命令ナリ。

次ニ法律補足ノ爲メニ發スル命令ハ、法律ノ委任ニヨリ發スルモノニシテ、英國ノLoisecend Empering Clause ニ基キ發スルモノニ同ジ。之ヲ Loisecondaires 或ハ Actes de législation secondlaire ト云フ。

次ニ佛國憲法ハ歐洲大陸多數ノ國ノ摸範トナリタルガ故ニ、命令權ノ規定モ亦タ模倣サレタリ、而シテ白ノ憲法ノルイ、フヒリツプノ欽定憲法ニヨリ、而シテ獨各邦中一千八百四十八年後憲法ヲ制定シタル國ハ、其摸範ヲ白憲法ニ取リタルガ故ニ、命令權ノ規定モ亦ダルイフヒリツプノ憲法ニ類似セリ。

獨逸法律ノ沿革

ゼルマン(フランスヲモ含ム)ノ國王ハ、無制限權ヲ有セズ、國王ハ新タニ權利ヲ定ムルヿヲ得ズ。權利義務ヲ定ムルヿハ、必ズ國民ノ同意ヲ要シタリ。而シテ職制議會ノ成立スルニ於テハ、法律ノ制定ハ其同意ヲ要シ舊獨逸帝國ノ成立スルニ及ンデハ帝國議會ハ大ナル權力ヲ有シ、十二世紀以來凡テ法律ハ、其參與ヲ經テ制定セリ。而シテ此職制議會ノ權力ガ巨大トナルニ及ンデハ、只法律ノ制定ニ共贊ヲ成スノミナラズ、立法權ヲ共有スルモノトナセリ。而シテ帝國法律ハ、凡テ、帝國ノ權內ニ屬スル法則ヲ包括シ、只ダ各箇ノ關係スルモノハ法律制定ノ手續ニヨリ之ヲ定メズ、然レドモ必ズ法律ニ本カザルベカラズ、而シテ又タ特權ヲ與フルニハ法律ニ違背スルヲ得ズ、此時代ニ於テハ帝ノ命令權ハ甚ダ狹少ニシテ、其特有權ノ區域內ニ於テ命令ヲ發スルト、及ビ帝國法律ヲ執行スル爲ニ、命令ヲ發スル權ヲ有スルノミ。

而シテ漸次ニ帝國ノ官職ヨリシテ公伯ヲ生シ、其權ノ大ナルニ伴フテ立法ノ事モ、漸次ニ其權ニ歸シタリ、而シテ十三世紀ノ終リ頃ニ於テハ、刑法、裁判手續法及ビ警察命令ノ類ハ、領(公伯)ト團躰トノ立法權ニ屬シタリ。十五世紀ヨリ、以來其他ノ立法ノ事項モ、領主ト職制ノ團躰ト共同シテ制定スルコトナレリ。然レドモ未ダ國家ナル思想進歩セズ、故ニ國家ノ統一ト云フ思想テ生ズ。法律ノ制定ヲ以テ國家ノ意思ノ發表ト成サズ、獨立ノ契約者間ノ契約ト見做セリ。而シテ行政ノ事項ハ領主ト國躰ノ間ニ分チ來レリ、故ニ法律ノ執行ヲ以テ、契約ノ義務ヲ行フモノト成セリ。是レヨリ現今ノ國家ノ思想漸次ニ發達スルニ隨ヒ、領主集權ヲ成シ團躰ニ對シテ大ナル權ヲ集メ、團躰ハ漸次ニ衰微シ、或ハ領地ニ於テハ、全ク結社的ノ團躰トナリ、自主自治ノ權ヲ有スルノミ。而シテ領主ハ最高ノ判事トシテ、裁判所ニ關スル規定ヲ設クルノ義務アリトシ、又タ法律執行ノ監督者トシテ、必要ノ命令ヲ發スルノ權ヲ有スルモノトナシ。終ニ團躰ノ權ヲ制限シ團躰ハ領主ノ命令ニ同意スルノ權ヲ有スルノミト成スニ至レリ。故ニ帝國ノ晩年ニ於テハ、立法權ハ領主支配權又ハ商權(Landeshoheit)ノ一部ト見做セリ。斯ノ如ク團躰ハ尙ホ立法ニ參與ノ權ヲ有シタリト雖ドモ、斯ク領內ニ於テ一樣ナルニ非ズ。

Landeshoheit ハ Staatsgewalt ト異ナリ、前者ニハ主權ノ義ナク國家ノ或權ヲ集メタルノミ。

或ル領内ニ於テハ、領主ノ意思ニヨリテ職制團躰ノ參與スベキ事柄ヲ定ム。又或ル領内ニ在リテハ、團躰ハ尙ホ大ナル權ヲ有シ、團躰及ビ人民一般ノ權利義務ニ關スル立法ニ參與セリ。然レドモ其權限明ナラス。實際ニ於テハ確定セザルコト尠ナカラズ。例ヘバ團躰ノ同意ヲ以テ制定シタル法律ハ、之ヲ廢止スルニ其同意ヲ要スルヤ否ヤモ確定セズ。而シテ此時代ニ於テハ、領主ハ只命令權ヲ有スルノミナラズ、獨立ニ權利義務ヲ設定スルノ權ヲ有シタルヿ明ナリ。十七世紀ノ中頃ニ於テハ、數多ノ領地ニ於テハ團躰ノ權力大、ニ、衰弱シ、實際領主ハ專制ノ君主ニシテ、專政ノ爲メ終ニ統一ノ國家ヲ生ジタリ。而シテ普國及ビ其他ノ大ナル國ニ於テハ、專制ノ制度殊ニ進歩シ、立法權ヲ君主ニ屬シ、法律ト命令ノ形式的ノ差別ナシ、領主及ビ其委任ニヨリ、官廳ハ權利ニ關スル命令及ビ執行命令ヲ發布セリ。斯ノ如ク君主ガ立法權ヲ專有スルガ故ニ、命令ト法律トノ形式的ノ差別ナシト雖ドモ、實質的ノ法律ノ意義ハ尙ホ存シ、自然法ノ勢力ニ依リ凡テ普通ノ法則ヲ法律ト總稱シ、之ニ反シテ普通法則ノ例外ニ於テ特權ヲ定ムルモノ、及ビ行政ノ達令ハ法律ニ非ズトナセリ、次ニ那破翁第一世ノ時ニ於テ、帝國ノ聯合ヲ廢止シ、更ニライン同盟ヲ組織シタル後チ、獨逸ノ各領地ハ、內外ニ對シ主權ヲ得タリ。而シテ又數多ノ領地ニ於テハ團躰議會ノ組織ヲ廢シ、全ク專制ノ制度ヲ採用シタリ。只ダ西南ノ或ル邦ニ於テハ那破翁ノ制度ニ倣ヒ表面的ノ立憲制ヲ採用セリ。

一千八百十四年ヨリ三十年迄ニ制定シタル憲法ハ、論理上立法權ト行政權トノ差別ヲナサザルモノ多シ。君主ヲ以テ國家權ノ總攬者トナシ、只アル事柄ニ付キ議會ノ協贊ヲ要スト定メ、此主義ヲ憲法ノ條文ニ揭ゲタリ。而シテ法律ハ議會ノ協贊ヲ經タル君主ノ意志ノ發表ナリトス、然レドモ此時代ニ於テハ、其憲法ニヨルニ法律ハ凡テ議會ノ協贊ヲ要スルニ非ズ。或ル立法ノ事柄ハ、君主獨立之ヲ定ムルコトヲ得ルモノトス。而シテ又議會ノ協贊ヲ以テ制定スベキ法律ノ事柄ニ付テハ、君主ハ發議ノ權ヲ專有シ、裁可公布モ固ヨリ君主ニ屬ス。次ニ君主ハ專有スル立法ノ事柄ニ付テハ、君主ハ警察令ヲ發スルヿ、特權ヲ與フルヿ及ビ普通法ニ特免ヲ與フルヿ、並ニ緊急ノ場合ニ假ニ法律ヲ發スルノ權ヲ有セリ。而シテ假リニ法律ヲ發スルノ權ハ、一千八百三十年前制定ノ憲法ニ於テハ、無制限ニ之ヲ有セリ。斯ノ如ク第一期ノ憲法ニ於テハ、概シテ法律ト命令ノ差別ヲ明ニスルヲ得ズ。而シテ又一千八百三十年ヨリ四十八年ノ間ニ制定シタル憲法ニ於テハ、同一ナレドモルイフヒリツプノ憲法ノ勢力ニヨリ、君主ガ緊急命令ヲ發スルノ權ニ制限ヲ設ケタリ。一千八百四十八年以來ハ國法ノ著書ニ於テモ、一般ニ法律ト命令ノ形式的ノ差別ヲナシ。而シテ又タ此時以後成立シタル憲法ニ於テ、自耳義憲法ノ模範ニヨリ形式的ノ差別ヲ採用セリ。君主ガ緊急ノ場合ニ議會ノ協贊ヲ要セズ、發スル命令モ之ヲ假リノ法律ト稱セズ。普國ノ憲法モ亦タ此時代ニ制定シタルモノニシテ、法律ト命令ハ形式的ニ之ヲ區別セリ。

第一期ト第二期ニ制定セルモノト異ナル所ハ、緊急命令ニ發スル權ニ制限ノ有無ナル點ニ在リ。

千八百四十八年後ニハ、形式的ニ法律ト命令トヲ區別シ、又假法律ノ語ナシ。普國憲法モ千八百四十八年ニ成リタルモノニシテ、法律ト命令トノ差別ハ全ク形式的ニセルモノトセリ。

我國ニテモ、此主義（法律ハ凡テ議會ノ協贊ヲ得）ヲ取ルモノヽ如シ。即チルイ第十四世ノ欽定憲法ヲ、立憲君主制ノ模範トセリ。我國ニテハ、形式的ノ法律ハ必シモ實質的ノ法律ニ非ズ、又實質的ノ法律必シモ形式的法律ニテ定ム可シトニ非ズ。併シ法律ト命令トノ區別ハ形式的ニ定ム。假法律(Provirorysche Gesetz)トハ議會ノ協賛ヲ要スベキモ、緊急ノ場合ニ假リニ法律トシテ發スルナリ。

一千八百三十年ヨリ四十八年ニ成リタル憲法ハ、佛國欽定憲法ニ基キタルモノニシテ、我國ノ憲法モ大躰此時ノ憲法ニ基キタルモノナリ。我國ニテハ法律ト命令ト、形式的區別ハアレドモ、實質的ノ法律ハ悉ク議會ノ協賛ヲ經ルニ非ズ、即チ實質的ニ區別ナシ。英佛ニ於テハ、實質的ノ法ハ必ズ形式的ノ法律ナラザル可カラズ。此時代ニ君主ガ或ル部分ノ立法權ヲ有シ警察命令ヲ發シ特免 dispence 特權ヲ與フ。假リニ法律ヲ定ムルヿモ一千八百三十年迄ニ制定シタル憲法ニハ、無制限ナリ、是レ佛ノ欽定憲法ニ基キ無制限トセルナリ。

獨逸命令ノ沿革

獨逸ニ於テ、立憲制ヲ採用スル以前ノ命令ノ大躰ハ、既ニ立法ノ了ト共ニ之ヲ述ベタリ。國王ノ官吏及ビ舊獨逸帝國ノ成立スルニ至テハ、帝國ノ官吏ハ命令ヲ發スルノ權ヲ有シタリ。而シテ此官吏ヨリ領主ヲ生ジ、其領主ガ其領內ノ職制、議會等法律ヲ發スルノ權ヲ有スルニ及ンデハ、領主ハ一定ノ範圍內ニ於テ命令ヲ發スルノ權ヲ有シタリ。然レドモ其範圍ニ付テハ、時ニヨリ廣狹アリ。領主權盛大トナリ專政制度ヲ採用スルニ及ンデハ、法律ト命令ノ差別ハ全ク消滅シ、只ダ公布式ニヨリ差別ヲナス場合アルノミ。

第一期ノ立憲時代ニ於テハ、既ニ陳ベタル如ク法律ト命令ノ區別判然セザレドモ、議會ノ協賛ヲ經テ定ムル法律執行ノ命令權、及ビ行政ノ監督上ノ必要ニヨリ發スル命令ノ了ヲ、憲法ニ於テ明ニ認ムルモノ多シ。一千八百四十八年以後ノ欽法ハ、國法ノ著シキ勢力ト、英佛兩國ニ於テ發達シタル命令ノ差別トニヨリ、三種ノ命令ノ區別ヲナセリ。

(一)　憲法ニ基ク所ノ獨立命令、　此ノ命令ヲ發スル權ハ、國躰ニヨリテ同一ナラズ。主權國民ニ在リトスル國ニ於テハ、行政權ハ模法ノ委任ニヨリ、此ノ命令ヲ發スルノ權ヲ有スルモノトス。之ニ反シテ從來專制ノ君主國ニ於テハ、憲法ニ於テ君主ガ固有セル權ヲ規定スルモノニシテ、君主ガ此命令ヲ發スルハ即チ他ヨリ委任サレタルモノニ非ズ、只ダ憲法ノ範圍內ニ於テ、此ノ權ヲ運用スベキコヲ定ムルニ過ギズ。緊急命令モ亦タ此命令ノ部類ニ屬ス。

(二)　モ亦タ憲法ニ基クモノナレドモ、法律ノ成立スルヲ以テ此命令ノ條件トナスモノニシテ、法律執行ノモノナレドモ憲法ニ規定セザルモ、行政權ノ性質ニヨリ此命令ヲ發スルノ權ヲ有ス可キモノナリ。

(三)　憲法ニ於テ規定セザレドモ、實際ノ必要ニヨリ立法權內ニ屬スル事柄ニ付キ政府ニ命令ヲ發スルノ權ヲ委任シ、此委任ニヨリテ發スル所ノ命令是レナリ。

獨逸帝國ニ於テハ、命令權ノ主ハ各邦ノ團躰ナル帝國ニシテ、此命令權ノ運用者ハ帝國ノ機關タル協議院及ビ帝ナリトス。而シテ此ノ協議院及ヒ帝ハ帝國憲法ニ於テ、明ニ委任スル權ヲ有スルノミニシテ、立憲政ノ君主ノ如ク、其ノ固有ノ權ヲ行フモノニ非ス。憲法ノ委任ニヨリ之ヲ行フモノニシテ、此ノ機關ハ憲法ニヨリ設定シタルモノナリ。

獨逸帝國ニ於テハ、命令權ノ一部ハ協議院之ヲ行ヒ、一部ハ帝之ヲ行ヒ、一部ハ協議院ノ同意ヲ經テ帝之ヲ行フ。

形式的及ビ實質的ノ法律

法律ナル語ハ、廣義ニ於テ用フルトキハ其淵源ノ如何ニ關セズ、權利、義務ノ法則ト云フト同一ノ意義ニ用ユ、此場合ニハ不文ノ習慣法及ビ成文法ヲ包括ス。之ヲ狹義ニ用ユルトキハ、不文法ニ對シテ凡テ成文ノ法則ヲ指ス。即チ國家又ハ自主ノ團躰ナリ出ヅル所ノ成文法ヲ指スモノニシテ、一定ノ權力ヲ有スルモノヨリ出ヅルヲ要素トスレドモ、之ヲ制定スルノ手續及ビ之ヲ出スモノヽ性質ヲ以テ必要トナサズ。故ニ凡テ公共ヲ支配スルノ權ヲ有スルモノヨリ出ツル法則ニシテ、服從スヘキ義務ヲ負ハスルモノハ、凡テ法律ト稱ス。又法律トハ其ノ內容 (Content, Inhalt) ノ如何ニ關セズ、國家最高ノ權ヲ有スルモノヨリ出ヅルモノヲ指シ、又ハ立憲制ノ國ニ於テハ憲法ニ準據シ最高ノ機關ノ發スル命令ヲ法律ト稱ス。此場合ニテ其ノ內容ノ如何ニ關セズ、凡テ憲法ニ確定セル立法ノ手續ニヨリ發スルモノヲ指スガ故ニ、之ヲ形式的法律ト稱ス。之ニ反シテ、只權利義務ノ法則ノミヲ措ス場合ニハ之ヲ實質的ノ法律ト稱ス。

法律ノ沿革史ヲ見ルニ、此二ツノ意義常ニ存スト雖モ、其差別ノ判然セザル場合少カラズ。

形式的ノ法律ハ、上ニ述ベタル如ク立憲國ニ於テハ、憲法ニ定メタル立法機關ガ、一定ノ手續ニヨリ發シタル國家ノ意志ノ發表ナリ。然レモ此意志ノ發表ニハ、種々ノ種類多シ。只ダ其性質訓示ノモノアリ、只ダ事柄ノ意義ヲ定ルヿヲ得又事實ヲ證明スルヲ得。其他已ニ定メタル法律ヲ行フ爲メノ行政機關ノ組織ヲ定ルヿモアリ、斯ノ如キ場合ニハ、人民ニ服從ノ義務ヲ負ハシムル所ノ權利義務ノ法則ニアラズ、故ニ其性質ニ付テ見レバ實質的ノ法律ニアラズ、然レドモ多クノ場合ニハ、法律ニハ人民ノ服從スベキ權利義務ノ法則ヲ定ムルモノナリ。此場合ニハ即實質的法律ナリ。而シテ舊說ニヨレバ、普通ノ法則ト云フヿヲ以テ、實質的法律ノ要素トナス。然レドモ法則ハ必シモ普通ニアラズ、特別ナル權利義務ヲ定ムルモノアリ、又普通ノ性質ヲ有スルモノニシテ法則ニアラザルモノアリ、故ニ法律ハ必シモ普通ノ法則ニアラズ、形式上普通ノ法律ハ皆實質的ノ法律ニ非ズ、故ニ普通ノ法則ト云フヿヲ以テ法律ト、法律ニアラザル差別ヲ明ニスルヿヲ得ズ。故ニ總テ權利義務ノ法則ヲ實質的ノ法律ト稱シ、之ヲ形式的ノ法律ト差別スルモノアリ、此說ニヨレバ其形式ノ如何ニ關セズ、只ダ性質ニ付テハ法律ト、法律ニアラザルモノヲ差別スルモノナレバ、立法權ノ發セサルモノト雖ドモ、尙ホ之ヲ法律ト稱スルヲ得ベシ。而シテ此法律ハ只ダ一時ノ法則ナルヿアリ、或ハ又之ヲ實行スルヿアリ、或ハ之ヲ應用セザルヿアリト雖ドモ、尙ホ法則ナレバ之ヲ法律ト稱ス。故ニ此法律ナル言語ノ要素ハ、法則ト云フヿニアリ。

英佛兩國ニテハ、法律ノ實質的ノ差別ニヨリ、立法權ト政府命令權トノ差別ヲナスヲ得ベシ。英國ニ於テハ君主新ニ人民ノ權利義務ヲ設定シ、又ハ現在ノ權利義務ニ關スル法則ヲ變更スルヲ得ズ。斯ノ如キモノハ、總テ實質的ノ法律ナレバ議會ノ協贊ヲ要ス。此原則ハ英國ニ於テ漸次ニ進步シタルモノニシテ、遂ニ佛國憲法ノ採用スル所トナレリ。

英國ニ於テハ、各箇ノ場合ニ新ニ權利義務ヲ設定スルコトハ、行政ニ屬スト云フ說ヲ主張スルモノ、十七世紀ニ尙ホ存シタリシト雖ドモ、此說ハ千六百八十八年ノ革命ヲ起スノ主ナル原因トナレリ。此革命後ハ此說ヲ主張スルモノナシ、或ハ時トシテ之ヲ主張スルモノアリト雖ドモ、之ヲ實際ニ行ハントスルコトナシ。佛國ニ於テハ此說ヲ實行セントシ、遂ニ千八百三十年ノ革命ヲ起スノ一原因トナレリ、獨逸ニ於テハ現今尙ホ此說ヲ取ルモノ甚ダ多シトス。

已ニ述ヘタル如ク、英佛ニ於テハ實質的法律ト稱スベキモノハ、必ズ形式ノ法律タルベキヲ要スルガ故ニ、實質的法律ナルヤ、否ヤニヨリ立法、行政ノ職權ヲ區別スルヲ得ベシト雖ドモ、議會ハ實質的ノ法律ニアラザル事柄ヲ形式的法律ヲ以テ定ムルガ故ニ、形式的ノ法律ハ必シモ皆實質的ノ法律ニ非ズ。然レドモ實質的ノ法律ハ必ズ形式的ノ法律タルヲ要ス。

獨逸帝國ノ法律ト、其各邦ノ法律トノ關係

一獨逸帝國ニ於テハ、帝國法律ノ外ニ各邦モ亦タ法律ヲ制定スルコヲ得。然レドモ全ク帝國ノ職權內ニ屬スル事柄ニ付テハ、各邦ハ法律ヲ發スルコヲ得ズ。

二而シテ帝國ト、各邦トノ双方ニ屬スル事柄ニ付テハ、帝國ノ法律ハ各邦ノ法律ニ先ダツノ効力ヲ有ス。故ニ帝國法律ヲ以テ規定セル事柄ニ付テハ、從來ノ各邦ノ法律ハ總テ廢止サルベキモノトス。

三又帝國法律ヲ以テ規定シタル事柄ヲ、各邦ノ法律ヲ以テ規定スルヿヲ得ズ。

四又帝國ノ法律ノミナラズ、帝國ノ法律ニ基ク命令モ、各邦ノ法律ニ對シ、帝國法律同樣ノ効力ヲ有ス。

五而シテ又各邦ノ憲法モ、帝國法律及ビ命令ニ違背スル場合ニハ、其條項ハ廢止サルベキモノトス

議會

歐洲立憲制ノ國ニ於テハ、憲法制定以前ニ職制ノ議會アリシト雖ドモ、其議會ハ現今ノ立憲制ノ議會トハ其基礎ヲ異ニセリ。職制ノ議會ハ議員ハ、或ハ自己ノ權利ヲ以テ議會ニ出席シ、或ハ各種ノ組合團躰ノ代議者ナレバ、其依囑訓示ヲ受テ表決スベキモノナレバ、即チ各團躰ノ機關ニシテ國家ノ機關ニアラズ。獨逸各邦中憲法制

定ノ時ニ當リ尙ホ此職制ノ議會ノ存シタル所ニ於テハ、其基礎ニヨリ立憲制ノ新議會ヲ組織シタルモノアリト雖ドモ、獨逸ノ聯邦中大邦ニ於テハ、此ノ如キ團躰ノ議會ハ全廢セラレタリ。殊ニ佛國及普國ニ於テ、中央政府ノ權力ノ漸次盛大ニナリ、專政ノ制度ヲ採川シタルガ故ニ職制ノ議會ハ廢滅スルニ至レリ。佛國及普國ニテハ、君主ハ租稅ヲ徵集スルニ付テモ、亦タ無制限權ヲ有ス。佛國ニ於テハ、千六百十四年以來革命ノトキマデハ一回モ議院ヲ召集シタルコトナク、又普國ニ於テハ、現世紀ノ始メニ當リ更ニ土地所有ヲ基礎トシ、各州ノ舊制議會ヲ召集シ、千八百四十七年之ヲ聯合シテ中央議會ヲ組織シタリト雖ドモ、其ノ翌年終ニ之ヲ廢止シ、新ニ國民ノ撰擧ヲ以テ成ル議會ヲ組織召集スルニ至レリ。

英國ニ於テハ、「アングロサクソン」ノ王室時代ニ於テ已ニ議會アリト雖ドモ、是亦貴族、高僧及官位ヲ有スルモノヲ以テ成レル議會ニシテ、其議員ハ、人民ノ選擧シタルモノニ非ス、現今ノ議會トハ其基礎ヲ異ニセリ。而シテノルマン王ウイリアムが英國ヲ略取シタルトキハ、舊議會ヲ廢止シ國王顧問會ヲ設ケタリ。而シテ其基礎ハ前議會ト異ナルコトナシ、始メテ市府ノ代表者ヲ召集シタルハ千二百六十五年ノコトニシテ、爾來エドワルド第一世以來ハ絕ヘズ、各州及各市府ノ代表者ヲ召集シタリ。然レドモ此時ノ議會ノ性質ハ、現今ノ議會トハ大ニ異ナル所アリ。即チ各州及各市府ノ代表者ハ、其選擧人ノ依囑訓示ヲ受ケテ表決スルモノナレバ國民全躰ヲ代表スルモノニ非ズ。而シテ第十五世紀ノ上半紀ニ至リ、始テ選擧人ノ依囑訓示ヲ受ケザルコトヽナレリ。漸次ニ國民代表者タルノ原則進歩シタリ。歐洲大陸諸國ニ於テハ憲法ノ制定ニヨリ一時ニ設ケタル議會ノ制度ハ、英國ニ於テハ數百年ノ沿革ヲ經テ舊制議會ヨリ漸次進歩完美シタルモノナリ。上下兩院ヲ以テ議會ヲ爲スノ制モ、亦歷史的ニ成立シタルモノナリ。

上院、下院ヲ以テ議院ヲ組織シタルノ制ハ、英國ニ於テ漸次ニ成立シタルモノニシテ、始ヨリ論理ニヨリテ之ヲ設ケタルニ非ズ、英國議會ハ、十三世紀ノ中頃迄ハ貴族、高僧ヲ以テ成リタリト雖ドモ、其後市府及各州ノ代表者ヲ召集シ、之ヲ一所ニ集會セシメタリト雖ドモ、貴族ト代表者トハ、其利害ヲ異ニシ、國政ニ對スル關係モ自ラ異ナルガ故ニ、十四世紀ノ始メニ於テ分離シテ集會ヲ爲シタルヿアリ、遂ニ千三百七十七年全ク分離シ貴族院及衆議院ヲ爲スニ至リタリ。

歐洲各國ガ憲法ヲ制定スルニ當リ、大國ハ皆二院制ヲ採用シタリ、而シテ獨逸各邦ハ概シテ二院制ヲ採用シ、一院ヲ以テ議會ヲ爲スモノハ小邦ナリトス。――佛國ハ革命以來屢ゝ憲法ヲ變更シタリシガ、革命ノ時期及憲法變更ノ中間ヲ除キテハ、二院制ヲ取リタリ。而シテ獨逸帝國ハ、一院制ヲ以テ議會ヲ組織セリ。

次ニ議會ヲ以テ、國民ヲ代表スル所ノ國家ノ機關トナスコトハ、歷史的ニ成立シタル說ナリトス。然レドモ或ル說ニヨレバ、議會ノ一院ハ國民ノ選擧スル所ノ議員ヲ以テ組織スト雖ドモ、國民又ハ選擧人ノ依囑訓示ヲ受ケテ、其職務ヲ行フ者ニアラズ。故ニ議會ハ法理上人民ノ選擧ヲ以テ成立スル國家ノ機關ト見做スベキモノナリトイヘリ。又或說ニヨレバ、議會ハ國民ヲ代表スルモノニシテ、國家ノ機關ニアラズト云フ、又或ル說ニヨレバ、立憲君主制ニ於テハ、議會ハ君主ガ其統治權ヲ行フ爲メノ機關ニシテ、其性質他各般ノ行政機關ト異ナルコトナシ、只ダ其異ナル點ハ、議會ハ外カ、人民ニ對シテ命令ヲ發スルコヲ得ズ、總テ其權ヲ行フコトヲ得ズ。而シテ又議會カハ君主ガ其統治權ヲ行フ爲メノ機關ナレバ、君主ニ對シテ固有ノ權利ヲ有スルコトナシ。而シテ又一方ニ於テハ、議會ハ國民ヲ代表スル團躰ニシテ、君主ノ統治ノ物躰ナリトス。

貴族院及ビ國老院

現今ヨリ凡ソ八百年前ニハ、英國ニ於テ中央ノ參政權ヲ有スルモノハ貴族及高僧ニシテ此二原素ヲ以テ一個ノ議院ヲ組織シタルハ、已ニ述ベタル如ク第十三世紀ニ至リ始テ衆議院ヲ組織シテ以來四百年ヲ經過シ、貴族院ノ組織ニモ幾分ノ變革ヲ生ジタリト雖ドモ、現今尚ホ貴族及高僧ヲ以テ貴族院ヲ組織スルノ制ハ之ヲ繼續セリ、現今ノ英國モ貴族院ハ下ノ如キモノヲ以テ組織ス、

一成年ノ親王及英蘭ノ世襲貴族ニシテ世襲議員タル者。

二蘇格蘭ノ世襲貴族中ヨリ選擧スル議員トモ、議員ノ任期ハ下院議員ノ任期ニ同ジ。

三愛蘭ノ貴族中ヨリ選擧スル終身議員。

四終身貴族ニシテ、一定ノ官職ヲ有スルノ間議員タルモノ、即チ大僧正、及僧正及二名ノ司法官是ナリ。

而シテ議員ノ惣數ハ五百餘名アリテ。其中ニ親王數人、蘇格蘭貴族ヨリ選擧ノ議員十六名、愛蘭貴族ヨリ選擧ノ議員廿八名、及ビ大僧正三名、僧正二十四名、司法官二名トス。

以上ノモノヲ除キ、其餘ハ皆世襲貴族ノ世襲議員タルモノナリトス。

此ノ如ク、英國ノ貴族院ハ全ク貴族ノミヲ以テ組織スルコトハ、英國ニ特別ナル歴史的ノ事實ニヨルモノナリトス。

獨逸各邦貴族院ハ、其模範ヲ英國ニ採リテ組織シタルモノニシテ、貴族議員ヲ以テ主ナルモノトナセドモ、獨リ貴族ノミニ限ラザルヲ通例トス。現今ノ普國貴族院ノ組織ハ、千八百五十三年ニ制定シタル法律ノ委任ニ基キ、勅命ヲ以テ規定シタル者ニシテ、其議員ハ成年ノ親王ニシテ國王ノ勅命スル者、世襲貴族ノ世襲議員及國王ノ勅任スル終身議員ヲ以テ組織ス。而シテ終身議員ニ勅任サルヽモノハ左ノ如シ、

一普國ノ四大宮廷ノ官職。

二特ニ國王ノ信任ヲ以テ勅任スルモノ。

三推選權ヲ有スルモノヽ推選ニヨリ勅任サルヽモノ、而シテ推選權ヲ有スルモノ

六種アリ。

一、三ノ僧門貴族。二、各州ノGraffノ組合。三、廣大ナル土地ヲ有スル門族。四、五十年以上一家特有ノ相續ノ規定ニヨリ男子繼承セル世襲土地所有者ノ組合。

五、大學。六、大都府。

以上ナリトス、而シテ各組合ハ其族中ヨリ議員ヲ推選シ、大學ニ於テハ評議員ガ正教授中ヨリ推選シ、市府ニ於テハ其參事會ノ中ヨリ推選シ、參事會ナキトキハ市府ヲ代表スルモノ其市廳ノ役員中ヨリ推選セリ。此ノ如ク普國ニ於テハ土地所有者ニ重キヲ置ケリ、而シテ又普國貴族院ハ其全體ニ付テ見ルトキハ、大ニ我國ノ貴族院ニ類似スル處アリ。但シ普國ニテハ、自治躰ニ推選權ヲ與フルモ、我國貴族院令ニ於テハ斯ルコトナク、直接國税ヲ基礎トシテ推選權ヲ與ヘタリ。

我國ノ貴族院ノ組織ハ、憲法三十四條ノ規定ニヨリ勅令ヲ以テ定ムルコト、尚ホ普國ニ於テ法律ノ規定ニヨリ、勅令ヲ以テ定ムルニ似タリト雖ドモ、此兩勅令即チ我國ノ貴族院令ト普國ノ貴族院令ハ、全ク其法律ニ對スルノ關係ヲ異ニセリ。普國ノ貴族院令ハ法律ノ委任ニ基キ制定シタルモノニシテ、後來勅令ヲ以テ變更スベカラザルモノナリ、之ヲ變更スルニハ必ズ法律ヲ以テスルヲ要ス。之ニ反シテ我國貴族院令ハ、勅令ヲ以テ改正スベキモノニシテ、法律ヲ以テ改正スベキモノニ非ズ。而シテ又貴族院令第十三條ニ將來勅令ノ條項ヲ改正シ、又ハ增補スルトキハ貴族院ノ議決ヲ經ベシト定ムルガ故ニ、此ノ貴族院令ハ一般ノ勅令トハ異レドモ、只ダ兩院ノ中一院ノ議決ヲ經テ定ムルモノハ、未ダ法律ト見做スベカラズ、法律ニ非ザルガ故ニ貴族院令ニ於テ、他ノ法律ニ變更ヲ生スベキ規定ヲ設クルヲ得ザルコト明ナリ。

佛國及北米合衆國ハ、共ニ復選法ヲ以テ撰擧スル所ノ議員ヲ以テ組織ス。即チ佛國ニ於テハ國老院ノ議員ハ、各縣及殖民地ノ首府ニ集會スル選擧會ノ選擧スル所トス。此選擧會ハ衆議院ノ議員、縣會議員、郡會議員及ビ各市町村ニ於テ、市町村會ガ其市町村ノ選擧權ヲ有スルモノヽ中ヨリ選擧スル所ノ委員ヲ以テ組織ス。各縣ヨリ選擧スベキ議員ノ數ハ、二個ノ例外ヲ除キ、其他ハ人口ノ多少ニヨリ二名ヨリ十名迄トス。但シ各殖民地ハ、各一名ヲ選擧スルノ規定トス。

北米合衆國ノ國老院議員ハ、各邦議會ノ選擧スル所ニシテ各邦ハ其大小ニ關セズ、各二名ヲ選擧スベキモノトス。而シテ其任期ハ六ケ年ニシテ、二ケ年毎ニ議員ノ全數三分一ヲ改選ス。改選ノ順序ハ、始テ議會ヲ召集シタルトキノ定メニヨレリ。

佛國國老院ノ議員ノ任期ハ、九ケ年ニシテ三ケ年毎ニ議員ノ全數ノ三分一ヲ改選ス、改選ノ順序ハ千八百七十六年ニ抽籤ヲ以テ定メタルモノナリ。

貴族院、國老院議員ノ資格

議員ノ資格ニ付テモ、亦各國ニ多少ノ差異アリ。然レドモ必ズ本國ノ國民タルヲ以テ要件トス。英國貴族院議員ハ、英國臣民ニシテ成年以上ノモノタルヲ要ス。身代限ノモノ、重罪ノ刑ニ處セラレ未ダ其罰ヲ經過セザルモノ、及ビ議員ノ裁判ニヨリ上院議員ノ資格ヲ剝奪サレタルモノハ議員タルヲ得ズ。普國貴族院議員ハ、普國國民ニシテ本國ニ住居シ。滿三十才以上ニシテ國民ノ權利ヲ全有スルモノトス佛國國老院議員ハ、滿四十才以上ノ佛國民ニシテ私權公權ヲ全有スルモノトシ、且ツ衆議院ノ議員タルノ資格ヲ有セザルモノモ亦國老院議員タルヲ得ズ。此外ニ尙ホ佛國國老院議員ノ資格ニ付テ制限アリト雖ドモ、此ニ之ヲ記サズ、衆議院議員資格ノ部ニ於テ陳ブベシ。

北米合衆國ノ憲法ニヨレバ、國老院議員ハ滿三十才以上ニシテ九年以來合衆國民トナリ、選擧サル丶國ニ住居ヲ有スルモノトス。

已ニ述ベタル如ク、君主國ニ於テハ貴族院ハ貴族ノミヲ以テ組織スルト、否トノ差異アリト雖ドモ、貴族院ニハ或等給ノ人民、或ハ此等ノ人民ノ選擧スル所ノモノヲ以テ組織シ、國民全躰ノ中ヨリ選擧スル所ノ議員ヲ以テ組織スルモノニ非ズ。之ニ反シテ共和制ノ佛米兩國ニ於テハ、國老院ハ衆議會ノ如ク、國民全躰ヨリ選擧スル所ノ議員ヲ以テ組織セリ。然レドモ及衆議院トハ、其組織及議員ノ選擧ノ方法ヲ異ニスルガ故ニ、衆議院トハ特別ナル性質ヲ有セリ。即チ議員ノ年齡ノ制限ヲ高クスルコト、復選法ヲ用ユルコト任期ノ長キコト及全員ヲ一時ニ改選セザルコトハ、皆國老院ハ衆議院ニ比スレバ、保守着實ノ性質ヲ有スルノ一原因トナレリ。

衆議院ノ事

選擧法

英、佛、獨、普及北米合衆國ノ選擧法ニ、普通選擧及ビ制限選擧トノ別アリ。普通選擧トハ、財產ノ制限ヲ設ケズ。有限選擧トハ、財產ノ制限ヲ設クルモノヲ指ス。——此兩法トモ、年齡及其他ノ制限ヲ設クルコトハ同一ナリトス。——故ニ普通及制限ヲ設クル選擧ノ差別ハ、只ダ財產上ノ制限ヲ設ルト、否トニアリ。次ニ選擧ニ、直選及復選ノ差別アリ。直選トハ、選擧人ヲシテ自ラ代議士ヲ選擧セシメ、復選トハ、選擧人テシテ代議士ノ選擧者ヲ選擧セシメ、此撰擧者ヲシテ代議士ヲ選擧セシムルモノヲ云フ。現今英國ハ、制限ヲ設クル所ノ直選法ヲ用ヰ。佛國ハ普通直選法ヲ用フ獨逸帝國モ亦然リ。——普國ハ、普通復選法ヲ用フ。——英國ハ、從來ヨリ選擧權ニ財產上ノ制限ヲ設ク、併シ漸次ニ此程度ヲ遞減シ、現今ノ選擧法ハ主トシテ千八百八十八年ノ條例ニヨレリ。然レドモ此條例ハ選擧法ノ全躰ヲ包括スルモノニ非ズ。從前ノ制度中ニ於テ此條例ヲ以テ廢セザルモノハ尙ホ効力ヲ有ス。——英國ノ財產ノ制限ハ、甚ダ錯雜セリ、而シテ其要領ヲ擧グレバ其制限ヲ三種トス。

一　Real property

二　Occupation

三　Residence

英國ニテハ、千二百九十五年始テ各州及各府ヨリ各二名ノ代議士ヲ召集セシヨリ以來、其選出スベキ議員ノ數ハ屢變更シタリト雖ドモ、引續キ各州各府ヲ以テ選擧區トナスコトハ同一ナリキ。而シテ千八百八十五年ニ於テ、法律ヲ以テ大ニ從來ノ地方代議主義ヲ變更シ、人口ノ多寡ニ應シテ議員ヲ配當スルノ主義ヲ採用セリト雖ドモ、尙ホ地方ノ區劃ヲ以テ本トナスガ故ニ、甲州ト乙州トヲ聯合シテ一ノ選擧區ヲ爲スニ非ズ。各州ト各市府ヲ基礎トシ、人口ノ高ニ應シテ議員ノ數ヲ配當ス。人口五萬四千ニ代議士一名ト定ム。而シテ人口一萬五千以下ノ市ハ之ヲ州ニ聯合セリ。人口一萬五千以上五萬以下ヲ有スル市府ハ、代議士一名ヲ選出シ。五萬ヨリ六萬五千以下ハ二名。之ヨリ以上人口五萬毎ニ議員一名ヲ選出ス。大學ハ全ク例外ニシテ、オックスフォルドノ選擧人ハ六千人ケムブリッヂハ凡ソ七千人、ダブリンハ四千人ニシテ各二名ヲ選出ス。グラスゴー及アバアビーン合併シテ代議士一名ヲ選擧シ、エヂンブルグ及セントアンドルューハ合併シテ代議士一名、倫敦大學ハ二千ノ選擧人ニシテ代議士一名ヲ選出セリ。次ニ佛國ハ、各 Department ヲ選擧區トナシ、人口ノ數ニ應シ代議士ヲ配當セリ、人口七萬ニ議員一名ヲ程度トス。然レドモ各縣ハ少クモ議員三名ヲ選出スベキモノトス、而シテ七萬以上ノ分數ヲ有スルモノハ議員一名ヲ增加セリ。アルゼリアノ三縣ハ各二名、其他ノ殖民地ハ各一名ヲ選出セリ。

普國ニ於テハ複選法ヲ用井、選擧區ヲ分テ(Urwahl bezirk)選擧區トナス。而シテ人口二百五十名ニ、一名ノ(Wahlmann)選擧人ヲ選出スルヲ以テ程度トス。——三級法ヲ用井ルカ故ニ、原選擧區ヨリ選出スベキ原選擧人ハ之ニテ分ツヘキヲ必要トス。——人口七百五十名以下ノ町村ハ、他ノ町村ト合併シ原選擧區ヲ組織シ、人口千七百五十名以上ノ町村ハ、之ヲ原選擧區ニ分割セリ。——次ニ直稅ノ額ニヨリ、原選擧人ヲ分テ三級トナス。——納稅額三分一ノ高額ヲ收ムルモノヲ以テ一級トナシ。次ノ三分一ヲ收ムルモノヲ二級トナス。——第三ノ三分一ヲ收ムルモノ及ビ納稅セサルモノヲ以テ第三級トセリ。——而シテ各級ヨリ同數ノ選擧人ヲ選出スベキモノトス。

獨逸帝國ニ於テハ、人口十萬ニ議員一名ヲ選出スベキヲ程度トス。然レドモ議員ヲ各邦ニ分配ス、而シテ各邦ノ中ニ於テ人口十万ニ滿タザルモノハ、尙ホ一名ヲ選出スベキモノトス。次ニ選擧ノ爲メニ各邦ヲ分テ選擧區トナシ、各選擧區ヨリ議員一名ヲ提出スベキモノトス。

以上ニ陳ベタル如ク、議員ヲ人口ニ應ジテ分配ス。

英國ニ於テハ「カウンチー」及ヒ市府ニ配當シ。佛ニ於テハ、各縣及殖民地ニ配當シ。普國ニ於テハ、各縣内ニ於テ郡ヲ聯合シ選擧區ヲ作リ、之ニ議員ヲ配當シ。獨逸帝國及北米合衆國ニ於テハ、議員ヲ各邦ニ配當セリ。以上皆人口ノ數ニ應シテ議員ヲ配當スルヲ以テ主義トス、只タ英佛等ニ於テハ幾分ノ例外ヲ設クルノミ。

次ニ投票法ニ付テ二樣ノ差別アリ。一聯名投票或ハ名籍投票　二一名投票―及匿名投票ト記名投票トノ差アリ。聯名投票トハ、各選擧人ガ其選擧區ヨリ選出スベキ議員ノ總數ニ投票スルヲ云フ。例ヘバ其選擧區ヨリ五人ノ議員ヲ選出スベキトキハ、各選擧人ハ皆五名ノ候補者ニ投票スルヲ得ベシ。現今佛國ニ於テハ、皆此法ヲ用井。普國ニ於テモ亦然リ。

一名投票トハ、人口ニ應シ議員ヲ配當シタル地方ニ於テ再ビ選擧區ニ分チ、各選擧區ヨリ只ダ一名ノ議員ヲ選擧スルヲ云フ。此法ニヨレバ選擧人ハ只タ一名ノ候補者ニ投票スルヲ得ベシ。――現今英、獨、米ハ概シテ此法ヲ用ユ。――然レドモ幾分ノ例外ヲ設ク。――現今英、佛、獨ニ於テハ、匿名投票ヲ用ユ。――普國ハ、原選擧人ノ選擧及議員ノ選擧區ニ開示投票ヲ用ユ。――米ニ於テハ、憲法ニ於テ之ヲ定メズ、之ヲ定ムルコトハ、各邦ノ權內ニアリ、而シテ現今ハ各邦中匿名投票ヲ用ユルモノ多シ。

此兩法トモニ利害アリ、而シテ開示投票ヲ主張スル理由ニヨレバ、國民ハ各自ノ確信スル政治上ノ意見ヲ、公ニスルノ勇氣ヲ有セザル可カラズ、選擧ヲ公ニスルハ議會ヲ公ニスルニ同シ、選擧人ハ自己ノ選擧ニ付キ責任ヲ負フベキコト、尙ホ被選擧人ガ其職務ニ付キ責任ヲ負フベキガ如シ。選擧ヲ公ニスルガ爲ズ選擧人ハ多少ノ不利ヲ有スルコトアリト雖ドモ、是レ其確信スル政治上ノ主義ヲ公ニスル爲メニ生ズルモノナレバ、之ヲ負擔スルノ勇氣ナカル可カラズ。又之ヲ負擔スルハ其義務ナリ、又選擧ヲ公ニスルトキハ、選擧ニ付キ不法ノ事ヲ爲スコト難カルベシ、而シテ又開示投票ヲ用ユルトキハ、投票者ハ他人ニ牽制サルヽノ恐アリト雖ドモ、此弊害ハ公義輿論ヲ以テ之ヲ制スルコトヲ得ベシ。――之ニ反シテ匿名投票ヲ可トスルモノヽ理由ニヨレバ、斯ノ如キ勇氣ハ國民一般ニ望ムベキニ非ズ、又投票者ノ中ニハ主僕ノ關係ヲ有スルモノアリ、債權者、債務者ノ關係ヲ有スルモノアリ、其他社會上ノ關係種々ニシテ投票ヲ公ニスルトキハ、自己ノ確信スル所ニヨリ投票スル能ハザル場合多シ、匿名投票ハ、選擧人ノ獨立ヲ保護シ、政治上ノ意見ニ從ヒ自由ニ投票ヲナサシムルヲ良法トス。

選擧ノ手續

現今英國ノ選擧手續ハ、千八百七十二年ノ選擧條例ニヨルモノニシテ、其要領ヲ擧グレバ、即チ選擧掛ハ選擧ノ令狀ヲ受ケタル日ヨリ「カウンチー」ニ於テハ二日ノ中、市府ニ於テハ翌日迄ニ、選擧ノ期日及場所ヲ公示スルヲ要ス。而シテ「カウンチー」ニテハ九日以內、市府ニ於テハ四日以內ニ選擧ノ期日ヲ定ム。

候補者ハ、選擧掛ガ選擧期日ニ書面ヲ以テ之ヲ nominate ス。而シテ候補者ハ、其撰擧區內ノ選擧人之ヲ指名シ、他ニ一名之ヲ贊成シ、其他ニ八名ノ記名者ヲ要ス。而シテ此十名ハ、皆選擧人タルヲ要ス。

選擧期日ニ至リ、右ノ手續ヲ以テ申出ル所ノ候補者ノ數ガ、選擧スベキ議員ノ數ニ超ヘザルトキハ、選擧ヲ終決シ其姓名ヲChanceryニ申報ス。而シテ又競爭ノ候補者アルトキハ選擧ノ投票期日迄選擧ヲ延引ス。而シテ「カウンチー」ニ於テハ、晴天二日ヨリ六日ノ間ニ投票期日ヲ定メ、市府ニ於テハ、晴天三日以內ニ定ムベキモノトス選擧人ハ投票ノ期日、候補者ノ姓名ヲ記スル投票紙ヲ選擧場ニテ受取リ、其投票セントスル候補者ノ姓名ニ記シヲナシ之ヲ投票函ニ投ズ。而シテ投票ノ終ニ至リ、投票掛ハ投票ノ數ヲ算シ、之ヲ公告シ、且ツ尙書局ニ申報ス。

議員當選ノ事

當選ニ二種アリ、比較多數票ヲ得タルヲ以テ當選トナスト、過半數ヲ得タルモノヲ以テ當選トナストノ差別アリ。——英國ハ比較多數ヲ得ル、モノヲ以テ當選トナス、若シ同數ヲ得タルモノアルトキハ、選擧掛之ヲ決ス。——此法ハ過半數當選ノ如ク、當選者ヲ得ル爲メ數度ノ選擧ヲ行フヲ要セズ、故ニ簡便ナリ。然レドモ其當選ハ、必ズシモ實際ノ投票者ノ多數ヲ表スルモノニ非ズ。投票者ノ少數ヲ代表スルモノヲ以テ當選トナスコトアリ、現今佛、普、獨逸帝國ハ、投票ノ過半數ヲ得ルモノヲ以テ當選トス、是レ選擧ヲ叮重ニシ、投票ノ多數ヲ代表スル議員ヲ得ルノ方法ナリト雖モ、數度ノ投票ヲ要スル場合アリ、又數度ノ投票ヲ行フモ、尙ホ過半數ヲ得難キ場合アリ。――佛普獨逸帝國ハ皆此方法ヲ用フト雖ドモ、過半數ヲ得ザル場合ニ於テハ、多少其手續ヲ異ニス。――佛國ニテハ第一回ノ投票ニ於テ過半數ヲ得ザル者ハ選擧人四分ノ一以上ノ投票數ニ達スルヲ要ス。但シ第二回ニ於テ右ノ結果ヲ得ザルトキハ、比較多數ヲ以テ當選トシ、同數ノ投票ヲ得ルモノアルトキハ、年長ヲ以テ當選トス。而シテ第二回ノ投票ニハ、新候補者ニ投票ヲ爲スヿヲ得。――獨逸帝國ニ於テハ、第一回ノ投票ニ於テ過半數ヲ得ルモノナキ片ハ、候補者中最多數ヲ得タル二名ノ競爭投票ヲ爲シ、投票同シキトキハ抽籤ヲ以テ當選ヲ決ス。――普國議員ノ選擧ニ於テハ、第一回ノ投票ニ於テ過半數ヲ得タルモノナキトキハ、候補者ノ中ヨリ只ダ一箇ノ投票ヲ得タルモノヲ省キ、凡テ第一回ニ於テ投票ヲ得タルモノ、中ニ付テ投票ス。而シテ又過半數者ナキトキハ、最少ノ投票數ヲ得タルモノヲ省キ去リ、過半數ヲ得ルモノアルマデハ選擧ヲ行フ。而シテ最少數ノ投票ヲ得タル中ニ付テ同數ヲ得タルモノアルトキハ、抽籤ヲ以テ除名者ヲ決ス。又最終ニ至リ二名同數ノ投票ヲ得タル爲メニ過半數ノ結果ヲ得ザルトキハ、抽籤ヲ以テ當選ヲ決ス。

選擧人ノ資格

佛、普及獨逸帝國ニ於テ、本國出生ノ國民ト歸化ノ國民トノ區別ヲ爲サズ、凡テ選擧權ヲ有ス。之ニ反シテ英國ニ於テ、一般ノ歸化國民ハ選擧權ヲ有セズ。此權ヲ有スルニハ、特別ニ議會ノ議決ヲ以テ此權ヲ賦與サレタルモノタルコトヲ要ス。

英、佛、米各國ハ、滿廿一才即チ丁年以上、――獨逸帝國ハ、廿五才以上トナシ、普國ハ、滿廿四才以上トス、

英ニ於テハ、男子タルコトハ慣習法ニ本ク所ノ制限ナリトス。

以上ノ外ノ制限ハ、之ヲ合セ論ズルヲ得ズ。故ニ各國ニ付テ其要點ヲ擧クベシ。

英國ニ於テハ、貴族ハ愛蘭ノ貴族ヲ除ク外ハ、選擧權ヲ有セズ。選擧掛ハ選擧權ヲ有セズ、但シ候補者同數ノ投票ヲ得タルモノアルトキハ、裁決權ヲ有ス。――官吏ノ中ニ付テ選擧權ヲ有セサルモノ多シ、而シテ其多數ハ、警察官吏ナリトス。而シテ又凡テ選擧事務ニ從事スル者ハ、選擧權ヲ有セズ。其他瘋癲、白癡及重罪ノ罰ニ處セラレ

未タ其罰ニ服從シ、罰ノ期限ヲ經ザルモノ、議員ノ選擧ニ關シ不法ノ所業ヲ爲シテ罰ニ處セラレタルモノハ、七年間選擧權ヲ有セズ。又選擧ノ爲メ不法ニ金錢ノ支拂ヲ爲シ、或ハ人ヲ雇ヒ入レタルモノ、若シ其者ガ候補者或ハ其代理人タルトキハ、五年間選擧權ヲ有セズ。——次ニ毎年七月卅一日ヨリ起算シ、十二ケ月前ニ公費ノ貧民救助ヲ受ケタルモノハ、選擧人タルヲ得ズ。

佛ハ公權ヲ有スルモノ、及町村ノ選擧人名簿ニ登記サレタルモノタルヲ要ス。而シテ此登記ハ、六ケ月間同町村内ニ住シタルモノタルヲ要ス。又一定ノ或種類ノ犯罪及違警罪犯者、破産者及後見人監督ノ下ニアル者ハ名簿ニ登記セズ、——現役軍人モ亦投票ヲ爲スヲ得ズ。

普國ニ於テハ、公權ヲ有シ、獨立シテ六ケ月以内其町村ニ住スルモノタルヲ要ス。但シ公費ノ救助ヲ受ルモノハ、選擧權ヲ有セズ。現役ノ軍人モ、亦選擧權ヲ有セズ。

獨逸帝國選擧人ハ、公權ヲ有シ聯邦ニ一ケ年以來住スルヲ要ス。公費ノ救助ヲ受ケタルモノ、破産處分中ノモノ及後見人ノ下ニ立ツモノハ、選擧權ヲ有セズ。現役軍人モ、亦之ヲ有セズ。

被選擧人ノ資格

佛國ニテハ、凡テ選擧人ニシテ廿五才以上タルヲ要ス、此外ニ制限アリト雖ドモ、殊ニ官吏ニ付テ制限多ケレバ此ニ之ヲ陳ベス。

普國ニテハ凡テ選擧權ヲ有スルモノニシテ滿三十才以上タルヲ要シ、且ツ一ケ年間普國民タルヲ要ス。

獨逸帝國、選擧人ニシテ少クモ一ケ年以來聯邦ニ籍ヲ有スルヲ要ス。英國、成年以上(廿才)但シ千八百三十二年前ニハ、未成年ニシテ議員タリシ者アリト雖ドモ、爾來此ノ如キ例ヲ見ズ。瘋癲、白癡ノ者ハ慣習法ニヨリ議員タルヲ得ズ。外國人ハ習慣法及ビ法律ニヨリ、代議士タルコトヲ得ズ。歸化人亦特別ナル法律ノ許可ヲ得ルニ非ザレバ、代議士タルヲ得ズ。英倫ノ貴族及ビ蘇格蘭ノ貴族ハ、下院ノ議員タルヲ得ズ。但シ愛蘭ノ貴族ハ上院ノ議員タルモノヲ除キ、其餘ハ議員タルヲ得ベシ。次ニ英國各職各派ノ僧侶ハ、議員タルヲ得ズ。但シ英倫ノ僧侶ハ、其僧籍ヲ脱スレバ直ニ議員タルヲ得ベシ。

各邦官吏被選ニ付テノ制限

英國ハ、官吏中習慣法及ヒ法律ニヨリ議員タルヲ得ザルモノ甚ダ多シ、而シテ選擧掛ハ、凡テ其管理區ヨリ選マルヽヲ得ズ、是習慣ニヨル者ナリ。法律ニヨリ議員タルノ資格ヲ有セザル者甚ダ多ク其制限繁雜ナリ。革命以來下院ノ權力盛大ナルガ故ニ國王ハ官吏ヲ議員トナシ、議院ニ於テ勢力ヲ得ルヿヲ勉メ、而シテ又議院ハ國王ノ意ニ從テ官職ヲ保ツモノヲ議員ヨリ省キ去ラント爲スガ爲メニ、漸次ニ制限ヲ設ケタルモノナリ。而シテ官吏中ニ於テ全ク議員タルコトヲ得ザルモノアリ、或ハ議員ニシテ或官職ニ任ズルトキハ議員タルコトヲ失スルモノアリ、然レドモ其官職ニ任ジタル後議員ニ選バルヽコトヲ得ベキモノアリ。次ニ國家ノ行政ニ關スル官職ニシテ、議員タルコトヲ得ルモノアリ。此官職ニ任ズルモノハ議員タルノ資格ヲ失ハズ。

英國ニ於テ官吏ガ議員タルコトヲ得ザルノ理由ハ、現今ト制限ヲ設ケタル昔日ト同一ニアラズ。現今ハ官吏ガ議員タルガ故ニ、國王ガ議院ニ於テ非常ノ勢力ヲ有ズルノ恐ナシト雖ドモ、現今尙ホ永久ノ行政官吏ニシテ議員タルコトヲ得ザルノ理由ハ、政黨ニ關セズ適當ノ職員ヲ得ルヲ必要トナス。且ツ其長官ト其部下ノ官吏トノ調和ヲ保ツヲ必要トナスニアリ。

佛國ハ、陸海軍ノ現役軍人ハ、凡テ被撰擧權ヲ有セズ、又判事、Départment ノ官吏、水利、道路建築ノ技師、各學區ノ學務官、僧侶、財務官及ビ山林ノ事務官ハ、奉職中其管理區內縣內或ハ殖民地ニ於テハ辭職スト雖ドモ、尙ホ六ケ月間ハ被選人タルヲ得ズ。――此他ニ佛國ニ於テハ、官吏ニ付キ種々ノ制限ヲ設ケ、官吏ハ議員タルコトヲ得ザルヲ以テ通例トス。然レドモ或種類ノ官吏ハ、議會ニ必要ナル場合アル故ニ、或種類ノ官吏ハ議員タルコトヲ得ルコト、尙ホ英國ニ於ケルガ如シ、然レドモ其種類ヲ擧ゲズ。又佛ニ於テハ、舊君主ノ一族ハ被撰人タルヲ得ザルモノトス。

議員ニシテ有給ノ官吏トナリ、或ハ議員ヲ兼ヌル官吏ニシテ昇給スルトキニハ議員ヲ兼ヲ得ル種類官吏ナレバ、更ニ議員ニ選擧サルヽヲ要ス。――其他ノ場合ニ於テハ、議員タルノ職ヲ失ス。但シ國老院議員、大臣、次官ハ此期定外ナリトス。」

獨逸帝國官吏ハ凡テ議員タルコトヲ得。但シ議員トナリタル后ニ其在職昇給シ、或ハ多給ノ官職ニ轉ズルトキハ議員ノ職ヲ失ス。

協議院ノ僚員及ビ各邦ノ君主ハ、議員タルコトヲ得ズ。

普國ハ、會計檢査院長及ビ其僚員ヲ除クノ外、凡テ官吏モ議員タルコトヲ得。獨逸帝國及ビ佛國ニ於テハ、撰擧人ニ必要ナル資格ハ、凡テ被選擧人ニモ之ヲ要スルモノトス。又英國ニ於テハ、選擧人ニ付テ特別ナル制限アリト雖ドモ、此ニ之ヲ略ス。

衆議院議員ノ總數

英、佛、普、獨各國ノ議員ノ惣數ハ、人口ニ應ジテ各地方ニ配當シタルモノニシテ、英國ニ於テハ、凡ソ總數六百五十餘名、佛國、五百八十餘名、普國、四百三十三百、獨、三百九十七名ナリ。

而シテ下院ノ議員ノ數ノ最モ多キハ、英國ニシテ其數多キニ過グルガ如シ、若シ凡テノ議員ガ各其職務ニ力ヲ盡ストキハ、議決ノ纒リヲ得ルコ甚ダ難カルベシ。然レドモ英國ニ於テハ、議員ノ大部ハ只ダ黨派ノ首領ノ指揮ニ從テ活動スルモノニシテ、議員ガ皆其職務ニ力ヲ盡スコトハ望ムベカラズ。――而シテ議院ノ成規ニヨレベ、只ダ四十名ノ議員出席スレバ議決ヲ爲スヲ得ベシ、――要スルニ、議員ハ多キニ過クベカラズ、多キトキハ議塲ノ秩序ヲ保チ、議事ノ纒リヲ得ルコト難シ。又議員ノ數多キニ從テ其激動モ甚シカルベシ、――然レドモ又議員ノ數少キニ過グルトキハ、選擧區ヲ廣大ニ爲サヽル可カラズ、然ルトキハ各地方ノ人民ヲ充分ニ代表スル所ノ議員ヲ得ルコト難シ。

議員ノ任期

現今下院議員任期ノ最長ハ、英國ニシテ七ケ年トシ、最短ハ米國下院ニシテ二ケ年トス、而シテ英國ニ於テハ、千六百九十四年始テ下院ノ任期ヲ三年ト定メタリ、是レ國王ガ隨意ニ議員ノ任期ヲ永續スルノ特權ヲ制限スルモノニシテ、此制限ノ必要ナルコトハ其時ノ事實ニ於テ明ナリ。チャールス第二世其即位ヨリ十七年間同議員ヲ永續シタリ、此ノ如ク議員ガ人民ヨリ選擧サレタル後チ久シク在職スルトキハ、實際人民ヲ代表スルモノニ非ズシテ、全ク政府ニ隨屬スル者タルニ至レリ、故ニ此制限ヲ設ケタル者ナリシガ、ヂヨージ第一世ノ時ニ至リ、更ニ任期ヲ七ケ年ト制定セリ。是モマタ一時便宜必要ニ基キテ七ケ年ト爲シタルモノナリ。是ノ七ケ年ノ任期モ亦長キニ過ギ、任期長ケレバ其間ニ社會ニモ變化ヲ生ジ、議員ノ思想モ亦變ルベキカ故ニ、議員ハ實際選擧人ノ多數ヲ代表セズ、議員ノ意志ト選擧人ノ多數ノ意志ト相反スルニ至ルベシ。

佛國ハ、任期ヲ四ケ年トシ、獨逸ハ三ケ年トシ、普ハ、五ケ年トナス。而シテ三ケ年、或ハ四ケ年ヲ以テ最モ適當トス。米ノ如ク二ケ年トナストキハ、甚ダ短ニ失スルノ恐アリ。三ケ年或ハ四ケ年トナスモ、其間ニ議員ト選擧人トノ間ニ大ナル意志ノ變化ヲ生ズルコト無ルベシ。而シテ米國ノ如ク二ケ年ナルトキハ任期短ニ過ギ、重大ナル問題ヲ熟議スルコト難キ塲合アリ。

次ニ任期ハ何時ヨリ之ヲ起算スベキヤ、通例議員ノ選擧ノ完結ヨリ起算セリ。然レドモ普國ニ於テハ、議員ノ任期ト言ハズシテ、憲法ニ於テLegishature periodノ語ヲ用フルガ故ニ、國王ノ召集令ヲ發シタル時ヨリ起算スベシト云フモノアリ。

議會ノ職權

一　立法ニ付テ。二　豫算ニ付テ。三　行政監督及裁判ニ關スルコト。四　役員ノ選任及議事規則ヲ定ルコト。其他院內ノ事務處理。

一、立法ニ關スル職權ニ付テハ、共和制ト英國ノ如キ君主制及ビ獨逸ノ如キ立憲君主制トノ間ニ差別アリ。共和制ニ於テハ、立法權ハ全ク議會ニ屬シ。英國ニ於テハ、立法權ハ君主ト議會トニ屬シ。獨逸ノ立憲君主制ニ於テハ、立法權ハ君主ニ屬シ、議會ハ只ダ立法權ノ運用ニ付キ協贊ヲナスモノタルニ過ギズ。而シテ立法權ノコトハ、已ニ之ヲ述ベタレバ茲ハ再言セズ。――而シテ又立法權ニ付テハ、上下兩院トモ同一ノ權ヲ有スルモノトス。――然レドモ政治上ニ於テハ、上下兩院ノ間ニ大ナル差異アリ。英國ニ於テハ、下院ノ可決シタル法律案ハ上院之ニ同意スルヲ以テ近來ノ慣例トナセリ。然レドモ是政治上ノ勢力ノ關係ニヨルモノニシテ法律上下院ノ可決シタル者ハ、上院必ズ同意スルヲ要スト云フニアラズ。

二、豫算ニ付テハ、兩院ノ間ニ其權限ヲ異ニシ、英國及普國ノ上院ハ只ダ豫算全躰ヲ可否スルノ權ヲ有スルノミ。而シテ豫算ノ事ハ、之ヲ別項トナシ論述スベキカ故ニ、此ニ之ヲ畧ス。

三　議院ガ行政ヲ監督スルノ職權及裁判權

英國及佛國ノ憲法並ニ慣例ニヨレバ、議院ハ行政ヲ監督スルノ權ヲ有ス。而シテ又獨逸ノ公法家モ、議院ハ、行政ヲ監督スルノ權ヲ有スト說クモノ多シト雖ドモ、或公法家ノ說ニヨレバ、普國ノ如キ立憲君主制ニ於テハ、君主ガ即チ國家ニシテ、議會ハ一方ヨリ之ヲ見レバ、君主ガ其權ヲ行フ爲メニ要スル一機關タルニ過キズ。君主ニ對シテ獨立ノ權ヲ有スルニ非ズ、又一方ヨリ見レバ、議會ハ國民ノ代表者ニシテ、君主ガ支配權ヲ行フ所ノ客躰タルニ過キズ。上奏、建議、質問等ヲ爲スノ權ヲ有スルハ即チ國民ノ代表者ニシテ政府ニ對シ國民ノ意志ヲ表示スル方法タルニ過キズ、之ヲ以テ監督ノ方法ト爲スベカラズ。此說ニ反シ、一般ノ說即チ議會ハ行政ヲ監督スルノ權ヲ有スト云フ說、及ビ英佛ノ憲法及慣例ニヨレバ、上奏、建議、說明要求、質問人民ノ請願ノ受理、行政事項ノ審査及ビ院內ノ議決ハ、議會ガ行政府ヲ監督スルノ方法ナリトス。

而シテ各國ノ議會ハ、皆此ノ方法ヲ用ユルノ權ヲ有セリ。此方法ノ外ニ、議會ハ每年豫算ノ議決及決算ノ報告ニヨリ、行政ノ全般ヲ監督スルヲ得ベシ。而シテ又政府ハ必ズシモ議院ノ說明ノ要求、質問及ビ上奏建議等ニ對シ答辨ヲ爲スヲ要セズ。

議會ノ裁判權トハ、即チ彈劾權ヲ指スモノニシテ、彈劾ノ事ハ已ニ述ベタレバ之ヲ署ス。

役員ノ選任及ビ議事規則ヲ定ル等ノ職權。

議會ハ其獨立ヲ保ツ爲メニハ、各議院ハ其內部ノ議事規則其他ノ規則ヲ自ラ定ムル權、及其役員ヲ自ラ選任スルノ權ヲ有スルヲ必要トス。而シテ英、佛、獨各國ノ上下議院ハ、皆其憲法ニ於テ制定スル事項及ビ法律ヲ以テ定ムル事項ノ外、凡テ其院內ノ組織及ビ規則ヲ定ムルノ權ヲ有ス。而シテ英國ニ於テハ、議員ノ役員中國王ノ認可ヲ要スルモノアリ、又國王ノ任命スルモノアリト雖モ、是只形式的ノ事ニシテ現今ハ殆ンド其名義ヲ存スルニ止マルモノ多シ。英國ニ於テハ、下院ノ議長ハ各議會――發會ニ於テ之ヲ選擧シ、國王ノ認可ヲ要ス。然レドモ現今ハ認可ノ事ハ全ク議式的ノ事ニシテ、實際認可ヲ拒ムコトナシ。――次ニ議長ノ職務ノ大躰ニ至テハ、各國同一ニシテ議事ヲ管理シ、院內ノ秩序ヲ保チ、院內ノ規則ヲ解明適用シ、議院ノ代表者トシテ國王及ビ政府トノ交通ヲ主ル、故ニ此點ヨリシテ英國ニ於テハ、議長ヲ

Speaker ト稱セリ。次ニ英國ニ於テハ副議長ヲ置カズト雖ドモ、豫算委員長ヲ置ク、之ヲ通例 Chairman of ways and means ト云フ。――議院ガ全院委員ニ變ズルトキハ、議長トナル。――又議長ガ事故アルトキハ、其代理ヲ務ム。

佛、普各國ニ於テハ、議長ノ任期ハ或ハ一ケ年トナシ、或ハ一開期トナス所アリ。又議長ハ各議院之ヲ選擧シ、國王又ハ大統領ノ認可ヲ要セズ。

玆ニ獨逸帝國及普國ノ議長選擧ニ關スル手續ノ大躰ヲ述ブベシ、即チ議員集會セバ直ニ議員中ノ最長老者ヲ議長トナシ集會ヲ開キ、而シテ各開期ノ始メニ於テ、舊議長ヲ以テ假議長トナシ集會ス。次ニ假議長ハ議員ノ中ヨリ書記掛數名ヲ任ズ、――斯クシテ議員選擧ノ當否ヲ審査シ、議決ニ必要ノ議員ノ當選ヲ認ムルトキハ、直ニ議長ノ選擧ヲ行フ。――次ニ副議長二名乃至八名ノ書記掛ヲ選擧ス。――斯ク役員ノ撰任ヲ終リタルトキハ之ヲ國王ニ上奏シ。及他ノ一院ニ報知ス。帝國ニ於テハ。協議院ニ通知ス。而シテ又議長ハ會計掛ヲ選任セリ。以上ハ院內最緊要ノ役員トス、此外ノ役員ノ任免ハ議長之ヲ主レリ。次ニ佛國ニ於テハ、大躰同樣ノ手續ニテ議長、副議長及會計掛及書記掛ヲ選任ス。次ニ英國ニ於テハ、上院ノ議長ハ議院自ラ之ヲ選擧スルノ權ヲ有セズ「ロードチヤンセロル」ガ議長トナリ又其他ニ數名ノDeputy speaker(代理議長)ヲ任命ス。而シテ以上ノ如キ皆差支アルトキハ、議院ニ於テ假ニ議長ヲ選擧ス。以上ノ外ニ、下院ニハ書記官長アリ之ヲchief Secretary of House of Commonsト稱ス。而シテ法律上ニハ之ヲUnder clerk ——ト稱シ、上院ノ書記官長ト差別ス。此書記官長ハ國王之ヲ任免セリ。此外ニ二名ノAssistant clerkアリ、是レハ議長ノ推薦ニヨリ國王之ヲ任命シ、又議院ノ申出ニヨリ免職スベキモノトス。次ニ監守長モ高等官ニシテ院内ノ秩序ヲ强行及ビ議院儀式ノ事ヲ主ル、此官モ亦國王ノ任命スル所トス。以上ノ外ニ數多ノ吏員アリ、下等役員ヲ合算スレバ凡ソ百十餘名アリ。

上院ノ官吏ハClerk of the P. Gentlemenusher of the black rod、及Sergean at-armsニテ皆永久吏員ナリトス。而シテ其職務ハ下院ノ吏員ニ同ジ。而シテ此中Sergeant-at-armsハ、Lord chancellorニ隨從スルヲ事務トス、上院ニ凡ソ七十五名ノ吏員アリ。

議院ノ懲戒權

兩院ガ院内ノ秩序ヲ保チ、其尊嚴ヲ保護シ、其職務ヲ正當ニ行フ爲メニハ、議員自ラ懲戒權ヲ有スルヲ必要トス。而シテ英國ト合衆國、佛、普、及ビ獨、逸帝國トノ間ニ大ナル差違アリ。

英國ニ於テハ、只ダ其議員ニ對スル懲戒權ヲ有スルノミナラズ、議員外ノ人民ニ對シテモ、亦大ナル懲戒權ヲ有セリ。之ニ反シテ佛、普及獨逸帝國ニ於テハ、議員ニ對シテ懲戒權ヲ有スルモ、人民ニ對シテ懲戒權ヲ有セズ、

第一議員ニ對スル懲戒、英國兩院ハ各自ニ其議員ヲ懲戒スルノ權ヲ有ス。而シテ其懲戒罰ノ種類ハ、各院ニ於テ定ムル所ナリトス。即チ譴責、拘留或ハ出席ノ停止及ビ議員タルノ資格ヲ剝奪シ、更ニ其選擧地ニ選擧令ヲ發シ選擧ヲ爲サシムルヿ。但シ同人ノ再選ヲ禁制スルノ權ヲ有セズ。又罰金ヲ科スルノ權ヲ有スト雖ドモ、現今之ヲ行ハズト云フ。

佛國ニ於テハ、現今ニ用ユル所ノ懲戒罰ノ科目ヲ擧グレバ、注意、責及期日ヲ定メテ出席ヲ停止スルヿ、而シテ期日ハ上院ニ於テハ三回下院ニ於テハ十五回以內トス。且ッ又責ヲ受ケタルモノハ、責ノ外ニ一ケ月、若クハ二ケ月間ノ手當ヲ取上ゲ、且ッ之ヲ其被選擧地ニ揭示ス、又出席ノ停止ヲ命セラレタルモノニシテ其罰ニ服セザ

レバ、議長ノ命令ヲ以テ之ヲ逮捕シ三日間ノ拘留ニ付ス。

普國ニ於テハ、其憲法第七十八條及八十四條ニ於テ、兩院ガ各自ニ其規則ニ從テ議員ノ犯則者ニ對スル罰則ヲ設クルコヲ得ト定メ。而シテ現行ノ議事規則ハ、只ダ注意及ビ言論ヲ制止スルコヲ設クルノミ。貴族院モ大躰同一ナリトス。而シテ普國及獨逸帝國ニ於テハ、議院ガ政府ノ僚員(大臣協議院員)ニ對シ懲戒權ヲ有スルヤ、否ヤニ付キ、政府ト議院トノ間ニ爭論アリキ。又公法家中ニモ議論一定セズ、或ハ議院ハ政府ノ僚員ニ對シ議員ト同樣ニ懲戒權ヲ有セザレバ、院內ノ秩序ヲ保ツ可カラズト言フモノアリ、或ハ政府ノ僚員ハ議員ヲ兼ルモノヲ除テハ、其他ニ對シテハ懲罰權ヲ有セズ、議院內ノ規則ハ即チ院內ノミニ關スルコナレバ、院外ノモノニ對シ之ヲ適用スルヲ得ザルモノトス。

而シテ又政府ノ僚員ハ議員ニ非ラザルガ故ニ、言論ノ自由ヲ有セズ、故ニ議院ニ於テ爲シタル言論ニ對キ、裁判所ニ告訴スルヲ得ベシ。

人民ニ對スル懲罰權、

英國ノ兩院ハ。院外人民ニ對シ大ナル懲罰權ヲ有ス。人民ノ反則者ヲ逮捕シ、議院ニ於テ訊問ヲナシ、證據人ヲ呼出スノ權ヲ有ス。且ツ反則者ヲ責メ、或ハ拘留スルノ權ヲ有ス。下院ニ於テハ拘留ハ開會中ニ限ル、故ニ期限ヲ定メテ拘留ヲ爲スヲ得ズ。之ニ反シテ上院ニ於テハ、閉會ニ至ルモ、尚ホ拘留シ置クヲ得ベシ、故ニ期限ヲ定メテ拘留スルヿヲ得、又兩院ハ罰金ヲ科スルヿアリタレドモ現今ハ之ヲ行ハズ

反則ヲ分テ、四種トナス。

一議院ノ通則ニ背クヿ。

二特別ノ命令ニ背クヿ。

三議院ノ尊嚴及其職務ニ付キ、議院ヲ侮辱スルヿ。

四議員及其官吏ヲ侮辱スルヿ。

以上ノ場合ニ於テハ、議院ハ自ラ犯則者ヲ懲罰スルノ權ヲ有ス。例ヘバ議員ガ議院ニ往復ノ途中之ヲ侮辱スルモノアルトキハ、議員ハ議長ヲシテ逮捕ノ令狀ヲ發セシムルヿヲ得。又新聞紙ノ論説ニ於テ、議院ヲ侮辱スルヿアルトキハ、其責任者ノ逮捕ヲ命ジ、之ヲ訊問シ、懲罪ニ處スルヿヲ得。

佛、普、獨各國ニ於テハ、議院ハ人民ニ對シ懲罰權ヲ有セズ。佛國議院ノ議事規則ニヨ

レバ、傍聽人ハ靜謐ヲ保ツヲ要ス、若シ犯則者アレバ之ヲ裁判所ニ告訴スルヲ要ス、議院自ラ懲罰ヲ爲スヲ得ズ。普國ニ於テハ、傍聽人ハ議員ノ言論ニ對シ、贊成或ハ不贊成ノ擧動ヲ爲スヲ得ズ。議院ノ規則ヲ犯スモノハ院外ニ放逐シ、尙ホ犯罪者ハ裁判所ニ告訴スルヿヲ得。

兩院ノ議員ノ一身ニ關スル權

第一　議員ハ選擧者或ハ選擧地ヨリ依囑、訓示ヲ受ケザルモノトス。故ニ一度選擧サレタル後ハ、議員ハ自己ノ意志ニ從ヒ、獨立ニ表決ヲ爲スベキモノトス。然レドモ英國ニ於テハ、ヘンリー第六世ノ頃ヨリ始メテ議員ハ選擧人ノ依囑、訓示ヲ受ク可カラズト云フ主義ヲ生ジタリ。而シテ千七百七十四年ノ選擧ニ於テ依囑、訓示ノ事ニ付キ大ニ世人ノ注意ヲ起シタリ。此時ニ當リテ數多ノ選擧區ニ於テ、選擧人ガ一定ノ擧動ヲ守ルヿヲ制限、約束センヿヲ要求セリ。而シテ或議員ハ之ニ同意シタリト雖ドモ、又或議員ハ此ノ如キ約束ヲ爲スヿヲ拒ミタリ、此時ヨリ議員ハ選擧人ノ依囑、訓示ヲ受ク可カラズ、選擧人ノ代理者ニ非ズト云フ主義大ニ進步シ、遂ニ憲法ノ原則トナルニ至レリ。而シテ佛、普、獨ノ憲法モ亦之ヲ以テ原則トナセリ。

第二　代議士手當俸給ノ事、現今英及獨逸帝國ニ於テハ、代議士ハ報給或ハ手當旅費ヲ受ケズ、而シテ英國ニ於テハ、チャールス第一世迄ハ代議士ハ其選擧區ヨリ日給ヲ受ケ、而シテ市府ノ議員ハ二「シルリング」「シャイア」「カウンチー」ノ議員ハ四「シルリング」ノ日當ヲ受ケタリ。然ルニ代議士タルヲ以テ名譽トナスノ習慣益盛ナルリ、日當ヲ請求スルヿヲ漸次ニ廢止ニ歸シタリ。或新聞ニヨレバ代議士ニ日當ヲ與フルノ案ヲ議院ニ提出可決シタリト云フ。

獨逸帝國ハ、憲法ニ於テ俸給或ハ報酬ヲ受ク可カラズト定ム。然レドモ或ル種類ノ委員ヘハ日當ヲ與ヘ、且ツ議員ハ開會中及ビ閉會ノ前後八日間ハ、獨逸ノ各鐵道ヲ無賃通行ヲ爲スヲ得セシム。

佛、普兩國ニ於テハ、各種ノ人民ニ代議士タルヿヲ得セシムル爲メ、代議士ニ年俸或ハ日當ヲ與フルノ制ヲ設ク。佛ハ憲法ニ於テ年俸ノ制ヲ定メ、兩院議院共ニ同一ノ年俸ヲ與フ。普國ニテハ、下院ノ議員ハ法律ニ從ヒ、旅費及日當ヲ受クベキ者トス。而此兩國共此俸給或ハ日當ヲ辭スルヲ得ザルモノトス。

第三　言論ノ自由、議院ガ其職權ヲ行フニ付キ、最必要ナル權利ハ其議員ガ院外ノ干渉ヲ受ケズ、獨立ニ其所存及ビ信ズル所ノ事實ニ付キテ言論シ、且ツ表決ヲ爲スヿ是ナリ。而シテ是ノ權利ハ、元來英國議會ノ習慣及成規ニ於テ漸次ニ成長シタルモノニシテ、遂ニ動ス可カラザルノ權利トナレリ。此權理ヲ明證確定シタルモノヽ中ニ付キテ最モ緊要ナルモノハ、著名ノ權理條欵ナリトス。第九條ニ、議會ニ於テノ言論及ビ議事ノ自由ハ、各裁判所又ハ議會外ノ塲所ニ於テ疑問トナスヲ得ズ。或ハ之ニ付テ告訴スルヲ得ズ。此箇條ノ確定後ハ、議會ニ於テ爲シタル言論ヲ以テ訴權トシタルヿナシ。

然レドモ尙ホ之ニ干渉シタルヿアリ、而シテ千七百六十四年一ノ士官ガ、政府ニ反對ノ地位ヲトリタル爲メ、之ヲ免職シタルヿアリ、是ヲ以テ最終ノ干渉トナセリ。佛、普、獨各國モ亦皆其憲法及法律ニ於テ、議員ノ言論及表決ノ自由ヲ認ム。而シテ普國憲法第八十四條ニ、兩院ノ議員ハ其議院ニ於テ爲ス所ノ表決ニ付キテハ、之ヲ責問ニ付スルヲ得ズ。又議院ニ於テ發言シタル意見ニ付テハ、只ダ議院ニ於テ其事務規則ニ從ヒ責問スベキモノトス。然レドモ爾來政府幷ニ裁判所ハ、此條項ノ意義ヲ狹ク解釋シ、此權理ヲ制限セントテタルヿアリシガ、獨逸帝國憲法ニ於テ議員ノ言論及ビ表決ノ自由ヲ認メタルガ故ニ、曾テ普國政府及裁判所ガ企テタル所ノ制限ヲ爲スヲ得ズ。佛國ハ、其憲法第十三章ニ於テ此主義ヲ確定シ、獨逸帝國憲法モ亦之ヲ確定セリ。故ニ現今以上ノ各國ハ、皆議院ノ言論及ビ投票ノ自由ヲ認ム。而シテ此自由ハ議院ノ獨立ヲ保チ、各代議士ガ政府及其他ノ干渉ヲ受ケズ、十分ニ其職務ヲ盡スヿヲ得ル爲メニ必要ナリトス。然レドモ院內ノ規則ヲ以テ議員ガ言論ノ自由ヲ濫用スル者ヲ制限、懲罰スルヿハ、各國憲法ノ認ムル所トス。言論ノ自由ハ、只ダ議院ノ總會ノミナラズ、部會或ハ委任會ニモ適用スベキモノトス。

第四　逮捕ニ對スル自由、此權理亦院外ノ干渉ヲ制禦シ、議員ヲシテ自由ニ出席シ、其職務ヲ盡サシムルノ條件ナリトス。而シテ此權利ニ付テハ、英國ト佛、獨、普各國ノ間ニ著ルシキ差違アリ。英國ニ於テハ、此權理ハ「サクソン」時代ニ淵源セリト云フ而シテ英國ニ於テハ、始ヨリ此權理ハ犯罪者ヲ保護セズ、只ダ民事上ノ逮捕ニ對スル自由ナリトス。而シテ元來代議士ノミナラズ、其屬從ニ迄及ビタルモノナリシガ、ヲヨージ第三世ノ時ニ、條例ヲ以テ更ニ制限ヲナシ、議員ノ僕從ハ此權利ヲ有セザルヿト定メタリ。

佛、普、獨各國ノ憲法ハ、此權理ヲ廣大ニセリ。佛國憲法ニヨレバ、兩院ノ議員ハ開會中刑事及ビ警察、裁判事件ノ爲メ現行犯ノ場合ヲ除キテハ、其院ノ認可ヲ以テ逮捕及ビ裁判ヲ爲スヿヲ得ズト定ム。獨、普兩國憲法モ、亦議院ノ認可ナク開會中犯罪ノ爲メ議員ヲ逮捕シ、或ハ裁判ニ附スルヿヲ得ズ。但シ現行犯或ハ翌日ノ中ニ逮捕スルハ此限ニアラズ。次ニ英國ニ於テモ、期限アリ開會前後四十日間ヲ以テ限リトス、英國ノ此期限ハ、元ト國王ガ議員召集令ヲ發スルヨリ四十日以內ニ集會スベキモノト爲スガ故ニ、開會前後四十日ハ此權理ヲ有スルモノト定メ、議員ノ往復ニ干涉セザルヲ以テ主義トス、但シ貴族院議員ハ開會中及ビ前後廿日ヲ以テ限トス。

議員ノ辭職ノ事

英國ニ於テハ、議員ハ死亡或ハ議會ノ解散ニ非ザレバ、其職ヲ辭スルヿヲ得ズ。但シ資格ヲ失ヒタル場合ニ、其職ヲ失フハ固ヨリナリ。而シテ又一箇所ニ於テ當選シタルモノハ、其當選ヲ辭シ他ノ選擧區ノ候補者トナルヲ得ズ。斯ノ如ク議員ハ隨意ニ辭職スルヲ得ザルガ故ニ、議員ノ職ヲ去ラント欲シ、或ハ一ノ選擧區ノ議員タルヲ辭シ他ノ選擧ノ競爭ヲナサント欲スルモノハ、只ダ名義ノミ存スル官職ニ任ズルヲ例トス。斯ノ如ク官ニ任ジ、議員ノ職ヲ失スルトキハ、再ビ其官ヲ辭ス。佛、普、獨各國ニ於テハ、議員ノ辭職ニ此ノ如キ制限ヲ設ケズ。

議會ハ公開タル事

現今ハ英、佛、普、獨各國皆議會ヲ公ニシ、然レドモ公開ニ付テ議會ノ權利同一ナラズ。英國ニ於テハ、議員ニアラザルモノハ、開會中院内ニ入ルノ權利ヲ有セズト雖モ、通常傍聽席ニ入ルヿヲ許可セリ。而シテ英國上院ニ於テハ、千八百卅一年始テ議場内ニ於テ傍聽席ヲ設ケ、公會ノ主義ヲ取リタリト云フ。而シテ表決ノ時ニ際シ傍聽席ニ止ルヿヲ許シタルハ近時ノ事ナリトス。即チ千八百五十三年以來下院ノ傍聽席ニ傍聽人ノ止マルヿヲ許シ、千八百五十七年以來上院ノ傍聽席ニ表決ノ時尙ホ止マルヿヲ許シタリ。

獨逸帝國憲法ニヨレバ、帝國ノ議院ノ會議ハ公開トス。但シ議事規則ニヨレバ議長又ハ議員十名以上ノ發議ニヨリ、秘密會ヲナスヿヲ得。

普國憲法第七十九條ニヨルニ、兩院ノ會議ハ公開トス。但シ各院ハ議長又ハ議員十名以上ノ發議ニヨリ、秘密會ヲナスヲ得。又內閣モ秘密會ヲ請求スルヲ得。

佛國憲法ニヨレバ議會ヲ公ニス。但シ議院ハ其院內ノ規則ニヨリ、秘密會トナスヲ得。秘密會ハ、上院ニ於テ議員五名以上、衆議院ハ廿名以上ノ請求ニヨリ表決ヲ以テ定ム。

開會ノ議決ニ必要ノ人員

英國上院ハ、三名ノ出席ヲ以テ議決ニ必要トス。而シテ實際其出席甚ダ少シ、下院ニ於テ四十名ノ出席ヲ以テ議決ニ必要ノ數トス、然リ而シテ實際議員ノ出席ハ、日ニ多少ハ緊要問題ノ節ハ五百名以上、通例百名以下ナリ、

佛國ニ於テハ、會議ニ必要ノ數ト、投票ニ必要ノ數トヲ差別シ、表決ノ効力ヲ要スルニハ、議員過半數ノ出席ヲ要ス。普國下院ハ、議員過半數ノ出席ヲ以テ議決ニ必要ノ

數トナシ、上院ニ於テハ六十名ノ出席ヲ以テ足レリトス。獨逸帝國ニ於テモ、亦議決ニハ過半數ノ出席ヲ必要トセリ。

議員欠席ノ事

英國ニ於テモ、議員ハ凡テ議會ヘ出席スルヲ以テ其義務トナス。然レドモ議院ガ特別ナル出席命令ヲ爲ス場合ヲ除テハ、許可ヲ得ズシテ休暇ヲ爲スヿ多シ、此特別ノ出席命令ヲCall of the Houseト稱ス、此場合ニ於テ議員ノ欠席者ガ、欠席ノ理由ヲ證明スルヿ能ハザルトキハ之ヲ懲罰ス。然レドモ此命令ヲ爲スヿ稀ナリトス。上院ニ於テハ欠席者ハ出席者ニ表決ヲ依囑スルノ制アリト雖ドモ、此制ハ千八百六十八年院内ノ規則ヲ以テ之ヲ停止セリ。次ニ上下兩院ニ於テ欠席ノ爲メ、Pairing or Pair offノ慣習ヲ生ジタリ。此慣習ハ即チ反對黨ニ屬スル甲乙ノ兩者ガ一日或ハ一周或ハ一ケ月相共ニ欠席スルノ便法ナリト雖モ、公然之ヲ認ムルモノニ非ズ。其他ノ各國ニ於テハ、議員ノ欠席ハ許可ヲ受ルヲ以テ院内ノ規則トス。

議會ノ繼續ト不繼續

英、普、獨ニ於テハ、不繼續ヲ以テ現行ノ法トス。故ニ會期ヲ終ルトキハ、凡テ其會期中議院ニ提出スル法律案及ビ動議ニシテ兩院ニ於テ未ダ定決セザル事項ハ、會期ノ終期ト共ニ廢案トナルガ故ニ、次ニ會期ニ於テハ以上ノ如キ事項ハ、皆更ニ之ヲ提出セザルヲ得ズ。但シ不繼續ヲ以テ原則トナストスト雖ドモ、其原則ニ例外ヲ爲スヿアリ。例ヘバ千八百七十四年獨逸帝國ニ於テ、法律ヲ以テ委員ヲ組成シ、裁判所搆成法及訴訟手續ノ法律案ヲ二會期間繼續シテ審議セシメ、之ヲ議會ニ報知シタルヿアリ。普國ニ於テハ、千八百五十一年ニ衆議院ニ於テ繼續法ヲ採用スルノ動議ヲ提出スルモノアリタリト雖モ廢棄トナレリ。又北米合衆國ニ於テモ、委員ヲ繼續スルノ組織ヲ設クル爲メニ、動議ヲ提出シタルモノアリト雖モ亦廢棄セラレタリ。已ニ述ベタル如ク、以上ノ各國ハ皆不繼續ノ原則ヲ取レリ。之ニ反シテ現今佛國ニ於テハ、實際繼續主義ヲ取リ、委員ヲシテ閉會中事務ヲ、繼續セシムルヿ屢ナリトス。而シテ開會中ニ提出シタル方案ニシテ、會期ノ終ニ至リ未ダ定決セザルモノヲ以テ廢案トナサズ、之ヲ繼續シテ議スルヿヲ得セシム。

議院ニ於テ法律案ノ讀會

英國及獨逸帝國ハ、法律案議決ニハ三讀會ヲ要ス。而シテ英國ニ於テハ、第二讀會及ビ第三讀會ノ間ニ全院委員會ヲシテ逐條ノ討議ヲ爲サシム。而シテ佛國ニ於テハ、法律案ハ一般ニ二讀會ヲ要ス。而シテ議院ガ至急ヲ要スル事項ト定メタルモノ、及ビ一地方ノ利害ニ關スル事柄ハ、只ダ一讀會ニ於テ之ヲ議決ス。

豫算

豫算ハ、國家ノ歳出入ヲ整理スルモノニシテ國家ノ目的ヲ達スルニ必要ナル材料ヲ準備スルモノナレバ、國家行政全躰ノ基礎ナリトス。而シテ國家歳入ノ大部ハ、人民ヨリ之ヲ徵收スルガ故ニ、豫算ハ國家ノ生存ト、人民ノ生計ニ最モ緊要ノ關係ヲ有スルモノナリトス。

英、佛、獨各國中古以來政治上ノ沿革ヲ見ルニ、國民ガ始テ國政ニ參與スルノ權ヲ得タルモ、亦豫算ノ歲入ヲ議決スル必要ニ基キタルモノナリ。立憲制ノ進步ノ重ナル原因モ、亦豫算ヲ議決スルノ必要ニアリ。而シテ歐洲中古ニ於テ、國家ト云フ思想ノ未ダ進步セズ、行政事務甚ダ僅ニシテ、國王ハ國家ノ行政ヲ以テ私事ノ如ク見做シ、王室ノ財產ノ收入ヲ以テ其費用ヲ支辨セシガ、漸次ニ國家ノ組織完美ニ從ヒテ行政ノ事務增加シ、王室ノ收入ヲ以テ用ヲ辨ズルニ足ラズ、人民ヨリ租稅ヲ徵收スルノ必要ヲ生ジ、然レドモ尙ホ租稅ハ、國王ノ私用ニ供スルモノ、如ク見做シタリシガ、漸次ニ國家公共ノ用ニ供スルノ思想ヲ生ジタリ。而シテ當時此租稅ハ、人民ノ代表者ノ或ハ職制ノ代議士ノ認可ニヨリ、徵收スルモノニシテ。漸次ニ其使用法ニモ亦參與スルノ權ヲ得タリト雖ドモ、其後國家ノ行政漸次ニ專政トナリ、十七世紀ニ於テハ、大陸諸國ハ王權ノ强大ヲ致シ、君主獨裁其極度ニ達シ、殊ニ佛、普兩國ノ如キ大國ニ於テハ、人民ハ租稅ヲ議決スルノ權ヲ失シタリ。而シテ貴族ハ概シテ租稅ヲ收ムルヿニ付テ自由ヲ得タリ。佛、普兩國ニ於テ人民ガ豫算ヲ議決スルノ權ヲ得タルハ、佛國革命以來ノヿナリ。

英國豫算ノ沿革　凡テ歐洲各國ノ如ク英國ニ於テモ、亦始ハ君主ノ歲入ヲ以テ國家行政ノ費用ヲ辨ヲタリ。而シテ此經常歳入ノ外ニ、戰爭又ハ王族ニ婚姻等ノ事アル塲合ニシテ、非常ノ費用ヲ要スル時ニハ、國民ヨリ租税ヲ徵集セザルヲ得ズ。エドワルド第一世以來ハ、議會ノ同意ナク租税ヲ徵集スルヲ得ズト云フヿハ確定ノ法律トナリタリ。而シテ此法律ニ違背スルヿアリト雖ドモ、議會ハ更ニ之ヲ證明シ、君主ヲシテ此法律ヲ承諾セシムルヿヲ得タリ。

君主ノ歳入ノ一部ハ Regality 一部ハ鑛山、河川通行税等ヨリ成レリ。チヤールス第一世ノトキノ Petition of Right 及ビ Bill of Right ニ於テ證明確定セリ。而シテ國王ノ爲メニ租税ヲ議決スト云フ舊來ノ思想ハ、第十七世紀ニ於テ一變シ、國王私用ノ爲メニ議決スルニ非ズ。國家公共ノ爲メニ、議決スルモノト爲スニ至リタリ。而シテ又チヤールス第二世以來ハ之ヲ豫算全躰ニ付キ議決セズ、一定ノ目的ニ付キ議決スルヿトナシタリ。而シテ又此時以來歳入ヲ只ダ一時ニ向テ議決セズ、法律ヲ以テ之ヲ固定ノ歳入トナスヿヲ始メタリ。然レドモスタツブスノ歷史ニヨレバ、中世ニ於テモ永久ニ可決シタル歳入アリト云フ。就中著シキモノハ關税ナリトス。斯ク歳入ヲ法律ヲ以テ永久ニ固定スルノ端緖ヲ開キタリト雖モ、未ダ政府ノ信用セザルヨリシテ Mutiny act ヲ、始ニハ只ダ六ケ月間ニ向テ議決シ、其後一ケ年ニ向テ議決スベキヿトシ、又毎年豫算ヲ議決スルヲ以テ屢々議會ヲ召集セシムル爲メ必要トナリタリシガ、革命後漸次ニ政府ト議會トノ關係ヲ變ジ而シテアンノトキニ於テ、政黨內閣ノ制遂ニ動カス可カラザルモノトナリ、政府ト議會ノ衝突ナキニ至リタリ。故ニ此時以來歲入及歲出ノ或部分ヲ、法律ヲ以テ永久ニ確定スルニ至リタリ。而シテ永久ノ歲入ヨリ收入スル金額ヲ、基金(Fund)ト稱シ、始ハ之ヲ Aggregate fund, General fund, South sea fund トナシ、各一定ノ費用ニ充テタリシガジヨージ第三世以來之ヲ Consolidated fund ノ一箇トナシタリ。

次ニ法律上此基金ヨリ、支出スベキ永久確定ノ歲出ニ屬スルモノハ、即チ國債ノ利子、君主ノ終身ニ向テ定マル王室費ノ類ナリ。此永久ノ經費ハ、現今凡ソ全歲出ノ三分一ヲ爲ス。而シテ毎年ノ豫算ニハ之ヲ載セズ、法律ニヨリ支出スベキモノトス。而シテ固定基金ノ額ハ、法律ニ因テ永久ニ支出スベキ金額ニ超ユルヿ大ナリ。而シテ此剩餘金ハ、議會ガ毎年議決スル歲出ニ充ルガ故ニ、現今ハ凡ソ國家全歲出ノ七分一ヲ、議會ニ於テ議決スル所ノ歲入ヨリ、支辨スルヲ要スルノミ。

豫算議決手續ノ要點　國王ヨリ豫算ノ議決ヲ下院ニ向テ請求シ、下院ハ始ニ豫算ニ付キ大躰ノ議決ヲナシ、而シテ數日後全院委員會ニ於テ、政府ノ豫算ニ載スル所ノ各欵ニ從ヒ請求ノ金額ヲ議決シ、之ヲ議院へ報告シ、議院ノ可決ヲ經タル後チ、又全院委員會ニ於テ歳出ヲ、支辨スベキ方法ヲ議決ス。次ニ議院ニ於テ之ヲ可決シタルトキハ、會期ノ終ニ於テAppropriation's Billヲ議決ス。此Billニ於テ凡テ會期ノ始ヨリ一々議決シタルモノヲ集合シ、各欵ニAppropriations clauseヲ付ス。即チ金錢ヲ此豫算ニ於テ確定シタル目的外ニ使用スベカラズト云フ規定ヲ指スモノナリ。此案ノ議決ハ、即チ豫算ノ議決ナリ。併此案ノ議決前ニExchequerハ已ニ議院ガ一々ニ議決シタル者ニ付キ支出ヲ爲ス、是レ必竟豫算全躰ヲ否決スルノ恐ナキガ故ナリ。

グナイスト氏ハ、英國豫算ニ付キ下ノ論ヲ搆造セリ。氏ノ説ニヨレバ、各欵ノ議決及ビAppropriation Billノ議決ハ、永久法律ヲ以テ定ル所ノ歳入處分、及ビ法律ノ結果ニヨレル歳出ニ關シテハ、實質上及ビ形式上ニ於テモ法律ニアラズ、行政ノ行爲ナリ。豫算ノ議決ニ付キテハ、議會ノ爲ス所ハ監督的ニシテ立法ノ行爲ニ非ズ。豫算ノ議決ハ歳入及ビ歳出ヲ基スル所ノ法律ヲ適用スル命令ナリトス、而シテ此命令ハ議會ノ同意ヲ以テ、國王之ヲ發スルモノトス。法律ノ適用ナレバ、下院ハ之ヲ否決シ、現行ノ法律ノ効力ヲ停止スルヲ得ズ。法律ノ効力ヲ停止スルニハ、國會ノ三原素ノ共同ヲ要セリ。而シテ又下院ハ全豫算ヲ否決スルヲ得ズ、豫算ヲ否決シ、或ハ法律ノ結果ニヨレル支出ヲ否決スルトキハ、下院ハ憲法上毎年財政ヲ整理スル爲ニ、General order 通則命令ヲ發スルニ付キ有スル所ノ協賛權ヲ拋棄スルモノナリ。斯ノ如ク下院ガ協賛權ヲ拋棄シタル場合ニ於テハ、下院ノ協賛ヲ要セズ、財政整理ノ命令ヲ發スルヲ得ベシ。而シテ此場合ニ於テハ、大臣ハ財政命令ノ必要、及ビ其法律ニ準據シタルモノナルヲ證明スルノ義務ヲ有ス。法律ニ定ムル歳入ヲ徵集シ、又法律ノ結果ニヨレル支出ヲ爲シタルコトニ付キ彈劾ヲ爲スコトヲ得ズ。以上ノ論ニ於テグナイストノ説ハ、法律上ヨリ見レバ誤マルヲ免レズ。グナイストノ説ニヨリ、議會ト政府トノ衝突ヲ除去スルコトヲ得ズ。代議政躰ニ於テハ、議會ノ勢力即チ下院ノ勢力ヲ維持スル爲メニハ、非常ナル强制ノ方法ヲ要セズ、只ダ議決等ニヨリ、政府ヲシテ下院ノ希望ヲ實行セシムルコトヲ得ベシ。内閣ノ運命ハ下院ノ意志ニヨルガ故ニ、下院ノ政府ト衝突ヲ生ズルコト稀ナリ。而シテ内閣ト下院ト著シク意見ヲ異ニスルトキハ只ダ二ツノ方法アリ。(之ヲ調和スルニ)或ハ直ニ内閣ガ辭職シ、又ハ國王ガ下院ヲ解散シ、新選擧ノ結果ニヨリ内閣ノ進退ヲ定ムルコトヲ得ベシ。下院ト内閣ト衝突ヲ生ジタル場合ニ於テ、グナイストノ説ノ如ク議會ノ協贊ヲ要セズ、歳入歳出ニ付キ命令ヲ發スルコトヲ得ズ。曾テピットノ時、議會反對多數ニシテ豫算ヲ否決シタリ。ピットハ輿論ヲ代表セズトテ解散シ、其思通リ多數ノ贊成ヲ得タリ。凡テ英國ノ憲法家ハ、法律ヲ以テ定ムル永久ノ租税、及ビ法律ヲ以テ定ル永久ノ歳出ニシテAppropriation Bill ニ載セザルモノハ、議會ノ議決ニ關セザルコトニ付キ同論ナリトス。然レドモブラックストーンヨリ現今迄英國ノ憲法家ハ、凡テ毎年議決スル歳出ハ、全ク豫算ノ議決ニ基テ、政府ガ之ヲ支出スルノ權ヲ有スルモノナリトス。著名ノ憲法家中一人モグナイストト同説ヲ取ルモノナシ。英國ニ於テハ、Appropriation act ヲ以テ執行命令ト見做スモノアラズ。實質ノ如何ニ關セズ、凡テ兩院ノ議決ニ國王ノ裁可ヲ經タルモノハ法律ナリトス。Appropriation act モ亦法律ナリ。而シテ議會ノ議決シタル法律ノ效力ハ同一ナリトス。Appropriation act ニヨラザレバ政府ハ支出ヲ爲スコトヲ得ズ。是レ凡テ英國法律家ノ取ル所ノ見解ナリトス。而シテ實際英國ノ代議政軆ニ於テハ、議會ガ豫算ヲ否決スルコトナキノミナラズ、政府ノ請求額ヲ減ズルコトモ亦甚タ稀ナリトス。

佛國豫算沿革　モンテスキューハ其著書萬法精理ニ於テ、英國議會毎年租税ヲ議決スルコトハ、政治上ノ自由ヲ保護スルノ一方便ナリト云ヘリ。然レドモ英國豫算制度ノ關係ヲ明ニ述ベズ、英國豫算ノ原理ハ、萬法精理ヲ世ニ公ニセシヨリ、八年後ニ於テ著ハサレタル有名ナルブラックストーンノ著書ニヨリ、之ヲ明ニスルヲ得ベシ、而シテグナイストノ説ニヨレバ、英國豫算ノ原理ハ、ブラックストーンニヨリ明ニ之ヲ知ルヲ得ズト云フト雖ドモ、緊要ナル點則チ國家ノ歳入及歳出ノ永久、及ビ異動ノ區別ハ明ニ之ヲ記載シ。而シテ永久租税ノ收入ハ、之ヲ國會ノ條例ヲ以テ確定スルガ故ニ、人民ハ其上納ヲ拒ムヲ得ズト云ヘリ。而シテ又王室費及ビ國債ノ利子ハ、毎年議會ノ議決ニ關セザルコトモ亦ブラックストーンニヨリテ明カナリ。此有名ナル著書アルガ故ニ、歐洲大陸ニ於テモ學者ト稱セラル、モノガ、英國財政ノ制度ヲ全ク誤解スルノ筈ナシ。殊ニ佛國ニ於テハ、英國ノ制度及ビ議會ノ實例ヲ知ルモノ少カラズ。而シテ屢々之ヲ佛國憲法ニ採用セントシテ試ミタリ、英國ト異ナル佛國豫算ノ進步ハ、特別ナル國家ノ關係、及其時ノ財政ノ情況ニ基キタルモノニシテ、決シテ英國國法ノ誤解又ハ無制限ノ國民主權論ニ基キタルモノニ非ズ。千七百八十九年ヂツカーハ Etat generaux ヲ開クニ當テ演說シテ曰ク、法律ヲ以テ定ムル所ノ歲入及ビ歲出ハ、只ダ法律ヲ以テ之ヲ變更スベキモノトス。然レドモ議會ハ租稅權ガ國民ニ屬スルモノニシテ、凡テ現行ノ租稅ハ不法ナリトナシ、只ダ假ニ現行ノ租稅ヲ繼續スルコトヲ議決セリ。而シテ又議會ハ租稅ノ議決權ハ、歐洲各國ニ於テ職制ノ盛ナルトキ有シタル權ヲ、繼續スルモノト爲シタリ。然レドモ國民ヲ代表スル議會ハ、同時ニ租稅ノ議決權ノ性質ヲ變シタリ。即チ國王ニ認可スルモノニ非ズシテ、國家全躰ノ需用ニ充ツル爲ニ人民ノ收ムルモノトシ、國民權利ノ公布ニ於テモ、租稅ノ上納ヲ以テ國民一般ノ義務トナセリ。

ミラボーハ始テ租稅議決ノ事ヲ論ジ、毎年歲出ノ議決ハ、政府ガ毎年議會ヲ召集スルヲ保證スルノ方便ニシテ、又國王ノ veto 權ノ濫用ヲ制止スルノ方便ナリトス。然レドモミラボーハ豫算全躰ノ否決ニ付テ云フニ非ズ、豫算ヲ永久及ビ異動ノ二トシ、永久ノ部ハ毎年議決ヲ要セズ、而シテ此部ハ國債ノ利子及ビ王室費、幷ニ之ニ要スル資金ヲ包括スベシ、國民ノ代表者タル議會ハ、此二項ノ永久ノ性質タルヿヲ認ムト雖モ、之ニ充ル永久ノ租税ヲ設ケズ。而シテ是レ論理ニヨルニ非ズシテ、財政全躰ノ現況甚ダ錯亂セルガ故ニ、或ル種類ノ歳入ヲ永久ニ確定スルハ、税法ノ改正ニ妨害ヲ生ズルノ恐アリト爲セリ。國民主權論ニヨルニ非ズシテ、財政現况ノ必要ニヨリ、革命時代ニ於テハ租税ヲ永久ニ爲サヾリシナリ。千七百九十三年ノ憲法ハ、豫算ノ事ニ付キ精細ノ規定ヲ載セズ、之レ立法ト政府ノ關係ヲ定ムルノ必要ナキニヨレリ、國民ハ主權者ニシテ、其代表者タル議會ハ最高ノ統治者ナレバ、立法ト行政ノ關係ヲ規定スルノ必要ナシ。次ニ千七百九十五年ノ憲法ハ、租税ハ毎年之ヲ議決スベシト云フ箇條ヲ載セタリ。此ノ時ニ於テハ革命ノ時代ヨリ尚ホ一層財政錯亂セルガ故ニ、毎年豫算ノ議決ハ財政ヲ整理シ、税法ヲ改正スル爲メニ、之ヲ議會ノ義務ナリトセリ。此時ニ當テハ、政府ハ微弱ナレバ何人モ憲法上豫算ノ否決ヲ必要トナスモノナシ。而シテ又此憲法ニヨレバ、租税ハ毎年之ヲ議決スト雖モ、租税全躰ヲ否決スルヿハ違憲ナリ。立法ハ隨意ニ租税ノ種類ヲ定ムベシト雖モ、憲法ノ規定ニヨリ、地租及ビ人頭税ハ、毎年之ヲ議決スルノ義務アリトセリ。Consular Constitution ノ時期ニ於テハ國民ノ代議者タル議會ト、豫算ノ關係ハ全ク變ツタリ。此憲法ニヨレバ、議會ハ豫算ニ付キ全躰ニ、之ヲ可否スルノ權ヲ有スルノミ、修正ヲ爲スヲ得ズ。而シテ那破翁ノ帝政トナルニ至テハ、豫算ヲ否決スルノ實權ヲ有セズ。次ニ「ボルボン」家復古ノ時ニ於テモ、亦那破翁ノ時ノ制ヲ繼續シタリ。而シテ未ダ豫算全躰ニ付キ、否決ノ事ヲ論ジタルモノナカリシガ、此時代ニ始テ豫算否決ノ事ヲ論ズルモノアリ。即チ有名ナル憲法家ベンヂヤミンコンスタンナリトス。コンスタンノ言ニヨレバ、代議制ニ於テハ、內閣ハ議會ト永ク衝突ヲ生ズルヿナシ、故ニ豫算ノ自由議決權ヲ以テ、政治上政府ヲ强制スルノ方便トナス能ハズ。自由議決權ハ只ダ何時ニテモ實際ノ關係ニ適スル爲ニ、稅法ヲ改正スル目的ヲ達スルニ必要ナリト云フ。故ニグナイスト氏ノ言ヘル如ク。コンスタンハ英國ノ豫算制度ヲ誤解シ、每年全豫算ノ議決ヲ以テ、政府ヲ强制スル方便ナリト云フモノニ非ズ。要スルニ千八百十四年ヨリ千八百四十八年迄ノ間ニ、著シキ憲法家ニテ、豫算ノ否決ヲ以テ憲法上必要ノ强制法ナリト說クモノアラズ。ルイ第十三世ノ欽定憲法ハ、豫算ニ關シ那破翁ノ制度ヲ採用シ、其議決權ヲ以テ只ダ豫算全躰ノ可否ニ止ルコトトセリ。然レドモ議會ハ憲法ノ此規定ニ滿足セズ、豫算ヲ欵項ニ分類スルヿノ必要ヲ主張シ、遂ニ千八百十七年法律ヲ以テ豫算ヲ各省ニ分類シ、區別シ、議決スルヿトナシタリ。而シテ又千八百二十七年各省ノ分局ニヨリ議決スルヿトシ、部局內ニ於テ倘ホ之ヲ區別スルヿハ、勅令ヲ以テ定ムルヿトナシタリ。千八百二十年議會ニ於テ、豫算ヲ永久ト、異動ノ二部トナスノ必要ヲ主張スルモノナリト雖モ、此憲法ニヨレバ豫算全躰ヲ否決スルヲ得ズ。地租ハ每年議決スベキモノトシ、又或歲出ヲ以テ法律上義務ナリトナセリ。論理上豫算ノ否決ヲ以テ、憲法上國民ノ權利ヲ保護スル保證ナリトナスヿハ、近時ノ論ナリ。現今ノ共和憲法ニヨレバ、議會ハ立法者ニシテ、隨意ニ法律ヲ變更停止スルヲ得ベシ。然レドモ立法ノ方式ニヨルヲ要ス、故ニ二院制ノ議會ニ於テハ、一院ノ否決ニヨリ法律ヲ停止シ得ルヤノ問題生ズ。佛國ニ於テハ、代議院ガ豫算ヲ否決スルノ權ヲ有スルヿヲ疑フモノナシト雖ドモ、豫算否決ニヨリ法律ヲ廢止シ、或ハ效力ヲ停止スルヿニ付テハ、兩院ノ間及ビ學者間ニ未ダ議論一定セズ。而シテ或ル實例ニヨレバ、豫算ノ否決ヲ以テ、法律ヲ廢止スルヲ得ズト雖モ、豫算否決ノ結果トシテ法律ノ效力ヲ停止セザルヲ得ズ。而シテ該法律ヲ廢止シタルモノニアラザレバ再ビ其法律ノ運用ニ必要ノ歳出ヲ議決スルトキハ、法律ハ再ビ効力ヲ復スベキモノトス。

以上述ブル所ノ、佛國ノ豫算ノ沿革ニヨレバ、佛ノ豫算制度ガ歐洲各國ノ模範トナリタル時代ニ於テハ、佛國ノ制ハ國民主權論ヲ搆成シタル者ニ非ズ、著ルシキ學者及ビ憲法幷ニ其運用ニ於テモ、歳出全躰ノ否決或ハ或ル欵項ヲ否決スルコトヲ必要トナシタルモノアラズ。

獨逸　千八百十五年以來、獨逸各邦ニ於テ憲法ヲ制定スルニ當テ、租税ノ議決權ハ舊職制議會ノ權ヲ繼續スル者トシ、議會ノ議決ニヨラザレバ租税ヲ徴集スルヲ得ズ、國有財産ヲ賣却スルヲ得ズ。又國債ヲ起スヲ得ズト確定シ、而シテ又豫算ハ議決ヲ要スト確定シタリ。

憲法行ハルヽニ及デハ、間モナク豫算ノ性質即チ豫算ハ法律ナルヤ否ヤニ付キ、議會ニ於テモ亦議論ヲ生ジタリ。而シテ千八百二十三年マルクスハ其著書Handbuch der Finanzwissenschaft ニ於テ、豫算ハ法律ニアラズ、只ダ財政ノ規定及ビ基礎トナルモノナリ。又ロッテックモ同様ニ、豫算ハ行政ノ行爲ニシテ、實際ニ一定ノ需用ニ應ズル金額ヲ確定シ、幷ニ其費用ニ充ツル淵源ヲ確定スルモノナリ。然レドモ豫算其物ハ法律ニアラズ、計算ナリ。又ビガーハ實質的及形式的法律差別ヲ爲シ、財政法ハ形式的法律ナリ、其性質ハ重ニ行政ノ行爲ナリト云ヘリ。

以上著者ノ言フ所ニヨレバ、現今獨逸ニ於テ盛ニ論ズル所ノ、豫算ノ法律上ノ精神論ハ、已ニ五十年以前ニ論ジタルモノヲ、更ニ詳論スルニ過ギズ。又豫算ニ付テノ憲法上ノ爭論ハ、已ニ千八百三十年頃ニ起リタル者ナリ。此頃佛國革命ノ餘波ノ獨逸ノ西南ニ及ブヲ慮リ、獨逸ノ聯合政府ハ左ノ議決ヲ爲セリ。

即チ各邦議會ハ、各君主ニ聯邦ノ義務ヲ施行スル爲メ、及ビ各邦ノ憲法ニヨリ政府ニ必要ノ經費ヲ拒絶スルヲ得ズ。然レドモ聯合府ノ權限ノ明カナラザル爲メ、其議決ノ法律上ノ効力ニ付キ反對ヲ爲スモノ多ク、而シテ凡ソ同時ニ學問上ヨリ之ヲ論ズルモノヽ中ニ於テ、著ルシキモノ二名アリ。即チロッテック及ビアレチウスナリ。此二名ハ豫算ハ行政ノ行爲ナリト爲スモ、豫算全躰ノ否決ハ、憲法準據ノ行爲ナリトシ。而シテアレチウスハ豫算ヲ可決シ又否決スルノ權ハ、議會ノ權力ノアル所ナリトシ、此權ハ君主ニ對シ國民ノ權理ヲ保護スル爲メ、最モ堅固ナル武器ナリトスト云ヘリ。然レドモ氏ハ斯ノ如キ否決ハ、政府ノ事務上ニ無限ノ錯亂ヲ生ズルガ故ニ、只ダ神聖ニ人民權利ヲ保護スル爲メニ、緊要ナル塲合ニ限リ之ヲ行フベシト云ヘリ。

ピガーモ千八百三十六年「ウユルテムベルヒ」ノ憲法ニ付キ、左ノ如ク說クリ、即チ議會ハ凡テ租稅ヲ自由ニ否決スルノ權ヲ有ス。租稅ノ議決權ハ國民ヨリ見レバ、凡テ其他ノ權利ヲ保護スルモノナリ、此憲法ノ與フル所ノ、行政ノ活動ノ上ニ干涉スルノ方便ナリ、凡テ眞正ノ立憲國ニ於テハ、租稅ノ否決權ナカル可カラズ云々。其後反對者出テタリ、即チピガーノ數年後ロベルト、モールハ其著書 Würtembergisches Staatsrecht ニ於テ、現行法ニヨレバ一般ニ租稅ヲ否決スルコトハ不法ナルモノト論辨セリ。而シテ其ノ後スタールハ法律哲學ニ於テ。モールノ言ヲ一般立憲國ニ充テ、論ゼリ。

然レドモ、實際上議會ガ租稅ノ否決權ヲ有スルノ論ハ、漸次ニ廣ク遂ニ千八百四十八年後ハ一般ノ輿論トナレリ。而シテ同年ノ普國ノ憲法ハ、代議院ノ豫算權ニ付キ、佛國ベルギー憲法ノ條文ヲ採用シタリ。然レドモ此權ニ付キ制限ヲナシタリ、現在ノ租稅及ビ其他ノ上納物ハ、法律ヲ以テ之ヲ變更スルニ非ザレバ、舊ニヨリ徵集スベシト定メタリ。議會ハ此箇條ヲ以テ、憲法ノ精神ニ背クモノトシ、代議院ハ之ヲ削除スルヿヲ議決シタリ。而シテ千八百五十年ノ普國憲法ハ、同一ノ箇條ヲ載セタリ。此箇條ハ憲法ノ解釋ニ付キ、爭論ヲ生ズル重ナル原因ニシテ、實際ニ於テモ政府ト議會ノ間ニ衝突ヲ生ジタリ。而シテ論理上ニ於テモ、法律ノ見解未ダ一定セズ。次ニ獨逸帝國ノ豫算ニ關スル規定モ、普國ト同一ナリトス。

豫算本編

立憲制度ノ實際上ニ於テ最モ緊要ナル點ハ、財政ニ關スル議會ノ權限ナリトス。又歷史上議會ノ權理ノ起端及ビ政治上ノ中心モ、亦財政ニ關スル議會ノ權理ナリトス。而シテ立憲制度ニ付キ、政治上及ビ法律上ノ議論ヲ財政ニ付キ、政府ト議會トノ關係ヲ正當ニ解釋スルヿヲ根據トスル場合多シ。歷史ノ沿革ニヨレバ、國家ノ所有ハ即チ君主ノ所有タルト、其間ニ差別ヲ爲サズ。又君主ノ所有ヨリ生ズル歲入ヲ以テ國家ノ經費ニ充ツル間ハ、國家ノ支出ヲ監督スルノ必要ヲ生セズト雖𪜈、租稅ヲ以テ國民ノ義務トナシ、國家公用ノ爲メニ、租稅ヲ收ムルモノト爲スニ及ンデハ、政府ガ隨意ニ歲入ヲ使用スルヿヲ制限シ、財政ヲ精密ニ監督スルノ必要ヲ生ジタリ。而シテ此ノ如ク、議會ガ豫算ニ參與スルノ權ヲ有スルニ及ンデハ、財政ノ整理ヲ必要トス、即チ豫算ヲ調製スルヲ必要トス。豫算ハ未來一定ノ期間ノ歲出、及ヒ歲入ノ推定額ヲ載スルモノナリ。

次ニ英國ニ於テハ、已ニ述ヘタルガ如ク、舊制ノ租稅議決權ヨリ、議會ガ每年豫算ヲ定ムルコトニ參與スルノ制進步シタリ。佛國革命ノ時ニ於テモ、英國ノ模範及ビ財政ノ錯亂ノ爲メニ、議會ハ只財政ニ關スル或法律ヲ定ムルノミナラズ、豫算全躰ヲ議決スルノ權ヲ有セリト云フ歐洲立憲國ノ原則ヲ生ジタリ。而シテ領事制以來ハ法律ヲ以テ豫算ヲ確定シ、而シテ此法律ハ只一ケ年間及ハ短期ニ付テ、凡テノ歲入及ビ歲出ヲ包括スベキモノトナスコトモ、佛國ニ於テ始テ採用シ、佛國及ベルギー國憲法ヲ模範トシタル、獨逸各邦モ亦之ヲ採用シタリ。此ノ如ク豫算ノ議決權ヲ以テ、政府ノ活動權ヲ制限スルノミナラズ、殊ニ歲出ヲ豫算年度ノ始ニ於テ、實際ノ需用ト、國民ノ生計及ビ租稅ノ額ニ適應シテ定ムル法ヲ取リ、著ルシク政府ノ自由活動ノ權ヲ制限セリ。此法モ亦佛國革命ノ時ニ起リ、ベルギー憲法モ亦之ヲ採用シ。獨逸ノ或國モ之ヲ採用シタリ。此法ニヨレバ、凡テ歳出歳入ニ關スル法律ノ效力ヲ一年限ノ者トス。然レドモ憲法上毎年豫算ノ成立ヲ必要トナセリ。故ニ豫算ト法律ノ關係ニ付テ議論ヲ生ゼリ、而シテ豫算ハ其全躰ノ性質ニ付テ見レバ、實質的法律ニアラズ。豫算ヲ定ムルコトハ行政ノ行爲ナリ。豫算ハ國家ノ歳入及ビ歳出ヲ、未來ノ行政年度ニ於テ定ムル所ノ計算書ニシテ、權理義務ヲ定ムル者ニアラズ、國家ノ財政ノ處分ニ關スル規定タルニ過ギズ。而シテ豫算ノ此性質ハ獨逸ニ於テ、憲法制定ノ時ニ已ニ之ヲ說クモノアリ。近時ニ於テハフリツカー及ビラバンド之ヲ詳細ニ論辯シ、殆ンド疑ヒナキニ至レリ。

然レドモ豫算ハ、立法ノ手續ニ因テ、之ヲ定ムルコヲ憲法ニ於テ規定スレバ、形式上ノ法律ニシテ、其大部ハ實質的法律ニアラズト雖モ、議會隨意ノ立法事項ニアラズ。普國憲法ニ於テモ、議會ノ義務トナス部分アリ。

凡テ永久ノ歳入及ビ歳出ヲ定ムル法律ハ、議會ガ法律ニ定ムル所ノ金額ヲ豫算ニ載スル義務ヲ負ハシムルモノナリ。又憲法ニ於テ或ル種類ノ支出ノ義務タルコヲ認ムルモノアリ。例ヘバ王室費國債ノ利子、裁判所ノ搆成等ハ、憲法ノ規定ニヨリ之ヲ豫算ニ載セザルベカラズ。而シテ若シ現在ノ歳入ヲ以テ、之ニ充ツルニ足ラザレバ、更ニ租税ヲ起サヽルベカラズ。斯ノ如ク豫算ニ付キ、議會ガ自由ノ議決權ヲ有セザル理由ハ、只ダ豫算ハ其性質行政ノ行爲タルガ爲メニアラズ、豫算ノ全部ガ、行政ノ行爲タルノ性質ヲ有スルガ爲メニアラズ。故ニ豫算ニ付キ、議會ノ議決權ノ制限ハ、憲法又ハ法律ニ於テ、其議決ヲ以テ義務ト爲スニヨルナリ。

歐洲大陸ノ多クノ憲法ニ於テハ、明ニ豫算ハ立法ノ手續ニヨリ定ムベシト規定シ、豫算ノ議決ヲ以テ立法ノ義務トナセリ。普國モ亦同樣ナリトス。故ニ議會ハ豫算全躰又ハ法律ノ結果ニヨレル支出ヲ否決スルハ、憲法ノ義務ニ背クモノナリ。豫算ヲ否決シ又ハ法律ノ結果ニヨレル支出ヲ削除スルコハ、決シテ法理上議會ガ政府ニ對シ、其目的ヲ達スル方法ニアラズ。而シテ豫算ノ成立ハ、政府ガ財政ノ處分ヲナス爲メノ條件ナリトス。豫算成立セザレバ、政府ハ財政ノ處分ヲ爲スヲ得ズ。然ㇾ之ニ反スル説ニヨレバ、若シ豫算成立セザレバ、政府ハ財政處分ノ權ヲ有セズトスレバ、國家ノ行政ハ每年議會ノ委任權ニヨリテ之ヲ行フニ等シ。故ニ行政ハ全ク君主ニ屬スルト云フ。君主ガ義ニ背クモノナリト云フ。然レドモ豫算成立セザレバ、政府ガ財政ノ處分ヲナスヲ得ズト云フハ、決シテ豫算ノ議決ニヨリ、議會ガ財政ノ處分權ヲ、政府ニ委任スルモノト見ルヲ要セズ。只ダ豫算ノ議決ヲ以テ、政府ガ財政ノ處分ヲ爲スノ條件ヲ定ムルモノナリ。例ヘバ君主ノ行爲ハ、凡テ大臣ノ副署ヲ要スト爲スト雖モ、副署ハ君主ヘ權ヲ委任スルモノト見ナスニアラズ、只ダ君主ノ行爲ガ、法律上效力ヲ有スル爲メノ條件ナリトス。豫算ノ議決モ、亦政府ノ財政處分ヲ爲スノ條件ナリトス。然レドモ佛國ノ憲法ノ如ク、歲入及ビ歲出ヲ定ムル法律ノ效力ヲ毎年議會ノ議決ニヨリ、繼續スルモノトナス場合ニ於テハ、豫算ハ政府ヘ財政處分ヲ爲スノ權ヲ委任スルモノナリ。毎年豫算ノ議決ニヨリ、歲出入ニ關スル法律ノ效力ヲ繼續セザレバ、政府ハ法律ヲ以テ定ムル租稅ト雖モ、之ヲ徵集スルヲ得ズ。又法律ヲ以テ定ムル支出モ、之ヲ爲スコトヲ得ズ。

豫算ハ、政府ガ財政處分ヲ爲スノ條件ヲ定ムルトスル國ニテ、豫算成立セザル場合ニ、法律上ノ結果ハ、バイエルン、バーデン、ヘッセンノ如キ國ノ憲法ニテハ、豫算ノ議決ヲ遷延シ、期日ヲ後レ、又ハ非常ノ事起リタル爲メ、議會ガ豫算ノ議決ヲ爲スヲ得ズト云フ場合ニ、尙ホ財政處分ヲ爲スノ規定ヲ設ク。

マタ西班牙ノ憲法ニ於テハ、豫算ノ成立セザル場合ニハ、前豫算ガ効力ヲ有スルコトヲ規定シ。ルーマニアノ憲法モ、亦凡ソ同樣ノ規定アリ。日本モ、コノ規定アリ。斯ク正條ヲ設ケ置ク國ニ於テハ、豫算不成立ニテモ困難ヲ生ゼザルモ、斯カル條規ナキ國ニ於テハ、政府ハ尙ホ財政ノ處分ヲ爲スノ權ヲ有スルヤ、否ヤ。普國ノ憲法ハ、此ノ部ニ屬ス。斯ノ如キ豫算不成立ノ場合ニ、政府ハ財政處分ヲ爲スヲ得ルヤ、否ヤニ付キ、近時フリッカー、ラバンド等詳細ニ之ヲ論ズ、而シテ其ノ要點ヲ擧グレバ左ノ如シ。

憲法ハ、豫算ノ成立ヲ義務トナス。而シテ若シ豫算成立セズト雖ドモ、現在ノ歲入及ビ歲出ニ關スル法律ヲ無効トナスモノニ非ズ、故ニ豫算ノ成立ト、否トニ關セズ、歲入歲出ノ法律ハ、其ノ他ノ法律ト同樣ニ、政府之レヲ行フノ義務ヲ有スルモノナリ。政府ハ法律ヲ以テ定ムル歲入ヲ徵集シ、且ツ法律ニ基ク所ノ歲出及ビ凡テ法律ノ結果ニヨレル歲出ヲ、支出スル責任ヲ有スルモノトセリ。故ニ豫算成立セズト雖ドモ、政府ハ財政處分ヲ爲スノ權ヲ有ス。但シ議會ガ自由ニ議決スル權ヲ有スル部分ハ、之レヲ處分スルヲ得ズ。而シテ豫算ノ成立シタル場合ト、豫算ノ成立セザル場合ニ於テ、政府ノ責任ニ差異アリ。政府ハ豫算成立セザル場合ニ於テハ、其ノ財政ノ處分ハ必要タルコトト、及ビ法律ニ準據シタルモノタルヲ證スル責任ヲ有ス、之レニ反シテ豫算成立シタル場合ニ於テハ、之レヲ證明スル責任ヲ有セズ。而シテ又法律ノ結果ニヨルニアラザル支出ニ付テハ、政府ハ後日責任解除ヲ請求スベキモノトス。

以上ノ説ニヨレバ、豫算成立セズト雖ドモ、政府ハ法理上財政處分ヲ爲スノ權ヲ有スルモノトセリ。然レドモ豫算ハ形式上ノ法律ニシテ、此法律成立セザレバ、政府ハ其命令權ヲ以テ豫算ヲ定ムルノ權ハ憲法ノ條文、又ハ國法ノ全躰ニ於テ、之ヲ政府ヘ與フルモノニ非ズ。故ニ豫算ノ成立セザル場合ニ、政府ガ財政ノ處分ヲナスベキヤ、否ヤハ現今ノ憲法規定以外ノ問題ナリ。凡テ現行ノ國法ニ於テ、權限ヲ規定セザル場合ニ處スル方法ハ、國家ノ性質ヨリ之ニ論及セザル可カラズ。而シテマタ法律ノ爲メニ國家アルニ非ズ、國家アリテ而シテ後ニ法律ヲ設ケ國家ノ目的ヲ達スルモノナレバ、若シ現行ノ法律ハ國家ノ存立ト兩立セザル場合ニ於テモ、亦國家ノ性質ヨリシテモ、此場合ニ處スル方法ヲ論ゼザルベカラズ。而シテ凡テ法律規定以外ニ於テ國家ノ機關ノ處分ハ、其權力ノ關係ニヨリテ定マルモノナリ。豫算成立セザル場合ニ於テモ、政府ガ財政處分ヲ成スヤ、否ヤハ政府ト議會トノ關係ニヨルモノナリ。若シ實際議會ガ實力ヲ有スレバ、政府ハ其職ヲ辭セザルベカラズ。之ニ反シテ、若シ政府ガ實力ヲ有スレバ、政府ハ議會ノ議決ニ關セズ、財政ノ處分ヲ爲スヲ得ベシ。然レドモ法律上財政ノ處分ヲ爲スノ權ヲ有スルニ非ズ、憲法違反ノ處分ナリ。只後日議會ノ承諾ヲ求メ、不法ノ行爲ヲ遵奉ノ行爲ト爲スノ方法アルノミ。

豫算成立後、臨時支出ハ憲法上明ニ規定アル國ト、否トアリ。佛國ハ明ニ臨時支出ニ付テ、大統領ノ權限ヲ規定ス。

條約取締ノ事

外交ノ事ハ、强行、迅速、秘密且ツ思慮周密ヲ要スルガ故ニ、之ヲ一人ニ掌握スルヲ通例トス。君主國ニ於テハ、條約取結ノ權ハ元首之ヲ掌握スルヲ以テ通則トス。然レドモ或ル國ノ憲法ニヨレバ、一定ノ事項ニ關スル條約ハ、議會ノ承諾ヲ經ザレバ國內ヘ効力ヲ有セズ。殊ニ國民ノ權利義務ニ關スルコトハ、直接或ハ間接ニ議會ノ參與ヲ要ス。共和國ニ於テモ、條約權ハ大統領ニ屬スルヲ通例トス。佛米ノ如シ。

英國ニ於テハ條約取結ノコトハ國王ノ特權ニ屬シ、議會ノ協贊ヲ要セズ。故ニ未ダ批準ヲ經ザル條約ヲ議會ニ提出スルコトナシ又批準ヲ經タルモノト雖ドモ、承諾ノ爲メ之ヲ議會ニ提出スルコトナシ。然レドモ或ル種類ノ條約ハ、間接ニ議會ノ同意ヲ要ス。即チ裁判ノ組織及ビ民法、刑法ニ關係ノ事項ハ、之ヲ國內ヘ行フ爲メニ法律ヲ要ス。又條約ニ付キ歳出ヲ要スルモノハ、其歳出ニ付キ議會ノ協贊ヲ要ス。

獨逸帝國ニ於テハ、條約取結ノコトハ帝之ヲ司ル。但シ帝國ノ立法內ニ屬スル事項ニ付キテノ條約ハ、議會ノ協贊ヲ要ス。

佛國ニ於テハ、條約取結ノコトハ大統領之ヲ司ル。而シテ通商條約及ビ國庫ノ負担ノ條約、幷ニ國民ノ身分幷ニ財政ニ關スル條約ハ、議會ノ協贊ヲ經テ有効トス。又ハ領地ノ交換、讓與或ハ增加ニ關スル事ハ、法律ヲ以テ確定ス。凡テ其他ノ條約ハ、之ヲ取結ブ爲メ議會ノ協贊ヲ要セズ。但シ國家ノ利益及ビ安寧ヲ害セザル限リニ於テ、速ニ之ヲ議會ニ通知スルヲ要ス。

英、獨、佛三國ノ元首ノ條約權ニ付キ各差異アリ。英國ノ制度ニヨレバ、條約ハ君主之ヲ締結シ、只ダ條約ヲ行フ爲メノ法律ヲ要スルノミ。佛國ノ制ニヨレバ、條約其物ヲ議會ニ提出シ、協贊ヲ經ザレバ有効ノ法律トナラズ。獨逸ノ制ニヨレバ、條約其物ヲ議會ノ協贊ニ付スルヲ要ス。然レドモ佛國ノ如ク、協贊ヲ經テ始テ完全ノ條約トナルヤ否ヤヲ規定セズ。

斯ノ如ク條約ヲ取結フコトハ、國家ノ元首ニ屬スレドモ之ニ條件ヲ付スルノ必要ヨリシテ、公法家中數種ノ論説ヲ生ゼリ。

第一説ニヨレバ、英國ノ如キ制ニ於テハ、君主ガ條約ヲ取結ビタルトキニ、其條約ハ其對手ナル國ニ對シテハ効力ヲ有ス。然レドモ國內ニ於テハ、議會ノ法律ニヨリテ始テ効力ヲ有ス、故ニ議會ガ、若シ條約ヲ行フ爲メノ法律ニ協贊ヲ與ヘザレバ、國內ニ於テ効力ヲ有セズ。

次ニ獨逸ノ如キ制ニ於テモ、條約權ハ君主ニアルガ故ニ條約ヲ議會ニ提出スト雖ドモ、條約其物ノ協贊ヲ求ムルニ非ズ、條約ヲ行フ爲メノ法律ニ付キ協贊ヲ求ムルモノナリトス。

此ノ如クグナイストハ、條約ノ効力ニ付キ内外ヲ分テリ。然レドモ國家權ハ一ナレバ、内國ニ効力ヲ有セザルモノガ、外國ニ付テ効力ヲ有スベキ筈ナシ。故ニ此說ニ反對スルモノ少カラズ。

第二說ニヨレバ、條約ハ内外ニ付テ其効力ニ差別ヲ爲スヲ得ザルモノトス。故ニ獨逸ノ制ニ於テハ、批準前ニ之ヲ議會ニ提出シ、協贊ヲ求ルヲ要ス。協贊ヲ經ズシテ批準シタル條約ハ効力ヲ有セズ。

第三說ニヨレバ、國家ノ元首ハ條約取結ビノ權ヲ有ス。故ニ國家ノ元首ノ取結ビタル條約ハ、國家ノ義務ヲ負ハシムルモノニシテ、凡テ國家ノ權ヲ間接或ハ直接ニ行フ機關ヲシテ、之ヲ執行スルノ義務ヲ負ハシムルモノナリ。故ニ議會ハ元首ノ取結ビタル條約ニ付キ協贊ヲ拒ムヲ得ズ。或ハ之ヲ執行スル爲メノ法律、又ハ之ヲ執行スル爲メニ要スル經費ヲ否決スルヲ得ズ。

第四說ニヨレバ、條約ノ効力ニ付テハ内外ヲ分タズ。而シテ元首ノ締結スル條約ハ、即チ條件付ノ効力ヲ有スルモノナリ。之ヲ行フ爲メニ議會ノ協贊ヲ要スルハ、即チ條件ナリトス。故ニ君主ガ條約ヲ締結スト雖ドモ、此條件ヲ充ス迄ハ完全ノ條約トナラズ。若シ議會ガ協贊ヲ拒ム塲合ニ於テハ、條約ハ成立セザルモノトス。

此四説ハ、最モ論理ニ適フモノナリ、其理由ヲ述ベン。

若シ國家ノ元首ガ完全ノ條約ヲ取結ビ得ルモノトスレバ、君主ハ之ヲ實行スルコトニ付テモ、凡テ無制限ノ權力ヲ有シ、之ヲ實行スル爲メニ要スル機關ニ實行ノ義務ヲ負ハシメザルベカラズ。而シテ議會ノ協贊權ハ、憲法ニ於テ之ヲ確定ス。其權ニ制限ヲ設ケズ、故ニ憲法上議會ハ協贊ヲ拒ムコトヲ得ベシ、法律上必ズ之ヲ議決スルヲ要スルノ義務ナシ。故ニ君主ハ議會ニ其取結ビタル條約ニ付キ、協贊ノ義務ヲ負ハシムルコトヲ得ザレバ、即チ其條約ヲ執行スルコトニ付キ、君主ハ無制限ノ權ヲ有セザルモノナリ。執行ノ事ニ付キ無制限ノ權ヲ有セザルガ故ニ、完全ノ條約ヲ取結ブコトヲ得ズ。只條件付キ有効ノ條約ヲ取結ブコトヲ得ルモノナリトス、議會ノ協贊ヲ經テ始テ無條件完全ノ條約ト爲ルモノトス

第二章　佛國憲法

緒言

今回法科大學ノ年限一年ヲ増シ、隨テ課業ノ範圍廣キヲ致シ、新ニ英佛獨憲法ナル科目加ハリ、余其敎授ノ任ニ當レリ。就テハ一々口授スルトキハ、時間ヲ要シ多クノ効績ヲ奏スルコト能ハサレハ、余ハ可成的敎科書ニ就テ説明セント欲ス。故ニ英國憲法ハアモス氏ノ「イングリッシュコンスチチューション」ヲ用ヒ、獨逸憲法ハ、ゲオルグ、マイエル氏ノ「スターツレヒト」ヲ用ヰテ説明スベシ。然レドモ佛國憲法ハ敎科書トシテ用ユベキモノナシ、故ニ止ムヲ得ズ之ヲ口授セント欲ス。而シテ三國憲法ノ研究ニハ種々アレドモ、余ハ三國ニ就キ別々ニ之ヲ述ベントス。勿論互ニ參考スルガ如キ配置ヲナスコトモアルベケレドモ、大躰ハ之ヲ各別ニ講述スベシ。

玆ニ先ヅ英、佛、獨、憲法ノ歴史的關係ノ大要ヲ擧ゲ、次ニ佛國憲法ヲ述ブベシ。

一言以テ之ヲ蔽ヘハ、憲法ハ英國ニ起リ、各國憲法ノ生ズル前、既ニ英國憲法ハ發達シ、之ニ擬シテ佛國ノ憲法生ジ、次テ各國ノ憲法生ジタルナリ。

現今歐米諸國ニハ、各其憲法アリ。此憲法ハ何處ニ起リシヤヲ尋ヌルニ、英國ニテ漸次ニ生長シ、歐洲各國憲法ノ制定ニ大ナル勢力ヲ有シ、直接間接ニ其模範トナリシコト、恰モ羅馬民法ガ歐洲各國民法上ニ大勢力ヲ有シ、其模範トナリタルガ如シ。其他各國ノ憲法ハ百年乃至五十年前初メテ成立シタルモノニシテ、其成立ノ當時ノ歷史ヲ見レバ、國家聯合シ其約定ニ基キテ生ジタル憲法モアリ（米國憲法）國民ノ代議士協議シテ制定シタルモノアリ、或ハ官民協議シテ制定セリトモ稱スベキモノアレドモ、要スルニ各國憲法ハ一時ノ制定ニヨリテ成立シタルモノニシテ、慣習或ハ慣習法ヨリ成立チタルコトハ至テ少シ。之ニ反シ英國憲法ハ何時初メテ成立タリト云フコト能ハズ、國王ノ欽定シタルモノニアラズ、官民協議シテ成立タルモノニアラズ、革命ニヨリテ生ジタルモノニアラズ、畢竟國家ノ進步ト共ニ漸ク生ジタルモノナルヲ以テ、慣習法一大淵源ヲナセリ。故ニ何人ト雖ドモ、何レノ時代ニ英國ノ憲法ハ起リシヤト云フコトヲ確言スルコト能ハズ。是レ英國憲法ト各國憲法トノ大差別ナリトス。例ヲ擧ゲンニ、通常英國憲法ノ最大ナル淵源ト稱スルモノハ、「マグナカルタ」（大憲章）及「ビル、オフ、ライツ」（權利條欵）等ナレドモ、是等ハ皆其發布以前既ニ慣習トシテ成立チ、若クハ慣習法中ニ在リタル原則ヲ證明シ、且ツ確定シタルモノ多キニ居ル「マグナカルタ」ハ千二百十五年ニ定メタルモノニシテ、其最モ主要ナル條項ハ、貢租ハ貢納者ノ同意アルニアラザレバ、之ヲ徴收スルコトヲ得ズト云フコト及ビ凡テ自由ノ人民ハ(貴族ハ)貴族會ノ正法ノ裁判、若クハ國法ニ依ルニ非ズンバ、禁錮、訊問、處罰等セラルヽコトナシト云フノ二條ナリ。此個條ハ常ニ充分ニ行ハレタルヤト云フニ、否ラズ、王ニシテ此權限ヲ破リタルコト屢之アリ、而シテ充分ニ行ハルヽニハ、國民一般ガ立法ニ參與スルニ至ラザレバ能ハス。而シテ人民ガ立法ニ參與スルニ至リタルハ、エドワード三世(十三世紀)ノ時ニ、各洲ノ代議士ガ立法ニ參與スルコトヲ得タルヲ以テ始メトス。此時代ニハ立法ト行政トノ區別明カナラズ、又代議士ガ立法ニ參與スルト云フノモ、確定シタルニアラズト雖モ、代議士ガ租稅ノ徴收ニハ其同意ヲ要スト云フノ權、即チ租稅ヲ認可スルノ權ヲ得、且ツ代議士ハ國民多數ノ意思ヲ知ルノ最好機關ナルヲ以テ、國王ノ爲メニ必要ナルモノナリ。茲ニ初メテ立法ニ參與スルノ端緒ヲ開ケリ。

次ニ何時代議士ガ、立法ニ參與スルノ確定シタル權ヲ得タルヤヲ尋ヌルニ、十四世紀ノ中頃ナリトス。是レヨリシテ代議士ノ同意ヲ得ザレバ法律ヲ制定シ、若クハ廢止スルコトヲ得ザルニ至レリ。十五世紀ノ終リニ至リテハ立法ノ手續完備シ、貴族院及衆議院ガ法律ノ制定ニ參與スルコト、殆ンド現今ノ制ノ如クニ進歩セリ。十六世紀ノ間ニハ「チュードール」家君臨シ、君家ノ權力大ナリシガ、表面上代議士ヲ尊敬セシカバ、十五世紀ニ成立チタル憲法組織ハ繼續シ、憲法ノ組織ニ非常ナル變化ハナカリキ。十七世紀ニ「スチュワード」家ノ代トナリ、憲法ニ大ナル進歩ヲ來セリ、何ントナレバ此王家ハ王ノ特權ヲ濫用シ、議院ノ權利ヲ害シ、壓制ヲ加ヘントスルヲ以テ主意トセシガ故ニ、大革命ヲ招キチャールス一世王位ヲ失ヒ、英國ハ共和國トナリ、次デチャールス二世ノ時王政復古セシガジェームス二世ガ壓制ヲ企テ國政ヲ廢止セントセル時、大ナル爭起リ遂ニ議院ハ「スチュワード」王家廢滅チ主張シ、ウヰリヤム三世ヲ迎ヘ立テシハ人ノ熟知スル所ナリ。是ニ於テ權利條欵ヲ制定シ、國王ノ權ヲ制限シ、議會ノ權利ヲ確定セリ。是モ亦大憲章ニ成立チタル憲法ノ大趣意ニシテ、「スチュワード」王家ガ議院ノ權利ヲ破ラントシタルガ故ニ、書載セテ確定セルモノナリトス。全章十三アリ。最モ主要ナルハ、國王ハ議院ノ認可ヲ得ズ國王ノ專權ヲ以テ、稅金ヲ賦加スルコトヲ得ザルコト、國王ハ議院ノ同意ヲ得ス國王ノ專權ヲ以テ、法律ヲ廢止シ、停止スルコトハ國法ニ違背スルモノナルコト、國民ハ國王ニ訴願スルノ權ヲ有スルコト、而シテ其訴願者ヲ拘留責罰スルコトヲ得ザルコト、代議士ノ選擧ヲ自由ニスルヿ、代議士ノ議院内ノ言論ヲ自由ニシ、且ツ議院内ニ於テ爲シタル言論ノ爲メニ、議院外ニ於テ之ヲ責罰スルコトヲ得ザルコト、法律ノ保存及修正及訴願ノ爲メニ屢議會ヲ開クコト、平時ニ議院ノ認可ヲ得ズシテ常備兵ヲ置クコトハ、國法ニ違背スルモノナルコト、陪審員ノ制度ニ關スルコト、等ヲ定メタル條欵ナリトス。而シテ是等モ大憲章以來既ニ存シタル主義ヲ確メタルモノニ過ギズ。又此時代ヨリシテ王室費(Civil list)ノ制度ヲ設ケ、且ツ議院ガ歳出ヲ監督スルノ權モ、此時ヨリ益〻精密且嚴重ニ至レリ。(グナイストノ行政法ヲ見ヨ。)從前ニアリテハ、別ニ國王ノ財産アリ、其收入ヲ以テ政府ノ費用ニ充テ來リシガ、國家多事ナルニ至リ、漸ク不足ヲ生ジ來リシカバ、遂ニ議院ニ於テ其收入ヲ引受ケ、而シテ王室費ヲ給スルニ至リ、初メテ國王ノ收入ト、國家ノ收入ト分ルヽニ至リタルナリ。王室費ノ額ハ國王ノ終身定マリ居ルモノニシテ、年々議定スルモノニ非ズ。

同シク此時代ヨリ進ミ、從來進マザリシ緊要ノコトハ、英國ノ「パーリアメンタリズム」(議院制度)ナリトス。此組織ハウヰリアム三世ノ頃ヨリ進ミ來リ、十八世紀ノ終リニハ、內閣ハ衆議院ニ於テ多數ヲ占ムル黨派ノ首領、之ヲ組織スルノ慣習生シ來リタルヲ以テ、十八世紀ノ終リニハ代議政躰モ大ニ進歩シタリト云フベク、而シテ之レ實ニ佛國及米國等ノ憲法ノ模範トナリタルモノナリ。

前述ノ如ク、英國憲法ハ慣習ヨリ成立チ、漸次ニ進ミ來リタルモノナルヲ以テ變化シ易シ。(Dicey's Law of English Constitution ニ據ル)而シテ各國ノ憲法ハ、法律ノ上ニ在レドモ、英國ニ於テハ憲法ハ法律ノ一種ナリ。通常ノ手續ヲ以テ、之ヲ變更、廢止スルコトヲ得。

佛人モンテスキュー初メテ英國憲法ヲ論シ、之レヲ歐洲各國ニ知ラシメタリ。モンテスキューハ其著書萬法精理ニ於テ、英國憲法ノ妙所ヲ稱賛シ、三權分離獨立ノ說ヲ擧ゲ、佛國其他歐洲各國憲法ノ成立ニ大ナル勢力ヲ及ホセリ。然レドモ佛國ノ共和憲法ノ成立ニハ、モンテスキューノ萬法精理ヨリモ一層大ナル勢力ヲ有シタル者アリ、ルーソーノ民約篇是レナリ。佛國カ舊來ノ君主獨裁制ヲ廢シ、千七百九十一年初メテ憲法ヲ制定シタルトキニハ、モンテスキューノ三權分離說ヨリモルーソーノ民約主義ノ方多ク其基礎トナレリ。故ニ九十一年ノ憲法ニテハ、君位ハ之ヲ存スレドモ極メテ其權ヲ減殺シ、國家ノ主權ハ國民ノ掌握スル所トナセリ。其翌年遂ニ王位ヲ廢シ、共和政體ヲ設クルニ至リテハ、三權分離主義ハ全ク排ケラレ、投票ニヨリ國民ノ批準ヲ經テ、純粹ナル民約主義ノ憲法ヲ發布セリ。然レドモ此時國家平和ニアラザリシヲ以テ、平和ニ至ル迄、其實施ヲ延期スルコトニ定メタルヲ以テ、遂ニ實施スルニ至ラスシテ廢止シ、千七百九十四年更ニ憲法ヲ定メタリ、是モ亦投票ノ手續ニヨリ國民ノ批準ヲ經タルモノナルヲ以テ、純粹ニ民約主義ノモノナレドモ、前憲法ノ如ク過激ナラズ。此憲法ハ千七百九十九年迄行ハレシガ、此年ナポレオン一世之レヲ廢止シ、同年更ニ憲法ヲ制定セリ。此憲法モ共和政躰ノ外形及ビ名義ヲ存シ、且ツ國民ノ批準ヲ經タルモノナレドモ、實ニナポレオンノ專制政府ヲ組織スルノ基ヲナセリ。之ニ據レバ、立法院ハ法律ヲ發議スルノ權ヲ有セズ、發議權ハ獨リ行政府ノ掌握スル所タリ。又行政權ハ十年ノ任期ヲ以テ選任スル所ノ三名ノ「コンサル」ニ屬シ、ナ翁其主坐ヲ占メ、君主ニ屬スル特權ハ盡ク之ヲ有セリ。越テ千八百二年ナポレオン終身ノ「コンサル」トナリ、憲法ヲ修正シテ、益々立法院ノ權ヲ制限シ、千八百四年帝國トナリテ後、十四年ノナポレオン降位迄ハ、立法院ハ有名無實ニシテ、佛國ハ實ニ獨裁ノ專制國タリ。此ノ降位ノ後ルイ十八世王位ニ即キ、守舊主義ノ立君政躰ヲ基礎トナシ憲法ヲ欽定セリ。之ニヨレハ、君主ハ國家權ノ淵源ニシテ、總テ國家ノ權ハ君主一人ヨリ出ヅ、立法院ハ只參與ノ權ヲ有シ、君主ノ權ニ制限ヲナスモノタリ。而シテ貴族、代議ノ兩院ヨリ成リ、貴族院ハ世襲ノ貴族及ヒ國王ノ任命スル所ノ終身議員ヲ以テ組織シ、代議院ハ財產ノ制限ヲ設ケタル直選ヲ以テ、選擧スル所ノ代議士ヲ以テ組織ス。又責任宰相ヲ置キ、立法權ハ君主兩院ノ協贊ヲ以テ之ヲ行ヒ、法律ノ發議權ハ君主ニ專屬セリ(此憲法ハ歐洲各國憲法ノ摸範トナリシモノナリ。)一千八百三十年ニチャールス十世憲法ニ確定セル所ノ君主ノ權限ヲ越ヘ、敕令ヲ以テ出板ノ自由ヲ停止シ、且ツ選擧法ヲ改正セントテシヲ以テ革命ノ亂起リ、チャールスハ王位ヲ降リ、議院ハ直チニ集會ヲナシテ憲法ヲ改正シ、ルイフヰリップヲ迎ヘテ位ニ即カシメタリ。此憲法ニ據レバ國家ノ主權ハ、國民ノ司ル所ニシテ、法律ノ發議權モ亦立法院ニ屬ス。是レ二大改革ナリトス。此改正憲法モ亦四十八年ノ革命ニ廢止セラレタリ。此革命ノ直接ナル原因ノ重モナルモノハ、君主ガ選擧法ノ改正ヲ拒ミタルト、租税ヲ重クセシコト是ナリ。此第三革命ニヨリ共和制ノ憲法ヲ制定セリ。其憲法ニヨレバ立法院ハ一院ヨリ成リ、行政權ハ獨リ大統領ニ委任シ、大統領ハ四年ノ任期ヲ以テ國民ノ普通直選ニヨルトセリ、故ニ大統領ハ立法院ト同等ノ權力ヲ得ルノ原因トナレリ。何トナレバ何レモ同處ヨリ同方法ニヨリテ權利ヲ得ルガ故ニ、組織上大統領ト議院ト權力ノ爭ヲ生ゼザルベカラザレバナリ。故ニ間モナクルイナポレオント議院ト爭ヲ生ジ、千八百五十一年ナポレオンハ憲法ヲ修正シ、大統領ヲ再選シ得ルコトナシ、(從前ハ再選スルコトヲ得ザル憲法ナリ)自己ヲ再選セシメンコトヲ企テシガ、實行スルコト能ハザリシカバ、兵力ヲ以テ立法院ヲ解散シ、國民ノ同意ヲ得テ憲法ヲ改正セリ。其名義ハ共和憲法ナレドモ、實ハナポレオンガ帝國ヲ再建スルノ基ヲナシタルモノナリ。而シテ間モナク帝國再建セラレ帝國憲法モ成リ、千八百六十年迄ハ純然タル帝國ニテ續キ行キシガ、ナポレオン漸ク不人望ヲ招キ反對ノ勢力强盛ヲ致セシカバ憲法ヲ改正シテ以テ人望ヲ維ガント欲シ、憲法ニ改正ヲ加ヘタリ。其最主ナルハ法律ノ發議權ヲ立法院ニ與フルコト、責任宰相ヲ置クヿ是ナリ。斯クシテ代議制ノ帝國トナセリ。此憲法ハ千八百七十年迄續キシガ、普佛戰爭ニ於テナポレオン失敗セシヨリ共和制再設セラレ、普通選擧ヲ以テ選擧セラレタル代議士ヲ以テ成レル國民會（コンベンシヨン）ボルドーニ集會シ、後ベルサイユニ移レリ。此國民會ハ一般ノ立法權ヲ司リ、憲法ノ制定ニ着手シ、七十五年ニ至リ初メテ現行ノ共和憲法出來上レリ。斯ク佛國憲法ハ度々變化セシヲ以テ、之ヲ研究スルハ頗ル必要ノコトナリトス。

序ニ獨逸憲法ノ成立ニツキ大要ヲ述ベン、佛國憲法ノ成立及ビ其變更ハ、概シテ歐洲大陸各國憲法ノ成立ニ大關係ヲ有シタルモノナリ。今世紀ノ始メヨリ成立セル歐洲大陸各國ノ憲法ハ概シテ其模範ヲ佛國ニ取リタル者ニテ就中獨逸各邦ニ於テハ今世紀ノ始メヨリ憲法ヲ制定スルヲ以テ必要トナシ、其準備及計畫ヲナセシカ未ダ制定セザル中ニ守舊主義ノ反動大ニ勢力ヲ得タル爲メ、獨逸各邦一般ニ憲法ヲ制定スルニ至ラザリシガ、南獨逸ノ各邦ハ千八百二十年前後ニ於テ大抵其憲法ヲ制定セリ。而シテ其模範トセル所ハ、千八百十四年ノ佛國ノ欽定憲法ヲ以テセリ。北獨逸各邦中佛國ノ第二革命即チ千八百三十年ノ革命ニ刺激サレテ、遂ニ憲法ヲ制定スルニ至リシ者モ、其摸範トセル所亦佛國ノ欽定憲法ナリ。殘餘ノ國ハ佛國ノ第三革命ノ騷動ニ刺激セラレ、遂ニ憲法ヲ制定スルニ至リシナリ。普國憲法ハ第三革命ノ時初メテ制定シタル所ノ者ナリ。普國ハ千八百六年エナーノ大敗ニ於テ、殆ンド其領地ノ半ヲ失ヒ、翌年媾和後有名ナルスタインノ計畫ニヨリテ、大ニ國家機關ノ組織ヲ改革シ、此時既ニ立憲制ヲ設立スルノ準備ヲナセシガ、之ヲ實行スルニ至ラス、只州會ノ組織ヲ改正シ、其權限ヲ擴張スルニ止マレリ。爾後次第ニ憲法ノ制度ヲ企望スルモノ增加セシガ未ダ國會ヲ設クルニ至ラズ、千八百四十七年各州會ノ聯合會ヲ設ケ、翌四十八年佛蘭西革命ニ刺激セラレ、聯合會ニ憲法ヲ制定スル爲メニ、國民ノ會ヲ招集スル選擧法ヲ議定セシメ、此選擧法ニヨリ國民會ヲ召集シタレドモ、政府ト國民會ト協議調ハズ、政府ハ國民會ヲ解散シ、即日政府ハ假ニ憲法ヲ欽定シ、上下ノ議院ヲ召集シテ之レヲ審査議定セシムルコトヽナセシガ、再ビ協議整ハズシテ衆議院ヲ解散シ、四十九年ニ定メタル政府ノ命令權ニ基キ、政府ノ專權ヲ以テ選擧法ヲ制定シ、之ニ基キ衆議院議員ヲ召集シ憲法ヲ議セシメ、遂ニ政府ト議院ト協議整ヒ、現今ノ憲法ヲ制定スルニ至レリ。此制定以後幾何ノ改正ヲナシタル力、其最著シキハ千八百六十七年北獨逸聯合ノ憲法及千八百七十一年獨逸帝國憲法制定ノ爲メニ、普國憲法ニ變更ヲ及ボシタルコト是ナリ。

現今ノ獨逸帝國ノ憲法ハ千八百六十七年制定ノ北獨逸聯合ノ憲法ヨリ變化シ來リタルモノナリ。此北獨逸聯合ノ憲法ハ、千八百六十六年普墺ノ戰爭ニヨリテ舊來ノ獨逸聯合ヲ解散シ、普國ハ北獨逸各邦ヲ聯合シテ組織シタルモノナリ、其憲法制定ノ手續ハ、普國之レヲ起草シ、北獨逸二十二邦ハ特命委員ヲ出シ、之ヲ審議議決セシメ、次ニ各邦ノ議院ヲシテ此議決ノ憲法ヲ受理スルヤ、否ヤヲ議決セシメテ、發布シタルモノナリ。現今ノ獨逸憲法ハ、千八百七十年普佛戰爭ノ終リニ當リ、北獨逸聯合ト南獨逸聯邦トノ約束ニヨリテ成立チタルモノナリ。

主權

總テ社會ニハ内安寧秩序ヲ保チ、外國安ヲ保護シ、人民ノ智識及ビ德義ノ發達及ビ事物ノ進步ヲ補助スル爲メニ、國民ニ最高ノ意志存ス、其意思ハ各人ノ意志ノ上ニ位スル者ニテ、此意志即チ主權ナリ。主權ハ國民中何人ニ屬スベキ者ナルヤノ疑問ハ、實際上種々ナレドモ論理上之ヲ説クニ大ナル困難ヲ感セズ。國民《ネーシヨン》ハ元來《ナチユラリー》自由ナル個人ノ集合ナリ、故ニ個人ハ同權ナリ、主權ハ一人一族或ハ國民中一種ノ人民ノ特有スベキニアラズ、如何ナル權利名義ニヨリテ、斯ノ如キモノガ國民ノ全躰ニ命令シ、自己ノ意志ヲ以テ、全躰ノ利害關係ヲ定ムルノ特權ヲ有スルカ、主權ハ應ニ國民全躰ニ屬セザルベカラズ。換言スレバ道理上主權ノ屬スベキモノハ國民ナリト云フコト、佛國ニ行ハル、主義、即チ千七百八十九年ノ「デクラレーシヨン、オフ、ライツ」ノ主義ナリ。(此主義ノ基礎ハ、國民ハ各自由ノモノニシテ、全等ノ權ヲ有スト云フニアリ。)(獨逸憲法ハ、人民ノ權利義務ヲ掲ケス、是レ例外也。)

此「デクラレーシヨン、オフ、ライツ」ノ第一章ニ曰ク、人ハ自由ニ生存スルモノニシテ同權ナリ。社會ノ差違ハ協同便利ノ上ニ基キタルモノナリト。次ニ此國民ニ屬スル主權ニハ制限アリヤ、否ヤト云フ問題ヲ解センニ、原則ニヨレバ國民ノ主權ハ總テ制限ニ從ハズ、其好ム所ヲ爲シ得ルト云ハザルヲ得ズ。然レ𪜈人ニ自然ノ權利アリテ存ズ、此權利ハ固ヨリ人爲ノ法律前ニ存スルモノナルヲ以テ、國民ノ意志ト雖𪜈之ニ反スルコトヲナスハ、不正且ツ暴戾《チラニカル》ナリ。而シテ此自然ノ權利ハ人ノ感能《コンシエンス》ニ存スト。此主義モ亦千七百八十九年ノ「デクラレーション、オフ、ライツ」ノ認ムル所ナリ。其第二章ニ曰ク、凡テ政治社會ノ目的ハ、各人ノ自然ノ權利ヲ保護スルニアリ。而シテ此權利ハ自由、財産及抑壓ニ對スル安寧《セキユリチー》及抵抗ナリト、此終リノ抑壓ニ對スル安寧及抗拒ハ、固ヨリ前擧二權中ニ含メルモノナリ。故ニ主トシテ茲ニ說クベキハ、前二者ナリトス。此權利ガ人民ニ存スル爲メ、如何ナル制限ヲ主權ニ及ボスヤヲ說カザルベカラズ。

自由ヲ二分シテ感能(思想)ノ自由、身躰ノ自由トス。思想ノ自由トハ、各人ハ他ヨリ制限ヲ受ケズシテ自ラ意志ヲ定メ、且ツ信仰ヲ定ム。而シテ人ハ智識ヲ具備スル自由ナルモノナルヲ以テ、自ラ責任ヲ有シ、且ツ眞理ヲ探究スル爲メニ智識ヲ適應スルノ權利及ビ義務ヲ有ス。然ルニ若シ主權者ガ眞理ヲ探定シ、國民ノ信仰ヲ定ムルトキハ、各人ノ自由ハ滅シ、從テ責任モ消失ス。然レドモ歷史ノ事實ニヨレハ、人ノ思想ヲ抑壓シ、自由ヲ制限シタルコト多シ、因テ「デクラレーション、オフ、ライツ」ニ於テ初メテ自由ヲ確定シ、各人ノ思想ガ法律ニ依リテ保護サルヽ所ノ公ノ、秩序ヲ障害セザル限リニ於テ自由ヲ有ストセリ。又身躰ノ自由ニ就テ述ベンニ、凡テ人ハ他人ノ權利又ハ社會ノ秩序ヲ害セザル限リニ於テ、自己ノ好ムコトヲ爲シ得ルノ權利ヲ有ストコフコト、佛國革命後ノ主義ナリ。此制限アリト雖ドモ、自由ハ通則ニシテ、制限ハ例外ナリトス。是レ素ヨリ古制ノ認ムル所ニ非ズ。千七百八十九年ノ革命後ニ發布セル「デクラレーシヨン、オフ、ライツ」ノ第七章ニ於テ、確定セル所ニシテ、刑法治罪法等ニ於テモ皆之ヲ認ム、現行ノ主義是ナリ。

佛國ノ或ル公法家ノ説ニヨレバ、此各人ノ自由ヨリシテ、二個ノ權利ヲ生ズ。即チ住居ノ犯スベカラザル乛、及ビ營業ノ自由是ナリ。住居ノ自由モ亦「デクラレーシヨン、オフ、ライツ」ニ於テ之ヲ確定セリ、曰ク、凡テ佛國内ニ住スル人民ノ住居ハ犯スベカラザルモノトス、夜間ハ出火、洪水又ハ住居内ヨリ要求アルニアラザレバ、何人ト雖ドモ人ノ住居ニ入ルノ權利ヲ有セズ、晝間ハ、一定ノ目的ノ爲メニ、又ハ法律又ハ相當ノ權利ヲ有スル官衙ヨリ發スル命令ニヨリ、人ノ住居ニ入ルコトヲ得ベシト、現行ノ憲法ニハ人民ノ權利義務ヲ載セザルヲ以テ、勿論此事モ載セザルナリ。然レドモ佛國ニ於テハ、人民ノ權利義務ニ關スルコトハ、行政法ニ屬スルモノナルヲ以テ、一度ビ定マリタル以上ハ、法律ヲ以テ明カニ之レヲ廢止スルニ非ズンハ、行ハル、モノナルヲ以テ、此事モ今日實際行ハレ居ルモノナリ。次ニ營業及ビ勞働ノ自由ノ論理ヲ述ベンニ、凡テ人ハ需要ヲ有シ、之レヲ充タスニハ勞働ヲ要ス、故ニ勞働ハ只ダ必要ノミナラス又權利ナリ、已ニ自然ノ權利ナル以上ハ、勞働ノ能力ハ他ヨリ障害スベカラザルモノナリ。千七百八十九年以前ニ於テハ、勞働ノ權ハ官ノ與フル所ノ特許トシ、或ル種類ノ職業ハ或ル一定人民ノ專有ニ歸セシガ、千七百八十六年ニ此ノ特許組合ヲ廢セシカ、間モナク之レヲ復シ、革命後「デクラレーション、オフ、ライツ」ニ於テ職業ノ制限ヲ全廢シ、現今ニ於テハ他人ノ權利ヲ害セザル限リハ、自己ノ好ム職業ヲ執ルコトヲ得トナセリ。英ニ於テモ或ル種類ノ職業ニ、特許ヲ與フルコトモアリ。獨、佛等ニ於テハ、非常ノ制限アリ、組合ニ入ラザレバ營業ヲナスコトヲ得ズ、此ノ組合ニ入ルモ多クノ制限アリシカ、獨逸ニテモ漸ク之レヲ廢止スルニ至レリ。

次ニ財産ノ權ヲ述ヘンニ、財産ヲ生スル主ナル原因ハ、勞働ナリ。故ニ財産ハ勞働ト自由ト同シク、自然ノ權利ナリト云フノ論理ニテ、權利ノ公布ニ於テ之ヲ定メタリ。

革命前ニハ人民ノ財産モ、國王隨意ニ之ヲ處分シ得ルモノトセリ。故ニルイ十四世ハ曰ク、國王ハ「アブソリユート」ノ主ニシテ、自由ニ人民ノ財産ヲ處分スルコトヲ得ト云ヘリ、千七百八十九年ノ權利ノ公布ニハ曰ク、財産ハ神聖ニシテ犯スベカラザル權利ナリ、公ノ必要ノ場合ニ於テ、法律ヲ以テ其必要ヲ認メ、且ツ正當ニ賠償ヲ前拂スル場合ニ非ズンハ、何人ト雖ドモ財産ヲ奪ハルヽコトナシト。

主權ノ運用

主權ハ國民ヲ組成スル各人ニ屬ス。(主權ハ國民ノ意志ナリ。而シテ國民ハ各人ノ組織スル所ナリ、故ニ主權ハ各人ニ屬スト云フ論理ナリ。)然レドモ各公民ハ自己ノ職業ニ從事スルモノナルヲ以テ、法律ノ發布或ハ法律ノ執行ヲ確保スルノ必要アル毎ニ、集會シテ團躰ヲナス能ハズ、且ツ公ノ事務ニハ特別ノ識見ヲ要スルコトアリ、故ニ各人集會シテ團躰ヲナシ之ヲ處分スル能ハズ、次ニ公民ノ多數ハ統治ノ原則ヲ定ムルノ能力ヲ有スト雖ドモ、自カラ統治スルノ能力ヲ有セズ。故ニ直接ニ國家ノ法權ヲ運用スル能ハズ、故ニ一定ノ人民ニ此權ヲ委任セザルヲ得ズ、千七百九十一年ノ憲法ニハ、此原則ヲ取レリ。次ニ其委任ハ一般ニ選擧ニヨリテ之ヲナス、佛國ニ於テハ此委任ノ爲メニ種々ノ選擧法ヲ用井タリ。

第一復選

此法ハ千七百九十一年ニ之ヲ採用シ、二重選擧ニシテ第一ノ選擧者ハ選擧人ヲ選ブモノニテ、二十五歳以上三日間ノ給料ニ等シキ國税ヲ納ムル者ニテ、其他法律上ノ制限アリ。被選擧人ニハ特別ノ資格ヲ設ク、次ノ共和憲法ニ依レバ、四級法即チ四重ノ法ヲ用井タリ。次ニ三級法トナセリ。

第二有限選擧法《レストリクテット》

千八百十四年ノ欽定憲法ノ取ル選擧法ニ依レバ、三百「フラン」ノ直税、三十歳以上ノ年齢ヲ以テ、選擧者ノ制限トセリ。被選人ハ四十歳以上、千「フラン」ノ直税ヲ以テ其制限トス、此法モ三十年ニ至リテ廢止セリ。

第三普通選擧法

普通選擧法トハ、法律ニ定メタル年齢ニ達シタル男子ニシテ法律上權利ヲ剝奪セラレザル者ハ、一般ニ選擧者タルコトヲ得ルノ方法ナリ。此主義ハ、千七百八十九年ノ革命ニ於テ之ヲ取リシガ實行スルニ至ラズ、第三革命即チ千八百四十八年ニ初メテ實行セリ。此憲法ニ依レバ、二十一歳以上ノ男子ニシテ私權公權ヲ有スル者ハ、財產ノ制限ナク、皆選擧スルコトヲ得トナセリ。

國家ノ諸權（Public powers）

國民ノ主權ハ、人民直接ニ之ヲ運用スルコト能ハズ、一定ノ會議躰ニ分任ス、此分任シタルモノヲ稱シテ國家ノ諸權ト云フ。之ヲ分テ二種トス、憲法制定ノ權、及ビ憲法ニ依リテ確定セラルヽ職權是也。憲法制定ノ權ハ、國家ノ基礎タル法典ニ於テ、三權ノ分任ヲ確定スル、ノ職權、或ハ之ヲ有スル者ヲ指ス。此權ハ國家ノ主權ヲ完全ニ代表スルモノニシテ分割スベカラザルモノナリ。此權ハ其目的ヲ達スレバ、直ニ解散スベキモノニシテ永久ニ成立ツベキモノニアラズ。憲法改正ノ必要アリ一定ノ條件ニヨルニ非ズンバ、此權ヲ組織セザルモノトス。革命以後ヲ通觀スルニ、或ハ二個ノ會議躰ニ委任セルコトアリ、或ハ一個ノ會議躰ニテ運用セルアリ、或ハ君主直接ニ之ヲ運用セル塲合アリ。

憲法ニヨリテ分任ノ確定スル職權ニツキテハ、或ル場合(革命憲法改正ノ時期)ヲ除クノ他ハ、三權分離ヲ以テ其主義トス。モンテスキユーガ英憲法ヲ論ズルニ方リテ、次ノ如ク三權ヲ論セリ、日ク各國家ニ三種ノ權アリ立法權、公法ニ基ク事ヲ執行スルノ權、及ビ私法ニ基ク事ヲ執行スルノ權是ナリ、若シ一個人又ハ一個ノ會議躰ニ於テ、立法權ト執行權(兩者)ヲ併有スルトキハ、自由ハ存在セズ。何トナレバ壓制ヲ行ハンガ爲メニ、法律ヲ設クルヿヲ得レバナリ、又司法權ガ立法權又ハ行政權ヨリ分離セザル場合ニ於テハ、自由ハ同ジク存セズ。何トナレバ若シ裁判權ガ立法權ニ屬スルトキハ、人民ノ身躰及財產ニ對スル權ハ、無制限ナルベケレバナリ。又裁判權ガ行政權ヲ幷有スルトキハ、判事ハ抑制者タルノ權ヲ有スレバナリト。然レドモモンテスキユーガ此論ヲナシタル頃ハ、佛國ニ於テハ三權分離セズ、司法權ハ革命以前幾分カ獨立ノ位置ヲ有セシガ、立法及ビ行政ノ兩權ハ王ニ屬セシガ、革命ノ權利ノ公布ニ於テ、初メテ三權ノ分離ヲ確定シ、革命ノ時憲法變更ノ時ヲ除キテハ、常ニ佛國憲法ノ取ル所ノ原則ナリ。然レドモ此三權ハ國家ノ組織ノ一部ニシテ、同ジ目的ヲ有スルモノニテ互ニ獨立ナリト雖ドモ、又其活動ニ於テハ、相互ニ共同或ハ關係スルヿ少ナカラズ。例ヘバ佛國現今ノ憲法ニヨリテモ、大統領ハ行政權ノ機關ニシテ、立法權ノ機關ニハアラザレドモ、法律案モ亦大統領ノ同意ヲ要シ、大統領ハ之ニ同意セザルトキハ、其法律案ヲ再議セシムルコトヲ得ザレバ、大統領ハ行政權ノミナラズ立法權ニモ關係スルナリ。

主權ニ附屬ノ權利

國民ガ主權ヲ有スルト云フ國家ノ組織ニツキテハ、國民ガ只ダ其代議者或ハ委托者ヲ選定スルノ權ヲ以テ滿足セズ、都テ國民德義上及ビ事物ノ盛衰ニ關スル問題ニ就テ、其意思ヲ陳述シ必要ト認ムル改革ヲ告白シ、國家ノ權ヲ行フ機關ノ行爲ヲ監視シ得ルヲ必要トス。故ニ次ノ三個ノ權利ヲ以テ、主權附屬ノ權利トス。

一、集會ノ權利
二、出板ノ自由（言論ノ自由ヲ含蓄ス）
三、請願ノ權利

一、集會ノ權利

千七百九十一年ノ憲法ハ、人民ガ兇器ヲ携ヘズ平和ノ集會ヲ確保セリ、然レ𪜈此權利ヲ行フニツキテノ必要ノ手續ノ方法ナキガ故ニ、倶樂部ト云フ名義ヲ以テ政社ヲ組織シ、全國ヲ騷ガシ、遂ニ王國及ビ王國ニ次ギタル共和制ヲ顚覆スルノ原因ヲナセリ。是ヲ以テ千八百十年刑法ニ於テ總テ二十名以上ノ結社ニシテ、毎日或ハ一定ノ時日ニ文學、宗敎及ビ其他ノ目的ヲ以テ集會スルモノハ、政府ノ認可ナクシテ之ヲ組織スルヿヲ得ズト規定セリ。然レ𪜈此規定ヲ避クルヿ容易ナリ、即チ結社ヲ數部ニ分チ各部ノ人員ヲ二十名以下トスルヿ是ナリ、故ニ又此法律ヲバ二十名以下ノ結社ニモ適用セリ、而シテ此法律ハ只結社ニ關スルモノニシテ、集會ニ適用スルモノニアラズ。然レドモ行政府ハ遂ニ之ヲ純粹ノ集會ニモ適用スルニ至レリ。爾後四十八年迄ハ幾分ノ變化アリシガ、此法律ヲ實行セリ。而シテ四十八年ノ革命ノ一原因ハ、實ニ政府ガ集會及ビ結社ヲ抑壓セルニ至レリ。四十八年以後數度集會政社法ヲ改正セシガ、千八百六十八年ノ法律ニテ明ニ集會ト結社トノ差別ヲ認メシガ、常ニ嚴重ナル制限ヲ設ケ、遂ニ千八百八十一年集會ト結社トノ差別ヲナシ、集會ニ付テハ都テノ禁制法ヲ廢シ、集會ノ自由ヲ認ムルニ至レリ。然レドモ結社即チ宗敎、學術、文學、政治上(民法上ノモノヲ除ク)ノ法社ハ、二十名以上ノ時ハ之ヲ組織スルニ政府ノ認可ヲ要スルノミナラズ、他ニ嚴重ナル制限ヲ存セリ。

二出版ノ自由

出版ノ自由ト云フ主義ハ、權利ノ公布ニ於テ之ヲ認メタリ。即チ各人民ハ言論、著書及ビ出版ノ自由ヲ有スト定メタリ。但シ法律ニ確定セル場合ニ於テハ、此自由ヲ誤用スルニツキテハ責任ヲ負ハザルベカラズトセリ。次テ千七百九十一年ノ憲法及ビ其次ノ共和憲法ハ、此主義ヲ採用シ、總テ禁制法ヲ設クルヿヲ禁ゼシガ、那破翁時代及ビ復古ノ王國ニ於テハ、又禁制法ヲ採用シ、次テ千八百二十四年ニ至リ又此禁制法ヲ廢止セリ。爾來書籍ノ出版及ビ書肆ノ營業ハ行政廳ノ認可ヲ要シ、定時刊行物ハ營業ノ認可保證金及ビ營業禁止等ノ制限ヲ設ケタリ。千八百六十一年以來此制限ニツキテ幾許ノ改正ヲシ、七十年以來漸ク制限ヲ解クノ傾キヲ生ジ、千八百八十一年遂ニ出版自由ノ主義ヲ實行スルニ至レリ

三請願ノ權利

千七百八十九年ノ法律ヲ以テ、國民武器ヲ携ヘズ平和ニ集會シ、請願及ビ建白ニ關ス

ルコトヲ協議シ、十名以下ノ委員ヲシテ議會又ハ國王ニ之ヲ捧呈スルヿヲ得ルノ權ヲ認メタリ。然レドモ此權利ヲ誤用スルヿ多キガ爲メニ、千七百九十一年ノ憲法ハ、只ダ各人ノ記名シタル請願書ヲ憲法ニヨリテ組織サレタル國家ノ機關ニ出スヿヲ得ルノ自由ヲ認メタリ。次ニ千七百九十三年ノ憲法ハ、無制限的ノ請願ノ權利ヲ認メ、請願ノ手續制限等ヲ設ケズ。次ニ千八百十四年ノ欽定憲法及ビ三十年ノ改正憲法ニ於テ、次ノ如クニ規定セリ。即チ

一、凡テ兩院ノ一ヘ出ス請願ハ、書面ヲ以テスルニ非レバ之ヲ爲スヿヲ得ズ。

一、自カラ之ヲ捧呈スルヿヲ得ズ。

爾來憲法ノ改正毎ニ、多少ノ變更ヲナシタレドモ、之ヲ述ベズ。現行ノ憲法ニハ、請願ノ權ヲ載セズ、然レドモ之ヲ默許ス、而シテ其手續ハ、各院ノ規則ト從來ノ法律ノ規定トニヨル。

現行憲法

現行憲法即チ千八百七十五年制定ノ憲法ハ、三法典ヨリ成リ、制定以來千八百八十

四年迄二回ノ修正ヲナセリ。此三個ノ法典ノ名ハ左ノ如シ

Loi relati ef l'organization des pouvoirs publics

Loi relati ef l'organization de Sénat

Loi sur les rapports des pouvoirs publics

第一ハ、七十五年二月十五日、第二ハ、同月廿四日、第三ハ、同年七月十六日ニ發布サレタルモノニシテ、同時ニ發布サレタルモノニアラズ。

此憲法ハ變更スルコヲ得ザルモノニアラズ、第一法典第八條ニ修正ノ法式ヲ規定シ、此法式ニヨリ二回ノ修正ヲナセリ。

此憲法制定ノ機關ノコヲ述ベンニ、此憲法ハ君主黨ガ多數ヲ占ムル議會ニ於テ制定サレタルモノナリ。然レドモ此君主黨間相互ノ關係ノ爲メニ君主的ノ憲法ヲ制定スルコ能ハズシテ、共和主義ト君主主義ノ調和ヨリ生ジタル個條アリ。即チ政府ノ組織、國家元首ノ選擧ハ全ク共和ノ主義ニ成レリ、然レドモ國家ノ元首ヲ無責任トナスガ如キハ、君主主義ヲ採用シタルモノナリ。(國家ノ無制限權ヲ以テ、一旦變更スベカラザル憲法ヲ制定スルトキハ、其後ノ國家ニハ無制限權ナシト謂ハザルベ

カラズ。

此憲法ハ國民ノ權利ヲ載セズ、只ダ組織ニ關スル個條即チ國家權ノ分任權限ノヿヲ定メタルノミ。而シテ又此點ニ就テモ完全セズ、數多緊要ナル主義ヲ規定セズ、緊要ナル主義例ヘバ毎年豫算ヲ定ムベキヿ、判事ノ轉免スベカラザルコトノ類ハ全ク之ヲ載セズ。而シテ是等ハ舊憲法ニハ明載セル所ナリ、新憲法ニ之ヲ載セザルニツキテハ疑問ヲ生ズ。現憲法ハ舊憲法ノ全部ヲ廢止シタルモノナリヤ、否ヤ是ナリ。

此問題ヲ解クニハ、第一舊憲法ノ個條ノ中ニハ、二種ノ性質ヲ含有スルコトヲ知ルヿヲ要ス、從前ノ憲法ノ個條ノ中ニハ、新憲法ノ發布ニヨリ必ズ廢止セラルヽモノ、即チ國躰國家權ノ組織及ビ其相互間ノ關係ニ關スル規定ノ如キハ、新憲法ガ國躰ヲ變更シ、國家權ノ組織ヲ新定シ、及ビ其關係ヲ改正シタル事實ニヨリテ必ズ廢止サルヽヿ明カナリ。之ニ反シ舊憲法中ニ新憲法ノ規定ト矛盾セザルモノアリ、例ヘバ民法又ハ行政法ニ關スル條項ハ、國躰ノ如何ニ關セズ、議會ノ一院ヨリ成ルト、二院ヨリ成ルトニ關セズ、其効力ヲ繼續スルヿヲ得ベシ。然レドモ從前ノ憲法ニ載セタルヿニテ新憲法ニ載セザルモノハ、如何ニ緊要ナルコトニテモ國家ノ法律ニシテ現行憲法ノ下ニ立ツベキモノナリ。是ヲ以テ國民ノ權義ニ關スルコトハ、行政法ヲ以テ之ヲ規定スルヿヲ得ベシ。

現行ノ憲法ノ全躰ニヨレバ、其主義ハ國民全躰主權ヲ有スト云フニアリ。凡テノ國家ノ權ハ國民ヨリ直接、間接ニ出デタルモノナリ。例ヘバ衆議院ハ直接、國老院又ハ國家ノ元首ハ間接ニ國民ヨリ出テタルモノナリ。

憲法ノ修正

人民ト國土トハ、國家ノ二原素ナリ。此國家ヲ支配スル權力ヲ規定制限スベキ法則、是レ即チ憲法ナリ。然レドモ國家ノ基礎トモ云フベキ人民ノ社會ハ常ニ變化シ、進歩シテ止マザルモノナルヲ以テ、社會ヲ支配スル權力ノ規定制限トナル所ノ憲法モ、社會ノ進歩ニ應ジテ、適當ノ改正ヲ要ス。故ニ憲法ニ修正ノ手續ヲ設クルハ、自然ノ必要ナリ。

佛國ノ憲法修正ハ國老院衆議院ノ總會ニ於テ之ヲ行フモノトス而シテ其手續ノ大要ヲ擧グレバ、則チ大統領ノ請求、或ハ兩議院中一院ノ發議ニ基キ兩院各自ニ憲法修正ノ必要ノ有無ヲ議シ、出席員ノ過半數ヲ以テ果シテ修正ノ必要アリト決シタルトキハ、修正ノ爲メ兩院ノ聯合總會ヲ組織シ、玆ニ於テ議決ス。但シ此議決ハ總議員ノ過半數ノ可決ヲ要スルモノトス、(出席員ニアラズ)論理上ヨリ云ヘバ、此總會ハ尋常ノ立法院(即チ兩院各自獨立ニシテ組織スル議會。)ノ上ニ位スルモノナリ。大統領ハ憲法修正ニ就テハ發議權ヲ有セズ。又此總會ヲ閉鎖シ、又ハ解散スルノ權モ有セズ。之ニ反シ尋常ノ法律制定ニ關シテハ、大統領ハ兩院ニ於テ議決シタル法律案ノ再議ヲ要求スル權ヲ有スト雖モ、憲法ノ修正ニ關スル議決ニ於テハ、再議ヲ要求スルノ權ヲ有セズ、憲法修正權ハ全ク此總會ノ司ル所ナリ。

北米合衆國ニ於テハ、中央ノ立法機關ガ獨リ其憲法ヲ修正スルヿ能ハズ。而シテ其修正ニハ、二樣ノ手續アリ。即チ第一種ハ、各邦ノ立法院ノ總數三分ノ二以上ノ請求、例ヘバ合衆國ニ三十八國アリトスレバ、二十六以上ノ立法院ノ請求ニヨリ、合衆國議會ハ憲法修正ノ特別會ヲ召集スルヿヲ得。此特別ノ議會ハ憲法ノ修正案ヲ議決シ、其案ヲ各邦ノ認可ニ付スルモノトス。然レドモ合衆國ノ憲法制定以來未ダ此手續ヲ用ヰタルヿアラズ、常ニ第二種ノ手續ヲ用ヰタリ。第二種ノ手續ハ、即チ修正案ヲ中央ノ議會ニテ發議シ國老院及ビ衆議院ニ於テ三分二ノ多數ヲ以テ可決シタル後、各邦立法院ノ認可ヲ得ルヿヲ要スルコト是ナリ。(出席員ノ三分二、但シ議會ヲ開クニハ、二分一以上ノ出席員ヲ要ス。)大統領ハ此憲法改正案ノ議決ニ對シテハ、不裁可ノ權ヲ有セズ。各邦ガ議會ノ議決シタル修正案ヲ認可スルト、否トハ各邦各自ノ權内ニアルヿトス。次ニ合衆國議會ハ此認可ヲ各邦ノ立法院ニ任ズルカ、若クハ各邦ヲシテ認可ノ爲メニ特別ノ議會ヲ召集セシムルカヲ定ムルノ權ヲ有ス。此二法中何レヲ用ヰテモ、連邦ノ總數四分ノ三ノ多數認可ヲ要ス。

大統領

大統領ノ選擧及ビ其身上ノ權利。

佛國ニテハ、革命以來憲法ヲ改正スルコト十二度ニ及ベリ。中ニテ共和制ヲ設クルコト數度ナリキ、共和制ニ於テハ行政權ノ掌握者ハ會議躰ナリシコトアリ、大統領及ビ參議會ナリシコトアリ、獨任ノ大統領ナリシコトアリ、現今ニテハ第三ノモノヲ取レリ。

大統領在職ノ年限モ、亦革命以來屢變更アリシガ、(終身ナリシアリ、十年ナリシアリ。)現今ハ七ケ年トシ、再選ヲ得ベキモノトス。

大統領ノ被選權ニハ、特別ノ制限ヲ設ケズト雖ドモ、大統領ハ國家ノ一ノ機關殊ニ行政ヲ掌ルモノナレバ、佛國一般公法ノ原則ヲ適用シ、公權ヲ全有スルモノニ限ルベキモノトス。但シ千八百八十四年更ニ法律ヲ設ケ、嘗テ佛國ニ君主タリシ王族ノ子孫ハ、大統領タルコトヲ得ズト定メタリ。

大統領ハ、國老院及ビ代議院(La chambre des deputes)ノ總會ニ於テ之ヲ選擧ス。總員ノ過半數ノ投票ヲ得タルモノヲ以テ當選者トス。

大統領ノ在職ノ終リ一ケ月前ニ、總會ヲ開キテ選擧ヲ行フベキモノトス。大統領若シ總會ヲ召集セザレバ十四日前ニ至リ、議會自カラ集リテ選擧ヲ行フコトヲ得。但シ若シ衆議院解散ノ時ハ、直ニ議員選擧ノ手續キヲナシ以テ總會ヲ行フ。

佛國ニハ副頭領ヲ設ケズ、故ニ大統領在職終期前ニ死去、若クハ辭職スルトキハ、一日モ欠クベカラザルモノナルヲ以テ、大臣會議ニ於テ權リニ其職權ヲ行フ、議會ハ直チニ自カラ集會シテ大統領ノ選擧ヲ行フモノトス。

凡テノ共和國ニ於テ、大統領ノ身上ノ特權ヲ有スルモノ尠シ。佛國ニテモ亦然リ、大統領ハ千八百七十一年ノ法律ニヨリ、六十萬「フラン」ノ俸給ヲ受ク、又交際費トシテ三十萬「フラン」旅費トシテ三十萬「フラン」總計百二十萬「フラン」ヲ受ク。又王宮銃獵場ノ或ル物ヲ使用スルコトヲ許ス、此收入及ビ使用權ハ永久ノ性質ヲ有スルモノニアラズ、俸給ハ每年財政法律ニ編入シテ之ヲ定ム。故ニ在職中ト雖ドモ之ヲ變更スルコトヲ得ベシ。(米國ニテハ憲法ヲ以テ俸給ヲ定ムルガ故ニ、議會之ヲ變更スルコトヲ得ズ。)大統領ハ印刷物ノ誹謗ニ對シテ特別ノ保護ヲ受ク、即チ大統領誹謗罪ハ特ニ重キ罰ヲ科ス。

政事上ノ關係ニ於テハ、大統領ハ國家ノ元首トシテ行フ所ニ就テハ、無責任トス。但シ國事犯ハ之ヲ除ク、此原則ハ君主國憲法ノ原則ヨリ取リタルモノナリ。然レドモ其目的ハ即チ異ナリ、責任大臣ヲ置キ、大統領ヲシテ時世ノ必要ニ應ジ、大臣及ビ政事ノ方向ヲ變更スルコトヲ得セシムルニアリ。大統領ハ常ニ暗々裡ニ勢力ヲ有シ、又公然職務上ニ於テ權ヲ行フト雖ドモ、國會多數ノ意志急ニ變更シタルガ爲メニ、國會多數ノ信任ヲ失ヒタル大臣ト共ニ辭職スルコトヲ要セズ。

前ニ述ベタル如ク、大統領ヲ無責任トシ、國事犯ノ場合ハ例外トス。此國事犯、ノ場合ニ於テハ、代議院之ヲ告訴シ、國老院之ヲ裁判ス。

大統領ノ職權、

大統領ノ職權ハ甚ダ多シ。或ル場合ニハ、職權ヲ精細ニ分類スルコト難ク、甲部ニ屬スルカ、乙部ニ屬スルカヲ定ムルコト難キ場合アリ。然レドモ大躰ハ之ヲ分類スルコトヲ得ベク、又分類スレバ理解シ易シ、其分類ヲ擧グレバ。

政府行爲ノ職權

立法權ニ關シテノ職權

行政上ノ職權

司法權ニ關シテノ職權、トス

右四種ノ職權ニツキテハ、總テ其行爲ハ大臣ノ副署ヲ要シ。例外ノ場合ナシ。軍ニ指令スルニモ亦然リ。

第一、政府行爲ノ職權、

大統領ハ國家ヲ代表シ、總テ國家ノ大禮ノ首長トナリ、公使ヲ派遣シ及ビ之ヲ受ケ軍隊ヲ指揮シ、及ヒ內閣會議ニ臨ム場合ニハ、其議長トナル。國際條約ヲ締結批準シ、而シテ之ヲ國家ノ安寧及ビ利器ヲ益セザル限リニ於テ、速ニ兩院ニ報告スルヲ要ス。媾和條約、通商條約並ニ國庫ニ義務ヲ負ハシムル條約、人民ノ權利（私法上ノ）及ビ財產權ニ關スル條約ハ、兩院ノ承諾ヲ經テ初メテ効力ヲ有ス。國家ノ領土ノ讓與、交換又ハ增加ハ、法律ヲ以テ之ヲ確定スルヲ要ス。總テ條約ノ手續及ビ談判ニツキテハ、政府ハ全ク獨立ニ之ヲ取行フト雖ドモ、其批準ノ効力ヲ有スル爲メニハ前以テ議會ノ承諾ヲ要ス。

開戰ハ兩院ノ承諾ヲ要ス。故ニ軍隊ヲ指揮スル大統領ノ權ハ、國內及ビ植民地ノ防衞ノ爲メニ之ヲ運動セシムルニ限レリ。而シテ憲法ハ開戰ニツキ兩院ノ承諾ヲ得ルノ方法ヲ定メス、故ニ承諾ノ方法ニツキ制限ナシト云フヲ以テ現今憲法ノ實際ノ解釋トス。（千八百八十四年兵ヲ東京ニ送リ支那ト戰爭セルトキニモ、別ニ開戰ノ承諾ヲ求メズ。然レドモ兩院ニ於テ其戰爭ニツキテノ費用ノ支出ヲ可決シタルヲ以テ之ヲ開戰ノ承諾ト見做ス、其他大臣ノ信任投票ヲ以テ、間接ニ開戰ヲ承諾スルコトモアリ。）大統領ハ大臣幷ニ文武官ヲ任命ス。大臣ノ任命ニツキテハ、法律上制限ナシト雖ドモ政治上ノ制限アリ。政治上ノ制限トハ、佛國ハ代議政躰ナルヲ以テ、大臣ハ議會ニ於テ多數ノ信任ヲ有スルモノタルヲ要スルコトヲ云フ。

第二、立法權ニ關シテノ職權

大統領ノ立法權ニ關シテノ職權ハ、議會ノ開閉ニ關スルノ職權、及ビ議會ノ開會中ニ方リ議事ニ關シテノ職權トノ二ニ大別スルコトヲ得。

議會ノ開閉ニ關スル職權、 通常議會ハ、毎年一月第二火曜日ヲ以テ開キ、大統領ノ召集ヲ要セズ。然レ𪜈大統領ハ必要ノ場合ニハ、臨時會ヲ召集スルコトヲ得。又兩院議員ノ大多數《アブソリユートマジヨリチー》カ開會ヲ求ムルトキハ、必ズ之ヲ召集スルヲ要ス。又大統領ハ議會ヲ休會セシムルノ權ヲ有ス、然レ𪜈休會ハ三十日ヲ以テ最上限トシ、一會期ニ二回以上休會ヲ命ズルヿヲ得ズ。通常會ハ少クトモ五ケ月トス、故ニ五ケ月間ハ閉會スルヲ得ズト雖ドモ、五ケ月ヲ經過スレハ、大統領ハ之ヲ閉會スルコトヲ得。(休會モ會期中ニ算入スルモノトス。)又大統領ハ、衆議院ヲ解散スルノ權ヲ有シ、通常會期中ニテモ之ヲ行フコトヲ得。但シ大統領ハ衆議院ヲ解散スルニハ、必ズ國老院ノ同意ヲ要シ、衆議院ノ解散ト共ニ國老院ハ必ズ閉會スベキモノトス。衆議院解散ノ場合ニハ、二ヶ月以内ニ選擧會ヲ召集シ、選擧事務ノ終リヨリ十日以内ニ、議會ノ召集ヲ要スルモノトス。

議會ノ議事ニ關シテノ職權、　大統領ハ、法律案ノ發議權ヲ有ス。而シテ兩院ニ於テ法律案ヲ議決シタルトキハ、之ヲ議員ヨリ政府ヘ回附シタル日ヨリ、一ヶ月以内ニ施行處分ヲナスヲ要ス。但シ兩院ニ於テ施行處分ノ至急ヲ要スルヲ議決スルトキハ、三日内ニ其處分ヲナスヲ要ス。大統領ハ右ノ期限内ニ、理由ヲ付シテ再議ヲ要求スルノ權ヲ有シ。兩院ハ此要求ヲ拒ムノ權ヲ有セズト雖モ、再議ニ於テ可決シタルトキハ、大統領ハ必ズ其施行處分ヲナスヲ要ス。施行處分トハ議會ニ於テ法律ガ正當ニ議決サレタルヿヲ證明シ、之ヲ國家ノ法律トシテ其執行ヲ命ズルコトヲ記スル勅令ヲ指ス、人民ニ對シテハ法律ハ公《プロムルゲーション》布ニヨリテ初メテ効力ヲ有ス。而シテ公布ハ官報ニ於テ之ヲ爲ス、巴里ニ於テハ官報登載ノ日ヨリ滿一日ヲ經テ効力ヲ有シ、凡テ其他ノ所ニ於テハ官報ガ郡ノ首市ニ達シタル日ヨリ滿一日ヲ經テ効力ヲ有スルモノトス。

第三　大統領ノ行政上ノ職權

大統領ハ、法律ノ執行ヲ監視ス。凡テ文武官ヲ任命ス、但此任命ノ一部ハ自ラ之ヲ行ヒ、一部ハ各部ノ長官ニ委任シテ之ヲ行ハシム。

大統領ノ任命權ニハ特別ノ法律上ノ制限アリ。即チ學識、年齡等ニ關スル制限是ナリ。其主ナルモノヲ擧グレバ、陸海軍ノ武官、敎官及ビ判事等ニツキテハ、年齡、學識ニツキテ一定ノ制限アリ。（佛國ニテハ官吏ノ試驗ハ、區々ニシテ參事官ニハ參事官ノ試驗アリ、敎官ニハ敎官ノ試驗アリ、就中有名ナルハ參事院ノ試補ハ通例ノ競爭試驗ニテ毎年六人ツヽ採用シ、其外ニ外交ノ試驗、會計檢査官ノ試驗等アリ。）

大統領ハ、武官、大學敎授及ビ判事ヲ除キ、其他ノ官吏ニ對シテハ、免官ノ權ヲ有ス。但シ判事、敎官、武官等ハ終身官ニシテ、一定ノ規定ニ據ルニ非レバ之ヲ轉免スルコトヲ得ス。

大統領ノ任免ノ命令ハ、大臣ノ副書ヲ要ス。或ル場合ニハ、大臣會議ノ議決ヲ要ス。例ヘバ參事院議官ノ如キ是ナリ。（是等ノ點ニ於テハ、共和國モ君主國モ大差ナキヲ見ル。）

都テ行政官吏ハ、大臣ヨリ最下級ノモノニ至ル迄、直接又ハ間接ニ大統領ノ委命ニ從テ、其職務ヲ取ルモノトス。

大統領ノ命令ヲ分テ、執行（又ハ通例）及ビ特別ノ二種トス。而シテ此通例又ハ執行命令ヲ分テ二トス。

1. Decrets portant réglement d' administration publique.

2. Decrets reglementaries.

此第一種ハ、參事院總會ノ意見ヲ聞カザルベカラズ。（英國ノ「カウンシル」ノ命令ニ當ル。）第二種ハ、大統領ニ奏請シテ發スル命令ナリ。而シテ此二者ハ皆法律執行ノ爲メニ發スル命令ナリ、故ニ勿論法律ニ違犯スル規定ヲナスベカラズ。而シテ法律ト同一ノ効力ヲ有シ、人民ハ一般ニ之ニ服從ノ義務ヲ有ス。刑法第四百七十一條ニヨリ一「フラン」乃至五「フラン」ノ過料ヲ付シ之ヲ强制ス。但シ法律ニ於テ特例ヲ設ケタル場合ハ、此限リニアラス。

特別命令ヲ別テ左ノ二種トス。

1. Decrets governementaux　政府命令

2. Decrets administratifs.　行政命令

此二種共ニ刑法上强制スルノ規定ナシ。

政府命令ハ、其性質政治ニ關スルモノニシテ、全ク行政裁判ノ範圍外ニアリ、例ヘバ議會ノ召集令、閉會及ビ開會令、條約批準ノ命令等是ナリ。（是等ノ命令ハ、大臣ノ議會ニ對スル責任アリ、其方ニ於テ彈劾ノ規定アルヲ以テ、行政裁判ノ關スル所ニ非ズ）。

行政命令ハ、行政ノ事項ニツキテ直接ニ命令スルモノニシテ、行政裁判ニ出訴スルコトヲ得ルモノナリ。此命令ノ一部ハ參事院ノ諮問ヲ經テ之ヲ發スルコトヲ要ス。之ヲ reglement d'administration publique ト云フ。例ヘバ公益ノ爲メニ土地ノ收用ヲ規定スル命令、又ハ或ル義務ニ屬スル支出ヲ縣ノ豫算ニ記入スルコト、（我邦ノ緊急命令及ビ獨立命令ノ如キハ之ヲ發スルコトヲ得ズ。我邦ノ命令權ハ佛國ニ比スルトキハ、其範圍頗ル廣シ。又我國ノ法ト比較スルトキハ、佛國ノ法ハ行政裁判ノ點ニ於テ大ニ異ナリ。我邦ニテハ法律ニ於テ許シタルコトノミハ行政裁判ニ出訴スルコトヲ得レドモ、佛國ニテハ出訴ノ範圍甚ダ廣シ）。

都テノ命令（政府命令ヲ除キ）ニ對シ、越權又ハ職權外ト云フ理由ヲ以テ、參事院ノ裁決ヲ要求スルコトヲ得ベシ。而シテ參事院ハ、行政裁判所トシテ之ヲ裁決シ、敢テ訴訟入費ヲ要セス。而シテ特別ノ行政命令ニ對シテハ、法律又ハ命令ニ基ク權利又ハ國家ノ義務ニ屬スル事項ニ基ク所ノ權利ヲ侵害サレタリトスルノ理由ヲ以テ、參事院ヘ行政訴訟ヲ提起スルコトヲ得ベシ。

第四大統領ノ司法權ニ關スル職權

前述ノ如ク、大統領ハ判事ヲ任命ス。但シ判事ハ一定ノ法律ニ因ルニ非レバ、之ヲ轉免スルコトヲ得ズ。但シ治安裁判官、行政裁判官ノ僚員及ビ檢事ハ此限リニアラズ。地方ノ縣參事官モ純粹ノ行政官ニシテ、其任命ニツキテハ學識年齡ノ條件アルノミニテ、別ニ他ノ條件ナシ。

裁判ノ宣告ハ、大統領ノ名ニ於テ之ヲ爲サズシテ、佛國民ノ名義ニ於テ之ヲ爲ス者ナリ。但シ判決ノ執行ハ、大統領之ヲ監督ス。（君主國ニ於テハ、宣告ハ君主ノ名ヲ以テスルヲ通例トス。）

民事及ビ商事ニ關スル裁判ハ、大統領ハ之ヲ監督スルノ權ヲ有セズ。然レドモ刑事及ビ警察裁判ノ判決ニツキテハ、特赦ノ權ヲ有シ。刑罰ヲ赦免シ又ハ減輕スルノ權ヲ有ス。但シ法律上此特赦ノ權ニ制限ナシ、故ニ代議院ノ起訴ニヨリ國老院ノ判決シタル者ニ對シテモ、之ヲ行フコトヲ得ベシ。

大赦(Amniestie)權ハ、大統領ハ之ヲ有セズ。此權ハ立法權ニ屬ス特赦ニハ公權剝奪等ノ條件アレドモ、大權ニハ少シモ條件ナク、無罪ノ人トナルナリ。

大臣及ビ次官

前述ノ如ク、大臣及ビ次官ハ大統領之ヲ任免シ、別ニ制限ナシ。(年齡、學識等ニツキテノ)只ダ公權ヲ有スルモノタルヲ要ス。

革命以來大臣ト議員トハ、相兼ヌルコトヲ得ザル場合アリシガ、現今ハ之ニ反シテ、大臣ハ概シテ國會議員ノ中ヨリ撰任スルヲ常トス。而シテ議院ハ大臣責任ノ原則ニヨリ、(則チ所謂政黨內閣ナリ)大臣ノ選任ニツキ著ルシキ勢力ヲ有ス。

議員ヨリ選任サレタル大臣ハ、議員ニ再選セラルヽコトヲ要セズシテ議員タルノ資格ヲ有ス。(英國ニテハ、或ル大臣ハ必ズ議員タルヲ要シ、而シテ再選ヲ要セザルモノアリ。又タ大臣トナルトキハ、議員ノ資格ヲ失フヲ以テ再選ヲ要スルモノアリ。是等ハ皆習慣ニヨリテ定マルモノナリ。)(英國ノ大臣ハ、必ズ議員タルベキナリ。佛國ニテモ、漸ク之ニ類似ノ傾向ヲ生ジ來レリ。)

次官モ、大臣ト同樣ノ手續ニヨリテ之ヲ選ブ。而シテ次官ヲ置クト、否トハ時ニヨリ之ヲ定ム。又次官ノ員數及ビ職權モ時ニヨリ、屢ゝ變更スルモノナリ。

千八百七十一年ノ法律ニヨリ、大臣ハ六萬「フラン」ノ俸給ヲ受ケ、尙ホ通例其行政廳內ニ於テ官宅ヲ有ス。次官ハ二萬「フラン」ヲ受ク、此俸給ハ一般ノ恩給法ニ從ウテ其幾分ヲ引キ去ルコトナシ。故ニ大臣次官ハ一般ノ官吏ノ外ニ在ルモノトナスコト明ナリ。(一般ノ官吏ハ、佛語ニ fonctionnaires ト云フ。)

大臣ハ、國會議員ナルト否トニ拘ラズ、議院ニ出席シ發言ヲ求ムルノ權ヲ有ス。(北米ハ之ニ反シ、議員ハ大臣タルヲ得ズ、大臣モ亦報告スルコハ得レモ發言スルコナシ。)

千八百七十五年ノ憲法ニヨレバ、此權ハ只ダ大臣ニ屬スト爲スト雖ドモ、實際次官モ此權ヲ有ス。其他大臣ハ政府委員ニヨリ、議會ニ關スル事務ヲ補助セシムルコトヲ得。政府委員ニハ勅令ヲ以テ高級ノ官吏ヲ任命シ、議會ニ對スル一定ノ事務ニ參與ヲセシム。

大臣ト參事院　Conseil d'etat

大臣ハ、參事院ニ於テ議席及ビ發言ノ權ヲ有ス。

大臣ハ内閣會議ヲ組織シ、其中ノ一人總理大臣ノ名稱ヲ有ス。(President du conseil)然レドモ特別ノ權利ヲ有シ、又ハ俸給ヲ受クルニ非ザルナリ。而シテ只ダ國務ノ方針ヲ一定スル爲メ、一般ノ政務ニツキ監督ヲナスノミ。(即チ内閣ノ議長タルナリ)總理大臣ハ何人ガ之ヲ兼ヌベシト云フ規定モ、習慣モナク、又必ズシモ兼官タルヲ要セズ。然レドモ他ノ大臣カ之ヲ兼ネザル場合ニ於テハ、其俸給ニ付キ特ニ請求セザルベカラズ。(英國ニテハピット以來習慣トシテ、大藏大臣總理大臣ヲ兼ヌ。)

大臣ノ職權ノ要點

革命ノ時代及ビ帝政ノ憲法ニ於テハ、大臣ノ連帶責任ヲ認メズ、大臣ハ各自國家元首ニ對シ、責任ヲ負フモノトス。之ニ反シ現今ノ憲法ニヨレバ、大臣ハ議會ニ對シ、連帶責任ヲ負フベキモノトス。政治ノ大躰ニツキテハ大臣ハ都テ共同ヲ要スルガ故ニ、内閣會議ノ必要ヲ生ズ。而シテ通常ノ内閣會議ハ、只ダ時宜ノ必要ニヨリ便宜之ヲ開クモノニシテ、法律ノ規定ニヨルモノニアラズ。此ニ通常ノ内閣會議ハConseil des ministres 大臣會議ト稱スルモノト同一ナラズ。憲法又ハ法律ニヨリテ大臣會議ト稱スルモノハ、大統領臨席シテ之レヲ開クモノニシテ、或ル事項ハ法律上必ズ大臣會議ニ於テ定ムルヲ要ス。例ヘバ議會閉會ノ時ニ方テ戒嚴令ハ大臣會議ノ議決ニヨリテ宣告シ、又ハ大統領ノ欠ケタル場合ニ大臣會議ハ大統領ニ屬セル職權ヲ行フノ類ナリ。

大臣ハ政府ノ行爲ニ參與シ、議會ト關係ノ事務ヲ司リ、一般ノ政治ノ方向ヲ協議決定シ、其所管ノ行政ノ方向ヲ指揮スル外ニ、各大臣ハ行政ノ機關ニシテ此資格ニ於テ三個ノ職權ヲ有ス。即チ副署、行政、及ビ監督是ナリ。

大臣ハ其職權ニ屬セル事項ニツキ、國家元首ノ行爲ニ副署セルコトハ、革命以來繼續シテ行フ所ノ原則ナリ。而シテ副署ハ只ダ國家元首ノ親署ノ正確ナルヲ確ムルノミナラズ、副署ニヨリ大臣ハ其事ニツキ責任ヲ負フベシ、現行ノ憲法ニヨレバ、都テ大統領ノ行爲ハ大臣ノ副署ヲ要ス。副署ナキモノハ効力ヲ有セズ。

其所管ノ省內ニ於テハ、大臣ハ大統領ノ直接ノ委任者ニシテ法律ノ命令及ビ其他行政事項ノ執行ヲ統理シ、其所屬ノ官吏ニ必要ノ達令及ビ訓令ヲ與フ、又其所管ノ事項ニツキ採決ヲナシ、其下班官吏ノ行爲ヲ變更廢止シ、又國家ノ代表者トシテ國家ノ名ニ於テ契約ヲ取リ結ビ、行政事項ニツキ參事院ニ於テ國家ヲ代表ス、又其所管內ニ於テ國家ノ歲出ヲ調定ス(元ヨリ終結ノ調定ニアラズ、終決ノ調定ハ大臣會議ニ於テス。)

大臣ハ、其所管ノ事項ニツキ、地方行政ヲ監督シ、殊ニ知事ガ其管內ニ發スル命令ニツキ監督ス。然レドモ知事ノ命令ヲ廢止シ、之ニ代フルニ大臣ノ命令ヲ以テスルヿヲ得ズ。(或ル例外ヲ除キテハ、郡長又ハ主長ハ知事ノ監督スル所ノモノニテ、大臣ガ直接ニ市町村等ヲ監督スルハ、或ル例外ノ事項ニ限ル。)

大臣ノ行爲ニ對シテハ、越權又ハ職權外ノ理由ニヨリ、參事院ヘ裁判ヲ請求スルコトヲ得。又權利侵犯ノ塲合ニハ、行政訴訟ヲ提起スルヲ得。之ニヨリテ人民ノ權利ヲ保護シ、大臣責任ニヨリテ一般ノ權利及ビ利益ヲ保護ス。

大臣ノ責任

現今ノ憲法ニテハ大臣ノ責任ヲ分テ、政治的責任及ビ刑事的責任ノ二種トス。千八百七十五年二月二十五日發布ノ憲法ニヨレバ、大臣ハ議院ニ對シ、都テ政府ノ一般ノ政治ニツキ連帶シテ責任ヲ負フ。而シテ其自己ノ行爲ニツキ、各自ニ責任ヲ負フベシト定ム、此責任ハ都テ大臣ノ副署スル大統領ノ行爲幷ニ各自ノ行爲ニ及ブモノトス。各議院ハ内閣全躰又ハ各大臣ニ對シ信任投票ヲナシ、又ハ政府提出ノ法律案ヲ否决スル等ノ手續ニヨリ、大臣ヲシテ其職ニ止マルコトヲ得ザラシムルコトヲ得ベシ。論理上兩院ハ同一ノ勢力ヲ有ス、然レモ實際直接ニ人民ヲ代表スル代議院ハ殊ニ權力ヲ有ス。此政治上ノ責任ハ、法律ノ制裁ヲ有セズ。大統領ハ憲法上議會ニ於テ多數ノ信任ヲ有セザルモノヲ免職スルノ義務ヲ有セズ。然レドモ議會ガ眞ニ人民ノ多數ヲ代表セザルモノナレバ、議會ハ其目的ヲ達スルヲ得ベシ。即チ都テ政府提出ノ法律案ヲ否决シ、及ビ豫算案ヲ否决スル等ノ手續ニヨリテ其目的ヲ達スルヲ得ベシ。

千八百七十五年七月ノ憲法ニヨレバ、大臣ハ其職務ヲ行フ爲メニナシタル犯罪ニツキ代議院ノ訴訟ヲ受ク。此場合ニハ國老院之ヲ裁判スベシ、訴訟ノ提起、訊問幷ニ裁判ノ手續ハ法律ヲ以テ之レヲ定ムト規定セリ。此ノ規定ハ全ク大臣ノ職務上ノ犯罪ノミヲ指スモノニシテ尋常ノ犯罪ヲ指サズ。而シテ又之ヲ政事的責任ト區別シ、代議院ノミ訴訟ヲ提起スルノ權ヲ有シ、國老院ハ法院トシテ裁判スルノ權ヲ有ス。而シテ憲法ハ只ダ原則ヲ定メタルノミニシテ、訴訟ノ提起、訊問及ビ裁判ノ手續ニ關スル法律ハ未ダ之ヲ制定セズ。サレバ實際訴訟ヲ提起スルヲ得ベカラザルカ、否佛國公法家ノ説ニヨレバ、佛國ニ於テハ既ニ前例アルガ故ニ、此前例ニヨリ彈劾ヲナスヲ得ベシ、是レ至當ノ説トス。

大統領ヲ告訴スルコハ、既ニ之ヲ述ベタルガ故ニ再述セズ。

佛國ニ於テハ、國老院ハ大統領ノ命令ニヨリ法院ヲ組織シ、何人ニ限ラズ都テ國家ノ安寧ヲ危害セント企テタル者ヲ裁判スルヲ得ベシ。然レドモ其職權ハ義務ニアラズシテ、而シテ裁判所ノ豫算ヲ經タルモノヲ裁判スルモノトス。（米國ノ「イムピーチメント」ハ刑事責任ニアラズ、且其職ヲ免ジ將來議員若クバ大臣トナル資格ヲ奪フニ止マル。）

議會汎論

歐洲大陸諸國ニ於テハ、憲法制定以前既ニ一種ノ議會アリキ。然レドモ其議會ハ現今立憲制度ノ議會トハ、其基礎ヲ異ニセリ。即チ立憲制以前ノ議會ノ議員ハ、或ハ自家ノ權利ヲ以テ議員トナリ、或ハ各種ノ自治躰ヲ代表セルモノニシテ、此代表者ハ自治躰ノ委囑、訓示《インストラクシヨン》ヲ受ケテ表決ヲナスベキモノナレバ、即チ自治躰ノ機關ニシテ、國家ノ機關ニアラズ。

獨逸各邦中憲法制定ノ時、尚ホ上ニ述ブル舊制ノ議會ヲ存シタル國ニアリテハ、舊基礎ニヨリテ立憲制ノ新議會ヲ組織シタルモノアリト雖ドモ、是レハ微ミタルノミ。

佛國及ビ普國ニ於テハ、中央政府ノ權力ノ漸次盛大トナルニ及ビテ、舊制度ノ議會ハ其名ヲ存スルモ實際ハ廢滅シタリ。而シテ君主ハ租税徴收ニツキテモ、亦無制限ノ權ヲ有シタリ佛國ニテハ千六百十四年以來革命ニ至ル迄、一回モ議會ヲ召集シタルコトナカリキ。

英國ニ於テハ「アングロサクソン」ノ王室時代既ニ議會ヲ有セリ。然レ𪜈此議會モ現今ノ英國ノ議會トハ其性質ヲ異ニシ、貴族、高僧及ビ官位ヲ有スルモノヲ以テ組織シタルモノナリキ。即チ其議會ノ議員ハ、人民ノ選擧シタルモノニアラザルナリ。「ノルマンコンクエスト」ニヨリテウヰリアムガ英國ヲ略守シタルトキニ、舊議會ハ一度ヒ廢止シテ更ニ一議會ヲ設ケタリ。其議會ハ國王顧問ノ會ニシテ、其基礎ハ大躰ニ於テハ、前議會ト異ナル所ナカリキ。然ルニ次第ニ變更シテ終ニ彼ノ有名ナル「マグナカータ」ノ約定前ニ至リ、下級貴族ノ代表者ヲ出サシメ、千二百六十五年ニ至リ初メテ市府ノ代表者ヲ出サシメ、エドワード一世以來ハ絶ヘズ各「カウンチー」及ビ「ボローー」ノ代表者ヲ召集シタリ。然レドモ當時議會ノ性質ハ尙ホ現今ノ議會ト異ナリ、即チ其代表者ハ選擧人ノ委囑、訓示スルモノナルヿ其著シキモノタリ。(未ダ國民ヲ代表スルモノト云フベカラズ)十五世紀ノ上半期ニ至リ、初メテ選擧人ノ委囑、訓示ヲ受クルヿヲ廢止シ、漸次ニ現今ノ如キ國民ヲ代表スルノ制ト進歩シタリ。歐洲諸國ガ憲法制定ニヨリテ一時ニ設置シタル代議ノ制度ハ、英國ニアリテ數百年ノ星霜ヲ經、舊制ノ議會ヨリ漸次ニ進歩シタルモノナリ。而シテ又上下兩院ヲ以テ議會ヲナスノ制度モ、亦歷史的ニ成立シタルモノナリ。

北米合衆國ニ於テ憲法ヲ議定スルトキ、一院ヲ以テ議會ヲナスト、二院ヲ以テ議會ヲ成ストノ可否得失ヲ議シタリ、爾來今ニ至ル迄議論アリテ確定セザルモノヽ如シ。之ヲ可否スル論者ハ頗ル多シト雖ドモ、就中尤モ著名ナルモノヲ此ニ擧ゲントス。

一院ヲ以テ、議會ヲナスヲ可トスル者ハ、曰ク
法律ハ、國民ノ意思ヲ表出シタルモノナリ。國民ノ意志ハ、一ナルベシ、以下ノ歳入ノ市町村、及ビ慈善的造營物ノ出納官吏ニツキテハ、縣參事會始審ノ判決ヲ司リ、會計檢査院ハ控訴ノ判決ヲナス。會計檢査院ノ判決ニ對シテハ、越權又ハ職權外ノ理由ヲ以テ參事院ヘ上告ヲナヲスコトヲ得。大藏總會計部ニ於テ、各種ノ計算ヲ審査シタル後、其會計書類ハ之ヲ會計檢査院ニ廻附ス。會計檢査院ニ於テハ會計檢査補先ヅ之ヲ審査シ、然ル後主任ノ檢査官之ヲ檢査シ、其檢査ノ結果トシテ、會計官ノ處理ニ不法ノコトアレバ其判決ヲナス。而シテ其判決ハ、夫レ〳〵擔任ノ部ニ於テ之ヲナスモノナリ。

會計檢査院ハ、會計ノ監督者トシテ、二樣ニ計算ヲ確定ス。

第一　曆年度間ノ支拂命令官即チ大臣ノ計算ト、各出納官吏ノ計算ト符合スルヤ、否ヤニツキテ確定ス。

第二　豫算年度ノ結算ニツキテ、會計檢査院ノ意見ト、大臣ノ計算ト符合スルヤ、否

ヤヲ確定ス。

以上ノ確定ハ、先ヅ各部ニ於テ之ヲナシ、然ル後總會議ニ於テ合計算ヲ確定ス。而シテ此確定ハ翌年九月一日迄ニ之ヲナスベキモノトスレドモ、實際此期限迄ニ之ヲ行フコト稀ナリ、大臣ノ計算ノ如ク會計檢査院ノ確定ハ之ヲ議會ニ報告ス。

此他會計檢査院ハ、大統領ニ呈出スベキ報告書ヲ作リ、且ツ會計ニツキテ意見ヲ述ブルコトヲ得。

行政官制ニツキテ

佛國ニテハ、革命以來二個ノ場合ヲ除キ、各省ノ官制ヲ定ムルコトハ政府ノ權ニ屬シ、現行ノ憲法モ亦同一ノ主義ヲ取ル、故ニ大統領ハ勅令ヲ以テ各省ヲ廢立增減シ、其權限ヲ定ムルコトヲ得。然レドモ此ノ如キ改正變更ハ、常ニ經費ニ增減ヲ生ズルガ故ニ、議會ノ豫算ヲ議定スル時ニ當リテ、大統領ノ官制ヲ定ムル權ニツキテ、干涉制限ヲナスコトヲ得。

各省ノ官制ヲ定ムルノ權ハ、政府ニ屬スト雖ドモ、參事院ノ官制ハ、革命以來常ニ法律ヲ以テ之ヲ定ム。會計檢査院官制亦然リ。

參事院ハ、之ヲ五部ニ分チ、四部ハ各行政ノ各部ヲ擔任シ、殘リノ一部ハ行政裁判ノ事ヲ擔任ス。英普各國ノ樞密院ニ比スレバ大ナル職權ヲ有シ、行政及ビ行政裁判ニ關スル職權ヲ有ス。行政ニ關スル職權トハ、法律命令ノ草案、又ハ其他大臣ノ諮問スル事項ニツキ意見ヲ述ベ、而シテ命令ノ中ニハ、必ズ參事院ノ議決ヲ經テ發スベキモノアリ。然レドモ參事院ノ行政ニ關スル職權ハ、議決ニ止マリ行政裁判ニツキテノ外ハ、行政ノ執行ニ干渉スルヿナシ。

第三章　獨逸憲法

緒言

第一　公法

此語ノ用法ニ數種アリ、古代羅馬人ハ總テノ法ヲ私法、公法ノ二種ニ分チ、私法ニ屬セザルモノハ、皆公法ニ屬スルトセリ。是レ極メテ古ク且ツ通常ノ用方ナリ、此意義ニヨレバ、公法中ニハ憲法、行政法、刑法、治罪法、訴訟法、國際法、寺院法ヲ含ム。(古代羅馬人ガ公私法ヲ分チタルトキニハ、國際法ハ法ヲナサズ。如何トナレバ羅馬人ハ、羅馬ト同等ノ權利ヲ有スル獨立不羈ノ國家ヲ認メザレバナリ。又タ寺院法モ未ダ存セズ、寺院法ハ近年ニ至リ、獨、墺ニテハ必要ナル學科トナセリ。故ニ兩者共元ハ公法中ニ存セザリシモノニシテ、畢竟羅馬人ノ用方ヲ用井テ新學科ヲ編入シタルニ過ギズ。)然レドモ刑法以下ノ學科ハ、憲法及ビ行政法トハ大ニ原則ヲ異ニシ、且各別ニ完全ナル一學科ヲナスヲ以テ、刑法等ノ學科ヲ公法中ヨリ取除キ、獨リ憲法及ビ行政法ヲ指シテ公法ト稱スルモノアリ。又或ハ憲法及ビ通常成文憲法ニ載スル所ノ國民ノ權利、義務ヲ總括シテ公法ト稱スルモノアリ、又更ニ一層狹ク獨リ國民ノ權利、義務ノミヲ指シテ公法ト稱スルモノアリ、獨人セリニー氏是ナリ。(訴訟法ハ、民事訴訟法ニシテ、多クハ私法中ニ入ルレドモ、獨逸學者ハ大抵之ヲ公法中ニ入ル。其分ル所ハ訴訟法ヲ以テ原被兩告相互間ノ關係ヲ規定スルモノナリトスルト、國家ト原被兩告間ノ關係ヲ規定スルモノナリトスルトニ在リ。)

第一　國法

國法ト云フ字ハ、獨逸人ノ常ニ用ヰル所ニシテ、本邦ヘモ獨逸語ノ譯及ビ獨逸風ノ學者ヨリシテ傳播セルモノト知ラル。是ニモ亦數種ノ用法アリ、即チ羅馬人ノ用ヰタル公法ト同意ニ用ヰタルアリ、憲法及ビ行政法ヲ併セテ國法ト云フアリ、又憲法ト云フ語ヲ廣義(國民ノ權利、義務ヲ合セタル者)ニ於テ用ヰタルト同樣ニ用ヰタルアリ。斯ク公法及ビ國法等ノ語ハ種々ニ用ヰラルヽヲ以テ、書物ヲ讀ムニモ表題ノミニテハ何事ヲ論ジタルヤ其區域分ラサルナリ。

第二　憲法

憲法モ、亦數種ノ意義ニ用ヰラル。

第一、國家ノ統治權ノ分任及ビ其運用ノ綱領ヲ規定シタル法則ト、人民ノ權利、義務トヲ合シテ憲法ト云フモノ、及ビ此中ヨリ臣民ノ權利、義務ヲ除キタルモノヲ指シテ憲法ト云フモノ。

第二、單ニ成文憲法ヲ指シテ云フモノ及ビ廣ク國家統治權ノ分任、及ビ其運用ノ綱領ヲ規定スル法則ヲ總括シテ云フモノ。

第四　行政法

行政法トハ、憲法ノ原則ヲ實地ニ應用シ、或ハ其原則ニヨリテ政務ヲ執行スルニ要スル所ノ法則ヲ指シタルモノナリ。然レドモ此字モ亦廣狹二樣ニ用ヰラレ、廣義ニ於テ用ヰルトキハ、行政ノ諸種ノ機關ノ組織及ビ其行爲ニ關スル規定、幷ニ行政上政府及ハ行政機關ト人民トノ關係ヲ規定スル法則ヲ總括シテ云フモノ。狹義ニ於テ用フルトキハ、獨リ行政上政府或ハ諸種ノ行政機關ト人民トノ關係ヲ規定スル法則ヲ云フ。(或ル行政法家ハ曰ク、行政法ハ人民ニ服シタルモノニアラズト、是ハ後ニ至テ述ベン。)

余ノ用フル所ハ左ノ如シ、

私法

(刑法

公法
- 國法
  - 憲法
  - 行政法
    - 行政法(著書)
    - 行政學(同)
- 等

本邦ニテハ、行政法ト行政學ト區別セズ。然レドモ獨逸等ニテハ、其用法異ナリ。行政法トハ、現行行政法ノ法理學ヲ研究スルモノヲ云ヒ、行政學トハ、一般ノ行政ノ働キ及ビ其原則ヲ論ズルモノナリ。故ニ行政學ハ行政法ヨリ其範圍廣キナリ。

參考書ノ最モ主要ナルモノヲ、左ニ列記セン。(序ニ佛、英ノ參考書ヲ載ス。)

Röme. Das Staatsrecht des deutschen Reiches. 1878.

Röme. Das Staatsrecht der preussischen Monarchie. 1884.

Laband. Das Staatsrecht des deutschen Reiches. 1888.

Schultze. Lehrbuch des Staatsrechts. 1881.

Hue de Grais. Handbuch der Verfassung und Verwaltung. 1888.

Bornhak. Preussisches Staatsrecht. 1889.

Schultze. Hausgesetze der regierenden deutschen Fürstenhäuser. 1862—83.

Stoetk Handbuch der deutschen Verfassungen. 1884.

佛國憲法參考書、

Lebon. Das Staatsrecht der französischen Republik. 1886.

Simonet. Traité élémentaire de droit public et administratif. 1885.

Hélie. Les constitutions de la France. 1880.

Saint-girous. Manuel de droit constitution. 1885.

英國憲法參考書、

Statesman's Yearbook.

Hearn's English Government.

Dicey's The Law and Customs of English Constitution. 1886.

Anson's Law and Custom of the English Constitution. 1887.

Todd's On Parliamentary Government in England. 1889.

主權

主權ト云フ語ハ、從來種々ノ意義ニ於テ用ヰラル。歐洲中古ニ於テハ最終ノ裁決權ヲナシ得ル官衙ヲ指シ主權的官衙ト云ヘリ、此用方ニヨレバ、一ノ國家ニ主權ヲ有スル數多ノ官衙ヲ有スト云ハザルベカラズ、夫ヨリ漸ク其用方ニ變化ヲ生ジ、終ニ全國家ヲ統治スル無制限權ヲ指シテ主權ト稱スルニ至レリ。主權ハ絕對的無制限權ナリト論ジタルハ、佛人ボーダン氏ナリ。而シテ此時ニハ實際ト能ク符合セリ、何トナレバ十六世紀以來佛國ニテ專制益々進ミ來リ、君主ハ絕對的無制限ノ主權ヲ有スルモノナリトシ、論理ト實際ト相合スレバナリ。歐洲各國ニ專制ノ行ハルヽ間ハ此說獨リ盛ナリシガ、十八世紀ノ終リニ至リ全ク之ニ反シタル主權說起レリ、即チ主權ハ國民ニアリトノ說大ニ勢力ヲ得タレドモ、或ハ主權ノ掌握者ヲ異ニスルノミニテ、均シク主權ヲ無制限ノモノトナセリ。其後歐洲各國憲法ヲ制定スルニ際シ、憲法ヲ制定シテモ君主權ハ無制限ナリトスルコトヲ得ズ、是ニ於テ主權說ニ變化ヲ生ゼリ。即チ國家ノ主權ハ無制限ナレドモ、君主ガ之ヲ掌握シテ運用スルニ方リテハ、憲法ノ制限ニ從ハザルベカラズ。故ニ君主ヲ主權者ト稱スル時ハ、主權ノ意味ヲ絕對的無制限權ヲ有スルニ非ズト云フ折衷說起リ、立憲君主國ト稱スルモノ各國ニ勢力ヲ得タリ。現今ニテモ尙ホ立憲君主國ノ君主ヲ以テ尙ホ無制限ノ主權ヲ有ストナスノ說ヲ主張スルモノアリ、(君主ハ即チ國家ナリ、(ルイ十四世ノ語)ノ主義ナリ。フレデリック大王ハ曰ク、朕ハ國家親睦ノ長ナリト、此語ハ能ク折衷主義ノ意ヲ得タルモノト云フベシ。)

現今獨逸ニ於テ、主權(法律的制限ナキ最高唯一ノ權)ハ何處ニ在リヤト云フニ、獨逸各邦ハ之ヲ有セズ、何トナレバ彼等ハ米國各邦ト同ジク、或ル事柄ニツキテ專權ヲ有スレドモ、或ル事項ニ於テハ獨逸帝國ノ憲法及ビ其規定ニ從ハザルベカラザレバナリ。獨逸帝國ハ大小合シテ二十五邦聯合シテ之レヲ組織スルモノニシテ、國家唯一ノ至高權ハ獨逸共議院《ブンデスラート》ト帝國議會《ライヒスタハ》ト協同シテ運用ス。故ニ帝國憲法ノ改正モ、帝國共議院ト帝國議會トノ共同ニ於テ之ヲ行フ。此改正ニヨリテ帝國ト各邦トノ間ノ權限ヲ改ム、故ニ帝國ノ主權ハ、帝國共議院ト帝國議會トニ共屬スト云フコトヲ得ルナリ。之ニ反セル說ニ曰ク、帝國主權ハ帝國共議院或ハ各邦ノ聯合體ノ掌握スル所ナリト。然レドモ此說ヲ二種ニ分ツコトヲ得、一ハ帝國協議院ハ他ノ帝國ノ君主ノ有スル主權ト同樣ナル主權(有制限ノ主權)ヲ有ス、而シテ無制限ノ主權ハ國家ノ有スル所ナリト。之ニ反對ノ說ハ、國家ト君主トヲ同一視スル場合ニ於ケル主權ガ、帝國協議院ハ之ヲ有ス、即チ無制限ノ主權ヲ有スルモノナリト云フニ在リ。而各邦ハ各自ノ憲法ヲ、他ヨリ干涉ヲ受ケズシテ獨立ニ改正シ、且ツ其權內ニ屬スル事項ヲ無制限權ヲ以テ處分シ得ルニ過ギズ。故ニ各邦ノ主權ヲ有セザルコト明カナリ。(一說ニ曰ク、獨逸ノ各邦ハ各獨立ノ國家ニシテ、中ニハ共和國(三ツ)アリ、王國アリ、公國アリ、是等聯合シテ獨逸帝國ヲナス。元ト各邦ハ主權ヲ有スルモノニシテ、其主權ノ一部ヲ割キテ帝國ニ與ヘタルモノニテ各邦ハ各主權ヲ有ストス。又帝國協議院ハ各邦ヨリ出セル委員ヲ以テ成ルモノニテ、之ニ屬スルハ只ダ各邦ノ主權ノ一部ヲ集メテ成レル權利ノミナルヲ以テ、主權ヲ有スルモノハ各邦ナリト。然レドモ協議院ハ憲法ヲ改正シ、各邦ノ權利ノ分擔ヲ定ムコトヲ得ルモノカルノミナラズ、又帝國ノ法律ハ各邦ノ法律ニ先立ツモノニテ、帝國法律ノ規定ニ背ケル各邦ノ法律ハ變更廢止セザルヲ得ズ。故ニ主權ヲ以テ各邦ニ屬スルモノナリトナスコトヲ得ズト云フ反對說アリ、兎ニ角主權ノ意義ヲ確定シテ論ズレバ論定ズルニ難カラズ。)

主權ハ君主ニアリ、君主ハ即チ主權者ナリト云フ說ハ、公法上ノ關係ヲ私法上ノ關係ト同ジク、公法ヲ一個人ト一個人ノ關係ヲ規定シタルモノナリトスルノ說ニ基キ、即チ君主ハ人民ノ主人ナリト云フ主義ヨリ出ツ。然レモ國家ヲ一ノ無形人トシ、君主ヲバ國家ノ機關ト見ルノ說勢力ヲ占ムルニ至リタリ。君主ハ即チ國家ナリト云ツ說ハ今日モ存ス、此說ニ伴フ故障ヲ逃ベシニ、此說ニヨレバ憲法ヲ以テ君主ノ權ヲ制限スル者トナスヲ得ズ。只ダ國家統治權ノ運用方ヲ定メタルモノ、只ダ手續ヲ定メタルノミナリト云フト雖ドモ、若シ然ル時ハ立憲國ト專制國トノ區別ヲ立ツルコヲ得ズ。又歷史的ノ事實ニ徵スルニ、從來一人ニ專屬セル無制限權ヲ制限スルノ主意ニ基キ憲法ヲ制定スルニ非ザルハナシ。而シテ此證據ヲ打返シテ、憲法ハ君主ノ權ヲ制限スルモノニアラズト云フコヲ主張スルニハ、此事實ノ非ナルコト然ルニ若シ二院ヲ置キテ二院共ニ同一ノ意思ヲ表スルトキハ、二院ノ一ハ無用ナリ、之ニ反シテ若シ二院各別ノ意思ヲ表スルトキハ、國民ノ意思ハナキニ等シ。立法權ヲ二院ニテ分掌スルトキハ、最モ有益ソ改革ヲナスニ妨害トナルベシ、何トナレバ議會ガ一院ヨリ成リ、而シテ其議員ノ總數六百アリト假定セバ、一ノ改正法案ヲ廢棄スルニハ猶三百一ナル過半數ノ反對ヲ要スベシ。之ニ反シテ議會二院ヨリ成リ、而シテ各院ノ議員各三百名アリトスレバ、僅ニ百五十一ノ反對ヲ以テ改正法案ヲ廢棄スルコトヲ得ベシ。二院ヲ以テ議會ヲ成ストキハ、立法部內ニ爭議絕ユルコトナク政治上緊急ノコトアルトキニ臨ミ、大ニ國事ノ利益ヲ害スルコトアルベシ。

次ニ二院制ヲ、可トスルモノハ、曰ク

(1)(A)立法權ヲ、獨リ議會ニ掌握スル國ニハ、モシ一院ヲ以テ議會ヲ組織スルトキハ、其議會ハ無制限權ヲ有セリ。勿論佛國及ビ北米合衆國ノ如キハ行制部議會ヲ節制スルノ權ヲ有セリト雖𪜈、未ダ之ヲ以テ充分ニ制限トナスニ足ラス。而シテ制限ナキ權力ハ、之ヲ一人ニ歸スルモ、或ハ之レヲ一個ノ會議躰ニ歸スルモ等シク壓制權トナルベシ。

(B)而シテ、又政治上ノ激動甚シキ時ニ方リテハ、十分熟考スルコトナク最モ要フベキ議決ヲナスコトアルベシ。

(C)且ツ一院ヲ以テ議會ヲナストキハ、有力ノ政治家ガ之ヲ左右スルノ勢力ヲ得ルコト之ヲ二院ヲ以テ組織スルニ比スレハ頗ル容易ナルヘシ。此ノ如キ弊害ヲ制止スルニハ、二院ヲ以テ議會ヲ組織スルヲ可トス。然ルトキハ假令兩院ノ一ニシテ一時ノ激動ニヨリ草卒ニ議決ヲナスコトアリ、或ハ一人ニ支配サルヽヿアリトモ、他ノ一院能ク之ヲ制止スルヿヲ得ヘシ。

(D)且ツ又兩院ヲ以テ議會ヲナストキハ、議院ノ單獨ノ議決ト、法律トノ區別ヲ明カニスルヿヲ得ヘシ。（ダイシーモ此事ヲ云ヘリ）

(2)、都テ立法ノ成ス改革ヲ皆有益トナストキハ、二院制ハ元ヨリ有益ノ改革ヲ妨グルヿアルヘシト雖ドモ、改革ハ必ズシモ有益ナルモノニアラズ。二院ヲ以テ議會ヲナストキハ、有害ノ改革ヲ制止スルヿヲ得ヘシ。

(3)兩院ノ爭議ハ、或ハ立法事務ノ停滯ヲ來スコトアルヘシト雖ドモ、愛國心アル議員ヲ以テ成レル議會ニ於テハ、其爭議ノ故ヲ以テ國家ノ大計ヲ誤ルニ至ラサルヘキヿハ、之ヲ從來ノ經歷ニ照シテ疑ヲ容レズ。

二院制ハ、英國ニ於テ歷史的ニ成立チタルモノニシテ、初メヨリ理論ニヨリヲ之ヲ設ケタルモノニアラズ。前述セル如ク英國ノ議會ハ、十三世紀ノ中頃迄ハ貴族高僧ヲ以テ成リシガ、其後各「カウンチー」及ヒ「ボーロー」ノ代表者ヲ召集シ、之ヲ從來ノ議會ニ加ヘ一處ニ集合シタリト雖ドモ、貴族ト代議士トハ、其利害ヲ異ニシ國政ニ對スル關係モ同ジカラザル所アルガ故ニ、既ニ十四世紀ノ初メニ於テ分離集會ヲナシタルコトアリ。而シテ終ニ千三百七十七年確然分離シ、貴族院衆議院ノ二院ヲナスニ至レリ。

歐洲各國ガ憲法ヲ制定スルニ際シテ、大國ハ概ヲ二院制ヲ採用セリ。北米合衆國憲法制定ノ時ニ當リテハ、合衆國ノ各邦中ニ未ダ二院制ヲ採用セザルモノアリシガ、是亦漸次二院制ヲ採用スルニ至レリ。獨逸各邦モ概シテ二院制ヲ採用セリ。一院ヲ以テ議會ヲナスモノハ小邦ナリトス、佛國ハ革命以來屢憲法ヲ變更シタルコトアリ、(三院制ヲ設ケタルコトアリ)而シテ革命ノ時期並ニ憲法變更ノ中間ノ時ヲ除キ、其他ハ常ニ二院ヲ以テ議會ヲ組織シタリ。

衆議院又ハ代議院

代議院ノ議員ハ、千八百四十八年以來、普通直選法ヲ採用シ、現今ノ憲法モ亦之ヲ採用ス。普通選擧トハ、財產上ノ權限ヲ設ケザルヲ云フ。

各國ニ於テモ、現今ハ普通選擧ノ所多ク、英國ニハ財產上ノ制限アリト雖ドモ、其制限ハ年ヲ追フテ漸ク減少シ、殆ンド普通選擧ト稱スルコトヲ得ヘシ。普通選擧ノ國ニテモ、貧民救助費ヲ受クルモノニハ選擧權ヲ與エズ、サレバ普通選擧ト制限選擧トノ區別ハ漸ク少キニ至レリ。北米普國等モ亦普通選擧ヲ用フ。

サレバ、選擧人ハ財產ノ資格ヲ要セズ、都テ佛國人ニシテ滿廿一歲以上ニシテ私權公權ヲ有スルモノハ選擧人タルヲ得、但選擧權ヲ行フハ、町村ノ選擧目錄ニ記入サレタルモノニ限ル。此目錄ハ其町村ニ滿六ケ月以上住居セルモノヲ登錄シ、毎年一月ヨリ三月迄ノ間ニ之ヲ查定シ、確定ノ日ヨリ翌年三月三十一日迄ハ之ヲ用ヒ、裁判ノ宣告及ビ死亡ノ塲合ヲ除キテハ、之ヲ變更セズ。此選擧目錄ハ町村長知事ノ任命スル委員、及ビ町村會ノ任命スル委員ヲ以テ組織スル委員之ヲ查定交附ス(都合三名)此委員ノ議決ニ對シテハ治安裁判官ニ訴フルコトヲ得。又其裁決ニ對シテハ上告ヲナスコトヲ得、次ニ一定ノ刑罰ニ處セラレタルモノ及ビ財產管理者ノ管理ヲ受クルモノ及ビ身代限處分中ノモノハ、目錄ニ登錄スルコトヲ得ズ。而シテ又現役中ノ陸海軍人ハ投票ヲナスコトヲ得ズ。

千八百八十五年ノ改正法律以來、各縣ニ於テ名籍投票ヲ以テ選擧ス。即チ各選擧人ハ其縣内ヨリ選出スベキ定數ダケ候補者ニ投票ヲナスベキモノトス。(投票ヲ大別シテ一區一名投票、及ビ名籍投票ノ二種トス。佛國ニ於テモ、八十五年ノ改正以前ニ於テハ一區一名ノ投票ヲ用ヰタリ。選擧區狹キトキハ、被選擧者ガ賄賂等ノ私曲ヲナシ易キノ弊アルヲ以テ、八十五年ニ至リ一縣ヲ以テ一區トシ、名籍投票ヲ用フルコトトセリ。)

議員ハ、人口七萬ニツキ一人ノ割合ナリ。而シテ其以上ノ分數ヲ算入スルヲ以テ、十四萬未滿ノ所モ矢張リ二人ヲ選出ス。而シテ外國人ハ人口中ニ算入セズ、然レドモ人口ノ如何ニ拘ラズ、一縣ヨリ少クモ三名ノ議員ヲ選出スベキモノトス。殖民地ニ於テハアルジェリーノ三縣ヨリハ各二名、其他ノ殖民地ヨリハ各一名ヲ選出スベキモノトス。(英國ニテハ殖民地ヲ三種ニ分チ、自治ノ殖民地アリ、然レドモ佛國ノ殖民地ハ、一ノ行政區ナルガ故ニ、内地ノ區ノ如ク議員ヲ出ス。英國ト佛國トハ殖民地ノ支配方全ク異レリ。)

議員ノ任期ヲ四年トシ、四年毎ニ全員ノ改選ヲナス。各國ニ於テモ、議員ノ任期ハ三年、若クハ四年トセル所多ク、國ニヨリ二年トスルモノアリ。英國ハ七年ナリ。然レドモ三年、若クハ四年ヲ以テ適當トス。何トナレバ任期甚ダ短キトキハ、込入リタル議案ヲ熟議スルコト能ハズ、又任期甚ダ長キトキハ議員ノ意思ト、人民ノ意思ト相反馳スルヿアレバナリ。

選擧會ハ、大統領ノ勅令ヲ以テ之ヲ召集ス。通常ノ塲合ニテハ、勅令ヲ發セル日ト、選擧ヲ行フ日トノ間ニ二十日ノ餘裕アルヲ必要トス。選擧ハ議員ノ任期ノ終結前六十日以前ニ行フヲ必要トス。解散ノ塲合ニハ二ケ月以内ニ選擧ヲ行ヒ、選擧ノ終リヨリ十日以内ニ議員ヲ召集スベキモノトス。(二ケ月ト云フハ、滿二ケ月即チ六十日ノ意ニアラス、二月ニ解散サルレバ三月中ニ必ズ改選スベキモノナリ。)選擧ハ、日曜又ハ其他ノ休日ニ成ルベク之ヲ行フモノトス。而シテ投票ハ必ズ一日ニ終ラザルベカラズ。而シテ午前八時ヨリ午後六時迄ノ間ニ終結セザルベカラズ。

投票區ハ、知事ノ裁判ニヨリ一町村ヲ以テ一投票區トシ、若クハ一町村ヲ分チテ數投票區トナスコトアリ。各投票區ニ投票掛リヲ置ク、投票掛リハ町村長ハ其代理者ヲ以テ其長トシ、他ニ四名ノ町村會議員又ハ現場出席ノ選擧人中ノ最長老、及ヒ最弱年者各二名及ヒ此掛リノ遷擧シタル書記ヲ以テ之ヲ組織ス。而シテ此掛リノ中三名ハ、少クトモ必ズ現場ニ居ラザルベカラズ。選擧人ハ出席ノ順序ニ從フテ投票スコトヲ得、投票ハ秘密(匿名)ニシテ且ツ代理投票ヲナスコトヲ許サズ。

英國ニテモ現今ハ秘密投票ヲ用フト雖ドモ、從前ハ開示(記名)投票ヲ用ヒタリ、然レドモ記名スルトキハ種々ノ關係(即チ商業ノ得意先、雇人世話ヲ受クル人等)ニヨリ、政治上信用スベカラザル人ヲ投票スルコトノ己ムヲ得ザルコトアリテ頗ル弊害アルヲ以テ、匿名投票ヲ用ユルコトトセリ。各國共ニ市町村ノ投票ニ於テハ、必ズ匿名投票ヲ用ヒ、國會議員ノ選擧ニハ、普通ニテハ記名投票ヲ用フ。

各投票區ノ掛リ員ハ、投票ヲ計算シテ之ヲ公布ス。而シテ總計算ハ各縣ノ首府ニ於テ、知事ガ縣會議員中ヨリ選任スル三名ノ委員之ヲ行フ。

當選ハ、投票ノ大多數ヲ得テ選擧人四分一以上ノ數ニ達シタルモノヲ以テ當選トス、即チ「アブソリュートマジョリチー」ヲ要ス。故ニ當選者ナキトキハ、二週間後ニ再ビ投票ヲ行フ、而シテ此場合ニハ比較多數ヲ以テ當否ヲ定ム、投票同數ナル場合ニハ、年長者ヲ以テ當選トス。

被選擧人ハ、選擧人ニシテ滿二十五才以上ノモノタルベシ、然レドモ左ニ掲ル所ノモノハ、被選擧權ヲ有セズ。

一、曾テ佛國ニ君臨シタル一族

二、現役ノ陸海軍人、其他判事、縣官、道路建築掛、學區視學官等ニシテ其職權、選擧ノ自由ヲ妨クベキモノハ、其職權ノ及ブ區内ニ於テハ、被選擧權ヲ有セズ。又退職後六ケ月間ハ被選擧權ヲ有セズ。

選擧ノ効力ヲ裁決スルノ權ハ、議院ニ屬ス。都テ選擧ニツキテノ故障ハ、議院ニ提出セザルベカラズ。數縣ニ於テ選擧セラレタルモノハ、當選確定ヨリ十日ノ間ニ、何レノ縣ニ於テ當選ヲ承諾スルヤヲ申出テザルベカラズ。若シ申出デザルトキハ、抽籤ヲ以テ當選ノ縣ヲ定ム。

英國ニテハ、議員トナリタル者ハ其職ヲ辭スルコトヲ得ズ。然レドモ若シ其資格ヲ失フトキハ、議院ヨリ命ジテ其職ヲ去ラシム。而シテ若シ議員ニシテ選出セラレタル區ノ議員ヲ辭シ、他區ニ於テ競爭セントスルトキハ、名義ノミアル官ニシテ議員ノ之ヲ兼有スルコトヲ得ザル官ニ就キテ議員ノ資格ヲ失ヒ、然ル後ニ其官ヲ去リ、新ニ候補者トナリテ選出サレザルベカラズ。佛國ニテハ、如此手數ヲ要セズ。

國老院

佛國國老院ノ組織ハ、千八百七十五年二月公布ノ憲法ヲ以テ之ヲ定ム、而シテ千八百八十四年憲法ノ修正ニヨリ此憲法發端ノ七條ハ憲法タルノ性質ヲ失ヘリ。此七條ハ即チ國老院議員ノ選擧法ニ關スルコトニシテ、八十四年制定ノ修正ニヨリテ改正シ、之ヲ通常ノ法律トナシタリ。故ニ八十四年以後ハ國老院議員ノ選擧法ハ憲法修正ノ手續ヲ要セズ、然レドモ國老院ノ權限ニ關スルコトハ、憲法修正ノ手續ヲ要ス。

國老院議員ハ、縣及ビ殖民地ニ於テ之ヲ選出ス。而シテ各縣及ビ殖民地ヨリ選出スベキ議員ノ數ハ、法律ノ定ムル所ニヨル。即チ各縣中最少數ノ所ハ二名、最多數ノ所ハ十名トス。但ベルフホル幷ニ殖民地及ビアルジェリーノ三縣ヨリハ各一名トス。

議員ノ任期ハ九年ニシテ、三年毎ニ(千八百七十六年ニ籤ヲ以テ定メタル順序ニ從ヒ、)議員ノ三分ノ一ヲ改選ス。死亡辭職ニヨリテ欠ヲ生ジタルトキハ、三ケ月內ニ補欠選擧ヲ行ヒ、選擧ヲ無効トナシタル塲合ニハ、一ケ月內ニ改選ヲ行フ。但シ六ケ月間ニ改選ヲナスベキトキハ、改選期迄延期ス、補欠員ノ任期ハ前議員ノ任期ニ同ジ。

國老院ノ議員ハ、各縣及ビ殖民地ノ首府ニ集會スル選擧會ニ於テ、名藉投票ヲ以テ之ヲ選擧ス。而シテ此選擧會ハ次ノ者ヲ以テ組織ス。

一、代議士、縣會議員、郡會議員

二、町村議員ノ中ヨリ其町村內選擧人ノ推選スル委員、此委員ノ數ハ町村議員ノ數ノ多少ニヨリテ之ヲ定ム。

(代議士ハ、年期四年ニシテ總改選擧ヲナシ、直選ナリ。之ニ反シテ國老院議員ハ、年期九年ニシテ三年毎ニ三分ノ一ノ改選ヲナシ、複選ナリ。是レ兩院議員性質ノ大差アル所以ナリ。)

米國ノ上院議員ハ毎縣二名ヲ選出シ、任期六年ニシテ二年毎ニ三分ノ一ヅヽ改選ス。但シ一縣ヨリ出ヅル二名ノ議員ヲ同時ニ改選セザラシメ、複選ナリ。

國老院議員選擧ノ期日ハ、少クトモ其期日ヨリ六週間以前ニ於テ敕令ヲ以テ之ヲ定ム。而シテ町村會ノ選擧委員ノ選擧モ、亦敕令ヲ以テ之ヲ定メ、委員ノ選擧ト國老院議員ノ選擧トノ間ニハ、少クモ一ケ月間ノ期日アルヲ要ス。但シ委員ノ選擧ハ、匿名投票ニシテ大多數ヲ以テ當選トス。然レドモ第三次ノ投票ニ於テハ、比較多數ヲ以テ當選トシ、當選者ノ投票同數ナルトキハ、年長者ヲ以テ當選トス。

知事ハ選擧人名表ヲ調定ス、而シテ委員ノ選擧ニツキテ故障アルモノハ、三日間内ニ縣參事會ニ之ヲ提出スルヲ要ス。參事會ノ裁決ニ不服アルモノハ、參事院ヘ上告スルコトヲ得。但シ上告ノ爲メニ參事會ノ裁決ノ執行ヲ停止セズ。

選擧會ハ、各縣及ビ各殖民地ノ首府ニ會シ、裁判所長其長トナリ選擧人中ノ最長老二名、最弱年者二名ヲ以テ補助トス。必要ノ場合ニハ、同日ニ三回ノ投票ヲナスコヲ得。投票ハ匿名ニシテ最初ハ選擧人ノ大多數ヲ得。總選擧人四分一以上ノ投票ヲ得タルモノヲ以テ當選トスレドモ。第三次ノ投票ノ時ハ、比較多數ヲ以テ當選トシ、投票同數ナルトキハ、年長者ヲ當選トス。

委員ハ必ズ選擧ヲ行フノ義務ヲ有シ、五十「フラン」ノ罰金ヲ以テ之ヲ强制ス。而シテ委員ハ選擧ノ爲メニ旅費ヲ受ク。

被選擧人ハ、滿四十才以上ノ佛國人ニシテ私權公權ヲ有シ、代議院議員タルニ要スル資格ヲ有スルモノトス。但シ左ノモノハ、全ク被選擧權ヲ有セズ。

一、佛國ニ君臨シタル一族

二、陸海軍人、但シ陸軍大將《マルシャル》海軍大將《アドミラル》服役年限後、現役ノ籍ニアリテ現在司令官ノ職ニ任ゼザル上長官、其他之ニ類似ノ數種ノモノハ之ヲ除ク。

三、判事、縣官、其他ハ代議院議員被選擧人ト同ジ。

選擧ノ効力ニツキテハ、國老院之ヲ裁決ス。故ニ選擧ニ關スル故障ハ、國老院ヘ申出ザルベカラズ。數縣ニ於テ選擧サレタルモノハ、當選確定ノ日ヨリ十日以内ニ何レノ縣ノ當選ヲ承諾スルカヲ申出デザルベカラズ、申出ザルトキハ抽籤ヲ以テ之ヲ定ム。

代議院議員ハ、英國ニテハ六百廿五名、佛國ニテハ五百八十四名、普國ニテハ四百三十三名米國ニテハ三百廿五名、之ニ「テリトトリー」ヨリ出セルモノヲ合セテ三百三十三名ナリ議員ノ數ハ、何名可トスルヤハ議論ノ分ル丶所ナリ。英國ノ如キハ其數多ケレドモ、多クハ黨派ノ首領ニ任セ置キ別ニ辯論セザルガ故ニ、別ニ不都合ナシ。サレバ四十名ノ出席者アレバ、議事ヲナスコトヲ得ルノ規定アリ。議員ノ數多キニ過グレバ、議場整理シ難ク、少ナキニ過グレバ、選擧區廣クナリテ充分ニ人民ノ意見ヲ代表スルヿ能ハス、サレバ議員ノ數ハ三四百名ヲ以テ適當トスベシ。

議會ノ永續、不永續

議會ノ永續、不永續トハ議員ノ選擧ヨリ其任期ノ終リニ至ル間ニ就テ云フナリ、英普、獨逸帝國及ビ北米合衆國ニテハ不永續ヲ以テ憲法ノ法トス。故ニ會期ヲ終ル時ハ却テ其會期中ニ議院ニ提出シタル法案、及ビ動議ニシテ兩院ニ於テ未ダ完結セザル事項ハ會期ノ終リト共ニ廢棄トナル、故ニ次ノ議會ニ於テハ皆初メヨリ更ニ其手續ヲ經由スルヲ要ス。之ニハ例外アリ、千八百七十四年法律ヲ以テ委員ヲ設ケ裁判所搆成法ヲ議セシメ、二會期ニ渡リテ議定セシメタルコト、獨逸ニアリシノ類是ナリ。又普國ニテハ、千八百五十一年永續法ヲ採用スルノ動機ヲ出セシガ廢案ニ歸シ、米國ニテモ千八百四十一年委員ヲ選ミテ事務ヲ繼續スルノ動議ヲ出セシガ、是亦廢棄セラレタリ。之ニ反シ、佛國ニテハ委員ヲ以テ永續法ヲ取レリ。委員ハ閉會中執務スルヿ屢〻之アリ。又開會中ニ提出シタル法案ノ其結期ニ至リテ未ダ終結セザルモノヲ廢案トナサズ、又代議院ノ終期ニ至リテモ上院ハ代議院ニ於テ議決シタルモノヲ、次ノ會期ニ於テ繼續シテ議決スルコトヲ得。又政府ヨリ提出スル議案ト、議員ヨリ提出スル動議トニツキテ差別アリ。議員ヨリ提出スルモノハ、任期ノ終リニ至レバ廢棄ニ歸スレドモ、政府ヨリ提出スル法案ハ之ヲ廢棄セズ、引續キテ議スルモノナリ。

議員ハ選擧人ヨリ委囑訓示ヲ受クベカラザル事

現今各國皆代議士ハ其選擧區又タハ選擧人ヨリ委囑訓示ヲ受ケズ、自己ノ意見ニヨリテ獨立ニ表決ヲナスヲ以テ原則トス。英國ニテハヘンリー六世ノ頃ヨリ、初メテ代議士ハ選擧人ノ委囑、訓示ヲ受クズト云フノ制ヲ生ゼリ。然レドモ其制未ダ完全ノモノトナラザリシガ千七百七十四年ノ選擧ニ於テ、委囑訓示ノコトニ於テ大ニ世人ノ注意ヲ引起セリ、何トナレバ此時數多ノ選擧區ニ於テ、被選擧人ガ一定ノ意見ヲ守ルコトノ盟ヲナサンコトヲ要求シ、或ハ被選擧人ガ之ニ同意ヲ表シ、或ル者ハ之ヲ拒ミシガ中ニ著名ナルバークアリ代議士ノ獨立タルコトヲ主張セリ、此時ヨリ代議士ハ選擧人ノ委囑訓示ニ從ハズト云フノ主義大ニ進歩シ、完全ナル原則トナリ。現今ハ選擧人ハ候補者ノ性質及ビ其意見ノ全躰ニ信ヲ置キテ選擧スルノミニシテ、委囑訓示ヲ與フルコトヲ得ズ、被選擧者ハ獨立ノ代表者トシテ、國會ニ於テ自己ノ意見ニヨリ自由ニ働作スルモノトス。然レドモ議會ヲ公ニスルコト及ビ新聞紙又ハ報告ニヨリテ、選擧人ハ代議士ノ動作ヲ知ルコトヲ得、且ツ間接ニ代議士ノ勢力ヲ增加スルコトヲ得ルト雖ドモ、直接ニ代議士ニ約束ヲナサシメ又ハ委囑訓示ヲ與フルコトヲ得ザルヲ以テ、現今各國ノ通則トス。

北米合衆國ニテハ、人民集會ヲナシ公益ニ關スルコトヲ議シ、代議士ニ訓示スルコトヲ得ルノ意見ヲ主張スルモノアレドモ、此事ハ憲法ニ載セズ、其精神憲法ニ違反スルモノト云フベシ。何ントナレバ若シ其訓示ニ從フベキモノトスレバ、之ニ從ハザルモノハ其任ヲ解クコトヲ得ベキナレドモ、其任ヲ解クコトヲ得ザルヲ見レバ訓示ニ從フベキ義務ナク、サレバ人民モ代議士ニ訓示ヲ與フルコトヲ得ト云フハ憲法ノ精神ニ非ズ。

代議士ノ俸給ノ事

現今英國ニテハ、代議士ハ俸給或ハ日當旅費ヲ受ケズト雖ドモ、チャールス一世ヨリ以前ニ於テハ、代議士其選擧區ヨリ日給ヲ受ケ、市府ノ代議士ハ二「シルリング」「カウンチー」ノ代議士ハ四「シルリング」ノ日給ヲ受ケシカ、代議士ヲ以テ名譽トナスノ慣習漸ク盛ナルニ至リテハ、日給ヲ受クルヲ以テ潔トセズ遂ニ之ヲ廢止スルニ至レリ。リッチーマン氏ハチャールス二世ノ時ヲ以テ此廢止ノ期トセリ、獨逸帝國ニ於テハ、其憲法ニ於テ代議士ハ俸給或ハ報酬ヲ受クベカラズト定ム。然レドモ代議士ヲシテ會期中及ビ開會ノ前後ノ往復ニハ、總テ獨逸各邦鐵道線路ヲバ無賃ニテ乘車スルコトヲ得セシム。

佛、普及ビ北米合衆國ハ、各社會ニ屬スル人民ヲシテ代議士タルヲ得セシムル爲メ、代議士ニ報酬ヲ與フルノ制ヲ設ク。佛國ハ其憲法ニ於テ年俸ノ制ヲ定メ、國老院及ビ代議院ノ議員共ニ同一ノ年俸ヲ受ク、其額ハ九千「フランン」ナリ、此他殖民地ノ代議士ハ旅費ヲ受クルモノトス。

普國憲法ニヨレバ、下院議員ハ法律ノ規定ニ從ヒ、旅費日當ヲ受クベシト定ム。

以上ノ國ハ、皆其俸給、日當、旅費等ノ給與ヲ辭スルコトヲ得ザルモノト定ム。官吏ニシテ議員ヲ兼ヌルコトヲ得ルモノガ、其官吏タルノ俸給一萬「フランン」ナルトキハ、議院ヨリ議員タルノ俸給九千「フランン」ヲ受ケ、差引一千「フランン」ヲ官吏ノ俸給トシテ受取ルモノナリ。上院議員ヲ兼ヌルトキハ、兩種俸給ノ全額ヲ受クルモノトス。

言論ノ自由

議會ガ其職權ヲ行フニツキ最モ必要ナル權利ハ、即チ其議員ガ議院外ノ干渉制限ヲ受ケズ、獨立ニ其所存及ビ所信ヲ言論シ且ツ自由ニ表決ヲナスヿヲ得ルニ在リ、此權ヲ言論表決ノ自由ト稱ス。元來此權ハ英國々會ノ慣習制規ニ於テ發達シタルモノニシテ、漸次法衙ノ判決及ビ立法ノ行爲ヲ以テ之ヲ證明確定シ、遂ニ動カスベカラザルノ權利トナレリ。其權利ヲ證明確定シタルモノヽ中ニ於テ最モ緊要ナルモノハ、即チ權利條欵ノ個條ナリトス。但シ此ノ個條ノ確定後ハ、議會ニ於テノ言論ヲ以テ訴權トナシタルコトナシト雖ドモ、尙ホ間接ニ之ニ干渉スルコトアリキ、而シテ千七百六十四年一ノ士官ガ政府ニ反對ノ位置ヲ取リタル爲メ之ヲ免職シタルコトアリ、之ヲ以テ最後ノ干渉トス。

佛、普、獨逸帝國及ビ獨逸各邦ニテハ皆其憲法、若クハ法律ニ於テ議員ノ言論及ビ表決ノ自由ヲ確定ス。普國憲法第八十四條ニハ兩院ノ議員ハ議院ニ於テノ表決ニツキテハ責問スルコトヲ得ズ、又議院ニ於テ發言シタル所存ニツキテハ、只ダ議院内ニ於テ其事務規則ニ從ヒ責問懲罰スルモノトナセリ。而シテ爾來政府及ビ法衙ハ此條文ノ意味ヲ狹ク解釋シ此權利ヲ制限セント企テタルコトアリシガ、千八百七十年北獨聯合府ノ刑法ニ於テ議員ノ言論及ビ表決ノ自由ヲ認メ、其翌年獨逸帝國刑法ニ於テ更ニ之ヲ認メタルガ故ニ、嘗テ普國行政府及ビ裁判所ガナサント企テタルガ如キ制限ヲナスコトヲ得ズ。

佛國ハ現行ノ憲法ニ於テモ此主義ヲ確定シ、且ツ兩院ノ一ノ命令ニヨリ公ニスル書類幷ニ此書類ヲ轉載スルコト、及ビ新聞紙ノ議事報告モ同樣ノ自由ヲ有ス。

逮捕ニ對スル自由

此權利モ亦議院外ノ干渉ヲ防ギ、議員ヲシテ自由ニ議院ヘ出席シ、其職務ヲ執行スルコトヲ得セシムルニ欠クベカラザルモノトス。而シテ此權利ニツキテハ、英、米兩國ト佛、獨、普各國ノ間ニ著シキ差異アリト雖ドモ、其權利ノ淵源ハ英國ナリトス。英國ニ於テハ此權利ハ遠ク「サキソン」時代ニ起リタリト云フ。然レドモ英國ニ於テハ此權利ハ犯罪者ヲ保護セズ、獨リ警察上及ビ民事上ノ逮捕ニ對シテ保護スルノミ。但シ英國ニ於テハ元ト議員ノミナラズ此權利ハ僕婢ニマデ及ビシガ、ジヨージ三世ノ時ニ至リ條例ヲ以テ此權利ニ制限ヲナシ、議員ノ僕婢ハ此權利ヲ有セザルコトヽセリ。

米國憲法モ亦英國制度ニ摸倣シ、上下兩院ノ代議士ハ會期中及ビ往復間ハ逮捕ノ自由ヲ有ストナス。然レドモ英國ト同ジク刑事ノ逮捕ニ及ボサズ。

佛、普、獨各國ノ憲法ハ、此權利ノ區域ヲ廣メ、而シテ佛國憲法ハ兩院ノ代議士ハ、會期中刑事及ビ警察裁判事件ノタメニ其院ノ認可ヲ經ザレバ逮捕訊問ヲナスヲ得ズト定ム。但シ現行犯逮捕ノ場合ハ、此限リニ非ズ。普、獨兩國憲法モ、亦議院ノ認可ナシニ會期中犯罪ノ行爲ノタメニ、議員ヲ逮捕尋問スルコトヲ得ズ。但シ現行犯或ハ犯罪ノ翌日ニ逮捕シタルモノハ、此限リニアラズ。（獨逸ニテハ負債ノ逮捕モ亦議院ノ認可ヲ要ス。）佛國ニテハ此事ヲ記サズ、故ニ裁判所ノ權内ニ屬ス。）此權利ヲ享有スルニ期限アリ。英國ニテハ會期前後四十日ヲ以テ期限トナス。（議員ノ往復ニ要スル時日ヲ以テ標準トス。）米國ニテハ會期及ビ往復間ト定ム。但シ慣例ニヨレバ、議員ハ閉會後即日歸途ニ就クヲ要セズ、旅裝ヲナスニ必要ノ時日ヲ有スルコトヲ得。佛、獨、普三國ハ會期中ト定ム。

英國ニテハ、選擧ノ時既ニ逮捕セラレタル者ハ、議院ノ請求ニヨリ其逮捕ヲ免スコトヲ得。佛、普、獨三國モ亦議院ノ請求ニヨリ、會期中逮捕ヲ釋キ、或ハ訊問ヲ中止スベキモノトス。但シ獨、普ニ於テハ豫審ニ限レドモ。佛國ニハ公判ニモ之ヲ爲スヿヲ得

議院ノ役員選任ノ事

議院其自身獨立ヲ保ツニハ、其院内部ノ組織規則ヲ自カラ定ムルノ權ヲ有シ、其役

員ヲ自カラ選任スルノ權ヲ有シ、而シテ其役員ハ黨派ニ私セズ公平無私ノ性質ヲ有スルモノタルヲ必要トス。殊ニ議長ハ議事ニ熟練シ、公平無私ニシテ黨派ニ偏セザル者タルヲ要ス。英、佛、獨各國ノ議院ハ皆其憲法ニ於テ制定スル事項ヲ除キ、其餘院內ノ組織及ビ規則ヲ定ムルノ權ヲ有ス。而シテ英國ニ於テハ役員中國王ノ認可ヲ要スルモノアリ、又國王ノ任命スルモノアリテ其外形ハ大ニ佛、獨各國ノ制度ト異ナルコトアルガ如シト雖モ、是レ歷史的ノ慣例ニシテ現今唯名義ノミヲ存シ其實ナキコト多シ。

英米各國ニテハ、下院議長ヲ選ム前ニ假リニ役員ヲ選ムヿナシ。英國ニテハ、開會式ニ於テ尙書《チヤンセラー》ガ議長ノ選任ヲ命ズルトキ、議員ハ直チニ議場ニ歸リテ選擧ヲ行フ。而シテ其選擧以前ノ事務ハ書記官長之ヲ行フ、議長選マルレバ議長席ニ付キ翌日マデ休會ス、其翌日議長ハ呼出サレテ上院ニ至リ、王ノ特命委員ノ前ニ至リテ其議長ニ選マレタルコトヲ述ベテ其許可ヲ乞ヒ、以テ從來ノ如ク議長ノ特權ヲ與ヘラレンコトヲ乞ヒ、是ニ於テ初メテ議長タルノ資格ヲ得レドモ、是等ハ皆儀式ニ過ギズ。

議長ノ職務ハ、各國皆同一ニシテ議事ヲ監視シ、院內ノ秩序ヲ保チ、院內規則ヲ解明、適用シ議院ヲ代表シテ國王ニ奏上ノ事ヲ司ル。故ニ英國ニテハ議長ノコトヲ「スピーカー」ト云フ。英國ニハ副議長ナシ、而シテ副議長ノ職ハ全院委員長之ヲナス。議長ノ任期ニツキテハ、英、米兩國ト佛、普兩國トノ間ニ差アリ。英米ニテハ、各「パーリアメント」ノ初メニ選任シ、該「パーリアメント」ノ任期間ハ其職ニ居ル。之ニ反シテ、佛普各國ニテハ或ハ一ケ年トシ、或ハ一會期間トス。

英、米各國ニテハ、上院議長ハ之ヲ選擧セズ。Deputy Speaker ト稱スル副議長モ、王ノ選任ニ係ル。米國ニテハ、大統領常ニ上院ノ議長タリ。

大陸ニテハ、之ヲ異ニセリ。佛國ニテハ議長ハ毎會期ニ之ヲ選ブ、其法先ヅ議員中ノ最長老者ヲ議長トシテ假リニ議長及ビ副議長二名ヲ選ビ、其議長ヲ議長トシテ、議長及ビ副議長四名ヲ選擧シ會計掛三名、書記官八名(上院ハ六名)ヲ選擧ス。獨逸ニテモ、之ニ類ス。兎ニ角大陸ニテハ議院ノ主ナル役員ハ任期短カクシテ皆議院ノ選擧ニ係ル。

議員ノ誓ヲナス事

英、米、普ノ各國ニテハ、議員ハ誓ヲナスヲ必要トスレドモ、佛國及ビ獨逸帝國ニテハ、議員ノ誓ヲ要セズ。英國ニテハ、議員ハ誓ヲナサヾレバ投票ノ權ヲ有セズ。

議院ノ部及ビ委員ノ事

佛、普及ビ獨逸ニテハ、上下ノ各院ハ全議員ヲ抽籤ヲ以テ部ニ分ツ。但シ佛國ニテハ、每月分チ代フ。獨逸ニテハ會期中ハ分チ變ヘズ。普國モ亦然リ。本邦及ビ英國ニテハ、全院委員會アレモ大陸ニハ此制ヲ設ケズ。米國ニハ之レ有リ。米國ニハ種々ノ委員アリ、特別委員及ビ常置委員アリテ、常置委員ノ數甚ダ多ク上院内ニ常置委員會三十以上アリト云フ。米國ハ「パーラメンタリズム」ニ非ズ、大臣ハ議員ヲ兼ヌルコトヲ得ズ。豫算案ハ下院ノ調製スル所ナリ、如此ク議院ノ事務他國ヨリモ多キヲ以テ從テ委員ノ數モ夥多アルナリ。

議會ノ公開

議會ヲ公ニスルハ、總テ立憲制ニ必要ナリ。何トナレバ、選擧人ハ被選擧人ニ訓令ヲ與ヘ、又ハ報告ヲ要求スルノ通則ナルガ故ニ、被選擧人ガ果シテ適當ナルヤ又ハ議事ニ熱心ナルヤ等ニツキテ、選擧人ハ之ヲ知ルヲ要ス。且ツ人民ガ政府ニ信用ヲ置クニハ、其議會ノ公平ヲ示シ政府ト議院トノ關係ヲ詳知セシムルコトヲ要ス。故ニ現今ハ英、佛、普、獨、米等ノ各國共ニ議會公開ノ原則ヲ執レリ。然レドモ其間ニ少差アリ、議會ヲ公ニスルヲ以テ憲法上ノ義務トナスト、否ラザルモノトノ差アリ。而シテ又議會ヲ公ニスルト雖モ、一定ノ場合ニハ之ヲ秘密會トナスコトヲ得ベキモノトス。英國ニテハ議院外ノ者ハ議院ニ入ルノ權利ヲ有セズ、故ニ議事公開ハ憲法上ノ義務ニアラズ。而シテ人民ハ議員ノ紹介ニヨリテ傍聽スルコトヲ得レドモ傍聽ハ人民ノ權利ニ非ズ。但シ英國ニテ議會ヲ公開セルハ近年ノコトナリ、上院ニテハ千八百三十一年初メテ傍聽席ヲ設ケシガ、當時ハ採決ノ時ニハ聽衆ヲ場外ニ出デシメタリ、而シテ採決ノ時ニモ傍聽ヲ許スニ至リシハ、下院ハ千八百五十三年、上院ハ千八百五十七年以後ノコトナリ。米國ニテモ亦公開ハ憲法上ノ規定ニ非ズ。其他ノ各國ニテハ皆憲法ヲ以テ公開ト定ム。佛國モ亦然リ。但シ一定ノ場合ニハ秘密會トナスコトヲ得。

議決ニ必要ナル員數

之ニツキテモ、得失ヲ論ズレバ議論アレドモ、英國ニテハ上院ハ三名ノ出席アレバ議決ヲナスコトヲ得、實際七八ニテ議決セルコトアリ。下院ニテハ四十名ノ出席ヲ要ス。其他ノ國ニテハ過半數ノ出席ヲ以テ議決ニ必要ナル數トス。但シ普國上院ニテハ六十名ノ出席アレバ議決ヲナスコトヲ得。

議員ノ欠席

議員欠席スルニハ、議院ノ許可ヲ得ルヲ以テ通則トス。然レドモ實際ニハ此規則ヲ實行セザル國アリ、就中最モ議員ノ欠席ニツキテ簡ナルハ、英國ニシテ特ニ議院ノ召喚セル場合ニ非ザレハ、欠席スルモ罰セラルヽコトナシ。而シテ all of the House ハ近來之ヲナスコト極メテ罕ナリ、又英國ニハ「ペアリング」ノ制アリ、反對黨相對シテ欠席スルノ法ナリ。

表決

表决ニモ、亦各國少差アリ。佛國ニテハ起立、投票及ビ演壇ニツキテ表決スルトノ三種アリ。英國ニテハ「アイ、ノー」ヲ呼ビ、其音聲ニヨリテ議長之ヲ決ス。決シ難キトキハ贊成者ノ出ヅル口ト、反對者ノ出ヅル口トヲ分チテ出デシメ、其出口ニテ員數ヲ算ス。上院ニテハ只ダ反對者ノミヲシテ議場ヲ去ラシム、議決ハ過半數トス。議長ガ「カスチングボート」ヲ有スルヤ、否ヤニハ差異アリ。英國上院議長ハ貴族ナレバ「カスチングボート」ノ權ヲ有シ、平民ナレバ之ヲ有セズ。

懲罰ノ事

議院ガ他ノ官衙ノ干渉ヲ受ケズシテ其威嚴ヲ保護シ、秩序ヲ維持スルニハ、議院自ラ懲罰權ヲ有スルヲ要ス。然シテ此懲罰權ニ、二種アリ。議員ニ對スル懲罰權、及ビ院外人民ニ對スル懲罰權是ナリ。英國ヲ除クノ外、佛、獨各國トモニ院外ノ人民ニ對シテハ、只ダ警察權ヲ有スルノミ。之ニ反シ英國議會ハ、議員幷ニ院外人民ニ對シテ刑罰ヲ課スルノ權ヲ有ス。

懲罰ノ種類ハ、秩序ヲ守ルコトヲ注意スルコト、單一ノ譴責、議院ヘ出勤スルヲ停止スルコト、譴責ニ加フルニ罰金ヲ以テスルコト等アリ。

佛國院內ノ規定

議院ノ職權　法律案ハ、各院ノ一員若クハ數名之ヲ發議シ、又ハ政府之ヲ發議ス。議員ノ發議セル塲合ニハ、之ヲ Psopositions de loi（法案ノ動議）ト稱シ政府ノ發議ニ係ルモノハ、之ヲ Projets de loi（法律案）ト稱ス。何レニテモ、之ニ理由書ヲ付スルヲ常トス。マタ政府案ニハ大統領ガ大臣ニ命ジテ議會ニ提出セシムルコトヲ記スル勅令ヲ添ユ。又政府案ト議員案トノ差異ハ、議員案ハ議院ノ議決ヲ以テ緊急トナスモノヲ除キ、其他ハ總テ prise en Consed'eration ヲ要ス。（議スル以前ニ特別ノ審査ヲ要ス）此審査ノ爲メニ每月委員ヲシテ案ノ大躰ニツキテ報告ヲナサシメ、議院ノ議決ヲ以テ案ノ熟議ヲ要スルヤ、否ヤヲ定ム。每月委員即チ月審委員ハ、之ヲ Commission mensuelles ト云フ、次ニ政府又ハ議院ガ熟議ヲ要スベキ者ト議決セル議員案及ビ緊急案ハ、特別委員ヲシテ之ヲ審査セシメ、其報告ヲ印刷シテ之ヲ分配ス、此ノ如ク報告ヲナセル法律案ハ、二讀會ニ付スルヲ要ス。但シ議院ガ緊急ナル者ト議決セル案及ビ一地方ノ利害ニ關スル法律案ハ、只ダ一讀會ニテ議決スル者トス。此ノ如ク讀會ヲ經テ可決シタル法律案ハ、該院ノ議長他院ノ議長ニ宛テ之ヲ廻付シ、政府案ハ政府ノ手ヲ經テ之ヲ廻附ス。

財政ニ關スル職權　千八百七十五年二月公布ノ憲法第八條ニ、財政法律案ハ先ヅ衆議院ニ提出シ其議決ヲ要スト定ム。之ニヨレバ、國老院ハ總テ財政ニツキテハ發議權ヲ有セズ、又政府ハ財政法律案ヲ先ヅ國老院ヘ提出スルコトヲ得ザルコト明ナリ。憲法ニ於テハ、國老院ハ只ダ財政法律案ヲ全躰ニ付キ可決スルコトヲ得ト定メザルガ故ニ、國老院ハ修正權ヲ有ス。然レドモ衆議院ノ議決シタル財政法案ニツキテ更ニ支出ヲ増加シ、又ハ衆議院ガ刪除シタル款項ヲ原案ニ復スルコトニツキテハ、連年兩院ノ間ニ議論アリシガ、實際如此キ修正ヲモ國老院之ヲ爲シタルコトアリ。又財政法律案ハ通常ノ法案トハ議決ノ手續キヲ異ニス第一ハ先ヅ各院ニ於テ委員ヲシテ之ヲ審査セシム、此委員ハ年度間絶エズ就務スル所ノ者ナリ。第二ニハ財政法律案ハ只ダ一讀會ニテ議決ス。第三ニハ Scrutin public（公然投票）ニテ表決ス、財政法律案ノ審査委員ハ代議院ニテハ之ヲ Commission du budget ト云ヒ、三十三名ヨリ成立チ國老院ニテハ之ヲCommission des financesト云ヒ、十八名ヨリ成立ツ。皆一年間就務スルモノニシテ、閉會中ニテモ就務スルモノナリ。

議會ノ監督權及ビ司法權　前述セル立法ノコトニ付テハ、兩院ノ協同ヲ要スレドモ、政治上ノ監督ニ付テハ、兩院各自ニ監督ヲナシ兩院ノ共同ヲ要セズ。監督ノ方法ニ數種アリ。

第一、請願　兩院ハ各自ニ人民ノ請願ヲ受ク、而シテ請願者ハ自ラ之ヲ議場ニ持出ヅルヲ得ズ、必ズ書面ヲ以テスルヲ要ス。

第二、質問　各院ノ各員ハ大臣ニ質問ヲナスコトヲ得、尤モ質問ニ付テハ前以テ其事ヲ管轄スル所ノ大臣ノ認諾ヲ要シ、且ツ質問者ノミ發言ノ權ヲ有ス。

第三、說明ノ要求、　是ニハ大臣ノ認諾ヲ要セズ。而シテ其要求セル事項ハ、之ヲ議題トナスコトヲ得。從テ各員皆發言權ヲ有ス、然レドモ其要求ニ答フルト、否トハ大臣ノ職權ニ屬ス。

第四、信任不信任ノ表決、　是ハ單獨ニ行フコト少ク、多クハ第三ノ要求ト同時ニ之ヲ行フヲ常トス。

第五審査(Inquiry) 議會ハ屡審査ヲナスコトアリ、然レドモ議會ニ對シ人民ガ審査委員ニ報告ヲナシ、又ハ官吏ガ其書類ヲ審査委員ノ檢閲ニ供スルコトヲ强制スルノ法律アラズ。

以上ハ、監督ニ付テノ一般方法ナリ。然レドモ外交ニツキテハ、議會ハ一定ノ監督ノ權ヲ有ス。大統領ハ國際條約ヲ締結批準シ、國家ノ利益及ビ安寧ヲ害セザル限リニ於テ、成ルベク早ク議會ニ報告スルヲ要ス。通商條約、媾和條約及ビ領地ノ交換、讓與及ビ獲得ニツキテノ條約、及ビ國庫ノ負擔ヲ生ズル條約、及ビ外國ニ居留スル佛人ノ身分及ビ財産ニ關スル條約ハ、法律ヲ以テ大統領ニ其批準又ハ其實行ヲ認可シ、初メテ其効力ヲ有スルモノトス。而シテ又開戰ニハ議會ノ同意ヲ要ス。

兩院ハ其監督權ヲ保護スルニ、二ツノ方法ヲ有ス、即チ左ノ如シ。

第一、議會ハ、豫算ノ認可ヲ拒絕スルノ權ヲ有ス(グナイストノ所謂ル General controlノ權)

第二、議會ハ、違憲及ビ違法ノ行爲ニツキ大臣ヲ彈劾シ、又大逆罪ニ付テハ大統領ヲ彈劾スルノ權ヲ有ス。而シテ衆議院ハ彈劾ノ告訴ヲナスノ專權ヲ有シ、國老院ハ、裁判ノ專權ヲ有ス。此彈劾權ヲ稱シテ議會ノ司法權ト稱ス。

立法及ビ其他ノ通常事務ニツキテハ、兩院ハ各自ニ開會ス。然レドモ大統領ノ選擧及ビ憲法修正ノ場合ニハ、合併會ヲ組織ス。之ヲAssemblée nationale or Congrès ト云フ、此兩種ノ場合ニハ、國老院ノ議長、副議長及ビ書記官ニテ事務局ヲ組織ス。而シテ合併會ハVersailles ニ開會スベキモノトス。蓋シ巴里ヲ避ケテ此地ニ開ク所以ノモノハ、合併會ヲ開ク場合ハ總テ人民ノ激昂スル時ナルヲ以テ、激動ノ根本タル巴里ヲ避ケタルナリ。

官吏ガ、議員ノ職ヲ兼ヌル・ヿニ就テ、　立法ガ行政府ニ對シテ獨立ヲ保ツヲ必要トスルガ故ニ。官吏ハ議員ヲ兼ヌルヲ得ザルヲ以テ通則トス。然レドモ佛國代議政體ニ於テハ、大臣ハ議員中ヨリ選任スルヲ通例トシ、且ツ或ル種ノ官吏ノ議員トナルハ議會ノ爲メニ利益ナルガ故ニ、國庫ヨリ俸給ヲ受クル官職ニ任ズルモノハ議員ヲ兼ヌルヲ得ズ。都テ議員ニ選擧サレタル官吏ハ、選擧ノ確定ヨリ八日以内ニ議員タルヿヲ辭セザレバ、其官職ヲ失フベキモノトスルヲ以テ通則トス。然レドモ此通則ニ例外ヲ設ク、大臣、次官、公使セーヌノ知事及ビ警視總監、大審院長、檢事總長、會計撿査院長、巴里ノ控訴院長、大僧正、僧正、新敎ノ敎會長、巴里猶太敎會長、大學敎授及ビ半年以內ノ期ヲ以テ公務ニ任ズル者ハ、議員タルコヲ得。又議員ニシテ官職ニ任ズルモノハ、總テ議員ノ職ヲ失フ。然レモ議員ヲ兼ヌルコヲ得ベキ官職ニ任ゼラルヽ者ハ、更ニ選擧セラルヽコヲ得ベシ。然シテ都テ國老院議員幷ニ大臣、次官及ビ半年以內公務ニ任ズル者ハ、此通則ノ例外トス。（國老院議員ハ議員ヲ兼ヌルコヲ得ベキ官職ニ任ゼラルヽ時ハ、其議員タルノ資格ヲ失ハズ、故ニ更ニ選擧セラルヽニ及バズ。）官吏ニシテ議員ヲ兼ヌル者ノ俸給ニツキテハ、國老院議員ト衆議院議員トハ其規定ヲ異ニス。即チ國老院議員ハ議員タルノ俸給、及ビ官吏タルノ俸給ノ全額ヲ合セ受ク。衆議院議員ハ議員タルノ俸給ノ全額ヲ受ケ、官吏タルノ俸給ハ其議員タルノ俸給額ニ超ユル丈ケノ分ヲ受ク。

豫算 (Bubget)

豫算ノ議決ハ、立法ノ行爲ナリ。之ニヨリテ每年行政府ヘ國家ノ歲入、及ビ歲出ヲ認可ス。豫算ハ或ハ Statute of Finance ト云フ。

會計年度ハ、暦年度ト同一ナリ。每年度ニ議決スル所ノ豫算ニヨリ、法律ヲ以テ定ムル所ノ租税ノ徵收及ビ支出ヲ認可ス。（本邦ニテハ豫、算ハ法律ニアラズ。故ニ豫算ノ効力ハ、佛國ト本邦ト大ニ異ナリ、佛國ニテハ豫算ノ議決ナクンバ租税ノ徵收、及ビ支出ヲナスコトヲ得ズ。）（英國ニテハ、租税ノ大部分及ビ支出ノ一部分ハ、法律ヲ以テ之ヲ定ムルガ故ニ、此法律上定マリタル部分ハ、豫算ノ議決ナシト雖ドモ、徵收支出スルコトヲ得。故ニ英國ニモ亦豫算ト、法律トハ其効力上差異アリ）。豫算ヲ分テ歳出及ビ歳入ノ二部トシテ議決ス。其他亦臨時ノ支出ヲ議決シ、及ビ行政府ノ既ニ支出セル豫算超過ノ支出ヲ認可ス、豫算ヲ議決セザレバ租税ヲ徵收シ支出ヲナスコトヲ得ズ。豫算ノ全部又ハ一部ヲ拒ムノ權ハ、議會ニ屬ス。豫算ハ一年限リノ法律ニシテ先ヅ衆議院ノ認可ヲ要スルモノナレバ、衆議院ノ豫算ノ議決ハ大臣ノ進退ヲ支配スルモノナリ。

現今ハ豫算ヲ歳入、歳出二部ニ分ツノ外、四種ニ分ツ。

一、Budget ordinare 經常費、是ハ通常、經常ノ歳入ヲ以テ經常ノ支出ニ充ツルモノナリ。

二、Budget extraordinaire 是ハ非常ノ歳出ヲ載スルモノナリ。非常ノ支出トハ、戰爭後ニ武器ノ製造、軍艦ノ建築等ニシテ、是ハ通常公債ヲ以テ之ニ充ツ。

三、Budget sur resources spéciales 是ハ縣(Department)其他地方ニ關スル支出ヲ載スルモノナリ、而シテ種々ノ歳入ヨリ支辨ス。但シ其大部ハ、追加税ヲ以テ之ニ充ツ。

四、Budget annexes 是ハ豫算ノ均一整頓ヲ保ツ爲メニ、國家ノ豫算ニ附錄スルモノナリ。是ハ或ル造營物ニシテ特別ノ收入、又ハ一定ノ補助金ヲ有スルモノニ關スル豫算ナリ。

豫算案ハ、各大臣ヨリ廻附スル所ノ豫算案ヲ集メテ大藏大臣之ヲ調製シ、先ヅ衆議院ニ提出ス。而シテ豫算ヲ議スルニハ先ヅ歳出ヲ議シ、然ル後ニ歳入ヲ議スルモノトス。

豫算案ニハ、只ダ各大臣ニ認可スベキ總額ヲ載ス、只ダ款ニ分テルノミ。此他ニ Etat ヲ添エ、是ニ於テ各省ノ豫算ヲ項ニ分チ、議會ハ此各項ヲ逐一議決シ、增・減追加刪除スルヿヲ得。此ノ如ノ各項ヲ議決スルガ故ニ、大臣ハ只ダ其各項內ニ於テ支出スルヲ得。然レモ豫算面ノ全額ヲ盡ク支出スルヲ要セズ。但議決額超過ノ支出、各項ノ流用及ヒ前年度ノ殘額ヲ使用スルコヲ得ズ。而シテ實際必用ノ不足ヲ生ズルキハ、追加支出額ヲ議會ニ請求スルヲ要ス。又既ニ豫算ニ確定セル支出額ニ不足ヲ生ジタル場合ニハ、Credit supplémentaires（追加支出）ヲ請求シ、全ク新タニ支出ヲ請求スルトキハ、之ヲ Credit extraordinaires（特別支出）ノ請求ト云フ。

議會開會ノ場合ニハ、大統領ハ參事院ノ議決ヲ經テ敕令ヲ以テ（Cedit supplémentaires）追加支出ヲナスコトヲ得。然レドモ各項ニツキテ之ヲ爲スヲ得ルノミ。此支出ハ次ノ議會ニ於テ、開會ヨリ十四日以內ニ議會ノ認可ヲ經ルヲ要ス。閉會ノ時ニ非常緊急ノコトアル時ハ、同樣ノ手續ニヨリテ臨時支出即チ Cedit extraordinaires ヲナスコトヲ得。

歲入ニツキテハ、大臣ハ歲出ニ關スル程ノ嚴密ナル制限ヲ受ケズ。

分賦直稅 Impots directs de répartition ハ每年新ニ之ヲ認可シ、每年新ニ分賦ノ手續ヲナス。之ニ反シ、間稅ハ其性質永久ノモノナリ、然レドモ之ヲ徵收スルコトハ一年限リ之ヲ認可ス。直稅ニ四種アリ、

1. Fonciere　地租

2. Personnelle mobilières 人頭稅家屋稅(戶數稅)
3. Portes et fenêtres 窓戶稅
4. Des patents 營業稅

右ノ內、第四ヲ除クノ他ノ三種ノ直稅ヲ、分賦直稅ト云フ。其故ハ每年議會ニ於テ、其總額ヲ定メ、其額ヲ府縣ニ割リ付ク、府縣會ハ更ニ各郡ニ割リ付ケ、各郡會ニ於テ、更ニ各「コンミューン」ニ割リ付ケ、「コムミューン」ニ於テハ委員ヲ選ミテ各個人ニ分賦ス、故ニ之ヲ分賦直稅ト云フナリ。

追加稅ハ、之ヲ Contimes additionals ト云フ、分賦稅ニ追加スルモノナリ。

會計年度ハ、一月一日ニ始マリ支拂命令官ト出納官吏トハ兼ヌルコトヲ得ザルヲ以テ、國家會計ノ原則トス。各種ノ行政ニ於テハ、大臣ヲ以テ支拂命令官トシ、而シテ大臣ハ其ノ支拂命令權ヲ其管理ノ一部長ニ委任スルコトヲ得。

會計ノ監督

會計ノ監督ヲ分テ二種トス。司法的監督 Contrôle judiciaire 及ビ議會ノ監督 Contrôle parlementaire 歳出ヲ命令スルコトニ關スル事務ハ、各省ノ會計部ニ於テ之ヲ總括ス。會計部ハ之ヲ Direction de la Comptabilité ト云フ、都テ出納官吏ノ職務ハ、大藏省ノ總會計部ニ於テ之ヲ管轄ス。

會計撿査院

會計撿査院ノ僚員ハ左ノ如シ

第一、院長

第二、部長三名

第三、會計撿査官十八名 (Conseillers maîtres)

第四、會計撿査官補八十六名 (Conseillers référendaires)

第五、試補二十五名 (Andrteurs)

以上ハ皆終身官ナリ、此他ニ撿事長及ヒ撿事補二名アリ、之ハ終身官ニアラズ。

會計撿査院ハ、國家、市町村及慈善的造營物ノ出納官吏ニ對シ、判決ヲ宣告ス。而シテ始審及ヒ終審ノ判決ヲナスヿ最モ數多ナリトス。三萬「フラン」ヲ證明セザルベカラズ。又其人自身ニ制裁ヲ及ボサヾレバ制限ト云フコトヲ得ズ、而シテ何レノ國ニ於テモ君主ハ神聖ニシテ犯スベカラズ、故ニ君主ハ無制限權ヲ有スト云フノ說アリ。然レ𪜈君主ノ法律ヲ發スルニ方リテ、議會ノ協賛ヲ經ザレバ其法律ハ無効ニ屬ス、是レ君主ニ於ケル制裁ナリ。故ニ君主ニ無制限權アリト云フヘカラズトノ反對說アリ。

又聯合國ニ於テハ、無制限ノ主權ハ聯合國ニモ、各國ニモ屬セズ。何トナレバ聯合國ノ權利ハ、元ト各國ヨリ分與シテ成立チタルモノニテ、其分與セラレタル部分丈ケハ充分ニ行フヲ得レドモ、各國ニ存スル主權ハ之ヲ犯スコトヲ得ズ、各國モ亦聯合國ニ分與シタル權利ハ之ヲ犯スコトヲ得ズ、何レモ完全ノ主權ヲ有セザレバナリト說クモノアリ。

國家

國家トハ何ゾヤ、曰ク一定ノ土地ヲ有シ、統治ノ組織ヲ定ムル固有ノ權ヲ有シ、又ハ統治權ノ全部若クハ一部ヲ固有スル團躰ヲナス人民ガ統治ノ組織ヲナスモノヲ云フ。又主權國トハ何ゾヤ、曰ク內外ニ於テ全ク獨立不羈ノ權ヲ有スルモノヲ云フ。」國家ヲ以テ一ノ有機躰ト說クモノアレドモ、是レ政治上ノ觀察ニ出ヅルモノニシテ、法律上ヨリ見ルトキハ、國家ハ一ノ無形人ニシテ公法ノ主ニシテ、人民ニ對スル統治權ヲ有スルモノナリ。此說ハ羅馬ノ時代ニ、既ニ存シタレドモ、中世封建制度ノ時ニ至リ總テ法ノ關係ヲ、人ト人トノ關係ニ說キ來リシカバ、支配權モ無形人ノ說再興シ、立憲制ノ行ハル、ニ至リ普通ノ說トナルニ至リシト雖ドモ、尙ホ統治權ヲ掌握者ノ權ノ如クニ說クモノアリ。

國家統治權ノ程度ハ、國境ヲ以テ限界トス。國法上ヨリ云フトキハ、國家トハ統治權ノ及ブ限界ヲ云フ。統テ國境內ニアルモノニハ盡ク統治權ヲ及ポシ法理上制限ナシ、然レドモ國際上除外アリ。然レドモ是ハ國際法ニ於テ說クベキモノナルヲ以テ茲ニ述ベズ

（除外例、外國ノ君主、公使、公使館內、軍艦內等。）

國家ノ行爲

國家ノ行爲ハ即チ統治權ノ運用ナリ、然レ圧其外ニ尙ホ國家ノ行爲トナスベキモノアリ。即チ國際上ノ行爲及ヒ或ル種類ノ公ノ造營物ノ設立、又ハ私法的ノ事務等ナリ。即チ通則ヲ發スルト、一個一個ノヿヲ規定スルトノ二種アリ。通則ヲ發スル行爲ノ大部分ハ立法ノ行爲ニ屬ス。一個一個ノ事ヲ處分スルコトハ凡ソ行政ノ行爲ナリ。但シ之ハ大躰ノ區別ニシテ立法ノ行爲中ニテ一個一個ノ事ヲ規定スルコトモアリ。行政ノ行爲中ニテ通則ヲ規定スルコトモアリ、「フェルワルツング」即チ行政ハ廣狹二意ニ用ヰラレ、廣義ニ於テハ、司法ヲ含ミ、狹義ニ於テハ、司法ヲ除ク。此差別ハ本邦ニ於テモ勢力アリ、行政ト云ヘバ司法ヲ含マシムル人モアリ。英國流ノ解釋者ハ行政中ヨリ司法ヲ除キ。獨逸風ノ解釋者ハ之ヲ含マシムル者ナリ。

行政ト司法ト立法トノ關係

立法ナル語ノ中ニ憲法ノ制定ヲモ含ム時ハ、行政ト司法トハ共ニ全ク立法ノ下ニ立ツモノナリ。然レ圧行政ト司法ノ立法ニ對スル關係ニ於テハ異ナル所アリ。即チ司法ハ只ダ法律ヲ準據トナシ、行政ハ法律幷ニ便宜《ツエックメーシヒカイト》ヲ以テ準據トス。故ニ司法ハ只ダ法律ヲ執行シ、行政ハ法律ヲ執行シ及ビ法律ノ範圍內ニ於テ自由ニ活動スルモノナリ。(「レヒツスタート」卽チ法治國ナル語ハ、現今ノ所ニテハ法律ヲ以テ行政ノ權限ヲ確定シ、行政ハ法律ニ違背スルヲ得ズト云フヲ意味スル語ニ過ギズ)。憲法ノ立法ヲモ含ミテ立法ト云フトキハ、立法ハ國家ノ最高權ノ運用ナリ。然レドモ憲法制定或ハ修正ノ權ヲ立法中ヨリ除キテ立法ト云フトキハ、立法ハ國家最高權ノ運用ニ非ズ、憲法ノ範圍內ニ於テ運用スベキモノナリ。英國ニテハ立法權ト云フトキハ、憲法制定及ビ修正ノ權ヲモ含ム。而シテ之ヲ分ツコハ歐洲大陸及ビ北米合衆國ニテ生ジタルモノナレドモ、此各國中ニモ大差アリ。概言スレバ歐洲ニテハ憲法ノ修正ハ尋常ノ立法機關ニ屬シ、只ダ其手續ヲ鄭重ニスルノミ。北米合衆國ニテハ特別ニ憲法制定ノ機關アリ、此關係ヨリシテ主權ニ影響ヲ及ボス。卽チ英國ニテハ別ニ憲法ノ差別ナキ故ニ、法律ハ「シユープリームコムマンド」ナレドモ、米國ニテハ憲法ハ法律ノ上ニ立ツ、故ニ法律ハ憲法ノ範圍外ニ出ヅル能ハズシテ「シユプリームコンマンド」ト云フヲ得ズ。歐洲大陸ニテハ憲法ハ法律ノ上ニ立ツノ法理ヲ取ルト雖ドモ、別ニ憲法修正ノ機關アルニアラズ。佛ニテハ上下兩院合併シテ議シ、普ニテハ少シク手續ノ鄭重ナルノミ、同ジク立法ノ機關ニシテ之ヲ定ム。如斯クナルヲ以テ米國ニテハ憲法違犯ノ法律ハ「シュープリームコート」ニ於テ之ヲ無効ノモノトシ、其法律ニ準據シテ訴訟スルモノヲ敗訴トス。然レドモ歐洲ニテハ裁判所ニテ法律ヲ無効トスルコトヲ得ズ、英國ニテハ勿論違法ノ法律ナルモノナシ、何トナレバ憲法ト法律トノ區別ナケレバナリ。

憲法ヲ通常法律ノ上ニ立ツモノトス、國家ニ於テハ行政權モ亦其權ヲ憲法ヨリ得ルモノナルヲ以テ、通常ノ立法ニ對シテ獨立ノ職權ヲ有シ、而シテ此職權ハ、通常立法權ヲ以テ犯スベカラザルモノトス。然レドモ憲法ニ特書シテ全ク行政權ニ屬スルモノヲ除クノ他、行政權ハ一般ニ立法權ノ下ニ立ツヲ以テ通則トス。

司法ト行政トノ職權ノ區別

司法ハ、只ダ法ノ適用ヲ以テ其目的トス。故ニ如何ナル場合ニ於テモ、法ニ違背スルコトヲ得ズ。之ニ反シ行政ハ國家ノ安寧又ハ國家ノ存立ヲ保ツニ必要ナル場合ニハ、違法ノ行爲モナスコトアリ。此違法ノ行爲ヲ指シテ國家緊急權 Staatsnothrecht ト云フ。英國ニテハ此ノ如キ場合ニハ、後日國會ニ責任解除ヲ求ムルヲ例トス。普國憲法ノ如キハ、憲法ニ於テ政府ニ此權ヲ確定ス。故ニ國家ノ安寧又ハ存立ニ必要ナル非常處分ヲナスハ、違法ノ行爲ニアラズ。然レドモ憲法ニ確定シタル權限外ノ處分ヲナシタル時ハ、勿論違法ノ行爲ナリト謂ハザルヲ得ズ。

統治權及ビ主權ノ差別

國家ガ、其國民ヲ支配スルノ權ヲ指シテ統治權ト稱ス。統治權ト主權トハ別物ナラズ、外國ニ對シテハ不羈獨立ニシテ、國境內ニ於テハ法理上無制限ノ權ナリト云フ點ニ就テ見ルトキハ、主權ト稱シ。國民ヲ支配シ又ハ統御スルノ點ニ就テ見ルトキハ、統治權ト稱ス。只ダ見ル點ヲ異ニスルノミニテ、國家ニ二權アルノ理ナシ。此統治權ヲ行フ爲メニハ數多ノ機關及ビ數種ノ共同躰ヲ要ス。共同躰トハ自治制ノ市町村郡等ノ如キ團躰ヲ云フナリ、國家ノ權ハ唯一ナリ。故ニ其唯一ヲ保ツニハ國家諸種ノ機關及ビ共同躰ヲ統一シテ、其權限ヲ定ムル所ノ機關ナカルベカラズ。モンテスキューノ三權分離說ニヨレバ、立法、司法及ビ行政ヲ以テ獨立同等ノ權トシ、凡テ自由ノ存スル國家ニ於テハ、此三權ハ各別異ノ人又ハ集合躰ニ屬スベキモノトス。此說ハ法理上執ルベカラザルモノナリ、何トナレバ國家ノ權ハ唯一ニシテ立法、司法、行政ノ三權ハ只ダ此唯一ノ權ヨリ出ヅル三種ノ職權、換言スレバ此唯一ノ權ノ運用ノ一部ナルヲ以テ各別獨立ノ者ニアラザレバナリ。然レドモ此三權分離說ハ、英國憲法ヨリ出テタルモノナレドモ、英國ニ於テハ實際三權ノ獨立ナシ。北米合衆國ノ憲法ハ、三權分離獨立ノ主義ニ基キタルモノニテ、三權ヲ獨立ノモノト見做セドモ、立法權ノ中ヨリ憲法制定修正權ヲ取除キ、三權ハ各其權ヲ憲法ヨリ得ルモノニシテ、憲法ハ三權ノ權限ヲ定ムルモノナリ。故ニ憲法修正ノ機關ハ、統一ヲ保ツ唯一最高ノ權ヲ運用スルノ機關ナリ。

國體

國躰ヲ分類スルニ種々アリ、然レモ國法上ヨリ見ル時ハ、統治權(殊ニ行政權ニ重キヲ置ク)ヲ分チ司ル所ニ就テ云ヘハ、國躰ヲ分テ君主國、豪族的國躰、共和的國躰ノ三種トス。君主國ニ君主專制ノ組織ト、立憲君主制トノ別アレモ、是ハ君主國ト云フ國躰ノ差別ニシテ、双方トモ同國躰ノモノトス。(英國說ニヨレバ、君主專制ト立憲制トヲ、全ク別ノ國躰ナリトス。然ルトキハ主權說ニ差異ヲ生ズ。)君主國ニ於テハ、君主ノ權ハ之ヲ他ヨリ得タルモノニアラズ、君主固有ノ權ナルコトヲ必要トス。立憲制ノ君主ヲ以テ世襲ノ大統領ト稱スルモノアレドモ、其說ハ君主ノ權ハ固有ノモノナリト云フコトヲ以テ、立憲制ノ君主ノ權ト大統領ノ權トヲ差別スルコトヲ知ラザルニヨル者ナリ。君主國ニテモ其君主ノ權ハ之ヲ人民ヨリ得タル者ナレバ、只ダ君主ト大統領トノ差別ハ、只ダ世襲ト否トニ在ルノミニテ、其權ニツキテハ大統領ト全ク差異アルコナシ。(白耳義ノ如キ是ナリ。)共和國ニ於テハ、人民ヲ以テ統治權ノ淵源トスルヲ以テ、大統領トノ權ハ其權限ノ大小、廣狹ニ關セズ、總テ人民ヨリ得タルモノトス。豪族的國躰トハ、其國民中ノ豪族ガ、國家ノ統治權ヲ掌握スルモノヲ云フ、國躰ハ必ズシモ常ニ純然タル一定ノ國躰ニ於テ存立セズ、二ケノ國躰ノ元素混同スルアリ、或ハ甲ノ國躰ノ元素主トナリ、乙ノ國躰ノ元素從タル塲合アリ、或ハ二ケ若クハ三ケノ國躰ノ元素同樣ニ混合セル塲合アリ、如斯キ塲合ニ於テハ、其著シキ點ニ就テ分類セザルベカラズ。

國家ノ領土ノ區劃

總テ大ナル領土ヲ有スル國家ハ、其領土ヲ道、縣、郡、市、町村等ニ區別ス、而シテ此區劃ニ二種ノ差別アリ。即チ國家行政ノ區劃ノ性質ヲ有スルモノ、及ビ自治組合躰是ナリ。今左ニ普國ノ區劃ヲ擧ゲン。

Provinz.（州或ハ道ト譯ス、通常三四百萬ノ人口アリ）

Regierungsbezirk.

Kreis.

Amtsbezirk.

Gemeinde { Stadtgemeinde. / Landgemeinde.

Gutsbezirk.

普國ハ、十二「プロビンツ」ニ分ツ、現今ニ於テハ自治組合躰ニシテ同時ニ行政區劃タリ。「レギールングスベチルク」ハ縣ト譯スベク、官ノ行政區劃ニシテ自治組合躰ニアラズ。「クライス」ハ郡ト譯スベク、行政區劃ニシテ同時ニ自治組合躰ナリ。而シテ其人ロハ平均三萬五千位ナリ。「アムツベチルク」ハ官區ト譯クスベク、主トシテ官ノ行政區劃ナレドモ、同時ニ自治組合躰ナリ。「ゲマインデー」ヲ分テ市ノ「ゲマインデー」、町村ノ「ゲマインデー」トス。市町村組合ト譯スベク、主トシテ自治組合躰ヲ主トシ、同時ニ行政區劃タリ。次ニ「グーツベチルク」ハ私領地ト譯スベク、一人ニテ以前ヨリ町村位ヲナス程ノ領地ヲ有スルモノアリ、（封建時代ヨリ）之ヲ他ノ町村ト合併スル時ハ權衡ヲ失スル故ニ、之ヲ合併セズシテ一町村ノ如キ義務ヲ負ハシム。

序ニ佛國ノ區劃ヲ擧ゲン、

Department.

Arrondisment.

Canton.

Commune.

「デパルトマン」、革命以前ニハ、三十二州（プロビンツ）アリシヲ、此時新ニ區劃シテ八十餘ノ「デパルトマン」トセリ、官ノ行政區ニシテ同時ニ自治躰ヲナス。

「アロンヂスマン」、郡ト譯スベキカ、通常人口十萬位アリ、純粹ナル官ノ行政區ナリ」。

「カントン」、一般ノ行政區劃ニアラズシテ、別ニ此區ノ行政機關ナク、或ル事柄ニ關シテ用ヰルノミ。即チ徴稅區、選擧區、徴兵區等ナリ。但シ各「カントン」ニ治安裁判所アリ。故ニ「カントン」ハ重ニ裁判區分トモ云フヲ得可ク自治躰ニアラズ。

「コムミューン」、自治躰ニシテ同時ニ行政區劃タリ、而シテパリ、リヨンヲ除クノ外ハ、皆一樣ノ市制ヲ布ク、「コムミューン」ハ獨逸ノ「ゲマンデー」ニ對スルモノナレドモ、佛國ニテハパリ、トリヨントヲ除キ、他ニ市町村ノ區別ナシ。故ニ市制町制、村制等ノ別ヲ要セズ。

佛國ノ區劃ハ、面積上ヨリ云ヘバ大抵同一ナレドモ、人口ハ大ニ不平均ナリ。「アロンヂスマン」、「カントン」皆然リ。但シ第四ノ「コムミューン」ハ其大小一ナラズト雖モ、英國及ビ獨逸ノ如ク甚シカラズ。獨逸ハ佛國ヨリ區劃ノ數多シ、是レ今日ニ於テハ却テ妨害トナル。佛國ニ於テハ「アロンヂスマン」スラ無用ナリト説ク人アリ、蓋シ交通ノ開クルニ從ヒ大區劃ニテモ自由ニ支配スルコトヲ得、且ツ自由ニ自治ヲ行キ届カシムルヲ得レバナリ。

又英國ノ區劃ヲ擧グレバ

County. (Shire ハ county ナリ)

Poorlaw-Unions.

Local board Districts.

Municipal Borough.

Parish.

「カウンチー」ハ「アングロサキソン」時代ヨリ千有餘年ノ久シキ今日迄存スルモノニテ、其下ニ Tithing Hundreds 等アリシガ、此小區劃ハ今日既ニ無用ニ歸スルニ至リシガ、今尚ホ其名稱ヲ用ヰル人アリ。蓋シ兵士ガ組合ヲナシテ行政事務ニ用立チシ故ナリ。「カウンチー」ハ行政區ト自治躰トノ兩方ニ用ユ、其人口ニ多少アルコト我邦ノ國ノ如シ、多ハ譯シテ州ト云フ。

「プーアロー ユニオン」ハ貧民救助區ト譯ス、寺區《パリッシュ》ヲ聯合シテ此區ヲ作ル救貧稅ヲ取立ツルヨリ起リタルモノナレドモ、他ノ行政事務ヲ行ハスル所ノ行政區劃ニシテ、通常人口三萬位アリ。蓋シ「パリッシュ」ニハ或ハ百人ノモノアリ、或ハ萬人ノモノアリ、其少數ニシテ機關ヲ置クニ堪エザルモノアリ。故ニエリサベスノ時ニ「プアローヂストリクト」ニテ之ヲ聯合シタルモノナリ。

「ローカルボードヂストリクト」、人口多キ所ハ、殊ニ衛生ノ爲メ一區ヲ爲シテ機關ヲ設ク。其區ヲ「ローカルボードヂストリクト」ト云フナリ、此「ヂストリクト」中ニテ人口五萬以上ノ處ハ、獨立ノ「カウンチー」トセリ（千八百八十八年）

「ミューニシパルボロー」、純粹ノ團結市ニシテ、Municipal-corporation-act ナド云フ條例アリ。近來人口五萬以上ノ市ハ皆「カウンチー」トナレリ（千八百八十八年）

「パリッシュ」ハ千四百年頃、氏子ノ組合ニ初マル所ノ啻ニ宗教上ノモノナリシガ、救貧事務ヲ取扱フニ至レリ。英ノ「パリッシュ」ハ、獨ノ「ゲマインデー」ノ如ク行政ヲ以テ主トセズ、宗教上ノコトヲ以テ主トシ、官ノ事務ハ殆ンドナサズ。

英國ニテハ、必要アルコトニ種々ノ區ヲ設ケタルヲ以テ、非常ニ繁雜ナリ。貧民救助區ノ外ニ、衛生區、道路區等アリシガ現今ハ大抵貧民救助區ニ合併セリ。

英ニハ、市アレドモ町村ナシ、寺區《パリッシュ》ハ本邦ノ町村ノ如キモノニ非ズ。

前述セル國家領土ノ二種ノ區劃ノ中ニテ、國家ガ直接ニ任命セル機關ガ法律ト上官衙ノ命令トニ從フテ公務ヲ執行スル場合ニ於テハ、其區ハ國家ノ行政區劃ナリ。

其區劃ガ組合又ハ團躰ヲナシ自己ノ機關ヲ有シ、而シテ其機關ガ其組合又ハ團体ノ意思ヲ代表スルモノナルトキハ、之ヲ自治躰ト稱ス。此自治躰ハ、公法上ノ法人（無形人）ニシテ國家及ビ其他ノ國躰、又ハ一個人ニ對シ權利義務ノ關係ヲ有シ、而シテ又團躰ノ人民ニ對シテハ支配權ヲ有ス。然レドモ國家ノ統治權ハ、此團体ニ對シ無制限ナリ。此團躰ノ權ハ憲法及ビ法律ニ根據スルモノニシテ、國家ノ統治權ヲ以テ變更シ得ベカラザル權ヲ有セズ。（此法人ノ權ハ歷史的ニ有スルモノナリ、而シテ縱令其權ハ固有權ナリトスルモ、國家ノ統治權ニテ動カスコトヲ得ベシ。

Die Staatenverbindungen
Allianzen
Union
personal union
real union
Staatenbund
Bundesstaat

「スターテンフェルビンヅンゲン」ハ廣狹二義ニ用ヰラル、廣義ニ於テハ第一ニ「アライアンス」ナリ。「アライアンス」トハ、數國家ガ國際條約ニヨリテ互ニ協同ノ活動ヲナス義務ヲ負フ者ヲ云フ。次ニ「ユニオン」トハ、二國又ハ數ケ國ガ同一ノ君主ヲ戴クニヨリテ聯合スル者ヲ云フ、但シ此聯合ニ二種アリ。「パーソナルユニオン」及ビ「リアルユニオン」是ナリ。「パーソナルユニオン」ハ、君位繼承ノ順次又ハ偶然ノ事情ニヨリテ同一ノ君主ヲ戴クモノヲ云ヒ、此「ユニオン」ニ於テハ、國家ハ相互ニ純然獨立ヲ保ツモノナリ。例令バハンノバート英國ト同一ノ君主ヲ戴ケル塲合ノ如キ是ナリ。「リーアルユニオン」ハ、二國或ハ數國ガ國家ノ組織上ニツキテ聯合スルモノニシテ、條約ニヨリテ生ジタル塲合アリ習慣ニヨリテ生ジタル場合アリ、或ハ統治者ノ意思ニヨリテ生ジタル場合アリ、組織上ノ「ユニオン」ナルヲ以テ組織上共同ノ機關、殊ニ外交、兵務ニ於テハ共同ノ機關ヲ有ス。例ヘバ瑞典、那威、墺太利匈牙利ノ如キ是ナリ。廣義ニ於テハ「スターテンフェルビンヅンゲン」ハ以上ノ二種ヲ含ムモノナリ。

狹義ニ於テハ、「スターテンフェルビンヅンゲン」ハ聯合ノ國家ガ共同躰ヲ成スモノヲ云フ、而シテ此共同躰ノ聯合ノ各國家又ハ各邦ヲ支配スルノ權ヲ有ス。

然レドモ此權ハ組織上制限アリ、國家ガ其下ニ屬スル州、縣、郡等ヲ統一スルニ、無制限權ヲ有スルト同ジカラズ。此中ニ少別アリ、聯合ノ各邦ヲ支配スルノ權各邦中ノ一ニ屬スル時ハ、其權ヲ有スル國ヲ主國《スタンスタート》ト稱シ、他ノ各邦ヲ附庸國《バッサルスタート》ト云フ、又此權ガ聯合ノ全躰ヨリ出ヅル機關ニ屬スル時ハ、之ヲ「ユニオン」ト稱ス。此團結《ユニオン》ニ二種アリ、「ステーツユニオン」(國家ノ團結)及ビ合衆國是也。「スターテンブンド」即チ國家ノ團結ニ於テハ、團結ノ中央權ハ只ダ各邦ヲ支配スルノ權ヲ有スルノミニシテ、各邦ノ人民ヲ直接ニ支配スル者ニアラズ。然レ𪜈外國ニ對シ、又ハ一個私人ニ對シ、權利義務ノ關係ヲ有ス。故ニ國際法上、私法上及ビ國法上ニツキテハ法ノ主タル者(無形人)ナリ。「ブンデススタート」即チ合衆國ハ、直接ニ人民ヲ支配スルノ權ヲ有スルモノニシテ、又國際法上、私法上及ビ國法上ノ主タルコトハ論ヲ俟タズ。現今北米合衆國、獨逸帝國及ビ瑞西ハ共ニ之ニ屬スルモノナリ。「スターテンブンド」ハ今存セズ、前ノ獨逸聯合、北米合衆國ノ憲法ヲ發布スル以前ニ於テハ、此部ニ屬スモノナリキ。

獨逸帝國憲法ノ概論

獨逸帝國ハ、左ノ各部ヨリ成ル、總計廿五邦ナリ。

Preussen. Bayern. Würtenberg. Sachen. (以上四國ハ王國)。
Baden. Hessen. Mecklenburg-Schwerin. Sachsen-Weimar. Mecklenburg-Strelitz. Ordenburg.
(以上六國ハ大公國)。
Braunschweig. Sachsen-meningen. Sachsen-Altenburg. Sachsen-Coburg-Gota. Anhalt. (以上五國ハ侯國)。
Schwarzburg-Rudolstadt. Schwarzburg-Sondershausen. Waldeck. Reuss ä. L. Reuss j. L.
Schaumburg-Lippe. Lippe. (以上七國ハ大公國、公國若クハ侯國ナリ)。
Lübeck. Bremen. Hamburg. (以上三國ハ、共和國ニシテ市ナリ)。
其他 Elsass-Lothringen 及ヒ Heligoland ハ帝國直轄ノ土地タリ、其他亞弗利加ニモ少許ノ殖民地アリ。

各邦內ノ區劃ハ、各邦ノ大小ニヨリテ同ジカラズ、普國ノ區劃ハ既ニ之ヲ述ベタリ。次ニ中邦ハ郡區若クハ州郡ノ二區劃、及ビ最下級ノ町村ハ何ケ國ニモアリ。小國ハ郡市町村或ハ區市町村ノ二區劃(二級)ニ分ツ、此區劃ハ純粹ノ行政區アリ、自治區アリ、多クハ兩性質ヲ兼ヌルモノ多シ。

帝國ハ其面積日本ヨリ廣ク、人口モ四千萬許アリ。普國ハ面積及ビ人口ニ於テ半以上ヲ占メ、バイエルンハ人口六百萬アリ、他ハ皆狹ク人口モ少シ。

帝國ハ各邦ノ聯結セルモノニシテ、其權ハ聯合シタル各邦ヨリ出ヅルモノナリ。帝國憲法ニ於テ、各邦ト帝國トノ權限ヲ定ム。而シテ各邦ハ或ル事柄ニ關シテハ、獨立ニ管理スルノ權ヲ有ス。此管理權ハ行政權ノミナラズ、立法權ヲモ有セズ。而シテ又各邦自己ノ憲法ニ就テハ、全ク獨立權ヲ有ス。

以上述ベタル權ハ、各邦固有ノ權ニシテ、帝國ヨリ初メテ之ヲ得タルモノニアラズ」。

獨逸帝國ハ、帝國人民ニ對シ直接ニ統治權ヲ行フ者ナリ。只ダ外交ニツキ行政權ヲ有スルノミナラズ、內務ノ事項ニツキテモ亦行政權ヲ有ス。サレバ帝國ハ團結ノ國家ナリ。帝國直轄ノ「エルサスロートリンゲン」ハ各邦ニ屬セズ、帝國ノ一州ニシテ其管轄ハ帝國ノ官吏之ヲ司リ、特別ノ獨立ノ立法機關ヲ有セズ。

帝國ノ職權

Zuständigkeit (Compitence) des Reichs.

1. Die Verwaltung der Reichsfinanzen.

2. Die auswärtigen Angelegenheiten nebst dem Schutze des Handels im Auslande und der Schiffahrt zu See.
3. Das Militärwesen und die Kriegsmarine.
4. Das bürgerliche=und das Straf-Recht nebst dem Schutze des geistigen Eigenthums und das gerichtliche Verfahren; die Vorschrifteg über Belanbigung öffentlichen Urkunden und die Entscheidung über Justizverweigerung.
5. Die Bestimmung über Passwesen und Fremdenpolizei.
6. Das Press=und Vereinswesen.
7. Massregeln der Medicinal=und Veterinärpolizei.
8. Die Grundsatze üder Freizügigkeit; das Heimathsniederlassungs=und Armenwesen.
9. Die Gesetzgebung uber Handel und Gewerbe einschliesslich des Versicherungswesen und Bankwesens, über Mass=Gewicht=und Müuzwesen und Erfindungspatente.
10. Das Eisenbahnwesen, die Herstellung etc.
11. Post=und Telegraphenwesen.

一、帝國財政ノ處理、
二、外交事務及ビ國外貿易及ビ航海ノ保護、
三、陸海軍、
四、民法及ビ刑法幷ニ精神上財産(版權等)ノ保護、及ビ訴訟手續公書ノ公認及ビ

裁判拒絕ニ對スル强制、
五、旅行劵及ビ外國人ノ警察ノ規定、
六、出板及ビ結社條例、
七、醫業及ビ獸醫警察、
八、移住ノ自由ニ關スル規則、住居、殖民及ビ貧民救助ノ制度、
九、商業、工業幷ニ保險及ビ銀行條例、度量衡條例及ビ專賣特許、
十、鐵道事務等、
十一、郵便、電信事務、
以上ノコトハ、帝國ノ職權ニ屬ス。然レドモ二様ノ制限アリ、土地ノ區域ニ關スル制限、事物ニ關スル制限是ナリ。
區域ニ關スル制限、
獨國ハ、普國ノ先導ニヨリ、殊ニ南獨逸ハ聯邦中稍大ナルモノナリ。且ツ幾分カ人情風俗ヲ異ニスル所ノ政治上ノ關係ヨリシテ、或國ハ Reservatrecht ヲ有シ、或邦ハ Sonderrecht ヲ有スルナリ。

第一　ニバイエルン、ウュルテンベルグ、バーデンノ三邦ニ於テハ、麥酒ノ税、火酒ノ稅ハ各自立法部ノ定ムル所ナリ(他國ニ於テハ、是等ハ帝國ノ收入ニ屬スルモノニテ、帝國法律ノ規定ニ從フモノナリ)

第二　ニバイエルン、ウュルテンベルグハ郵便、電信ノコトニ就キテ、特別ノ權ヲ有ス。即チ其邦各自ノ立法ヲ以テ之ヲ規定スルコトヲ得、但シ帝國ノ法律ニ違背スルコトヲ得ズ。

第三　ニバイエルン、ウュルテンベルクノ二邦ハ、兵制ニ關シテモ特權ヲ有ス(例ヘババイエルンノ兵ハ、平時バイエルン王之ヲ統帥スルガ如シ)

第四　Heimath(本籍)及ビ住居ニ關スル帝國法律ハ、バイエルンニ及バズ、鐵道ニツキテモ、バイエルンニ行ハザル法律多シ。

第五、ハムブルグ及ビブレーメン及ビ之ニ屬スル近傍領地ハ、自由港ノ境内トシ、獨逸帝國ノ關稅法ノ外ニアルモノトス。

事物ニ關スル制限、法理上獨逸帝國ノ管轄ノ事項ニハ事物上ノ制限ナシ、何トナレバ立法行政司法ノコトニ至ル迄權ヲ及ボスコトヲ得レバナリ。然レドモ實際テハ帝國ハ只ダ其權ノ一部ヲ行フニ止マリ、其權ヲ行フ限度ハ事項ニヨリテ同ジカラズ。

第一ニ帝國自カラ行政ノコトヲ行フハ外交、航海、郵便及ビ電信事務ニ限ル。

第二ニ其他ノ事項ニツキテハ、帝國ノ權ヲ行フハ立法ノコトニ限リ、行政及ビ司法ノコトハ或ハ只ダ全國一般ノ原則ヲ實行スル爲メニ、中央ノ官衛ヲ設置スルニ止マリ、或ハ全ク各邦ノ機關ニ委任ス。假令バ帝國裁判所ノ設置ノ如シ。

第三ニ立法ノコトト雖ドモ盡ク帝國自ラ行フニ非ズ、只ダ大體ノ通則ヲ定ムルニ止マリ、其細則及ビ施行規則ヲ定ムルコトハ、各邦ノ立法ニ委任ス。

以上ニ述ベタル帝國管轄ノ事項ハ、實際都合上ニ定メタルモノニテ、學理ニ基キタルモノニ非ズ。

獨逸各邦ノ君主

獨逸國ニ於テ封建制進歩シ、侯伯其領地ノ支配權ヲ子孫ニ相傳スルコトヲ得ル時代ニ於テハ、此支配權ヲ以テ私法上ノ性質ノモノトナシ、土地人民ヲ君主ノ所有物ノ如ク見做セリ。而シテ君主ガ其支配權ヲ統一シ、人民ノ中ニ於テ特別ノ權利ヲ有スルモノ、又ハ其代表者ヨリ成ル議會ノ起リタル時代ニ至リテハ、國家ト君主ト同一物ニアラズ。國家ハ至高ノ統一ヲ指スモノナリト云フノ思想ヲ生ジ、終ニ國家ヲ以テ共同躰トシ、君主ヲ至高ノ機關トナスニ至レリ。而シテ人民ハ君主ノ所有物ニアラズ、君主ニ對シ權利、義務ヲ有スルモノトナシタリ。

國家ハ何物ナルカト云フ思想ハ、特ニ普國ヨリ進ミ來リ君主ヲ以テ國家ノ機關トナスコト、フレデリック大王之ヲ明言セリ、此明言ハ畢竟當時進ミ來リタル思想ヲ表出セルモノナリ。(,,Le souverain, bien, loin d'être le maitre absolu de peuples qui sont sa dominion nen est que le premier magistrat.'')君主ハ其領內ニ住ム人民ノ「アブソリュート、マスター」ニアラズシテ、國家第一ノ「マジストレート」ナリ。是レフレデリックガ「アンチマキアベリ」中ニ述ベタルコトナリ。而シテ又當時ノ著述家モ概シテ同一ノコトヲ論述セリ、但シ獨逸ノ小邦ニ於テハ如斯キ思想進歩セザリシガ、小邦ノ多數ハ獨逸帝國ノ廢亡及ビ之ニツギテ生ジタル政治上ノ變動ニヨリテ其獨立ヲ失ヒ、而シテ尙ホ獨立ヲ保テル小邦ハ漸次ニ此新思想ヲ採用スルニ至レリ。而シテ又現世紀ニ漸次ニ立憲制ヲ採用シタルガ爲メニ、此思想充分ニ進歩完美セリ。現今一般ニ取ル所ノ國法ノ法理ニヨレバ、君主ハ國家ノ機關ニシテ君主ノ權ハ無限制ニ非ズトス。

各邦君主ノ權ニ二樣ノ制限アリ。

第一、帝國トノ關係ニ於テノ制限、但シ之ハ立憲君主制ヲ採用シタルガ爲メニ生ゼル制限ニアラズ、第二ノ制限ヲ以テ立憲制採用ニヨリテ生ジタル制限トス。

第二、立憲政ノ君主ハ、或ハ一定ノ法式ニ從ヒ、或ハ一定ノ機關ノ參與ニヨリテ、其統攬セル統治權ヲ行ハザルベカラズ。總テ立憲君主ノ統治權ニハ如此キ國法上ノ制限アリ、此制限ノ有無ハ立憲君主制ト、專制君主制トノ異ナル要點ニシテ、憲法ノ欽定ナルト、否トニヨリテ此制限ノ性質ニ變換ヲ起スコトナシ。

次ニ立憲君主制ノ君主ノ權ヲ分チテ、

1. Regierungsrechte 2. Ehren-majestätsrechte トス

Regierungsrechte 即チ政府權ハ、國家ノ事項ヲ行フノ權、即チ統治權ノ重モナルモノヲ云フ。

尊榮權又ハ陛下權ト云フハ、凡テ至尊ノ表彰ヲ指ス。君主ハ國家ノ統治權ノ下ニ立タズ、臣民ノ性質ヲ有セズ神聖ニシテ犯スベカラズトス。此神聖不可犯ノ字ハ二樣ノ意味ヲ有ス、第一君主ノ身躰ハ、特別ノ刑法ヲ以テ之ヲ保護ス。第二國家ニ於テ君主ニ責任ヲ帶ハシムルモノナシ、而シテ君主ノ無責任ハ、君主ノ政府ノ行爲幷ニ君主ガ一個人ノ資格ニ於テ爲ス行爲ニ及ブ。但シ一個人ノ資格ニ於テハ、只ダ刑法ニ關シテ無責任ナリト云フモノニシテ、民法ニ關シテ云フニアラズ。君主ハ其行爲ニツキ刑罰ヲ受ケズ、然レドモ貨物上ノ爭ニツキテハ其裁判ハ裁判所之ヲ司ル。但シ君主ニ對シテ直接ニ訴訟ヲ起スコトヲ得ズ、王室費ニ對シ、或ハ財團ニ對シテ起訴スベキモノトス。前述セル如ク君主ヲ無責任トナスト雖ドモ、君主ノ國家ノ行爲ニツキテハ、其責任ヲ負フモノヲ必要トス。故ニ都テ君主ノ國家ノ行爲ハ、大臣又ハ一部ノ長官ノ副署ヲ要ス、副書ナキモノハ無効トス。此副署ハ各邦ニ於テ、立憲制採用已前既ニ存シタル事ナレドモ、已前ノ署書ハ只ダ君主ノ親署ヲ經タルモノナリトノ保證タルニ過ギズ。立憲制採用以後ノ副書ハ、英國制ニ倣ヒ其大臣ノ責任ヲ表ハスモノナリ。

獨逸各邦憲法中ニ於テ、君主ハ神聖不可犯ト云フコトヲ載スル者アリ。神聖ナル語ヲ省キ、單ニ不可犯ト載スルモノアリ。其差ノ來ル所ハ「プロテスタント」敎國ニ於テハ、神聖ナル語ヲ省クルモノ多シト雖ドモ、不可犯ト云フ語ノ意義ニ差異ヲ生ゼズ。次ニ不可犯ト云フコトハ、只ダ法律ノ下ニ立タズ、又ハ人ノ下ニ立タズト云フノミニテハ其意義未ダ盡キズ。犯スベカラズト云フ言語ハ、言語又ハ行爲ヲ以テ干犯スベカラズト云フ意ヲ含ム。故ニ犯シタル者ハ特別ノ刑ヲ以テ之ヲ罰ズ。但シ此事ハ茲ニ深ク論セズ、君主ノ無責任ト云フコトト不可犯トノ關係ヲ說クコト必要ナリ。或ル人ハ無責任ト云フコトト、不可犯ト云フコトハ全ク無關係ナルガ如ク論ズレドモ、決シテ否ラズ、不可犯ト云フコトハ、無責任ノ意ヲ含ムコト明ナリ。何トナレバ犯スベカラザルモノナルトキハ、總テ法律上政治上ノ責任ヲ負ハザルベカラズ。又語ヲ換ヘテ不可犯トハ、法律ノ下ニ立タズト云フ意義ニ解シテモ、尙ホ無責任ノ意ヲ含ム。何トナレバ法律ノ下ニ立タザル者ニハ、法律ノ責任ヲ負ハシムベカラザレバナリ。次ニ君主ノ無責任ト、大臣ノ責任ノ關係ヲ述ベン。君主ノ無責任ト大臣ノ責任トハ、全ク關係ナキモノト論ズルモノアレドモ、余ハ之ヲ正當ト認ムルヲ得ズ。請フ其理

由ヲ述ベン、

第一、國法ノ原則ハ、英國ニ於テ進歩シタルモノ多キ、ヿ尙ホ私法ノ原則ノ羅馬法ニ於テ進歩シタルモノ多キガ如シ。而シテ君主ノ無責任ト大臣ノ責任トハ、十四世紀以來英國ニ於テ漸次進歩シタルモノナリ。君主ハ國家ヲ代表シ、統治權ヲ總覽スルモノニシテ、法律ノ制裁ノ下ニ立タシムベカラズ。故ニ其行爲ニツキ元ヨリ無責任ナリ、然レドモ君主ノ國政ニ關スル行爲ハ、殊ニ國家ノ利害、得失及ビ人民ノ權利、幸福ニ關係スルコト多シ。故ニ君主ノ行爲ニツキ責任ヲ負フ者アルヲ必要トナスヲ以テ、輔佐ノ大臣ヲシテ責任ヲ負ハシムルニ至レリ。故ニ君主ノ無責任ト、相關係シテ起リタル國法上ノ原則ナリ。(君主ニ代リテ責任ヲ負フト云フニハアラズ、君主ニ責任ナキ故ニ大臣ヲシテ責任ヲ負ハシムルナリ。)

第二、獨逸各邦ノ憲法中ニハ、君主ハ無責任ナリト云フコト、君主ノ不可犯ト云フコトト、大臣ノ責任ト云フコトトヲ幷ベ書シテ明カニ相關係スルモノトス。是レ憲法ノ明文上疑フベカラザル事實ナリ。然ルニ尙ホ法理上全ク關係ナキコトトナリト云フモノアラバ、法理トハ何物ヲ指スカ、若シ憲法ノ法理ヲ指セバ憲法ノ明文上、及ビ歴史ノ進歩ニ就テ見ルトキハ相關係スルヲ以テ法理トセザルベカラズ。私法ノ代理法ヲ指スモノナルヤ、大臣ノ責任ハ代理責任ニアラズ、全ク責任ノナキ君主ノ行爲ニツキ大臣ガ責任ヲ負フモノニシテ、國法ニ特別ノ原則ナレバ私法ノ法理ヲ持來リテ之ヲ解釋スルノ必要ナシ。又君主ノ無責任ト大臣ノ責任ト相關係シテ説クコトハ、論理上不當ナルコトニアラズ。

君主權ニ制限アルノ理由ニツキテ一言セン、都テ獨逸各邦立憲君主制ニ於テハ、君主ノ權ハ無制限ニアラズト述ベタレドモ、未ダ何故ニ立憲君主制ノ君主ノ權ニ制限アリトスベキカノ理由ヲ述ベザリシヲ以テ、玆ニ之ヲ述ベン。

獨逸公法家ノ中ニハ、立憲制君主ノ權ヲ以テ無制限ナリトスルモノアリ、又制限アリトスルモノアリ。無制限トナス者ノ説ニヨレバ、憲法ハ只ダ君主ノ有スル國家無制限權ノ運用ノ手續ヲ定メタルモノトスルヲ以テ、此説ニヨレバ君主專制ト立憲君主制トヲ區別スルコトヲ得ズ。文化半開國ニ於テハ、往々君主ノ有セル無制限權ヲ運用スルノ手續ヲ定メタルアリ。例ヘバ支那ノ如キハ、周以來一定ノ手續ヲ有スル場合多シ。故ニ支那ハ古來立憲制ノ國ナリト云フベキ場合多シト謂ハザルベカラズ。而シテ此手續ハ元ヨリ君主ノ專權ヲ以テ之ヲ變更スルヲ得ベシト雖ドモ、歐洲ノ現今立憲君主制ノ國ニ於テモ、君主ノ權ヲ無制限トスレバ、其運用ノ手續ヲ定メタル憲法ハ、君主ノ專權ヲ以テ之ヲ廢止變更スルヲ得ベシ。

次ニ立憲君主制ノ君主ノ權ノ無制限タルコトヲ主張スル者ノ中ニハ、憲法ノ欽定ナルト否トニヨリ、無制限ナルト否トヲ差別シ、欽定憲法ハ自制ニ成ルモノナリ、自制ハ法律的ノ制限ニアラズ、故ニ憲法ハ君主ノ權ヲ制限スルモノニアラズト云ヘリ。然レドモ自制ニ二種アルコトヲ知ラザルベカラズ、即チ絶對的ノ自制ト、否ラザルモノト是ナリ。絶對的ノ自制ハ、何時ニテモ隨意ニ之ヲ廢止變更スルヲ得ベシ。欽定憲法ノ場合ニ於テハ其自制絶對的ニアラズ、何トナレバ君主ハ、自制ニヨリ人民ニ無制限權ノ運用ニ參與スルノ權ヲ與ヘタルモノナレバナリ。故ニ欽定憲法ハ自制ニ起ルト雖ドモ、之ニヨリテ君主ガ參與權ヲ惠賜シ、人民ガ之ヲ得タル後ヨリ見レバ、人民ノ參與權ハ既得權ニシテ憲法修正ノ手續ニヨラザレバ之ヲ廢止變更スベカラザルコト、猶ホ欽定ニ非ザル欽法ト異ルコトナシ。故ニ憲法ノ欽定ナルト否トニヨリ、君主ノ權ノ無制限ナルト否トヲ差別スルヲ得ズ。而シテ憲法ノ欽定ナルト否トニヨリ、制限ニ多少ノ差別アリト雖ドモ、只ダ一二ニテモ制限アレバ無制限ト稱スルコトヲ得ズ。

次ニ君主ハ犯スベカラザルモノニシテ、君主ニ對シテハ制裁ナシ、制裁ナキモノハ法律的ノ制限ニアラズト云フ。然レドモ此點ニツキテハ、君主權ノ無制限タルコトヲ證スルコトヲ得ズ。英國ノ如ク現今君主ノ權ヲ無制限ニアラズトナス國ニ於テモ、君主ニ對シテ制裁ナキコト論ヲ俟タズ。故ニ若シ此點ニツキテ君主ノ權ヲ無制限トナサントスレバ、英國ノ如キモノヲ除クベカラズ。都テ君主國ニ於テハ君主ノ權ハ無制限ナリト謂ハザルベカラズ、而シテ又君主ハ犯スベカラザルモノナリト雖ドモ、君主ノ行爲ニ付テハ大臣其責ニ任ジ、違憲ノ行爲ニ付テハ一定ノ場合ニハ明カニ法律上ノ制裁アリ。例ヘバ大臣ノ副署ナキモノハ効力ヲ有セズ、又一定ノ法式ニ從ウテ公布セザルモノハ、効力ヲ有セザルノ類是ナリ。

君主ノ大權ニヨリ憲法ニ確定ノ手續ニヨラズ、憲法ヲ廢止又ハ憲法ノ條項ヲ廢止又ハ變更スル時ハ、其行爲ニツキ如何ナル制裁アルカ、曰ク憲法ニ確定ノ手續ニヨり、議會ノ參與ヲ以テセザル廢止變更ハ無制限ノ至高ノ命令ニ違背スルモノナリ。換言スレバ憲法ハ無制限權ノ至高ノ命令ナリ。此無制限權ノ命令ハ、只ダ無制限權ノ直接ノ運用ヲ以テ之ヲ廢止、變更スルヲ得可シ、而シテ無制限權ノ直接ノ運用ハ君主ノ大權ニ議會ノ協贊權ヲ加ヘテ成ル者ナリ。議會ノ協贊ニヨラザル廢止、變更ハ、無制限權ノ運用ニヨリテ爲シタルモノニアラザレバ、効力ヲ有スベキモノニアラズ。其廢止、變更ノ命令ハ無制限權ノ直接ノ命令ニアラズ又法律ニ非ズ違憲ノ命令ナレバ人民ハ之ニ服從スルノ義務ナシ。又法衙ハ違憲ノ命令ヲ强制執行スルノ義務ナシ而シテ又憲法ノ廢止、變更ヲ眞正ノ廢止、變更トナサヾルガ故ニ、總テ法律命令制定ノ手續ハ、變更セラルヽコトナキモノト見做サヾルベカラズ。故ニ憲法ノ手續及ビ方式ニヨラザル法律ハ法律ニアラズ、是ヲ以テ從前ノ法律ヲ廢止、變更スルヲ得ズ。法衙ハ從前ノ法律ヲ强制スベキモノトス、而シテ君主ノ大權ヲ以テ憲法ヲ廢止、變更シ、實際ニ人民之ニ服從シ、法衙モ之ヲ强制スル時又ハ兵力ヲ以テ服從ヲ拒ムモノヲ抑制シ、實際其權力ニ服從セシムル時ハ、政治上ノ變動ニヨリ、無制限權ハ君主ニ復歸シ、專制ノ制度トナリタルモノト見做サヾルベカラズ、然レドモ是政治論ニシテ國法論ニアラズ。

王位繼承

歐州各國古代及ビ中世ニ於テハ、君主ヲ選立スルノ法例行ハレタル國少ナカラズ。然レドモ漸次ニ君位世襲ヲ以テ各國王家ノ通則トナシ、王室典範ヲ制定シ、君位繼承ノ要件ヲ確定シタリ。普國ニ於テハ其憲法ヲ制定スルニ際シ、王位繼承ノコトハ既ニ王室典範ノ規定アルガ故ニ、之ヲ認メ、憲法ニ於テハ只ダ君位ハ皇統男系ノ男子、長幼、近親ノ順序ニ據リ之ヲ繼承スベキコトヲ規定スルニ過ギズ。現行獨逸帝國憲法ニヨレバ、帝位ハ常ニ普國王之ヲ兼ヌルヲ以テ法トナスガ故ニ、帝位繼承ノ要件ト、王位繼承ノ要件トハ同一ニシテ、帝國憲法ハ繼承ノ要點ヲ規定セズ。而シテ又歐洲中古ニ於テハ、君位ノ繼承ヲ私法上ノ相續ノ如ク見做シ、國ヲ分割シテ繼承スルノ法アリシガ、繼承法ツ進步ニ從ウテ漸次ニ其意義ヲ變換シ、君位繼承ハ私事ニ非ズ國法ノ權ニシテ、國ハ分割繼承スベキモノニ非ズトナスニ至レリ。現今ハ國土ハ分割スベカラズ、國ニ二王ヲ立ツベカラズ王位ノ繼承ハ公法上ノ權利トナスト云フヲ以テ歐洲各國ノ通法トナセリ。而シテ君位ハ一日モ空シウスベカラズ、君主崩ズレバ繼承權ヲ有スル者直チニ位ヲ繼クヲ以テ各邦ノ通則トシ、即位其他一定ノ儀式ヲ經テ初メテ其位ヲ得ルニアラズ。

英國及ビ普國其他獨逸ノ或國ニテハ、君位ヲ嗣ギタル者ハ憲法ノ規定ニ從ウテ、憲法及ビ法律ヲ確守スルノ誓ヲナスコトヲ要ス。其誓言ニハ英、普差異アレドモ、其意義ノ大躰ハ同一ナリ。然レドモ其効力ハ大差アリ、英ニテハ若シ君位ノ繼承者カ誓ヲ宣言セザル時ハ、其誓ヲ拒ムヲ以テ君位ヲ辭スルモノト見做ス。誓ヲ述ブル前ニ君位ノ資格ヲ以テ行ヒタルコトハ都テ効力ヲ有ス。普ニ於テハ之ニ異リ。繼承者ガ誓ヲ拒ム時モ之ヲ以テ君位ヲ辭スルモノト見做スコトヲ得ズ。故ニ或ル公法家ハ曰ク、誓言ハ憲法確定ノ法ナレバ若シ嗣君ガ之ヲ拒絕スル時ハ、即チ憲法規定ノ義務ヲ拒絕スルモノナルヲ以ヲ實際統治權ヲ行ヒタルコトアルモ、其行爲ハ法律上効力ヲ有スルモノトナスベカラズ。但シ後日ニ至リテ誓ヲ述ブル時ハ、誓言前ニナシタル行爲モ亦法律上ノ効力ヲ有スルモノナリト。然レドモ多數ノ公法家ハ全ク之ニ反對ノ説ヲ取レリ、其説ニ曰ク君主タルノ權ヲ得ルハ誓ニ關セズ、故ニ統治權ヲ行フモ亦誓ニ關セズ、其他即位ノ儀式及ビ之ニ類似ノ制式ハ、位ヲ繼グノ權ニ關シ法律的ノ効力ヲ有スルモノニアラズト、是レ專ラ行ハル、説ナリ。

君位ノ繼承ハ男系ノ男子ニ限ルト、女系ノ女子モ亦繼承スルノ權ヲ有スルトノ差アリ。普國及ビ其他數多ノ獨逸各邦ニ於テハ、王位ノ繼承ハ男系ノ男子ニ限レリ。英國ニテハ男系ノ女子及ビ女系ノ所出モ、亦順序ニヨリテ繼承スルコトヲ得。英、佛及ビ獨逸ニ於テ、君位ノ繼承ハ正婚ノ所出ニ限ル。但シ英國ニテハ君主ノ許可ヲ以テ婚姻ヲナシタルモノハ、貴族又ハ平民ノ女子タルヲ論ゼズ總テ正婚トス、故ニ其所出ハ位ヲ繼承スルコトヲ得。之ニ反シ普國及ビ其他獨逸各邦ニ於テハ、同等正婚ノ所出タルヲ要ス。同等正婚トハ高等貴族ノ正婚ノ女子ト正當ニ婚スルコトヲ云フ。

英國ニテハ貴族ニ特權ヲ有スルト特權ヲ有セザルトノ區別ナキモ、獨逸ニハ其區別アリ、即チ高等貴族ハ同等結婚ノ權ヲ有シ、其所有ノ城地ニ稅ヲ課セラレザルノ權、及ビ民事上ニ於テモ特權ヲ有ス。此貴族ハ伯爵以上ニシテ舊來ノ伯爵ハ高等貴族ニ屬シ、新伯爵ハ下等貴族ニ屬ス。

攝政

攝政トハ君主ノ大權ヲ攝行スル者ニシテ、元ヨリ君主ノ大權ヲ繼嗣スルモノニアラズ、暫時君主ニ代リテ君主ノ大權ヲ運用スルニ過ギズ。普國ニテハ、攝政ノ事ハ憲法ニ於テ之ヲ規定シ、王位繼承權ヲ有スル者ノ攝政トナルベキ順序ハ、王室典範ヲ以テ之ヲ規定セリ。攝政ヲ置ク場合ヲ二トス。

第一　君主ノ未ダ成年(滿十八才)ニ達セザル時、

第二　君主ガ永キ間故障アリテ君主ノ大權ヲ行フコト能ハザル時。

普國ニテハ、攝政タルベキモノハ王族成年ノ男子ニ限ル。其順序ハ王位繼承ノ順序ニ從フ。故ニ攝政ヲ置クノ必要アル時ハ、第一ニ王位ヲ嗣グノ權アルモノ自ラ攝政トナリ、直チニ議會ヲ召集シ攝政ヲ置クノ必要アルヤ否ヤヲ議セシム。若シ必要ナシト議決スル時ハ攝政タルヲ得ズ。之ニ反シ議會ガ攝政ヲ置クノ必要アリト議決スル時ハ、必ズ攝政タルベキ權利ヲ有スルモノ攝政トナリ、其權利ヲ有スル者ノ意ニ反シテ他ノモノヲ以テ攝政トナスコトヲ得ズ。然レドモ若シ成年ノ男子ナク、又前以テ法律ヲ以テ攝政タルベキモノヲ定メタルコトナキトキハ。內閣ハ直チニ議會ヲ召集スルヲ要ス。議會ハ兩院ノ合併總會ニ於テ攝政ヲ選擧ス、而シテ攝政ノ選擧ヲ終ル迄ハ內閣假リニ攝政ノ事ヲ行フ。而シテ又議院ガ攝政ヲ選擧スルニハ其候補者ニ制限ヲ設ケズ。

普國ニテハ、憲法ノ改正ヲモ攝政ヲ置クノ間ニ之ヲ行フコトヲ得。但シ攝政ハ君主ノ大權ヲ(本邦ニテハ攝政ノ權ニ制限アリ、攝政ヲ置クノ間ニハ憲法ヲ改正スルコトヲ得ズ。)代理スルモノニシテ、都テ君主ノ名義ヲ以テ其大權ヲ行フモノニシテ、君主ノ尊榮ヲ有スルモノニアラズ。

普國憲法ニ於テハ攝政ノ終止ヲ規定セザレドモ、攝政ノ死去、辭退其他事故アリテ大權ヲ行フコト能ハザル時ハ、終止スルコト當然ノ理由ナリ。此當然ノ理由ノ外ハ、一旦攝政トナリタル者ハ之ヲ置キタル理由ノ止ム時迄ハ其任ヲ去ルコトナシ。

(本邦ニテハ、攝政ハ皇室典範ヲ以テ之ヲ定ム。天皇ノ位ヲ繼承スルハ男系ノ男子ニ限レドモ、攝政ニハ之ヲ任ズルコトヲ得。
英國ノ攝政ハ、慣例ニヨレバ王位繼承ノ順序ニヨリテ攝政トナレドモ、其攝政トナルコトハ權利ニ非ラズ。是レ普國ト大ニ異ル所ナリ。)

王室財産

君主ノ私産ハ、憲法又ハ王室典範ニ於テ特別ノ規定ナケレバ私法ノ規定ニ從フベキモノニシテ、國有財産ト同ジカラズ。而シテ此二種ノ財産ノ中間ニ位スベキモノ歷史的ニ成立テリ、之ヲ王公財産Kammergutト稱ス。

封建時代ニ於テハ、獨逸ノ侯伯ハ皆大ナル不動産ヲ所有シ、其收入ヲ以テ公私ノ費用ヲ辨ゼリ。此財産ノ外侯伯ガ帝國ノ官吏トシテ其官職ニ屬スル所ノ帝國財産ヲ有セリ。此ノ財産ヲ從前ノ財産ト合併シ、而シテ又私法上ノ手續例令ハ買入、受遺産、貸付等ニヨリ漸次ニ此財産ヲ增加シ、又此他ニ宗敎ノ改革(レフォルメーション)ニヨリテ寺院ニ屬スル財産、又ハ慈善ノ設立ニ關スル財産ヨリシテ巨額ノ財産ヲ得タリ。如此キ手續ヲ以テ得タル所ノ不動産ヲ總合シテ之ヲ王侯財産ト稱セリ。而シテ又十八世紀以來ハ之ヲ Domänen（王公領）ト稱セリ。此外王公ノ特有權ニ屬スル收入其他各種ノ手數料、受遺產稅ヲモ亦王公財產中ニ包入セリ。而シテ王公ノ家事ノ費用及ビ政府ノ費用モ此財產中ヨリ支辨スルガ故ニ、此財產ハ領土ノ最上權ニ附屬スルモノトナシ、位ヲ繼承スルモノ之ヲ相續セリ。然レドモ時トシテ以上ノ例規ニ反スルノ處分ヲナシタルコトアリト雖ドモ、漸次ニ「ドメーヌン」ノ移轉スベカラザル主義進步シ來レリ。次ニ此財產ヲ以テ政務ノ費用ヲ支辨スルニ足ラザル塲合ニ於テ、初メテ職制議會ノ承認ニヨリ、臣民ニ租稅ヲ上納スルノ義務ヲ負ハシメタリ。而シテ此租稅ノ收入ハ職制議會ノ監理スル金庫ニ納メ、之ヲ國庫ト稱シタリ。國庫及ビ其收入ヲ以テ得タル所ノ財產ヲ國有財產ト稱シ、之ヲ王侯財產ト差別シタリ。

英國ニテモ、亦タ大躰ノ手續ハ同ジ。

此ノ如ク王公財產ハ、王公ノ政治上ノ資格ト、私人ノ資格トノ差別ヲナサヾリシ前ニ生ジタルモノナルヲ以テ種々ノ元素ヲ含有セリ、故ニ之ヲ純粹ノ國有財產ト見做スコトヲ得ズ、又王侯ノ私產ニモ非ラズ、兩種ノ性質ヲ含ムモノナリト雖ドモ、其何レニ屬スルカ起源ノ不明ナルモノ少ナカラズ、故ニ數多ノ邦國殊ニ大邦ハ法律ヲ以テ王公領ヲ國家ノ財産トナシ、而シテ英、佛兩國ニ倣ヒ君主ノ王室費ヲ國庫ヨリ支出スルコトト定メタリ。此王室費ハCivilliste或ハ法律ヲ以テ之ヲ確定シ、或ハ君主ノ統御期間ニツキテ之ヲ定メタリ、此他ニ王公家ノ世襲財産或ハ其他ノ財産ヲ有スルコトアルモ、是ハ全ク王室ノ私産トス。

帝國共議院 Bundesrat

共議院ハ獨逸聯邦ノ君主及ビ國老ノ代表者ナリ、玆ニ國老ト稱スルハ三共和國ノ國老ヲ意味ス。アルサスロートリンゲンハ共議院ニ代表者ヲ有セズ、何トナレバ帝國ノ直轄ニシテ一邦國ヲナセルモノニ非ザレバナリ、共議院ニ於ケル各邦ノ表決權ノ比例ハ左ノ如シ、

Preussen……………………17
Bagern……………………6
Sachsen, Würtemberg……………………4
Baden, Hessen……………………3

Mecklenburg-Schwerin, Braunschweish…………2

其他ハ盡ク一票ニシテ總數五十八票ナリ。聯邦ハ其有スル表決權ノ數ニ等シキ全權委員ヲ出スコトヲ得、然レドモ表決ハ合シテ之ヲナスコトヲ得。而シテ又表決ヲナスノ義務ヲ有セズ、各邦ノ全權委員ハ其君主又ハ國老ヨリ訓令ヲ受ケテ職務ヲ取ルモノナリ。而シテ訓令スル事項ハ政府ノ事務ニ關スルモノナルヲ以テ、一般ノ政治事務ト同樣其國ノ憲法ニ從ツテ大臣ノ副署ヲ要ス、然レドモ協議院ハ各邦政府ノ代表ナルヲ以テ、訓令ノコトヲ以テ其國ノ議會ノ議決ニ付スルコトヲ得ズ。

協議院ハ定期ニ集會スルモノナリ、而シテ其開閉及ビ休會ハ帝之ヲ司ル。而シテ左ノ場合ニ必ズ開會スベキモノトス。

第一、　每年少クトモ一回ハ必ズ開會スベキモノトス。

第二、　其議院議員ノ三分ノ一ガ開會ヲ要求スル時。

第三、　帝國議會ヲ召集スル時ハ必ズ召集スベキモノトス、但シ議會ヲ召集セザルトキト雖ドモ亦タ召集スルコトヲ得。

協議院ノ議長及ビ其事務ノ綜理ハ帝國大宰相之ヲ司リ、而シテ大宰相ハ帝之ヲ任命ス。此大宰相ハ普國ノ全權委員タル者タルヲ要ス、大宰相事故アリテ代理者ヲ命スル時ハ、其代理者協議院ノ議長トナル。又普國ニ事故アリテ議長ヲ出スコト能ハザル時ハ、バヾリア國ハ其全權委員ヲシテ議長タラシムルノ權ヲ有ス。

協議院ノ事務ハ繼續スベキモノトス、即チ「コンチニユイチー」ノ「プリンシプル」ヲ取レルモノナリ。議決ニハ之ニ要スル定數ナシ。而シテ各全權委員ハ他邦ノ全權委員ノ表決ヲ代理スルコトヲ得、可決ハ過半數ヲ要シ、同數ノ塲合ニハ普國裁決權ヲ有ス。但シ之ニハ左ノ二個ノ例外アリ。

第一、帝國憲法ノ變換ニハ、十四票ノ反對アレバ否決トス。

第二、或ル事項ニツキテハ、異議アル塲合ニハ議長之ヲ決ス。其事項トハ現今ノ組織及ビ制度ノ維持ニ關スルモノニシテ、例ヘバ陸海軍ニ關スル法律、關税ニ關スル法律ノ如キ是ナリ。

帝國一般ノ共同事項ニ非ザルモノニツキテ、其事項ニ協同スベキ各邦ノミ表決ス。

但シ帝國ノ職權ガ帝國一般ニ及ブ事項ニツキテハ、實際關係ナキ各邦モ亦表決ス。

帝國一般ノ共同事項ニ非ザルモノトハ、例ヘバ郵便ニツキテハ、バヾリアハ帝國ノ職權ヲ受ケザルヲ以テ協議院ニテ郵便ニ關スル事項ヲ議スル時ニハ、バヽリアノ全權委員ハ表決ヲナサヽルモノトスルガ如シ。

協議院ニ於テハ各種ノ委員ヲ組織シ、此委員ハ永久ニ存立スルモノトス。然レドモ獨立ノ職權ヲ有セズ、一方ニ於テハ協議院ノ議ニ付スベキモノヲ調査シ、一方ニハ帝及ビ其機關ヲ補佐シ、帝及ビ其機關ト各邦トノ媒介ヲナスモノナリ。

協議院ノ僚員ハ、各國政府ノ全權委員ニシテ其訓令ニヨリテ事務ヲ取リ、且ツ其政府ニ對シテ責任ヲ有ス。而シテ全權委員ハ外交官ノ地位ヲ有スルモノニシテ、公使ノ特權即チ治外法權ヲ有ス。然レドモ帝國ニ對シテ治外法權ヲ有スルニアラズ、其會地ナル普國ニ對シテ治外法權ヲ有ス。

議會

第一院

獨逸各邦ニ於テハ、第一院ハ貴族(但シ貴族ハ世襲ノ議員タル者アリ、選擧ニヨルモノアリ、國王ノ任命ニ係ルモノアリ。)及ビ佛國ノ欽定憲法ニ倣ヒ、國王ガ一定ノ人員ヲ限リ終身議員ヲ任命セル者、及ビ或ル種ノ高等官吏、高等ノ僧官、大學ノ代表者及ビ大市ノ代表者ヲ以テ其議員トス。第一院議員タルノ資格ハ一、國民タルᄀ。二、男子タルコト。三、一定ノ年齢ニ達スルコト。四、國民榮譽權ノ全有。五、後見人ノ下ニ立ツ者身代限處分中ノモノ、獨逸外ノ國ニ仕フルモノハ議員タルコトヲ得ズ。

議員ハ其議員タルノ資格ヲ放棄スルコトヲ得ルヤ否ヤニツキテハ、一定ノ通則ナシ。只ダ議員トナルコトガ隨意ナル場合ニハ、其資格ヲ放棄スルᄀヲ得レドモ、然ラザル場合ニハ放棄スルコトヲ得ザルコトノミヲ通則トス、其他ハ夫レ〳〵各邦ノ規定ニ從ハザルベカラズ。

第二院

第二院ハ、國民ノ選擧シタルモノヨリ成ルヲ通例トス、而シテ其選擧法ノ一部ハ憲法ニ於テ之ヲ規定シ、一部ハ特別ノ法律ヲ以テ之ヲ規定ス」Actives Wahlrecht 選擧權ノ資格ハ一、國民タルコト。二、男子タルコト。三、一定ノ年齢(多クハ廿五才)。四、國民榮譽權ノ全有。五、後見人ノ下ニ立ツ者、身代限處分中ノ者、公費ヲ以テ救助ヲ受クル者、租税滯納者ハ選擧權ヲ有セズ。此他或ル國ニ於テハ一戸ヲ構ヘ居ルコト、市町村ノ選擧權ヲ有スルコト、直稅ヲ納ムルコトヲ以テ要件トス。陸海軍ニ現役中ノ者ハ選擧權ヲ有セズ、但陸海軍ノ官吏ハ之ヲ除ク。

Passives Wahlrecht 被選擧權ノ資格ハ通例選擧資格ニ同シ。然レドモ或國ニ於テハ被選擧者ニ、選擧者ヨリモ大ナル資格ヲ要シ、又或ル國ニ於テハ選擧者ヨリ少ナキ資格ヲ要ス。少ナキ資格トハ例ヘバ直稅ヲ納ムルコトヲ要セズトスルコト是ナリ。而シテ此ノ塲合極メテ多シ。大ナル資格トハ年齡、（三十才）獨立及ビ品行方正、高額ノ直稅ヲ納ムルコト、一定ノ年限間國民タルコト等ナリ。又或ル國ニテハ既ニ選マレタル議員ノ親族ハ被選擧權ヲ有セズ。獨逸各邦ニ於テハ官吏モ被選擧權ヲ有ス、只ダ一定ノ官吏ノミ被選擧權ヲ有ス。

選擧ニハ、直選ト複選トアリ。普國ニテハ複選ヲ用ヰ、選擧人ヲ直稅ノ額ニヨリテ三級ニ分チ議員ノ選擧人ヲ選擧セシム。投票ハ國ニヨリ或ハ秘密投票ヲ用ヰ、或ハ公然投票ヲ用ユ。公然投票ニハ、選擧人ガ口頭ニテ被選擧人ノ名ヲ言ウテ帳簿ニ記サシムルモノアリ、或ハ記名投票ヲ用ユルアリ。普國ニテハ投票紙ヲ用ヰザル公然投票ヲ用ヰ、而シテ自選ヲ許ス。當選ニモ或ハ比較多數ヲ要スル國アリ、過半數ヲ要スル國アリ。過半數ノ塲合ニ、當選者ナキ時ハ多數ヲ得タルモノヽ中ニ付テ選擧ヲ行ヒ、尚ホ當選者ナキ時ハ抽籤ヲ以テ當選者ヲ決定ス(普國ニテハ過半數ヲ要ス而シテ假令ハ投票ヲ得タル者五人アリテ過半數ヲ得タルモノナキ時ハ、得票ノ最モ少キ一人ヲ除キ殘リ、四人ニ就キ投票ヲ行ヒ、尚ホ過半數ヲ得タルモノナキトキハ、更ニ得點ノ尤モ少キ一人ヲ除キ、殘リ三人ニツキ投票ヲ行ヒ、尚ホ過半數ヲ得タルモノナキ時ハ、抽籤ヲ以テ當選者ヲ定ムルナリ)。

議員タルノ資格ハ、選擧ノ承諾ニヨリテ生ズ。而シテ承諾ハ各自ノ隨意ニシテ一定ノ期限內ニ諾否ヲ決セザルベカラズ、

議員資格ノ消滅ニ三種アリ。議院全躰ニ關スルコト、一院ニ關スルコト、當人ニ關スルコトニヨリテ消滅ス。

議會ノ職權

モンテスキューノ三權分離說ニヨレバ、立法ハ、全ク議會ニ屬スベキモノトス。然レドモ獨逸國ニ於テハ此說ノ全ク行ハルヽ邦ナシ。各邦ノ議會ハ立法ニ參與スルノ權ヲ有シ、且ツ數多ノ塲合ニ於テ行政ニ參與ス、但シ行政ニ參與ストハ、其事柄行政

ニ屬スベキモノニツキテ議會ノ參與スルコトヲ云フ、即チ豫算ヲ確定スルコト、國有財産ノ賣却、公債ヲ起スコト、其他國庫ノ負擔ヲ生ズルコトニツキテハ議會ノ協贊ヲ要シ。又或ル種類ノ條約ハ議會ノ承諾ヲ要ス。此他又議會ハ行政ヲ監督スルノ權ヲ有ス、即チ上奏、建議、質問等ハ議會ガ行政ヲ監督スルノ方法ナリトス。但シ或ル國法家ノ説ニヨレバ、立憲君主制ニ於テハ議會ハ行政ノ監督權ヲ有セズ、上奏、建議等ハ議會ガ國民ノ代表者トシテ政府ニ歎願ヲナスノ方法タルノミト。獨逸一般ノ國法家ノ説ニヨレバ、議會ハ上述セルガ如キ職權ヲ有スト雖ドモ、國家統治權ノ共有者ニ非ズ。只ダ君主ノ總攬セル統治權ノ運用ニツキテノ制限的ノ元素ナリ、議會ハ只ダ明カニ與ヘラレタル權ヲ有スルノミトス。

獨逸帝國ノ機關

第一、協議院、
第二、獨逸帝、
第三、帝國議會、

第四、帝國ノ官衙及ビ官吏、

第一　協議院

協議院ノコトハ、前已ニ之ヲ述ベタルヲ以テ茲ニ述ベズ。

第二　獨逸帝

獨逸帝ハ普國王常ニ之ヲ兼ヌ、獨逸帝ハ特別ノ榮譽權ヲ有セズ、何トナレバ普國王トシテ大抵ノ尊榮權ヲ有スルヲ以テナリ。只ダ帝ノ Wappen 及ビ記號ヲ有スルノミ、又別ニ帝室費ナルモノナシ。此他ニ帝ハ一定ノ政府權及ビ行政權ヲ有ス。其重ナルモノヲ擧グレバ、凡ソ左ノ如シ。

一、帝國ヲ外國ニ對シ代表スルコト、

二、協議院及ビ帝國議會ヲ開閉スルコト

三、法律ヲ公布スルコト、

四　及ビ其施行ヲ總監スルコト、

五、帝國ノ官吏ヲ任免スルコト、
六、陸海軍ヲ組織スルコト、
七、陸海軍ヲ總督スルコト、
八、武官ヲ任免スルコト、
九、郵便及ビ電信總理、
十、赦罪權（帝國法律ニツキテ帝國裁判所ノ裁判ニツキテノ特赦權）。

等ニシテ立法ノ權ヲ有セズ。各國ノ君主ノ有スル所ノ立法權ハ、獨逸帝國ニ於テハ協議院ニ屬ス。普國王トシテハ君主即チ國家ノ說ヲ適用セラルヽコトアレドモ、獨逸帝トシテハ此說ノ適用セラルヽコトナシ。勳章ヲ與フル權ノ如キモ普國王ニ屬スルモノニシテ、獨逸帝ニ屬スルモノニアラズ。獨逸帝ハ其實權ハ甚ダ大ナレドモ、法律上ニテハ大統領ト大差ナシ。

第三　帝國議會

帝國議會ハ、各邦ノ議會ト凡ソ同様ノ地位ヲ有ス。而シテ其職權ノ要領ヲ擧クレバ、

一、立法ニ協賛スルコト、

二、帝國ノ豫算、公債、國庫ノ負擔トナルモノ、鐵道ノ建設及ビ許可ニツキテ協賛ヲナスコト、

三、立法ノ範圍内ニ屬スベキ條約ニ承諾ヲ與フルコト、

四、帝國行政ヲ監督ス、而シテ上奏、建議及ビ質問ノヿハ、憲法之ヲ明言セザレド實際之ヲ行フ。帝國議會ハ一院ヲ以テ組織ス、其組織ハ憲法ヲ以テ定メ、細則ハ選擧法ニ規定ス。即チ普通直選匿名ヲ以テ其議員ヲ選擧ス、議員ノ數ハ人口十萬ニツキ議員一名ヲ選出スルヲ以テ程度トス。但シ人口十萬以下ノ聯邦モ尙ホ議員一名ヲ選出スルヿヲ得、各邦ノ人口ハ分數五萬以上ナル時ハ是亦十萬ニ計算ス。即チ廿五萬ノ人口アル邦ハ三人ノ議員ヲ出スヲ得ルナリ。議員ノ總數ハ三百九十七名ニシテ、内普國ヨリ選出スルモノ二百三十六人。バヴリア四十八人、サキソニー二十三人、而シテ十五邦ヲ除クノ他ハ(即チ十邦)ハ各一人ノ代議士ヲ出スノミ。

第四　帝國ノ行政及ビ司法官衙

帝國ノ官衙トハ、帝國ノ權限內ニ屬スル事項ヲ施行スル官衙ヲ云フ。而シテ帝國ハ只ダ一定ノ事項ニツキテ自己ノ行政ヲ有ス。帝國法律ノ施行ハ之ヲ各邦ニ委任シ、其實行ヲ監督スルニ過ギザルモノ多シ。故ニ帝國官衙ノ多數ハ純粹ノ中央官衙ナリトス。而シテ又或ル場合ニハ、普國ノ官衙ヲシテ帝國ノ事務ヲ取扱ハシム、例ヘバ陸軍省、會計檢査院ノ類是ナリ。

帝國ノ行政ハ大宰相之ヲ管轄ス。大宰相ハ獨逸帝ガ其權內ニ屬スル事項ヲ行フタメノ機關ニシテ、二樣ノ職務ヲ有ス。

第一、協議院ニ於ケル職務、此場合ニハ普國ノ代表者ニシテ、通例議長ノ席ヲ有シ事務ヲ總理ス、然レドモ帝國ノ大宰相ハ普國ノ大臣タルヲ要セズ。

第二、帝國行政ノ長官、此資格ニ於テハ帝ノ命令ニ副署シ、他國ノ大臣ト同樣ノ地位ヲ有ス。總テノ行政官衙ノ首長トス。而シテ又大宰相ハ協議院ノ職務ニツキテハ、自カラ協議院ノ僚員中ヨリ代理ヲ選ムコトヲ得。其他ノ職務ニツキテハ帝其代理ヲ命ス。代理ニ總務代理ト、特務代理トノ二種アリ。代理者ハ其代理セル事項ニツキテハ。大宰相ト同一ノ責任ヲ有ス。

司法官衙ハ

第一、帝國裁判所。Justizbehörde des Reichs各國ノ大審院ノ如シ國事犯ニ付テハ初審裁判ヲナス

第二、領事及ヒ領事裁判所。(二名若クハ四名ノ副官)

第三、航海事件ノ刑事裁判所。Marinestrafgericht

「フライエーステッテー」Freiestädteニ於ケル統治權ハ「セナート」及ヒ市民會ニ屬ス。元老ハ一定ノ人員ヲ以テ組織シ、其中ニ定數ノ法律家ト商人トヲ含ム。元老ハ選擧會(市民會及ヒ元老ヨリ出ス委員ヲ以テ組織ス)ニ於テ終身ノ任期ヲ以テ之ヲ選ブ。市民會ハ市民ノ選擧シタル議員ヲ以テ之ヲ組織シ、各邦ノ議會ノ如キ地位ヲ有ス。而シテ元老ハ政府ト同樣ノ地位ヲ有シ、各行政部ニハ元老ノ僚員長トナル、立法ノコトハ元老ト市民會ト協同シテ之ヲ行フ。

豫算

英國ニテハ、中世ニ於テ既ニ租税ハ必ズ議會ノ同意ヲ得テ之ヲ徴收スベキモノナリト云フコト確定セリ。然レドモ其初メハ只ダ租税ノ徴收ニ同意スルニ止マリ、其租税ヲ各行政ニ支出スルコトニツキテハ議會ハ參與セザリキ。千六百六十六年及ビ千六百八十八年ヨリシテ、初メテ承諾セル租税ヲ支出スルコトニ付テ參與スルコトトナレリ。斯クシテ漸次ニ豫算全躰ニ關スル現今ノ協贊權ヲ生ゼリ。然レドモ英國ニテハ、法律ヲ以テ確定セル歳入、歳出ハ毎年豫算ニ於テ之ヲ議決セズ。只ダ法律ヲ以テ定メザル所ノ歳入、歳出ヲ毎年議定スルノミ。

歐洲大陸諸國ガ初メテ憲法ヲ制定セル時ニハ、英國ノ豫算法ノコトハ明カニ大陸人ニ知レザリシヲ以テ、豫算全躰ヲ毎年議定スベキモノトセリ。佛國憲法及ビ之ヲ摸範トセル所ノ憲法ハ皆此主義ヲ執レリ、此協贊ハ即チ立法ノ行爲ナリ。獨逸各國モ、亦(特ニ普國其他四十八年頃ニ憲法ヲ制定セル國ハ、白耳義憲法ヲ摸範トセルモノ。)豫算ノ議決ハ立法ノ行爲ナリトセリ。然レドモ或ル憲法ハ議會ノ協贊權ニ制限ヲ設ク。其制限ノ主ナルモノヲ擧グレバ

一、豫算ノ協贊ニハ、條件ヲ付スベカラザルモノトス。

二、聯邦ノ法律或ハ其國ノ法律又ハ私法上ノ義務ニ基ク所ノ支出ハ、議決ヲ拒ムコトヲ得ズ。

或ル憲法ハ、之ニ反シ表面上議會ノ協賛權ニ制限ヲ設ケズ。豫算ハ、其形式上ヨリ言ヘバ法律ナリ、即チ議會ノ協賛ヲ以テ發布スル所ノ國家ノ命令ナリ。然レドモ其性質上ヨリ云ヘバ豫算ノ議定ハ一ノ行政上ノ行爲ナリ、故ニ豫算ハ必ズ法律ノ範圍內ニ於テ議決スベキモノナリ。獨逸ニ於テモ、性質上法律ニテ確定セル歲入、歲出ト、法律ニテ確定セザル歲入、歲出トノ區別ヲナシ。法律ニ確定シタル歲入、歲出ハ其議決ヲ拒ムコトヲ得ズ。何トナレバ議會ノミニテ法律ヲ變ズルコトヲ得ザレバナリ。議會ニテ隨意ニ議決シ得ルハ法律ニ確定セザル部分ニ止マルモノトス。國庫ノ負擔トナルベキモノ、公債ヲ起スコト及ビ國家財產ヲ賣却スル等ハ皆議會ノ協贊ヲ要ス。

豫算ガ適當ノ場合ニ成立タザル時ハ、政府ハ財政ノ處分ヲ爲シ得ベキヤ、若シ財政處分ヲナスコトヲ得ザル時ハ、國家ハ存立スルコトヲ得ズ、サレバ、豫算不成立ノ時ハ君主ハ隨意ニ財政ヲ處分シ得ベキヤ、若シ得ルモノトスレバ憲法上ノ議會ノ權ヲ滅却スルニ等シ。豫算不成立ノ時ハ政府ハ法律上確定ノ歳入ヲ徵收シ、且ツ法律上確定ノ歳出ヲナスノ權利ヲ有スルノミナラズ、又義務ヲ有ス。法律上確定セザル歳入及ビ歳出ニツキテハ、政府ハ後日責任解除ノ爲メ議會ノ承諾ヲ得ルヲ要ス。豫算ハ必ズシモ一年限リノモノニアラズ、獨逸各邦中ノ大邦ハ皆一年限リナレドモ、小邦中ニハ二年乃至三年間ノ豫算ヲ一時ニ決スル國アリ。歳入ノ大部分ハ法律ヲ以テ之ヲ定メ歳出モ亦法律ノ結果ニヨリテ定マルモノ多シ。

以下ニ獨逸帝國ノ豫算ニ付テ說述セン。

獨逸帝國ノ歳入歳出

獨逸帝國ノ歳出ハ

一、帝國ノ歳入ヲ徵收スル所ノ費用、

二、帝國機關ニ付テ支出、帝國機關トハ協議院、帝國議會、帝國ノ官吏、

三、各行政ノ支出（營繕費、建築費等）

四、帝國債ノ利子及ビ賣却ニ要スル金額、

獨逸帝國ノ歳入ハ左ノ如シ、

一、私法上ノ性質ノ歳入　即チ帝國鐵道ノ營業ヨリ生ズル收入、帝國印刷局ノ營業ヨリ生ズル收入ノ類、

二、諸種ノ手數料　即チ帝國裁判所ノ訴訟ヨリ生ズル收入、領事ガ證券ヲ公證スルヨリ生ズル手數料等、

三、關税及ビ鹽税、煙草、火酒、麥酒幷ニ砂糖ノ消費税（關税ハ帝國ノ歳入ナレドモ、其徵收ハ各邦之ヲナス。）

四、爲替ノ印紙税、

五、銀行税　銀行紙幣ヲ發行スルニ當リテ、積立金額以上ノ額ヲ發スル時ハ其超過額ニハ五分ノ税ヲ課ス。帝國銀行ニ關シテハ特別ノ規定アリ、

六、骨牌類ノ税、

七、各邦ノ貢納　Contribulion、此額ハ元ト人口ニヨリテ定ム、然レドモ或ル場合ニハ例外アリ。例ヘバ、バイエルン、ウェルテンベルヒハ郵便、電信ニ付テハ獨立ナルヲ以テ、帝國ノ郵便、電信事務ニ關スル費用ニツキテハ全ク貢納セザル

ガ如シ。

帝國豫算ハ、帝國議會ト協議院トノ協同ニヨリテ確定ス。而シテ豫算ヲ以テ法律ト認ムト雖モ、其性質ハ行政行爲ニ屬ス。

帝國立法ト各部立法トノ關係

全ク帝國ノ立法權内ニ屬スル事項ニツキテハ、各邦ハ立法權ヲ有セズ。或ル事項ニツキテハ、帝國モ各邦モ等シク立法權ヲ有ス。此場合ニハ帝國ノ法律ガ各邦ノ法律ニ先立ツトノ原則ヲ適用スルモノトス。

各邦ノ憲法モ亦帝國ノ法律ニ矛盾スルモノハ廢棄セラル、啻ニ法律ノミナラズ命令(Verordnung)ニ矛盾スルモノモ亦然リ。

法律及ビ命令

立法權ハ、立憲制ニ於テハ君主ノ大權ト議會ノ協贊權トヲ以テ成ルヲ通則トスレドモ、獨逸各邦ニ於テハ立法權ハ君主ニ專屬シ、議會ハ只ダ君主立法權ノ運用ニツキテ協賛スルト云フ原則ヲ執レリ。

總テ人民ノ權利義務ヲ規定スル通則ハ、必ズ議會ノ協賛ヲ以テ發スベキモノニシテ、命令即チ「フェルオルドヌング」ヲ以テ之ヲ規定スルヿヲ得ズ。

發議權ハ、四十八年以前ニ制定セル憲法ニハ、君主ニノミ屬スルモノトセルモノ多シ。而シテ四十八年以後ノ制定ニ係ルモノハ、君主及ビ議會共ニ此權ヲ有スルモノトスルモノ多ク、且ツ四十八年以前ニ制定セル憲法ヲモ改正シテ議會ニモ亦發議權アリトセルモノ多シ、故ニ現今ハ多クハ發議權ハ君主ト議會トニ屬ス。

法案ノ裁可ハ、該法案ヲ議決セル議會ノ存在中ニ決スベキモノトス。

命令ニ左ノ二種アリ

1). Verordnung — { Verwaltungsverordnung / Rechtsverordnung }

2). Verfügung

第一ハ通則命令ニシテ、其發布ニハ一定ノ式ヲ要シ。第二ハ特別命令即チ達令ナルヲ以テ、其發布ニハ、一定ノ式ヲ踏ムヲ要セズ。通常命令ニ二種アリ。行政命令(官制ヲ定メ、訓令ヲ與フル等行政官組織ノ區域內ノ通則命令ヲ云フ。故ニ人民ノ權利、義務ニ直接ノ關係ヲ有スルモノニアラズシテ行政權ニ屬ス。何トナレバ行政ノ統一ノ爲メニ欠クベカラザルモノナルヲ以テナリ。)及ビ「レヒツフェルオルドヌング」ニシテ後者ハ臣民ノ權利、義務ニ關スル命令ナリ、憲法又ハ法律ニ於テ此權ヲ委任スルニ非ザレバ、君主ハ隨意ニ此命令ヲ發スルノ權ヲ有セズ。此委任ニ一般ノ委任ト、特別ノ委任トアリ。一般ノ委任トハ、或ル行政ノ區域ノ全體ニツキテ委任スルコトニテ、特別ノ委任トハ、或ル特別ノ塲合ニノミ限リテ委任スルコトヲ云フ。例ヘバ普國ノ警察令ヲ發スルノ權ノ如キハ法律ヲ以テ委任セルモノナリ。

帝國ノ立法ノコトハ前已ニ之ヲ述ベタリ、帝國ノ命令モ亦各邦ノ命令ニ等シ。

帝國ニテハ、法律ノ裁可權ハ協議院ニ屬シ、帝ハ裁可權ヲ有セズ。帝ハ協議院ノ裁可セル法律ヲ、發布及ビ執行スルノ權利及ビ義務ヲ有ス。

第二編　行政法

緒論

歐洲ニ於テハ中世ノ始ノ頃、國家ノ支配權ハ神ノ付與シタルモノナリトナシ、既ニ十二世紀ノ頃ヨリ君主ヲ以テ獨立ノ主權ヲ握ルモノトナスノ説起リタリ。羅馬帝國ノ盛ナル時ニ當リテハ、皇帝ヲ以テ國家最高權ノ掌握者トナセシガ、後帝國衰ヘテ統一ノ下ニ在リシ各邦實權ヲ掌握スルニ及ヒ、各邦ノ君主ヲ以テ主權者トナスニ至レリ。就中最モ著シキモノハ佛國ニシテ、其盛大トナルニ從ヒ主權ノ意義著シク進歩セリ。

主權ナル語ハ、初ハ主トシテ外國ニ對シテ用ヰ獨立トイフ事ヲ指示シタルモノナリキ、然ルニ佛國ガ封建制度ヲ變シ中央集權ヲ爲スニ伴ヒ、主權ハ内國ニ於テ絶對的無制限ノ權ナリトノ意義ニ進歩セリ。此ノ頃主權論ニ就テ著シキ學者ハ、佛國ノボーダンナリキ、歐洲大陸各邦ニ於テ君主專制ノ盛ナル間ハ此説盛ニ行ハレタリ。

然ルニ此説ニ反對ナル主權者ハ國民ナリトイフノ説モ、既ニ中世ニ起リ居リテ十七世紀、十八世紀ニ至リテハ、此説ヲ主張スル學者頗ル多ク、就中勢力アリシハ有名ナルルーソーノ民約論ナリキ。ルーソーノ國民主權説ハ佛國革命ノ時ニ當リテ勢力ヲ得シノミナラズ現今ニ至ルモ、佛國共和制ノ主權説ハ氏ノ説ニ基キタルモノナリ。然ルニ立憲君主制ヲ採用シタル獨逸各邦ニ於テ、現世紀ノ始ヨリ一種ノ折中説行ハレタリ。此説ハ國家ヲ法人トナシテ判然君主ト區別シ、無制限ノ主權ハ國家ニ屬シ、君主ニ對シテ主權ナル語ヲ用井ル時ハ無制限ノ意義ニ非ズトナス、即チ主權ナル語ヲ二樣ニ用井ルコトヽナリシナリ。

英國ニ於テハ、十六世紀ノ中葉ヨリ以來主權ニ就テ論ズルモノ尠カラズ、ホッブス、ロック、ブラックストーン等是ナリ。而シテ君主ノ權ハ神ノ授與シタルモノト論ズルモノアリ、又國家ヲ以テ主權者トナスモノモアリ、君主ヲ以テ絶對的主權ヲ有スルモノトナスアリ、或ハ主權ハ議會トノ共同躰ニ在リト論ゼリ。然ルニ現今ノ憲法家及ビ憲法ノ性質ニ就テ見ル時ハ、英國ニ於テ國家最高ノ命令ヲ發スルモノハ君主及ビ議會ノ共同躰ニシテ、此共同躰ガ即チ主權者ナリ。

主權ヲ説明スルニ就テハ、法理ト政理トヲ判然區別シ法理ヲ解クニ政理ヲ混セザル事チ要ス。法理上國家ノ主權ハ最高ノ命令ヲ發スルモノニアリトナス。英國ニ於テハ法理上憲法ト法律トノ差別ナク共ニ同一ノ手續ニヨリテ制定シ、同一ノ効力ヲ有シ、共ニ國家最高ノ命令タリ。而シテ此命令ヲ發スル者ハ、君主ト議會トノ共同躰タリ。而シテ此命令ハ其性質ノ如何ニ拘ラズ、國民多數ノ意思ナルト否トニ關セズ、苟モ國民タルモノハ皆之ニ服從スルノ義務アリトナス。又裁判所及ビ其他ノ國家行政機關ハ、之ヲ實行シ强行スルノ義務アリトナス。法理上此命令ニ抵抗シ、或ハ此命令ヲ制限スルノ權ヲ有スルモノナシ、故ニ之ヲ發スルモノガ即チ國家最高ノ權ニシテ主權ナリトス。

ボルンハックハ、右ノ說ニ反對シテ英國ノ主權ハ國民ニアリトイヘリ。然レ𪜈是レ政治論ナリ、何トナレバ實際下院ガ勢力ヲ有シ內閣ハ下院ノ多數ト同意見ナリト雖𪜈是レ實際ノ有樣ヲイフニ過ギズ、實ニ下院ハ國民ノ代表ニシテ政治上實權ヲ有スルハ疑フベカラズ、サレ𪜈人民ノ意思又ハ下院ノ意思ハ、人民又ハ下院ノミニテ直接ニ命令ヲナスモノニ非ザルヲ以テナリ。或論者ハ一千六百七年後英國ニ於テハ「ビトー」ヲナセシ事ナシト雖𪜈、之ヲ爲スノ權ハ君主ニアリ、裁可ハ命令ヲ成立セシムル唯一ノ行爲ナルヲ以テ、主權ハ君主ニアリト論ズルモノアリ。君主ハ裁可ヲ爲シ或ハ不裁可ヲ爲スノ權アリト雖モ、君主ハ議會ノ否決シタル事ヲ裁可スル能ハザルヲ見レバ、君主ノミガ主權者ニ非ザルヲ知ルベシ。

主權ノ意義ハ、英佛ノ如キ單純國ニ於テ發達シタルガ故ナリ、之ヲ直ニ獨逸ノ如キ聯邦制度ノ國ニ適用シガタシ。サレバ合衆國ニ就テハ、特別ノ意義ニ用ヰザルベカラズ。

獨逸帝國ノ主權ハ、各地方ニ於テ主權タル二十五邦ガ、其各自ニ屬スル主權ノ一部ヲ割キテ之ヲ帝國ニ歸セシモノナリ。而シテ其他ノ主權ノ部分ハ、各邦ニ存スルモノトス。故ニ帝國ノ主權ハ完全無制限ノ權力ナリトイフ事ヲ得ズ、唯各邦ヨリ歸セラレシ事ニ就テノミ無制限ノ權力ヲ有シ、各邦ハ帝國政府ノ命令ノ機關タリ。而シテ各邦ニ尙存セル即チ帝國政府ニ歸セザル主權ノ部分ニ就テハ、各邦ハ帝國政府ノ支配ヲ受ケズ無制限獨立ノ主權ヲ有ス。

或論者ハ、獨逸帝國ノ憲法ハ帝國ガ隨意ニ變更スル事ヲ得ザルモノナリ、之ヲ變更スル時ハ各邦ノ主權ヲ動カス事トナル故ナリ、各邦ニハ主權ナシト。然レドモ此論ヲ普國ニ適用スルヲ得ズ、何トナレバ「ブンデス、ラート」ノ議員五十八名中普國ハ十七名ノ多數ヲ有シ、憲法ノ變更ハ右議員十四名ノ反對アラバ成立セザルヲ以テナリ。又各邦ニモ Reserved right ト稱シテ、各邦ノ承諾ヲ經ザレバ變更シ得ベカラザル憲法條項アリ。

立憲君主制ニ於テハ主權ハ君主ニアリ。然レドモ君主ヲ主權者トナス國法家ノ理由ハ同一ニ非ズ。或國法家即チゲ、マイエルノ如キハ、君主ヲ以テ主權者トナスナレドモ國家ト同一物ニハ非ズ。國家ノ機關ニシテ無制限ノ權ヲ有セズ、其無制限ノ主權ハ法人タル國家ニ屬ス。主權トイフ語ヲ君主ニ用ヰル時ハ無制限ノ意義ニ非ズトイヘリ。此說ハ獨逸ニ廣ク行ハレタルモノナレドモ、其論理ニハ不十分ノ點アリ。主權トイフ語ヲ二樣ノ意義ニ用ヰ、君主ヲ主權者ナリトイフ場合ニハ無制限ノ意味ニ用ヰルニ非ズ。故ニ君主ハ眞ノ主權ニ非ズシテ無制限ノ權力ヲ有スルハ法人タル國家ナリ。國家ニ無制限ノ主權アル時ハ其運用者ノアル事ヲ必要トス。主權ト其運用者トハ同時ニ存立シ、廢亡スベキモノニシテ、國家ニ主權ノ有無ハ其運用者ノ有無ニヨリテ之ヲ知ルヲ得ベシ。然ルニ此說ニ於テハ國家ハ無制限ノ主權者ナリトスレドモ、君主ノ外ニ主權ノ運用者ヲ認メズ。而シテ尙國家ニ無制限ノ主權アリトナス、是レ最モ不都合ナル論點ナリ。

リヨンチ、シュルツェ等ノ說モ是ト大同小異ナリ、伊藤伯ノ憲法第四十條ノ解釋モ之ニ同シ。

又或國法家ボルンハックノ如キハ國家ハ即チ主權者ナリ、而シテ立憲君主制ニ於テハ君主ガ主權者ナルガ故ニ、君主ハ即チ國家ナリトイヘリ。此ノ如ク君主ト國家トヲ同一視スルニ拘ラズ、君主ガ主權ヲ運用スルニ就テハ、手續上ノ制限アリトナス。其理由ノ大躰ヲ述ブレバ左ノ如シ。

專制ノ君主ガ、固有ノ無制限權ヲ以テ憲法ヲ制定シテ、君主ガ國家ノ法人トシテ發表スベキ意志、行爲ノ方式手續ヲ確定シ、立法ハ國會ノ協賛ヲ要シ、凡テノ君主ノ行爲ハ大臣ノ副署ヲ必要トシ、司法權ヲ特立ノ裁判所ヲシテ之ヲ行ハシムベシト定メタリ。故ニ君主ガ國家ノ法人タル資格ニ於テ發表スル意志、行爲ハ、凡テ此ノ方式手續ニ依ラザルベカラズ。之ニ依ラザルモノ即チ違憲ノ意志、行爲ハ、君主ガ國家ノ法人タル資格ニ於テ發表セシモノト見做スベカラズ。一個私人ノ意志、行爲ト見做スベキモノナリ。故ニ法理上効力ヲ有セズ、又此方式、手續即チ憲法ハ、其條項中ニ確定セル方式、手續ニ廢止、變更ハ君主ガ國家ノ法人タル資格ニ於テ發表セルモノニ非ラズ。故ニ法理上効力ヲ有スルモノニ非ズ。

又前君主ト其繼承者トノ其「コンクリート」ノ人間ノ變ズルノミニシテ、國法上同一ノ法人ト見做スベキモノナルガ故ニ、凡テ君位ノ繼承者ハ前君主ノ確定セル方式手續ヲ遵守セザルベカラズ云々。

此說モ多ク論理ノ不充分ナル處アリ、君主ハ即チ國家ナリ(國家ト主權ノ運用者トハ、分離スベカラズ)トイフハ此論ノ基礎ナリ。而シテ君主ノ意志、行爲ハ憲法ニ準據セザルベカラズ、準據セザルモノハ効力ヲ有セズトイフ時ハ、國家ノ意志、行爲ハ憲法ニ準據セザルベカラズ、準據セザルモノハ効力ヲ有セズトイフニ同ジ。故ニ國家ハ憲法ノ制限ニ從ハザルベカラザル事トナル、或ハ君主ハ其確定セル方式、手續ニヨリ憲法ヲ修正シ得ルガ故ニ、憲法ニ準據スル事ヲ以テ主權ノ制限ト見做スベカラズトイフモノアリト雖モ、議會ノ協贊ヲ以テ手續中ノ要件トナスガ故ニ、君主ハ國會ノ同意ヲ得ザレバ有効ノ修正ヲ爲スヲ得ズ。然レバ主權者タル君主ハ、其服從者ヨリ制限ヲ受クトイハザルベカラズ、而シテ君主ハ即チ國家ナレバ、國家ガ其服從者ノ制限ヲ受クトイフニ等シ。是此説ノ最モ不都合ナル點ナリ。

ラバンドノ説モ此説ト同シ

又或國法家スタールノ如キハ、立憲君主制ニ於テハ君主ヲ以テ主權者トナシ、凡テノ君主ノ行爲ハ君主ヨリ出ル事明カナレバ、違憲ノ行爲モ亦効力ヲ有スベシト論ゼリ。然レドモ此説ハ立憲君主制ト、專制君主制トヲ區別スルノ要素ヲ消滅セシムルモノナリ。

以上何レノ説モ論理上事實上不充分ナリ、然ラバ立憲君主制ニ於テ君主ヲ主權者トナスニハ如何ナル説ヲ以テセバ可ナランカ、曰ク君主ハ法理上最高ノ命令タル憲法ヲ、隨意ニ制定、廢止スルノ權ヲ有スト解スルヲ必要トス。憲法ノ條項ノ修正手續ハ憲法中ニ規定スルガ故ニ、其範圍内ニ於テ議會ノ協贊ヲ以テ之ヲ爲ス事ヲ要ス。併憲法ノ制定、廢止ハ其全體基礎ニ關スルモノニシテ、條項ノ修正ト同一視スベカラズ。故ニ之ヲ行フノ權ハ憲法ノ範圍外ニ在リテ、君主ノ掌握セルモノナリト解スルヲ得ルニ非ザレバ君主ガ主權者ナリトイフヲ得ズ。何トナレバ君主ニシテ若シ國家ノ最高命令タル憲法ヲ法理上隨意ニ制定、廢止スルノ權ヲ有セザレバ、君主ノ權ハ憲法ノ範圍內ニ在リテ其制限ヲ受ルモノトナレバナリ。故ニ君主ヲ以テ主權者トナスニハ、是非此權アリト解セザルベカラズ。而シテ憲法ハ國家最高ノ法典即チ最高ノ命令ナルガ故ナリ、其制定、廢止ノ權ガ君主ニ在レバ、憲法ノ存スル間ハ君主ハ憲法ヲ制定シタル時ノ意志ヲ變ゼザルモノト見做スヲ得ベシ。故ニ凡テ違憲ノ行爲ハ法律上效力ヲ有セズトスルモ、倘君主ガ主權者ナリトイフヲ得ベシ。憲法ノ存スル間ハ君主ハ之ヲ制定シタル時ノ意志ヲ變ゼズ、自ラ制限シテ之ニ從フモノト見做スベク、而シテ違憲ノ行爲ハ、君主ガ君主ノ資格ニテ發表シタルモノニ非ズト見做スヲ得ベシ。

此說ニヨレバ、憲法ニ定メタル手續上ノ凡テノ制限ハ眞ノ制限ニ非ズシテ、君主ガ隨意ニ自分ノ意志ヲ斯ク定メ置キタルマデニテ、若シ之ヲ好マザレバ君主ハ直ニ之ヲ廢止スルヲ得ルナリ。若シ憲法ノ明文ニ廢止スル事ヲ禁ズル時ハ、此說ハ行ハレズ、我憲法ニハ如此明文ナシ、故ニ此說ヲ以テ我行政法ヲ解クニ就テノ主權ノ論トナス。英國ニ於テモ、君主ノ違法ノ行爲ハ之ヲ無効トナス、其結果ハ我國法ト同ジト雖モ、其根據ハ異ナリ。彼ニ在リテハ君主ノ意志ガ主權者ノ意志ニ合セザルガ故ニ之ヲ無効トナスナリ。

佛國ニ於テハ、千七百八十九年國民權利ノ公布ニ於テ主權ハ國民ニ在リトノ主義ヲ採用シタル以來、一二ノ場合即チルイ十八世ノ欽定憲法及ビヒリップノ立憲君主制ヲ除キ、其他ノ憲法ハ皆國民ヲ以テ主權者トナセリ。現今ノ憲法モ亦此主義ヲ取ル、而シテ國民ハ主權ヲ有スト雖𪜈、各自ニ職業ニ從事シ、且ツ統治ノ事務ハ特別ノ智識ヲ要スルガ故ニ、國民自ラ統治ヲ爲スヲ得ズ。代表者ヲ選擧シテ之ニ統治權ノ運用ヲ委任ス、サレバ立法、司法、行政ニハ各特別ノ機關アリテ其權ヲ運用スト雖𪜈、其職權ハ皆國民ニ基キ其代表者或ハ受任者ノ資格ヲ以テ之ヲ行フ。現今ノ佛國憲法モ、亦國民ノ選擧シタル議會ニヨリテ制定セラレタルモノナレバ、其制定ノ手續ニ因リテ見ルモ國民ガ主權者ナリトノ理由明カナリト信ズ。

總論

行政

行政トハ形式ノ上ニ就テ見ル時ハ、立法及ビ司法ニ屬セザル國家機關ノ行爲ヲ總稱ス。而シテ行政ヲ其性質ニ就テ見ル時ハ、各人又ハ會社ノ事業ニ委スルヨリハ、國家機關ガ職務ニ屬シテ適當トナシ得ル事項ニ關スル國家機關ノ行爲トシテ、國家及ビ國民ノ利益ヲ擴充スルヲ目的トスルモノヲイフ。然レ𪜈之ヲ以テ行政ノ定義トナス事ヲ得ズ、何トナレバ人民又ハ會社ニハ最モ適當ト爲シ得ル事項ニテモ、之ヲ國家機關ノ職務ニ屬スレバ即チ行政事項ニシテ、此事項ニ一定スル國家機關ノ行爲ハ行政ナレバナリ。

佛人シェモテーノ行政ノ定義ハ、右ノ性質上ヨリシ見解ト其主意ヲ同ジウス。獨人サルヴヮイノ定義モ亦同意義ナリ。

行政ヲ其性質ノ差別ニヨリテ四部トナス。

第一、外交、諸外國トノ交渉事件ニ就テノ行政、

第二、內務。國民ノ保護及ビ其利益ヲ增進スル行政、

第三、兵制、國家ノ兵備ニ就テノ行政、

第四、財政、國家ノ需用ニ供スル貨物ニ就テノ行政、

右各部ニ就テ、行政ニ要スル機關ニ就テノ行政アリ、例ヘバ官吏ノ任免及ビ監督ノ如シ、此事ハ司法ニモアル事ナリ。

此區別ヲ採ラザル行政法家アリ、併シ歷史的ニ此區別ヲ採用スルモノ多シ。

行政法

行政法トハ行政機關及ビ其行爲ノ關係、幷ニ行政ト人民トノ關係ヲ規定スル法則ニシテ、國家ノ機關又ハ人民ノ遵奉義務アルモノヲイフ。

グナイストノ定義ニ曰ク、

Verwaltungsrecht umfasst die Gesetze, Verordnungen und gewohnheitsrechtlichen Normen, durch welche die Ausübung der Hoheitsrechte des Staates, bindend für Behörden und Unterthanen, geregelt wird.

此定義ハ其意味廣クシテ、議院法選擧法ノ如キモノモ亦國家ノHoheitsrechteヲ行フモノナルガ故ニ此中ニ含ム、是廣キニ過グル點ナリ。又農商務ノ巡回講義ノ如キハ、篤志ノモノヽミ之ニ就テ學ブモノニシテ何人モ皆遵奉セザルベカラズトイフモノニ非ズ、故ニ此中ニ含マズ是狹キニ失スルノ點ナリ。

ボルンハックノ定義ニ曰ク、

Verwaltungsrecht ist die Normen, nach denen der Staat seine Herrschaft durch andere ausüben lässt.

此定義ハ、其根據タル氏ガ國家即チ君主トノ説ヨリ出タルモノナレバ之ヲ用ヰルヲ得ズ。

行政法律ト行政法トハ同一ニ非ズ。行政法律トハ、議會ノ協賛ヲ經テ發布シタル法律ノミヲ指シ、行政法トハ法律、命令又ハ習慣法ニシテ國家ノ機關及ビ自治機關幷ニ人民ノ遵奉スベキ法則ナリ。

行政法ヲ分チテ主法及ビ手續法ノ二トナス、其手續法トイフハ行政機關及ビ其行爲ノ關係ヲ規定スル法則ニシテ、官制及ビ官吏ノ職務權限ヲ規定シタル法是ナリ。

其主法トイフハ、行政ト人民トノ關係ヲ規定スル法制ナリ。行政法ナル字ヲ狹義ニ用非ル時ハ、此主法ノミヲ指ス。

或人ハ行政法ハ人民ノ服從ノ程度ヲ定ムルモノニシテ、人民ハ國家ニ對シテ權利ヲ有セズ、只ダ服從ノ義務アルノミトイフ。

凡テ人民ノ權利ハ國家ノ主權者ノ命令又ハ其認許ニヨリテ生ズルモノニシテ、此外ニ法律上ノ權利アル事ナシ。而シテ國家ノ法理上隨意ニ國民ノ權利ヲ廢止、變更スルノ權ヲ有ス、故ニ權利トハ國家ノ命令又ハ認許ニヨル特定ノ人民相互ノ間ノ關係、又ハ國家ト人民トノ間ノ關係ニシテ、國家ガ之ヲ廢止、變更セザル間ハ强行セラル丶モノナリ。而シテ國民相互ノ權力ノ關係即チ私法上ノ權利ニ就テハ、國家ハ對手外ニ在リテ之ヲ確定强行セリト雖モ、公法上ノ關係ニ就テハ國家自ラ對手ノ地位ニ在リテ、國家自ラト人民トノ關係ヲ定ム。而シテ此關係ヲ强行スルモノモ亦國家ナレバ、對手ガ隨意ニ此關係ヲ廢止變更シ得ルガ故ニ、人民ハ國家ニ對シ唯服從ノ義務アルノミニシテ權利ト稱スベキモノナキガ如シ。然レ𪜈立憲制ノ國ニ於テハ立法者ト强行者ノ間ニ判然限界アリテ、立法者ハ自ラ其命令ヲ强行セズ。他ノ機關ヲシテ之ヲ行ハシメ、立法者ノ定メタル國家ト人民トノ關係ハ、立法者ニ非ザレバ之ヲ廢止變更スルヲ得ズ。又其關係ノ中ニハ人民ガ國家ニ對シテ爲スベキ義務ヲ定ムルモノアリ、人民ガ國家ニ與フル權利ヲ定ムルモノアリ、例ヘバ國家ガ人民ニ與フル保護又ハ各自治躰ニ與フル自治權ノ類是ナリ。行政機關ハ此國家ト人民トノ關係ヲ守ラザルベカラズ。人民ハ行政又ハ司法機關ニ對シ國家ガ人民ニ與フル權利ヲ要求スルヲ得ルガ故ナリ。行政法ハ唯ダ人民ガ國家ニ對スル服從ノ定度ノミヲ定メタルモノニ非ズ、其一部ハ權利ヲ定メタルモノトイフヲ得ベシ。例ヘバ自治權又ハ一定ノ場合ニ保護ヲ受クルノ權ヲ以テ、服從ノ程度ナリトイフヲ得ザルガ如ク、而シテ又一定ノ場合ニ於テハ行政機關ハ國家ト人民トノ關係ヲ定ムル命令權ヲ有スルガ故ニ、此場合ニ於テハ人民ハ權利ヲ有セザルガ如シト雖モ、行政機關ハ常ニ憲法及ビ法律ヲ遵奉シテ其職權ヲ行ハザルベカラズ、故ニ憲法及ビ法律ニ於テ與フル權力ノ區域外(又ハ自由ノ區域內)ニ侵入スルヲ得ズ。而シテ此區域ハ一方ヨリ見ル時ハ行政機關ノ職權ノ及ブ限界ヲ定メタルモノナリ、然レドモ憲法又ハ法律ノ改正ニヨルニ非ザレバ、侵犯スベカラザル區域ナレバ即チ權利ナリトス。

ヲット、マイエルモ亦行政法ハ、服從ノ定度ヲ定メタルモノナリトイフ説ヲ取ルト雖モ、或場合即チ地方自治躰ノ制度ニ於テ一定ノ資格ヲ有スレバ、名譽職トナルノ權利アル場合ノ如キハ服從ノ定度トハ直ニ稱スルヲ得ズトイヘリ。以テ其説ノ貫徹セザル事ヲ見ルベシ。

此論ヨリ推ス時ハ右或人ノ行政法ノ定義ハ、其語穩當ナラズシテ且ツ足ラザル所アリ。

行政法ト行政學トノ別

行政法ト行政學トハ同ジカラズ、行政法ハ既ニ述ベタル如ク、單ニ現行法ノ法理及ビ其効力ヲ論ズルヲ以テ重ナル目的トナス。而シテ行政法ト行政學トハ第一其目的ヲ異ニシ、第二其範圍ヲ異ニセリ、行政法トイフ語ニ廣狹ノ二義アリテ、其廣義ノ方ニ於テハ行政機關及ビ其行爲幷ニ行政ト人民トノ關係ヲ規定セル法則ヲイフ。故ニ此法則ノ論著ヲ指シテ又行政法ト稱シ、而シテ又唯行政ト人民トノ關係ヲ論著セルモノヲモ行政法ト稱ス。行政學ニ於テハ亦行政法ノ法理効力ヲ論述スト雖モ、其目的ハ行政法ノ利害得失及ビ行政法ノ範圍内ニ於テ運動スベキ行政ノ原則及ビ其應用ヲ論述スルヲ以テ主トセリ。如此行政法ト行政學トノ間ニ差別アレドモ、行政法ヲ論著スルニ當リテ行政法ノ利害得失及ビ行政ノ應用ニ論及シ、此兩學科ノ差別ヲ混亂スルモノアリ。

古ハ行政法ノ總論ヲ稱シテ行政學トモイヘリ、現今獨逸ニ於テハ行政學ナル著書稀ナリ。墺國ニ於テハスタインノ行政學出デヽ其新時期ヲ為セリ。

各論

行政裁判

行政裁判ノ定義

行政裁判ニハ二樣ノ定義アリ、第一ニハ尋常ノ司法裁判所タルト特別ノ行政裁判所又ハ行政ノ機關タルトニ關セズ、凡テ行政法ニ關シテ起ル所ノ爭ヲ專ラ法ノ上ヨリ裁決スルヲ行政裁判ト稱ス。此定義ハ法ノ性質ニ就テ行政裁判ヲ民刑裁判ト係ラモノナルモ民事ノ訴訟裁判ニ於テ訴ルト雖モ、總テ之ヲ行政裁判ト稱ス。例ヘバ英國ノ行政裁判、伊國ノ行政裁判トイフハ此性質ニ就テ稱スル行政裁判ニシテ、此兩國ニ於テハ別ニ行政裁判所ヲ設ケズ、尋常ノ裁判所ノ職權ニ屬セリ。故ニ行政裁判トハ尋常裁判所ノ職權ニ就テ行政法ニ關スル裁判ヲイフニ過ギズ、又純粹ノ行政機關ガ行政法ニ關シテ起ル爭ノ裁判ヲ司ルトキモ、亦之ヲ行政裁判ト稱スルヲ得。唯ダ其裁判ハ一般ノ訴訟手續ト裁判ノ効力トニヨリ、一般ノ行政處分トハ區別アルコトヲ要ス。

第二ニ行政裁判トハ、行政法ニ關シテ起ル爭ノ裁決ニシテ特別ノ行政裁判所ノ管轄ニ屬セルモノヲイフ。

行政裁判ノ目的

行政裁判ノ目的ハ、一個人又ハ各種法人ノ權利ニ關渉スル所ノ行政機關ノ權力ノ限界ヲ裁定シ、行政法ニ基ク各人ノ權利ヲ保護シ、又ハ一個人若クハ各種法人ノ間ニ行政法ニ基キテ起ル所ノ爭ヲ裁決シ、或ハ一定ノ者ノ權利ニ關セズ廣ク行政法ノ實行ヲ强制シ、公共ノ利益ヲ保護スルニアリ。

第一ノ例ハ其例多ケレバ爰ニ省ク。

第二ノ例ハ市町村ノ境界ニ關シテ起ル爭ニ就テハ、一定ノ訴願ノ手續ヲ經テ遂ニハ行政裁判所ニ出訴スルヲ得ルガ如シ。

第三ノ例ハ市制第六十五條、町村制第六十八條及ビ郡制第七十五條ニ、市長、町村長又ハ郡長ガ縣參事會ノ裁決ニ服セズ行政裁判所ニ出訴シ、同裁判所ノ裁判スル事項ハ市長、町村長、郡長ノ權利ヲ保護スルニ非ズシテ、行政法規ノ實行ヲ强制シ、公共ノ利益ヲ保護スルヲ目的トスルモノナリ。

英、佛、普、伊各國ノ行政裁判所ト司法裁判所トノ關係及ビ其關係ニ就キタル學說。

英、伊兩國ニ於テハ行政法ニ關シテ起ル爭ノ裁判モ、亦通常裁判所ノ管轄ニ屬ス。而シテ英國ニ於テハ、官制ノ上級ニ於テハ司法ノ職權ト行政ノ職權ト大體分離シ、行政裁判ノ事ハ通常ノ裁判所ノ職權ニ屬セリ。然レトモ英國ノ制度ハ、歴史的ノ進歩ニ基ク者ニシテ論理ヨリ一時ニ制定シタル者ニ非ラズ、故ニ現今尚ホ上級ノ所ニ於テモ亦外形上及ビ名義上行政ノ職權ト裁判ノ職權トヲ合併シ、又ハ立法ノ職權ト裁判ノ職權トヲ合同スル場合アリ。例ヘバ樞密院ガ或事項ニ付キ裁判權ヲ有シ、貴族院ガ貴族裁判所ト特別ノ高等裁判所及ビ特別ノ高等控訴裁判所タル地位トヲ有スルガ如シ。是歷史的ニ成立シタル制度ノ外形、名義ノ尚存ズルニ過ギズ、實際裁判官タルモノ又ハ裁判官ノ資格ヲ有スルモノガ、裁判ノ事件ヲ掌リ行政ノ職權又ハ立法ノ職權ヲ混ズル事ナシ。而シテ又中級以下ニ於テハ、近時マデハ、裁判ノ職權ト行政ノ職權トヲ同一ノ機關即チ治安裁判官之ヲ掌リ居タリ。故ニ或公法家ハ伊國ト英國トハ行政裁判ノ點ニ就テモ其制度ヲ異ニスルモノトスレド、英國ニ於テモ現今地方制度ノ改正ニヨリ、漸次ニ行政ノ職權ト裁判ノ職權トノ差別ヲナシ、殊ニ千八百八十八年州令ヲ設ケテ以來、治安裁判官ノ職權ニ屬スル事項中ニ就キ行政ノ性質ノモノハ之ヲ其職權ヨリ分離シ州令ノ職權ニ屬シタリ。

伊國ニ於テハ、千八百六十五年ノ法律ヲ以テ行政裁判ヲ以テ通常ノ裁判所ノ職權ニ屬シタリ。而シテ通常裁判所ハ一個人間ノ私法上ノ訴訟ト、一個人ト國家機關トノ間ニ起ルル公法上訴訟トノ區別ナク一樣ニ之ヲ裁判ス。只ダ行政訴訟ニハ之ヲ迅速ニ裁判スルノ特別ノ手續ヲ設ケ、又訴訟ノ爲ニ公共ノ利益ヲ保護スル行政機關ノ行爲ノ執行ヲ停止セザルモノトス。如此行政裁判事件ヲ以テ通常ノ裁判所ニ屬セリト雖モ、公法上ニテハ人民ニ訴訟ノ權ヲ與フル事獨逸ヨリ少ナク、行政機關ヲシテ大ナル處分權ヲ有セシム。

佛國ニ於テハ、行政法上ノ爭ハ凡テ之ヲ通常ノ裁判所ノ管轄ニ屬セズ。之ヲ其管轄ニ屬セル理由ハ、佛國ニテハ革命以前既ニ行政ノ權職ト裁判ノ職權トノ差別成立シ、行政ノ行爲ニ就キ起ル爭ハ行政ノ管轄ニ屬スベキモノトナシ、通常ノ裁判所ガ行政上ノ爭ニ干渉スルハ即チ行政權ニ干渉スルモノトセリ。而シテ革命ノ時三權分立ノ主義ヲ採用シ、行政權ト裁判權トハ分離獨立シテ相干渉スベカラザルモノトシ、行政ノ行爲ニ關シテ起ル爭ハ行政ノ職權ニ屬スベキモノトセリ。故ニ行政裁判ト尋常裁判トノ職權ノ區別モ、亦三權分離ノ原則ニ基キタルモノナリ。

佛國ノ行政裁判所ハ組續上獨立ノモノニ非ズ、其一審ハ地方「デパートメン」ノ參事會ニシテ其長ハ知事タリ。又中央ノ裁判所ナル「コンセーユデタ」モ亦行政權内ニアリ。

其權限ハ通則ヲ以テ之ヲ定ム。

普國及ビ其他獨逸各邦ニ於テ從來行ハレタル數種ノ制度及ビ學說ハ、現今ノ普國行政裁判ノ制度ニ影響ヲ及ボシタル者ナリ。故ニ其要領ヲ擧ゲンニ、獨逸ニ於テ古來ヨリ行ハレタル制度學說ニヨレバ、公法ハ治者被治者間ノ權利義務ノ關係ヲ定メタルモノニシテ、私法ト同一ノ性質トナス故ニ行政裁判モ亦性質上私法ノ裁判ト異ナル事ナシトス。此制度ノ主義ヲ主張スル學者中最モ著シキモノハパールナリトス。氏ハ其著書ニ於テ行政裁判ハ性質上他ノ裁判ト異ナル事ナシ、國法ハ一種ノ組合法ニシテ其性質私法ト異ナル事ナシ、故ニ此法ニ基ク所ノ權利義務ニ就テ起ル爭モ、亦通常ノ裁判ニ屬スベキモノトストイヘリ。或公法家ハ此說ノ如ク公法ハ治者被治者間ノ相互ノ權利義務ヲ定メタルモノナレドモ、公法上ノ權利ハ貨物ヲ以テ其目的物トナサズ。反之私法上ノ權利ハ人事法ヲ除キ其他ハ貨物ヲ以テ其目的物トス、故ニ治者及ビ被治者間ノ關係ヲ定メタル者ニシテ、貨物ヲ以テ權利ノ目的物トセザル者ハ皆公法ニ屬ストス。而シテ又判事ガ私法、公法ニ熟達セル事難ケレバ、公法ノ裁判ハ公法ノ學理及ビ事務ニ練達セル者ヲ以テ組織セル特別ノ行政裁判ノ職權ニ屬スベキモノトスト云ヘリ。(サルウェーノ説モ此説ニ同ジ)又佛國ニ於テ成立シタル三權分離ノ主義ヲ以テ基礎トセル行政裁判ノ制度モ、近時マデ獨逸各邦中ノ大中邦ニ行ハレタリ。而シテ學説ニ於テモ凡ソ五十年前マデハ最モ勢力アルモノナリシガ、現今ハ之ヲ主唱スルモノナシ。現今獨逸國ノ學説ノ傾向ハ行政法ノ特種ノ性質ヲ本トシ、行政裁判ノ通常司法裁判ヨリ異ナル理由ヲ説キ、之ヲ特別ノ行政裁判所ノ管轄ニ屬スベキモノトナスニアリ。而シテ學説ノ中ニテ最モ著シキモノハ、即チ羅馬以來私法ニ於テ進歩シタル權利ノ定義ニヨリテ公法上ノ權利ヲ解キ、公法上ノ權利モ私法ノ權利ト異ナルガ故ニ權利ニ非ズ、國家ト人民トノ間ニハ唯支配ノ關係ヲ定ムル法則有ルノミ。而シテ此法則ヨリ權利ヲ生ズル事アリト雖モ、是行政法ノ要點ニ非ズ、故ニ行政裁判ハ民事裁判ニ於ケルガ如ク法則ニヨリテ權利義務ニ就キ裁判ヲ下スモノニ非ズ、唯法則ノ實行ヲ目的トナスモノナリ。而シテ法則ノ實行ヲ强行スルガ爲メニ權利義務ノ實行ヲ强行スル事アリト雖ドモ、主タル目的ニ非ズ、而シテ又刑法ハ私法ノ如ク一個人相互ノ權利義務ヲ定ムルモノニ非ズ、國法ノ如ク一ノ法則ナル故ナリ。刑事裁判ハ此法則ヲ强行スルモノナリ。然レドモ又刑事裁判ニハ法則ノ强行ニ伴フ所ノ刑罰ヲ科ス、併シ行政法ハ單ニ法則ノ强行ニ止マル、是行政法ト刑法ト異ナル所ナリ。（ボルンハック等ノ重ニ主張スル所ナリ）

公法上ノ權利ニシテ貨物ヲ以テ目的トスルモノアリ、例ヘバ狩獵警察建築ノ制限ノ如キ是ナリ。此權利ニ就テノ爭ハ其主タル目的ハ、公法ニヨリ裁決スベキモノナルヤ否ヤニヨリテ、其何レニ屬スベキカヲ決ス。是一ノ例外ナリ又此歷史上ノ習慣ニヨリ行政裁判ニ屬セシモノアリ。

而シテ行政裁判ハ行政上ノ爭ヲ裁決シ、行政機關ノ行爲ニ對シテ行政法ノ法則ヲ適用スルガ故ニ、法理上行政裁判ハ行政ノ行爲ヲ監督セルモノナリ。而シテ行政裁判ハ行政ノ監督トシテ必要ナルガ故ニ之ヲ特別ノ裁判所ニ屬セリ。若シ之ヲ通常裁判所ニ屬スル時ハ行政ノ組織ヲ破ルベシ、普國ニ於テ或場合ニハ行政裁判ニ屬スベキ事項ガ通常裁判ニ屬セリト雖ドモ、是例外ニシテ立法ハ此方向ヲ取ルモノニ非ズ。

現今普國行政裁判ノ制度及ビ行政裁判ト通常裁判トノ關係ハ、前述ベタル制度及ビ學說ノ一ニ基キタルモノニ非ズ、此等ノ學說ガ皆多少勢力ヲ及ボセシ事ハ疑ナシ。

官吏ニ關スル裁判ニシテ、行政權ヲ以テ干涉スル事ヲ得ルハ三權分立說ニ基キタルモノナリ。

我國ノ現行行政裁判ノ制度モ、亦一個ノ主義又ハ學說ニ基キタルモノニ非ズ。而シテ初メニ行政裁判ヲ通常ノ裁判ヨリ區別シ、特別ノ手續ヲ設ケタル理由ハ、司法權ヲシテ行政權ニ干涉セシメザル事ニアルハ事實ニ照シテ疑ナシ。然レドモ行政裁判所ノ組織權限幷ニ通常裁判所トノ關係モ、現今ノ普墺ノ制度幷ニ學說ヲ參照シテ定メタルモノナル事明ナリ。

或人ノ、我行政裁判所ハ憲法ノ賜ニシテ、歷史的ノ原因ナシトイフハ誤レリ、憲法以前ヨリ來歷アリタルナリ。

我行政裁判ノ來歷ヲ述レバ、明治六年司法省第六號達ヲ以テ、地方官ニ對シテ訴訟ヲ起サントスルモノハ、通常裁判所ヘ提起スルヲ得ベシト定メタリシニ、地方官ヲ相手取ル訴訟俄ニ增加シタルガ爲メニ司法權ガ行政權ニ干涉スルノ弊ヲ生ヲタリ。故ニ明治七年司法省第二十四號達ヲ以テ、初メテ行政裁判ノ名稱ヲ設ケ、自今地方官ヲ相手取ル訴訟ハ之ヲ司法省ニ具上シ、太政官ニ上申セシメタリ。其後太政官ノ制及ビ司法省ノ達令ニヨリテ郡區戶長ヲ以テ被告トスル訴訟ハ始審裁判所ニ提起セシメ、府縣知事以上ヲ被告ニスル訴訟ハ控訴院ニ提起セシメタリ。而シテ裁判所ハ其訴訟ヲ受理スベキヤ否ヤニ就キ司法省ニ具上シ、司法省ハ之ニ意見ヲ付シ閣議ニ提出シテ內閣ノ裁定ヲ乞ハシメタリ。而シテ又明治廿二年六月法律第十六號ヲ以テ、市制町村制ニヨリ當分ノ內內閣ニ於テ行フベキ行政裁判ハ現今ノ行政裁判手續ニ隨ヒ控訴院ニ於テ受理問審セシメ、內閣ノ裁定ヲ經テ判決ヲ言渡スベシト定メタリ。然ルニ憲法第六十一條ニ、行政官廳ノ違法處分ニヨリ權利ヲ傷害セラレタリトスルノ訴訟ニシテ、別ニ法律ヲ以テ定メタル行政裁判所ニ屬スベキモノハ、司法裁判所ニ受理スベキノ限ニ非ズト定メタル條文ニ基キ、更ニ行政裁判法ヲ制定シ從來ノ行政裁判ノ制ヲ改正シ、獨立ノ行政裁判所ヲ設ケタルナリ。

行政裁判ノ組織ヲ論ズルニ於テ、外國ノ組織ニ比較スルガ故ニ參照ニ便ナルガ為メニ、各國ノ地方制度ノ別チ畧述スベシ。

Prussia.

Provinz.

行政區
- Oborpräsident.
- Provinzialrath.
- Oberpräsidiarrath.

自治區
- Landesdirector.
- Provinzialausschuss.
- Provinziallandtag.

Regierungsbezirk.

行政區
- Regierungspräsident.
- Abtheilungsdirigenten=Oberregierungsräthe.
- Regierungsräthe.
- Assessoren.
- Techinische Witglieder.
- Bezirksausschuss.

Kreis.

自治區 行政區
- Landrath.
- Kreisausschuss.
- Kreistag.

Kreis
- Lankreis.
- Staatkreis.

Amtsbezirk.

警察區
- Amtsvorsteher.
- Amtsausschess.
- Amtsstellvertreter

Gemeinden.

自治區
- Gemeindevorsteher.
- Schöffen.
- Gemendeversammlungvertretung.

Gemeinde
- Land.
- Stat.

Gutsbezirk.

Gutsvorsteher.

France.

Departement.

行政區
- Préfét.
- Secrétaire général.
- Conseil de préfecture.

自治區
- Conseil général.
- Commission departement.

Arrondissement.

行政區
- Son-préfét.
- Conseil d' arrondissement.

Conton.

Commune.

行政區
- Maire.
- Adjoints.

自治區
- Conseil municipal.

England.

County (Shire.)
- Sheriff.
- Coroners.

- Lordlieutenant.
- Justice of peace.
- Secretary.

- petty session.
- Special session.
- Quarter session.

County council.

- Major.
- Aldermen.
- Councillor.

Poor—law unions.

Municipal boroughs.

- Major.
- Aldermen.
- Councillors.

Parish.

- Vestories.
- Vestor, Vicar.

Church wordens.
Sextons.
Parish Clerks.
Overseers.

行政裁判ノ組織

既ニ述ベタルガ如ク、行政裁判ヲ通常裁判所ニ屬スルト特別ノ裁判所ヲ設クルトノ別アリ。而シテ又特別ノ行政裁判所ヲ設クルニ就テモ、只ダ一ノ裁判所ヲ設クルト數級ノ裁判所ヲ設クルトノ別アリ。佛、普兩國ハ共ニ中央行政裁判所ノ外ニ、地方ニ下級ノ裁判所ヲ設ケ、佛國ニ於テハ縣參事會ヲ以テ行政裁判ノ第一審ノ機關トシ、普國ニテハ縣參事會及ビ郡參事會ヲ以テ之ニ充ツ。然レドモ佛ノ縣參事會及ビ、普ノ縣參事會ハ行政事項ニ參與スル機關ニシテ、兼テ行政裁判ノ事ヲ司ルモノナリ。而シテ佛國ト普國トハ行政裁判所ヲ設クルノ理由ヲ異ニスルガ故ニ、其機關ノ組織ニ著シキ差異アリ。

佛國ニ於テハ、三權分離ノ原則ニヨリ行政ノ爭ハ行政權ニ屬スベキモノト爲ストイフ理由ヨリ、行政裁判所ヲ組織シタルモノナレバ、行政裁判所ニ特立ノ行政權ヨリ獨立ノ地位ヲ與フル必要ナシ。故ニ佛國ノ縣參事會員ハ純然タル行政官吏ニシテ、其任免ハ國家元首ノ司ル所トス。反之普國ニ於テハ縣參事會ハ行政府ニ對シテ獨立ノ地位ヲ有ス、即チ其會員ノ內二名ハ終身官ニシテ尋常裁判官ト同ジク獨立ノ地位ヲ有シ、其他ノ會員ハ人民ノ選擧スル者トス。而シテ其任期間ハ行政權ヲ以テ勝手ニ之ヲ免職スルヲ得ズ、且ツ名譽職ナレバ此點ニ就テモ亦獨立ノ地位ヲ有ス。次ニ郡參事會モ亦其議長タル郡長ヲ除クノ外ハ、選擧セラレタル名譽職ナレバ、行政ニ對シテハ獨立ノ地位ヲ有ス。我行政裁判ノ組織ハ行政裁判法ニ明カナレバ之ヲ參照スベシ。佛國ニ於テハ又各大臣ヲ以テ第一審ノ行政裁判官トシ、又會計檢查院、高等敎育參事會、學區參事會、縣ノ敎育參事會、徵兵參事會ノ類ヲ以テ特別ノ行政裁判所トナシ、以テ行政裁判ノ組織ノ中ニ加フ。併シ此特別ノ行政裁判所等ハ其行政ノ條下ニ於テ述ブル所アルベシ。

大臣ノ行政裁判ノ事ハ、千八百六十四年ノ頃ブーシヲーレフヮーガ其著書ニ於テ、大臣ハ裁判官ニ非ズト論ゼシマデハ一般ノ說ナリシガ、此以後氏ノ說ヲ主張スルモノ多クナレリ。其理由ノ著シキモノヲ擧グレバ、第一大臣ヲ行政裁判官トナスノ意志ヲ示ス法文ナシ、第二ニ法理上大臣ノ判決ト裁判官ノ判決トハ其性質ヲ異ニス。即チ裁判官ガ自ラ訴訟ノ相手トナル事ハナケレドモ、大臣ハ或場合ニハ訴訟ノ對手トナルコトアル是ナリ、第三ニハ第一審裁判官ガ控訴ニ於テ答辯者ノ地位ニ立ツ事ナシ、然レドモ大臣ハ其裁判ニ就キ控訴スル場合ニハ自ラ答辯者ノ地位ニ立ツ又裁判官ハ自ラ其裁判ヲ變更シ或ハ取消ス事ナシト雖ドモ、大臣ハ自ラ其判決ヲ變更シ又取消ス事ヲ得。如此大臣ヲ以テ行政裁判官ト見做スベカラザル理由數多アリト雖ドモ、尚ホ佛國學者中大臣ヲ行政裁判官ト爲スモノ多キハ、革命前行政官ガ行政裁判ノ事ヲ司リシガ爲メニ其判決ノ効力ト其手續トニ於テ行政處分ト裁判トノ間ニ判然シタル差別ナキ場合多ク、而シテ又革命後ニ於テモ特別ノ行政裁判ノ組織ヲ設ケズ、行政處分ト行政裁判ノ判決トヲ其効力及ビ其手續ニヨリ區別シ得ベカラザル場合ノ多カリシニ原因セルモノナリ

レフハーノ説ニヨレバ、大臣ノ判決ハ監督ノ性質ノモノナリトイヘリ。我國及ビ普國ノ制ニテハ大臣ノ判決ハ訴願ノ性質ニ屬ス。

普國ニ於テハ縣參事會及ビ郡參事會ヲ以テ行政裁判ノ機關トス。此二ノ參事會ハ佛國ノ縣參事會ト同ジク行政機關ニシテ、傍ラ行政裁判ノ事ヲ掌ルモノナリ。此點ニ於テハ普、佛同ジト雖ドモ其組織ニ於テハ異ナリ、佛ノ縣參事會ハ純然タル行政官吏ニシテ獨立ノ地位ヲ有セズト雖ドモ、普ノ縣參事會ハ行政權ニ對シテ獨立ノ地位ヲ有シ、其議長タル知事ヲ除キ、其中ノ二名ハ終身官ニシテ通常ノ裁判官ト同ジク獨立ノ地位ヲ有シ、其他ノ會員ハ州會ノ撰擧ニカヽリ、其任期間ハ行政權ヲ以テ隨意ニ退職セシムル事ヲ得ズ。次ニ郡參事會モ亦其議長タル郡長ヲ除クノ外、皆郡會ノ選擧スルモノナレバ行政權ニ對シテ獨立ノ地位ヲ有ス。

市ニハ市參事會ノ中ヨリ特ニ行政裁判委員ヲ設ケ、之ヲシテ行政裁判ノ事ヲ司ラシム。

縣參事會ノ終身會員ハ一名ハ判事タル資格ヲ有シ、一名ハ行政官吏タル資格ヲ有スル者ヲ以テ之ニ任ズ。

我國ノ行政裁判ノ組織ハ、普、佛ノ如ク數級ノ行政裁判所ヲ設ケズシテ、墺國ノ如キ中央行政裁判所ヲ設ケシノミ。然レドモ法律敕令ニ特ニ規定アルモノヽ外ハ、地方ノ上級行政廳ニ訴願シ裁決ヲ得タル上ニ非ザレバ行政訴訟ヲ提起スルヲ得ズ。而シテ郡縣參事會ヲ以テ地方ノ重ナル訴願ノ機關トナス故ニ、訴願ト訴訟トヲ區別セザルノミニシテ、其實際ハ普國ノ制ニ同ジ。而シテ又郡縣參事會ノ組織モ普國ニ類スル所アリ、唯ダ獨立ノ地位ヲ有セザル點ニ於テハ異ナリ。――中央行政裁判所ノ組織ハ之ヲ東京ニ設クル事トシ、其評定官ノ數ハ敕令ノ定ムル所ニヨルモノトス。是事務ノ伸縮ニヨリ增減スルヲ得セシムルモノニシテ、現今ハ評定官十一名、書記十五名ナリ。而シテ長官ハ勅任トシ、評定官ハ勅任又ハ奏任トスレドモ權限ニハ差別ナシ。唯ダ年齡ヲ三十年以上トシ、五年以上高等行政官又ハ裁判官ヲ務メタルヲ任命ノ要件トセリ、是思慮ノ成熟ト事務ノ練達ヲ要スルニヨルナルベシ。次ニ長官及ビ評定官ハ公然政治ニ關係スルヲ得ズ、政黨政社員又衆議院議員、府縣郡市町村ノ會議員トナルヲ得ズ、又兼官ノ場合ノ外俸給アル公務及ビ金錢ヲ目的トスル事務ニ從事スルコトヲ得ズトセリ、是其威嚴及ビ獨立ヲ保持センガ爲メナリ、而シテ又行政裁判官ノ懲戒法及ビ刑法ノ宣告ニヨルニ非ザレバ、其意ニ反シテ其職ヲ免ズルヲ得ズ、又精神、身躰ノ衰弱ニヨリ職ヲ執ル能ハザル場合ニハ、評定官ノ總會ノ決議ニヨリテ之ヲ上奏シテ退職セシムル事トセリ、是其獨立ヲ確保セルガ爲メナリ。——普國ノ高等行政裁判所ノ判事モ亦充分ナル獨立ノ資格アリ、其半數ハ判事タル資格ヲ有シ、他ノ半數ハ高等行政官ノ資格アルモノニ限リ共ニ終身官ナレバナリ、其他ノ規定ニ於テ我行政裁判ノ規定ニ類ス。——佛國ニテハ、參事院ノ一部ヲ以テ行政裁判ノ事ヲ司ラシム、而シテ其議官ハ大統領ノ任命スルモノニテ、之ヲ免ズルハ大臣會議ノ議決ヲ要ス、此要件ノ外判事ニ必要ナル獨立ノ保證ナシ。唯ダ有給ノ官職ヲ兼ヌル事ヲ得ズ、故ニ論理上獨立ノ資格ナシ。——又我國ノ行政裁判法ニハ、裁判ノ公平ヲ保ツ爲メノ要件トシテ、長官及ビ評定官ハ、自己又ハ親族ノ身ノ上ニ關スル事ニ付キ、又ハ一私人ノ資格ニテ意見ヲ述ベタル時、或ハ一個人トシテ其事件ニ關係シタル時、及ビ行政官トシテ其事件ニ關シタル事アル時ハ、被原告ハ忌避ノ申立ヲナスヲ得。又評定官自ラ之ヲ申出ルヲ得、而シテ其忌避ノ事ニ疑アル時ハ、其裁判官ヲ除キテ評定官ノ議決ヲ以テ定ムル事トセリ。而シテ裁判ハ五人ノ合議制トナセリ、其奇數ヲ取リシハ議決ニ便ナランガ爲メナリ。又裁判事件多クナリ部局ヲ設クルノ必要起リシ時ハ勅令ヲ以テ定ムル事トシ、其處務規程モ亦勅令ノ定ムル所ニ譲レリ。而シテ行政裁判ノ辯護士、代言人ハ行政裁判所ノ認可シタルモノニ限レリ。

行政裁判所ノ權限

行政裁判所ノ權限ハ、其定メ方ニ概括法及ビ列記法ノ二種アリ。我國及ビ普國ニ於テハ列記法ニヨリテ之ヲ定メタリ、即チ我行政裁判法第十五條ニ、行政裁前所ハ法律勅令ニヨリ出訴ヲ許シタル事ヲ裁判スト規定セリ。故ニ行政處分ニヨリ權利ヲ傷害セラルヽ者ハ悉ク出訴スルヲ得ルモノニ非ズ、特ニ其中ニ就キ訴訟ヲ提起スルヲ許シタルモノニ限レリ。此列記法ニヨレバ權利ノ一部ノミ保護ヲ受ケテ其他ハ法律ノ保護ナキガ如シ、然レドモ立憲制國ニ於テハ行政官ニ對スル監督嚴重ニシテ、行政官モ亦專制國ノ官吏ニ比セバ獨立ノ地位ヲ有スルガ故ニ、行政ノ組織內ニ於テ法律ノ保護ヲ受クルノ確保アル場合尠ナカラズ。故ニ悉ク權利ヲ害セラレタルモノヲシテ、行政訴訟ヲ起サシムルノ必要ナシトス。英國ニ於テモ現今地方ノ行政ニ關スル事ニ就キ裁判ノ監督ヲ許サヾル場合尠ナカラズ、即チ行政ノ組織部内ニ於テ權利ヲ保護スル事ヲ得ルモノトナスガ故ナリ。

英國ニ於ケル教育ノ事項ノ如キ其例ナリ。

我國及ビ普國ガ列記法ヲ採ルトイフハ一般ノ事ニシテ、普國ニ於テモ警察ノ事ハ行政權内ニ屬セリ、是レ一部ノ概括法ナリ。我國ニ於テモ地方警察ノ事及ビ營業免許ノ事ノ如キハ一部ノ概括法ナリ。

佛國行政裁判法ニヨレバ、中央行政裁判即チ「コンセーユッテタ」ノ職權ハ概括法ニヨリテ之ヲ定メ、地方行政裁判機關即チ縣參事會ノ行政裁判ニ關スル職權ハ列記法ニヨリヲ之ヲ定ム。而シテ行政裁判ノ職權ヲ概活法ニヨリテ定ムル時ハ、凡テ其通則ニ包括スベキ事件ニ付キ行政ノ行爲ニヨリ、權利ヲ害セラレタリトスルモノハ出訴スルヲ得、反之列記法ニ於テハ行政法ニ基ク權利ノ内ニ於テ、行政裁判ノ保護ヲ受クベキモノト否ラザルモノトアリ。

佛國ニ於テハ、政府行爲即チ立法、條約及ビ中央政府ノ政畧(Act governmentale)行等ハ政裁判權ニ屬セズ、只ダ行政行爲(Act administration)即チ公權ヲ應用スルモノ及ビ法律ガ特ニ行政裁判ニ屬セシ事(貨物ヲ目的トスルモノ、或ハ損害賠償ノ訴ノ如キモノ。）ノミニ限レリ。

「コンセーユデタ」ノ職權ハ、左ノ如ク三樣ニ分ツ。

Jugement du contentieux administratifs.

Interpretation des actes et des contratsadministratifs.

Jugement des recours pour excès de pouvoir.

我行政裁判法第十六條ニ、行政裁判所ハ損害賠償ノ訴ヲ受理セズトアリ、此箇條ハ二ノ原則ニヨルモノニテ其原則ハ左ノ如シ。

一國家ハ其官吏ガ職權ヲ行フ爲メニ生ズル損害ニ就テハ賠償ノ訴ヲ許サズ、而シテ亦官吏ガ其資格ニ於テナシタル行爲ニ就テハ損害賠償ノ責ニ任セズ。

二國家ガ損害賠償ノ責ニ任ズル場合ハ、私法上ノ關係ヨリ生ズル事柄ニ限ル事、又官吏ガ其行爲ニ就テ損害賠償ノ責ニ任ズル場合モ、其行爲ヲ一個人ノ行爲ト見做スベキ場合ニ限ル。

若シ官吏ガ官吏タル資格ニ於テ爲シタル行爲ニ就キ責ニ任ジ又國家ガ之ヲ賠償スルモノトスレバ、公法上ノ爭ナルガ故ニ行政裁判ニ屬スルモノナレドモ、賠償ハ公權ヲ行フ場合ニ生ゼズ、皆私法上ノ關係ヨリ生ズルモノトナスガ故ニ行政裁判ニ屬セザルモノナリ。併シ佛國ニ於テハ此法理ハ行ハレズ、是等ノ事モ特ニ法律ヲ以テ行政裁判ニ屬スルモノアレバナリ。

佛國ニ於テモ、官吏ガ其職權ヲ行フニ當リテ損害賠償ノ責ニ任ズルハ一定ノ場合ニ限レリ、即チ行政ノ行爲ニ非ズト見做スベキ場合ナリ。而シテ此要償ノ訴訟ハ尋常裁判所ノ職權ニ屬スト雖ドモ、三權分離ノ原則ヲ國家ノ組織ノ基礎トナスガ故ニ、此通則ニ從ヒテ一定ノ行政處分ノ解釋ハ行政ノ判決ヲ經タル後其訴件ニ付キ裁判ヲ爲スヲ得。而シテ左ノ場合ニハ通常ノ裁判所ノミニテ行政ノ判決ヲ要セズ、第一ニ行政ノ行爲ハ、全ク其官吏ノ爲シタル行爲ト關係アラザル場合、第二ニ要償ノ目的タル行爲ガ行政處分ト關係アリト雖ドモ、全ク之ヲ分離シ得ベキ場合、即チ一身上ノ行爲ト見做スベキ場合ナリ。此二ノ場合ノ外ハ、官吏ノ行爲ガ行政ノ行爲ト見做スベキモノナルヤ否ヤニ就キ裁定ヲ要スル時ハ、其裁定權ハ行政權ニ屬スルモノトス。故ニ通常裁判所ガ獨立ニ裁判セントスル場合ニハ、行政權ヨリ權限ノ爭議ヲ起シ裁判權ヲ牽制スルヲ得ベシ。

官吏ハ訴訟ノ點ヨリ二種ノ差別チナスヲ要ス、第一ハ行政處分ノ職權ヲ有スルモノ、第二ハ唯ダ處分權ヲ有スルモノ、命ヲ受ケテ之ヲ執行スルモノ是ナリ。第一種ニ於テハ處分ヲ爲スニハ其塲合ヲ計リ自分ノ意志ヲ以テ行フモノナリ、故ニ其一己ノ資格ノ行爲ト行政ノ行爲トヲ區別スル事難シ、而シテ其行爲ハ違法ナリト雖ドモ尙ホ行政ノ行爲タル事多シ。第二種ニ於テハ機械的ノ働ヲ爲スモノナルガ故ニ、違法ノ行爲ハ之ヲ行政ノ行爲ト見做ス塲合少シ、即チ自己ノ意志ヲ處分ニ添フル事能ハズ、唯ダ事實ノ執行ニ止マル者ナレバ、其過失及ビ違法ノ行爲ハ一己ノ行爲ト見做シテ要償ノ訴ヲ起ス塲合多シ。尤モ其行爲ガ行政行爲タルヤ否ヤノ裁决ニ就テハ、第一種ノモノト同ジク行政權ニ屬シ裁判所自ラ之ヲ爲ス能ハズ。而シテ既ニ此裁定ヲナシ自己ノ行爲トナシタル時ハ、其已上ノ處置ハ裁判所ノナス處ニ任ズ。併シ之ヲ行政ノ行爲ト裁定シタル時ハ、其要償ノ訴訟ハ消滅スルモノナリ。普國ノ行政裁判ト民事裁判トノ關係ハ、官吏ハ其資格ニ於テナシタル事ニ就テハ損害賠賠ノ責ニ任ゼズ、一己人タル資格ニテノ行爲ニ限ル。而シテ國家モ亦官吏ノ行爲ニヨリ生ジタル損害ノ賠償ヲナサズ、國家又ハ公共ノ自治躰ガ賠償ノ責ニ任ズルハ、國家又ハ自治躰ヲ私法上ノ法人ノ資格ト見做ス場合ニ限ル此場合ノ要償ノ訴ハ、通常裁判所ノ職權ニ屬セリ。其佛國ト異ナル處ハ其性質私法上ノモノナリト雖ドモ、特別法ヲ以テ行政裁判所ノ職權ニ屬セル要償ノ訴訟ナルモノナキ點ニ存ス。

訴願ト訴訟トノ差別

我行政裁判法第十七條ニ、行政訴訟ハ法律敕令ニ特別ノ規定アルモノヲ除ク外、地方上級行政廳ニ訴願シ其裁決ヲ經タル後ニ非ザレバ之ヲ提起スルヲ得ズ、各省大臣ノ處分又ハ內閣直轄官廳又ハ地方上級行政廳ノ處分ニ對シテハ直ニ行政訴訟ヲ提起スル事ヲ得。――各省又ハ內閣ニ訴願ヲ爲シタル時ハ、行政訴訟ヲ提起スル事ヲ得ズトアリ。――故ニ法律敕令ヲ以テ特例ヲ設ケタル事ノ外ハ、訴願ヲ爲シタル後行政訴訟ヲ提起スルヲ以テ通則トス。

此規定ノ設ケラレタル理由ハ、行政裁判所ハ中央ノ一ケ處ノミナルヲ以テ地方ノ行政訴訟ノ多キニ對シ其數ヲ少クスルモノナランノ。

行政訴訟ハ法律勅令ヲ以テ特例ヲ設クルノ外ハ、行政廳ノ違法處分ニヨリ權利ヲ毀損セラレタル場合ニ提起スルモノタリ、故ニ立法司法機關ノ處分ニ對シテハ起ス能ハザルハ論ヲ俟タズ。次ニ處分トハ一個人ニ對スル特定ノ行政行爲ナルガ故ニ、行政廳ノ發スル通則命令ニ對シテハ行政訴訟ヲ起スヲ得ズ。又縱令利益ヲ害セラレタル事アルモ違法トイフ事ナケレバ、起訴スル事能ハザルモ明カナリ。――其違法トハ唯ダ法律ニ違背スルノ意味ニ非ズ、通則命令ニ背ク場合ヲモ含ム。故ニ通則命令ハ之ヲ法律ト同ジク解釋適用スルノ義務アリ、而シテ處分ハ常ニ直接ニ法律ヲ應用シ、或ハ獨立ノ通則、命令又ハ法律執行ノ爲メニ發スル通則、命令ヲ特定ノ場合ニ應用スルモノナリ。或ハ法律執行ノ通則、命令ガ法律ニ違背シ居リテ、之ヲ行政ガ應用スル場合ニノミ行政訴訟ヲ提起スルヲ得トイフモノモアリ（スタインノ如キ此説ナリ）ト雖ドモ、我行政訴訟ハ此説ニ據ラズ。

法律ヲ執行スル爲メノ通則命令ガ明カニ法律ニ違背セル場合ニシテ行政處分ガ此通則命令ヲ應用シタル時、訴訟ヲ提起スル場合ニ行政裁判所ハ法律ニヨリテ裁判スベキカ、或ハ通則命令ニヨリテ裁判スベキカノ疑生ズ。此問題ニ就テハ多クノ議論アルベシト雖ドモ、法律ニヨリテ裁判スルヲ至當ト信ズ。何トナレバ執行命令ハ法律ニ違背スルヲ得ズトイフヲ憲法ノ原則トシ、又其性質ヨリイフモ法律ヲ執行スル爲メノ命令ナレバ法律ニ背ク事ヲ得ザルモノナレバナリ、故ニ之ヲ適用セザルヲ可トス、但シ之ヲ廢止スルハ、裁判官ノ爲シ能ハザル所ナリ唯ダ適用セザルノミ。

此命令ガ獨立命令タル場合ニ於テモ法律ニヨリ裁判スベシ、然レドモ其命令ガ法律ト同意味ニモ亦之ニ反スル意味ニモ解釋セルヽ時ニハ、法律ニ背カザル樣ニ解釋シテ適用スベキモノナリ。

故ニ行政裁判ヲ起スハ、行政廳ノ違法處分ニヨリテ權利ヲ毀損セラレタル場合ニ限ル。而シテ此權利ハ私法上ノ權利トハ同一ノモノニ非ズ、法律ガ變更セラルヽマデハ何人モ動カス事ヲ得ザル事ニシテ、法律ノ保護スル事ヲ稱スルナリ。然レドモ權利ヲ毀損セラレタラバ何レノ場合ニモ起訴スルヲ得ルトイフニ非ズ、法律ノ特ニ許ス場合ニ限ルナリ。

或人ハ市町村制等ニ特ニ列記セルモノモ、原則ノ五ケ條ノ内ニ含ムモノトシテ、全ク原則法ニ由ルモノナリトイフハ誤ナリ。

行政裁判ノ目的ノ條ヲ參照スベシ

訴願モ亦行政ノ處分ニ對シテ爲スモノニシテ此點ニ於テハ行政訴訟ト同ジ、然レドモ訴願ハ上級官府ガ下級官府ニ對シテ其處分ヲ廢止シ停止スル權ヲ監督上有スルニ基セシモノナリ。然レ、ドモ我訴願法ハ何レノ場合ニモ之ヲ許スニ非ズシテ法律ニ許シタル場合ニノミ限レリ。

訴訟ト訴願トノ差違ハ、訴願ハ權利ヲ害セラレタル場合ニ限ラズトイフ點ニアリ。何トナレバ上級官府ハ監督權ニ於テ下級官府ノ行政處分ガ法律ニ背クヤ否ヤ、及ビ公ノ利益ヲ害スルヤ否ヤヲ審査スルノ權アリ、(監督權ニ制限ナキ以上ハ)故ニ此事件ニ就テ裁定ヲ爲スヲ得。是レ訴願ヲ此範圍ニ於テナスヲ得ル所以ナリ。又訴願ハ訴訟ノ如ク其手續ニ於テ原被兩告ノ對審ヲ要セズ、此點ニ於テモ互ニ異レリ。又行政裁判ノ判決ハ、通常裁判ノ判決ト同ジク其終決ハ爭フベカラザルモノナリ。反之訴願ハ上級官府ガ其監督權ニヨリ裁決ヲ下スモノナルガ故ニ判決トハ異ナリテ一ノ行政處分ナリ。サレバ最高班ノ官府ニ至ルマデ訴願ヲ爲スヲ得又議會ニ請願ヲ爲スヲ得。

訴願ト請願トノ差別ハ、訴願ハ行政處分ニ對シテ爲スモノタリ、故ニ其範圍甚ダ狹ク立法ニ對シテ爲スベカラズ、行政ノ通則ニ對シテ爲スベカラズ、又既ニ爲シタル處分ニ限リ未來ノ處分ニ對シテ請求スルヲ得ズ。反之請願ハ其事項ハ既ニ爲シタル事ヲ取消シ或ハ改正ヲナシ、又ハ將來ノ事ニ對シテモ之ヲ爲スヲ得、又立法及ビ行政事項ニ就テ爲スヲ得、又之ヲ爲ス官府ニ就テモ制限ナシ。

權限の爭議

我行政裁判法第二十條ハ、行政裁判所ハ其權限ニ關シテハ自ラ之ヲ決定セズ、──行政裁判所ト通常裁判所又ハ特別裁判所トノ間ニ起ル權限ノ爭議ハ、權限裁判所ニ於テ之ヲ裁判スト規定セリ。

行政裁判所ハ天皇ニ直轄スル獨立裁判所ナルガ故ニ、法律勅令ニヨリ自ラ其權限ヲ定ムル事ハ論ヲ竢タズ、通常裁判所モ亦獨立ノモノナルガ故ニ自ラ其權限ヲ定ム、是ニ於テカ其間ニ權限ノ爭起ル事アリ。獨立ノモノニ非ザル機關ノ權限ノ爭ナレバ其監督官府ニ於テ之ヲ裁決シ。大臣間ノ權限ノ爭ナレバ内閣之ヲ裁定ス。然レドモ獨立機關ノ間ノ權限爭ニ就テハ、其監督官府ナルモノナキガ故ニ權限裁判所ヲ要スルナリ。

歐洲ニ於テハ、行政權ト司法權トノ權限爭議ヲ裁決スルニ、四種ノ制度アリ。

一、君主制ノ國ニ於テハ君主之ヲ裁決シ、共和國ニ於テハ立法權ニ屬スル事アリ。佛國ニ於テ千七百九十年行政權ト司法權トノ權限爭議ハ內閣ノ議ヲ經テ君主之ヲ裁決シ、君主ノ裁決ニ對シテ立法府ニ控訴スルヲ得ト定メタリ。又普國ニ於テモ千八百二十八年行政司法ノ權限爭議ハ、閣議ヲ經テ國王之ヲ裁決スル事ヲ定メタリ。之ヲ要スルニ國家ノ統治權ヲ總攬スルモノガ之ヲ裁決スルモノナル故ニ、論理上甚ダ適當ナルモノヽ如クナルモ大ニ然ラザルモノアリ。何トナレバ君主ハ大臣ノ輔佐ニヨリテ事ヲ行フモノナリ、サレバ之ヲ法律問題トシテ裁決スルヨリモ之ヲ政治問題トシテ裁決スルノ弊ヲ免レザルヲ以テナリ。

二、凡テ法律上ノ爭ハ、之ヲ司法權ノ裁定ニ屬セシムル方法ニシテ、行政司法ノ權限爭議モ法律上ノ爭ナルガ故ニ、之ヲ司法裁判所ニ於テ裁定セシム。此制度ハ行政權ノ獨立ニアラザル事ヲ認ムルハ明ニシテ且ツ論理上不都合ノ點アリ、何トナレバ權限爭議ハ一般ノ訴訟トハ場合異ナリ、一般訴訟ニ於テハ裁判ハ局外ニ在リテ裁決スル者タリ。行政裁判ノ場合ニ於テモ亦然リ、然ルニ權限爭議ニ就テハ裁判所ハ自ラ對手ノ地位ニアリナガラ裁決ヲナスモノナリ、此制ハ和、白、伊、英及ビ獨逸聯邦中ノ小邦ニ行ハル。

三、權限爭議ノ裁決ヲ參事院又ハ樞密院ニ屬スル制アリ、此制ハ佛國ノ第一共和政ノ時ニ行ハレタリ。又同千八百五十二年ノ憲法ニ於テ採用セリ、又伊國ニ於テモ千八百六十五年ノ法律ニ之ヲ採用セシガ今ハ之ヲ廢セリ。此制モ行政權ノ一機關タル參事院又ハ樞密院ニ屬スルモノナルガ故ニ、法律問題タルモノヲ行政上ヨリ裁決スルノ弊アリ、且ツ司法權ノ獨立ヲ害ス、故ニ又不適當トイハザルヲ得ズ。

四、權限爭議ヲ決スルハ特別ノ裁判所ニ屬スルノ制、即チ通常裁判所ノ判事及ビ行政官吏數名ヲ以テ組織スル獨立ノ裁判所ニ於テ裁決セシムルモノナリ、行政權ノ獨立ヲ重ンズル國ニ於テハ此制ヲ以テ完全ナルモノトナス、佛國ニテハ千八百四十八年ノ憲法ニ於テ此制ヲ採用シ、其翌年法律ヲ以テ權限裁判ノ組織ヲ定メタリ。然ルニ千八百五十二年ノ憲法ニヨリテ之ヲ廢止シ、參事院ヲシテ之ヲ司ラシメ、再ビ千八百七十二年ノ法律ニ於テ此制ヲ採用スルニ至レリ。我法ニ於テハ權限裁判所ヲ設クル筈ニシテ暫時之ヲ樞密院ニ屬スルモノナリ。

現今佛國權限裁判所ハ、司法大臣、參事院議官ノ選擧スル三名ノ議官、大審院判事ノ選擧スル三名ノ判事、以上ノ判官ノ選擧スル副議長一名、判事二名、補欠員二名ヲ以テ之ヲ組織ス。而シテ司法大臣ハ其議長タリ、其判官ノ任期ハ三年トシ三年毎ニ改選ス、併シ再選スルヲ得。又撿事アリ二名ノ「コミッション」之ヲ務メ、大統領之ヲ選任シ一名ハ參事院議官補ヨリ、一名ハ大審院撿事ノ内ヨリス。而シテ同樣ノ手續ニテ二名ノ補欠員ヲ設ク、裁判ヲ開廷スルニハ判官五名ノ出席ヲ要シ、參事院及ビ大審院ヨリ擧ゲタル判官ノ同數ノ出席ヲ要セズ、又一方ノ原素ノ欠クルモ尙ホ有効ナリトス。此外ノ附屬員ハ玆ニ述ベズ。

普國ニ於テハ、千八百四十七年ニ特別ナル權限裁判所ヲ設ケシガ現今ニ於テハ之ヲ改正ス。帝國裁判所構成法ヲ定ムルヤ、權限裁判所ノ通則ヲ定メ各邦ヲシテ之ニ據ラシメタルガ故ナリ。其制ニ隨ヒテ現今ノ普國權限裁判所ハ十一名ノ判事アリテ其六名ハ樞密顧問官又ハ裁判所判事ヲ以テシ、他ノ五名ハ高等行政官又ハ判事ノ資格アルモノヨリ任命シ、其任期ハ他ノ本官アルモノハ其任期ニ隨ヒ、其他ハ終身トス。轉免ニ就テハ通常判事ニ同ジク裁判開廷ニハ七名ノ出席ヲ要シ、其事務規程ハ裁判所自ラ定メテ內閣ノ認可ヲ經テ行フ。

權限ノ爭議ニ「ポシチーブ」ト「子ガチーブ」トノ別アリ、「ポシチーブ」ノ爭議ニ於テハ行政司法ノ双方ニ於テ同一事項ニ就キ互ニ自己ノ管轄ニ屬スト主張スルモノニシテ、「子ガチーブ」ノ爭議ハ互ニ之ヲ管掌セズト主張スルモノナリ。而シテ「ポシチーブ」ノ權限爭ヲ提起スルハ、一定ノ行政機關ニ限リ、司法權ハ之ヲ爲スヲ得ズ。佛國ニ於テハ「プレフエー」卽チ各縣ノ知事及ビ警視總監ニ限リ、大臣自ラ之ヲ爲スヲ得ズ、各省ノ事ニ就テハ先ヅ知事ニ訓令シテ知事ヲシテ提起セシム。普國ニ於テモ之ヲ司法權ニハ許サズ、中央行政官府「プロビンツ」ノ諸官府(會計監督官、租稅官等)及ビ知事ノミ之ヲ提起スルヲ得。

我行政法ニ規定スル權限爭議ハ、行政裁判所ト司法裁判所トノ間ニ起ル爭ニシテ、普國ニ於ケル行政權ガ司法權ニ對シテ爭フモノト異ナル事ヲ注意スベシ。普國ニ於テ行政裁判所ガ之ヲ爭フ場合ニハ、先ヅ其訴訟ニ對シ自己ノ權限ナル事ヲ行政權ニ向テ主張シ、其行政機關ヲシテ權限裁判ヲ起サシムルナリ。

權限ノ爭議ハ何事ニ就テモ之ヲ爲シ得ルモノニ非ズ、刑事ニ就テハ普國ハ全ク之ヲ許サズ。佛國ニ於テハ重罪ニ關スル事ハ之ヲ許サザル事普國ニ同ジ、併シ輕罪ニ就テハ其一部ヲ行政裁判所ノ管轄ニ屬セルモノアルガ故ニ、一定ノ範圍ヲ限リテ之ヲ許セリ、故ニ普通ニ權限ノ爭議ハ民事ニ於テスルモノナリトイフ事ヲ得。刑事ハ一般ニ撿察官ノ公訴ヲ以テ起リ、民事ハ當事者ノ提起ヲ待テ起ルモノタリ。故ニ民事ニ於テハ權限爭ノ起ルヘキ事情多カルベキ場合ヲ欠キ、刑事ニ於テハ權限爭議ヲ許サヾルヲ以テ、司法裁判所ヨリ爭議ヲ提起スルノ必要ハナシトイフベシ。

權限ノ爭議ハ、始審裁判ノ場合ニ於テモ又控訴ノ時ニ於テモ之ヲ起スヲ得、然レドモ裁判確定シタル時ハ之ヲ起スヲ得ズ。

「ネガチーブ」ノ權限爭議ハ、實ハ行政權、司法權ノ間ニ直接ノ爭アルニ非ズ、双方ニ於テ自己ノ管轄ニアラズトシテ拒絕スルニ過ギズ。故ニ此場合ニ於テ迷惑スルモノハ原告者ナリ、因テ之ガ救濟ヲナスガ爲メニ設ケタル路ニシテ、之ヲ提起スルモノハ司法ニ向テ原告者タル本人及ビ拒絶ヲ蒙リタル行政官府ナリ、又國家ノ利害ニ關スル事ニ就テハ、其主務ノ大臣之ヲ提起スルヲ得。

我國ノ權限裁判ハ、特別ノ權限裁判所ヲ設クルヲ主意トスレドモ未ダ其設ケナク、假ニ樞密院ヲシテ之ヲ司ラシム。（行政法第四十五條）此假ノ制度ハ前陳ノ第三ノ制ナリ、故ニ甚ダ不適當ナリ。且ツ樞密院ノ組織ヨリ見ルモ同顧問官ハ判事ヲ務メタルモノトアレドモ、大抵ハ政治家ニシテ大臣ハ之ニ臨席スルヲ得ルモノナルガ故ニ、行政ノ點ヨリ裁決スルノ弊アルハ疑ナシ。

普、佛兩國ノ權限ノ爭ハ行政權ト司法權トノ爭ナレドモ、我國ノ制ハ此兩權ノ間ノ規定ニ非ズ、故ニ行政全躰ト司法裁判所トノ間ノ權限爭議及ビ行政ト行政裁判所トノ關係ニ就テハ不明ノ點ナリ。――或人ハ行政權ト司法權トノ爭ハ、統治權ノ總攬者タル天皇ノ裁決シ給フ所ナリト論ズ。然ルトキハ君主ハ輔佐ノ職タル大臣ノ輔佐ニヨリテ裁決スル事トナル故ニ、法律問題ヲ行政ノ點ヨリ裁決スルノ弊ハ實際上免ルベカラズ。――又行政裁判所モ司法裁判所モ各自ラ權限ヲ定ムルノ權ヲ有スルガ故ニ、法律ノ明文ニ於テ別ニ其制限ヲナサヾル以上ハ、裁判所自ラガ行政ト裁判所トノ權限爭議ヲ判定スト論ズル說アリ。余ハ現行ノ制ニ於テハ、後說ヲ採ル方可ナリト信ズレドモ頗ル議論アル點ナリ。

官吏ノ行爲ニ就キ、訴訟ヲ提起スル場合ノ規定ヲ一言スベシ。

佛國ニテハ、革命前ハ裁判所ガ行政官吏ニ對スル訴訟ヲ受理スル場合ハ國王之ニ干涉シテ官吏ヲ保護セシガ、革命ニ於テ國王ガ裁判ニ干涉スル事ヲ廢セリ。ヨリテ更ニ行政官吏保護ノ必要ヲ生ジ、革命政府ハ一ノ保護ノ原則ヲ定メタリ。而シテ此原則ハ千八百七十年現今共和政府ノ建設マデ效力ヲ有シタルモノナリ。此原則ニヨレバ大臣ヲ除キ其他ノ官吏ハ參事院ノ裁決ヲ經ザレバ、其職務ニ關スル件ニ付キ訴訟ヲ官吏ニ對シテ提起スルヲ得ズ、而シテ此參事院ノ裁決ハ裁判所タル資格ニ於テ爲スモノニ非ズ、又之ガ裁決ニモ理由ヲ付セズ。――若シ民刑事ノ訴訟ヲ官吏ニ對シテ提起セントスル時ハ、原告又ハ檢事ハ參事院ノ認可ヲ請求スルヲ要ス。而シテ若シ其認可ヲ得ルノ手續ヲ爲サヾル時ハ官吏ハ故障ヲ申立ツルヲ得。――而シテ此ノ如ク認可ノ手續ヲナシ、參事院ガ其認可ヲ拒ム場合ニハ其訴訟ハ提起スルヲ得ズ、――其參事院ノ認可ハ敕令ヲ以テ之ヲ達シ大臣副署ス。故ニ大臣ハ議會ニ對シテ憲法上ノ責任ヲ負フベキモノトス。――參事院ガ認可ヲ與ヘタル場合ニハ、其官吏ノ行爲ニ付キ獨立ニ審査判決ヲ爲ス權アリ。――此制ハ千八百七十年マデ行ハレタルナリ、同年ニ於テ特別ニ官吏ヲ保護スルノ法律ハ之ヲ廢セリ。故ニ此后ハ通常裁判所ハ官吏ニ對スル訴訟ヲ特別ニ受理スルヲ得ル事トナレリ、然レドモ佛國ハ三權獨立ヲ以テ憲法ノ大原則トスルガ故ニ、官吏ノ行爲ノ解釋ニ就テハ行政權ノ裁決ヲ要ス。（是レ權限裁判所ノ判決ニヨリテ定マルモノナリ、故ニ行政權ガ權限裁判ノ提起ニヨリテ裁判ニ干涉シテ官吏ヲ保護スルヲ得。）

獨逸ニ於テハ千八百七十九年帝國法律ヲ以テ通則ヲ定メタリ、即チ官吏ニ對スル訴訟ニ付キ特別ナル條件ヲ必要トナスノ規定ハ之ヲ廢止ス。但シ各邦ノ法律ヲ以テ左ノ制限内ニ於テ、官吏ニ關スル訴訟ニ付キ規定ヲナスヲ得。――一、豫審判決（フォールエンドシャイヅング）ハ官吏ガ、其職權ヲ侵セシカ或ハ怠リシヤ否ヤヲ確定ス。――二、各邦ノ内高等行政裁判所アル邦ニ於テハ、豫審判決ハ之ニ屬シ高等裁判所アラザル邦ニテハ帝國裁判所ニ屬ス。

此通則ニヨリテ千八百七十九年以前ニ各邦ニ存シタル官吏ニ對シテノ特別ナル制限、例ヘバ官吏ニ對シテ訴訟ヲ起スニハ所屬ノ官府又ハ參事院ノ認可ヲ受クルノ制ハ之ヲ全ク廢セリ。而シテ此法律ノ發布セラレタル以后ハ、高等行政裁判所又ハ帝國裁判所ニ於テ(「ライヒツゲリヒト」ニテライブチヒニ唯一アルモノナリ)豫審ノ判決ヲ爲ス。而シテ若シ官吏ガ職權ヲ侵シ又ハ職務ヲ怠リタリト判定スル時ハ、通常裁判所ハ其官吏ニ對スル訴訟ニ付キ獨立ニ裁判ヲナスヲ得。

帝國裁判所ハ恰モ大審院ノ如キ性質ノモノニシテ、唯ダ異ナル所ハ領事裁判ノ控訴及ビ帝ニ對スル訴訟ヲ受理、判決スルニ在リ。

通常裁判所ニ受理シタル以上ハ、前ノ豫審ノ判決ニ反シテ判決ヲ下ス事ヲ得ルハ無論ナリ。

我國ニ於テハ右ノ如キ制限ナシ、故ニ官吏ニ對スルノ訴訟ハ獨立ニ裁判ガ受理シ、且ツ獨立ニ判決スルヲ得。

此官吏ニ對シテ訴訟ヲ提起スル場合ニ就テノ特別ノ規定ナキハ我法ノ欠點ナリト考ヘラル。

行政裁判ト民事裁判トノ關係

此關係ノ通則ハ、法律ヲ以テ行政裁判所ト通常裁判所トノ權限ヲ定ム、故ニ兩裁判ガ同一ノ爭ヲ裁判スルノ權ヲ有セズ。左レバ論理上一ノ爭ハ何レカノ一ニ屬セザルヲ得ズ、併シ民事ノ訴訟事件ガ行政訴訟事件ト相連關スル事アリ、然レドモ之ガ爲メニ相方ノ權限ノ動カサル丶事ナシ。例ヘバ同一ノ事件ガ刑事、民事ノ訴訟ノ原トナル事アリト同ジク、同一ノ事件ヨリシテ行政訴訟ト民事訴訟トノ起ル事アリ。然レドモ此訴訟ハ同一ノ訴訟ニハ非ズ其爭點ハ二ツナリ、故ニ其裁判ハ双方獨立ノモノニテ一方民事ノ訴訟ハ、敗訴トナルモ行政訴訟ニハ勝訴トナル事アリ。此場合ノ實例ハ、土地所有者ハ自由ニ建築ヲ爲スノ權アレドモ、行政上建築ニハ制限アルガ故ニ建築ニ制限ヲ受ケザルヲ得ザルガ如シ。尤モ或場合ニハ甲ノ訴訟ガ乙ノ訴訟ノ條件トナル事アリ。佛國ニテハ三權獨立ノ原則ヨリ通常ノ裁判所ト行政權ト相干渉スルヲ得ズ。故ニ裁判所ハ行政ノ行爲ニ就キ、獨立ニ解釋スルヲ得ズシテ行政權ノ裁定ヲ要ス。獨逸ニ於テハ通常裁判所ハ其職權ニ屬スル事件ニ付キ、其裁判ノ條件トナルベキ問題ハ自ラ之ヲ裁定スルヲ得、而シテ行政ノ行爲ニ關スル事モ裁判所自ラ決定スルヲ得ルナリ。例ヘバ國家ノ代理者ノ取結ビタル行爲ニ付キ訴訟アランニ、裁判所ハ其代理ガ適當ニ成立チ居ルヤ否、及ビ其契約ハ行政權内ノ規定ニ隨ヒタル適法ノモノナルヤ否ヲモ裁定スルヲ得ルナリ。佛國ニ於テハ行政權ノ裁決ヲ要スルナリ。

尚ホ民事ノ裁判ガ行政訴訟ノ條件トナル事アリ、又行政ノ裁判ガ民事訴訟ノ條件トナル事アリ。例ヘバ或人ガ他人ノ納稅義務ヲ契約ニテ引受ケ、其契約ニ就テ民事訴訟起リ居リ、又ハ一方ニテ納稅ノ義務ニ就テモ訴訟起リ居ル場合ナリ。此場合ニ納稅義務ナキ時ハ契約ノ目的ナキモノトナル、故ニ此事行政裁判ニテ定マレバ民事ノ訴訟ハ忽チニ決定スルガ如シ。又甲ガ納稅ヲ怠タリシ爲メニ行政裁判所ニテ裁判スベキニ當リ、其土地ハ甲ノ所有ニ非ズシテ乙ノ所有ナル事ノ訴訟アル時ニ、其訴訟ノ決定ヲ待タザルベカラザル場合アリ。我國ノ制ニ於テハ行政裁判法第三十九條ニヨリ、尋問中ノ事件ニ付キ民事訴訟起ル時ハ、之ヲ待ツガ爲メニ審判ヲ中止スルヲ得ト規定セリ。又民事訴訟法第百二十一條ニモ一般ニ同一ノ精神ノ規定アリ。

民事訴訟法第百二十一條　裁判所ハ訴訟ノ全部又ハ一部ノ裁判ガ、他ノ繫屬スル訴訟ニ於テ定マルベキ權利關係ノ成立又ハ不成立ニ繫ルトキハ、他ノ訴訟ノ完結ニ至ルマデ爭論ヲ中止スベシ。

行政裁判ノ手續

凡テ裁判ハ對手双方ノ權利義務ニ就キ判決ヲ下ス者タリ、故ニ對手双方ガ權利ヲ主張スルニ事實上、法理上必要ノ事柄ヲ提出スルコトヲ得セシメザルベカラズ、之ガ爲メニハ一定ノ訴訟法ヲ要ス。而シテ又一定ノ訴訟法ニヨリテ事實上、法理上必要ノ事柄ヲ提出セシメザレバ裁判所ハ判決ヲ下スニ必要ナル理由ヲ得ル事難カルベシ、又一定ノ訴訟法ニヨルニ非ザレバ裁判ノ判決ガ充分ノ信用ヲ得ル事能ハズ、故ニ裁判ニハ必ズ一定ノ訴訟法アルヲ必要トス。而シテ訴訟法ニハ必ラズ對手ヲ定ムルヲ要ス、刑事訴訟法ニ於テハ職權上自ラ進ミテ裁判ノ手續ヲ爲スモノナリト雖モ、尙ホ裁判所ガ對手ノ上ニ立チテ判決ヲ下ス爲ニ檢事ヲ以テ對手ノ一方即チ原告ト見做ス。然レドモ此場合ニハ原被ノ區別ハ只ダ形式ニ過ギズ、之ニ反シテ民事訴訟ニ於テハ一個人ガ各自ノ權利義務ニ付キ爭フモノナレバ、原被ノ區別ハ事實上必要ノモノナリ、此場合ニハ裁判所ハ自ラ進ミテ裁判ヲ爲サズ、訴訟ノ提規ニヨリテ(一個人)裁判ヲナシ判決ヲ下スモノトス。行政訴訟法モ亦民事訴訟法ニヨリテ定メタル點尠カラズ、而シテ一般ニ權利ヲ一個人ガ侵害セラレタリトスル場合ニ、訴訟ヲ提起シ裁判ヲ請求スルニヨリ行政裁判所ハ判決ヲ下スモノニシテ、裁判所ガ自ラ進ミテ裁判ヲ爲サヾル事猶ホ民事ニ於ケルガ如シ。

行政裁判所ニ於テハ、原告ハ通例權利ヲ侵害セラレタルモノトス。然レドモ茲ニ例外アリ、即チ職務上ニ付キ下級ノ自治機關ガ其監督官廳ノ處分ニ對シ訴訟ヲ提起スル場合ノ類ナリ。而シテ被告ハ多數ノ場合ニハ行政官府タリ、如此官府ヲ被告トナス場合ハ民事訴訟ノ如ク、一個人双方ノ權利義務ニ付キ爭ヲ爲スニ非ズ、行政權下一私人間ノ爭ナレバ訴訟ノ形式ニ於テハ一私人ノ訴訟ノ如ク原被兩告トシテ裁判ヲ爲ス。而シテ行政官廳ガ其官吏又ハ其申立ニ依リ主務大臣ヨリ命ジタル委員ヲシテ訴訟ノ代理ヲ爲サシムルヲ得、其代理人ハ委任狀ヲ以テ代理人タルヲ證明スルヲ要ス。行政裁判ハ公ノ利害ニ關スル事多キガ故ニ、官廳ヲ對手トスル場合ニ於テモ他ノ行政部ノ利害ニ關スル塲合少ナカラズ、而シテ行政裁判ニ於テハ公益ヲ辨護スベキ檢事ヲ置カザルガ故ニ、主務大臣ハ必要ト認ムル塲合ニ於テハ、公益ヲ辨護スルカ爲メニ委員ヲ命ジ審廷ヘ差出ス事ヲ得、而シテ行政裁判所ハ判決ヲ爲ス前ニ、此委員ヲシテ其意見ヲ述ベシムルヲ要ス。

行政裁判ニ於テハ、民事ニ比スレバ第三者ノ利害ニ關スル事多シ、故ニ行政裁判所ハ其職權ヲ以テ其訴訟事件ノ利害ニ關係アル第三者ヲ訴訟ニ加ハラシメ、又ハ其願ニヨリテ之ヲ許ス事アリ。而シテ裁判ノ判決ハ第三者ニ對シテモ効力ヲ有スルモノタリ、如此第三者ヲ訴訟ニ加ハラシムル事ハ民事ニハナキ事ナリ。其加ハラシ塲合ハ事實上、法律上第三者ガ訴訟ニ加ハリテ必要ノ事柄ヲ提出スル事ヲ得ル塲ムル合ナリ。其加ハラシムル目的ハ、同一ノ權利ノ關係ニ就テ、數人ガ同一ノ地位ニアル時ニ之ニ加ハラシメテ、同一ノ性質ノ訴訟ヲ度々起ス事ヲ防グニアリ。例ヘバ道路修繕ノ義務ニ付キ數人ニ對シテ處分ヲ爲セシ時、其一人ガ行政訴訟ヲ提起セシ塲合ノ如シ。

行政訴訟ハ一定ノ塲合ヲ除ク外ハ、行政處分トシテ權利ヲ害セラレタリトスルモノ、提起スルモノナリ。故ニ訴訟手續ハ民法訴訟法ニ基キタルモノ多ク、訴訟ヲ提起スルヤ否ヤハ權利ヲ侵害セラレタリトスルモノ、隨意ナリ。然レドモ行政訴訟法ハ又全ク民事訴訟法ノ原則ニヨラズ、或場合ニハ刑事訴訟法ノ原則ヲ斟酌シテ採用セル所アリ。

行政裁判ハ民事裁判ノ原則ニヨリテ訴訟ヲ提起シタルモノアル場合ニ、之ニ對シテ裁判ヲ爲スモノニシテ、其裁判及ビ効力ハ唯ダ訴訟ノ對手双方及ビ其訴訟事件ノ上ニ及ブナリ。而シテ明文ナキ一ノ問題ハ訴訟ヲ提起シタル後之ヲ引下ゲ、又ハ爭ノ目的タル權利ノ放棄、又ハ和解ニヨリテ訴訟ヲ終止スルヲ得ルヤ否ヤノ事ナリ。此事ハ法律ニ於テ明カニ定メズ、然レドモ行政訴訟手續ニ關シテ行政裁判法ニ規定ナキモノハ、行政裁判所ノ定ムル所ニヨリ民事訴訟ニ關スル規定ヲ適用スルヲ得、故ニ此場合ニ於テモ裁判ヲ終止スル事ヲ得ルト見ル方適當ナリ。

或人ハ、行政裁判ハ公益ニ關スルモノナルガ故ニ、一度提起セシモノハ職權ヲ以テ之ヲ裁判シ終ルベシト論ゼリ。然レドモ此説ハ非ナリ。何トナレバ前條ノ民事訴訟法ヲ適用シ得ル理アルノミナラズ、又性質上行政裁判ハ提起ニヨリテナスモノニシテ、職權ヲ以テ裁判所自ラ進ミテナスモノニアラザルヲ以テナリ。然レドモ事件ノ性質上引下ゲ又ハ權利ノ放棄、和解ニヨリテ終止スルヲ得ザルモノアリ。例ヘバ官廳ノ職權ヲ以テ提起セシモノヽ如シ、此等ハ其事件ノ性質ニヨリテ決定スベキモノニシテ別ニ原則アラズ。

行政訴訟ノ提起ノ期日モ亦、民事訴訟法ノ原則ニヨリ一定ノ期限即チ行政廳ニ於テ處分書又ハ訴願ニ對シテ裁判書ヲ交付シ、又ハ之ヲ告知シタル日ヨリ六十日以內ヲ經過スレバ提起ノ權ヲ失フ、尤モ此期限ハ一般ノ定メニシテ法律勅令ニ於テ例外ヲ設クル事ヲ得ルナリ。

訴訟提起ノ日限其他行政裁判法ニヨリ行政裁判所ガ定ムル日限ノ計算ハ、民事訴訟法ノ規定ヲ適用シ其期日ノ初メノ日及ビ終リノ日ガ日曜日又ハ祭日ナリシ時ハ、之ヲ計算ニ入レズ。又災害時變ノ爲メニ防ゲラレタル場合ニモ、亦民事訴訟法ノ規定ヲ適用シテ之ヲ計算ニ入レザルモノトス。

民事訴訟法百五十九條乃至百七十二條及ビ百七十三條乃至百七十七條ヲ參照スヘシ

行政裁判モ民事及ビ刑事ト同ジク、口頭對審ト裁判ノ公開トヲ以テ通則トス。併シ全ク初メヨリ口頭對審ヲナサシムルニ非ズ第一ニ訴訟ノ提起ハ文書ヲ以テセザルベカラズ、次ニ原告ノ訴狀ヲ審査シ若シ法律勅令ニヨリテ訴訟ヲ許サヾル場合又ハ手續ニ背ク場合ニハ口頭對審ヲ開カズ、理由ヲ付シタル裁決書ヲ以テ之ヲ却下ス。唯ダ訴狀ガ方式ヲ欠クノミノ場合ニハ期限ヲ定メ其期間ニ於テ改メテ差出スベキ事ヲ命ジテ却下ス。次ニ訴狀ノ副本ヲ被告ニ送リ之ニ對シテ答辯書ヲ出サシメ其副本ヲ原告ニ送リ、而シテ裁判所ノ見込ニヨリテ此答辯々駁ハ再度ニ及ブヲ得。此事ヲ經タル後ニ初メテ口頭對審ヲ開ク、又對審ヲ開キシ後モ原被及ビ第三者ガ口頭對審ヲ望マザル事ヲ申立ツル時ハ、双方ガ差出シタル文書ニ就キテ裁決ヲ與フ。又原被及ビ第三者ガ期ニ及ビテ出廷セザル場合ニモ文書ニ就テ判決ヲナスノ例外アリ、又期日ニ於テ原被或ハ第三者ノ一ガ出廷セザル時ニ於テモ、行政裁判ハ之ガ爲メニ裁判ヲ中止セズ。――裁判ノ公開ニ關シテモ、一定ノ場合ニ於テ職權ヲ以テ之ヲ停止スルヲ得。例ヘバ安寧秩序又ハ風俗ヲ害スルノ慮アル場合又ハ行政廳ノ要求アリシ場合ノ如シ。

口頭對審ニ於テ原被及ビ第三者ハ自ラ證據ヲ呈出セザルベカラズ、又文書ニ於テ足ラザル所ヲ補フヲ得。而シテ行政裁判所ガ必要ト認ムル場合ニハ、更ニ原被及ビ第三者ニ擧證ヲ命ジテ之ヲ調査シ以テ證據トナス事ヲ得。又證人鑑定人ヲ呼出シ證明鑑定ヲナサシメ、又評定官判事、行政官ニ委托シテ證據調ヲナス事ハ裁判所ノ職權ニ於テ之ヲナスヲ得。是民事訴訟法ヨリ一層密ナル所ナリ。而シテ證人鑑定人ニ關スル規定ニ就テハ民事訴訟法ヲ適用ス。(二百八十九條以下三百三十三條)

行政訴訟法ハ一定ノ場合ヲ除ク外ハ、行政處分ニ對シテ提起スル者ナルガ故ニ、行政ノ活動ヲ妨ゲ或ハ公益ニ害アル事ナカラシメンガ爲メニ、訴訟ノ爲メニ處分又ハ訴願ニ對スル裁決ノ執行ヲ停止セザルヲ原則トス。然レドモ之ヲ停止セザル時ハ原告ノ害トナル場合ニハ、其願ニヨリ裁判所ハ之ヲ停止スル事ヲ得。——又行政裁判ノ判決ノ効力ハ直接ニハ行政處分ニ對シテノミ行ハレ、其處分ノ基ク所ノ通則ニ及バズ、故ニ通則ガ法律ニ違背スル事ヲ理由トシテ其處分ヲ無効トスル事ヲ得レドモ、其通則ヲ無効トスルヲ得ズ。但シ此理ハ民事、刑事ノ裁判ニ於テモ同ジク裁判ハ唯ダ特定ノ事件ニ對シテノミ判決スルモノナリ。又行政裁判モ法ニヨリテ裁判ヲナスモノナリト雖ドモ、或場合ニ於テハ適法ナルカ否カノ事ニ於テセズシテ、公益ヲ害スルヤ否ヤ即チ便利ノ如何ヲ以テ裁決ヲ下ス事アリ、是レ行政裁判ニ限レル例外ナリ。例ヘバ市町村長ガ公益ニ害アルヲ以テ市町村會ノ議決ニ對シテ停止ヲ命ジタルニヨリ、訴訟ヲ起セシ場合ニ於テ、其判決ノ理由ハ職權ノ有無ニアラズシテ公益ニ害アルヤ否ヤニ存スルガ如シ。

兵制

兵ノ國家ニ欠クベカラザル事ハ、歴史的事實ニ照シテ疑ナキ事ナリ。何トナレバ國家成立、存亡ハ兵力ニヨラザルモノナク、又兵力ニヨラズシテ其獨立ヲ維持シ得ルモノ殆ドナシ、殊ニ各國中勢力ヲ有スルモノハ皆兵力ニ據ル、尤モ和蘭、白耳義、瑞西ノ如ク小國ニシテ小兵ヲ以テ獨立シ得ルモノハ、實ニ大國ノ關係ニヨリテ獨立ヲ保ツモノニシテ自ラ獨立ヲ維持ストハ稱シ難シ。

徵兵ノ種類

徴兵ノ種類ニ四種アリ左ノ如シ。

一、雇兵ノ制、

二、抽籤徴兵ノ制、

(Conscription System or Napoleon System)

三、國民皆兵ノ制、

四、國民軍ノ制、

雇兵ノ制ハ、歐洲封建制ノ廢滅以來一時各國ニ行ハレタルモノニシテ、現今英國ノ常備兵ハ尙此制ニヨレリ。此制ハ兵士ヲ契約ヲ以テ雇入ルルモノナルガ故ニ、大兵ヲ要スル國ニ於テハ行ハレ難シ。土地ノ形勢等ヨリ陸軍ヲ要スル事割合ニ少ナキ英國ノ如キニ於テモ、常備兵募集ノ事ハ最モ困難ナリトイフ。英國ニハ雇兵ノ外ニ Militia アリ、即チチヤールス二世ノ時立憲制ノ發達ヲ壓セシガ爲メ常備兵ヲ强クセシヨリ、國民ハ常備兵ヲ用テ立憲制ヲ危クスルモノトナシ、之ヲ防禦センガ爲メニ設ケタルモノナリ。然レドモ現今ニ至リテハ其勢力甚ダ少ナシ、千八百七十年頃ヨリハ義勇兵ノ制アリ。

抽籤兵ノ制モ、亦凡テノ國民ニ兵役義務ヲ負ハシムルヲ以テ基礎トスル事ハ三、四ノ制ト同ジ、併シ只ダ必要ノ兵員ノミヲ徵シテ其他ノモノハ兵役義務ヲ免ズ。而シテ此制ノ中ニ於テ又種々ノ差別アリト雖ドモ、皆大躰ニ於テハ同一ナリ――。此制ニ於テハ貴族、學生、家督ノ男子ハ兵役ヲ免除スルヲ通則トス。而シテ又抽籤ニ當リタルモノモ代理人ヲ出ス事ヲ得セシメ、又一定ノ免役料ヲ納メテ義務ヲ免ルヲ得セシム。而シテ一度免役トナリタルモノハ之ヲ兵籍ニ編入スル事ナキガ故ニ、役ニ當リシ者ハ長ク之ヲ務ムル事ヲ要シ。又一度定役ヲ終ルトモ他人ノ代理ヲ務ムル事ヲ得ルガ故ニ、兵役ニ從事スルヲ以テ職業トナシ、一般人民ト軍人トノ間ニ差別ヲ生ズル傾アリ。

之ヲ「ナポレヲン、システム」トイフハ、此制ヲ一般ニ採用セシハ那破翁一世ナルヲ以ヲナリ。併シ英國ニテハ此制ト國民皆兵ノ制トヲ合セテ「コンスクリプション、システム」ト稱ス。

國民軍ノ制モ、國民一般ニ兵役義務ヲ負ハシムルヲ原則トス。然レドモ唯ダ戰時ニ於テノミ之ヲ徵集シ、平時ニ於テハ各其職業ニ從事セシム。而シテ又悉ク之ヲ訓練スベカラザルガ故ニ、義務者ノ中唯ダ少額ノ人員ヲ訓練スルヲ以テ通例トス。故ニ戰時ニ於テハ兵員ノ數ハ多シト雖ドモ戰鬪ニ堪フベキモノハ割合ニ少シトス。此制ニ於テハ多額ノ費用ヲ要セズ又强テ戰爭ヲ起スノ慮ナシ、故ニ此制ヲ以テ國家ノ最高ノ目的ヲ達スベキモノトナスモノアリ。然レドモ歐洲各國外交上ニ勢力ヲ有スル國ハ只ダ此制ニヨリテ地位ヲ保ツ事難シトナス、故ニ此制ニノミヨリテ國家ヲ維持スル國ナシ。尤モ强國ノ間ニ狹リテ其間ノ關係ニヨリテ獨立ヲ保ツ小國ニ於テハ此限ニ非ズ、素ヨリ此兵制ニヨリテ其獨立ヲ維持スルニ非ザルハ明ケシ。

國民皆兵ノ制ハ、凡テ兵役ニ堪フル丁年者ハ其義務ヲ負フヲ以テ其基礎トシ、單ニ忠義上國民皆兵トイフヲ以テ足レリトセズ訓練セル國民兵ヲ養成ス。此制ニ於テハ代理ヲ許サズ、又免役料ヲ納メテ免役ヲ得ル事ナシ。此制ニ於テモ抽籤ヲ以テ募集ノ員ヲ定ムル事アリト雖ドモ、之ニヨリテ兵役ヲ免除スルニ非ズ、猶豫スルマデナリ。故ニ其義務ハ依然トシテ存ス、是レ抽籤徴兵ノ制ト異ナル所ナリ。

兵制及ビ其沿革ノ事ハグナイスト「ノ書ヲ參照スベシ。

我兵制ノ沿革一班

我兵制ハ明治元年諸藩ニ令シテ石高ニ應シテ兵ヲ出サシメタリ併シ未タ徴兵ノ方法ハ定マラザリキ明治三年ニ士民ノ内强壯ノモノヲ撰ビテ一萬石ニ五人ヲ出サシムル事ヲ令セリ是一般人民ニ兵役義務ヲ負ハシムルノ初メナリ次ニ當時佛國ニ行ハレタル「ナポレオン、システム」ヲ採用セシハ明治五六年ノ頃ナリキ明治十六年ノ改正ニヨリテ國民一般ニ兵役義務ヲ課スルノ主義ヲ採用シ以後此主義ニ於テハ變更ナシ而シテ現行法ハ明治廿二年ニ改正セシモノニテ十七年以上四十年マデノ男子ハ凡テ兵役義務ヲ有シ之ヲ免除スルモノハ癈疾不具等ニシテ撿査規則ニ照シテ兵役ニ堪ヘザルモノニ限レリ

英國兵制ノ沿革一班

歐洲各國共ニ封建制衰ヘタル後ハ雇兵ヲ以テ當備兵ヲ編成シ其力ニヨリテ中央集權ヲ爲セリ英國ニ於テモスチユアート王家ノ時ニ至リ雇兵ヲ以テ常備軍ヲ編

シ、其力ニヨリ議會ノ制度ヲ破壞セントトシ企テ遂ニ革命ノ亂トナリ、王室一度滅亡スルニ至レリ。而シテクロンウェルガ常備軍ノ力ヲカリテ國會ノ勢力ヲ抑制シ、後チヤールス第二世モ其晩年ニ兵力ニヨリテ專制ヲナサントスル傾アリ。次ギテゼームス第二世ハ「カトリック」敎徒ノ士官ヲ以テ常備軍隊ヲ組織シ、國敎及ビ憲法ヲ破壞セントナシ遂ニ王位ヲ失フニ至リシ事アリ。此ノ如ク常備兵ノ力ニヨリテ國會ヲ抑制シ憲法ヲ危險ナラシムル事アリシヨリ、平時ニ常備軍ヲ置クハ國家ノ組織ヲ危クスル基ニシテ、歐洲諸國モ元來自由ノ制度ナリシガ遂ニ壓制ノ制トナリタルモ之ガ爲メナリ。反之英國ハ獨リ其進歩ヲ異ニシテ、立憲制ノ發達セシ理由ノ重ナルモノハ常備兵ノ有無ニ關スル事ヲ悟リ、議會ハ Bill of rigpt ヲ議決シ、平時ニ常備兵ヲ置クハ國家ノ法律ニ違背スルモノトナシ、之ヲ以テ國家制度ノ一基礎トナセリ。然レドモ兵ハ國家ノ安寧ヲ保ツニ必要ナルガ故ニ千六百八十九年以來ハ毎年 Mutiny act ト稱スル特種ノ法律ヲ以テ雇兵ヲ設クル事ヲ認可セリ。而シテ此法律ノ効力ハ一年限リノ者ニシテ一ケ年ノ終ニハ常備軍隊ハ解散スベキモノトス、如此常備軍ヲ設クル事ヲ嚴シク制限シ、外國ト開戰スル場合ニハ國會ニ於テ增兵ノ事ヲ議決シ、著シク兵數ヲ増スト雖ドモ戰爭終レバ之ヲ減少ス、然レドモ歐洲諸强國ト對立シ殖民地ヲ保護シ、外交上ノ勢力ヲ保ツニハ兵力ニヨラザルベカラザルガ故ニ、漸次ニ兵數ヲ増加シクリミヤ戰爭以來ハ十二萬乃至十五萬ノ常備兵ヲ置クニ至レリ。如此實際常備兵數ハ一定セリト雖ドモ、之ヲ置クノ權ハ毎年議定スル法律ニ基クモノトスルハ前述ノ如シ。而シテ議會ニ於テモ常備兵ノ必要ヲ感ズル事强ク、漸次ニ法律ヲ以テ兵制ノ改良ニ着手シ、千八百七十一年改正法律ヲ發シ士官ノ地位ヲ賣買スルノ慣習ヲ廢止スル權ヲ政府ヘ與フル等種々ノ改良ヲ爲シタリ。然レドモ常備兵ヲ置クノ權ハ、依然國會ノ掌握スル所ナリ。

漸次兵數ノ増加スルニ隨ヒ、雇兵ニテハ之ヲ充タス事難キヲ以テ義勇兵ノ制出デ來レリ。如此シテ就兵ノ義務ヲ獎勵スルハ强迫國民皆兵制ニ進步スルノ階段ナリトグナイストハイヘリ。

現今ノ英國々民軍ノ制ハ、チヤールス第二世ノ時ニ定メタル制度ニ基キタルモノナリ。當時常備軍ト相對シテ勢力ノ權衡ヲ保チ、内國ノ安寧ヲ保護スル爲メニ大ニ國民軍制ヲ改正シ、ジヨージ第二世ノ時ニ至ル迄ハ、唯ダ有事ノ場合ニ之ヲ召集シ平時ハ召集スル事ナカリキ。而シテ。ジョージ第二世及ビ第三世ノ時法律ヲ以テ此制度ヲ改正シ、國民ハ兵役義務ヲ厭フガ故ニ那破翁戰爭ノ後ハ此徵集ヲ止メ、金員ヲ與ヘテ一定ノ人員ヲ徵募シ之ヲ訓練スルニ止マリ。千八百二十九年徵集ヲ停止シタル以來千八百五十二年マデハ有名無實ノモノナリキ。然ルニ同年法律ヲ以テ國民軍制ヲ改正シ、又之ヲ徵集シタリ。而シテ國民軍ヲ威力ヲ以テ徵集シタル事百年間七度ニ過ギズ、到底之ヲ以テ兵ニ用ヰルニ足ラザルガ故ニ、千八百五十二年以來ハ志願兵ノ制ヲ設ケ、之ヲ盛ニスル方法ヲ取レリ。而シテ國民軍及ビ志願兵ヲ合シテ之ヲ大英國ノ後備軍トナシ、此外ニ常備兵役ヲ終リタルモノヲ以テ豫備軍ヲ編制スル方法ヲ設ケタリ。

ジョージ二世、三世ノ時ノ改正ハ、那破翁戰爭ノ爲メ兵員ノ必要アリシガ爲メナリ。千八百五十二年ノ改正ハ、クリミヤ戰爭ニ於テ必要アリシガ爲メナリ。而シテ最近ノ改正ハ、千八百七十年頃ニシテ普佛戰爭ノ影響ニ出タルモノナリ。賣官ノ制ハ、年長者ヨリ順次ニ上官ノ欠位ヲ買フモノニシテ其價ハ定額アリ。此制ノ弊ハ拔擢ノ行ハレザルニアリ、然レドモ恩給ノ必要ヲ省ク。

獨逸兵制ノ沿革一班

獨逸各邦中ニテ、千七百年頃ヨリ著シク兵制ヲ改正シタルモノハ、普國ナリ。此ノ國ノ兵制ハ各聯邦ノ摸範トナリタルモノニシテ、普國ガ常備兵ヲ設置シタルハ三十年戰爭ノ時ニアリ、此時ニハ雇兵ヲ以テ之ヲ組織シタリシガ、千七百三十三年ニ國民ニ兵役義務ヲ負ハシムルノ制ヲ設ケテ雇兵ノ制ト幷ビ行ハシメタリ。而シテ貴族ハ之ヲ省キタリ、尤モ國王ハ殊ニ貴族ヲ奬勵シテ兵ニ從事セシメタリ。故ニ現今ニ至ルマデ士官ノ大部分ハ常ニ貴族ヨリ出ヅ、次ニ千八百七年大ニ兵制ヲ改正シ、兵役ヲ國民一般ニ負ハシメタリ。而シテ他ノ獨逸諸國モ、同時ニ此制ヲ取リタリ。然レドモ普國ノ如ク國民一般ニハ負ハシメズ、那破翁ノ制度ヲ採用シタリ。其後千八百六十六年普、墺戰爭ノ後更ニ北獨逸同盟ヲ組織シ、聯合兵ヲ編制シ普國ノ兵制ニヨリ大ニ兵制ヲ改頁シ、北獨聯合ニ於テハ一般ニ兵役義務ヲ負ハシムルノ制ヲ取リ、而シテ南獨逸ニ於テモ凡テ同時ニ此制ヲ採用シ、普國ヲ摸範トシテ改頁ヲナセリ。而シテ千八百七十年獨逸帝國ノ建設ニヨリ、全獨逸ニ一樣ノ兵制ヲ布クニ至レリ。

佛國兵制ノ沿革一班

佛國ニテ初メテ常備兵ヲ設ケタルハ、千五百年代ノ中頃ノ事ニシテチヤールス第七世初メテ人民ニ兵役ノ義務ヲ負ハシメタリ。然レドモ其後ルイ十二世ノ時ニ至リ、瑞西及ビ獨逸諸國ヨリ兵ヲ雇入レ常備兵ヲ編制シタリ。而シテヘンリー第四世ノ時ニ至リ再ビ徴兵ノ制ヲ設ケ、雇兵ノ制ト幷ビ行ハレシム、爾來屢〻兵制ヲ改革シ革命ノ時ニ至リ、初メテ國民一般ニ兵役義務ヲ負ハシムルノ制ヲ設ケタリ。然レドモ未ダ其實行ニ至ラズシテ廢止シ、千七百九十三年那破翁一世抽籤ノ制ニヨリテ兵役ノ義務ヲ人民ニ負ハシメタリ。其後多少ノ改革アリシ千八百五十五年ニ至リ、免役料ヲ納メ兵役ヲ免ズル規定ヲ設ケ、雇兵ヲ以テ兵ノ不足ヲ補充スル事トセリ。然レドモ普墺戰爭ニ於テ普兵ノ精練ナルヲ知リ、又兵制改良ニ着手シ免役料ヲ納メシメテ除役スルノ制ヲ廢セリ。併シ未ダ一般兵役義務ヲ課スルノ制ヲ取ラズ、獨佛戰爭後即チ千八百七十二年ニ初メテ國民一般ニ兵役義務ヲ負ハシムルノ制ヲ採用セリ。

國民ノ權利

其淵源

現今歐州各國ノ憲法ニ載スル所ノ國民ノ權利ハ、其他ノ憲法ノ主義ト同シク英國ニ淵源シタルモノナリトス。英國ニ於テハ此權利ハ元ト慣習法ニ源因スルモノニシテ、英國法律全體ニ通ズル原則ナリ。而シテ憲法ノ確定ニヨリ初メテ成立シタルモノニ非ズ、「マグナカルタ」及ビ「ビル、ヲフ、ライト」ノ如キモノモ、既ニ英國ノ法律ノ一部ヲ爲スモノヲ受ケテ明稱確定シタル者ニ過ギズ。英國及ビ各邦ノ憲法ノ初メニハ、國民ノ權利ノ箇條ヲ載スルヲ通例トス。而シテ其箇條ノ主義ハ英國ニ於テ漸次ニ成立シタルモノヲ採用シ、之ニ幾分ノ增減ヲ加ヘタルモノナリ。北米合衆國憲法ヲ制定スル時ニ於テ、國民權利ノ箇條ヲ載セズ、憲法草案委員ハ之ヲ憲法ニ載スルヲ必要トセズトセリ。其理由ハ合衆國ノ權ハ國民ニ淵源スルモノニシテ、國民ガ政府ヘ委任シタル權ハ國民ノ權利ヲ侵害スルノ權ヲ有セズ、故ニ政府ガ、國民ノ權利ヲ左右スルノ權ヲ有セザルヲ必要トナサズ、之ヲ載スル時ハ却テ危險ヲ生ズルノ原因トナルベキトイフニアリキ。併シ之ニ反對ノ說ヲ有スルモノ亦ナキニ非ズ、其說ニヨレバ從來英國ノ經驗ニヨレバ、政府ハ國民ノ權限ニ干涉スルノ傾アリ、故ニ國民ノ權利ヲ明稱シ確定セルハ、此干涉ヲ制限スル爲メニ著シク効力アリタリトイフニアリ。此說漸次ニ勢力ヲ得テ國民ノ權利ヲ憲法ニ載スルヲ以テ、必要トナス事各邦ノ公論トナリタリ。故ニ憲法制定ノ翌年、合衆國ハ追加條項ヲ以テ國民ノ權利ニ關係スル事ヲ憲法ニ編入セリ。

此歷史的ノ觀察ハ、自然ニ權利ガ人民ニアリトスル點ヨリ觀タルモノニシテ、ラバンド、ゲルベル、ボルンハック等ノ論理的觀察トハ異ナリ。

佛國革命ノ際千七百八十九年ニ佛國ハ國民ノ權利ヲ公布シ、其後共和憲法制定ニ際シテモ亦タ憲法ニ國民ノ權利ヲ載セタリ。而シテ佛國ニ於テハ此權利ハ自然ニ國民ニ屬スルモノニシテ、人爲ノ法律ニ先チテ存スルモノナリトイフノ主義ニヨリ之ヲ定メタルモノナリ。而シテ英國ノ憲法ヲ摸範トナシタリト雖ドモ、論理ヨリシテ著シク增補シタルモノナリ。爾來佛國ノ憲法及ビ歐洲大陸各邦ノ憲法ハ、常ニ國民ノ權利ヲ載ス。而シテ此等ノ箇條ハ皆緊要ナル主義ヲ確定シタルモノナリト雖ドモ、唯ダ憲法ニ於テ主義ヲ確定シタルノミニテハ、實際ノ應用ニ於テ人民ノ權利ヲ不當ニ制限スル事アルヲ免レズ、或公法家ノ言ニ此人民ノ權利ノ公布ナルモノハ。哲學的及ビ道義的ノ主義ヲ確定シタルモノニシテ、是ヲ應用スルノ方法、手段不充分ナルガ故ニ、如此箇條ノ確定公布以來モ尙ホ人民ノ權利ヲ害スルノ行政處分アルヲ免レズ、殊ニ革命擾亂ノ時ニ際シテハ、人民ハ殆ド此權利ヲ有セサリキ。千七百八十九年以來憲法ニ於テハ常ニ之ヲ認ムルト雖ドモ、實際之ヲ適用スルニ就テハ時ニヨリテ大ナル差別アリ、例ヘバ出版ノ自由ヲ認ムルト雖ドモ、之ヲ應用スルニ當リテハ或ハ出版ヲ免許スルノ制ヲ設ケ、或ハ撿閱ノ制ヲ設ケ、或ハ保證金ヲ出サシムルノ制限ヲ立テ、、大ニ其權利ヲ制限シタリ。其他ノ人民ノ權利モ、亦如此時ニヨリテ其制限ノ度ニ著シキ差異アリ。

現今ノ佛國憲法即チ千八百七十五年制定ノ憲法ハ、人民ノ權利ニ關スル條項ヲ載セズ。然レモ人民ノ權利ニ關スル條項ノ主義ヲ認メザルニハ非ズ、則チ從前ノ憲法ニ於テ確定シタルモノヲ默認シタルモノト見做スベシ。從前ノ憲法ノ中ニハ、新憲法ノ制定ニヨリ自然廢止ト見做スベキモノト否ラザルモノトアリ、國家權ノ組織及ビ其權限ニ關スル規定ノ如キハ、新憲法ノ制定ニヨリ廢止セラレタル者ト見做サザルヲ得ズ、反之行政法等ニ關スル條項ノ中ニハ、國家權ノ組織ト直接ニ關係ヲ有セザルモノアリ。即チ毎年豫算ヲ確定スル事、判事獨立ノ事及ビ國民ノ權利ノ類ハ、共和制ト君主制トニヨリテ差別ヲ爲スベキモノニ非ズ。故ニ新憲法ハ之ヲ條項ニ載セズト雖ドモ、尚ホ默認シタルモノト見做サザルヲ得ズ。獨逸各邦ノ憲法モ、亦佛國ノ公法家ノ倫理及ビ佛國憲法又ハ白耳義憲法ノ規定ヲ模範トシテ、國民權利ノ箇條ヲ確定セリ。然レドモ其箇條ニ幾分ノ增減ヲナシタル場合少ナカラズ、現今獨逸憲法ハ全ク國民ノ權利ニ關スル箇條ヲ載セズ。唯ダ特別ナル法律ヲ以テ之ヲ制定セルモノアルノミ。

國民ノ義務ノ事モ、亦國民ノ權利ト共ニ憲法ニ規定スル國アリ、或ハ規定セザル國アリト雖ドモ、國民ハ國家ノ法律及ビ憲法法律ニ遵據シテ發スル命令ニ對シ、服從ノ義務ヲ有スルガ故ニ、國民ノ國家ニ對スル義務ハ獨リ憲法ニ規定スルモノニ限ラズ、憲法ニ於テ特ニ立法權ニ制限ヲ置カザル國民ノ義務ハ、凡テ通常ノ法律ヲ以ヲ之ヲ負ハシムルヲ得ベシ。而シテ或國ノ憲法ニ於テ特ニ或義務ヲ規定スルアリ我憲法モ亦兵役及ビ納稅ノ義務ヲ確定ス。然レドモ我臣民ノ義務ハ此二ニ限ルトイフニ非ズ、唯ダ此二ノ義務ナルモノハ、人民ノ身軀、財產ニ關係スル者ナルガ故ニ之ヲ特別ニ憲法ニ確定シ、此義務ハ必ズ法律ヲ以テ定ムベキモノニシテ、命令ヲ以テ定ムベカラズ。而シテ又國民一般平生ニ課スベキモノニシテ、此義務ニ就キ或種類ノ人民ニ特權ヲ與フベカラザル事ヲ確定シタルナリ。

前述ノ權利ハ、歷史上ノ事實ヨリ見レバ既ニ此權アルガ故ニ、國家ノ權ヲ運用スルニ於テ之ニ立入ルベカラズト規定シタルモノナリ。然レドモ獨逸ノ公法學者中ニハ、國家ニ對シテハ服從ノ義務アリテ權利ナシ、所謂權利ナルモノハ Objectives Recht ナリトイヘリ。併シ國家ノ委任シタル國家權ノ運用者ハ、此服從ノ制限ヲ變更セザル以上ハ此制限ヲ冒スヲ得ズ。故ニ民法上ノ權利トハ異ナレドモ、尙ホ權利ト認ムルヲ得。

學制

敎育ノ事ハ憲法ニ於テ之ヲ規定セザル國多シ、然レドモ或國ノ憲法ハ敎育ニ關スル原則ヲ規定セリ。特ニ普國憲法ニハ敎育ノ自由及ビ學校ノ設立、殊ニ公立小學設立ノ義務、幷ニ就學ノ權利義務ノ事ヲ細ニ規定ス。是レ佛、英各國ノ憲法ニ揭ゲザルモノニシテ、普國憲法ニ殊ニ規定セルハ其國ノ歷史的ノ特性ニ基クモノナリ。

就學ノ義務ハ、獨逸國特ニ普國ニ於テハ、其憲法制定前既ニ國家ノ法律ヲ以テ之ヲ强制シ。憲法制定ノ時ニ於テモ、此主義ヲ國民ノ權利義務ノ箇條中ニ確定シタリ。現今ニ至リテハ、英國及ビ佛國モ法律ヲ以テ小學ノ就學義務ヲ强制ス。

立憲制ニ於テハ人民思想ノ自由ヲ以テ原則トス、而シテ就學義務ヲ强制スルハ、思想ノ自由ニ制限ヲ立ツル者ナリ。何故ニ此制限ヲ設クルカノ理由ハ、凡テ小見ハ其監督者ガ後日必要ノ敎育ヲ與ヘ、一定ノ限度マデ即チ一般人民ガ達シ得ベキ限度マデ與フルヲ以テ道義上ノ義務ナリトス。而シテ又國家ハ國民ヲ統治スル者ナレバ、國民中ノ不能力者ノ自然ノ保護者ニシテ、各人ノ數育ノ有無ハ國民全躰ノ幸不幸ノ基トナルモノナルガ故ニ、法律ヲ以テ就學ノ義務ヲ强制スルヲ必要トナス、即チ道義的ノ義務ヲ以テ法律上ノ義務トナスニアリ。

第一、就學義務ヲ强制スル手段ハ、小兒ヲ監督スル者ヲ罰スルヲ以テス。

第二、就學年齡ハ、獨逸諸國ハ七八才ヨリ十四才乃至十八才ニ至ルヲ一般ノ例トス。英法ニヨレバ父母及ビ後見人ハ小兒ニ五才ヨリ十三才マデ讀書、算術、習字ノ敎育ヲ與フルノ義務アリトシ、十才以下ノ小兒ハ凡テ勞働ニ使役スルヲ得ズ、而シテ又凡テ製造場ニ使役スル小兒ハ十三才マデハ毎週五回小學ニ就學セシムルヲ要シ、此義務ハ製造場ノ監視官之ヲ監督ス。佛國ニ於テハ、既ニ千七百九十三年ノ法律ヲ以テ就學ノ義務ヲ國民一般ニ强制スルノ法ヲ定メタリト雖ドモ千八百八十二年マデハ之ヲ實行セザリキ同年ノ法律ヲ以テ六才ヨリ十三才マデノモノハ、就學セシムル義務ヲ强制スル事ヲ定メタリ。

第三、謝金ノ事ハ、普國憲法ニ於テハ小學ノ就學ハ、無謝金トナスノ原則ヲ定メタリ。然レドモ特別ノ法律ヲ以テ其應用ヲ定ムルマデハ、從前ノ規定ニヨルトイフ事ヲ定メタリ。故ニ憲法ノ原則ハ之ヲ應用セズ尚ホ謝金ヲ徵收セリ、而シテ千八百八十八年ニ至リ初メテ無謝金トナセリ。佛國ニ於テモ近時ニ至リテ、小學ノ就學ハ無謝金トナセリ。英國ニ於テハ、未ダ此制行ハレズ。

無謝金ノ事ハ、就學ヲ以テ一般ノ義務トナス事ニ伴ハザルベカラザル論ナリ。

第四、宗敎ノ事ニ就テハ、普國憲法ハ小學ノ設立ニ付キ成ルベキ丈宗派ニヨルベクシテ一般ニ無宗ノ制ヲ採用スルヲ要セズトノ原則ヲ定ム。同憲法制定前ニ於テモ、普國ニ於テハ宗敎ニヨリテ差別ナシ、制定後モ成ルベク宗敎每ニ學校ヲ設立スルヲ目的トス。然レドモ宗敎ノ差異ニヨリ就學ヲ申込ムトキ之ヲ拒ムヲ得ズト規定スルガ故ニ、自己ノ屬スル宗敎ノ學校ナキ時ハ、他宗ノ學校ニ入學スルヲ許ス事アリ。佛國ニ於テハ最近時ニ至リ全ク無宗敎ノ主義ヲ取リ、宗敎ノ敎育ハ全ク小學敎科ノ外ニ置クリ。即チ小兒ノ父母又ハ看護者ガ子弟ニ宗敎ノ敎育ヲナシ得ベキ事ヲ許シ、每週一日之ニ從事スル事ヲ得。英國ニ於テモ宗敎敎育ハ學校ニ於テ正科時間ノ前後ニ於テ爲ス事ヲ許ス。而シテ政府ノ補助ニヨリ設立スル學校ハ、宗敎ノ異同ニヨリ入學ヲ拒ム事ヲ許サズ。

中世ニ於テハ、敎育ハ全ク宗敎ノ事務ニ屬シテ國家ノ職務ニアラザリキ、後宗敎改革ニヨリテ宗敎ノ事ガ國家ノ事務ニ屬セシヨリ、敎育モ亦國家ノ事務ニ屬スルニ至レリト雖𪜈、千八百七十二年頃マデハ中央ノ敎育行政ノ機關ハ、宗敎ト全ク別物トナリタレドモ、地方ニ於テハ其監督ハ寺院ニ屬シ居タリ。而シテ敎員モ生徒モ、皆同一宗敎ニ屬スル者ナリキ。是普國ニ於ル有樣ナリ。現今ニ於テモ尙ホ宗敎ニヨリテ差別スルヲ通則トシ、無宗主義ハ例外ナリ。佛國ニ於テハ千八百八十二年以來全ク宗敎ト隔離シ、小學ノ脩身科ハ宗敎以外ノ事トナセリ。英國ニ於テモ、千八百三十四年頃マデハ敎育ハ全ク宗敎ニ屬セリ。然ルニ同年頃ヨリ改正ニ着手シ、學區ニ設クル公立學校ハ宗敎ハ正科ノ外ニ置キ、宗敎ノ科ヲ受持ツ敎員ハ、各宗ノ僧侶トナス。普國ノ「ミッキスド、スクール」ニ於テモ同樣ナリ。

普國ニ於テハ、小學維持ノ義務ハ市町村又ハ其學校組合ニ屬セリ。唯ダ維持ノ資力ナキ場合ニ於テ國家之ヲ補助ス。

敎員ノ任命ハ、處ニヨリテ同ジカラズ。或ハ市町村學校組合ニ於テ知事(縣ノ)ノ認可ニヨリテ命ジ、或ハ市町村學校組合ノ申出ニヨリテ知事ノ任命スル事アリ。

小學就學ノ義務ヲ盡スハ、必ズシモ公立小學ニ於テスルヲ要セズ、私塾ニテ就學シ或ハ自家ニ於テ就學ヲナスヲ得。然レドモ一定ノ規定ニヨリ、一般ノ試驗ヲ受クルヲ要ス。

教員任命ノ異ナルハ、普國舊領地ト新ニ併セタル地トニヨリテ異ナルナリ。學制ノ細目ニ於テハ、同樣ノ理由ニヨリテ小差アリ。教員ハ凡テ認可ヲ受ケタルモノニ限レリ。

小學ノ事務ハ縣ニ於テ之ヲ司リ、或事柄ニ就テハ州ノ學務會ヲ以テ縣ノ上班ノ官衙トス。而シテ私塾ハ小學ト高等ノ學校トヲ論ゼズ、凡テ縣ノ管轄ニ屬シ、縣ニハ技師及ビ教育事務ノ參事官アリテ、此等ノ事務ヲ管掌ス。又各郡ニ小學ノ視學官アリ、又各町村或ハ學校組合內ニモ視學官アリテ就學ノ事ヲ監督ス。

佛國ニ於テハ、小學ノ維持ハ邑（コンミユーン）ノ負擔トナシ、資力ノ足ラザル邑ヘハ政府ヨリ補助ヲ與フ。而シテ各邑ハ男女各一ノ小學校ヲ設立スルヲ義務トナス、尤モ小邑ニシテ維持ニ堪ヘザル場合ニハ、學校組合ヲ設ケシム。又或場合ニハ唯ダ一個ノ學校ヲ設立スル事ヲ許可スル場合アリ。而シテ又各縣ニ於テ小學教員養成ノ爲メニ男女ノ師範學校ヲ設立ス、小學ノ教員ハ知事之ヲ任命シ、私塾ノ設立ハ法律規定ノ一定ノ資格ヲ有スル者及ビ適當ノ場處ニ於テ設立スルヲ許ス。小學ノ事務ハ、知事之ヲ司リ、各縣ニ學會ヲ置キ又視學官ヲ置ク、各邑ニハ學務委員ヲ置キテ就學ノ事ヲ監督セシム。

普國ニ於テハ、師範學校アリト雖ドモ、各縣ニ置クヲ以テ法律ノ義務トセズ、私塾設立ニ就テハ縣ノ學務會ニ向テ一定ノ期限內ニ知事又ハ裁判所ノ撿事正ハ其資格ニ就テ故障ヲ申立ルヲ得。而シテ期限ヲ經レバ別ニ認可ヲ要セズ、佛國ニ於テハ私塾ノ設立ハ認可ヲ經ルヲ要セリ。

英國ニ於テハ、小學維持ノ義務ハ市ニ於テハ市ノ義務トシ、其他ハ「パリッシユ」又ハ其組合ニ屬スルモノトス。然レドモ市或ハ寺區ノ義務ニ屬スル學校ハ、私立學校ノ不足ヲ補フモノタルニ過ギズ。現今英國ノ小學ハ三種ニ分ツヲ得、第一ハ多數ノ私立宗敎學校ナリ。是ハ各宗敎ニ屬シ學校ノ維持ハ、宗敎々會ノ資金ヲ以テシテ政府ノ補助ヲ仰ガズ。第二ハ名義上宗敎ニ屬スル私立學校ニシテ、其資金不充分ナルガ故ニ政府及ビ地方費ノ補助ヲ仰グモノトス。第三ハ「スクールボールド」ノ管轄ニ屬スル公立學校ナリ、是ハ第一種及ビ第二種ノ小學敎育ノ及バザル場合ニ於テ設立スルモノタリ(「ポランタリトスクール」トイフハ、此二種ノ學校ノ事ナリ。)第一種ノ學校ハ政府ノ直接ノ監督ニ屬セズ、宗敎ノ各組合ニ於テ之ヲ監督シ、異宗ノ人ノ入學ヲ許スノ義務ナシ。第二種ノ學校ハ政府之ヲ視學官ヲシテ監督セシメ、異宗徒ノ入學ヲ拒ムヲ得ザルモノトス。第三種ノ學校ノ事務ハ學務會之ヲ司リ、政府ノ視學官之ヲ監視シ、又宗敎ノ敎科ハ正科外トナス。

學務會ハ貧民救助税ヲ基トシテ納税者ノ選擧ヨリ成ルモノトス。其選擧法ハ「ボートアツキユムレー」ニシテ、納税額ニヨリテ投票ノ數異ナリテ其投票ノ數ハ之ヲ隨意ニ應用スルヲ得。

此學務會ハ第三種ノ學校ノ爲ニ設ケタルモノニテ、書記、收入役及ビ敎員ノ任命ヲモ掌ル。

政府ノ任命スル「インスペクトールス」數多アリテ、第二種、第三種ノ學校ヲ監視ス。

學務會ノ下ニ「スクールアツテンダンスコンミツチー」アリテ、生徒ノ入學及ビ出席ノ事ヲ監督ス。

敎育事務ヲ司ル中央官府即チ文部省ノ如キモノハ、英國ニナク唯ダ小學ノ事ヲ掌ル部局アルノミ。此部局ハ名義上、樞密院ノ一委員ニ過ギザレドモ、實際ハ獨立ノ部局ナリトス。即チ Educational department ニシテ Vice President ヲ以テ其長トシ、數多ノ視官ハ此部局ノ吏員ニ屬スルモノトス。

獨逸ニ於ケル中學ノ制ハ、大略左ノ如シ。

Gymnasium 大學豫備校、高等級アリ九年羅甸ヲ主トス。　Progymnasium 同上、尋常七年。

Realgymnasium 理學ヲ主トス、九年。　Prorealgymnasium 同上、尋常七年。

Oberrealschule 近世外國語ヲ主トス、九年。　Realschule 同上尋常科ニシテ學科七年。

Höhere Bürgerschule 高等、普通學校七年。　Höhere Mädchenschule 同上、女子。

獨逸ニ於テハ、古來羅甸語ヲ主トセリ、宗敎ヲ學ブガ爲メナリ。他ノ學科ヲ加ヘタルハ十七世紀後トス。

中學ノ就學ハ、之ヲ國民ノ義務トナサズ。故ニ謝金ヲ納メシムルヲ以テ通則トス、宗敎ニ關シテハ之ニヨリテ差別ヲ爲スモノト、否ラザルモノトアリ。而シテ中學ノ事務ハ、各州ノ學務委員之ヲ掌ル。其委員ハ州ハ州ノ高等官及ビ技師ヲ以テ組織ス、中學ノ維持ハ政府又ハ地方團體ニ屬シ、又ハ特別ノ醵金トニテ設立スルモノアリ。而シテ中學ノ就學ハ、隨意トナスガ故ニ、其維持ヲ以テ各團躰ノ義務トナスモノニ非ズ。又一定ノ要件ヲ備フルモノニ非ザレバ、地方團躰ニ於テ中學ヲ設立スル事ヲ認可セズ。

大學ハ元ト獨立ノ自治躰ナリシガ、漸次ニ國家ノ設立トナスニ至リタリ。而シテ大學ハ歷史的ノ成立ヨリ。四部ニ分ツヲ通例トス。即チ神學部、法學部。醫學部及ビ哲學部トス。

右ノ四學部ヲ包括スルモノニ限リ「ユニバーシチー」ト稱シ、其一部ノミノモノハ「アカデミー」トイフ、是歐洲大陸ニ於ル通常ノ用井方ナリ。

大學ハ文部ノ直轄ニ屬シ、其間ニ監督官アリテ監督ヲ爲ス。大學部內ノ職員ハ、每年選擧ニヨリテ之ヲ命ズ。

大學ノ敎授及ビ修學ハ自由ヲ主義トシ、高等中學以下ハ規則ヲ以テ之ヲ束縛ス。

佛國ニテハ、千八百六年及ビ八年ノ勅令ニヨリ敎育ヲ國家ノ占有トナシ大學ヲ設置セリ。大學ハ獨立ノ法人ニシテ、凡テノ敎育ヲ包括スルノ團躰ナリトス。而シテ千八百五十年マデハ屢々改正アリシモ、尙ホ法人タル資格ヲ有セリ。此年其資格ヲ廢ス、其組織ハ尙ホ存セリ。

全國ヲ「アカデミー」區ニ分チ、各區ニ長及ビ學會ヲ置キ、之ヲ統ブルニ中央ノ學務ヲ以テス。而シテ此等ノ學務會ハ、皆敎育ニ關スル事ニ就テハ特別ノ行政裁判所タリ。

中學ハ左ノ如シ、其敎育ハ自由ニシテ謝金ヲ納ム。

Lycées et collegs d'enseignement classique.

Lycées et collegs d'enseignement special.

Lycees et collegs de feunes filles.

佛國ニハ、中學卒業生ニ與フル學位アリ。

Baccalauréat és-lettres.

Baccalauréat es sience.

獨逸ノ「ウニフヘルヂテート」ハ、四學科ヲ備具シタルモノヲ稱スト雖ドモ。佛國ニ於テハ一ノ科ヨリ成立ツ、必ズシモ四學科ヲ具備スルヲ要セズ。

英國ノ學制ハ、グナイストノ行政法ニ詳述ス、該國ノ學制ハ大陸トハ大ニ異ナル所アリ。英國ノ中學ハ三種ノ別アリ。

一、高等人民ノ敎育ニ適スルモノニシテ、古代希臘、羅馬ノ敎育ヲ主トシ、醵金ヨリ設立セラル。以前ハ特別ノ宗敎ニ屬スルモノナリシガ、今ハ此點ハ改正セリ。

二、舊來羅甸語ヲ主トシ、醵金ヨリ成立スル點ハ第一種ニ同ジ。其異ナル所ハ、宗敎改革ノ時頃ヨリ各宗ノ人ヲ入ルヽヲ許シ、羅甸語敎育ニ代フルニ實業敎育ヲ與フルヲ以テ現今ノ目的トセリ。

三、宗敎革命ノ頃ヨリ、各種ノ實業ヲ主トシテ設立セルモノトス。

英國ノ大學ハ、各大學ニヨリテ差異アリ。大學ハ元來「テヲロジスト」ノ養成及ビ高等社會ノ高等敎育、及ビ其他ノ專門學者ヲ養成スルヲ目的トスルモノニシテ、各大學ニ Colleges アリ。其數ハヲクスフホルドニ十九、ケンブリッヂニ十七許アリ。而シテ學生ハ分科大學ニ屬シ、主導敎師(Tutors)ノ指導ニヨリ研究シ、大學ノ講義ハ主ニ非ズ。其分科大學ニ屬スル年限ハ三年ニシテ、其學科ハ大陸諸國ト大ニ異ナリ。ケンブリッヂノ例ヲ擧グレバ、第一學年ハ普通高等敎育ノ復習ノ如キモノニテ、第二年ハ代數、幾何、物理、羅甸學ヲ研究シ。第三年ニ至リテ神學、道義學、歷史、法律等ノ專門學科ヲ研究ス。是レ大學ノ元來ノ組織ガ「アリストクラシー」ノ高等、普通敎育ヲ與フル者ナルガ故ナリ。每學年ノ終ニ試驗アリ、三年ノ後「ハッチェラー、ヲブ、アーツ」トナル、故ニ此卒業ノミニテハ專門學者ニ非ズ。例ヘバ法律家ナラバ「テンプル」ニ入ルニ非レバ法律家ニ入ル事能ハズ。然ルニ近年ニ至リ、法學及ビ醫學等ノ專門ノ講義ヲ擴張シテ大陸ノ風ニ倣フ傾アリ。此講義ニ於テ研究セシモノニハ「ドクトル」ノ學位ヲ與フ、二十年來大學ノ改正ハ此專門講義ノ擴張ト、特別ノ宗教ニ屬スル事ヲ廢セシ點ニアリ。指導教授ニ任ズルモノハ、各分科大學ノFellowsナリ。Fellowsハ研究ニ從事スルモノニシテ、婚姻ニヨリテ其權ヲ失フ。各分科大學ハ醵金ヨリ成立ツ、其學科ハ各同ジカラズ。

ヲクス、ホルドトケンブリッジトハ英國大學ノ最モ著シキモノナルガ、前者ハ保守ノ主義ニ傾キ、後者ハ改進主義ヲ執レリ。倫敦大學ハ數多ノ分科大學アリト雖ドモ、專門學科ヲ修メタルモノヲ試驗シテ、學位ヲ與フルヲ目的トス。

我國ノ教育制度モ、此處ニ述ブベキナレドモ茲ニ省略ス。英國ノ教育ノ事ハ獨人ウィーゼーノ書ニ詳論セリ、就テ參照スベシ、

營業ノ自由

營業ノ自由モ、亦立憲國ニ於テハ憲法又ハ法律ヲ以テ認ムル所ノモノナリ。然レドモ絶對的ノモノニ非ズ。共公ノ衞生及ビ安寧ノ爲メニ法律ヲ以テ制限ヲ設クル者トス。而シテ行政命令ヲ以テハ之ヲ制限スベカラザルヲ通則トナス。又ハ營業ノ自由ハ漸次ニ進歩シタルモノニシテ、英國ノ歴史ニヨルニ營業ヲ以テ市府ノ專有トナシタル事少ナク、又特權ヲ有スル諸種組合ノ制モ英國ニ於テハ充分ニ成立セザリキ。而シテ慣習法ニ於テ營業ヲ以テ自由トナス。唯ダ或市府ニ於テハ君主ノ特許ニヨリ特權ヲ有スル組合起リタリト雖ドモ、ジョージ第三世ノ時ニ於テ之ヲ廢止シ、而シテ此時未ダ廢セラレザル者ハ、同第四世ノ改正ニヨリテ全ク之ヲ廢セリ。佛、獨諸國ニ於テハ、特權ヲ有スル組合ノ制大ニ進歩シ、諸種ノ營業ヲ以テ其專業トナシタリシガ、佛國ニテハ、千七百九十一年ノ法律ヲ以テ從來ノ特權ヲ有スル組合ノ制ヲ廢止シ、營業ノ自由ヲ公布シタリ。普國及ビ獨立各邦ニ於テモ、凡ソ同時ニ營業自由ノ主義ヲ取リ、從來ノ組合ノ特權ヲ廢スルノ方法ヲ設ケタリ。然レドモ佛國復位ノ守舊反動ニヨリ、或國ニ於テハ舊制ニ復シタリ。而シテ普國ニ於テハ、此時未ダ營業ノ自由ヲ實行セザリキ、千八百四十五年ニ至リ漸ク之ヲ實行ノ、憲法ニ於テモ諸種組合ノ特權ヲ廢スルノ原則ヲ定メタリ。次ニ獨逸各邦モ、漸次ニ自由ノ原則ニ基キ制度ヲ定メ、遂ニ千八百六十九年ノ普國法律ヲ以テ、獨逸一般ハ營業ノ自由ヲ行フニ至レリ。(帝國營業條例)

營業ノ自由ハ、人々ノ住居、財產ノ自由ノ結果トモイフベク、又一方ヨリ云ヘバ營業ノ自由ハ住居、財產ノ自由ヲ完カラシムトイフヲ得ベキモノタリ。

獨逸營業組合ノ改革ノ事ハ、ゲヲルグマイエルノ行政法ニ詳ニ論ゼリ。

營業ノ自由ハ、立憲國ノ原則ニシテ各人ハ其營業ノ種類ヲ撰ブニ就テ、國家ノ許可又ハ干渉ヲ受クル事ナシ。併シ衞生及ビ安寧ニ關スル事ハ、法律ニ於テ制限ヲ設ケ絕對ノ自由ハ歐洲各國ニ實行スルモノニ非ズ。而シテ法律ノ制限ハ、其要點ニ就テハ、各國同一ナリトス。併シ營業ノ種類數多ニシテ之ニ關スル法律モ亦數多ナレバ、其制限ノ細目ハ各國差異アル事多シ。玆ニ營業ノ制限ニ關スル各國ニ共通ノ要點ヲ擧ゲン。

一、或種類ノ營業ハ、之ヲ營ム爲メニ國家ノ試驗ヲ經ルヲ要ス。又或營業ハ公共ノ保護ノ爲メ、之ニ使用スル物品又ハ人ヲ審査シ、許可ヲ經ルヲ要ス、又行政機關ハ法律ノ規定ニ從ヒ、一定ノ場合ニ營業ヲ禁ズル權ヲ有ス。

二、或種類ノ營業ニ就テハ、公共ノ保護ノ爲メニ法律ヲ以テ特別ノ制限ヲ設ケ、又ハ法律ヲ以テ行政權ニ制限ヲ爲スヲ得ベシ。尤モ制限ノ中最モ著シキモノハ、機械ヲ使用スル製造場ニ關スルモノナリ。而シテ其制限ノ要點ハ左ノ如シ。

甲、其國ノ貨幣外ノ物品ヲ以テ勞働者ヘ給金ヲ拂フ事ヲ禁止シ、又買入ノ價ヨリ高ク食料品ヲ賣ルヲ禁ズル事。

乙、法律ヲ以テ特例ヲ設クルノ外ハ、日曜日及ビ祭日ノ勞働ヲ禁止スル事。

丙、年齡及ビ男女ノ差別ニヨリ、勞働時間ヲ規定制限スル事。

丁、衞生ニ危險ナル事業及ビ危險ナル設立物ヲ禁止シ、幷ニ衞生ニ害アリ又生命ヲ危カラシムル事ヲ、豫防スル爲メノ準備ヲ爲ス事。

戊、勞働者ノ爲メニ不幸及ビ危險ヲ保スル爲メニ、法律ヲ以テ保護ノ制限ヲ施行スル國アリ。又此保護ノ事ヲ、一定ノ自治機關ニ委任スル場合アリ。而シテ法律ヲ以テ強制スル事ハ、獨逸帝國法律ヲ以テ初メテ實行セリ。

以上ノ點モ、亦グナイストヲ參照スベシ。

以上ニ述ブル所ハ、積極的ノ制限トモ稱スベキモノニシテ、此外ニ尙ホ特種ノ制限アリ。普國ノ自由トイフ原則ヲ各人個々ノ地位ヨリ見レバ積極、消極ノ二種ニ分ツヲ得。唯ダ自由ニ自個ノ能力ヲ用井テ營業ヲ爲スノ自由ノミナラズ、營業ヲ爲サズトイフノ自由モナカルベカラズ。然レドモ國家ハ此消極的ノ點モ、亦敎育及ビ警察ノ點ヨリ之ヲ制限ス、其敎育ノ點ハ學業ノ處ニ於テ述ベタレバ茲ニ省ク。其警察ノ點ヨリ勞働ヲ強行スルハ、處刑、懲戒又ハ貧民救助ノ點ヨリ強制スル場合ニ限レリ。

我國ニ於テモ、營業ノ自由ハ憲法制定前ヨリ認ムル所ニシテ、憲法ニ明示セルガ故ニ命令ヲ以テ之ヲ制限スルヲ得。然レドモ住居、移轉、財産ニ關スル點ハ法律ヲ以テスルニ非ザレバ、之ヲ制限スルヲ得ズト、處罰ノ結果トシテ住居、移轉ヲ制限スルト、之ヲ制限スルガ爲メニ罰ヲ課スルトハ異ナリ。住居ノ自由如此ナレバ財産ノ自由モ亦同理ナラザルベカラズ。（此理ヨリ論ズレバ、狩獵規則ガ違憲ナレバ豫戒令モ亦違憲ナリト云ハザルベカラズ。)憲法第二章ニ掲グル事ヲモ、第九條ノ命令ヲ以テ制限スルヲ得ルトセバ、如何ナル事モ命令ヲ以テ制限シ得ラレザル事ナキニ至リ。法律ヲ以テ定ムト規定シタル事ハ、理由ナキ事トナルベシ。

住居及ビ移轉ノ自由

我國及ビ英、佛、普各國ノ憲法又ハ法律ニ於テハ、皆國民ノ住居及ビ移轉ノ自由ヲ認ム。此自由モ亦憲法ノ制定ニヨリ確定シタル者ニシテ、歐洲大陸ノ歷史ヲ見ルニ十八世紀ニ於テハ居住、移轉ノ自由ハ人民ニ在ラズ、特ニ土着ノ農民ハ移轉ヲ制限セラレタリ。然ルニ佛國ハ其第一革命ニ於テ、從來ノ制限ヲ廢シテ自由ヲ認メタリ。普國及ビ獨逸各邦ハ十八世紀ノ半頃ヨリ漸次此自由ヲ認メ、土着ノ農民ヲ自由ニシ、且ツ移轉ノ爲メ特別ノ課稅ヲ爲ス事ヲ廢セリ。然レドモ特ニ貧民救助ノ點ヨリシテ嚴シク移轉ノ自由ヲ制限セリ。遂ニ北獨逸聯合及ビ獨逸帝國ノ法律ニヨリ、初メテ獨逸一般ニ此自由ヲ認ムルニ至レリ。英國ニテハ十六世紀ノ中頃ニハ既ニ全ク土着ノ農民ニ關スル制限ヲ廢止シ、移轉、自由ノ原則ヲ認メタリ。然レドモ尙ホ貧民救助ノ法律ヲ以テ此自由ヲ制限シタルガ故ニ、大陸諸國ニ於テ土着ノ農民尙ホ存スル所ニ實際上著シキ差違アラザリキ。十八世紀已來漸次ニ改良ヲ施シ、現行貧民救助ノ制ニヨレバ、一ケ年內其土地ノ區內ニ住セルモノニ非ザレバ、貧民ノ救助ヲ要スルモノト雖ドモ、之ヲ舊居住地ヘ送還スルヲ得ズ。現今貧民救助ノ點ヨリ居住、移轉ノ自由ニ法律上ノ制限ヲ設クルト否トハ、救助ヲ以テ市町村等ノ組合ノ義務トナスト否トニ基クモノナリ。佛國ニ於テハ法律上農民救助ヲ以テ各地方ノ義務トナスガ故ニ、特ニ救助ノ點ヨリ居住、移轉ノ自由ニ制限ヲ設ケズ、而シテ英、普ニ於テハ貧民救助ヲ以テ市町村等ノ義務トナスガ故ニ。此點ヨリシテ居住及ビ移轉ニ法律ヲ以テ制限ヲ設ク。其著シキモノハ獨逸帝國ノ臣民ハ居住及ビ移轉ノ自由ヲ有ス、併シ市町村ノ貧民救助ノ組合ハ其組合內ニ新ニ移轉シタルモノガ自ラ食スル能ハズ、又ハ其家族ヲ養フ能ハザル事ヲ證明シ得ル時ハ、其居住ヲ拒ムヲ得ベシト云フ制限ノ如キ、又刑法及ビ司法上ノ關係又ハ公務ノ爲メニ居住及ビ移轉ノ自由ニ制限ヲ設ク。佛國ノ法律ニヨレバ警察ノ監視ノ付ケラレタルモノ、乞食ノ爲メニ罰セラレタルモノ及ビ癲狂者ハ殊ニ法律ノ制限ヲ受ク、又賣淫者ニ就テハ警察上ノ制限ヲ設ク。併シ法律ノ制限ニハ非ズ。（是ハ一般ノ例外ニシテ、公共ノ秩序ヲ保ツ爲メニシテ社會ガ默許スルモノナリト或人ハ理由ヲ付ス）。又獨逸ニ於テハ「ゼスイット」宗徒及ビ社會黨ノ著シキモノニ就テ制限ヲ規定ス。

外國人ハ、內國人ノ如ク居住、移轉ノ自由ヲ有セズ。之ヲ其本國ヘ引渡スヲ得ルノミナラズ、行政處分ヲ以テ之ヲ國內ヨリ放逐スルヲ得ベシ。英國ニ於テハ如此放逐ノ法律ヲ設ケシ事ナレドモ一時効力ヲ有セシモノニテ、現今ハ外國人ニ付キ殊ニ居任ノ制限ヲ設ケズ、外國人ノ寄留屆出ノ條例尙ホ存スト雖ドモ之ヲ實行セズ。

外國人放逐ニ關スル事ハ、ブリドリヒ、ホン、マルテンスノ國際公論ニ論ゼリ。

官吏

任官及ビ公務ニ就ク事

我憲法第十九條ハ、日本臣民ハ人種又ハ社會上ノ地位ノ高下ニ拘ラズ、皆法律、命令ノ資格ニカナフモノハ文武官ニ任ゼラレ、又公務ニ就クヲ得ル事ヲ定ムルモノニシテ、其中ニ外國人ハ任官及ビ就公務ノ事ヲ許ザズトノ意味ヲ含マズト云フ、併シ他ノ論理上ヨリ外國人ハ任官ヲ許サズ。其理由ハ文武官ニ任ゼラレ又公務ニ就クモノハ一般國民タルノ義務ノ外、主權者ノ命令ニ服シテ特別ノ義務ヲ負フモノニテ、又官吏ハ全ク身ヲ其職ニ委ヌル事ヲ要ス。然ルニ外國人ハ其本國ノ主權者ノ命令ニ服從ノ義務ヲ有シ、又一定ノ場合ニハ其本國ノ保護ヲ受クルモノナリ、故ニ外國人ガ全ク主權者ノ命令ニ從ヒテ特別ノ義務ヲ負フ事ハ爲シ得ザル事ナリ。故ニ憲法ノ明文ニハ之ヲ禁ゼズト雖ドモ、右ノ理由ニヨリテ我現行行政法ニ於テモ外國人ハ任官セズ、又公務ニ就カシメザルヲ通則トス。英、普、佛各國ニ於テモ官吏其他公務ニ就クモノハ、其國民ニ限ルヲ以テ憲法又ハ法律ノ通則トセリ。特ニ官吏ノミニ就テイヘバ、英國ニテハ古代ヨリ官吏ハ國民タル事ノ義務ヲ盡シ、國君ニ忠順ナルノ誓ヲナスヲ要ス。而シテ外國人ニハ勿論ナシ得ベカラザル關係ヲ本國ニ對シテ有スルモノタリ、佛國ニ於テモ亦官吏ハ誓ヲナスヲ要ス。而シテ普國ニテハ外國人ヲ官吏ニ採用スルヲ得、併シ其任命ト同時ニ其國ノ國民籍ヲ得タルモノトス。故ニ外國人トシテ任官スルニハ非ズ、獨逸帝國ニ於テモ亦然リ、如此英、佛、普ニ於テハ國民タル事ヲ要件トスレドモ、廣ク歐洲各國及ビ北米ノ制度ヲ見レバ外國人ニシテ官吏トナリ、公務ニ就ク事ヲ得ルノ例外アリ。故ニ官吏或ハ公務ニ就クハ、國民ニ限ルトイフヲ以テ歐米各國ノ公法ノ原則ナリト云フ事ヲ得ズ。

(井上毅氏ノ公私權考ニハ、其適例ヲ多ク揭ゲタリ。)

我國ノ現行法ニヨレバ、官吏トハ憲法第十條ニ規定セル大權ニヨリ天皇ノ任命シ給フ所ノモノ、及ビ天皇ノ委任ニヨリ國家ノ高等機關ノ任命スルモノニシテ、國家ガ直接ニ處理スベキ一定ノ公務ヲ取扱ヒ得ベキ地位ヲ有スルモノヲ云フ。故ニ官トハ如此地位ヲ指シ、職トハ如此地位ニ居ルモノヽ取扱フベキ公務ヲ指スモノトス。

官吏トハ、獨語ノ「ベアムテー」ニシテ、獨逸帝國刑法ニイフ所ノ「ベアムテー」ハ我官吏ト云フト其區域ヲ同クス、併シ普國ノ普通法ニ云フ「ベアムテー」ハ其區域廣ク、佛語ノ「フホンクシヨテール」モ、官吏ト譯スレドモ其區域區々ナリ

我現行法ニ於テ、公吏トハ現行ノ法ニ於テ公務ト定メタルモノ、及ビ府縣郡町村ノ自治躰ノ公務ヲ取扱フモノヲ指ス、而シテ各自治躰ノ人民ヲ代表スル議會ノ議員及ビ國會議員ハ其中ニ含マザルモノトス。或人ハ議會モ亦主權者ガ其權ヲ運用ス

ル爲メノ官府ナレバ、國會議員モ府縣會議員モ凡テ公吏ナリトイフ。而シテ何レノ國家ニテモ主權ヲ有スル者ナレバ、共和制ト君主制トノ差別ナク、國家ノ機關ハ其職ノ如何ニ拘ハラズ皆主權者ニ屬シ、主權者ガ其權ヲ運用スル爲メノ官府ニアラザルハナシ。故ニ何レノ國ニ於テモ議會ノ議員ハ公吏ナリトイフヲ得ベシ。然レドモ我國ノ現行法ハ、公吏トハ如此廣漠ノ意義ニ於テ之ヲ用ヰルニ非ズ。又獨逸帝國ノ刑法ニヨルニ「スターツデーチル」ト云フ語ハ、如此漠然タル意ニ用ヰズ、但シ「スターツデーチル」トイフ語ハ我公吏トイフ字ニ當ルモノナリ、尤モ「スターツヂーチル」ナル語ハ公證人、陪審員、辯護士ヲモ含ム。

法律、命令ノ定ムル資格ニハ、年齡、法律上ノ能力、學識、事務練習ノ證明ヲ指シタルモノナリ。併シ此ノ資格ノ程度及ビ種類ハ、凡テノ官吏ヲ通ジテ必ズシモ同一ニ非ズ。例ヲ擧グレバ通常年齡ヲ以テ一ノ資格トスレドモ、一定ノ年齡ヲ何レノ種類ノ官吏ノ資格トハナサズ、唯ダ職務ノ性質及ビ其他位ノ關係ニヨリテ其程度ヲ定ム。併シ官吏ノ内自己ノ職權ヲ有シ、之ニ就テ自ラ責任ヲ負フベキモノハ、必ズ刑法上、民事上完全ノ能力ヲ有スルノ年齡ニ達シタルモノヲ必要トスルハ論ヲ竢タズ。

官吏ニ任ズルニハ公權ヲ全有スルモノ、及ビ一定ノ刑罰ニ處セラレタル事ナキモノタルヲ要ス。併シ此要件ニ就テモ亦全般ノ官吏ニ通ズルノ規定ナシ。如此資格ハ官吏ノ種類ニヨリテ同一ナラズ、故ニ之ヲ列記スルヲ得ズ。唯ダ其學識ノ證明ノ事ハ、行政法上ヨリ左程緊要トハ云フ能ハザレドモ、行政學上或ハ行政ノ改良上緊要ノ事タリ、故ニ聊カ説明スル所アラントス。

官吏ガ法律命令ヲ審査スルノ權ノ有無ハ、近來ノ問題ナリ。此事ハグヲルグマイエルノ「スターツレヒト」ニ簡明ニ説明セリ、參考スベシ。

茲ニ云フ官吏ノ事ハ、行政官ノ事ニシテ武官ハ之ヲ除ク。

英國ニテハ、從來試驗法ノ確定セザル爲メ、事務官ノ位地ヲ政黨ノ爲メニスル弊アリキ。即チ甲乙ノ政黨アリテ、甲黨内閣ヲ組織スレバ其黨員ヲ事務官ニ任ズルノ計畫ヲナシ、殊ニ其黨勢ヲ擴張スル爲メニ地方ニ於テ勢力ヲ有スル者ノ子弟ヲ官吏ニ任ズル等ノ惡弊多カリキ。然ルニ官吏法ガ漸次ニ改良セラレ、試驗法確定セラルヽニ從ヒ、黨派ノ爲メニ事務官ノ地位ヲ私スルノ弊ハ除カレタリ。現今ハ中央ニ試驗委員アリテ事務官ニ任ズルモノハ必ズ其試驗ヲ經ベキ者トス、グナイスト云ノヲ所ニテハ、現今四十有餘ノ官衙ハ此試驗法ニヨリテ其事務官ヲ採用スト。而シテ英國官吏登庸試驗法ハ、外交官及ビ技術官等一定ノ種類ノ登庸試驗ヲ除キテハ、凡テ普通試驗ナリトス。此登庸試驗ハ「クラーク」以下ニ採用スル爲メニ用ヰルモノニシテ、高等ノ官吏ハ試驗ヲ要セズシテ之ヲ採用ス。而シテ其地位ノ必要ニヨリ或ハ「クラーク」ノ中ノ學識、經驗アルモノヲ登用シ、或ハ武官、技師等又政務官、國會議員タルモノ、中ヨリ之ヲ採用シ、一定ノ規則アラズ。而シテ又英國ノ試驗課目ハ普通學課ヲ主トスルノミナラズ、其試驗ヲ受クルニハ學業ノ一定ノ履歴ヲ要セズ。

佛國ニ於テハ、試驗ハ各獨立ノ官衙ニ於テ夫々ニ之ヲ行フヲ通則トシ、中央ニ一般ノ試驗委員ヲ設ケズ。高等ノ官吏ニ採用スルニハ、或ハ一定ノ學校ヲ卒業シタルヲ以テ足レリトナスモノアリ、或ハ特ニ試驗ヲ要スルモノアリ、而シテ受驗者ハ一定ノ學業履歴ヲ有スルモノニ限ルヲ以テ通則トス。且又試驗ハ競爭試驗トナス、次ニ屬官ノ地位ニ採用スルニ就テハ、或ハ一定ノ學校ヲ卒業シタルモノ或ハ特ニ試驗ヲ要スルモノアリト雖モ、各官衙ニ於テ區々ナレバ一々之ヲ擧グルヲ得ズ。如此ニシテ官吏ヲ登庸スル外、武官ノ一定ノ年限(現役年限)ヲ經タルモノヲ採用スル制アリ。

普國ニ於テハ、高等行政官ハ少ナクモ三年大學ニ於テ修業シ、其中一年半ハ獨逸大學ニ於テ修業シタル事ヲ要ス。如此少ナクモ三年間大學ニ於テ修業シタルモノハ試補ノ試驗ヲ受クル事ヲ得。其試補試驗ニ及第スルモノハ四年間試補見習ヲナス、其中二年ハ裁判所ニ於テシ、二年間ハ地方行政官廳ニ於テスルヲ要ス。如此四年ノ見習ヲ經タル後又試驗ヲ受クルヲ要ス、之ヲ大試驗ト稱ス。而シテ普國ノ高等行政官試驗ト稱スル者ハ、只ダ地方高等行政官ノ試驗ヲ指ス者ニシテ。中央ノ官省ニ登庸スルノ試驗法ハアラズ。然レドモ實際ハ凡テ右ノ高等行政官試驗ヲ經、見習ヲ終ヘタル者ヲ登庸スルガ故ニ、特ニ中央ノ高等行政官ノ登庸試驗法ヲ設クルノ必要ナシ。又此試驗ヲ經ズシテ中央ノ高等行政官タルモノハ殆ド之ナシト云フヲ特ベシ。此外ニ技師及ビ學校即チ高等中學等ノ敎員試驗等ハ各特別ノ規定アリ。判任官ハ或一定ノ學校ヲ卒業シタルモノヲ採用シ、或ハ武官ノ現役ヲ經タルモノ、又ハ職務ノ爲メニ負傷シ現役ヲ終フル能ハザル者ヲ採用スルノ法ヲ設ク。而シテ玆ニ武官ト云フハ下士官ヲ指スモノニシテ、必ズ一定ノ或ル行政ノ官衙ニ於テハ屬官ノ中一定ノ數ハ必ズ下士官ノ中ヨリ採用スベキモノトナス。

英國ノ政務官即チ「バーリアメンタリー、オヒーサー」トハ內閣交迭ト共ニ變更スル者ニシテ凡ソ六十名計ナリ。之ニ任ズルハ別ニ試驗ヲ要セズ併シ實際ハ治安裁判官ノ職ニ於テ實務ヲ練習スルノ組織トナリヲレリ。外交官及ビ印度事務官ニ登用スルニハ特別ノ試驗アリ。登庸試驗ノ改良ハ近來ノ事ニシテ著シキ改良ハ千八百七十一年及ビ二年ノ改良ナリ。

英國ノ判事ハ代言人ヨリ採用スルモノニシテ其登庸年限ニハ種々ノ別アリ。別ニ試驗ナクシテ全ク代言人ノ「コヲベレーション」ヲ要セリ。

獨逸各邦ノ試驗法ハ區々ニシテ普國ニ類スルモノト墺太利ニ類スルモノトアリ。

普國ノ判事ハ高等行政官ト同一ノ試驗ヲ要シ唯ダ見習年限中後ノ二年モ矢張リ裁判所ニ於テシ而シテ大試驗即チ「グロース、エキザミナチオン」ト異ナリ。

普國ノ試補ハ俸給ナクシテ大學ニ居ルト大差ナシ。判任ノ採用モ亦試驗アリ而シテ武官ヲ採用スルニモ試驗ヲ經ルヲ要スルナリ。

墺國ニ於テハ、大學ノ修業ヲ少ナクトモ四年トシ、其二年目ニ法律、歷史ノ試驗ヲナシ、四年目ニ現行法ノ試驗ヲナシ、且ツ又國家學ノ試驗ヲナス。而シテ代言人志願者モ、行政官トナル者モ、皆法律ト行政トノ科目ヲ學習シ、同ジク學術試驗ヲ受クベキ者トス。而シテ試補トナリ行政官ハ地方廳ニ於テシ、裁判官ハ裁判所ニ於テス、其年限ハ一ケ年半ナリ。其後實務試驗ヲナス、併シ代言人トナルニハ見習中ニ更ニ「ドクトル」ノ試驗ヲ受ケ、且ツ見習モ三年間ヲ要ス。普國ニテハ判事ト同ジ。此外ニ主稅官、技師等ノ試驗ハ特別ノ試驗ナリ。

普國ニテハ、各大學ニテ試驗ヲナシテ「ドクトル」ノ學位ヲ與フ、勿論試驗ニ異同アリ。而シテ大學敎授トナルニハ學位ヲ要ス等ノ例外アレドモ、學位ヲ以テ登庸試驗ニ代用スル事ナシ。併シ佛國及ビ墺國ニテハ、「ドクトル」ノ試驗ヲ以テ第二、第三ノ學術試驗ニ代フ。故ニ「ドクトル」ノ試驗モ嚴重ノ規定アリ。獨逸各邦一般ニハ試驗法區々ニシテ、或處ニ於テハ容易クナシ得ラルヽ事アリ、而シテ登用試驗ニハ代用セズ。

我國ニ於テハ、官員ノ任命ニヨリ試驗法ニ差別アリ。行政官ニテ勅任ハ試驗或ハ一定ノ經歷ヲ要セズ、奏任ハ一定ノ學校ヲ卒業シタルモノ、又ハ學位ヲ有スルモノ、又ハ曾テ一定ノ經歷ヲ經タルモノ、及ビ海陸軍ノ武官ヲ採用ス。此外或種ノ高等官ハ特別ニ官員タリシ經歷ニヨリテ任命シ、又特別試驗ニヨリテ任命ス。併シ如此シテ任命シタルモノハ更ニ試驗ヲ經ルニ非ザレバ、他ノ高等官ニ任ズルヲ得ズト云フヲ通則トス。而シテ高等試驗ト普通試驗ト異ナル所ハ、學業及ビ曾テ官吏タリシ經歷及ビ學科ニアリ。判任以下ノ登庸法ハ、一定ノ學校ノ卒業生又ハ曾テ官吏トシテ一定ノ經歷アルモノ、或ハ現役七年以上服役シタル下士、又ハ戰時及ビ公務上ノ傷痍、疾病ニヨリテ免官トナリタルモノヲ採用シ、其試驗ニハ一定ノ修業履歷ヲ要セズ。而ルニ判任以下ニモ或種類ノミハ特別ノ試驗法アリ、其事務ニ經歷アルモノハ特ニ任ズル事アリ。又資產ニヨリ任ズルモノアリ、尤モ如此シテ任命セラレタルモノハ、更ニ試驗ヲ經ルニ非ザレバ一般ノ判任官ニ任ズルヲ得ザルヲ通則トス。

官吏タルノ關係

獨逸國ニテハ、前世紀マデ官吏タルノ干係ヲ以テ私法上ノ契約ト見做セリ。然レドモ現世紀ニ至リ之ニ反對シテ官吏タル干係ハ國家ノ處分ニ基キタルモノナリトノ説起リ、此説ヲ一般ニ正シトスルニ至レリ。併シ尚ホ契約説ヲ主張スルモノアリ、尤モ舊ノ如ク私法上ノ契約トハ云ハズ、公法上ノ契約ト見做スナリ。此説モ一個人ガ官員トナルハ隨意ニシテ、國家ト一個人トノ間ノ合意ニヨルモノナリト云フ事ニ基クモノナリ。（ラバンドノ如キハ此説ヲ採ルモノヽ一人ナリ）併シ反對者ノ説ニヨレバ、之ヲ契約トイフハ不當ナリ、何トナレバ國家ハ官吏ニ對スル國家ノ義務ヲ隨意ニ廢止、變更スルヲ得、且ツ又任命ハ國家元首ノ權ニ屬シタル行政處分ナリ、此事ハ辭令書ニ就テ見ルモ明ナリ、是レ契約ノ要件ヲ欠クヲ以テナリト云ヘリ。此外獨逸ニテハ「スターツベアムテ」ハ、我國官吏ヨリ廣キ故ニ自治躰ノ吏員モ「ベアムテ」ナリ。而シテ自治躰ノ吏員ハ、其義務ヲ法律ヲ以テ强行セラル、故ニ契約トハ云ヒ難シトノ論生ズ。又國家ト一個人トハ治者ト被治者トノ關係ナル故ニ、契約ト云フハ不當ナリトノ論モアリ。

官吏ト云フハ、任命ト云フ政府ノ一ノ處分ニヨリテ生ズ。併シ英、普等ニテハ官吏ハ誓ヲ爲スヲ要ス。故ニ此誓ハ官吏ノ權利義務ノ生ズル要件ナルヤ否ヤトノ論生ズ、此誓ヲ一ノ要件トスルヤ否ヤハ、國々ノ現行法ニヨリテ定ムベキモノニシテ、縱令誓ヲナサズトモ任命ナル以上ハ官吏タル權利義務ヲ得、之ヲ行フ事ヲ得ル場合ニハ、誓言ハ任命ニヨリテ生ズル官吏タル干係ヲ德義上確實ナラシムルニ過ギズ。反之宣誓ヲナスマデ官吏ノ權利義務ヲ行フヲ得ズトスル場合ニハ、德義上ノ事ニアラズシテ、之ヲ以テ任命ヲ受理シタルモノトセザルヲ得ズ。普國ノ公法家ノ解釋ニヨレバ、誓言ハ唯ダ德義上ノ手續ト見做スベキモノトセリ。

官吏ノ義務

獨逸行政法ノ著述ニヨレハ、官吏ノ義務ヲ列記スルヲ通常トス。然レドモ玆ニ悉ク之ヲ列記セズ、何トナレバ或事柄ハ服務規律ニ明ナル事アリ又議論ヲ要セザレバナリ。

服務規律ノ第一條ヲ見ルニ、凡テ官吏ハ天皇陛下及ビ天皇陛下ノ政府ニ對シ忠順勤勉ヲ主トシ、法律、命令ニ從ヒ其義務ヲ盡スベシトアリ。

ボルンハックハ普國ニ就テ云フニ、國王ノ意志ニ反對スル政治上ノ擧動ハ官吏タル義務ニ背キタル者ト見做スベシ、而シテ政治上ノ擧動トハ政府ニ反對ノ黨派ノ爲メニ運動シ、又ハ其候補者ノ爲メニ選擧ニ際シテ議員ノ投票ヲ爲ス事ヲ含ム。而シテ或人ハ此場合ニ於テハ、此擧動ヲ以テ官吏タルノ義務ニ背ク者トナスヲ非トセリ。何トナレバ官吏ハ國王ニ反對スルニ非ズ、其時ノ政府ニ反對スルモノナリ。(併シ此處ハ我國ニハ適用セラレズ)然レドモ此說ハ普國々法ノ基礎ニ反ス、何トナレバ大臣ハ國家ニ於テ獨立ノ權ヲ有スルモノニ非ズ國王ノ任命及ビ命令ニヨリテ其職ヲ行フモノナリ。故ニ大臣ガ其職ニ在リテ國王ノ信任セル間ハ、其政府ヱ反對スルハ即チ國王ニ反對スルモノナルヲ以テナリ。而シテ又或人ハ官吏ハ一般ノ臣民トシテ政治上ノ反對ヲナスモノナレバ、之ヲ法律上爲シ得ベキモノト見做スベシト云ヘリ。之ニ對シテホルツハックハ曰ク、此說ハ一個人ニシテ二ノ精神ヲ有スルモノト見做スモノニシテ、人間ノ天性ト相反スル者ナリ、同一ノ人ガ職務外ニ於テ國王ノ意志ニ反對シ、職務內ニ於テ、ハ其反對シタル意志ヲ行ハズトハ出來ベカラザル事ナリ。官吏ハ一般ノ臣民ノ如ク統治ノ物躰ノミニ非ズシテ同時ニ統治ノ機關ナリ、此資格ニ於テハ統治者ノ意志ヲ施行シ其施行ノ義務ヲ以テ重シトス、故ニ官吏ノ爲メニハ一般臣民ノ關係ハ之ヲ放棄セザルベカラザル事ナリ。官吏ハ其職務ニ違背セル場合ニハ、一般ノ臣民ノ權利ハ之ヲ行フヲ得ザルモノトス。誓言ノ結果トシテ選擧ニ於テモ凡テ行政府ニ反對ノ擧動ヲ避クベシ、又政府ノ政畧ヲ代表贊助スベキモノナリ。此說ニヨリテ我服務規律ノ第一條ヲ解釋スルヲ得ベシ、然レドモ其當否ハ如何、第一ニ反對スベキ事ハボルンハックノ論ハ純粹ノ法律論ニ非ズシテ政治論ヲ含ムモノナリ。何トナレバ一個人ノ資格（反對ノ）ヲ有シテ事務ヲ適當ニ行フ事ガ出來ルヤ否ヤハ、寧ロ立法上ノ論或ハ政治上ノ論ニシテ、法律論ニ於テハ其得失ヲ問ハズ、現今ノ法律ハ如何ナリ居ルカヲ研究スベキモノナリ。故ニ普國現行法ニテハ、二個ノ反對ノ資格ヲ以テ行ヒ得ルヤ否ヤヲ究ムル事必要ナリ。且ツ又選擧權ハ法律ニ於テ一般ノ臣民ノ資格ヲ以テ之ヲ行フ事ヲ許セル者ナリ、故ニ法律ハ此場合ニ於テハ二個ノ資格ヲ認メタルモノト見做スベシ、サレバ或說ノ如ク一般臣民ノ權利ヲ行フ爲メニ政府ニ反對スル投票ヲ爲ス事ヲ得ベシ、其他凡テ法律ヲ以テ一般ノ臣民ノ權利ヲ行フ事ヲ許シタル場合ニハ、其一個人タル意志ニヨリテ其權利ヲ行フ事ヲ得ベシト信ズ。

既ニ述ベタル如ク、法律ニ於テ官吏ニ一個人ノ權利ヲ行フ事ヲ許セル場合ニハ之ヲ行フヲ得ベシト雖ドモ、何レノ場合ニ於テモ一個人タルノ權利ヲ行フヲ得ベシト云フニ非ズ。只ダ一個人ノ權利ヲ行フニ止マル場合ト、公然他人ヲ諭導シ又ハ我意志ノ勢力ヲ他人ニ及ボサントスル場合トヲ差別セザルベカラズ。第二ノ場合ニ於テハ、官吏ハ政府ニ對シ反對ノ運動ヲナスヲ得ズ、即チ公然政府ニ對シ反對ノ運動ヲ爲スハ、天皇陛下及ビ政府ニ忠順ヲ主トスベシト云フ主義ニ反對セルモノナリ。

一歩ヲ進メテ、公然政府ニ反對ノ運動ヲナス事モ法律ニ明カニ禁ゼル場合ニ、官吏ハ之ヲ爲シ得ルトノ說ハ實例モ少ナク、又之ヲ主張スル學者モ少ナシ。選擧ハ君主ガ國家ノ意志ヲ確定スル爲メニ、代表者ヲ選擧セシムルモノナレバ、反對ノ選擧ヲナセバトテ君主ノ確定シタル意志ニ反對スルモノニ非ズト云フヲ得。

英國ニ於テハ、政治上ノ種々ノ關係ヨリ歷史上ノ事實トシテ或種類ノ官吏ヲ除キ、事務官ノ如キ一般ニ選擧權及ビ被選擧權ヲ有セズ。獨、佛ニ於テハ全ク之ニ反ス、一二ノ官吏ヲ除キテハ、凡テ選擧權、及ヒ被選擧權ヲ有ス。是又政治上ノ關係ヨリ生ゼシモノナリ。獨逸ニ於テハ、憲法制定前ヨリ官吏ハ勢力ヲ有シテ、社會上一階級ヲナセル事恰モ英國ノ貴族ノ如クナリ、故ニ社會ノ一要素トシテ選擧權ヲ與ヘタルモノナリ、併シ官吏ノ忠順及ヒ行政統一上ヨリ云ヘバ、甚ダ不可ナリトス。而シテ實際ニハ官吏ニシテ殊ニ大學敎師ニシテ議員タルモノヽ如キハ、公然國會ニ於テ政府ノ政略ニ反對シ政府モ之ヲ許セリ、故ニボルンハック　ノ説ハ實際ニハ行ハレ居ラズ。

上官ノ命令ヲ審査スルノ權ノ有無

官吏ハ、其資格ニ於テハ獨立ノ一個人ニ非ズ、行政組織内ノ一分子ナリ。故ニ行政ノ統一ノ主義ニヨリ、官吏ハ其職務ニ於テハ上官ノ命令ニ從フベキモノナリ。而シテ或國ノ法律ニヨレバ行政官吏ハ絶對的服從ノ義務ヲ有シ、唯ダ長官ノ命令ノ違法タルノ疑アル場合ニハ、官吏ハ長官ニ其意見ヲ述ブルヲ得ベキ者トナスニ過ギズ。又或國ノ法律ニヨレバ、命令ニ服從スルノ義務ハ、唯ダ其職權内及ビ法律規定ノ法式ニ於テ發セルモノニ限ルトス。如此明カナル規定ノナキ場合ニハ、命令ヲ審査スルノ權アルヤ否ヤニ付、獨逸國法家ノ說ニ重モナルモノ三アリ、

第一說ニヨレバ、官吏ハ上官ノ違法ト疑アル命令ニ付キ意見ヲ述ブベシ、而シテ尙ホ上官ニ於テ其命令ヲ改メザル時ハ、之ニ從フベキモノトナス。此說ヲ批評スルモノ、曰ク、此說ハ法律上ノ理由ヲ欠クモノナリ、何トナレバ再ビ命令ヲ重ネタルガ爲メニ、違法ノモノガ適法トナルベキニ非ズ、下班ノ官吏ハ其命令ニ依テ處分シタル事柄ニ付キ責任アルモノナレバ、命令ヲ重ネタルガ爲メニ責任ヲ免ルベシト云フ理由ナキヲ以テナリ。

此說ハリヨンネ等ノ主張スル所ニシテ、ラバンド、ボルンハック等ハ之ヲ駁シ居レリ。

第二說ニヨレバ、次ノ三ノ場合ニハ命令ニ服從ノ義務ヲ有セズシテ、審査スルノ義務アルモノトス。

一、長官ノ權限外ノ命令、

二、下班ノ官吏ノ職權外ノ事務ヲ委任スルノ命令、

三、法律確定ノ法式ニ從ハザル命令、

此三種ノ命令ニ就テハ、服從ノ義務ヲ有セズ、之ニ服從シタル場合ニ於テハ、當然行政法上ノ責任ヲ負ハザルベカラズ。ポルンハックハ此説ヲ批評シテ曰ク、是亦政治上ノ便宜ヲ基トシテ法律的ノ基礎ナキ説ナリ。此説ニヨレバ、違法命令ガ其職權内ニアルヤ否ヤヲ審査セザルベカラズ、即チ語ヲ換ヘテ云ハヾ、官吏ハ命令ノ適法ニ就テ審査セザルベカラズ。而シテ職權外ニアルヤ否ヤト云フ事ハ明白ナルモノニ非ズ、又此説ハ形式的ト實質的トノ差別ヲ爲スト雖ドモ、形式的職權外ニアルヤ否ヤヲ定ムル事ハ、實質的ニ職權外ニアルヤ否ヤヲ定ムルト同一ニ容易ナル事ニ非ズ、故ニ若シ實質的ニ命令ノ適法ナルヤ否ヤヲ審査スルノ權下班ニアリトセバ、行政ノ組織ヲ破ルモノナリ。然ル時ハ形式的審査ノ權モ均シク行政ノ組織ヲ破壞スベシ、而シテ又絶對的ニ形式上ノ審査ノ義務ヲ認ムル時ハ、下班ノ官吏ハ最高ノ裁判權ヲ有スルニ等シ、而シテ又一方ニ於テハ前ニ述ベタル三條件ニ準據スル命令ハ、其性質ノ如何ニ關セズ、凡テ服從ノ義務ヲ有スル時ハ、長官ガ犯罪的ノ目的ヲ以テ命令ヲナシ、下班ノ官吏ハ之ヲ知ルト雖ドモ、尚ホ命令ニ服從セザルベカラズ、故ニ此說ハ法律上維持スベカラザルモノト云ハザルヲ得ズ。

此說ハラバンド、及ビゲヲルグ、マイエル等ノ主張スル所ナリ

第三說ハ普國々法ニ就テノ說ニシテ、之ニヨレバ下班ノ官吏ガ上官ノ命令ヲ審査スルニ就テハ、審査ノ義務ト其ノ權利トヲ區別スルヲ要ス。官吏ガ長官ノ命令ヲ行ヒテ自己ガ其責任ヲ負フベキ時ハ審査ノ義務アリ、故ニ此場合ニハ長官ノ命令ニ服從スル事ヲ拒ムノ義務アリトナス。獨逸ノ普通法典ニヨレバ、法律ノ明カニ禁ズル事ニ就テノ命令ヲ執行シタル場合ニアラザレバ責任ヲ有セズ、即チ法律ノ明カニ禁ズル事ニ就テノ命令ヲ執行シタル場合ニハ責任ヲ負ハザルベカラズ、故ニ不當ト思ハヾ之ヲ拒ムヲ得。此場合ヲ除キテハ長官ノ命令ヲ行ヒタル事ニ就テ責任ヲ有セズ、故ニ之ヲ審査スルノ義務ナシトス。然レドモ長官ノ命令ニ就テ違法ノ疑アル時ハ、審査スル事ヲ得即チ審査ノ權アルナリ。而シテ權ヲ行ヒタル場合ニハ、自己ノ危險ヲ犯シテ行フモノナリ、即チ懲戒ノ處分ヲ蒙ムルノ危險ヲ冒スモノナリ。

普通法典トハ、「アルゲマイネス、ランドレヒト」ヲイフ。

審査權ヲ行フ場合ニハ、處分ヲ受ケザルベカラズトイヘドモ、審査ノ義務ヲナス場合ニハ、法律ノ禁ゼザルモノヲ誤テ禁ズルモノト見タル時ニハ、矢張リ處分ヲ受ケザルベカラズ、故ニ此點ハ不明ト云ハザルヲ得ズ。

我國ノ官吏服務規律第二條ハ、官吏ハ其職務ニ付キ本屬長官ノ命令ヲ遵守スベシ、但シ其命令ニ對シ意見ヲ述ブル事ヲ得ト規定ス。此條ニヨレバ下班ノ官吏ハ凡テ長官ノ命令ニ對シ服從ノ義務ヲ有シ、其命令ノ適法ナルヤ否ヤヲ審査スルノ義務ヲ有セザルガ如シ、唯ダ適法ナルヤ否ヤノ疑アル時ハ、其命令ニ對シ意見ヲ述ブル事ヲ得ルノミ、而シテ又刑法ニ就テモ長官ノ命令ヲ行ヒタル場合ニハ、下班ノ官吏ハ其責任ヲ免ル丶ヲ以テ通則トナスガ故ニ、我國ニ於テハ絶對的ニ長官ノ命令ニ服從ノ義務アリト云フノ法理ヲ採ルモノ丶如シ。然レ𪜈或說ニヨレバ長官ト下班ノ官吏トノ關係ハ即チ此兩官ノ職權ノ關係ナリ、職權外ニ於テ長官ト下班官吏トノ關係ヲ有セズ、故ニ長官ノ命令トハ長官ガ其職權內ニ於テ發スル者ヲ指スモノニシテ、下班ノ官吏ハ此命令ニ服從ノ義務ヲ有セズト雖𪜈、長官及ビ下班ノ官吏ノ關係ノ外、即チ長官ノ職權外ニ於テ發スル命令ニハ服從ノ義務ヲ有セズ。故ニ此場合ニハ縱令刑法ニ於テハ責任ヲ負ハズト雖ドモ、懲戒處分ニヨリ責任ヲ負フベキモノトス。而シテ又下班ノ官吏ノ職權外ノ事ヲ任ズル命令モ、亦長官及ビ下班官吏ノ關係外ノモノナリ、故ニ此場合ニモ服從ノ義務ヲ有セズ。而シテ又命令ハ其命令タルノ形式ヲ備ヘザルベカラズ、形式ヲ備ヘザルモノハ長官ノ命令タルノ證ナキモノトス。故ニ形式ヲ備ヘザル命令ニハ、固ヨリ服從ノ義務ヲ有セズ、故ニ審査ノ義務アリ。

此或說ト云フハ、ラバンド、サイデル、ゲ、マイエル等ノ主張スル說ト大躰ニ於テ同ジ。

然ルニボルンハックハ之ニ反對シテ曰ク、長官ノ命令ガ職權内ニアルヤ否ヤヲ知ルハ甚ダ難キ事ナリト。然レドモ其難易ニヨリテ法理ハ變更スル者ニ非ラズ、又氏ハ法律ノ禁ズル場合ニハ審査ノ義務アリト云フ。然レドモ法律ノ禁ズル事ナルヤ否ヤヲ審査スル事モ困難ノ場合少ナカラズ、又長官ノ命令ガ職權外ナルヤ否ヤヲ知ルニハ、命令ガ適法ナルヤ否ヤヲ知ラザルベカラズト氏ハ反對セリ。然レドモ職權外ナルヤ否ヤヲ知ルハ、實質上適法ナルヤ否ヤト云フ事ニ非ズ、故ニ實質上適法ナラズトモ之ヲ審査スル義務ナシ。而シテ法律ニ禁ズル場合ニモ同樣ノ反對論ヲ適用スルヲ得ルニ非ズヤ、又氏ノ反對ニ曰ク、下班ノ官吏ニ形式的審査權ヲ負ハシムル時ハ、下班官吏ガ最高ノ裁判權ヲ有スルモノトナルト。然ルニ此反對論モ亦法律ノ禁ズル事ナルヤ否ヤヲ審査スルノ義務ヲ有スト云フ場合ニモ應用スルヲ得ベキガ如シ。

審査ノ義務アリト云フハ若シ長官ノ職權外ノ命令ヲ執行シ、又ハ我職權外ノ事ヲ命ジタル場合ニ之ヲ行ヒタル時ハ、其官吏ハ其事ニ付キ法律上ノ責任ヲ負ハザルベカラズ、故ニ此場合ニハ服從ヲ拒マザルベカラズ。然レドモ若シ職權內ニアルモノヲ職權外ニアリト認メテ服從ヲ拒ミタル時ハ、固ヨリ其服從ヲ拒ミタル事ニ付キ懲戒處分ヲ受ケザルベカラズ。故ニ最高ノ裁判權ハ、高等ノ官衙或ハ懲戒裁判ニ屬スルモノニシテ、審査ノ義務アルヲ以テ最終ノ裁決權ヲ有ストナスハ理由ナキ事ト云ハザルヲ得ズ。

ボルンハック及ラバンド等ノ說ニ反對シテ曰ク、長官ノ職權內ニアリ又下官ノ職權內ニ於テ爲スベキ事ニシテ、且ツ命令ガ形式ニ適ヒ居ル命令ナルモ其實質ニ於テハ適法ニアラザル時ハ、下官ハ其事ノ違法ナル事ヲ知ルモ、之ニ從ハザルベカラズト。例ヘバ檢事ガ其下官ニ死刑ノ宣告アリシモノニ、死刑ヲ執行スル事ヲ命ジタル塲合ニ、其死刑ノ宣告ヲ受ケタリト云フ者ガ誤リナリシ時ノ如シ。併シ此反對ハ國々ノ刑法ノ解釋ニ屬スル事ナリ。

官吏ノ權利

官吏ノ權利ト云フハ、官吏ガ主權者タル國家ニ對シテ私法上ニ云フ權利ヲ有スト云フニハ非ズシテ現行法ニヨリテ官吏ガ其身上ニ屬スル利益ヲ保ツ爲メニ、一定ノ裁判ノ制裁ヲ受クル事ヲ得ルヤ否ヤニ就テ云フナリ。如此制裁ヲ受クルノ制度アレバ其利益ヲ指シテ權利トイヒ、而シテ裁判所ノ種類ニヨリテ差別ヲナサズ。反之裁判所ニ於テハ利益ヲ保ツ爲メニ、裁判ノ制裁ヲ受クルノ制度ナク、唯ダ行政處分ニヨル塲合ニハ之ヲ權利トハ稱セズ。

利益トハ、俸給又ハ恩給ノ如キモノヲ云フ。

官吏ノ權利ヲ分テ二種トス、即チ官ニ就テノ權利及ビ官ヨリ生ズル權利是ナリ。官ニ就テノ權利トハ、官吏ガ其官ヲ保チ得ルノ權ニシテ、唯ダ行政處分ニヨリ隨意ニ之ヲ轉免、非職シ（一定ノ裁判ニヨルニ非ザレバ）得ザルヲ云フ。而シテ官ヨリ生ズルノ權利トハ、俸給、恩給、位階等ヲ指ス。

英、佛、普三國ノ官吏ニ就テ見ルニ英國ノ官吏ノ內純粹ノ判事ハ皆終身官ニシテ、前述ノ兩種ノ權利ヲ有ス、會計撿査官ノ數名モ亦同ジ。而シテ此外ノ行政官ハ、法律上此兩種ノ權利ヲ有セズ、其官或ハ俸給等ニ就キ訴訟ヲ提起スルヲ得ズ。然レドモ實際ニ於テハ英國行政官ハ巡査ノ如キモノヲ除キ、其他ハ凡テ右兩種ノ權利ニ就テ充分ノ保障ヲ有ス。

純粹ノ判事トハ「ジヤッヂ、ヲフ、ピース」ノ如キ行政ヲ兼ヌルモノニ非ザルモノヲ云フ

行政官ハ法律上俸給等ニ付キ訴訟ヲ起スヲ得ズトハグナイストノ說ニヨル、實際上保障アリト云フハ、官職ヲ黨派ノ爲メニ利用スル弊ヲ防グ爲メニ、議會ノ監督嚴ニシテ議會ハ常ニ官吏ヲ保護シテ、理由ナクシヲ免ズル事ナカラシム。

佛國ニ於テハ、合議制裁判所ノ判事及ビ會計撿査院ノ官吏ハ、前兩種ノ權ヲ有シテ

終身官ナリ。參事院ノ議官、諸種ノ技師、高等教員ヲ免黜スルニハ、其理由ヲ示シテ同列員ノ意見ヲ諮フヲ要ス。此外ノ行政官ハ官ニ就テノ權利ヲ有セズ、然レドモ官ヨリ生ズル權利ニ就テハ、行政裁判ノ手續ニヨリテ之ヲ要求スルヲ得。

普國ニ於テハ、凡テ官吏ハ定期任命ノモノヲ除ク外、皆終身官ニシテ其官ヲ保ツノ權及ビ其官ヨリ生ズルノ權利ヲ有ス。裁判ノ手續ニヨラズ、隨意ニ行政處分ヲ以テ之ヲ免非スルヲ得ズ、又俸給、恩給、其他貨物上ノ手當ハ、之ヲ裁判所ニ於テ要求スルヲ得。此外尊稱、位階等ニ就テハ、公法家中ニモ之ヲ權利ト稱スルヤ否ヤニ付キ一定ノ説ナシ。

俸給、恩給等ニ關スル訴訟ハ、通常裁判所ニ之ヲ提起ス。

判事ハ、行政官トハ規定ヲ異ニス、例ヘバ判事ハ其意ニ反シテ轉職スルヲ許ザス、併シ行政官ハ俸給同一ナレバ之ヲ許ス。

我國ニ於テハ、會計撿查官ヲ除キ。一般ノ行政官ハ官ニ就テノ權利ヲ有セズ。何時ニテモ行政處分ニヨリ、免非轉職ヲナスヲ得ルモノナリ。然レドモ官ヨリ生ズル權利ハ之ヲ有ス、此利益ニ就テモ凡テ裁判ノ保護ヲ得ルニ非ズ、唯ダ恩給ニ就テハ恩給局ノ處分ニ對シ、行政裁判所ニ出訴スルヲ得セシムルノ制アルノミニシテ、俸給其他ノ手當ニ就テハ此權利ヲ有スルトスル說ト否ラズトスル說トアリ。或說ニヨレバ俸給ハ私法上ノ性質ノモノナリ、（其他ノ手當モ同ジ）故ニ明ニ通常ノ裁判所ニ此裁判權アリトハ云ヘザレドモ通常裁判所ハ此裁判權ヲ有スト云フヲ得。而シテ俸給其他ヲ以テ私法上ノ性質ノ者ナリト云フ理由ハ、官吏ハ國家ノ職務ニ從事スルガ爲メニ人民ノ營業ヲ爲スヲ得ズ、故ニ國家ハ其損失ニ賠償ヲ與ヘザルベカラズ、俸給ハ即チ其賠償ナリ。又或說ニヨレバ、公法ト私法トノ權利ノ差別ハ、其目的ニ基ク者ナリ。即チ一個人ノ利益ノ爲メニ設定シタル者ハ私法上ノ權利ニシテ、公益ノ爲メニ之ヲ設定シタル時ハ公法上ノ權利トス。而シテ俸給其他ノ手當ハ、官吏其者ノ利益ノ爲メニ與フル者ナリ、故ニ民事上ノ性質ノモノナリ、故ニ通常裁判所ハ民事ニ付キ裁判權ヲ有スト云フニアリ。又此外ニ憲法第六十條第六十一條ニヨリ、俸給及ビ手當等ノ事モ通常裁判所ノ職權ニ屬スルモノナリト云フモノアリ、此說ニヨレバ俸給其他ノ手當ハ之ヲ權利ト云フヲ得ベシ。

前二說ニ反對スル說ニヨレバ、官吏ノ任命ハ行政處分ナリ、俸給ノ給與モ亦行政一方ノ處分ニシテ契約ニ非ズ、而シテ又假ニ俸給ハ官吏ノ私益ノ爲メニ設ケタルモノトスルモ、私益ノ點ヨリ之ヲ定メタルモノハ悉ク私法ニ屬ストイフヲ得ザルガ故ニ、俸給ヲ以テ私法ノ關係ニ屬ストイフヲ得ズ、是故ニ官吏ハ俸給支拂ヲ民事裁判所ヘ出訴スルヲ得ズ。而シテ又憲法第六十一條ニヨリ、通常裁判所ハ行政官吏ノ俸給ニ關スル訴訟ヲ受理スルノ權アリト論ズル者アリト雖ドモ、行政一方ノ處分ニヨリ俸給ヲ得ルヲ以テ一ノ權利ヲ得タルモノト見做スベカラズ、故ニ行政官廳ノ違法處分ニヨリ、權利ヲ害セラレタリトス云々ノ規定ヲ適用スルヲ得ズ、故ニ俸給ニ關スル訴訟ハ、通常裁判所之ヲ受理スベカラザルモノトス。而シテ又俸給モ恩給モ其性質同一ノモノナリ、而シテ恩給ニ關シテハ、特ニ法律ヲ以テ行政裁判所ヘ出訴スル事ヲ得セシム、若シ之ヲ私法上ノ性質ノモノトスレバ、行政裁判所ニ出訴スル事ヲ許スノ必要ナシ。其他市町村制等ニ於テ其職員ニ俸給又ハ恩給ニ就キ裁判保護ヲ受クル事ヲ許セル場合ニハ、必ズ之ヲ行政裁判所ノ職權ニ屬ス、故ニ我國ノ法律ハ、俸給ヲ以テ私法上ノ性質ト見做サヾル事明カナリトス。

著作出版ニ關スル事

凡テ人ノ思想ハ、之ヲ外ニ顯ハサザレバ他人ニ影響ヲ及ボス事ナク、又國家ガ之ニ干渉スルノ方法ナシ。然レドモ之ヲ外ニ顯ス時ハ、他人ニ影響ヲ及ボシ又國家ハ之ニ干渉スル事ヲ得ベシ、然レドモ又現今立憲國ニ於テハ思想ヲ發表スルノ自由ヲ認ム。併シ無制限ノ自由ハ公共ノ安寧、幸福ニ害アルヲ免レズ、殊ニ書籍、新聞紙、雜誌類ハ一個人ガ廣ク公衆ノ上ニ勢力ヲ得ルノ具ニシテ其勢力大ナルガ故ニ、公共ノ安寧、幸福ヲ危險ナラシムル事モ亦多シ。故ニ公共ヲ保護スル爲メ、此自由ニ制限ヲ設ク。而シテ茲ニ憲法制定前ヨリ實行シタル制限法ヲ擧グレバ三種アリ。

第一ハ「プロヒビッチーブ、システム」即チ禁壓法ナリトス、此法ニヨレバ凡テ出版物ヲ公ニスルニハ官ノ許可ヲ受クルヲ必要トシ、許可ニヨリテ印刷物ヨリ生ズル危險ヲ防止スルニアリ。此方法ニヨレバ許可ヲ得ズシテ公ニスルモノハ、其載スル所ノ事柄ノ如何ニ關セズ一ノ犯罪トナス、故ニ官ノ許可ヲ得テ公ニスルモノハ、法律ニ違背スルモノニ非ズ、許可ニヨリテ其印刷物ノ責任ヲ官ニ取リ著者及ビ出版人ハ責任ヲ免ル。

第二ハ「レプレッシーブ、システム」即チ防禦法ナリ、此方法ハ著者又ハ出版者ヲシテ自ラ其著書ノ檢閱ヲ爲シ、其責任ヲ負ハシムルモノニシテ、既ニ書籍類ノ出版ヲ以テ經濟的事業ト見做シ、唯ダ或場合ニ警察ヲ以テ其事業ヲ禁止セシムルモノナリ其事業ノ禁止ヲ實行スル爲メニハ、凡テ此事業ヲ企ツルモノハ先ヅ認可ヲ得セシムベキモノトス、而シテ印刷物ノ中ニ於テ尤モ公衆ノ感情ヲ動カシ、公共ノ危險ヲ生ズルノ恐アルモノ、即チ新聞紙及ビ政治雜誌類ハ一般ノ書籍類トハ之ヲ差別シ新聞雜誌類ニ就テハ保證金ヲ出サシメ、新聞紙、沒收、發賣ノ禁止、發行ノ停止又ハ禁止、印刷器械ノ沒收等ノ法ヲ設ケテ其危險ヲ防禦スルヲ目的トス。而シテ近時ニ於テハ英、佛、獨各國ノ立憲國ハ第三制ヲ取ルニ至レリ。

第三制ハ書籍類及ビ凡テノ印刷物ヲ出版スルハ、他ノ經濟的營業ト同ジク自由ノ事業トシ、唯ダ書籍類ノ出版ニヨリテ犯ス所ノ犯罪ヲ罰スルニ止マル。此法ニヨレバ書籍物ノ出版ニ關スル制限ハ、唯ダ其出版ニヨリテ犯ス所ノ罪ヲ摘發シ、追訴ノ手續ヲ爲ス事ヲ得ルヲ目的トス、故ニ出版人、出版所ノ屆出及ビ出版物見本ノ差出等ノ規定ヲ設クルニ止マル。

英國ニテハ、出版物監査ノ制ハ一千六百九十四年ニ之ヲ廢止セリ。而シテ爾來防禦方法ヲ採用シタリ。然レドモ認可及ビ警察上沒收ヲナスノ制、幷見本ヲ保存シ置ク事、印刷物委託者及ビ印刷者ノ姓名、住所ヲ記入スルノ制ヲ存セリ。此外新聞紙及ビ雜誌類ニハ、保證人ヲ立テ保證金ヲ出サシムル事、印紙ヲ貼用スル事、及ビ精細ニ印刷者、發行者等ノ姓名、住所ヲ印刷物ニ記入スルノ制限ヲ置キタリ。併シ如此制限ハ千八百六十九年ノ法律ヲ以テ之ヲ廢止シ、全ク自由ノ制トナシ發行者、印刷者ノ屆出ノ規定ヲ存スルノ外、他ニ警察的ノ制限ヲ設ケズ。而シテ犯罪ノ追訴ハ檢事ノ職權ニ屬スルモノトス。

歷史的ノ沿革ハグナイストノ「セルフ、ガバーンメント」ヲ參照スベシ。

獨逸ニテハ、印刷物ノ制限ヲ爲スノ必要ハ活版ノ發明ニヨリテ生ジ、監査或ハ檢校ノ制ハ羅馬法王之ヲ設ケ、寺院ノ機關之ヲ司リタリシガ、十六世紀以來帝國法律ヲ以テ之ヲ規定シ、其實施ヲ容易ナラシムル爲メ、各邦ノ首府、大學所在ノ地及ビ其他一定ノ市府ニ限リ印刷ヲナスヲ許セリ。然レドモ未ダ各邦一般ニ監査ノ法ヲ採用セズ。十七世紀ニ至リ一般ニ之ヲ採用シタリ、其後獨逸帝國ノ廢滅後一時獨逸聯合政府ノ條例ヲ以テ印刷自由ノ原則ヲ採用シタリト雖モ、千八百十九年再ビ新聞紙及ビ雜誌ノ監査ノ法ヲ設ケタリ。而シテ千八百四十八年第二ノ方法即チ防禦法ヲ採用シテ監査ノ制ヲ廢セリ、然レドモ尙ホ數多ノ制限ヲ存ス。後獨逸聯合ノ解散ニヨリ漸次ニ改正ヲ施シ、遂ニ千八百七十四年獨逸帝國ノ法律ヲ以テ、出版營業ヲ一般ノ自由營業ト同視スルノ制ヲ採ルニ至レリ。唯ダ獨逸ニテハ犯罪ヲ追訴シ防禦スル爲メニ、警察ニ沒收ノ權ヲ與フ。尤モ此沒收ハ裁判ノ宣告ニヨリテ確定スルモノナリ。

佛國ニテハ、出版印刷自由ノ主義ハ革命ノ時人民ノ權利ノ公布ニ於テ之ヲ確定シ、第一ノ共和憲法ニ於テモ尙ホ此原則ヲ認メ、監査ヲ爲ス事ヲ禁ゼリ、然レドモ那破翁一世ノ時再ビ監査ノ制ヲ採用シ、千八百二十四年マデ之ヲ繼續セリ。同年ニ於テ一般ノ出版物ニ監査ヲ爲ス事ヲ廢止シ、千八百十四年（欽定憲法制定）以來ハ定時刊行物ト否トノ別ヲナシ、一般ノ出版物ハ之ヲ自由ニ出版スルヲ得ルモノトセリ。然レドモ間接ノ制限ヲ設ク、即チ出版者及ビ書肆ノ營業ハ行政官廳ノ認可ヲ得ルヲ要シ、而シテ此認可ハ行政處分ヲ以テ之ヲ取消スヲ得。此制ハ千八百七十年ニ至リ廢止セラル。次ニ此認可ハ定時刊行物ニモ適用シ、而シテ定時刊行物ハ監査及ビ保證金ヲ出サシメ、且ツ印紙貼用ノ義務ヲ負ハシメ、又犯罪ノ爲メニ罰ニ處セラレタルモノハ、其營業ヲ廢止スルヲ得。且ツ各新聞紙ハ二回ノ訓戒ヲ受ケタル後ハ行政官廳ハ之ヲ停止シ、又ハ禁止スルヲ得ルモノトス。尤モ以上述ブル所ハ制限ノ大要ノミニシテ時ニヨリテ多少ノ差違アリト知ルベシ。而シテ千八百六十一年ノ法律ヲ以テ右ノ制限的規定ヲ改正シ、千八百六十八年認可ノ制ヲ止ム。然レドモ保證金ノ制ハ尙ホ存セリ、千八百八十一年ニ至リ法律ヲ以テ出版ノ事業ヲ以テ全ク自由ノ營業ト見做スノ制ヲ採用シタリ。

我國ニ於テハ、前述ノ第二制ノ主義ヲ採ルモノナリ。

自由ト云フハ、第二ノ制ニ移ルトキニ之ヲ用ヰルヲ通例トス。即チ自己ノ責任ヲ以テ爲スト爲サザルトノ點ニアリ、故ニ或人ハ此制ヲ三ニ分タズシテ二ニ區別ス。

如此自由ノ字ヲ解スル時ハ、我憲法ノ下ニハ行政法又ハ緊急命令ヲ以テモ監査ノ制ヲ設クル事能ハズ、何トナレバ憲法ノ條項ヲ停止スル事トナレバナリ。又自由ト云フ字ヲ以テ單ニ何々スルヲ得ト云フニ同ジク解シ全ク禁ゼザル以上ハ、制限ヲ設クルモ矢張自由ハアリトスルモノモアリ。

集會及ビ結社

立憲國ニ於テハ集會及ビ結社ノ自由ヲ認ム、我國ニ於テモ亦之ヲ認ム。而シテ單ニ集會、結社トイヘバ、其性質ノ公法的ナルト私法的ナルトニ關セズ、凡テ之ヲ包含ス。併シ玆ニハ私法上ノ集會、結社ハ之ヲ述ベズ、唯ダ公法上ノ點ニ於テノミ云フ。集會トハ、共同ノ事項ヲ議定スル爲メニ數多ノ人民ノ會合スルモノヲ云フ。而シテ結社ハ一定ノ組織ヲナシ、一定ノ目的ヲ以テ數多ノ人民ノ永續ニ結合スルモノヲ云フ。而シテ何人以上ノ集合ヲ以テ集會或ハ結社ト見做スベキヤ否ヤハ、各國ノ法律ノ規定ニ據ル。集會及ビ結社モ亦數多ノ人民ニ勢力ノ影響ヲ及ボスモノナレバ、公共ノ安寧秩序ヲ危險ナラシムル事少ナカラズ、故ニ之ヲ防禦スル事ヲ要ス。之ヲ防禦スルニハ危險ノ將ニ生ゼントスル時期ニ於テ之ヲ制止セザルベカラズ、其時期ハ之ヲ警察ノ見込ニ任ズルヲ要ス。而シテ警察ノ見込ニヨリ結社、集會ノ自由ヲ制限スル時ハ、命令權ヲ以テ之ヲ制限シ得ル事トナル。然ルトキハ此自由ハ全ク行政ノ意志ニヨリテ制限セラルヽモノナリ、故ニ此自由ヲ保護スル爲メニハ、其制限ハ必ズ法律ヲ以テ精細ニ規定シ、行政ハ唯ダ法律ノ適用ヲ司ルヲ以テ立憲制ノ通則トス。

英國ニテハ集會條例ナルモノナク、其制限ハ刑法及ビ裁判官ノ職權ニヨルモノトス。而シテ明カニ集會ト結社トノ差別ヲナサズ、或法律ニヨレバ十二名以上公共ノ安寧ヲ擾亂スル目的ヲ以テ集會スル時ハ之ヲ解散シ、從ハザルモノハ嚴刑ニ處スルノ制ヲ設ク。又習慣法ニヨレバ三名以上公安ヲ防害スル目的ニテ集會スルモノハ刑罰ニ處スルモノトス等ノ規定アリ、而シテ之ヲ行フノ職權ハ治安裁判官、州長、市長ニ屬ス。

佛國ニ於テハ、結社、集會ノ自由モ亦革命ノ時之ヲ確定シタリト雖ドモ、結社、集會ハ國家ノ安寧ヲ危險ナラシムル事多キガ故ニ、法律ヲ以テ嚴重ニ之ヲ制限シタリ。千八百四十八年ノ法律ニ於テハ結社ト集會トヲ差別シ、集會ヲ自由ニシタリト雖ドモ、千八百五十二年再ヒ結社ト同一ノ制限ニ從ハシム。結社、集會ハ其性質ノ宗敎、經濟又ハ學術的タルト否トニ關セズ、凡テ二十名以上ノモノハ前以テ官廳ノ認可ヲ要ス。千八百六十八年ノ法律ヲ以テ再ヒ結社ト集會トノ差別ヲナシ、政治及ヒ宗敎ノ集會ヲ除キ其他ハ認可ヲ要セザル事トナシタリ。而シテ千八百八十一年ノ法律ヲ以テ、凡テ集會ハ其目的ノ如何ニ關セズ自由トナシ、二十四時間前ニ官廳ニ屆出ヲ爲ス事トセリ。而シテ選擧ニ關スル集會ハ此限ニアラズトセリ、然レドモ集會ハ公道及ヒ公園ニ於テハ之ヲ開クヲ得ズ。結社ハ集會ト同一ノ立法ノ進歩ヲナサズ、但シ私法上及ヒ商業其他ノ營業會社ハ民法、商法及ヒ其他ノ特別ノ法律ニヨルモノニシテ、自由ノ原則ニ從ヒ之ヲ規定ス。以上私法上ノ結社ヲ除キ其他ノ結社ハ、其目的ノ如何ニ關セズ其社員二十名ナル時ハ、內務大臣及ヒ知事ノ認可ヲ得ザレバ之ヲ設クルヲ得ズ。而シテ之ヲ設クルニハ必ズ官廳ノ指定スル條件ニ從フベキモノトス、而シテ又此認可ハ之ヲ取消スヲ得ベキモノトス。

結社ハ法人ノ資格ヲ有スルヲ許サズ、故ニ訴訟ハ其社員ニ對シテ起スヲ得ルノミ。

獨逸ニ於テハ、結社ノ事項モ亦帝國憲法ニヨリテ帝國ノ職權ニ屬ス。然レドモ未ダ帝國法律ヲ以テ之ヲ規定セズ、唯ダ選擧ノ事項ヲ議定スル爲メニ選擧人ガ結社、集會ヲナスヲ得ル事及ビ法律ヲ以テ現役軍人幷ニ軍務官ハ政社政談ノ集會ニ加入スル事ヲ得ズト定ムルノ外ハ、各邦ノ法律ニ據ルベキ者トス。而シテ普國ニ於テハ、結社及ビ集會ノ自由ハ憲法ニ於テ之ヲ確定シ、唯ダ野外ノ集會ハ官廳ノ認可ヲ要スル事トシ、其制限ハ法律ヲ以テ之ヲ定ム。次ニ警察モ假ニ政社ヲ閉鎖スルノ權ヲ有スト雖ドモ、四十八時間内ニ其閉鎖シタル理由ヲ檢事ニ報告シ、檢事ガ告訴ノ理由ナシトスルバ八日以内ニ閉鎖ヲ取消スベキ者トス。告訴ノ理由アリトスル時ハ、八日以内ニ訴訟ヲ提起スルヲ要ス、集會ニ就テハ警察處分ニ對シ行政裁判及ビ訴願ヲナスヲ得ベシ。然レドモ處分ヲ實行シタル後ナレバ、唯ダ處分ノ適法ト否トヲ定ムルニ過ギズ、其他結社集會ニ關スル規定ハ之ヲ畧ス、大躰我國ノ制ト同一ナリ。

選擧トハ、帝國議會ノ選擧ノ事ヲ云フ。

結社解散ノ事ヲ普國ハ裁判權ニ屬シ、我制ハ警察處分ニ委ス、是レ彼我ノ制ノ著シク異ナル所ナリ。

「ゼシュイッテン」及ビ「ハーシャール、デモクラッテ」ニ就テハ特別ノ制限アリ、千八百八十二年ノ帝國法律ニヨレバ、帝國內ニ於テ「ゼヂユイット」ノ社ヲ設クルヲ得ズ。又千八百七十八年ノ帝國法律ニヨレバ、社會黨及ビ共產黨ノ結社、集會ニシテ國家及ビ社會ノ秩序ヲ破壞セントスルモノハ全ク之ヲ禁止シ、其結社ノ財產ハ之ヲ沒收ス。其禁止ノ處分ハ警察官之ヲ行ヒ、其處分ニ對シテハ帝國訴願委員ニ一週間內ニ訴願スルヲ得。集會ノ解散ニ對シテハ、監督官廳ヘ訴願スルヲ得。又一區劃ノ地方ニ於テ、社會黨ノ爲メ公共ノ安寧ヲ危險ナラシムル時ハ、各邦ノ政府ハ帝國協議院ノ認可ヲ以テ一年內帝國及ビ各邦ノ選擧ニ關スル集會ヲ除キ、其他ノ集會ハ凡テ警察ノ認可ヲ要スル事トナスヲ得ベシ。

人民ノ所有ヲ公用ニ供スル事

人民ノ權利ハ、國家ノ命令ニヨリテ定ムルモノナレバ、人民ハ國家ニ對シ國家ノ動カシ得ザル權利ヲ有スル事ナシ、國家ハ人民ガ他人ニ對シテ有スル所ノ私法上ノ權利ヲ取リテ之ヲ我用ニ供シ、或ハ他ノ人民ニ附與スルヲ得ベシ、故ニ人民ハ國家ニ對シ處有權ヲ有スル事ナシ。然レドモ立憲制ニ於テハ、國家ノ機關ニ對シ人民ノ所有權ヲ保護シ、之ヲ侵スベカラザルモノトシ、一方ニ於テハ唯ダ公益ノ爲メニ法律ヲ以テ所有權ヲ公用ノ爲メニ徵收スル事ヲ得ベシト定メテ立法權ヲ制限シ、又一方ニ於テハ行政權ハ必ズ法律ニヨラザレバ、人民ノ所有ヲ侵ス事ヲ得ザルモノトナセリ。

所有ヲ公用ニ供スルト云ヘバ、租稅モ亦公用ノ爲メニ人民ノ所有權ノ一部ヲ徵收スルモノナレバ之ヲ含ムベシト雖ドモ、租稅ノ事ハ特別ノ規定ニヨルガ故ニ之ヲ合マシメズ。又刑事ノ爲メ所有ノ沒收、差押ノ事モ之ヲ含括セザルモノトス。

所有ヲ公用ニ供スル場合ヲ分テ三トナス。

民法ニ公用徵收トアルハ「エキスプロプリアシヨン」或ハ「エントアイグング」ト云フヲ譯セルモノナリ。

一　公共ノ目的ノ爲メニ時價ヲ與ヘテ、所有ヲ徵收スル場合。

二、時價ニヨラズ法律ヲ以テ、一定ノ賠償ヲ與ヘテ徵收スル場合。

以上ノ二ノ場合ヲ以テ最モ多シトス。何故ニ國家ハ賠償ヲ與フルカ、租稅ノ場合ニハ之ヲ與ヘズシテ特ニ此塲合ニ於テ與フルハ、人民ニ不公平ナル處分ヲナサズト云フ主義ニ基クモノナリ。

三、公益ノ保護ヲ目的トシテ國家ノ權ヲ行フ爲メニ所有ヲ使用スル事アルモ、之ヲ以テ國民ノ義務トシ特ニ賠償ヲ與ヘザル塲合アリ、然レドモ此塲合ハ甚ダ稀ナリ。

公用徵收（エキスプロプリアシヨン）ニ二ノ制アリ、第一ハ各個ノ公用徵收ノ塲合ニ法律ヲ以テ之ヲ定メ、第二ハ法律ヲ以テ公用徵收ノ通則ヲ定メ、其必要アル各個ノ塲合ニ行政機關ガ此通則ニヨリ處分ヲナス事是ナリ。此二種共ニ理由アリ。

我國ノ制ニテ「エキスプロプリアシヨン」ニ當ルモノハ、土地收用規則ナリ。併シ行政法上「エキスプロプリアシヨン」ト云フハ、土地收用ニ限ラズ概シテ不動産物ヲ徵收スル塲合ヲ云フナリ。

英國ニ於テハ、立法ノ手續漸次ニ完備スルニ隨テ人民ニ普通法ノ外ニ於テ特權ヲ付與シ、又ハ特別ノ義務ヲ課スルハ必ズ法律ヲ以テスベシト云フ原則ヲ生ジタリ。故ニ公用徵收ノ事モ亦法律ヲ以テ之ヲ定ム、而シテ人民ノ企業ニ關スル事ハ凡テ人民ヨリ請願ヲナシ、審査ノ手續ヲ經テ私條欵案(プライベートビル)トシテ議會ニ提出シ、一般ノ法律ト同樣ノ議決ヲ經テ之ヲ定ム。併シ英國ニテハ議會ノ私條欵案ニ對スル事務非常ニ多キガ故ニ、現今ハ或事柄ニ就テハ假ニ命令ヲ以テ處分ヲナスヲ得セシメ、之ヲ後日議會ノ認可ニ付スル事トセリ。

人民ノ企業ニシテ鐵道等ノ爲メ土地收用ノ事等ノ請願ヲナス時ハ、議會ノ請願委員ハ之ヲ審査シ、異議ヲ申出ルモノアレバ、双方ノ對審ヲ開キ之ヲ報告シ、豫メ備ヘタル案ヲ一議員ヨリ提出シ、而シテ法律ト同樣ニ議決スルナリ。

英國ノ法律案提出ノ手續ハ大陸諸國及ビ我國等ト異ニシテ、議員ヨリ提出スルニハ、初メニ「ペチション」トシテ出セシニ原因スルモノナリ。元ト一般ノ法律ハ判事ガ職務上知ラザルベカラザル事ナレドモ、私條欵案ハ之ヲ知ルヲ要セザリキ。併シ現今ハ公益ニ關セズ一個人ニ關スル事ノ外ハ、之ヲ一般法律ト同樣知ラザルベカラザル事トナレリ。

茲ニ公用徵收トイフハ土地ノミニ限リテ論ズ

歐洲大陸殊ニ佛、普ハ第二種ノ制ヲ取リ、佛國ノ現行法ハ千八百四十一年ニ規定シタルモノナリ。獨逸帝國ニ於テハ各邦ノ法律ヲ以テ之ヲ定ムル事トシ、唯ダ帝國憲法ニ於テ軍用ノ爲メニ帝國ハ各邦ノ意ニ反スルモ鐵道ヲ敷設シ、及ビ企業者ニ之ヲ許可スルヲ得ト定メ。又土地ニ關セザル物ニ就テノ軍事徴收ハ法律ヲ以テ之ヲ定ム。

此第二種ノ制ハ、法律ハ通則ヲ定ムルモノニシテ之ヲ各個ノ場合ニ適用スルハ、其性質行政ノ行爲ニ屬ストイフ理由ニ基クモノニシテ、佛國革命時代ノ憲法ニ於テモ、法律ハ通則ヲ定ムルモノヽ主義ヲ執レリ。而シテ現今尙ホ獨逸ノ公法家ハ、立法ノ行爲ト行政ノ行爲トヲ分ツニ全ク此理由ニヨル。然レドモ法律上此理ニヨリテ立法ノ行爲ト行政ノ行爲トノ差別ヲ爲スヲ得ズ。

我國ニ於テハ、第二ノ制度ニヨリテ土地公用徴收ノ事ヲ定ム。而シテ土地ノ收用又ハ使用ハ、公共ノ利益ノ爲メニ必要ナル事、及ビ時價ニ應ジテ賠償ヲ與フル事ヲ以テ二ノ要件トナス。而シテ公共ノ利益ノ爲メノ工事トハ、其工事ノ公有ト私有ナルトニヨリテ差別ヲナサズ、次ニ我土地收用法ニヨレバ、凡テ公共ノ利益ノ爲メノ工事ニ必要ナル土地ハ此收用法ニヨリ、之ヲ收用或ハ使用スルヲ得ベシト定ムレドモ、固ヨリ特別ノ法律ヲ以テ收用或ハ使用ヲ定ムル事尠ナカラズ。即チ電信線、電話線建設條例ノ如キモノニ於テ土地使用ノ法ヲ定ムルノ類是ナリ。而シテ又國防及ビ其他兵事上、工事ノ急施ヲ要スル場合ニ於テ、土地ヲ收用又ハ使用スルハ特別ノ法律ノ條規ニ據ルモノト定メ、明カニ土地收用法ニ據ラザル事ヲ示ス。

土地ガ公益ノ爲メニ必要ナル事ヲ認定スルハ、內閣ノ職權ニ屬ス。但シ天災、地變ニ際シ急施ヲ要スル公共ノ利益ノ爲メノ工事ハ、企業者ノ申立ニヨリ郡長、市長之ヲ認定シ、直ニ土地ヲ收用又ハ使用スル事ヲ得セシム。如此公共ノ爲メニ必要ナルヤ否ヤノ認定ハ、行政權ニ屬シ人民ハ之ニ對シテ訴權ヲ有セズ、又工事ノ仕樣ニ關スル事モ內閣ノ處分權內ニ屬シ、訴願ノ外出訴權ヲ有セズ。

土地收用又ハ使用ノ事ハ、强制處分ニシテ所有者トノ合意ニ基カズ。然レドモ時價ニ應ジ賠償ヲ與フルヲ通則トナシ、賠償ニ就テハ出訴權ヲ有スル事ハ條文ニ於テ之ヲ明カニ定ム。

凡テ土地ノ收用及ビ使用ハ、公共ノ利益ノ爲メニ必要ナル工事ト云フヲ基礎トス。故ニ其企業者ガ官ナルト又一個人ナルト差別ナシ、唯ダ徵收シタル後其土地ガ官有ナルト私有ナルトニヨリ裁判上ニ差別ヲ生ズ。凡テ官有ノ限界ハ行政處分テ以テ之ヲ定メ、土地ノ官民有區別ニ關スル爭ハ通常裁判所ヘ出訴スルヲ得ズ、之ニ反シテ公用徵收ニヨリ收用シタル土地ガ私有ニ屬スル時ハ、其限界ニ就テノ爭ハ當然通常裁判所ノ裁判權ニ屬ス。

土地收用法ニ於テ土地ノ使用ハ三年以內ニ限ル、但シ一年以上ニ涉リ又ハ使用ノ爲メ土地ノ形質ヲ變更スル時、又ハ建物アル土地ハ所有者ノ請求ニヨリ之ヲ收用スベシト定ム。併シ是ハ一般ノ場合ヲ規定シタル者ニシテ、此外ニ特別ノ方法ヲ以テ土地收用法ノ規定ニ異ナル處分法ヲ設クル場合尠カラズ。無期限ニ私有ノ土地ヲ收用シテ其賠償ハ時價ノ評定ニヨラズ、法律ヲ以テ一般ニ價格ヲ定ムル場合アリ。例ヘバ民有地ニ電信、電話ノ標本ヲ建設シタル時ハ、一本毎ニ一ケ年四錢ノ手當ヲ給スト定ム。又陸地測量ノ爲メ田畑、鹽田、鑛泉地ヘ標杭ヲ建置スル時ハ、一ケ年一坪ニ付キ金三錢、其他ニ於テハ金一錢ノ割ヲ以テ借地料ヲ給ス。宅地ニ在テハ相當ノ借地料ヲ給スト云フ類ナリ。如此法律ヲ以テ補償ノ價額ヲ定ムルノ外ハ、補償又ハ借地料ノ額ハ所有者ト協議シ、協議調ハザル時ハ其手續ヲ以テ地價ヲ定メテ賠償スルヲ通則トス。而シテ又法律ニ於テ一ケ年ノ賠償額ヲ定メザル場合ニ於テ、其賠償額ニ付キ不服ナル時ハ一定ノ期限内ニ於テ、通常裁判所ヘ出訴スル事ヲ得セシムルヲ以テ我國現行法ノ通則トナス。

以上ニ述ベタル土地使用ノ外ニ、公益ノ爲メニ物品ヲ收用スル事及ビ障害物ヲ除去スル事アリ。此二ノ場合ニ於テモ法律ヲ以テ賠償ノ額ヲ定ムル場合ニハ、時價ニヨリ補償ヲ與フルヲ通則トス。而シテ永久又ハ一時私有地ノ所有者ノ自由使用ヲ制限スル場合アリ。例ヘバ砲臺及ビ彈藥庫周圍ノ地ニ於ケル制限ノ如キモノニシテ、周圍一定ノ距離内ニハ建物ヲ建築スルヲ許サズ、又一定ノ距離内ニハ火力ヲ用ヰル製造場ヲ設クルヲ許サヾルガ如シ。此類ノ地役ニ就テハ補償ヲ與フル場合ト與ヘザル場合トアリ、而シテ從來ノ使用ヲ禁止シ又ハ諸造營物ヲ取除カシムル場合ニハ補償ヲ與フルヲ通則トス。

軍時徵發令ハ、戰時及ビ平時ニ於テモ演習等ノ時、不動產及ビ勞役ノ負擔ヲ命ズ。此場合ニハ時價ヲ以テ賠償ヲ與フ、該令ヲ參照スベシ。我徵發令ハ獨逸ノ同令ニ類ス。佛國ニモ相似タル法アリ、英國ノ法ハ異ナリ。

信書ノ秘密ノ事ニ付帶シ交通ノ事、營業ノ條例、及ビ貧民保護等ノ事ヲ論ズル筈ナレドモ茲ニハ之ヲ省畧スベシ。

河流ニ關スル條約、郵便、鐵道等ノ聯合條約、版權、著作等ノ條約ニ就テハフリードリヒ、フホン、マルチンスノ國際法ヲ參照スベシ。ホルツェンドルフノ國際公法モ條約ニ就テハ參照スベキ著書ナリ。

信書ノ秘密

信書ノ秘密モ、亦立憲國ニ於テハ憲法又ハ法律ヲ以テ認メ、一種特別ナル人民ノ權利ノ如ク見做ス。然レドモ其性質ニ就テ見レバ、行政權ハ法律ニヨルニ非ザレバ國家ガ認メテ一個人ノ權利トナスモノニ干渉スルヲ得ズト云フ一般原則ノ適用ニ過ギズ。英國ニテクロンウェルガ郵便局ヲ設ケタルハ、政府ニ對シ危險ナル擧動アルモノヲ發見シ之ヲ防クニ便ナリトセシニヨル。其後アンノ時法律ヲ以テ書信ヲ開封スルモノハ、國務尙書ノ令狀ニヨルモノヽ外之ヲ刑ニ處スト定メタレドモ、此法ヲ嚴重ニ適用セズ。（故ニ英國ニテハ此自由ノ發達ハ甚ダ遲シ）郵便官吏ヲシテ開封ヲ為サシメタル場合尠カラズ。然レドモ現今ニ至リテハ、只ダ尙書ノ令狀ニヨリ開封スルヲ得ベシト云フ事ヲ確守スルニ至レリ。

郵便ノ法律上ノ關係。　郵便ハ、其物ノ性質ニ就テ見レバ一ノ營業タルニ過ギズト雖ドモ、國家ハ此營業ヲ以テ國家ノ事業トナシ、法律ヲ以テ特別ナル關係ヲ規定ス。故ニ郵便ト之ヲ使用スルモノヽ關係ハ一般ノ法理ニヨラズ。而シテ郵便ハ各人ガ郵便ニ渡ス所ノ物品ヲ其名宛ニ送達スルヲ目的トスルモノニシテ、私法上人ノ勞役ヲ雇ヒタル關係ニ類ス。然レドモ私法上勞役ヲ雇ヒタル關係ヲ生ゼズ、送リ物ヲ受取リタルヲ以テ契約ヲナシタルモノト見做スヲ得ズ。故ニ物品ヲ郵便ニ引渡シタルモノハ、其運送ヲ實行スル事ニ付キ私法上ノ權利又ハ行政裁判上ノ訴權ヲ有セズ。郵便官吏ハ凡テ特別ナル規則ニヨリ之ヲ取扱フノ義務アリ。國家ハ懲戒及ビ特別ナル刑罰ニヨリ此義務ヲ强制ス。而シテ郵便ヲ利用スル者若シ官吏ノ義務怠慢ニヨリ損害ヲ受ケタリトスル時ハ、之ヲ取扱ヒタルモノニ對シ損害ノ賠償ヲ要求スル事ヲ得。然レドモ國家ニ對シテハ特ニ一定ノ賠償ヲ與フルヲ明許セル場合ヲ除ク外ハ、損害賠償ヲ要求スルノ權利ヲ有セズ。而シテ又郵便料ハ物品運送ノ勞役ニ對スル私法上ノ性質ヲ帶ブル償與ニ非ズ、其性質ニ就テ見レバ租税ニ類似シタルモノニシテ、之ヲ納ムル事ヲ怠ルモノハ特別ナル罰ニ處シ其收納ヲ強制ス。

官制

中央官制ノ沿革

我國ニ於テハ、凡ソ千三百年孝徳天皇ノ時ニ唐制ニ倣ヒ太政官及ビ八省ヲ置キタリ。歐洲ニ於テハ、此時代ニハ未ダ文化ノ度甚ダ低ク官制等ノ見ルベキモノナシ、歐洲各國ニ於テ官制ノ初メヲナシタルハ、十三世紀以來ノ事ニシテ其以前ニハ封建ノ君主ハ宮廷ノ官吏ノ補佐ヲ以テ自ラ國政ヲ執リタリ。英國ニ現今尚ホ存スル最高ノ中央行政官廳ハ、樞密院ニシテ其官廳ハ十三世紀ニ初メテ顧問ノ總會ヨリ分離シ、國政ヲ議スル爲メ永續ニ開會スベキ者トナセリ。之ヲ「ペルメヲントカウンシユラー」ト稱セリ、而シテ此顧問官ノ内ニ高等ノ官吏一名アリ現今ノ大臣ニ類似スルモノナリ。佛國ニ於テハ、十二世紀以來漸次ニ國政ノ集權ヲナシ、此時ヨリ漸次ニ行政ノ統一ニ着手シ、封建ノ衰滅ニ從ヒテ中央ニ集權シ、ルイ十四世ノ時ニハ既ニ殆ド革命ノ時ニ現存シタルガ如キ官制ヲ有シタリ。普國ニ於テハ、初メテ設置シタル官衙ハ樞密院ナリトス(千六百四年)此官衙ハ國王ノ補佐ニシテ國政ヲ司リシガ、十八世紀ノ初メニ當リ總務官衙ヲ設ケ、財政、軍務及ビ官有事務ヲ司ラシメ、尋テ內閣政廳ヲ設置シ、殊ニ外交及ビ王室ノ事ヲ掌ラシム。此官衙ハ獨任制ノ組織ニシテ、總務官衙ハ合議制ナリ。而シテ普、佛兩國ガ中央官制ニ著シキ改正進歩ヲナセシハ、佛國革命時代ナリトス。此時ニ大ニ官制ヲ改革シ現今官制ノ基礎ヲナシタリ、然ルニ英國ニ於テハ、十七世紀以來凡ソ百餘年ヲ經過シテ漸次ニ進歩シ、現今ニ至リテハ其組織漸次ニ歐洲大陸各省ニ類似スル中央官衙ヲ生ジタリ。

佛國ニ於テハ、ルイ十四世ノ時既ニ七大臣(スターツセクレタリー)及ビ樞密院ヲ置キタリト雖ドモ、樞密院ハ現行ノ佛國參事院ニ比シテ大ナル職權ヲ有シ、各省ノ事務ノ配當甚ダ錯雜ナリシガ革命時代ニ大ニ之ヲ改正シタリ。而シテ那破翁第一世ノ時ニ於テ益〻集權ヲナシ、凡テ行政ノ處分ハ一人ニ專任シ、別ニ會議躰ノモノヲ置ク事アリト雖ドモ、唯ダ議決ニ止マリテ行政處分ニハ參與セシメズ。又獨任ノ官吏ハ其議決ニ從フノ義務ナシトスルヲ以テ行政制度ノ基礎トナセリ、爾來屢〻改革ヲナシタリト雖ドモ其大躰ハ變更スル事ナシ。歐洲大陸及ビ英國ニ於テ國家ノ統一ヲナシタルハ、壓制ノ結果ニシテ之ヨリ官制生ジ來レリ。

樞密院及ビ參事院

既ニ述ベタル如ク、英國ノ樞密院ハ十三世紀ニ起原シ、爾來幾多ノ變遷ヲ經タリト雖ドモ、現今尙ホ存ス。之ニ反シテ佛、普各國ニ於テハ從來如此官職アリト雖ドモ、佛國ニ於テハ革命ノ時一時之ヲ廢止シ、普國モ亦千八百年ニ一度之ヲ廢止シタリ。現今ノ佛國參事院及ビ普國ノ樞密院ハ現世紀ニ更ニ設置シタルモノニシテ、爾來數度ノ改正ヲ經タリ。

樞密院ノ組織ニ就テハ、各國間ニ著シキ差違アリ。英國ニ於テハ從來ノ習慣ニヨリ、凡テ親王幷ニ最高ノ官職ヲ有スルモノ及ビ二等ノ地位ヲ有スル官吏ニシテ國政ニ緊要ナル地位ヲ有スルモノ、兩院ノ議員中ノ名望アルモノハ之レヲ顧問官ニ任ズ。而シテ實際ハ皆終身官ナル故ニ現今ハ凡ソ二百餘名ノ「プライビー、カウンシュラー」アリ、併シ皆名譽職ニシテ特別ノ委員トナルモノ、外實際職務ナシ。

佛國ノ參事院（コンセーユ、デタ）ハ、議長ハ司法大臣之ヲ兼ヌ、副議長一名、五名ノ部長、二十六名ノ議官、十八名ノ員外議員、三十名ノ議官補、（ヲーデトア）一名ノ書記官長（ゼヲラル、セクレタリー）三十六名ノ試補アリ。而シテ行政裁判部ニハ特別ノ書記官アリ、大臣ハ議事ニ列シテ評決ニ加ハル事ヲ得。

普國ノ樞密院（スターツ、ラート）ハ十八才以上ノ親王、官職ノ爲メニ顧問官トナリシモノ、及ビ特ニ國王ノ信任セル官吏ヲ以テ顧問官トシ、定員ナシト雖ドモ現今ハ七十八名ナリ。

英國ノ顧問官ハ、一ノ榮譽官ノ如キモノニテ本官ナキトキニ於テモ尙ホ存在ス。併シ普國ハ兼官ナレバ、本官ヲ止メタルトキハ罷ム。英國ニテハ國王ノ專權ニテ任免ス。併シ免官ハ非常ノ塲合ニ非ザレバナク、千八百五年以來免官ハナシ、唯ダ王ノ崩ズル時ハ凡テ辭任スルヲ禮トシ、新王ハ再ビ之ヲ任ズルヲ例トス。

佛國ノ議官ハ、閣議ヲ經テ大統領之ヲ任免シ、員外議官ハ各省ノ局長等ヨリ兼任スルモノナレバ本官ト共ニ終始ス。議官補、書記官ハ部長、副議長ノ上奏ニヨリ任発シ、一等試補（十二名）ハ二等試補ヨリ撰抜シ、二等試補ハ競爭試驗ニ於テ之ヲ採用ス。

普國ニ於テハ、純粹ノ顧問官ニシテ國務ノ諮詢ニ應ズル外ハ行政司法ノ權ヲ有セズ。又諮詢ニ付スベキ事柄ハ、勅命ニヨリテ定ムルモノニシテ自ラ進ンデ國事ヲ議スルヲ得ズ。

英國ニテハ、樞密院ハスチュアート王室以來大ニ其職權ヲ減ジタリト雖ドモ、現今尚ホ名義上國政ノ出ル所トス。而シテ現今尚ホ或行政及ビ或事ニ付キ司法權ヲ有ス。然レドモ司法事務及ビ特別ノ行政事務ハ委員ヲ組織シテ之ヲ司ラシメ、樞密院ガ議定シテ之ヲ司ルニ非ズ。唯ダ王室ニ關スル事例ヘバ國王或ハ太子ノ結婚等ノ事ハ、樞密院會議ニ於テ之ヲ公布シ、即位ノ儀式ハ樞密院ニ於テ之ヲ行ヒ、內閣更迭ノ式モ同樣議會ノ召集、閉會、解散ノ詔敕ハ樞密院ノ議ヲ經。又每年英蘭及ビヴェルスノ「シェリフ」ヲ任命スル事モ同ジ。又緊要ノ勅令ハ「ヲルダーインカウンシル」ヲ以テ發ス、併シ皆儀式ニシテ實際樞密院ニテ國務ヲ議スル事ナシ。內閣ニ於テ議決シタル事ニ付キ數名ノ大臣及ビ樞密院議長ノ出席ニ於テ、樞密院議決ノ名義ヲ付スルニ過ギズ。

佛國ノ參事院ハ、英、普各國ノ樞密院ニ比スレバ大ナル職權ヲ有シ、凡テ我法制局及ビ樞密院ノ職權ヲ合併シタル如キモノナリトス。其職權ヲ分チテ二種トス、行政裁判及ビ行政ニ關スル職權是ナリ。其行政ニ關スル職權トハ、法律及ビ命令ノ起草、國家ノ元首或ハ大臣ノ送付スル事項ニ付キ意見ヲ述ブル事ヲ云フ。而シテ命令ノ中必ズ參事院ノ議決ヲ經テ發スベキモノアリ。參事院ノ行政ニ關スル職權ハ唯ダ議決ニ限リ、行政ニ屬スル事項ニ就テハ(行政裁判ニ關スル事ヲ除キ)行政ノ執行ニ關スル事ヲ得ズ。

英國ノ樞密院ハ、現今ハ名義上ノ官衙ニシテ實權ハ内閣ニ屬スルガ故ニ、議長及ビ二名ノ高等書記官ヲ以テ事務局ヲ組織スル外別ニ部局ヲ設ケズ。然レドモ樞密院ニ數種ノ委員ヲ設ク、此委員ヲ分チテ臨時委員、永久委員及ビ司法委員ノ三種トス。臨時委員ハ凡テ國務ニ付キ審査、報告ヲ爲サシムル必要アル場合ニ之ヲ設クルモノニシテ、中世以來ノ習慣ニヨリ國王之ヲ設クルヲ得ベシ。然レドモ現今ハ委員ノ事務ハ樞密院會議ト直接ノ關係ヲ有スルモノニ非ズ、實際内閣ノ必要ニヨリ之ヲ設クルモノナリトス。

永久委員ハ、永久ニ一定ノ事務ヲ掌ラシムル爲メニ設クルモノニシテ、此委員ハ一方ニ於テハ行政ノ擴張ヲ目的トシ、又一方ニ於テハ財政上ニモ緊要ナル關係ヲ有スルガ故ニ、現今ハ法律ヲ以テ之ヲ設置セリ。而シテ樞密院ノ議官ヲ以テ組織シ、名義上樞密院ノ委員ナリト雖ドモ、實際ハ樞密院會議トハ少シモ關係ヲ有セズ。而シテ如此委員ハ漸次ニ獨立ノ行政部ヲナスニ至ルモノ多シ。商務局(ホールド、ヲフ、トレード)、敎育部(エデユケーシヨナル、デパートメント)モ此委員ヨリ漸次ニ獨立ノ行政部トナリシモノナリ。

佛國參事院ハ、之ヲ五部ニ分チ其中四部ハ行政事項ヲ分擔シ、一部ハ行政裁判部ニシテ、議員ヲ各部ヘ配當スル事ハ勅令ヲ以テ之ヲ定ム。其他ノ人員ノ配當ハ、內閣ノ決議ヲ以テ定ム。

普國ニ於テモ、千八百二十五年ノ閣令ニヨレバ樞密院ニ六部ヲ置キ、各種ノ行政事項ヲ擔當セシム。

內閣

英國ニ於テハ、憲法及ヒ行政法ヲ改正スル事ナク、十八世紀ニ於テ緊要ナル國務ハ、漸次ニ樞密院ノ委員會ノ如キ地位ヲ有スル內閣會議ニ移レリ。然レドモ內閣ハ法律ヲ以テ之ヲ組織スルモノニ非ズ、議會ノ勢力ノ增加スルニ隨テ、實際政務ノ責任ヲ負フベキ必要ヨリシテ生ジタルモノナリ。法律上ヨリ觀レバ現今尙ホ英國ノ內閣員ハ樞密顧問官タルニ過ギズ。普國ノ內閣ノ組織ハ、千八百八年五省ヲ設置シタル時ニ於テ初マリ爾後之ヲ確定セリ。而シテ普國ノ內閣ハ、中央ノ官省ニシテ英、佛兩國ノ內閣ト同ジカラズ。英、佛ニ於テハ內閣ハ緊要ナル國務ヲ議決スル會議ヲ指スニ過ギズ。

佛國ニハ大臣會議(大統領臨席シテ議會ノ開ケザル塲合ニ於テ、國務ヲ議スルモノニシテ法律ヲ以テ規定ス。)ト內閣會議トアリ、內閣會議トハ大臣ノ共議會ノ如キモノナリ。

獨逸帝國ニ於テハ內閣ヲ置カズ、總テ帝國ノ政務ハ大宰相一人之ニ任ジ、或塲合ニハ帝ハ大宰相（ライヒスカウンシュラー）ノ代理ヲ任スル事アリ。如此大宰相ノ外ニ大臣ヲ置カザルハ、帝國全躰ノ組織ニ基因スルモノナリ。帝國中央政府ハ即チ議會躰ノ共議院（ブンデスラート）ニシテ大宰相ハ常ニ其議長ノ席ヲ有シ、各國内閣ニ於テ共議スベキ事ノ中數多ノ事柄ハ共議院ニ於テ議決スルガ故ニ、別ニ内閣大臣ヲ置キ内閣會議ヲ設クル時ハ政務ノ混雜ヲ生ズベシ。

米國憲法ハ、三權分離ノ原則ヲ其極度ニ採用シ、行政權ハ議會ニ對シ歐洲代議制ノ國ニ於ケルガ如キ責任ヲ有セズ。又法律ヲ以テ内閣ヲ設ケズ、實際大臣ノ共議會アリト雖ドモ唯ダ大統領ノ諮詢命ニ過ギズ。

内閣會議ハ、各大臣ヲ以テ組織スルヲ各國ノ通例トス。然レドモ英、米兩國ニ於テハ、法律上大臣（ミニスター）ナル語ヲ用ヰズ。英國ニ於テハ又内閣ヲ組織スベキ定員アルニ非ズ、政治上ノ必要ト議會トノ關係ニヨリ内閣員ノ數ハ時ニヨリテ異ナリ、概シテ凡ソ十一名乃至十五名ヲ以テ内閣員トナシ、而シテ常ニ内閣員ニ列スル官職アリ、時ニヨリ或ハ列シ或ハ列セザルモノアリ。其他ノ各國モ各大臣ヲ以テ内閣或ハ内閣會議ヲ組織シ、閣員ノ一名ヲ以テ（ミニスタープレシデント或ハ、プレミエー）

總理大臣ヲ兼子シム。但シ米國ハ之ヲ置カズ。英國ニ於テハ大藏總裁(ホルストロード、ヲフ、ツレッジュリー)ガ總理ヲ兼ヌルヲ通例トスレドモ定例ニハアラズ。普、佛ニ於テハ何レノ大臣ガ之ヲ兼ヌルトノ規定ナシ。現今普國ニテハ「ベイス、プレシデント」ヲ置ケリ。

英國ニ於テハ、內閣會議ハ正式ナキ協議會ニシテ之ヲ秘密ニス、次官ノ地位ニアルモノト雖ドモ其議事ヲ知ラザル事多シ。又必要ノ場合ニハ何人ニ限ラズ會議ニ列セシムル事アリ、內閣員ノ請求ニヨリ通例一週一度集會シ、議會開會ノ時ハ一週兩三度モ集會ス。

佛國ハ大臣會議ヲ分チテ二種トス、第一大臣會議(コンセーユ、ド、ミニストル)第二內閣會議是ナリ。其大臣會議ハ法律ノ定ムル所ニシテ大統領ノ臨席スルモノトス、此會議ハ英國ノ樞密院ノ會議ニ類シ、第二種ノ內閣會議ハ英國ノ內閣會議ノ如キ協議會ニシテ政治上ノ必要ニヨリ之ヲ開ク。

普國ニ於テハ千八百十四年ノ規定ニヨレバ內閣會議ハ每週一回開會シ、必要アル場合ニハ數度相會スベシトアリ、此外會議ニ關スル緊要ノ規定ナシ。

内閣會議ニ於テ議定スベキ事ハ、各國ニ於テ多少ノ差違アリ。全ク慣習ニヨルモノアリ、又會議ニ付スベキ事項ヲ規定スルモノアリ、英國ニ於テハ全ク慣習ニヨルモノニシテ、内閣連帶責任ノ制ヲ取ルガ故ニ緊要ナル事ハ皆閣議ニ於テ定ム。佛國憲法ニ於テモ全般ノ政務ニ就キテハ大臣ハ連帶責任ヲ負フベキモノナルガ故ニ、總テ全躰ニ關スル事ハ閣議ニ於テ定ム。此外憲法及ビ法律ヲ以テ大臣會議ノ議決ニ付スベキ事柄ヲ定ム、普國ニ於テハ我國ニ於ケルガ如ク、閣議ニ於テ定ムベキコトヲ勅令ニヨリテ定ム。

各省

普國及ビ佛國ニ於テ初メテ中央ノ官廳ヲ置キタル時ハ、地方ノ區劃ニヨリ其管轄ヲ定メタルモノアリシガ漸次ニ之ヲ改正シ、特ニ佛國革命後ハ行政事項ノ性質ニヨリ其管轄ヲ區分シタリ。然レドモ各省ノ數ハ各國ノ便宜ニヨリ定ムルモノニシテ、普國ニテハ千八百八年初メテ五省ヲ設置シ、爾來漸次ニ其數ヲ增シ、其管轄ニモ亦變更ヲナシ現今ハ凡テ九省アリ。佛國ニテモ亦時ノ必要ニヨリ屢々各省ノ數ヲ増減シ現今ハ十一省アリ。

獨逸帝國ニ於テハ、帝國大宰相ヲ置キ凡テ帝國ノ行政ヲ總理セシム。大宰相ハ凡テ帝ノ敕令ニ副署シ其責ニ任ズ。但シ軍令ニ關スルモノハ副署ヲ要セズ、斯ク大宰相一人ニシテ庶政務ヲ總理シ、其責ニ任ズル制ナレドモ、帝ハ或事項ニ付キ大宰相ノ代理ヲ任ジ、副署及ビ其政務ノ責ニ任ゼシム。其他凡テ中央ノ行政機關ハ、大宰相ニ隨屬ノ機關ニシテ其組織モ亦各國ノ各省ト同ジカラズ。而シテ官廳ノ數ハ帝國ノ行政事務ノ増加ニヨリ、漸次増加シテ現今緊要ナル中央官廳總テ十三アリ。

英國ノ中央行政官廳モ、亦時ノ必要ニヨリ漸次ニ増加シ、又改正シタルモノニシテ、現今ハ其組織大ニ歐洲大陸諸國ノ各省ニ類似スルニ至レリ。然レドモ尙ホ英國ニ特別ノ事柄少カラズ。例ヘバ英國ニ於テハ各國司法省ニ於テ管轄スル事柄ノ中ニ就テ刑事ニ關スル事ハ、內務官廳ニ於テ之ヲ管轄シ、民事ニ關スル事ハ「ロードチヤンセロア」之ヲ管轄セリ。而シテ內務官廳ハ刑事ニ關スル事務及ビ警察ノ事ヲ管轄スルモノニシテ、現世紀ノ初ヨリ特ニ増加シタル內務、行政事務ノ性質アルモノヽ中、各國ニ於テ通例內務省ノ管轄ニ屬スルモノハ、新設ノ「ローカルガバンルンメント、ボールド」アリテ之ヲ管轄セリ「又現世紀ノ初ヨリ國家ガ教育ノ事ニ干渉シ、特ニ一般教育ノ改良ニ着手シタルガ爲メニ、各國ノ文部省ノ如キ中央ノ官廳成立タリ。然レドモ唯ダ普通ノ教育ノ事ヲ管轄シ、大學及ビ其他ノ高等教育ニ關シテハ別ニ數種ノ委員ヲ設ク、此等ハ英國ニ特有ナル一二例ナリ。而シテ最モ緊要ナル中央ノ官廳ニシテ各國ノ各省ト同樣ノ地位ヲ有スルモノ十三アリ、其外獨立ノ官廳又數多アリト雖ドモ之ヲ省略ス。

行政事務ノ性質ニヨリテ各省ニ分ツハ、政治上ノ都合ニヨルモノニシテ法理上ノ關係ニアラズ。

英國ノ中央官省ノ事ハ、アンソン及ビアモスヲ參照スベシ。

獨逸帝國ニ於テハ、「スターツ、ミニステリウム」ニ於テ國政ヲ總理スト雖ドモ、又「カビテット」ナルモノアリテ以前ハ各大臣ノ爲ス上奏ニテ大宰相ノ手ヲ經ザルモノヲ取次ギ居タリシガ、今日ハ軍令ノ發布、勅令ノ取次ヲ司ル。「カビテット」ニハ「ゲハイムラート」アリ、但シ「ライヒスカウンセラー」ヲモ含ム。

行政ノ官制

行政ノ官制トハ、行政ノ組織及ビ其機關ノ職務、權限ノ規定ヲ總稱ス。其制定權ハ大權ニ屬スト雖ドモ法律及ビ豫算ノ制限アリ。其豫算ノ制限ニ就テハ二ノ說アリ。新官制ヲ定ムルニ付キ豫算ノ增額ヲ要スル時ハ、其費目ハ既定歲出ニ非ズシテ議會ノ自由議決ニ屬ストナス是一說ナリ。之ニ反シテ官制ヲ定ムルハ大權ニアリ。故ニ新官制ヲ定ムル時ハ無論效力アルモノナリ。然ルニ其費額ヲ自由ニ議決セラルトセハ、議決ノ後ニ非ザレバ官制ノ效力ハ完キモノトナラズ。サレバ官制制定權ハ大權ニアリト云フ事ヲ得ズ。故ニ新官制ニ要スル費額ハ、其官制ノ制定ト共ニ既定ノ歲出トナルモノナリトノ說アリ。ボルンハックノ如キ此說ヲ主張ス、併シ我國ノ是迄ノ例ニヨレバ、前說ヲ取ルモノヽ如シ。會計法補則ニ於テ定メタル既定ノ歲出ニヨレバ、明治廿三年ノ豫算ニ於テ定マリタルモノヲ廿四年ノ既定ノ歲出ト見做ス、是レ第一說ノ理由トナルモノナリ。

英、佛ニ於テハ、豫算ノ制限アル事ハ論ヲ竢タズシテ、英國ニテハ國王ノ特權ニ於テ「コンモンロー」ニヨリテ官制ヲ定ムト雖ドモ、實際ハ法律ヲ以テ定ムル事トナリ居レリ。佛國ニ於テモ革命以來官制ヲ定ムル事ハ、或場合ノ外悉ク政府權ニ屬シテ立法權ニ屬セズ。

憲法ノ解釋ハ、普國ニテハ「ヲルデレトリツヘーインタープレタチヨン」ニテ定ム。我國ニ於テハ既定ノ歳出ニ就テハ法律ヲ以テ定メタル事アリ、又上下兩院ノ豫算議權ニ就テハ勅裁ニヨリテ解釋セラレタリ。

二ノ場合稍異ナリト雖ドモ、將來何レニヨルベキカ一ノ疑問ナリ。

官制ヲ定ムル命令ノ性質

命令ハ其性質ニヨリテ分テバ、法則命令ト行政命令トノ差別「アリ。(ペレヒツ、フェルオルドヌンゲ及ビ、フェルワルツンゲス、フェルヲドヌング)法則命令トハ、人民ノ權利義務ヲ規定スルモノヲ云フ。行政命令トハ、人民ノ權利、義務ニ關係ナキモノヲ云フ。而シテ官制ハ行政部内ノ組織ヲ定ムルノミナラズ、之ト同時ニ其機關ノ職權ヲ定メ、人民ニ對スル命令權ヲ定ム。然ル時ハ此部分ハ法則命令ナリトス、故ニ官制ノ中ニハ法則命令ノ部分ト、行政命令ノ部分トアリト知ルベシ。
ラバント等ノ學者此區別ヲ唱フ、之ヲ必要トセルモノモアリ。

官職及ビ官廳ノ事

官吏ノ取扱フベキ職務、權限ヲ其官吏ヨリ引離シテ見ル時ハ之ヲ官職ト云フ、此場合ニハ官職ト官廳トノ差別ナシ。然レドモ一定ノ職務、權限ガ數人ニ屬スル時ハ、其職務、權限ヲ特別ナル官吏ヨリ引離シ見テ之ヲ官廳ト稱ス。

官廳ノ職權ハ數人ニテ取扱フト雖ドモ、等シク同一ノ權ヲ有シ協議シテ事ヲ定ムル時ハ、之ヲ「コルレギアルシステム」ト稱シ、而シテ其官廳ノ職權ノ裁決權ガ一人ニ屬シ、他ハ隨屬ノ地位ヲ有スル場合ニハ「ビユーローシステム」或ハ「ビユーロークラチッシュシステム」ト云フ。

歐洲各國官制ノ歷史ヲ見ルニ、其初メハ概シテ合議制ヲ採リタリシガ漸次獨任制ヲ採用スルニ至レリ。現今ハ中央ノ官廳ハ多クハ獨任制ヲ採レリ。然レドモ中央ノ官廳ニテ尚ホ合議制ニヨリテ組織スルモノモアリ、英國中央ノ官廳ハ合議制ヨリ漸次ニ獨任制ト變ジタルモノ多シ。現今尙ホ合議制ノ組織ヲナスモノモアリト雖ドモ、漸次獨任制ニ改正スルノ傾アリ。佛國ニ於テハ、行政官廳ハ槪シテ獨任制ヲ取ル。而シテ那破翁第一世ノ時行政官廳ハ凡テ獨任制ヲ以テ組織シ、傍ラニ諮詢會ヲ置キ爾來此基礎ヲ變ゼズ。普國ニ於テハ、合議制ト獨任制ト幷ビ行ハル。而シテ中央ノ官廳ハ獨任制ヲ主トシ、地方ハ合議制ノモノ尠カラズ、殊ニ縣制ハ合議制ト獨任制トノ此原則ヲ基トシテ組織セリ。

歐洲官制ノ初ハ國王ノ顧問官ナリ、故ニ合議制ヲ以テ初マリシナリ。

「ホーハイト、シヒテ」（或支配權ノ「グループ」ヲ云フ）ト「スターツ、ゲワルト」（國家統一ノ支配權）トハ異ナリ。

中央集權及ビ分權ノ沿革

國家ノ統一ハ、各國皆壓制時代ヲ經テ成リシモノニテ、中世紀ニハ國家ナル思想未ダ生ゼズ、其統一ヲナセシハ英國尤モ早クシテ、「ノルマンコンクェスト」以來專制政治ヲ採用シテ、中央ノ獨立權ヲ有スルモノヲ制馭シテ國家ノ權ニ從ハシメ萬事國家ノ命令ニ服セシメタリ。然レドモ全ク地方ノ自治ヲ廢滅セシニハ至ラザリキ、故ニ憲法制度ノ進歩ト共ニ地方ノ自治制モ漸次ニ進歩シタリ。之ニ反シテ佛及ビ獨逸各國ニ於テハ、中世時代ニハ地方ノ獨立甚ダ强固ニシテ、殊ニ各職制ノ組合(スタンデスヲルドヌング)盛ニシテ獨立權ヲ有シ、中央ノ權ハ弱ク法律ハ中央ノ國家ノ意志ノ發表ニアラズ、各職制ノ組合ト中央政府トノ契約ト見做セリ、夫故ニ法律ヲ行フ事ハ契約ノ義務ヲ實行スルモノトナセリ。而シテ漸次ニ國家ト云フ思想ヲ生ジタリシガ故ニ、行政ノ權モ國家之ヲ掌握シ漸次ニ各職組合ノ權力ヲ抑制シタリ。然レモ十七世紀及ビ十八世紀ニ於テ全ク專制制度ヲ採用セルマデハ、法律ハ各職制組合ノ議會ノ協贊ヲ經テ定ムベキモノトナシタリ。十八世紀ニ至リ專制ヲ採用シ、職制組合ノ議會ノ協贊ヲ要セズシテ法律ヲ制定スルニ至リタリ。而シテ各職制ノ組合躰ハ中世以來獨立權ヲ有シ、唯ダ行政ノ事ノミナラズ警察及ビ裁判ノ事マデ其自主權ヲ有セリ。然ルニ專制制度ノ進歩ニ隨ヒ漸ク其權力減少シ、國家ハ此組合躰殊ニ市府ノ機關ヲ以テ國家ノ機關ト見做シ、行政ノ事項ヲ此組合ニ屬セシメシトハ云ヘドモ、嚴重ノ國家ノ監督ノ下ニ置キシガ故ニ各組合躰ハ其獨立權ヲ失ヘリ。而シテ普國ニ於テハスタインノ改革ヨリ凡テ警察及ビ裁判ノ事ハ國家ニ屬スベキ事トナシ、其他ノ行政ノ事ニ就キ法律ノ範圍内ニ於テ自主獨立ノ權ヲ與フルノ基礎ヲ定メ、爾來數度ノ改革ヲ經テ現今ハ殊ニ千八百七十年以來此基礎ニヨリ地方ノ自治制ヲ組織シタリ。佛國ニ於テハ革命ノ時法律ヲ以テ地方ノ行政ヲ組織シ、革命ノ第一憲法及ビ同第三年ノ憲法ニ於テハ、地方行政ニモ獨立權ヲ與ヘズ、凡テ命令ハ法律ヲ以テ定ムベキ事トナシタリシガ、其後ノ「コンシュラールフェルフッスング」及ビ其後ノ憲法ニ於テハ、中央政府ニモ命令權ヲ與ヘ地方行政ニモ幾分ノ獨立權ヲ與ヘタリ。然レドモ那破翁ノ時ニ至リテ更ニ行政ノ改革ヲナシ、行政ノ事ハ凡テ中央ニ集權シ、地方ノ行政ハ嚴重ナル中央政府ノ監督ニ從ハシメタリ。爾來數度ノ改正ヲ經テ殊ニ現今ニ至リテハ、地方ニ幾分ノ自治權ヲ漸次ニ擴張セリ。自治躰ニ固有ノ權力アリト云フハ非ナリ、縱令固有ノモノトスルモ、主權ガ之ヲ認許セシモノト見倣サヾルベカラズ。

官治及ビ自治

官治トハ自治ニ對シテ云フ語ニシテ、國家ノ直接ノ關係ガ國家ノ行政ヲ行フ事ヲ云フ。而シテ國家ハ凡テ國家ノ行政ノ事項トナス所ノモノヲ悉ク其機關ヲシテ取扱ハシメズ、其行政事項ノ中ニ就キ或事柄ハ人民ノ共同組合躰ヲシテ取扱ハシム、此共同組合躰ハ或ハ一定ノ土地區劃內ニ住スル爲メニ共同ノ關係(利害ノ)ヲ有スルガ故ニ組合ヲ爲シ、或ハ經濟ノ事項又ハ其他共同ノ目的ヲ達スル爲メニ組合ヲ爲スモノアリ。如此組合躰ノ目的ハ一個人自己ノ利益ヲ達スルト全ク同一ナル時ハ、即チ共同シテ私ノ目的ヲ達スルニ過ギズ。故ニ之ヲ公共ノ利害ノ關係又ハ組合躰ノ行政事項ト云ハズ、而シテ公共ノ利害ト私ノ利害ト實際ノ區別ハ何ニヨリテ之ヲ分ツカ、是一ノ問題ナリ。其大躰ノ區別ノ標準ハ、共同シテ私ノ目的ヲ達スル範圍內ニアルト、各個人ノ私ノ目的ノ範圍外ニアルトノ點ニアリ。其範圍ノ內外ハ各ノ場合ニ於テ之ヲ認定セザルベカラズ。

國家ハ凡テ公共ノ事項ハ、直接ノ機關ヲシテ之ヲ取扱ハシムルニ非ズ、公共ノ事項ノ中ニ就テ、一地方又ハ經濟上其他特別ナル性質ヲ有スルモノニシテ、各地方ノ組合躰又ハ會社的ノ組合躰ニ之ヲ取扱ハシムル事ヲ委任シテ、國家ノ統一及ビ利益ヲ害セザルモノハ、之ヲ各種ノ組合躰ニ委任シ、法律ノ範圍內ニ於テ其事ニ付キ行政ヲナサシム。之ヲ自治ト稱ス。然レドモ獨逸ニ於テハ「ゼルブストフェルワルツング」ナル語ノ外ニ、「コンミュナールフェルワルツング」ト云フ語アリ。而シテ「コンミュナールフェルワルツング」トハ地方組合躰ノ行政ヲ意味スルニ過ギズ。ボルンハックノ如キハ、普國ニ於テハ自治ナル語ハ必要ナラズ「コンミュナールフェルワルツング」ナル稱ヲ以テ足レリトス。然レドモ「コンミュナールフェルワルツング」ノ外ニ尚ホ自治アリ、故ニ此語ノミニテハ凡テノ自治ヲ包括スルヲ得ズ。例ヘバ地方ノ區劃ニ關セズ共同ノ目的ヲ達スル爲メニ組合ヲナシ、國家ガ之ニ行政ノ事項ヲ委任シテ、法律ノ範圍內ニ於テ行ハシムル時ハ即チ自治ナリトス。然レドモ是レハ地方組合躰ノ行政ノ中ニ包括スベキモノニ非ズ。

或人ハ、地方ノ中級以上ノ組合躰即チ郡以上ノ行政ヲ「コンミュナールフェルワルツング」ト稱セリ。

國家ハ、其國境內ニ存立スル町村縣郡及ビ其他ノ地方組合躰、及ビ各種ノ組合躰ヲ合一スルモノニシテ、國家ハ公共ノ事項トナス事柄ヲ、此各組合躰ニ委任スル時ハ自治ナリ。故ニ自治トハ公共ノ事項ニシテ、國家ノ認ムルモノヲ前ニ述ベタル各種ノ組合躰ニ委任シ、法律ノ範圍內ニ於テ其事項ニ付キ行政ヲ行フ事ヲ云ヒ。此組合ニ於ケル事柄ハ即チ自治ノ事項ニシテ、其組合躰ヲ自治組合躰ト云フ。

自治躰ヲ分チテ地方區劃ニ基ク自治躰、及ビ結社的自治躰ノ二種トス。地方區劃ニ基ク自治躰トハ、一定ノ土地區劃內ニ住シ、共同ノ利害ノ關係スル人民ガ組合ヲナシ、公共ノ事項ヲ行フ權利、義務ヲ有スルモノヲ云フ。而シテ此組合躰ニ市町村等ノ組合ト、行政的組合トノ差別アリ。市町村等ノ組合ハ、凡テ其區劃ニ關スル事項ヲ包括シ、行政的組合ハ、一定ノ事項ヲ施行スル爲メニ組合ヲナス者ヲ云フ。例ヘバ濟貧組合、敎育組合ノ如キ是レナリ。結社的ノ組合トハ一定ノ地方區劃內ニ住スル人民ノ共同組合ヲナスモノニ非ズ、唯ダ特別ノ目的ヲ達スル爲メニ地方ノ區劃ニ關セズ組合ヲナスモノヲ云フ、然レドモ結社的ノ團躰ガ悉ク自治躰ナルニハ非ズ、國家ガ公共ノ事項ヲ施行スルモノト認メタルモノニ限リ自治躰ナリトス。如此結社的組合ガ自治躰ナルヤ否ヤハ、國家ガ之ヲ自治躰ト認ムルト否トニ由ルガ故ニ、同一ノ事項ヲナス事ヲ目的トスル兩個ノ組合躰ニシテ、一ハ自治躰ナレドモ、一ハ然ラザル場合アルベシ。

自治ト云フ語ハ英國ニ起リタルモノニシテ、通例之ヲ「セルフガバルンメント」ト稱ス。而シテ或人ハ「セルフガバルンメント」ナル語ヲ廣義ニ用ヰ、代議政躰モ人民選擧ニ基キ國家ノ行政ヲ行フモノナレバ之ヲ其中ニ含マシム。然レ𪜈通例ハ自治ノ意義ニ於テ之ヲ用ヰル、即チ國家ノ境土内ニ於ケル各種組合躰ノ行政ヲ云フ。故ニ獨逸ニ於テハ之ヲ「ゼルブストフェルワルツング」ト釋シ狹義ニ於テ用ヰル。而シテ獨逸ニ於テ此語ヲ廣ク用ヰ來リシハグナイストノ英國自治ノ定義ニ由ル。グナイストニヨレバ、自治トハ名譽職ガ法律ニ從ヒテ各地方組合躰ノ費用ヲ以テ其行政ヲ行フヲ云フ。（行政ト云フハ、内務行政ノ意ナリ。）獨逸ニ於テモ此定義ヲ取ルモノ尠カラズ。我國ノ市町村制理由書ニ於テモ此定義ニヨリ、名譽職ヲ以テ自治ノ要素トナセリ。然レドモ此定義ハ凡テ各種ノ自治ヲ包括スルモノニ非ズ。又グナイストハ英國ニ於テ名譽職ガ地方ノ行政ヲ取ルハ、即チ其地方組合躰ニ於テ社會上勢力ヲ有スル人民ガ行政ヲ行フモノニシテ、即チ組合ノ人民ガ行政ヲナスヲ基トナスベキ筈ナルニ、名譽職ヲ以テ自治ノ要素ト見誤マリタルモノト見做サザルヲ得ズ。我市町村制ニヨルモ、市町村ノ行政職員ハ悉ク名譽職ニ非ズ、故ニグナイストノ定義ニヨレバ、名譽職ヲ置カザル市町村ニ於テハ自治ナシトイハザルヲ得ズ。然レドモ人民ガ行政ニ參與スル權利ハ、名譽職ヲ置クト否トニ關スルモノニ非ズシテ、名譽職ヲ置カザルガ爲メニ市町村ノ權利ヲ變更スル事ナシ。

普國ニ於テハ、晩近七十年來大ニ地方制度ノ改革ヲナセシガ、其「インテレクチュアルヲリッヂートア」ハグナイストナリ。又學理上ニ於テモ、氏ガ自治ニ對スル功勞大ナリ。

右ニ述ベタル自治ハグナイストノ云フ「オブリヒカイト」ノ自治ト稱スルモノニテ、氏ハ之ニ對シテ經濟的ノ自治ヲ區別セリ。此論ハ英國ノ自治制ヲ研究シテ、論ヲ立テタルモノナリ。

此自治ノ定義ハ、英ノ舊制ノ自治ヲ含ムノミニテ千八百三十年代以後改正シタル新制地方制度ノ自治ヲ含マズ。例ヘバ濟貧區ヲ設ケテ「ボードヲフガーデアンス」ヲ設ケタルガ、此「ボード」ハ議決ヲナシ監督ヲナスニ止マリ、其行政ノ執行ハ有給吏員ノ屬官ノ如キモノニ委シ、名譽職ノ自治ニ非ズ。此自治ヲ氏ハ區別シテ經濟的ノ自治ト云ヘリ、但シ「アイゲントリヒ」或ハ「オブリヒカイト」ノ自治ニ對シテ云フモノ其定義ハ左ノ如シ。

Der gesellschaftliche Begriff der Selbstverwaltung als Beschliessungsrecht der Localinteressenten über die Aufbringung und Verwaltung gemeinschaftlicher Mittel für die socialen Bedürfniss der Nachbarverbände durch neugebildete Bourds, die durch Wahl von Vertrauensmannen in kurzen Perioden in einer stetigen Übereinstimmung mit der Mehrheit der Localinteressen zu halten sind.

如此二種ノ自治ヲ區別セシ所以ハ、自治ノ眞ノ要素ヲ取リテ論ヲ立テザルニヨルナリ。

第二種ノ自治ノ起リシハ、社會ノ進歩ト共ニ中級ノ人民增加シ、勢力ヲ得ルニ至リシヨリ、其行政ニ參與スルノ一ノ方法トシテ起リシナリ。第一種ノ名譽職ノ自治モ、從來英國ニテハ豪族勢力ヲ有シ、彼等ハ通常ノ職業ニ從事セザルモノナルガ故ニ、自ラ行政ヲナセシナリ、其行政ニ參與スルニ至テハ一ナリ。唯ダ兩者ヲ比スレバ其參與ノ方法ノ異ナレルノミ。

此後シユルツェ及ビゲ、マイエル等皆自治ノ定義ヲ下シテ、グナイストガ欠點ヲ補ハン事ヲ務メタリ。ゲ、マイエルハ「ゼルブストレギールング」ト「ゼルブストフェルワルツング」トヲ區別シ、農工商等ノ本職アリテ傍ニテ行政スルト行政ヲ本職トスルトニヨリテ分チ。俸給ノ有無ニヨリテ區別スル事ヲ避ケタリ。

自治躰ハ凡テ公法上ノ法人ナリ、法人ニ非ザレバ自己ノ意志ヲ有セズ、自己ノ意志ヲ有セザレバ、組合躰トシテ權利ヲ有シ義務ヲ負フ事ヲ得ズ、故ニ自治躰ハ必ズ公法上ノ法人ナラザルベカラズ。然レドモ總テノ公法上ノ無形人ハ皆自治躰ナルニハ非ズ、公法上ノ無形人或ハ組合躰ニシテ自治躰ニ屬セザル者アリ。即チ國家モ亦公法上ノ法人ナリ、然レ𪜈自治躰トハ、國家ノ統御ノ下ニアリテ行政權ヲ有スルモノナレバ、國家ヲ自治躰ト云フヲ得ズ。又英國ニ於テハ國王及ビ「アーチビショップ」ヲモ一ノ「コルポレーション」ト見做ス、然レ𪜈之ヲ自治躰ト云フヲ得ザルガ如シ。

英人ハ「コルポレーション」ヲ分チテ、「コルポレーションス、アグリゲート「(濟貧區ノ如キ各種ノ組合躰ヲ指ス）ト「コルポレーション、ソール」（國王ノ職「アーチビショップ」ノ職等ヲ指ス）ノ二トナス。

自治躰ハ國家ガ之ヲ認ムルニヨリテ成立シ、國家ノ無制限權ニ服從スルモノナレバ、國家ニ對シテ獨立ノ權利、固有ノ權利ヲ有スル事ナク、其權利義務ハ皆國家ノ憲法又ハ法律ニヨリテ得ル所ノモノナリ。故ニ國家ノ變更シ得ザル權利義務ナキヤ明ナリ。然ルニ自治躰ノ中ニ就キ歷史的ニ成立スル固有ノ權ヲ有スルモノアルガ如ク說クモノアリ、然レドモ是レ歷史的ニ成立スルモノヲ、國家ガ認メテ之ヲ保有セシムルニ過ギズ。

如何ナル事項ヲ以テ自治躰ニ屬スベキヤ、即チ自治躰ノ權限ニ就テハ一般ノ法律上ノ原則ナシ。全ク國々ノ法律ニヨリテ定マルモノニシテ、其限界ハ歷史的ノ成立、法律制定ノ時ノ學理、人民ノ文明ノ程度等ニ由ルモノニシテ全ク政治上ノ事ナリトス。然レドモ通例國家ノ事柄ニシテ或性質ノモノハ獨リ中央ノ官衙ニ屬スベキモノアリ、例ヘバ外交及ビ兵事ノ類ノ如シ。而シテ兵事ノ中ニ就テハ其統一ニ害ナキモノハ、之ヲ自治躰ノ事項トナスヲ得ベシ。以上ノ理由ニヨリ自治躰ノ事柄ハ、主トシテ財務及ビ内務ノ事項ナリトス。

自治躰ガ法律ノ範圍内ニ於テ處理スル事項ヲ、自治躰ノ自己ノ事項ト稱ス。而シテ如何ナル方法ニヨリ自治躰ガ其事項ヲ處理スベキカハ勿論、法理ノ通則ニ從フモノナレドモ、自治ノ事項ハ國家ノ特別ノ委任ト同ジカラズ。委任ノ事項トハ國家ガ官治ニ屬スルモノヲ、特ニ自治躰又ハ其機關ニ委任シテ施行セシムルモノヲイフ。而シテ委任ノ事項ヲ分チテ、第一自治ニ委任スル事項、第二行政機關即チ行政ノ職員ニ委任スル事項ノ二トナス。第一種ニ就テハ自治躰其責ニ任ジ、第二種ニ就テハ受任ノ機關其責ニ任ズ。

純粹ノ自治ノ事項ト、國ノ行政ニシテ自治躰ニ委任シタル事項トノ區別ノ如何ハ法律ノ範圍内ニ於テ自治躰自己ノ意志ニヨリテ行フト、國家ノ意志ニヨリテ行フトニアリテ區別スルノ外ナシ。

名譽職ヲ原素ニ非ズトイフト雖ドモ、名譽職ハ自治制ニ必要ノモノニシテ且ツ有益ナルハ勿論ノ事ナリ。

自治ノ利

第一、國家ノ行政事項中之ヲ各地方ヘ分割シ得ベキモノハ、直接ニ其利害ヲ共ニスルモノヲシテ行ハシムル時ハ、其地方ノ利害ニ直接ノ關係ヲ有セザル官吏ヲシテ之ヲ行ハシムルヨリハ其地方ノ事情ニ適シ、且ツ費用ヲ省クヿヲ得ベシ。

第二、其組合躰ノモノヲシテ其行政ニ參與セシムル時ハ、自然着實ノ氣象ヲ養成シ、政府ニ對シ激烈危險ナル抵抗ヲナス事尠カルベシ。且ツ相共ニ協同調和シ、平和ヲ保ツノ慣習ヲナシ、中央議會議員及ビ政治家ノ實務練習ヲナスノ方法トナルベシ。例ヘバ英國ノ從來ノ地方制ニ於テハ、自治ノ職員中最モ著シキモノハ治安裁判官ニシテ、之ニ任ズルモノハ皆地方ノ富豪ニシテ國會議員タルモノ、及ビ内閣員タルモノハ概シテ其職ニ任ヲ、地方實務ノ練習ヲ經タルモノナリ。

第三、政府任命ノ官吏ヲシテ政務ヲ行ハシムル時ハ、官吏ト人民トノ間ニ懸隔ヲ生ジ一致協和スル事難シ。反之其處ノ人民ヲシテ行政ニ參與セシムル時ハ、人民悅デ服從スルノ慣習ヲナスベシ。英國人民ガ法律ヲ敬重シ、命令ニ服從スルノ風ヲナスハ、四百年來立法ニ參與シ且ツ行政ニ參與スルヲ以テ重ナル原因トナスベシ。第四、法律ノ制定ニノミ人民ガ參與スト雖ドモ、法律ノ多數ハ通則ニシテ之ヲ實地ニ應用スル事ハ重ニ地方ノ行政ニ屬ス、故ニ人民ガ眞ノ自由ヲ得ルヤ否ヤハ、地方自治ノ有無ニ歸スル事多シ、唯ダ立法ニ參與スルノミニテハ政府ガ法律ニ背カザル間ハ、實際行政ノ實施ニ就テ拙劣ナリト雖ドモ、之ヲ制止スルノ方法ヲ得難シ。以上ハブルンチユリー、スタイン、グナイスト等ガ主張スル重ナルモノヲ擧ゲシマデニテ、勿論法理上ノ論ニ非ズシテ政治上ノ論ナリ。

府縣郡及ビ町村ノ區劃

府、縣、郡及ビ市、町、村ノ三種ノ區劃ハ、我國ニ於テハ、一方ニ於テハ國家行政ノ區劃ニシテ、又一方ニ於テハ自治躰ノ區劃ナリトス。而シテ市町村ハ最下級ノ區劃ニシテ、其住民共同團結シテ利害ノ關係親密ナルガ故ニ、上級ノ區劃ニ比スレバ自治ヲ重トシ、且ツ國家ノ行政官吏ヲ置カズ市町村ノ機關ニ委任シテ之ヲ行ハシム。反之郡縣ノ自治躰機關ノ職權ハ、自治事項ノ議決ニ限ルヲ通則トシ、府、縣、郡參事會ハ市參事會トハ其職權ヲ異ニシ、法律命令ニヨリ特別ニ委任セラレタル事項ノ外ハ、行政事務ヲ執行スルノ權ヲ有セザル事倘ホ佛國ノ制ノ如シ。其職權ハ唯ダ議決ニ止マリ、之ヲ執行スル事ハ國家ノ官吏之ヲ司レリ。而シテ此場合ニ於テハ自治躰ノ代表者タル資格ニ於テ自治ノ事項ヲ執行スルモノナル事、倘ホ市町村ニ於テ自治ノ職員ガ國家ノ官吏タル資格ニ於テ國家ノ事項ヲ執行スルガ如シ。如此我國ニ於テハ區劃ハ同時ニ國家ノ行政區劃ニシテ又自治ノ區劃ナリト雖ドモ、或國ニ於テハ國家ノ行政區劃ニシテ自治躰ノ區劃ニ非ザルモノアリ。又自治躰ノ區劃ニシテ行政區劃ニ非ザルモノアリ。例ヘバ英國ノ貧民救助區ノ如キハ、自治躰ノ區劃ニシテ行政ノ區劃ニ非ズ。普國ヲ縣ノ如キハ、行政ノ區劃ニシテ自治躰ノ區劃ニ非ズ。

英國ノ「カウンチー」ハアルフレッドノ時ヨリアリテ其土地ノ大小、人口ノ多少ハ一ナラズ。其地方議會ノ開ケシハ千八百八十八年以來ノ事ニシテ、「カウンチーカウンシル」ハ從來ノ治安裁判官ノ司リシモノヽ中、行政ニ關スル事ヲ分割シテ之ニ屬セシメ、其議長ハ州長ヲ兼ネテ其行政ノ執行ニ任ヲ別ニ州長ヲ置カズ。市ニ於テモ亦然リ。而シテ「カウンチー」ハ自治ノ爲メニ設ケシモノニシテ、從來ノ「シヤイア」ハ尙ホ存セリ、州中人口五萬以上ノ市ハ獨立シテ別ニ「カウンチーカウンシル」アリ、「カウンチ」以下ノ區劃ハ貧民救助區ニシテ近來他ノ區劃モ成ルベク之ニ一致セシメン事ヲ務メ居レリ。

市町村制ハ英、佛、普各國皆法律ヲ以テ規定シ居レリ、佛國ヲ除クノ外ハ、皆市制ト町村制トヲ區別セリ。此區別ハ法律ニヨリテセシ者ニ非ズ、經濟ノ事柄及ビ風俗、習慣等ニ於テ、歷史的ニ市ト町村トハ其組織ヲ異ニス、故ニ之ヲ基トシテ法律ニ於テモ區別セシナリ。併シ佛國ニ於テハ、巴里及ビ里昂ヲ除キテハ市町村ノ區別ヲナサズ、唯ダ警察等ノ事ニ就テ多少ノ別アリ。此區別ヲ廢セシハ革命ノ時ニシテ其前ニハ市町村ノ差別アリテ、市ハ尙ホ自治躰ノ外形ヲ存シタリ。然ルニ歐洲大陸中ニテ君主獨裁制ノ其極端ニ達シ中央集權ノ最モ甚シカリシハ、佛國ニテハ市ト雖ドモ自治ノ實ヲ有セシモノニ非ズ。而シテ町村ノ如キハ自治ノ形モ亦之ヲ有セザルニ至リタリ。而シテ千七百八十九年法律ヲ以テ從來ノ制ヲ全廢シ、市町村ニ一樣ノ制度ヲ施シ爾來數度ノ改革ヲナシ、千八百八十四年ノ改革ヲ以テ最モ著シキ改革トナス。此制度ハ從來數度ニ發布シタル市町村制ニ關スル法律ヲ合併編纂シタルモノナリ。英、普兩國ニ於テハ市制ト町村制トヲ異ニス、然レドモ英國ニ於テハ、佛、普各國ノ町村組合ト同一ナルモノニ非ラズ。古代ハ「タイシング」（什區）ヲ以テ最小區トナセシガ「パリッシユ」（寺區）ガ行政區トナリシ以來ハ、什區ハ行政上必要ナキニ至レリ寺區ハ元來宗敎ノ爲メニ設ケタルモノニシテ僧侶一人之ニ長タリシガ、十五世紀頃ヨリ貧民救助ノ事ヲ寺區ヘ負擔セシメ、續テ道路修築ノ事モ寺區ノ事務トナセシヨリ、寺區ハ行政上緊要ノ最下級ノ區トナレリ。而シテ貧民救助事務ノ爲メニ大ナル寺區ヲ分割シタルガ故ニ、遂ニ宗敎寺區ト行政寺區トノ差別ヲ生ジタリ。斯ノ如ク漸次ニ寺區ハ緊要ナル下級行政區トナリシト雖ドモ、人口ノ增加ト文明ノ進步トニ隨ヒ、行政事務ノ益〻增加スルニヨリ寺區ハ其負擔ニ堪ヘ難キモノ多ク、爲メニ遂ニ寺區ヲ聯合シテ更ニ「プーアローユニヲン」（貧民救助區）ヲ設ケ、時ノ必要ト事務ノ便宜トニヨリ設置シタル衞生區、道路區モ成ルベク濟貧聯區ト合同スルヲ目的トナシ、從來寺區ニ屬シタル緊要ナル行政事務ハ貧民救助區ニ屬シタルガ故ニ、現今寺區ハ行政上ヨリ見ル時ハ租稅徵收ノ區及ビ撰擧ニ關スル事等數種ノ事務ノ爲メニ用ヰル小區タルニ過ギズ。

「ダイシング」及ビ「ハンドレット」區ハ、古「アレグロサキソン」人ガ侵入セシ時、十人組及ビ百人隊ノ住居セシ區劃ヨリ生ゼシモノナリトイフ、而シテ「パリッシエ」ハ耶蘇教大ニ行ハルヽニ至リシヨリ生ジタルモノナリ。

近時ニ至リテ「パリッシエ」ニ自治權ヲ與ヘテ、獨逸ノ「ゲマインデ」ノ如キ組合トナサントスル傾向アリ。

寺區ト市トノ關係ハ、我國ノ市ト町村トノ關係ト同ジカラズ。市ノ下ニ寺區アルモノアリト雖ドモ、市ノ小區ニ非ズ。市ヲ横斷スル寺區モアリ。英國ニハ、市ノ中ニ算入スベキ中ニ三種ノ別アリ、第一「ミユニシパルボロー」、第二「ローカルボールト、デスツリクト」、第三「タウンスアンダーインプルーブメントコミッチー」ナリ。此第二、第三ノ區ハ人口稠密ニシテ實際一都市ヲナシ、衛生及ビ其他ノ關係ニ於テ特別ノ組織ヲ要スル區劃ナリトス。而シテ第三種ノ區ハ第二種ノ如キ組織及ビ事務ヲ有セズ、唯ダ委員ヲ置キテ衛生及ビ其他ノ事務ヲ掌ラシムルモノナリ。此三種ハ從來ヨリ存ゼシト雖ドモ、千八百八十八年ノ州合條例ニヨリ此二種及ビ三種中、人口五萬以上ノモノハ州ト同一ノ行政上ノ資格ヲ有スルニ至レリ。

英國ノ「コルポレーシヨンス、アクト」ニヨリ自治市タリシハ大陸ノ自治市ノ如ク行政ノ全躰ヲ組合トナシテ行フニ非ズ、唯ダ點燈、衛生等ニ於テ特ニ組合ヲナスモノナリトグナイストハ云ヘリ。然レドモ是レハ當時ノ事ニシテ、現時ハ漸次改正シテ大陸ノ自治市ト殆ド同一ニナル傾ヲトレリ。

普國現今ノ地方制度ニ於テモ、亦市町村制ヲ異ニス。而シテ同國ニ於テ大ニ市制ノ改革ニ着手シタルハ、千八百八年スタインノ市制ナリトス。此改革以前ハ、市制モ亦全ク職制ヲ以テ基礎トシ、人民ノ等級ト職業トニヨリ市ノ行政ニ參與スルノ權ヲ有スルモノニシテ、現今ノ如ク一定ノ資格ヲ有スル人民ハ等シク參政權ヲ有スルニ非ズ。而シテスタインノ市制ニ於テ始メテ國民主義ヲ採用シ、爾來之ヲ基礎トシ市制ヲ制定シ、之ヲ未ダスタインノ市制ヲ行ハザル處ニ施シ、或ハ更ニ改正ヲナシタリシガ、千八百五十年ノ憲法ニ於テ地方制度ノ原則ヲ規定シ、此原則ニヨリ同年全國一般ニ施行スベキ市町村制ヲ制定セリ。然レドモ之ヲ一般ニ行フニ至ラズシテ廢止シ、舊制ヲ施行シタリ。爾來市制モ亦地方ノ風俗、人情及ビ從來ノ慣習ニヨリ種々ノ制度ヲ制定シタリ、町村制モ亦地方ニヨリテ同ジカラズ。之ヲ大別スレバ法律ヲ以テ詳細ニ制定シタルモノト、從來ノ習慣ヲ以テ基礎トシ法律ヲ以テ唯ダ著シク不完全ナル點ヲ補修シタルトノ二トナル。殊ニ普國ノ東方六州ニ於テハ、從來ノ慣習ヲ基礎トシ、法律ノ制定ニ成ルモノ少ナシ。

普國ノ郡制ニヨレバ、凡テ人口ノ總數現役軍人ヲ除キテ二萬五千ニ達スルノ市ハ、郡ヨリ分離獨立スルノ權利ヲ有ス。我國ノ制モ亦人口二萬五千以上ノ市ヲ、郡ヨリ分離獨立セシムル事トナリ居レリ。然レドモ我制ト普國ノ制トハ大ニ異ナル所アリ、普國ノ市制ヲ行フハ郡ヨリ獨立シタルモノニ限ラス、凡テ一ノ都會ヲナシ其營業上及ビ其區内ノ經濟及ビ造營ノ事ニ就キ村落ト關係ヲ異ニスル事多クシテ、一個ノ市ヲナスモノハ歷史的ニ現ニ町村ト其制度ヲ異ニシ、法律ヲ以テ市町村制ヲ定ムル時ニ當リテ此差別ニヨリ市制ヲ施シタルナリ。我國ニ於テハ市制ヲ行フ場合ハ人口二萬五千ニ達シ郡ヨリ獨立シ得ルモノニ限ルガ故ニ、市制ヲ施ス所ハ其數甚ダ少ナシ。而シテ是亦我國市町村固有ノ成立ニ基ク事多シトス、我國ニ於テモ亦從來大ナル市ハ町村ト其組織ヲ異ニシ、營業及ビ經濟ノ事ニ就キ村落トハ異ナル事多シト雖ドモ、歐洲ニ於テ市ト村落トノ間ニ差異アルガ如ク著シカラズ。

普國ニ於テ市ト村制トノ特ニ異ナル所ハ、ラインハノーベル、ウェスハルト等ノ地ナリ。又普國市制ノ行ハルヽ所ハ、郡ヨリ獨立シタルモノト、尚ホ郡ノ管轄ヲ離レザルモノトアリ。

歐洲大陸ノ市ニ於テハ營業ノ特權等アレドモ、我國ニハ斯ノ如キ差違ナシ。

普國ニ於テハ、町村ノ外ニ「グーツベチルク」ト名クル私領地アリ。是レハ封建制以來ノ遺物トシテ一己人ニシテ大ナル區劃ノ地ヲ所有シ、町村ト幷立スル者ナリ。私領ハ概シテ其區劃大ニシテ經濟上ノ力町村ト匹敵スルニ足ルモノナレバ、之ヲ强テ町村ニ合併シ其負擔力ニ應ジテ權利ヲ有セシムル時ハ、一個人ノ權力偏重シ町村ノ利益ヲ害スル等ノ事アルガ故ナリ。尙ホ町村ト幷立シテ同様ノ權利ヲ有シ、義務ヲ負ハシムルナリ。

我國ニテハ町村制ヲ布クニ當リ、區劃ヲ定ムルニ小町村ハ之ヲ合併スルノ主義ヲ取レリ。然レドモ英、普等ニテハ小町村ハ從前ノ儘ニ存シ置キ、其上ニ更ニ必要ニ應ジテ大區劃ヲ作ルノ主義ヲ取レリ。

住民ノ制ハ三樣アリテ、第一本籍ニヨリテ、住民權ヲ得ルモノ。第二自由制、第三貧民救助ノ點ヨリ定ムルモノ是ナリ。我國及ビ佛國ハ第二制ヲ取リ、英國及ビ獨逸各邦（バヴリアヲ除キ）ハ第三制ヲ取リ、第一ハ墺國ニ行ハル。

市町村住民ノ制ニ就テ、法律上ノ細目ヲ見ル時ハ差違甚ダ多シ。併シ大躰ニ分テバ前述ノ三種トナルナリ。第一制ニヨレバ、國民ハ某市町村ニ於テ本籍ヲ有スルヲ要シ、本籍ハ出生結婚、入籍又ハ特別ノ付與ニヨリ得ルモノニシテ國民タル事ヲ失ヒ、或ハ他ノ市町村ニ本籍ヲ得レバ前ノ本籍ヲ失ス。第二制ハ國内ノ住居異同ハ全ク自由トシ、住民タル事ハ一定ノ塲處ニ於テ公民權ヲ得、及ビ國家機關ノ管轄ヲ定ムル爲メニ必要ナリトス。而シテ貧民救助ノ事ヲ以テ住民ノ條件トナサズ。第三制ハ第二制ノ如ク、住民ノ異同ヲ以テ自由トナスト雖ドモ、殊ニ貧民救助ノ爲メニ制限ヲ設ク、又犯罪人等ニ就キ特別ニ法律上ノ制限ヲ設クルハ各國同一ナリトス。

第一制ハ、警察上ノ取締等ニハ適當ナレドモ經濟上ニハ甚ダ不可ナリ。第二ト第三トハ、貧民ノ救助ヲ以テ町村ノ法律上ノ義務トナスト否トニヨリテ差別アルモノナリ。

貧民救助ノ負擔ヲ確定スルハ、怠惰素食ノ民ヲ絶ツ爲メニハ必要ナリ。

外國人モ、亦住民權ハ得ルモノナリト解スルヲ至當トス。何トナレバ公民權及ビ選擧權ノ事ニ就テハ、特ニ内國人ト記載シアルヲ以テナリ。

二個所ニ住居ヲ有スレバ、兩所ニ於テ住民權ヲ有スルモノナリト解セラル。

公民

我市町村制ニ於テ公民ト云フハ、市町村ノ選擧ニ參與シ其名譽職ニ任ゼラレ其負擔ヲ分ツノ義務アルモノヲ云フ。英、佛、普各國ノ制ヲ見ルニ公民ニ、年齡住居ノ期限及ビ貧民救助ニ就テ制限ヲ設クルハ同一ナリトス。然レドモ選擧權ニ財產ノ制限ヲ設クルト否トノ差別アリ、佛國ノ現制ニヨレバ普通選擧ヲ以テ一般ノ原則トス、之ニ反シテ普、英及ビ我國ニ於テハ財產ノ制限ヲ設クルヲ通則トス。而シテ其財產ノ制限ニ土地所有ヲ以テ基礎トナスト否トノ差アリ。英國ノ市ニ於テハ既ニ前世紀ニ於テ營業、商業幷ニ家屋ヲ以テ土地ト同樣ニ公民權ノ基礎トナセリ、普國ニ於テハ東方ノ町村ニ於テハ凡テ土地ノ所有ヲ以テ公民權ノ基礎トナス。然レドモ此制ハ地方ノ事業ガ唯ダ農業ニ限リ、土地所有ト權利義務ト相伴フ事ヲ得ル時代ニ適スルモノニシテ、敎育及ビ其他ノ事務ヲ町村ノ負擔トナシ、其費用ヲ一般ニ負擔スルニ至リテハ此制ハ甚ダ不適當ナリ。故ニ漸次土地ノミヲ以テ基礎ヲナスノ制ヲ改正スルノ方向ヲ取レリ。我國ノ市町村制モ亦公民權ニ財産上ノ制限ヲ設ク、然レドモ土地所有ノミニ限ラズ其市或ハ町村内ニ於テ地税ヲ納メ、若シクハ直接ニ國税年額二圓以上ヲ納ムルモノハ公民權ヲ有セシム。而シテ地租ハ額ヲ定メザルガ故ニ、唯ダ十錢ニテモ之ヲ納ムルモノハ公民權ヲ有セシメ土地ニ重キヲ置キタリ。姉此財産ノ制限ヲ設クルハ、特ニ其市町村内ニ利害ノ關係ヲ有シ、義務ヲ負擔スルモノニ參政權ヲ與フルノ方法ナリトス。其市町村内ニ於テ土地ヲ所有セズ或ハ幾分ノ種税ヲ納ムル丈ノ財産ヲ有セズ、或ハ營業ヲ爲サヾルモノハ其市町村ニ利害ノ關係ヲ有スル事薄カラズ、故ニ之ニ公民權ヲ有セシメズ。

我市町村制ニ於テハ凡テ内國公民ニシテ公權ヲ有シ、直接市税或ハ町村税ヲ納ムルモノニシテ其額市或ハ町村公民ノ最モ多ク納税スルモノヽ三名中ノ一人ヨリ多キ時ハ、未成年者、婦女及ビ法律ニ從テ設立シタル會社其他法人モ亦選擧權ヲ有ス。如此者ハ町村內ニ住居セザルモノト雖ドモ、市町村ノ義務ヲ負擔スル事殊ニ重大ニシテ利害ノ關係ヲ有スル事大ナルガ故ニ、此特例ヲ設クルノ必要アリトス、而シテ此制ハ普國ヨリ之ヲ採用シタルモノナルベシ。佛國ニ於テハ、普通選擧ヲ以テ原則トナスト雖ドモ、尙ホ直稅ノ一種ヲ納ムル者ハ、町村ニ住居セズト雖ドモ選擧權ヲ有セシム、是亦同一ノ理由ニ基キタルモノナリトス。

國會議員ノ選擧ニ普通選擧ノ法ヲ採用セシハ、佛國第三ノ革命即チ千八百四十八年ノ革命ヲ以テ始トス。

名譽職

我市町村制第八條ニヨルニ、名譽職ヲ負擔スルヲ以テ公民ノ義務トセリ。各國ノ制ヲ通覽スルニ、此義務ニ法律上ノ制裁ヲ付スルト付セザルトノ差別アリ。佛國ニ於テハ制裁ナク、英、普及ビ我國ニ於テハ右ノ兩制ヲ兼用ス。我國ニ於テハ、市町村制ニ於テハ制裁ヲ付シテ此義務ヲ强制ス、然レドモ縣制、郡制ニ於テハ、法律上ヨリ制裁ヲ以テ名譽職ヲ強制セズ。

名譽ノ定義ハ甚ダ困難ナリ、グナイストノ定義ニ對シテハラバンドガ攻撃ヲナセリ、名譽職職ニモ報酬ヲ與フル事アリテ收入ノ有無ヲ以テ之ヲ分ツヲ得ズト云ヘリ。故ニゲヲルグ、マイエルハ官吏ヲ本職トスルト否トニヨリテ區別セリ。我國ノ名譽職ハ明カニ定義セズト雖ドモ、其意義ハグナイストニ基ケリ。

選擧

地方會議躰殊ニ市村會ノ事ヲ論ズ

地方ノ會議躰ノ組織ニ二種アリ、代議會及ビ總會是ナリ。然レドモ總會ハ人口ノ少ナキ區劃ニ非ザレバ之ヲ行フ事ヲ得ズ、故ニ縣會及ビ郡會ハ凡テ代議會ナリ。而シテ町村會ニハ代議及ビ總會ノ兩種アリ、英國ノ寺區ニ於テハ從來總會ヲ設クル最モ多シ。普國ニ於テモ東方ノ六州ノ町村ニ於テハ從來總會ヲ以テ通例トス、然レドモ漸次ニ代議會ヲ設クルノ方向ヲ取レリ。其他ノ州ニ於テハ代議會ヲ通例トナス。我國ノ市町村制ニ於テハ代議會ヲ通則トシ、唯ダ小町村ニ於テハ郡參事會ノ議決ヲ經テ總會ヲ置クノ特例ヲ設ク。總會ハ人口ノ少ナキ町村或ハ財産ノ制限ノ爲メ公民權ヲ有スルモノ少ナキ場合ニ於テ之ヲ實行スルヲ得ベシ。

古代希臘ノ「デモクラシー」ノ如キハ皆總會ナリキ。

代議會議員ノ選擧ニ、普通選擧ト選擧人ノ資格ニ財産ノ制限ヲ置クトノ差別アリ。而シテ財産ニ制限ヲ置ク事ニ付キ制限ヲ一般ニ一樣ニスルト、納税額ノ多少ニヨリ選擧權ヲ異ニスルトノ差別アリ。英國ノ寺區ニ於テハ、(市及ヒ現今ノ州モ同シ)一定ノ資格ヲ有スル者ハ凡テ同樣ノ選擧權ヲ有ス。之ニ反シテ聯合會ニ於テハ、納税ノ額ニ應シテ選擧權ヲ異ニス。佛國ハ一般ニ普通選擧ノ制ヲ取リ、普國ニ於テハ財産ノ制限ヲ設クル事ニ就テ無等ト分等トノ兩制アリ。而シテ分等三級法ヲ採用シタルハ千八百四十五年ノ事ニシテ、近時ニ至リテハ之ヲ漸次一般ニ採用スルヲ目的トナセリ。此三級法ト英國ノ分等法トノ間ニ優劣アリ、英國ノ分等法ニヨレバ、各人納税ノ多少ニヨリ投票ノ數ヲ定メ、六票ヲ有スル者ヲ以テ極度トス。此制ハ三級法ヨリ精密ナルガ如シト雖モ。又不都合ノ點アリ。各地ノ貧富ノ差異ニヨリ同額ノ税ヲ納ムル者ト雖ドモ、之ヲ甲ノ地ニ納ムルト、乙ノ地ニ納ムルトニヨリテ、他ノ公民トノ關係ヲ異ニス。

普通選擧法ヲ國會議員ニ採用セシハ佛國ヲ以テ初トシ、實ニ千八百四十八年ノ事ナリ。我國ノ法ハ普國ノ法ヲ模範トセリ。

普國々會議員ノ選擧モ、三級法ナレドモ納税セザルモノヲモ含ム故ニ尙ホ普通選擧ト云フ、併シ町村會議員ノ制モ、三級法ナレドモ無納税者ヲ含マズ最下ノ制限ヲ付セリ。

我市町村制ニ於テモ亦三級法ヲ取ル、而シテ市ニ於テハ三級法ヲ用ヰ、町村ニ於テハ二級法ヲ用ユ。町村ハ概シテ市ノ如ク貧富ノ等差大ナラザルガ故ニ、唯ダ二級ニ區別シタルモノナリ。

斯ノ如ク分等ノ方法ニハ差違アリト雖ドモ、其甚ク所ハ多ク租税ヲ納メ義務ヲ多ク負擔スルモノハ隨テ大ナル權利ヲ有セシメ、多數ノ人民ヲシテ少數ノ財產家ヲ壓制セシメザルヲ目的トス。殊ニ市町村自治躰ニ於テハ、其經濟ノ事務ヲ以テ最モ緊要ナルモノトス、然ルニ若シ普通選擧法ヲ用ヰル時ハ、或ハ無等選擧法ヲ用ヰル時ハ多數ノ貧民ヲシテ少數ノ財產家ヲ壓制セシメ、マスマス財產家ノ負擔ヲ重クカルノ恐アリ。

佛國ハ普通選擧ノ制ヲ取ル。其基ク所ハ人民ハ等シク天賦ノ權利ヲ有スルモノナレバ、年齡等ノ一般ノ資格ノ外ニ財產ノ制限ヲ設クベカラズト云フニアリ。

地方ノ會議躰ノ選擧ハ直選及ビ復選ノ差別アリ、我縣制ニ於テハ復選法ヲ用ヰ或ハ三重タリ。郡制ニ於テハ復選法ヲ取リ、及ビ大地主ノ選出スベキ議員ニ就テハ直選法ヲ用ヰ、市町村ハ總テ直選法ヲ取レリ。

右二法ノ政治上ノ結果ハ、復選法ハ實着、老練ナルモノヲ選ブニ便利ナリトス。

共和國議會ニ於テモ米、佛共ニ元老院ハ復選法ヲ用ヰ、下院ハ直選法ナリ。其結果ヲ見ルニ元老院ハ兩國トモ老練ノ議員多ク、下院ハ少壯血氣ノ輩多シ。

被選擧權ト選擧權トノ資格ニ付キ、差別ヲナスモノト、然ラザルモノトアリ。英國ノ市制ニ於テハ、被選擧人ハ定額ノ財產ヲ有スル者ヲ要シ、普國ニ於テモ東方諸州ノ市制ニ於テハ、市會議員ノ半數ハ家屋所有者タルヲ要ス。

我市町村制及ビ郡制ニ於テハ、全ク選擧人ノ資格ト被選擧人ノ資格トヲ同一ニス。而シテ其理由ハ既ニ選擧人ニ一定ノ資格ヲ設クルガ故ニ、別ニ被選擧人ニ就キ特別ノ資格ヲ設ケズ、被選擧人ヲ選ブニ充分ノ地位ヲ與ヘ、容易ニ適當ノ人ヲ選ブ事ヲ得セシムルガ爲メナリ。併シ府縣制ニ於テハ被選擧人ハ其府縣內市町村ノ公民中選擧權ヲ有シ、其府縣內ニ於テ二年以來直接國稅十圓以上ヲ納ムルモノハ被選擧權ヲ有ストナス。而シテ府縣ハ其區域大ナルガ故ニ被選擧人ニ就テ如此特別ノ制限ヲ設クト雖ドモ、容易ニ適當ナル者ヲ得ルナルベシ。――以上ノ外特別ナル事業ニ從事スル爲メニ、被選擧人タルヲ得ザルノ制限ヲ設クルハ各國同一ナリトス、唯ダ其制限ノ種類ニ多少ノ差異アルノミ。如此制限ヲナスノ理由ハ其事業ハ議員ノ職務ト利害ノ關係ヲ有スル事密ニシテ、公平ニ議會ノ職務ヲ盡ス事能ハザルノ恐アリ、或ハ其事業ハ選擧ニ勢力ヲ爲スノ恐アリト云フヲ以テナリ。

投票ニ匿名ト開示トノ二種アリ、英國團結市制ニ於テハ開示投票ヲ用ユ。而シテ候補者ヲ指名シ其數ガ選擧スベキ議員ノ數ニ超ヘザル時ハ投票ヲ要セズ、指名ハ發議者一名、贊成者一名及ビ同意者九名ノ記名ヲ要ス。又此十名共ニ皆選擧權ヲ有スルモノタル事ヲ要ス。現今佛、普及ビ我國ニ於テハ匿名投票ノ制ヲ採レリ、此二種トテモ利害アリト雖ドモ地方自治躰ノ選擧ニ於テハ、特ニ匿名投票ヲ必要トナスモノ多シ。如此小區劃ニ於テハ人民相互ニ關係ヲ有スル事多キガ故ニ、若シ記名投票ノ法ヲ用ヰル時ハ相互ノ關係ニ牽制セラレテ各自ノ意見ニ從ヒ、自由ニ選擧ヲ行フ事ヲ得ザルノ弊最モ多カルベシ。

英國ノ制ニテハ、候補者トシテ申出タルモノニ非ザレバ投票ハ無効ナリ、故ニ自選投票又ハ一票二票ト云フガ如キ投票ハナシ。而シテ要スル議員ノ數候補中出ノ數ト同一ナル時ハ、投票ノ手數ヲ省ク。先ヅ選擧ニ於テ候補者ヲ定メ。其候補者ノ數多キ時ハ、更ニ投票日ヲ定メテ候補者中ニ就キ投票ヲナスナリ、國會議員ノ選擧ニモ此法ヲ採用セリ。然レドモ現今ハ匿名投票ヲ用ヰルニ至レリ。

議員ノ數ハ、各國トモ人口ノ數ヲ基礎トシテ勅令ヲ以テ之ヲ定ム。

議員ノ改選ニ一時ニ全躰ヲ改選スルト、全員ノ半數又ハ三分ノ一ヲ改選スルトノ差別アリ。英國團結市制ニヨレバ、議員ノ期限ヲ三ケ年トシ毎年三分ノ一ヲ改選ス。我市町村制及ビ郡制ニヨレバ、議員ノ任期ハ六年ニシテ、市町村ニ於テハ各級ニ於テ半數ヲ改選シ、郡制ニ於テモ亦毎三年ニ半數ヲ改選ス。但シ大地主ハ三年ニ全數ヲ改選ス、府縣制ニ於テハ任期四年ニシテ毎二年半數ヲ改選ス。

普國ニ於テモ概シテ此制ヲ採レリ、然レドモ佛國ニ於テハ一時ニ議員ノ全躰ヲ改選スルノ法ヲ採ル。而シテ半數或ハ三分一ヲ改選スルノ法ハ、議員ヲ繼續シ常ニ事務ノ熟練ノ議員ヲ存シ、議會ノ着實ヲ養成スルノ法ナリトス。反之一時全躰ヲ改選スルノ理由ハ、議會ヲシテ公議、輿論ト合同一致ヲ保ツヲ以テ其目的トシ、半數或ハ三分ノ一ヲ改選スルノ法ハ、事務ノ繼續ヲ計ルニ便利ニシテ、全躰ヲ改選スルハ不都合ナルガ如シト雖ドモ、實際全躰ヲ改選スルモ從來ノ議員中ニハ再選セラルヽモノ多キガ故ニ、半數改選ト殆ド同一ノ結果ナリ。若シ再選セラレザル時ハ、如此議員ハ人民ノ輿論ニ合同セザルモノナルガ故ニ在任セシムルノ要ナキナリ。

又全躰ヲ改選スルノ理由トシテ、半數又ハ三分ノ一ヲ改選スル時ハ、新舊議員ノ間ニ衝突ヲ生ズトイフモノアリ。

補缺選擧、缺員アル毎ニ選擧ヲ行フ時ハ煩雜ニ堪ヘザル憂アリ、故ニ我市町村制ニ於テハ定員三分一以上缺員アル時、又ハ市會、參事會若シクハ府縣知事ニ於テ臨時補缺ヲ必要ト認ムル時ハ、定期前ト雖ドモ補缺選擧ヲ行フトシ、其他ノ場合ニ於テハ毎三年定期改選ノ時ニ至リ同時ニ補缺選擧ヲ行フ事トス。而シテ郡制及ビ府縣制ニ於テハ缺員アル時ハ、六ケ月以內ニ選擧ヲ行フベキモノトナス、其各員缺クル毎ニ選擧ヲ行フノ理由ハ、郡ノ議員ハ各町村ノ全躰ヲ代表シ、府縣ノ議員ハ各市郡ヲ代表スル者ナルガ故ニ、若シ補缺ノ選擧ヲナサヾル時ハ或町村又ハ市郡ハ代表者ヲ有セザル事アルニ至ルヲ以テナリ。外國ニ於テモ大區劃ニ於テハ我制ト同ジ法ヲ取レリ。

市町村ニ於テハ、連名投票ニテ選バシムルガ故ニ其内幾分カ缺クルトモ全ク代表者ヲ有セザル事トナラズ。

市町村會ノ職權

各國ノ地方ノ制度ヲ通覽スルニ、市町村長ヲ以テ議長トナスト、或ハ議長ハ市町村會ヲシテ之ヲ選擧セシムルモノトアリ。

我國ニ於テハ、市ニ於テハ市會之ヲ選擧シ、町村ニ於テハ町村長之ヲ兼ヌ、市ニハ參事會ノ合議躰アリテ行政事務ヲ掌リ、市參事會員ハ議會ニ列席シテ議事ヲ辯明スル事ヲ得。又市ノ人口ハ數多ニシテ適當ノ人物ヲ得ル事難カラズ、故ニ議長ハ市會ヲシテ之ヲ選バシム。反之町村ニ於テハ適當ノ人ヲ得ル事市ノ如ク容易ナラズ、且ツ行政機關ハ獨任制ナルガ故ニ町村長ヲシテ議長ヲ兼子シメ、行政機關ト聯絡ヲ保ツノ便ヲ計リタルモノナリ。

右ノ兩制ハ各得失アリテ市町村長ガ市町村會ノ議長ヲ兼ヌル時ハ、互ニ聯絡調和ノ利アレドモ、一人ニテ兩機關ノ長ヲ兼ヌル時ハ、爲メニ大ナル勢力ヲ得ルノ恐アリ。故ニ我縣制ニ於テハ、其議長ヲ縣會ニ於テ互選セシムル事トナリ居レリ。

憲法ト地方自治躰トノ關係ニ就テ一言スベキ事アリ、或人ノ説ニヨレバ、憲法ニ規定スル所ノ帝國臣民ハ、法律ノ定ムル所ニ從ヒ納税ノ義務ヲ有ス、又法律ノ範圍內ニ於テ居住及ビ移轉ノ自由ヲ有スト云フ類ノ規定ハ、日本國民トシテ此權利義務ヲ有スルモノニシテ市町村其他地方ノ自治躰ノ職權ニ關スル規定ニ非ズ。故ニ各自治躰ハ其議決ヲ以テ其住民ニ租税ヲ賦課シ、或ハ税率ヲ定ムル事ヲ得ベシ、又其議決ニヨリ居住及ビ移轉ノ自由ニ付キ制限ヲ設クル事ヲ得ベシ。斯ノ如ク各自治躰ニ於テ租税ヲ賦課シ、或ハ居住移轉ノ自由ヲ制限スル事ハ憲法ノ規定ト相關スル事ナシト云ヘリ。此説ハ憲法ト法律トノ關係及ビ法律ト地方各自治躰トノ關係ヲ誤解セルニ基クモノナリト云ハザルヲ得ズ、憲法ニ於テ法律ノ定ムル所ニ從ヒ云々ト規定スト雖ドモ、其細目マデ悉ク法律ヲ以テ規定スルヲ要セズ、法律ヲ以テ唯ダ其大躰通則ヲ規定シ、其細目ハ命令ヲ以テ規定スル場合尠シトセズ。地方自治躰ノ權利、義務ハ法律ヲ以テ之ヲ定メ、法律ノ範圍內ニ於テ住民ノ權利、義務ヲ定ムル事ノ權ヲ與ヘタルモノニシテ、法律ハ凡テ憲法ニ準據シテ制定スルモノナレバ、憲法ノ範圍外ニ於テ自治躰ニ權力ヲ與フルヲ得ズ。地方自治躰ニ於テハ稅率ヲ設ケ租稅ヲ賦課スルハ法律ニ於テ既ニ其通則ヲ定メ、其範圍內ニ於テ稅率ヲ定メ租稅ヲ賦課スル權ヲ與ヘタルモノナレバ、憲法ニ日本臣民ハ法律ノ定ムル所ニ從ヒ、納稅、ノ義務ヲ有スト云フ原則ノ適用ニ外ナラズ。故ニ憲法ノ規定ハ日本國民トシテノ權利、義務ヲ定メタルモノニシテ、地方自治區劃內ノ住民ノ權利、義務ニ關スル事ナシト云フハ誤リノ甚シキモノト云フベシ。

我市町村制ニヨリテ、市町村會ノ職務ヲ區別スレバ左ノ如シ。

一、市町村內ノ事件ノ議決

二、市町村役員ノ選擧及ヒ其指名推選

三、政府其他高等官廳ノ要求ニヨリ、或ハ自己ノ發起ニヨリ意見ヲ陳述スル事。

右ノ職權ハ郡會及ヒ府縣會モ之ヲ有ス。

四、市町村行政ノ監督

五、一定ノ爭議ノ監督

右第一ノ職權ニ就テハ、市町村會ト郡會及ヒ府縣會ノ間ニ於テ法律ニ對スル關係ヲ異ニセリ。市町村制ニヨレバ市町村會ハ其市町村ヲ代表シ市町村制ニ準據シ、市町村ニ關スル一切ノ事件、並ニ從前殊ニ委任セラレ又ハ將來勅令ニヨリテ委任セラルヽ事件ヲ議決スルモノトス。而シテ市制第三十一條及ビ町村制第三十三條ニ於テハ、市町村會ノ議決スベキ事件ノ概目ヲ擧グルニ過ギズ。故ニ市町村會ノ議決スベキ事件ハ、右ノ條項ニ規定スル事件ニ限ラズ、其職權ハ凡テ市町村制ニ於テ市町村ノ事件ト見做スベキモノ、及ビ法律ノ禁止セザル事柄ハ悉ク市町村會ノ職權ニ屬スベキモノ無キニ非ズ。故ニ法律ニ於テ市町村ノ事件ト見做スベキモノニ限ルナリ。次ニ郡制及ビ府縣制ニヨレバ、郡會及ビ府縣會ノ議決スベキ事件ヲ規定シ、而シテ此規定セザル事件ノ外ハ、法律命令ニヨリ郡會又ハ府縣會ノ權限ニ屬スル事項ヲ議決スト定ム。故ニ郡會及ビ府縣會ハ郡制及ビ府縣制ニ於テ明カニ規定スル事件ノ外ハ、法律命令ニヨリ特ニ其職權ニ屬セラレタルモノニ非ザレバ之ヲ議決スルノ權ナシ。或ハ郡及ビ府縣ハ自治躰ナルガ故ニ、其性質自治躰ニ屬スル事件ハ殊ニ法律ヲ以テ之ヲ其職權ニ屬スト雖ドモ、郡會及ビ府縣會ハ當然議決權ヲ有スト云フハ誤ナリ。法律ヲ以テ殊ニ與ヘタルモノヽ外ニ職權ヲ有セザル事ハ、郡制及ビ府縣制ノ文面ニ於テ明白ナリ。

地方議會ノ議決スベキ事項ニ就テモ、亦議決ヲ義務トナス者ト隨意ノ者トアリ。法律上義務トナスモノヲ議決スル時ハ、監督官廳ハ職權ヲ以テ其執行ヲ强制シ、或ハ自ラ處分ヲナスノ權ヲ有ス。（國會ノ議決スベキ事項ニ就テモ、同樣ノ區別アリ。）

「國會ノ義務的ノ議決ハ、例ヘバ法律ノ執行ニ付キ要スル費用ノ如キ是ナリ。之ヲ議決セザル時ハ一議院ノ議決ニテ法律ノ執行ヲ停止スル事トナルヲ以テナリ。」

議決ノ事項ニ就キ、監督官廳ノ認可ヲ經テ初メテ執行スベキモノアリ、是ハ二ノ理由ニ基ク。第一地方自治躰ノ利害ニ關スルモノニシテ、一般ノ利害ニ關係ヲ及ボスモノハ、其一般ノ利益ヲ保護スル爲メニ特ニ監督官廳ノ認可ヲ要ス、又他ニ關係ヲシト雖ドモ一時ノ利害ノ爲メニ永世ノ利益ヲ害スルノ恐アル場合ハ、特ニ制限ヲ設ケテ監督官廳ノ認可ヲ受ケシム、其事柄ハ自治躰ノ財産ニ關スル事多シ。故ニ此事ニ就テハ英國等ニ於テモ制限ヲ設ク、而シテ一般ノ利害ニ關係スル事項ノ例ハ公債募集ノ事ノ如シ。

地方ノ會議ハ其自治躰ノ人民ノ代表者ナルガ故ニ、監督官廳ノ諮問ニ對シ又ハ自ラ意見ヲ陳述スル事ヲ得、而シテ其自ラ述ブル事ニ就キテハ、自治躰ノ全部又ハ一部ニ關係スル事ニ限ル。諮問セラレタルモノニ就キテハ、勿論事項ハ豫メ指定セラルベシ。

市町村制ニヨレバ、市町村會ハ其市町村ノ行政ガ議決ヲ正當ニ實行スルヤ否ヤ、市町村ノ全躰ノ利益ヲ害セザルヤ否ヤ、豫算ニ違ハザルヤ否ヤヲ視察シ、行政ノ計算書ヲ檢閲シ、或ハ報告書ヲ要求シ、或ハ委員ヲ設ケテ市町村ノ行政ヲ調査スルノ權アリ。

又我市町村制ニヨレバ、市町村ニハ一定ノ場合ニ裁判官ノ職務ヲ有ス、即チ市町村公民權ノ有無ニ關スル訴訟、選擧權及ビ被選擧權ノ有無ニ關スル訴訟モ、市町村會之ヲ裁決ス然レドモ終決ニハアラズ。

職員ノ組織及ビ選任

地方自治躰ノ行政ノ機關ノ組織幷ニ選任ニハ數種アリ。即チ獨任制ト合議制及ビ合議制ヲ折衷シタルモノ是ナリ。我町村制ニ於テハ、獨任制ヲ採リ郡制、府縣制モ亦同ジ、唯ダ市制ハ合議制ニヨレリ。而シテ合議制ヲ折衷シタルモノハ、普國ノ或地方ニ行ハルヽモノニシテ獨任ノ行政機關ヲ置クノ外ニ參事會ヲ置キ凡テ緊要ナル行政事項ハ參事會ノ議決ヲ要シ、其他ノ事務ハ行政機關獨立ニ處分スルモノトス。獨任制合議制トモ利害アリ、獨任制ニ於テハ迅速果斷ヲ以テ事ヲ處分スルニ便ニシテ、合議制ニ於テハ熟議公平ヲ重ズルヲ主トス、併シ合議制ハ多少各人ノ責任ヲ輕クスルノ弊アリ。

職員ノ選任ニハ、任命ト選擧トノ制アリ。選擧ニモ亦參事會ヲシテ選擧セシムルト、市町村會ヲシテ選擧セシムルトノ別アリ。

英國ノ行政機關ノ選任ハ、議會ヨリ出デヽ內閣ヲ組織ス、地方ノ行政機關ノ選任モ亦之ト同ジク市長ハ市會ヨリ選バル。「カウンチー」ノ「メイヨア」ハ州會ヨリ選バレ、普國及ビ我自治躰ノ制トハ反對ナリ。

自治躰ノ行政機關ノ選擧ハ、認可ヲ要スルト要セザルトノ別アリ。我市町村制ニヨレバ、認可ヲ要スルノ制ヲ執レリ。之ニ反シテ英國ノ市長及ビ佛ノ「コンミユーン」ノ長ハ、認可ヲ要セザル制ヲ執レリ。佛國ニ於テハ革命ノ時地方制度ヲ改正シタル以來、長及ビ助役ハ政府ガ常ニ之ヲ任命セシガ、千八百八十二年以來一般ニ認可ヲ要セザルノ制ヲ採リ來レリ。

此兩制トモニ理由アリテ之ヲ要スル方ヨリ云ヘバ、認可ハ行政ノ統一ヲ保チ、自治躰ノ事務ヲ執ルニ適當ノ人ヲ得ルニ必要トス。而シテ認可權ヲ誤用スル事ナカランガ爲メニ、町村制第五十九條ニ町村長、助役ノ選任ハ府縣知事ノ認可ヲ請フモノトシ、認可ヲ拒ム時ハ府縣參事會ノ意見ヲ聞クヲ要シ、若シ參事會同意セザルモ知事ニ於テ尚ホ認可スベカラズトナス時ハ、自己ノ責任ヲ以テ認可ヲ拒ムヲ得ベシ。然レドモ知事ノ不認可ニ對シ町村長又ハ町村會ニ於テ不服アル時ハ、內務大臣ニ具申シテ認可ヲ請フ事ヲ得トセリ。市ノ助役ノ選擧モ亦同ジ、其他收入役ノ選擧モ同ツクレバ略ス。

普國ニテモ認可ノ制ヲ取レリ、最モ同樣ノ制限ヲ設ク。

認可ヲ不可トナス說ニヨレバ、自治ノ目的ハ人民ガ法律ノ範圍內ニ於テ、其意志ニ隨テ自由ニ行政ヲ爲スニ在リ。而シテ自治躰ノ行政機關ハ人民ノ共同躰ノ代表者ナルガ故ニ、自由ニ之ヲ選擧シ得ル事ハ則チ自治躰ノ基礎ニシテ、自治ノ制度ノ完全及ビ其職權ノ廣大ニシテ選擧ノ自由ナラザルヨリモ、其組織不完全ニシテ自由ノ選擧即チ認可ヲ要セザル選擧ヲ以テ優レリトス。認可ハ必竟監督ノ制ノ不完全ナルニ由ルト云ヘリ、然レドモ認可ヲ要スルト否トハ、一ハ國家ノ歷史的ノ成立、一ハ社會ノ進步及ビ自治ノ度ニ關スベキモノナレバ、必ズシモ論理ニヨリテ優劣ヲ決スルヲ得ズ。

スタイン等ハ、頻リニ認可ヲ非トシテ右ノ如キ論ヲナセリ。

地方自治躰ノ行政機關ノ職權

地方自治躰ノ行政機關ノ職權ヲ分チテ二種トナス、而シテ市町村ノ行政機關ハ自治躰ノ機關タル事ヲ以テ緊要トナシ、傍ラ國家ノ行政ノ機關トシテ國家ノ行政ヲ行フ。郡長及ビ府縣知事モ二樣ノ資格ヲ有ス、然レドモ國家行政機關タルヲ以テ主トシ、兼テ其自治躰ノ機關トシテ自治ノ事項ヲ執レリ。

市町村ノ行政機關ハ、第一ノ資格ニ於テハ法律ノ範圍內ニ於テ獨立ノ地位ヲ有シ市町村會ノ議決ヲ執行シ、及ビ法律幷ニ市町村會ノ議決及ビ命令ノ範圍內ニ於テ市町村ノ行政ヲ行フ。第二ニ市町村ノ行政機關ハ、國家行政ノ機關ノ資格ニ於テ、法律及ビ命令ニヨリ委任セラルヽ事項ヲ執行ス。此資格ニハ全ク市町村會ヨリ獨立ニシテ其議決ト相關スル事ナシ、而シテ高等官廳ノ訓令ニ隨ヒ、其職務ヲ執ル事一般ノ行政機關ト異ナル事ナシ。一般ノ行政事項ヲ市町村內ニ執行スルニ三種ノ方法アリ。
一、特別ノ行政官衙ヲシテ執行セシムル事。
二、自治體ニ委任シテ行ハシムル事、此場合ニ於テハ自治體ヲシテ其責ヲ負ハシムルガ故ニ、即チ國家行政ノ事ヲ以テ自治ノ事項トナシタルモノト見做スヲ得ベシ。

三、特ニ自治體ノ行政機關ニ委任シテ行ハシムル事。

我國ニ於テハ、或場合ヲ除キテ第三ノ方法ヲ取レリ。

自治ノ事項ト國家ノ行政事項ト、其性質ニヨリテ區別スルモノナリ。

地方自治體ノ會計

豫算ハ來年ノ歳出、歳入ノ見込ニシテ、獨リ國家ノミナラズ凡テ大ナル歳出入ヲ有スルモノハ、豫算ヲ調整スルヲ要スル事明カナリ。然レドモ一個人ノ豫算ト國家又ハ市町村等ノ自治體ノ豫算トノ間ニハ、其計算ノ方法ニ就キテ差違アリ。一個人ノ豫算ハ先ヅ收入ヲ計算シテ、然ル後支出ヲ計算シ彼此ヲ調定ス。之ニ反シテ國家及ビ自治體ノ豫算ハ先ヅ必要ノ歳出ヲ算シ、然ル後歳入ヲ計算シ彼此ノ關係ヲ調定スルヲ通例トス。如此團體ニアリテハ歳入ハ歳出ノ必要ニヨリ、或程度マデ之ヲ増加シ得ルガ故ニ先ヅ必要ノ歳出ヲ計算ス。

各自治體ノ豫算ノ議決ハ、一方ヨリ見ル時ハ自治體ガ行政處分ヲナスノ權利ニシテ、此權利ナカリセバ自治ノ實ナカルベシ。然レドモ又一方ヨリ見ル時ハ法律ニ於テ豫算ノ議決ハ其義務ナリトス。例ヘバ我市町村制ニヨレバ、市町村會ガ議決スベキ事件ヲ議決セザル時ハ、監督官廳ハ代テ之ヲ議決スルノ權ヲ有ス。又豫算ハ市町村會ノ議決ニヨリ、認可ニヨリ執行スベキト否トノ差アリ。我國ニ於テハ全體ニ就テ認可ヲ要スルノ制ヲ採レリ。

豫算ノ支出ニ就テハ、隨意ト法律上必要ノ義務トノ別アリ。隨意トハ議會ガ任意ニ之ヲ議決シ得ベキモノヲ云ヒ、法律上義務トナスノ支出トハ、例ヘバ市町村會ガ其債主ニ對シ拂フベキ元金又ハ利子ノ類、及ビ法律又ハ命令ニヨリ支出スベキモノヲ云フ。我國ノ各地方自治體ニ於テモ此差別アリト雖ドモ、監督官廳ノ監督權强大ナルガ故ニ、隨意ニ議決スベキ範圍ニ屬スベキ部分ニ就テモ、監督官廳ガ其議決ヲ公益ヲ害スト認ムル時ハ、其議決ヲ變更スルノ權アリ。

市町村ノ租稅賦課ノ方法ニ二種ノ別アリ。第一ハ全ク國稅ト獨立ニ賦課スルモノナリ、英國ニテハ此方法ヲ執ル。第二ハ國稅ニ附加シテ賦課スルモノナリ。我國ハ此法ヲ主トシ或場合ニ特別ニ課稅スル事ヲ許セリ。此方法ハ國稅ト平均ヲ保ツ事テ得各地方ノ負擔ヲ平均シ、國稅ノ賦課ニ妨ゲヲ生ズル事ナシ。

行政ノ監督

行政法ハ民法及ヒ刑法トハ其性質ヲ異ニシ、又應用ノ方法ヲ異ニス。且ツ行政法ノ中ニ於テモ其性質ノ異ナル者アレバ、行政法ノ實行ヲ强制スル方法モ亦民法及ヒ刑法ト同一ナルヲ得ズ。民法ハ一個人間ノ權利、義務ヲ定ムルモノナレバ、其法ヲ利用スル者ノミ一個人ニシテ、裁判所ハ一個人ガ其權利ヲ爭ヒ、訴訟ヲ提起スルニ方リテ公平ノ裁判ヲ與フルニ過ギズ。刑法ニ就テハ國家ハ其秩序、安寧ヲ保ツヲ目的トシ、檢査官ハ國家ノ名ニ於テ刑法ノ違犯ヲ訴追ス。而シテ被告ヲシテ自ラ辯護スルヲ得セシメ、裁判所ハ公平ノ裁判ヲナスヲ目的トス。即チ民法、刑法ノ應用ニ就テハ、公平ノ裁判ヲナスヲ目的トスルナリ。而シテ此外司法部ニ於テモ行政ノ監督アリト雖ドモ著シカラズ、反之行政ノ目的ハ數多ニシテ之ヲ實行スル方式及ビ手續モ種類多シ、唯ダ國家ノ秩序、公安ノ危險ヲ防禦スルヲ目的トナス場合アリ。一個人ノ力及バザル部分ニ就キ、其安寧ヲ保護スルヲ目的トナスモノアリ、社會ノ幸福ヲ增進スルヲ以テ目的トスルモノアリ。而シテ此目的ヲ實行スル爲メニ生ズル弊害モ亦尠カラズ、此弊害ヲ防禦シ或ハ除去スル爲メニモ亦種々ノ方法ヲ要ス。唯ダ私法及ビ刑法ニ於クルガ如ク、訴訟ノ手續ニヨリ之ヲ保護スルノミニテハ行政ノ全體ニ就テ其法ノ正當ニ行ハルベキ事ヲ得ベカラズ、又充分ニ公益ヲ保護スルノ目的ヲ達スルヲ得ズ、行政法ハ其性質ノ著シキ點ニ就テ分テ三種トナスヲ得ベシ。

一、國家權ノ運用ニ關スルモノニシテ、人民ニ對シ或事ヲ爲シ或ハ爲スベカラズト命ズルモノ。

此部分ニ就テハ、行政機關ハ唯ダ法律ノ規定ヲ正當ニ執行スル事ヲ司ル場合アリ、又法律ヲ以テ之ヲ規定セズ、行政機關ヲシテ自ラ此命令ヲ發セシムル場合アリ。又一般ニ同一ノ施行ヲ要スルト、各個ノ場合ニ隨ヒ應用ヲ異ニセサルベカラザル事アリ。

二、人民ノ幸福ノ增進ヲ以テ基トナス部分。

行政法ノ此部分ニ於テモ亦其種類尠カラズ。

三、行政ノ組織及ビ手續ニ關スルモノ。

此部分ハ、人民ノ權利、義務及ビ利害ト直接ノ關係ヲ有セザルモノ多シトス。

斯ノ如ク行政法ノ性質異ナルガ故ニ、其應用ノ方法モ亦同一ナルヲ得ズ。故ニ行政法ニ於テハ其監督ノ方法モ隨テ數種アリ。

行政ノ監督ヲ分テ三種トナス即チ監督ノ性質ニヨリテ分チタルモノナリ。

一、行政ノ組織部內ノ監督。

二、司法的ノ監督(レヒツ、コントロール)。

三、議會ノ監督。

此部分ハ、グナイスト ノ採ル所ニシテ一般ニ行ハルヽ區分ナリトス、然レドモ法律上ヨリ論ズレバ完全ト云フヲ得ズ。事實上ニハ悉ク之レアリ。行政組織部內ニ於ケル監督ハ、官吏幷ニ官吏ノ職權上ノ行爲ニ干涉シ、國家ノ意志ヲ同一適當ニ實行スルヲ强制スル方法ヲ云フ。之ヲ分テ又三種トナス。第一、官吏ノ身上ニ就テノ監督、即チ懲戒免職等ヲ以テ官吏ガ其上班官廳ノ命令、及ビ處分ニ服從シテ義務ヲ實行スルヲ强制ス。第二官吏、ノ職務上ノ監督、監督官廳ハ其監督權ヲ以テ下班官廳、或ハ官吏ノ處分ヲ停止シ、或ハ取消ス。第三、公計ノ監督、國家ノ收入、支出ノ法律及ビ豫算ニ準據スル事ヲ强制ス。司法的ノ監督トハ、行政法規ノ適用ヲ誤ル場合及ビ越權ノ場合ニ對シテ、人民ノ權利及ビ利益ヲ保護スル爲メノ組織ヲ云フ。第十、民事裁判、人民ガ國家ノ行政ニ對シ、特別ナル契約ニヨリテ得タル私法上ノ權利ヲ保護スル爲メニ。民事訴訟ヲ提起スル事ヲ得セシメ、以テ其權利ヲ保護スルハ即チ行政ニ對スル一種ノ監督ナリトス。第二、通常ノ刑事裁判、官吏ノ職務上ノ犯罪ヲ訴追シ、幷ニ官吏又ハ官廳ニ對シ妨害ヲナス犯罪者ヲ訴追スル事ニヨリ、行政法律ノ正當ノ適用及ビ官吏ノ權限ヲ確守スル事ヲ强制スルガ故ニ、是亦一種ノ監督ナリトス。第三、行政訴訟及ビ訴願、或事柄ニ就テハ一定ノ官廳ヘ順次訴願ヲナスヲ得セシメ、又或事柄ニ就テハ行政裁判ヘ訴訟ヲ提出スル事ヲ得セシム、是亦行政法規ノ適用ヲ保證スルモノナリトス。グナイストハ民事裁判及ビ刑事裁判ヲ行政ノ監督トナセリト雖ドモ、此兩種裁判ノ行政ニ對スル目的ハ、一般ノ目的ト異ナル事ナク、特ニ行政ノ監督ヲ其目的トスルニ非ズ。唯ダ此兩裁判ガ間接ニ行政ノ監督トナル結果ヲ有スルニ過ギズ。故ニ法律上之ヲ行政ノ監督ノ中ニ置クハ適當ニ非ズ。

議會ノ監督ヲ分テ三種トナス。第一、行政全躰ノ監督、國家ノ豫算ニ協贊ヲナシ、決算ヲ審査スル事ニヨリ、行政法規ノ適用ヲ强制ス。第二、特別ノ監督、行政事項ノ審査、請願ノ受理、建議、上奏及ビ質問其他院内ノ動議ニヨリ、各個ノ場合ニ於テ行政ヲ監督スル事。第三、非常補助的ノ監督、即チ彈劾是亦グナイストノ區別ナリ。而シテ此三種ヲ以テ監督ノ方法トナス事ハ、英、佛、獨ノ公法家ノ間ニ一般ニ行ハル、説ナリト雖ドモ、或説ニヨレバ第二及ビ第三、ヲ以テ監督トナスヲ得ズトシ、或人ノ説ニヨレバ彈劾ハ監督ヲ强制スル方法トナシ、之ヲ以テ直ニ監督ノ方法トナサズ。而シテ彈劾ハ我國ノ憲法ニ採ラザル所ナレバ、我行政ノ監督ヲ論ズルニ就テハ此事ヲ云フノ要ナシ。又或説ニヨレバ君主即チ國家ニシテ、國家ハ主權者ナレバ議會ハ君主ニ對シテ權利ヲ有セズ、議會ハ一方ヨリ見ル時ハ君主ガ其權ヲ行フノ機關ニシテ、又一方ヨリ見ル時ハ國民ヲ代表スル團躰ニシテ君主ノ統治ノ總躰ナリトス。而シテ此代表ノ性質ヨリシテ人民ノ請願ヲ受理シ、之ニ對シテ政府ヘ助言シ、又人民ノ請願ヲ告グル爲メニ建議ヲナシ、上奏ヲナシ或ハ質問等ヲナスモノニシテ、政府ヘ對シ監督權ヲ有スルガ故ニ此方法ヲ有スルニ非ズ。又政府ハ建議、上奏、質問等ニ對シ必ズ答辯ヲナスヲ要セズ、其意志ヲ實行スルヲ要セズ、故ニ唯ダ政府ヘ對シ人民ノ意志ヲ表告スルノ方法タルニ過ギズ。然レドモ此ノ如キ方法ヲ以テ、各個ノ場合ニ行政ヲ監督スルモノナリトスルヲ一般ノ說トス。而シテ君主、主權者タル我國ニ於テハ、法理上之ヲ監督ノ方法ト見做スベカラズト雖ドモ、監督ノ事實アル事ハ疑フベキニ非ズ。

地方自治體ノ監督

地方各自治躰ノ監督ハ、國家行政ノ統一ヲ保チ、幷ニ地方各自治躰ノ自主ト國家行政トノ調和ヲ保チ、法律命令ノ執行ヲ强制スル爲メニ必要ナリトス。其目的ハ國家行政全般ノ監督ト異ナル事ナシ、然レドモ自治躰ハ法律ノ範圍內ニ於テ隨意ニ其區劃內ノ行政ヲ爲スノ權ヲ有スルガ故ニ、自治躰ニ對スル監督モ亦法律ヲ以テ之ヲ確定シ、其範圍內ニ於テ監督セザルベカラズ。若シ然ラズシテ上班官廳及ビ下班官廳ノ關係ヨリ生ズル一般ノ監督權ヲ應用スル時ハ、自治躰ノ權利ヲ害スベシ。故ニ自治躰ニ對スル監督ハ、法律確定ノ條件ニ從ハザルベカラズ。次ニ自治躰ハ一定ノ塲合ニ於テハ、監督官廳ノ監督處分ニ對シ行政裁判所ヘ出訴スルヲ得セシム、故ニ法律命令ヲ解釋スル權利ニ就テモ、一般ノ國家行政ノ官廳又ハ官吏ニ比シテハ獨立ノ地位ヲ有セリ。而シテ市町村ノ行政ノ職員ニ就テハ、監督官廳ハ一般ノ國家ノ官吏ニ對スルガ如ク懲戒權ヲ有スト雖ドモ、既ニ述ベタルガ如ク行政裁判ニ出訴ヲ許シ、懲戒權ノ應用ヲ制限セリ。

府縣制、郡制及ビ市町村制ニ於テ監督官廳ヲ指定セリ、而シテ此監督官廳ノ監督ヲ以テ一般ノ監督トス。然レドモ監督ノ性質及ビ事實ニヨリテ論ズル時ハ、各制ニ於テ指定スル監督官廳ノ監督ノ外ニ、尙ホ行政上又ハ政治上ノ監督アリ。一、各自治體ノ議會ト其行政機關トハ、相互ニ監督セリ。而シテ市町村制ニ於テハ、行政機關ガ議會ヲ監督スル場合及ビ方法ヲ確定シ、而シテ又議會ハ行政ノ書類等ヲ撿閲スルノ權ヲ有シ、及ビ決算ノ報告ヲ議決スルノ權ヲ有スルハ、即チ町村ノ行政ヲ監督スルノ方法ナリトス。然レドモ郡制及ビ縣制ニ於テハ、其議會ニ大ナル監督權ヲ與ヘズ、行政ノ書類ヲ撿閲スル等ノ權ハ之ヲ規定セズ、唯ダ決算ヲ議決スルノ權ヲ與フルノミ。二、政治上ヨリ見ル時ハ、自治躰ノ人民ノ監督ハ英、佛即チ英ノ團結市制、佛ノ邑制ニ於テハ、其組合躰ノ住民ヲシテ自治躰ノ行政書類ヲ閱覽スルノ權ヲ有セシム。即チ佛邑制第五十八條ニ、凡テ邑ノ住民又ハ納稅者ハ邑ノ豫算、決算規則類ノ全部或ハ一部ヲ寫シ取ルノ權ヲ有スト定ム。而シテ若シ邑長ガ之ヲ拒ム時ハ、知事ニ訴願シ又其裁決ニ對シテハ內務大臣ニ訴願シ、其裁決ニ對シテハ參事院ニ出訴スル事ヲ得。又英國ノ團結市制第二百三十三條ニモ大躰同一ノ事ヲ規定ス、且ツ閱覽ヲ拒ム者ニ對シテ五磅以下ノ罰金ヲ科スルノ制ヲ設ク。斯ノ如キ規定ハ人民ヲシテ直接ニ市ノ行政機關ヲ監督セシムルノ方法ト云フヲ得ベシ、然レドモ我國ニ於テハ人民ガ斯ノ如キ權ヲ有スル事ヲ規定セズ、故ニ人民直接ノ監督法ハ我制ニ於テ設ケザル所ナリ。

警察

歐洲警察ノ沿革

歐洲中古ノ初頃ニ於テハ、國家ト云フ思想未ダ幼稚ニシテ國家ノ政務モ亦甚ダ尠ナク、警察（ポリツァイ）ト云フ名目モ未ダ生ゼザリキ。而シテ此時ノ國家ハ唯ダ內外ニ於テ法ノ保護ヲナスニ限リタリ。（法ハ權利ノ意）故ニ其行政ハ兵務及ビ司法ヲ以テ重ナルモノトセリ。十三世紀及ビ十四世紀ニ於テ、市府ガ其支配權ヲ擴張シ、市場及ビ諸市營業幷ニ警察ノ事ヲ以テ市ノ行政事項トナシ、從來市ノ裁判官ノ司リタル保安警察ノ事モ亦市ノ行政事項トナシタリ。十五世紀ノ終頃ヨリ社會ノ開化大ニ進歩シ、隨テ經濟事項及ビ其他ノ行政事項ヲ以テ政府ノ行政事項トナスニ至リ、此時ヨリシテ凡テ國家ノ行政ト宗教ノ事務ト相對シ之ヲ Politia ト稱シタリ、故ニ此時ノ羅馬帝國ガ發スル所ノ命令ヲ凡テ帝國ノ警察令ト稱セリ。然レドモ其命令ハ現今警察ニ屬スル事項ヲ規定スルノミニ非ズ、帝國警察令ハ私法、刑法、出版條例、商法、營業條例等ヲ包括セリ。此帝國警察令ハ各邦ニ於テ之ヲ施行シタリ、而シテ各邦警察令モ亦凡テノ國家行政ヲ包括セリ。爾來帝國權力ノ衰フルニ及ビテハ帝國ハ唯ダ貨幣幷ニ賣買ノ事等一定ノ事項ヲ規定スルニ止マリ、其他ハ凡テ各邦ガ警察權ノ名義ヲ以テ之ヲ管轄セリ。十七世紀ノ中頃ヨリ警察ノ意味ニ著シキ制限ヲ生ジ、此時以來獨逸各邦ニ於テ二種ノ行政ヲ以テ警察ノ中ニ包括セザルモノトナセリ。即チ外交及ビ兵務ノ行政是ナリ。其後ニ至リ司法モ亦性質大ニ他ノ國家ノ行政ト差別アルガ故ニ、之ヲ警察ノ中ニ置カザルニ至リタリ。此時以後モ亦漸次ニ警察ノ意義ニ制限ヲ生ジタリ、其制限ヲ生ジタル重ナル原因ハ Kameralwissenschaft ノ進歩ナリトス。此學ハ殊ニフリードリヒ、ウヰルヘルム第一世ノ奬勵ニヨリ發達シタリト云フ、此王ノ目的ハ軍隊ヲ增加シ幷ニ其給養ノ爲メニ大ナル收入ヲ得ルニアリキ。而シテ他ノ行政事項ハ此目的ノ補助タルモノトナリ、斯ノ如ク財政ヲ以テ尤モ緊要ノ事項トシ、特別ノ學科トシテ之ヲ研究シ警察ト相對シ置クニ至レリ、故ニ財政ヲ警察ノ中ヨリ除ケリ。

警察トハ、國家ノ行爲中ニ於テ外交、司法、財政及ビ宗教事務ニ屬セザルモノヲ包含スル事トナレリ。然レドモ其意義尙ホ廣ク十八世紀ノ中頃ヨリ國家ハ警察權ヲ以テ凡テ內務ノ事ニ干涉シ、一方ニ於テハ公ノ安寧、秩序ヲ保チ危險ヲ豫防シ、又一方ニ於テハ積極的ニ人民ノ幸福增進ヲ計レリ、故ニ舊學派ハ警察ヲ分テ安寧及ビ幸福警察トナセリ。(「ヅツヘルハヰツポリツアイ」及ビ「ホーヘルハヰツポリツアイ」)然レドモ近時ニ至リテハ唯ダ安寧警察ヲノミ警察ノ意義トナスニ至レリ、尤モ以上ノ歷史ハ歐洲大陸ノ進歩ニシテ英國ハ其沿革ヲ異ニセリ。

警察ノ定義ニ關シテハ三ノ學說アリ。

第一ノ學說ハ、今世紀ニモ尙ホ之ヲ取ルモノアリト雖ドモ舊說ナリ。其說ニヨレバ、警察トハ凡テ内務、行政ヲ包括シテ稱ス。此說ハ現今警察ト云フ言語ノ用法ニ反スルモノニシテ、學理上主張スル事ヲ得ズ。

第二ノ學說ハ、警察ヲ行政ノ事柄又ハ目的ニヨリ內務、行政ヨリ區分スルモノニシテ、此說ニヨレバ、警察ハ公ノ安寧ノ保護ヲ目的トスルモノナリ、而シテ其他ノ事項ハ之ヲ警察ヨリ取除ケリ。

モールハ第一說ノ派ニ屬スル最後ノ名高キ人ナリ、其著書ニ「ポリツァイウッセンシヤフト」アリ。

第三ノ學說ハ、專ラスタインノ主張セシ處ニシテ、其說ニヨレバ、警察ハ內務、行政ト同一物ニ非ズト雖ドモ、又內務、行政ノ特別ノ一部ヲ指スニモアラズ、內務、行政全躰ニ涉ル所ノ一部ナリト云フ。此說ハ警察ノ意義ニヨリテ區分スルモノニシテ、警察ノ行爲ハ凡テ內務、行政ノ中ニ於テ、命令權ヲ以テ危險豫防ノ爲メ一個人ノ自由ニ干涉スル所ノモノナリ、故ニ强制或ハ命令權ヲ以テ應用セザル時ハ警察トナサズ。此說ハ廣ク公法家ノ執ル所ナリト雖ドモ、尙ホ之ニ反對ノ說ヲ主張スルモノナキニアラズ。

スタインハヘーゲル派ノ哲學ヲ執リ哲學上ヨリ論ヲ立テ、事實ヲ重ゼザルヨリ其說モ古ク誤モ多シト雖ドモ、其論說ヨリ學者ノ注意ヲ喚起セシノ効ハ大ナリ。

警察權ノ性質

警察ハ、人爲又ハ自然ノ原力ヨリ生ズル危險ヲ防禦スルモノニシテ、其防禦ノ爲メニハ人民ノ行爲ニ命令權ヲ應用ス、此命令ニハ强制權ノ伴フベキモノヲ云フナリ、警察ノ系統(システム)ハ危險ノ種類性質ニヨリ生ズルモノニシテ、例ヘバ公共ノ秩序、安寧警察、衞生警察、風俗警察ノ如キ差別是ナリ。人民ノ行爲ニ對シ命令ヲ應用シ、危險ヲ防禦スルヲ以テ直接ノ目的トナスモノニ非ザレバ警察ニ非ズ。例ヘバ租稅ノ滯納者ヲ强制シ、之ヲ收納セシムルガ如キ或ハ兵役ヲ一般人民ノ義務トナシ、强制ヲ以テ兵卒ヲ徵募スルガ如キ、皆國家又ハ國民ノ公益ヲ基トスル所ノ行政ノ目的ヲ達スル爲メニ之ヲ强制スルナリ。然レドモ其直接ノ目的ガ危險防禦ニ非ズ、故ニ警察ト云フヲ得ズ。而シテ直接ノ目的ガ危險ノ防禦ニアリト雖ドモ、人民ノ行爲ニ對シ强制權ノ伴フベキ命令權ヲ應用セザルモノハ警察ニ非ズ。例ヘバ公共ノ安寧ノ爲メニ點火シ又ハ衛生ノ爲メニ藥劑ヲ施與スルガ如キ類モ、危險ノ防禦ヲ以テ目的トナストスト雖ドモ、此場合ニ於テ强制權ヲ用非ル事ナキガ故ニ警察ニ非ズ。（大夥スタインノ說）

警察ハ危險防禦ノ爲メニ一個人ノ行爲ニ干涉シ、或事ハ爲スベシ或事ハ爲スベカラズト命令ス。此命令ハ個人ノ自由ニ干涉スルガ故ニ、必ズ法律又ハ憲法ニ準據スル事ヲ要ス。我國ニ於テハ憲法第九條ニ於テ此命令權ヲ定ム、併シ第九條ノ規定ハ警察命令ノミヲ定メタルモノニ非ズ、其中ニ含マレタル最モ著シキモノハ此命令ナリ。又法律上特別ノ委任ニ賴ラザル凡テノ警察命令ハ皆此個條ニ準據ス、併シ此條ハ命令權ヲ定メタルノミニテ、其命令ニ付スベキ制裁ハ之ヲ定メズ。固ヨリ法律執行ノ命令ハ概シテ制裁ヲ付スルヲ要セズ、何トナレバ其命令ヲ拒ム時ハ法律ノ執行ヲ拒ムモノナルガ故ニ、法律ノ制裁ヲ以テ之ニ加フルヲ得。尤モ法律ノ不足ヲ補フ命令ハ、法律ノ制裁ニヨルヲ得ザルガ故ニ特別ノ制裁ヲ要ス。加之獨立命令ニハ之ヲ强行スルノ制裁ヲ要ス。然ルニ我憲法ハ此制裁ヲ定メズ、又憲法第廿三條及ビ其他ノ規定ニヨレバ、法律ニヨラザレバ特ニ罰則ヲ付スルヲ得ザル事ト定ム。故ニ法律ヲ以テ命令ニ付スル罰則ヲ付スル程度ヲ規定セリ、即チ各命令ノ規定ニ隨テ二百圓以下ノ罰金、一年以下ノ禁錮ニ付スルヲ得ル事ヲ定メタリ。外國ノ制ニ於テハ、佛國ニテハ違警罪ニ付スル罰金ノ外ハ刑法以外ニナシ。然レドモ普國ニテハ、命令ニ付スル罰ヲ定メタリ。其理由ノ根據ハ警察命令ハ時ト所トニヨリ、危險ヲ生ズル事ヲ豫妨スルモノナルガ故ニ、法律ヲ以テ豫メ規定スル能ハズ。而シテ此命令ハ强行スル事ヲ要スルガ故ナリ。斯ク警察命令權ヲ憲法第九條ニ定メ罰金ヲ付スル事ヲ法律ヲ以テ定メタリト雖ドモ、此命令權ヲ以テ凡テ警察ニ屬スル事ヲ規定スル能ハズ。憲法ニ於テ法律ヲ以テ定ムベシト確定シタル事柄ハ、必ズ法律ニヨルヲ要ス。此場合ニ於テハ法律ハ通則ヲ定メテ其細目ハ命令權ニ委任スルヲ得、故ニ警察法ハ法律ト命令トニヨリテ成ルモノナリ。

憲法第九條ハ命令權ノ全體ヲ定メタルモノニシテ、他ノ法律ヲ以テ定ム云々トアルハ此例外ヲ設ケタルモノナリ。故ニ法律ニテ定メタル事ニテ之ヲ變更セザル以上ハ、命令ヲ以テ定ムルヲ得トノ說生ズ。然レドモ法律ニヨリテ命令權ヲ制限スルモノナル事ハ、憲法ノ明文上明ニシテ命令ハ此範圍內ニ立入ルヲ得ズト解釋スルヲ正當トス。

法律ハ命令ヲ以テ廢止、變更スルヲ得ズ、然レドモ法律ハ命令ヲ廢止、變更スルヲ得、又下班ノ警察官ノ命令ハ監督官ニ於テ之ヲ廢止シ、又其執行ヲ停止スル事ヲ得、併シ警察令ハ唯ダ警察令ヲ以テ之ヲ廢止變更スルヲ得ルノミニシテ、達令ヲ以テ之ヲ廢止スルヲ得ズ。唯ダ一定ノ塲合ニ警察令ニ服從ノ義務ヲ解除スルヲ得ルナリ。但シ達令ハ一個々々ノ塲合ニ處分スル命令ニシテ、警察令ハ通則命令ナレバナリ。（達令―フェルフユールンク）警察ノ通則命令ハ之ヲ公布スル一定ノ方法ヲ要ス、併シ達令ハ其處分ヲ達スル人ニ通知スルノ必要アルノミニシテ之ヲ公布スルヲ要セズ。（通則令―フェルヲルドヌンク）

警察ハ要スルニ一個人ノ力ヲ以テ保護シ得ベカラザル所ノ危險ヲ防禦スルヲ目的トナス、一個人ノ力ヲ以テ防禦シ得ベカラザル危險トハ即チ公共ノ危險ナリ、故ニ之ヲ防禦スルニハ强制權ヲ以テ人民ノ自由ニ干涉スルヲ要ス。然レドモ又凡テ憲法ニ於テ人民ハ住居移轉ノ自由ヲ有ス、或ハ其他ノ自由ノ規定アリテ人民ノ自由ヲ保護スルガ故ニ、警察權ノ權限ハ公共ノ危險ト、人民ノ自由トヲ以テ定メザルベカラズ。我國ノ警察ニ於テモ此標準ニヨリテ權限ヲ定ム。人民ノ自由ハ場處ノ公私ニヨリテ差別アリ、私ノ場處ニシテ之ヲ取圍ミタル處ハ、自由ノ保護ノ點ヨリ警察權ノ及バザル所トス。併シ公共ノ危險ノ點ヨリ警察ハ公共ノ秩序ヲ保チ、安寧ヲ保護スル爲メニ私ノ場處ニモ人民ノ行爲ニ干渉スル事アリ。又家屋ニ就テモ公私ニヨリテ警察上ノ區別アリ、私ノ家屋ハ一定ノ場合ニ非ザレバ警察ノ侵入セザルヲ通則トス。反之一般人民ノ集會ノ用ニ供スル家屋ハ、公共ノ場所ト見做シテ警察ハ何時ニテモ侵入スルノ權ヲ有シ、其場處ガ一個人ノ私有タルト數人ノ所有タルニ拘ラズ、其使用ノ私ノ爲メニスルト公衆ノ用ニ供スルトニヨリテ區別ス。家屋內ノ人民ノ自由ニ就テモ、警察ノ權限ヲ公私ニヨリテ差別シ、一個人ノ住居ノ家屋ハ、法律ニ確定スル一定ノ場合及ビ一定ノ時刻ニ非ザレバ警察之ニ侵入スルヲ得ズ。反之一般人民ノ集會ノ用ニ供スル家屋ハ公共ノ場處ナレバ警察ハ何時ニテモ之ニ侵入スルノ權ヲ有ス。

警察ノ强制權

通常ノ場合ニ於テ警察ガ權力ヲ應用スルハ、自衛ノ場合ニ限リ其以外ノ事ハ裁判ノ手續ニヨル。然レドモ警察權ノ應用ハ危險ノ性質ニヨリテ定ムベキモノナレバ、危險ノ性質ニヨリテハ警察自ラ其職權ヲ應用スル場合尠カラズ。例ヘバ火災ノ場合ニハ其危險ヲ防禦スル爲メニ隣家ヲ破壞シ、其他凡テ防禦ニ必要ナル處分ヲナスノ職權ヲ有ス、又傳染病ノ流行スル場合ニ於テモ警察ハ或種類ノ傳染病ノ場合ニハ、其職權ヲ以テ臨機ノ處分ヲナス事アリ。例ヘバ牛疫ノ場合ニ當リ、傳染ノ疑アルモノヲ撲殺スルノ權ヲ有ス、此時ニハ一定ノ代價ヲ所有者ニ與フ、然レドモ民事上ノ賠償ニ非ズ、唯ダ一般ノ利益ノ爲メニ一定ノ額マデ之ヲ與フルノ制ヲ設クルナリ。次ニ國民ノ權利ニ就テ國民ハ法律ノ範圍內ニ於テ平等ニ自由ヲ享有スルヲ以テ憲法ノ通則トス然レドモ公共ノ安寧、秩序ノ保護ノ爲メニ其危險ヲ生ズルモノ、性質ノ差異ニヨリ、警察權ヲ以テ人民ノ自由ニ干渉スルヲ必要トス。故ニ公共ノ安寧秩序ノ危險ヲ生ズルノ原力一個人ニアル時ハ、公共ノ安寧、秩序ヲ保護スル爲メニ其者ノ自由ヲ制限セザルベカラズ此法理ニヨリ一定ノ刑罰ニ處セラレタルモノハ、一定ノ期間警察ヲシテ之ヲ監視スルノ權ヲ有セシム、而シテ監視ニ付セヲレタルモノハ、憲法ニ確定セル一般國民ノ權利ヲ有セズ。其他一般ノ公共ノ安寧ヨリシテ一個人ノ權利ヲ制限スル場合尠ナカラズ。

司法警察及ビ行政警察

司法及ビ行政警察ハ共ニ危險ヲ豫防スルヲ以テ目的トナス、而シテ司法警察ノ中ニ司法ノ判決ヲ執行スルモノト、通常司法警察ト稱スルモノトノ差別アリ。判決ヲ執行スルノ制ハ之ヲ別ノ一部トシテ監獄制ト稱シ、通常司法警察ノ中ニ合マシメズ。而シテ通常司法警察ノ危險防禦タルノ理由ヲ擧グレバ、既ニ罪ヲ犯シタルモノハ既ニ危險ヲ遂ゲタルモノナリ。而シテ犯罪者ガ刑法ニ隨テ處罰ヲ受ケズ、或ハ其罪人ヲ發見スルヲ得ザルハ犯罪者ヲ增加スルノ原因トナルガ故ニ、社會ノ危險ナリト云フニアリ、故ニ警察ノ職務ハ此危險ヲ防禦センガ爲メナリ。即チ司法ヲシテ犯罪者ヲ罰スル事ヲ得ルノ準備ヲナスモノト云フベシ。而シテ司法警察ハ行政警察ト反シテ獨立ノ地位ヲ有セズ、此職務ニ就テハ警察ハ司法ノ補助トナシ、司法ニ隨屬ノ地位ニアルモノナリ。

行政警察ハ司法ニ對シ全ク獨立ノ地位ヲ有スルモノニシテ、司法警察ノ如ク既ニ犯シタル罪ヨリ生ズル危險ヲ防禦スルニ非ズ、將ニ犯法ノ行爲ヲ爲サントスルヲ防禦シテ、公共ノ安寧、秩序ヲ保護スルニアリ。行政警察ヲ分テ高等警察及ビ通常警察ノ二トナス。而シテ此差別モ亦危險ノ性質ニヨリ生ズルモノタリ、即チ國家又ハ社會全躰ノ危險ヲ生ズルモノヲ防禦スルノ職務ハ之ヲ高等警察ニ屬シ、各人ノ危險ヲ生ズル原力ヲ防禦スル事ハ通常警察ニ屬ス。

司法警察ニ關スル危險防禦ノ解釋ハスタインノ説ナリ、高等警察(ヘーヘレ、ポリツァイ)通常警察(アインツェルヲ、ポリツァイ)此區別ハ、獨逸ヨリ引用セシモノニシテ英國ニハ如此別ナシ。

スタインハ、此區別ヲ集合躰ノ危險ト一個人ノ危險トニヨリテ分テリ、然レドモ此區別ノ標準ハ尙ホ明ナラザルガ如シ。スタインハ又「フェルケールスポリツァイ」ヲ區別シ、鐵道及ビ山林等ノ警察ヲ稱シ別ニ執行官ヲ置カズシテ各行政官ニ委任セリトナス。

警察ノ執行吏

警察ノ巡査ノ制ハ、英國ニテモ今世ノ中頃ヨリ發達シ、獨逸ニテモ五十年來ヨリノ事ナリ。其以前ニハ各地方ニアル自治ノ名譽職之ヲ行ヘリ。（例ヘバ英國ナレバ、「パリッシユ」ノ「コンステーブル」ノ如シ）然レドモ近時ハ巡査ヲ置キ全ク兵隊的ノ組織ナリ。獨逸ニ於テハ各都市ニ組織セラレタル巡査アレドモ、町村ニ至リテハ町長、村長ノ下ニ別ニ警察ノ執行官ヲ置ケリ。然レドモ憲兵ノ制我國ト異リテ、各郡ニ之ヲ分配シ置キ郡長ノ指揮ニ應ゼシム。佛國ニ於テハ憲兵ノ制ハ我國ト同ジク巡査ハ重ナル市府ニノミアリテ、英國ノ如ク全國ニ兵隊組織ノ制ニハアラズ、各町村ニ警察吏ヲ置ケリ。高等警察ニハ「ポリツァイ、コンミツセール」ナルモノアリ。

第三編　行政裁判法

第一章　行政裁判ノ定義

行政裁判ノ定義ニ二種アリ。

第一、通常ノ司法裁判所ニ於テ裁判ヲ爲スト、特別ノ行政裁判所又ハ行政機關ニ於テ裁判ヲ爲ストニ拘ハラズ、總ベテ行政法ニ關シテ起ル爭ヲ專ラ法ノ爭トシテ裁決スルモノ之ヲ行政裁判ト稱ス。此定義ニ依レバ法ノ性質ニ依テ行政裁判ヲ分ツモノナレバ、通常ノ司法裁判所ノ爲ス裁判ト雖ドモ、尙ホ行政裁判タルコトナキニアラズ。例ヘバ英國及ビ伊國ニ於テハ特別ノ裁判所ヲ設ケズ、行政法ニ關スル裁判モ通常司法裁判所之ヲ掌リ、唯ダ行政法ニ關シテ起ル裁判ヲ、特ニ行政裁判ト稱スルニ過ギズ。而シテ又純粹ノ行政機關ガ行政法ニ關シテ起ル爭ヲ判決スト雖ドモ、尙ホ之ヲ行政裁判ト稱ス。尤モ其裁決ハ一定ノ訴訟手續ト裁決ノ效力ニ依リテ、一般ノ行政處分ト判然タル差別アルヲ要ス。

第二、行政裁判トハ行政法ニ關シテ起ル爭ノ裁判ニシテ、特別ノ行政裁判所ノ管轄ニ屬スルモノヲ云フ。通常我國ニテ行政裁判ト稱シ、又ハ佛國ニ於テ行政裁判ト稱スルハ、此定義ニ依リタルモノナリ。

次ニ行政裁判ノ目的ハ、一個人又ハ各種法人ノ權利ニ關スル行政機關ノ權力應用ノ限界ノ爭ヲ裁定シ、行政法ニ基ク處ノ權利ヲ保護シ、又ハ一個人若クハ各種法人ノ間ニ行政法ニ關シテ起ル爭ヲ裁決シ、又ハ一定ノ者ノ權利ニ關セズ汎ク行政法ノ實行ヲ强制シ、公共ノ利益ヲ保護スルニ在リ。而シテ行政機關ノ關渉ニ對シ、行政法ニ基ク處ノ權利ヲ保護スルヲ以テ行政裁判ノ主ナル目的トス。其實例甚ダ多シト雖ドモ今茲ニ之ヲ省略ス。

一個人又ハ各種法人ノ間ニ起ル行政法ニ關スル爭トハ、例ヘバ市町村ノ境界ニ關スル爭ニ付キ、一定ノ訴願手續ヲ經過シ、行政裁判所ニ出訴シ得ルノ類ヲ云フ。又一定ノ權利ニ關セズ汎ク行政法ノ實行ヲ强制シ、公共ノ利益ヲ保護スルハ其實例甚ダ少ナシト雖ドモ、我國ノ現行法ニ於テハ其實例ナキニアラズ。蓋シ此種類ノ裁判ハ孛國ニ於テ改進シタルモノニシテ、我國ノ現行法モ亦之ヲ採用セリ。例ヘバ市制第六十五條、町村制第六十八條、及ビ郡制第七十五條ニ於テ市町村長又ハ郡長ガ府縣參事會ノ裁決ニ服セズ行政裁判所ニ出訴シタル時ハ、行政裁判所之ヲ裁決スルハ市町村長又ハ郡長ノ權利ヲ保護スルヲ以テ目的ト爲スニアラズ、行政法規ノ實行ヲ強制シ公共ノ利益ヲ保護スルヲ以テ其目的ト爲スモノナリ。

是ヨリ參照ノ爲メニ英、佛、孛、伊各國ノ行政裁判ト通常ノ司法裁判トノ關係ヲ述ブベシ。

英、伊、兩國ニ於テハ行政法ニ關シテ起ル爭ノ裁判モ、亦通常ノ裁判所ノ管轄ニ屬ス。而シテ英國ニ於テハ上級(上級トハ上級官衙ヲ云フ)ニ於テハ、司法ノ職權ト行政ノ職權トハ大躰分離シ、行政裁判ノ事件ハ通常ノ司法裁判所ノ職權ニ屬ス。然レドモ英國ノ制度ハ歷史的ノ進步ニ基キタルモノニシテ、論理的ニ依リ一時ニ制定シタルモノニアラズ。故ニ現今尚ホ上級ノ處ニ於テモ、外形上行政ノ職權ト裁判ノ職權トヲ合併シ、又ハ立法ノ職權ト裁判ノ職權トヲ同一ノ機關ニ於テ掌ル場合アリ。例ヘバ樞密院ガ或ル事項ニ依リ裁判權ヲ有シ、又貴族院ガ裁判所一種ノ高等裁判所、及ビ一種ノ控訴裁判所タルノ地位ヲ有スルガ如キ是ナリ。而シテ是レ歷史的ノ成立ニ基キタルモノナレバ、其制度ノ外形尚ホ存スト雖ドモ、實際ハ裁判ハ純粹ノ裁判官タル者及ビ裁判官タル資格ヲ有スル者之ヲ掌ルガ故ニ、行政ノ職權又ハ立法ノ職權ヲ以テ裁判ノ職權ニ干渉スルコトナシ。而シテ又中級以下ノ處ニ於テハ、近來迄ハ裁判ノ職權ト行政ノ職權トハ同一ノ機關即チ治安裁判官之ヲ掌リシヲ以テ、或公法家ハ伊國ト英國トハ行政裁判ノ點ニ付テ其制度ヲ異ニストス論ズル者アレドモ、英國ニ於テモ現今地方制度ノ改正ニ依リ、漸次ニ行政ノ職權ト裁判ノ職權トノ差別ヲ爲シ、特ニ千八百八十八年州會ヲ設置シ、從來治安裁判官ニ屬セル事項中行政事項ノ性質ヲ有スルモノハ、之ヲ州會ノ職權ニ屬セシメタリ。故ニ現今英國及ビ伊國ニ於ケル行政ノ職權及ビ行政裁判所ノ職權ト、通常裁判所ノ職權トノ差別ハ大躰同一ナリトス。

伊國ニ於テハ、千八百六十五年ノ法律ヲ以テ行政法ノ裁判事件ハ、總テ通常裁判所ノ職權ニ屬セシメタリ。故ニ通常裁判所ハ一私人ノ私法上ノ訴訟、及ビ國家行政機關ノ行爲ニ關スル公法上ノ訴訟事件ヲ問ハズ、總ベテ之ヲ裁決スルノ權ヲ有セリ。尤モ行政法ニ關シテ起ル處ノ裁判ニ付テハ、迅速ノ手續ニ依ルノ特例ヲ設ケタリ。而シテ又訴訟ノ爲メニ公共ノ利益ヲ保護スル行政機關ノ執行ヲ停止セズ。

佛國ニ於テハ、革命以前ニ既ニ行政ノ職權ト、通常裁判所トノ區別成立シ、行政ノ行爲ニ付テ起ル事ハ、行政權ノ管轄ニ屬シ、通常裁判處ハ之ニ干渉スル能ハザルモノトセリ。而シテ革命ノ時ニ際シテ三權分離ノ主義ヲ採用シ、行政權ト裁判權トハ各々分離獨立シテ相干渉スベカラズトシ、行政ノ行爲ニ關シテ起ル爭ハ行政ノ職權ニ屬スベキモノニシテ、通常裁判所ノ管轄ニ屬スベキモノニアラズトス、故ニ行政裁判所ト通常裁判所トノ職權ノ區別及ビ限界モ、亦三權分離主義ニ基キ總ベテ行政ノ行爲ニ關スル爭ハ、行政裁判所ノ管轄ニ屬スベキモノトス。

次ニ孛國ノ制度ニ付テ述ベントス、從來獨逸各邦ニ行ハレタル數種ノ制度及ビ學説ハ、現今孛國行政裁判ノ制度ニ勢力ヲ及ボシタルハ事實上疑ナキコトナレバ、余ハ先ヅ其制度學説ノ最モ著シキモノヽ要領ヲ述ブベシ。

獨逸ニ於テ古來汎ク行ハレタル制度ニ依レバ、公法ハ治者、被治者間ノ權利義務ヲ定メタルモノニシテ、固ト私法ト同一性質ノモノナレバ、行政裁判モ亦雙方ノ權利義務ニ付テ起ル爭ヲ裁決スルモノニシテ其性質私法ノ裁判ト異ナルコトナシ。而シテ此制度ノ主義ヲ主唱シタル學者中最モ著シキモノハベールル氏ニシテ、其著書中ニ於テ行政裁判ハ他ノ裁判ト異ナルコトナク、國法ハ一種ノ組合法ニシテ治者、被治者間ノ權利ヲ定メタルモノナレバ、此權利義務ニ付テ起ル裁判モ亦通常裁判所ノ職權ニ屬スベキモノナリト論述セリ。

或公法家ノ說ニ依レバ、公法ハ前述セル如ク治者、被治者相互間ノ權利義務ヲ定メタルモノナリト云ヘリ。然レドモ公法上ノ權利ハ貨物ヲ以テ其目的ト爲サズト雖ドモ、私法ハ人事法ヲ除クノ外皆貨物ヲ以テ權利ノ目的ト爲ス、故ニ此兩法間ニ自然區別ナキニアラズ。即チ治者、被治者間ノ關係ヲ定メ貨物ヲ以テ其權利ノ目的ト爲サヾルモノハ皆公法ニ屬ス。而シテ又裁判官ガ公法及ビ私法ニ熟練スルコトハ望ミ難キコトナレバ、公法ノ裁判ハ公法々理及ビ行政ノ事務ニ練達セル者ヲ以テ組織シタル特別ノ行政裁判所ニ屬セザルベカラズ。

佛國ニ行ハル、三權分離主義ヲ基礎トスル行政裁判ノ制度モ、亦獨逸各邦中大邦及ビ中邦ニ行ハレタリ。此制度ハ既ニ述ベタル如ク、三權分離ヲ以テ立憲政ノ大原則トシ、司法權ヲシテ行政ニ干涉セシメズ、行政裁判ハ行政權ニ屬スベキモノトスルニアリ。此主義ハ五十年前ニ在リテハ學說ニ於テモ最モ勢力アリシガ、現今ニ至リテハ此主義ヲ主張スル者ナシ。

現今獨逸ノ學說ノ傾向ハ、行政法ノ性質ヲ根據トシ行政裁判ハ特別裁判所ノ管轄ニ屬スベキモノトスルニ在リ。而シテ多クノ學者中最モ著シキ羅馬ノ民法ニテ進歩シタル權利ノ定義ヲ以テ、公法ヲ說カントスルニアリ、此等ノ學者ノ說ニ依レバ、權利ハ双方同一ノ支配權ノ下ニ立チ、對手ノ意思ニ反シテ有シ得ルモノナレ圧、國家統治權ノ下ニ在ル被治者ハ、其支配者タル國家ニ對シテ權利ヲ有スベキモノニアラズ。國家、人民間ニハ唯ダ支配ノ關係ヲ定ムル法則アルノミ。而シテ此法則ヨリ權利ヲ生ズル事アリト雖ドモ、是レ行政法ノ要點ニアラズ、行政裁判ハ民事裁判ニ於ケルガ如ク、權利、義務ニ付キ裁判ヲ爲スモノニアラズ、唯ダ法則ノ實行ヲ目的トスルモノナリ。而シテ刑法ハ私法ノ如ク一個人双方ノ權利義務ヲ定ムルモノニアラズ、故ニ刑法モ亦行政法ノ如ク一ノ法則ニシテ、刑事裁判ハ此法則ヲ强行スルモノナリト雖ドモ、刑事裁判ニハ法則ノ强行ニ伴フ處ノ刑罰ヲ科スルモ、行政裁判ハ唯ダ法則ノ實行ヲ强制スルニ止マル。是レ行政法ノ刑法ト異ナル要點ナリ。而シテ行政裁判ハ行政法上ノ爭ヲ裁決シ、行政機關ノ行爲ニ對シ行政法ノ法則ヲ適用スルガ故ニ、法理上行政裁判ハ行政ノ行爲ヲ監督スルモノナリ。而シテ此ノ如ク行政裁判ハ行政ノ監督トシテ必要ナルガ故ニ、之ヲ特別ノ裁判所ニ屬スベキモノナリ。若シ之ヲ通常裁判所ニ屬セシメンカ、行政ノ組織ヲ破壞スルニ至ラン、孛國ニ於テハ或場合ニ行政裁判ニ屬スベキ事項ヲ、通常裁判所ノ管轄ニ屬スルコトアリト雖ドモ、是レ例外ニシテ孛國ノ立法ハ此例外ノ方向ヲ採ルモノニアラズ。孛國現行行政裁判ノ制度及ビ行政裁判ト通常裁判トノ關係ハ前ニ述ベタル從來ノ制度及ビ學說ノ一ニ基キタルモノニアラズ。是等ノ制度及ビ學說ハ、皆多少現今ノ制度及ビ行政裁判ト通常裁判トノ關係ニ勢力ヲ及ボシタルモノニシテ、是等ノ制度及ビ學說ノ結果ト云フヲ得ベシ。

我國現行行政裁判ノ制度ノ如キハ、一個ノ主義又ハ學說ニ基キタルモノニアラズ。元來我國ニ於テ始メテ行政裁判ヲ司法裁判ヨリ區別シ、特別ノ手續ヲ設ケタル理由ハ、司法權ヲ行政權ニ干涉セシメザルニ在ルコト事實上明瞭ナリ。然レドモ現行行政裁判所ノ組織、權限及ビ通常裁判所トノ關係ハ、獨逸ノ學說及ビ孛、墺ノ現行制度ヲ參照シテ定メタルモノニシテ、其理由ハ漸次之ヲ講述スベシ。

明治五年司法省第四十六號達ヲ以テ、地方裁判所ニ對シ訴訟ヲ提起セントスル者ハ、通常裁判所ニ訴狀ヲ差出サシメテ裁判ヲ爲セリ。然ルニ地方官ヲ相手取ル訴訟一時ニ增加シ、其結果司法官ガ行政官ニ干涉スルノ弊害ヲ生ジタリ。故ニ明治七年司法省第二十四號達ヲ以テ始メテ行政裁判所ノ名稱ヲ設ケ、自今地方官ヲ相手取ル訴訟ハ司法省ニ具狀シ、司法省ヨリ太政官ニ申稟セシメタリ。然レドモ未ダ特別ナル行政裁判所ヲ設クルニ至ラザリキ。其後太政官ノ指令及ビ司法省ノ達指令ニ依リ、郡區戶長ヲ被告トスル訴訟ハ始審裁判所ニ提起セシメ、府縣知事以上ヲ被告トスル訴訟ハ、控訴院ニ提起セシムルコトヽ定メタリ。而シテ裁判所ハ其訴訟ヲ受理スベキヤ否ヤニ付キ先ヅ之ヲ司法省ニ具狀シ、司法省ハ之レニ意見ヲ付シテ閣議ニ提出シ內閣ノ裁定ヲ請ハシメ。又之ガ裁判ヲ爲スニ付キテモ內閣ノ裁定ヲ要セリ。而シテ明治二十二年六月法律第十六號ヲ以テ、市制町村制ニ依リ當分ノ中內閣ニ於テ行フベキ行政裁判ハ、現行行政裁判手續ニ從ヒ控訴院ニ於テ受理審問シ、內閣ノ裁定ヲ經テ判決ヲ言渡スコトヽ定メタリ。然ルニ憲法第六十一條ニ於テ行政官廳ノ違法處分ニ依リ、權利ヲ傷害シタリトノ訴訟ニシテ別ニ法律ヲ以テ定メタル行政裁判所ノ裁判ニ屬スベキ者ハ、司法裁判所ニ於テ受理スルノ限ニアラズト定メラレタルガ故ニ此通則ニ從ヒ現今ノ行政裁判法ヲ制定スルニ至リタリ。

第二章　行政裁判所ノ組織

行政裁判事件ヲ通常裁判所ノ管轄ニ屬セザル國ニ於テモ、其組織ニ付テ差異ナキニアラズ。單ニ一個ノ行政裁判所ヲ設置スル國アリ、又中央行政裁判所ノ外ニ、地方行政權關ヲシテ行政裁判ヲ掌ラシムル國アリ、又行政法ニ付テ起ル訴訟ハ、三權分離獨立ノ主義ニ依リ總ベテ行政權ノ管轄ニ屬スベキモノトシテ、行政機關ヲ以テ數級ノ行政裁判所ヲ設クル國アリ。今參照ノ爲メ孛、佛兩國組織ノ要點ヲ述ベントス。

孛、佛兩國ニ於テハ中央行政裁判所ノ外、地方ニ下級行政裁判所ヲ設置セリ。而シテ佛國ニ在テハ、中央及ビ地方、行政裁判所共ニ行政機關ヲ以テ之ヲ組織スト雖ドモ、孛國ニ於テハ、中央行政裁判所ハ獨立不羈ノ資格ヲ有スル判事ヲ以テ組織スルコト、猶ホ通常裁判所ノ組織ニ於ケルガ如シ、而シテ地方下級ノ行政裁判所ハ、行政機關ヲ以テ組織スルコト猶ホ佛國ノ如シト雖モ、佛國ト孛國トハ、其組織ノ性質ニ於テ多少ノ差異ナキニアラズ。故ニ今先ヅ孛佛兩國地方行政裁判所ノ組織ヲ述ベ、次ニ中央行政裁判所ノ組織ノ要點ヲ述ベ、終リニ我國行政裁判所ノ組織ニ付キテ述ベントス。

佛國ニ於テハ、縣參事會ヲ以テ地方行政裁判所トス。然レドモ縣參事會員ハ行政官吏ニシテ大統領之ヲ任免スルヲ以テ、不羈獨立ノ地位ヲ有セズ、即チ佛國ニテハ、不羈獨立ノ資格ヲ有セザル行政官吏ヲシテ傍ラ行政裁判ヲ掌ラシメ、其他倘ホ會計檢査院各種ノ敎育參事會及ビ徵兵參事會ノ類ヲ以テ特種ノ行政裁判所トス。孛國ノ地方行政裁判所ハ、郡參事會及ビ縣參事會ヲ以テ組織ス、然レドモ孛國ノ郡參事會員ハ其參事會ノ議長タル郡長ヲ除キ、其他ノ會員ハ皆郡會ノ選擧ニカヽル、故ニ其任期間ハ行政ノ都合ニ依リテ隨意ニ任免スルヲ得ズ。即チ會員ハ行政ニ對シテ獨立ノ地位ヲ有ス、又縣參事會員中二名ハ官吏ナレドモ、其中一名ハ判事タル資格ヲ有スル者、他一名ハ高等行政官タル資格ヲ有スル者ヲ以テ任ズ、共ニ終身官ナリ。此他四名ノ會員アリテ州會ノ選擧ニカヽル、此參事會員ノ議長ハ縣知事之ヲ兼ヌ。

右述ベタル如ク孛國ノ郡參事會ハ、一般ノ行政ニ參與スルノ外自治ノ事項ヲ自ラ執行スルノ自治機關ナリ。縣參事會モ亦一般ノ行政ニ參與スルノ機關ニシテ、此兩機關共ニ行政裁判事件ヲ兼ネ掌リ、行政裁判ノ爲メニ設ケタル機關ニアラザル點ニ至リテハ、佛國ノ縣參事會ト異ナラズト雖モ、其組織ニ於テ緊要ナル差異アリ。第一、佛國ノ縣參事會員ハ行政官吏ニシテ獨立ノ地位ヲ有セザルモ、孛國ノ郡參事會及ビ縣參事會員ハ行政ニ關シテハ獨立ノ地位ヲ有ス。第二、佛國ノ縣參事會員ハ自治機關ニアラザルモ、孛國ノ郡參事會員ハ自治ノ機關タリ。此二個ノ組織上ノ差異ヨリシテ、兩國行政裁判ノ制度ニ著シキ差異アリト云ハザルベカラズ。

次ニ孛、佛兩國ノ中央行政裁判所ノ要點ヲ述ベン。

佛國ニテハ、參事院ノ一部ヲ以テ中央行政裁判所トシ、專ラ此一部ニ行政裁判事件ヲ掌ラシム。但シ公開ヲ要セザル一定ノ訴訟事件ヲ除キ、其他ノ行政裁判ハ參事院ノ各部議官ノ一定ノ人數ノ集會ニ於テ裁判ス。參事院ノ議官ハ大統領ノ任命スルモノニシテ、之ヲ轉免スルニハ內閣ノ議決ヲ要ス。而シテ議官ハ總ベテ有給ノ官職ヲ兼ヌルヲ得ザルモノトス、此二條件ノ外其他地位ノ不羈獨立ヲ保ツ爲メニ必要ナル條件ノ設ナシ。

此ノ如ク佛國ニテハ、中央ノ行政裁判所モ亦中央ノ行政機關ヲ以テ組織スト雖モ、孛國ニテハ、中央裁判所ハ通常裁判所ノ如キ不羈獨立ノ地位ヲ有スル判事ヲ以テ之ヲ組織ス。即チ行政裁判所判事ハ通常裁判所判事タル資格ヲ有スル者、及ビ高等行政官タル資格ヲ有スル者ノ中ヨリ、內閣ノ上奏ニ依リ國王ノ任命スル終身官ニシテ、通常裁判所ノ判事ニ兼職ヲ許ス塲合ト同一ノ塲合ニアラザレバ、兼職ヲ得ザルモノトス、是レ大ナル差異ナリトス。

次ニ我國行政裁判ノ組織ニ付キテ述ベンニ、我國ニテハ、孛、佛兩國ノ如ク通常裁判所ノ外、行政裁判所ヲ設置スルコト既ニ歷史上成立シタル主義ニシテ、憲法ニ於テハ單ニ此主義ヲ確認シタルニ過ギズ。又我國ニテハ、法律ヲ以テ行政裁判所ノ組織ヲ定メ、孛、佛兩國ノ如ク數級ノ裁判所ヲ設置セズ、墺國ノ如ク唯一ノ裁判所ヲ東京ニ設ケタリ。然レドモ此ノ如ク一ノ行政裁判所ヲ置キ、法律勅令ニ特別ナル規定アルモノヲ除ク外、地方行政廳ニ訴願シ其裁決ヲ經タルモノニ限リ行政訴訟ヲ提起スルコトヲ得。故ニ地方自治ニ關スル爭ハ、先ヅ自治ノ元素ヲ含ム處ノ行政機關、即チ郡參事會及ビ縣參事會ヲシテ裁決セシムルノ主義ヲ採レリ。故ニ孛國ノ如ク地方ニ特別ナル裁判所ヲ設置セザルモ、地方自治ノ事件ハ先ヅ地方自治機關ヲシテ裁決セシムルコト孛國ニ同ジ。

我國ノ行政裁判所ハ、長官、評定官幷ニ書記ヲ置ク。然レドモ法律ハ其人員ヲ定メズ、是レ事務ノ繁閑ニ從ヒ勅令ヲ以テ之ヲ定ムベキモノトセルナリ。而シテ勅令ノ定ムル所ニ依レバ、現今評定官ノ定員十一名、書記十五名ナリ。

行政裁判ニ於テハ、通常裁判ノ如ク第一審控訴上告等ノ制ヲ設ケズ、唯ダ一ノ裁判所アルノミ。又行政裁判所ノ判決ニ對シテハ再審ヲ許サズ、而シテ又行政事件ハ其關係實ニ煩雜ニシテ且ツ公益ニ關スルコト多キヲ以テ、行政裁判所ノ判事ハ思慮精熟、法律ノ學識アリ、且ツ裁判事務及ビ行政事務ニ練達シタル者ナルヲ要ス。故ニ長官及ビ評定官ハ年齡三十歲以上ニシテ、五年以上高等行政官若クハ裁判官ノ職ヲ奉ジタル者ニシテ、總理大臣ノ上奏ニ依リ任命セラルヽモノニシテ、長官ハ必ズ勅任評定官ハ勅任若クハ奏任タルヲ要ス。尤モ書記ハ長官ノ判任スルモノトス。

凡ソ裁判官タルモノハ、其地位獨立ニシテ且ツ威嚴ヲ有スルモノナラザルベカラズ。而シテ行政訴訟ハ行政處分ニ對シテ提起スルモノナレバ其判事ハ特ニ行政權ニ對シテ獨立ナル地位ヲ有セザルベカラズ。故ニ我國ノ行政裁判所ニ於テ長官及ビ評定官ハ、身躰若クハ精神ノ衰弱ニ依リ職務ヲ採ル能ハザルトキハ、行政裁判所ノ總會ノ議決ニ依リ總理大臣ノ上奏ニ依リ之ヲ退職セシメ。此他刑法ノ宣告又ハ懲戒處分ニ依ルニアラザレバ、退官、轉官又ハ停職、非職ヲ命ズルコトヲ得ズ。尤モ例外トモ稱スベキハ、他ニ本官ヲ有スルモノガ行政裁判所ノ長官又ハ評定官ヲ兼ヌルトキハ、唯ダ本官在職中此規定ヲ適用スベク。本官ヲ免ゼラレタルトキハ、其意ニ反シテ退官、轉官又ハ非職ヲ命ゼラルヽノ結果ニ至ルコトアルベシ。

右述ベタル如ク、長官又ハ評定官ハ十分其地位ノ獨立ヲ保ツモ、其判事タルノ職務外ニ於テ或職務ヲ營ムトキハ威嚴ヲ損シ、偏頗ヲ爲スノ恐レナキニアラザレバ、其在職中公然政黨ニ關係シ、或ハ政黨ノ黨員又ハ政社ノ社員トナリ、又ハ衆議院議員、府縣郡町村會ノ議員若クハ參事員トナルコトヲ得ズ。又兼官ノ場合ヲ除クノ外、俸給或ハ金錢ノ利益アル公務ニ就クコト及ビ商業ヲ營ミ又ハ其行政上ノ命令ヲ以ヲ禁ジタル業務ヲ營ムヲ得ズ。

右述ベタル如ク、長官及ビ評定官ハ其地位獨立ニシテ威嚴ヲ損スルガ如キ事業ニ關與スルヲ得ザラシムルト雖ドモ、尙ホ實際其職務ヲ採ルニ當テ其裁判事件ニ利害ノ關係ヲ有スルトキハ、不公平ヲ爲スノ恐及ビ不公平ヲ爲スノ嫌疑ヲ生ズルノ恐アリ。例ヘバ裁判スベキ事件ハ自己ノ父母、兄弟、姉妹若クハ妻子ノ身上ニ關スルトキ、又ハ裁判スベキ事件ガ一私人ノ資格ヲ以テ意見ヲ述ベタルモノ、又ハ理事者若クハ代理者、職務外ノ地位ニ於テ取扱ヒタルモノニ關スルトキ、及ビ裁判スベキ事件ガ行政官タルノ資格ヲ以テ、其處分又ハ裁決ニ關シタルモノナルトキハ、長官及ビ評定官ハ裁決ノ評議及ビ議決ニ加ハルヲ得ズ。以上ノ場合ニハ原告又ハ被告ハ、原因ヲ明擧シテ文書又ハ口頭ヲ以テ長官及ビ評定官ヲ忌避スルコトヲ得。而シテ原告又ハ被告ヨリ忌避ノ申立ヲ爲シタルトキハ、行政裁判所ハ其忌避スル處ノ本人ヲ回避セシメ、果シテ忌避スベキモノナリヤ否ヤヲ議決ス。又原告、被告ガ忌避ノ申立ヲ爲スノ外、長官又ハ評定官ヨリ忌避若クハ除斥ノ原因ニ付テ申出ヅルトキ、又ハ其他ノ理由ニ依リ長官又ハ評定官ガ裁判ノ評議及ビ議決ニ加ハルヲ得ザルノ疑アルトキハ、行政裁判所ハ其本人ヲ回避セシメテ之ヲ議決ス。

行政裁判所ノ裁判ハ、合議ニシテ裁判官又ハ評定官ヲ合セ五人以上ノ列席ヲ要ストモ、議決ハ過半數ニ限ルヲ以テ列席員ハ必ズ奇數ナラザルベカラズ。故ニ若シ其列席員偶數トナリタルトキハ、官等ノ尤モ低キモノヲ其議決ヨリ除キ、若シ其官相同ジキトキハ、其任官ノ後ナル者ヲ議決ヨリ除ク。裁判長ハ必ズシモ行政裁判所長官ニ限ラズ、長官ハ自カラ裁判長トナルコトアリ、又ハ評定官中官等ノ最モ高キモノニ裁判長ヲ命ズルコトヲ得。而シテ官等ノ同等ナルモノ二人アルトキハ、其任官ノ順序ニ依リテ其裁判長ヲ定ム。長官ハ自ラ故障アルトキハ官等及ビ任官ノ順序ニ依リテ、己ノ職務ヲ代理セシムルヲ得。而シテ其長官ノ職務ヲ擧グレバ左ノゴトシ。

長官ハ行政裁判所ノ事務ヲ總理シ、行政裁判事件ノ掛評定官ヲ定メ、又一事件毎ニ審判ノ爲メニ掛評定官ノ外、專理委員ヲ選定スルコトヲ得。此ノ他長官ハ總會議ノ議事ヲ整理スル職權ヲ有ス。總會議トハ評定官總員ノ會議ヲ云ヒ、其總員ノ三分二以上列席スルニアラザレバ議決ヲ爲スヲ得ズ。此ノ他尙ホ法律、命令ノ範圍内ニ於テ事務取扱ノ順序、方法ヲ定ムルモ亦長官ノ職權ニ屬ス。然レドモ法律ノ定ムル處ニ依レバ、行政裁判所ニ於テ部ヲ分ツノ必要アルトキニ、其組織及ビ事務ノ分配、行政裁判ノ庶務規定、幷ニ書記ノ職務ハ勅令ヲ以テ定ムベキモノナリ。尤モ長官ハ此勅令ノ範圍内ニ於テ、事務取扱ノ順序、方法ニ關スル規定ヲ設クルヲ得ルハ言ヲ俟タザルナリ。又書記ノ職務ニ關スル規定ハ。行政裁判所之ヲ定ムベキ者ナルガ故ニ、長官一人ノ職權ニ屬セズ。

此他法律、命令ノ範圍内ニ於テ、行政裁判所ノ職權ニ屬セル事件ニ關シ、告示ヲ發スルモ亦行政裁判所ノ職權ニ屬シ、總テ行政裁判所全體ニ關スルコトハ、總會ニ於テ評定官ノ議決ニ依リテ定メザルベカラズ。

第三章　行政裁判所ノ權限

行政裁判所ノ權限ヲ定ムルニ、概括法及ビ列記法ノ二種アリ。佛國ニ於テハ、概括法ニ依ル。概括法トハ、行政ノ性質ニ依リ通則ヲ以テ其權限ヲ定ムルモノニシテ、總テ其通則ニ包括スベキ事項ハ行政裁判所ノ職權ニ屬ス。故ニ佛國行政裁判所ノ職權ハ甚ダ廣ク、總テ行政ノ行爲ニ付キテ起ル行政事件ハ、行政裁判所ニ訴フルヲ以テ通則トス。然レドモ法律ヲ以テ或事項ハ行政裁判所ニ屬スベキモノヲ、通常裁判所ニ屬セシムルモノアリ。又縣參事會ノ行政裁判ノ職權ハ、概括法ニ依ラズシテ列記法ニ依ル。列記法トハ、通則ニ依リテ之ヲ定メズシテ、特ニ其事件ヲ揭出セルヲ云フ。故ニ佛國ニテハ、悉ク概括法ニ依ルニアラズシテ、概括法ヲ主トシ或場合ニハ列記法ヲ用ユ。孛國ハ之ニ反シ、列記法ヲ以テ行政裁判所ノ職權ヲ定メ、高等行政裁判ノ職權モ亦縣及ビ郡參事會ノ行政裁判ノ職權モ、亦法律ヲ以テ特ニ其事項ヲ明示シ、其列記ナキモノハ假令行政處分ニ對シテ起ル爭ト雖モ、行政裁判所ニ屬セズ。然レドモ此列記法ニ於テモ、或事項ニ付キテハ概括法ヲ用ヰタリ。即チ警察ニ關スル事ノ如キ是ナリ。是レ列記法內ニ於ケル一部ニ付キテノ概括ニシテ、此ノ如ク列記法ヲ主トシテ、行政裁判所ノ職權ヲ定ムルトキハ、行政處分ニ依リテ權利ヲ害セラルヽモ、尙ホ行政裁判所訴訟ヲ提起スルヲ得ザル場合アリ。故ニ行政法上人民ノ權利ヲ保護スル點ヨリ云ヘバ、概括法ヲ以テ其權限ヲ定ムルニ若クハナシ。然レドモ概括法ヲ以テ其權限ヲ定ムルトキハ、公益ノ點ヲ主トスル處分ニシテ、行政ノ行爲ヲ牽制スルノ恐アリ。列記法ニ於テハ公益ノ點ヲ主トシ、行政處分ニ付キテ判斷ヲ下スベキトキハ、之ヲ行政裁判所ノ職權ニ屬セシメテ行政訴願ノ事項トシ、行政ノ組織内ニ於テ裁決ヲ爲サシム。李國ニ於テハ法律ヲ以テ行政裁判ニ屬スベキ事件ト、行政訴願ニ屬スベキ事件トノ區別ヲ爲シ、其行政訴願ニ屬スベキ事件ハ、行政裁判ヲ許サヾルヲ以テ通則トス。

我國ノ行政裁判法第十五條ハ「行政裁判所ハ法律、勅令ニ依リ行政裁判所ニ出訴ヲ許シタル事件ヲ裁判ス」ト規定セラレタリ。左レバ行政法ニ付キテ起ル爭ノ裁判ハ悉ク行政裁判所ノ裁判權ニ屬スルニアラズシテ、特ニ法律、勅令ニ依リ出訴ヲ許シタル場合ニ限リ出訴スルヲ得ルヤ明カナリ。故ニ行政處分ニ依リ一個人又ハ法人ガ其權利ヲ害セラレタリトスルモ、法律、勅令ニ於テ特ニ出訴ヲ許ス場合ニアラザレバ出訴スル能ハザルナリ。此ノ如ク我國ノ行政裁判法ハ列記法ニ依リ、行政裁判所ノ裁判ニ屬スベキ事件ハ特ニ法律、勅令ニ於テ列記スル方法ヲ採レリ。然レドモ行政ノ或一部ノ事項ニ付キテハ、概括法ニ依リテ行政裁判所ノ裁判權ヲ定メタリ。法律第百六號ニ依レバ海關稅ヲ除クノ外、租稅及ビ手數料ニ關スル事件、租稅怠納處分ニ關スル事件、營業免許ノ許否及ハ取消ニ關スル事件、水利及ビ土木ニ關スル事件、土地ノ官民有區別ノ查定ニ關スル事件ニ付キテハ、法律、勅令ニ別段ノ規定アルモノヲ除ク外、行政廳ノ違法處分ニ依リ權利ヲ毀損セラレタリトスルモノハ、行政裁判所ニ出訴スルヲ得ト定メタリ。以上ノ事件ハ即チ行政全躰ノ一部ノ事項ニ付キテハ、法律、勅令ヲ以テ特ニ取除ヲ爲シタル者ヲ除クノ外、行政訴訟ヲ許スガ故ニ行政裁判所ノ職權ニ付キテ見レバ、此ノ五ノ事件ノ塲合ニハ、一定ノ行政事項ヲ包括シテ其事項ニ付キテ、行政廳ノ違法處分ニ依リ權利ヲ害セラレタリトスル訴訟ハ、行政裁判所ノ管轄ニ屬スルモノトス。而シテ行政全躰ヨリ見ルトキハ列記法ナレドモ此ノ一部ノ事項ニ付キテ見ルトキハ、其一部ノ事項ヲ總テ包括シテ其權限ヲ定メタレバ概括法ナリトス、或人曰ク我國行政裁判所ノ職權ハ、列記法ニ依リテ定メタル（參）ニアラズシテ、概括法ニ依リテ定メタルモノナリ、即チ前述セル五ノ事件ニ付キテハ、總テ法律、勅令ニ取除ヲ爲スノ外、行政廳ノ違法處分ニ依リ權利ヲ害セラレタリトスルモノハ出訴スルヲ得ルガ故ニ、行政裁判所ノ職權ニ付キテ云ヘバ、此五事件ノ訴訟ニ付キテハ總テ裁判權ヲ有スルヲ以テ、概括法ニ依リテ裁判所ノ權限ヲ定メタルモノナリ。市制、町村制及ビ郡制、府縣制等ニ於テ特別ノ事件ニ付キ、行政裁判所ニ出訴シ得ルコトヲ列記スル場合多シト雖ドモ、此特別ノ事件ハ其性質ニ付キテ見ルトキハ、皆右ニ述ベタル五事件ノ中ニ概括シ得ベキモノナリト、然レドモ是レ大ナル謬妄ニシテ市制、町村制及ビ郡制、府縣制等ニ行政訴訟ヲ許ス事ノ中ニハ、右ノ五事件ニ屬セザル性質ノモノ甚ダ多シ。今其一二ノ例ヲ擧グレバ、町村制第五條ニ依リ甲村ト乙村トノ境界ニ關スル爭論ハ、順次ニ訴願手續ヲ經テ行政裁判所ニ出訴スルコトヲ得ト雖モ、此ノ場合ハ法人ト法人トノ土地ニ關スル爭ナレバ、右ノ五項中ニ概括スベキモノニアラズ。又町村制第百二十八條ニ依リ町村長、助役等ガ府縣知事又ハ郡長ノ懲戒處分ニ對シテ、行政裁判所ニ出訴スル場合モ亦右ノ五事件ニ包括スルヲ得ズ。此他尙ホ之ニ類似ノモノ甚ダ多ク、今悉ク之ヲ列擧スルノ遑ナシト雖モ、右ノ二例ニ依リテ見ルモ行政裁判所ニ出訴シ得ベキ場合ハ、右ノ五事件ニ包括スルモノニ限ラザルナリ。左レバ列記法中ニ於テ行政ノ一部ノ事項ニ付キテ概括法ノ規定アルヲ見テ、直チニ行政裁判所ノ職權ハ概括法ナリト斷言スルハ速了ノ見解タルヲ免レザルモノナリ。

次ニ法律第百六號ニ「法律、勅令ニ別段ノ規定アルモノヲ除クノ外、左ニ揭グル事件ニ付キ行政廳ノ違法處分ニ依リ權利ヲ毀損セラレタリトスルモノハ、行政裁判所ニ出訴スルコトヲ得」ト定メラレタリ。故ニ茲ニ行政法上ノ權利ナルモノハ、私法上ノ權利ト其性質大ニ異ナルコトヲ一言セントス。

總テ人民ノ權利ハ、主權者ナル國家ノ命令ニ基クモノニシテ、慣習法ハ既ニ成立スル慣習ヲ國家ノ命令ヲ以テ認メタルモノナリ、故ニ法律上國家ノ命令ニ依ラザル權利ナシ。私法上ノ權利ハ權利者ノ意ニ反シテ義務者ノ隨意ニ變更スルヲ得ザルモノニシテ、國家ハ權利者、義務者ノ局外ニ在テ其權利ヲ保護ス。然ルニ行政法ハ國家ト人民トノ關係ヲ定ムルモノナレバ、人民ガ國家ニ對シ權利ヲ有スル場合ニハ、對手ハ主權者ナル國家ニシテ、國家ハ人民ノ權利ヲ廢止、變更スルヲ得ベシ。然ルニ前述セル如ク、對手ガ權利者ノ意ニ反シテ廢止、變更シ得ル權利ハ所謂私法上ノ權利ニアラズ、此ノ如ク私法上ノ權利ト行政法上ノ權利トハ差異アリト雖モ、立憲制ノ國家ニ於テハ其憲法ニ於テ立法、行政ノ權限ヲ確定シ、行政機關ハ憲法及ビ法律ノ制限內ニ於テ活動スルモノナレバ、憲法及ビ法律ニ於テ確定セル人民ノ國家ニ對スル權利ハ、行政機關ノ之ヲ侵スヲ得ザルコト、猶ホ私法上ニ於テ權利者ノ意ニ反シテ、義務者ガ其權利ヲ動カスヲ得ザルガ如シ。

行政裁判法第十七條ニ於テ、行政訴訟ハ法律、勅令ニ特別ノ規定アルモノヲ除クノ外、地方上級行政廳ニ訴願シ其裁決ヲ經タル後ニアラザレバ之ヲ提起スルヲ得ズ各省大臣ノ處分又ハ内閣直轄官廳又ハ地方上級行政廳ノ處分ニ對シテハ、直チニ行政訴訟ヲ提起スルヲ得。各省又ハ内閣ニ訴願ヲ爲シタルトキハ行政訴訟ヲ提起スルヲ得ズト定メラレタリ、依リテ是レヨリ本條ノ意義及ビ行政訴訟ト訴願トノ差別、及ビ訴訟ト請願トノ區別ヲ說述セントス。

本條ニ規定セル如ク、法律、勅令ニ特例アルノ外、地方上級官廳ノ裁決ヲ經タル後行政訴訟ヲ提起スルヲ通則トスト雖モ、各省大臣ノ處分内閣直轄官廳ニ對シテ訴願ヲ爲ス處ハ内閣ナリ。然レドモ内閣ニ訴願ヲ爲シタルトキハ、行政訴訟ヲ提起スルヲ得ザルヲ以テ、是等ノ最高等ノ行政官廳ノ處分ニ對シテハ、固ヨリ直チニ行政訴訟ヲ提起スルヲ得。又地方上級官廳ノ處分ニ對シテ訴願スル所ハ各省又ハ内閣ナリ。然レドモ各省又ハ内閣ニ訴願ヲ爲シタルトキモ、行政訴訟ヲ許サヾルヲ以テ地方上級行政廳ノ處分ニ對シテモ、亦直チニ行政訴訟ヲ提出スルヲ得。是レ訴願ヲ爲シテ後ニ行政訴訟ヲ爲シ得ルトノ一般ノ通則ニ對スル例外ナリトス。

行政訴訟ト訴願トノ區

行政訴訟ハ、法律、勅令ニ特例ナキ場合及ヒ一定ノ場合ヲ除クノ外、行政廳ノ違法處分ニ依リ權利ヲ毀損セラレタリトスルトキニ提起スルヲ得ルモノナリ。故ニ行政訴訟ハ行政廳ノ違法處分ニ對シテ提起スルモノニシテ、立法機關又ハ司法機關ノ違法處分ニ對シテ提起スルヲ得ルモノニアラズ。然ラバ處分トハ何ゾヤ、處分トハ行政事項ヲ各個ノ場合ニ實施スル行政行爲ヲ云フモノニシテ、行政行爲ノ全躰ヲ指スモノニアラズ。故ニ行政廳ノ發スル通則ノ行政命令ハ、處分ニアラサルヲ以テ行政訴訟ヲ提起スルヲ得ズ。又此處分ハ違法ノ場合ニ限ルヲ以テ、行政處分ニ依リテ利益ヲ害セラルヽモ、必ズシモ之ヲ理由トシテ訴訟ヲ提起スルヲ得ズ、其處分ハ必ズヤ違法ナラザル可ラス。違法トハ啻ニ法律ニ違背スル場合ノミナラズ、通則命令ニ違背セル場合ヲモ包含ス。故ニ行政裁判所ハ、通則ノ命令ハ法律ト同シク之ヲ解釋適用スルノ義務アリ。此ノ如ク行政訴訟ハ必ズ違法處分ニ對シテ提起スルモノニシテ、其處分ハ或ハ直接ニ法律ヲ執行シ、或ハ獨立ノ通則、命令ヲ執行シ、又ハ法律ヲ施行スル爲メノ通則命令ヲ特定ノ場合ニ執行スルモノナリ。然レドモ或人ハ行政訴訟ハ、總テ法律ヲ執行スル爲メニ發シタル通則命令カ法律ニ違背シテ之ヲ特定ノ場合ニ應用シタルトキニ、提起スベキモノトスト云ヘリ。然レドモ是レ誤謬ノ甚ダシキモノニシテ、行政處分トハ必ズシモ法律ヲ行フ爲メノ通則命令ヲ應用スルコトニ限ルニアラズ、法律ヲ行フ爲メノ通則、命令ナシニ直チニ法律ヲ行フ場合アリ、

行政ノ獨立命令ガ、憲法ニ違背セルノ故ヲ以テ裁判所ハ其適用ヲ拒ムヲ得ズ。裁判所ハ憲法上相當ノ手續ヲ以テ發布セラレタルモノハ、其適否ヲ審査スルヲ得ズ、是レ憲法上相當ノ手續ニ依リ、發布セラレタルモノナルトキハ、裁判所ハ其法律ヲ審査スルヲ得ザルト同ジ。然レドモ法律ヲ執行スル爲メニ發セル通則命令ガ明カニ法律ニ反シ、行政處分ガ此通則命令ヲ適用シタルトキハ、行政裁判所ハ法律ニ依リテ裁判スベキヤ其其通則命令ニ依リテ裁判スベキヤト云フニ、法律ニ依リテ裁判スベキモノトス

行政訴訟ハ、一定ノ場合ノ外行政廳ノ違法處分ニ依リテ權利ヲ毀損セラレタリトスル場合ニ限リ。訴願モ亦行政ノ處分ニ對シテ提起スルモノニシテ、高等ノ行政官衙ハ下級官衙ヲ監督シテ、下級官廳ノ不當處分ヲ停止又ハ取消サシムルノ權ヲ有ス。故ニ某官廳ノ違法處分ニ依リ權利又ハ利益ヲ害セラレタリトスルモノハ、其處分ノ停止又ハ取消ヲ高等ノ監督官廳ニ請求スルヲ得。訴願ハ即チ高等ノ官廳ガ下、級官廳ヲ監督スルニ依リテ生ズルモノナリ。然レドモ我國ノ現行法ハ、訴願ハ法律、勅令ニ別段ノ規定アルモノヲ除ク外、左ニ揭グル事件ヲ提起スルヲ得ト規定セラレタリ。即チ

第一、租税及ビ手數料ノ賦課ニ關スル事件、
第二、租税怠納處分ニ關スル事件、
第三、營業免許ノ許否又ハ取消ニ關スル事件、
第四、水利及ビ土木ニ關スル事件、
第五、土地ノ官民有區分ニ關スル事件、
第六、地方警察ニ關スル事件、

ト定メアリ、此場合ニ行政處分ニ依リ權利又ハ利益ヲ害セラレタルトキハ總テ訴願ヲ提起スルコトヲ得。

此ノ如ク我國ノ法律ハ、訴願ヲ爲シ得ル場合モ亦列記法ニ依リテ定メラレタルコト學國ト同ジ。此ノ如ク訴願ヲ爲シ得ル場合ハ、列記法ニ依リテ制限セラル、ト雖モ、訴願ハ行政訴訟ノ如ク權利ヲ害セラレタリトスル場合ニ限ラズ、既ニ述ベタル如ク上級ノ官廳ガ其監督權ニ依リ、下級官廳ノ處分ガ法律ニ遵據シタリヤ、又ハ公益上ニ適當ノ處分ナリヤ否ヤヲ審査スルコトヲ得。故ニ法律ニ於テ上級官廳ノ監督權ヲ制限セザレバ、訴願ハ此兩點ニ付キテ提出スルコトヲ得。

又行政訴訟ハ、行政處分ニ依リ權利ヲ毀損セラレタリトスル場合ニ限ル。故ニ行政機關ガ法律ノ範圍內ニ於テ自由ノ處分ヲ爲シ得ル場合ニハ、行政訴訟ヲ提起スルノ理由ナシト雖モ、行政訴願ハ此場合ニ於テモ、利益ヲ害セラレタリトノ理由ヲ以テ訴願ヲ爲スコトヲ得。

此ノ如ク行政訴訟ト訴願トハ、廣狹ノ差異アルノミナラズ、其手續及ビ裁決ノ効力ニ於テモ差異アリ。行政訴訟ハ民事訴訟ニ於ケル如ク原被告ノ對審ヲ爲スヲ要スト雖モ訴願ハ對審ヲ要セズシテ裁決スルヲ通例トス。然レドモ行政廳ニ於テ必要ト認ムルトキハ、對審ヲ爲スコトナキニアラズ。又訴訟ト訴願トハ、其裁決ノ效力ニ付キテモ差異アリ。行政裁判所ノ判決ハ、民事訴訟ニ於ケル如ク動カスベカラザルモノナルモ、訴願ハ上級官廳ガ下級官衙ノ處分ニ付キテ裁決ヲ下スモノニシテ、固ヨリ一ノ行政處分ニ過ギサレバ、一般訴訟ノ原則ニ依ラズ、原被告ノ對審ヲ要セズ、訴願者ノ請求ニ依リ裁決ヲ下スヲ通則トス。其裁決ハ法律ガ明ニ訴願權ヲ制限セザル場合ニ於テハ、順次最高ノ官廳迄訴願スベキ性質ノモノニシテ、其裁決ニ付キテ不服ナルトキハ議會ニ請願スルヲ得ベシ

訴願ト請願トノ區別。

訴願ト請願トノ差異ヲ述ブレバ、訴願ハ既ニ述ベタル如ク行政處分ニ對シテ爲シ得ルモノニシテ、總テノ行政行爲ニ對シテ爲シ得ル者ニアラズ。又其處分ハ未來ノ處分ニアラズシテ、既ニ爲シタル處分ナラザルベカラズ。其他ノ差異ハ訴訟ト訴願トノ區別ニ付キテ述ベタレバ今別ニ之ヲ述ベズ。之ニ反シテ請願ハ其請願スル事項ハ既ニ爲シタルコトノ取消、改正、又ハ將來ノ事ニ付キテ爲シ得ル者ニシテ既往、

未來ニ及ブモノナリ。又事柄ノ性質ニ付キテ見レバ、行政ノ事項ニ付キテモ立法ノ事項ニ付キテモ請願スルコトヲ得又其請願スル官府ニ付キテモ制限ナク、立法府又ハ行政府ニ請願スルモノナリ。是レ其訴願ト請願トノ主ナル區別ナリ。

是ヨリ行政裁判法第十六條ニ付キテ述ベントス、同條ニ曰ク「行政裁判所ハ損害賠償ノ訴訟ヲ受理ス」ト。今是ヲ講說スルニ先チテ參照ノ爲メ孛、佛、兩國ノ制度ニ付キ一言スベシ。

孛國ニ於テハ、國家ハ一定ノ場合ヲ除キ公法上官吏ノ越權、怠慢ノ行爲ニ依リ生ジタル損害賠償ノ責ニ任ゼズ。換言スレバ國家ハ一定ノ場合ヲ除ク外、官吏ガ其職權ヲ執行スルニ付キテ生ジタル損害ニ對シテ賠償セズトノ意義ナリ。國家ガ一般ニ損害賠償ノ責ニ任ズル場合ハ、其私法上ノ資格ニ於ケル場合ニ限ル。即チ國家ヲ私法上ノ法人ト見做ス場合ニ限ル。故ニ國家ニ對スル損害要償ノ訴訟ハ、通常裁判所ノ管轄ニ屬ス。又官吏ガ損害賠償ノ責ニ任ズルモ亦官吏ヲ一個人ト見做ス場合ニ限リ、官吏ハ官吏トシテ其職權ヲ行フ爲メニ生ジタル損害賠償ノ責ニ任ゼザルヲ以テ通則トス。故ニ官吏ニ對スル損害賠償ノ訴訟モ、亦民事上ノ訴訟ト見做スベキモノニシテ通常裁判所ノ管轄ニ屬ス。

佛國ニ於テモ、一定ノ塲合ヲ除キ、官吏ガ國家ノ行政權ヲ行フニ付キテ生ジタル損害賠償ノ責ニ任ゼザルヲ以テ通則トス。然レドモ佛國ニテハ、行政裁判所ト通常裁判所トノ管轄ニ付キテ見ルニ、國家ニ對スル損害賠償ノ訴訟ニシテ行政裁判所ノ管轄ニ屬スルモノ少カラズ。故ニ孛國ノ行政裁判所ノ管轄ト大ニ異ナル處アレバ此ヲ以テ彼ヲ例ストモ雖モ、官吏ニ對スル損害賠償ノ訴訟ハ、佛國ニ於テモ一般ニ通常裁判所ノ管轄ニ屬シ、其訴訟ヲ以テ私法上ノ訴訟ト見做スコト明ナリ。

我國ニ於テ、法律ニ於テ國家ニ對シ損害賠償ノ訴訟ヲ提起スルヲ許ス塲合ニハ、之ヲ通常裁判所ノ管轄ニ屬セリ。而シテ此ノ如ク法律ニ於テ明カニ國家ニ對シ損害賠償ノ訴訟ヲ提起スルヲ許セル塲合ヲ除ク外、國家ハ其官吏ガ其職權ヲ行フ爲メニ生ジタル損害賠償ノ訴訟ヲ許サズ。凡テ國家ニ對シテ損害要償ノ訴訟ヲ許スハ、國家ヲ以テ私法上ノ資格ト見得ベキ塲合ニ限ル。又官吏ハ官吏タル資格ニ於テ其職權ヲ行フ爲メニ生ズル損害賠償ノ責ニ任ズベキモノニアラズ。官吏ガ其行爲ニ付キ損害賠償ノ責ニ任ズルハ、一私人ト見做スベキ塲合ニ限ルモノトス。故ニ國家又ハ官吏ニ對スル損害要償ノ訴訟ハ、私法上ノ性質ノモノニシテ其裁判ハ通常裁判所ノ職權ニ屬スベキ者ナリ。而シテ又我國ノ行政裁判所ト通常裁判所トノ職權ノ區別ハ、法律ヲ以テ特ニ例外ヲ設ケタル場合ヲ除キ、公法、私法ノ差ニ基キタルモノナレバ、國家又ハ官吏ニ對スル損害要償ノ訴訟ハ、即チ私法上ノ性質ノ者ニシテ行政裁判所ノ職權ニ屬スベキモノニアラズ、故ニ行政裁判法ニ於テ「行政裁判所ハ總テ損害要償ノ訴訟ヲ受理セズ」ト定メタリ。

次ニ行政裁判所ノ裁判ト民事裁判所ノ裁判トノ關係ニ付キテ說述セントス、行政裁判所ト民事裁判所トハ、法ノ性質ニ依リテ其權限ニ差異アリ。故ニ民事裁判所ト行政裁判所ト、同一ノ訴訟ニ付キテ裁判權ヲ有スルコトナシ。然レドモ民事ノ訴訟即チ私法上ノ性質ノ權利ノ爭ガ、行政裁判所又ハ行政ノ事件ト關係ヲ有スルコトナキニアラズト雖モ、通常裁判所ト行政裁判所又ハ行政トノ權限ハ、此關係ニ依リテ動カサルベキモノニアラズ。今之ヲ例示センニ同一ノ事件ガ刑事及ビ民事ノ訴訟ヲ生ズルコトアルト同ジク、同一ノ事件ヨリ行政法上及ビ私法上ノ訴訟ノ起ルコトナキニアラズト雖モ、同一ノ訴訟ニ付キテ兩裁判所ガ裁判權ヲ有スルニアラズ。訴訟ハ二個ニシテ決シテ相關渉スルモノニアラズ、故ニ此場合ニ於ケル兩裁判所ノ判決ハ全ク獨立ナリトス。例ヘバ民事ノ訴訟ニ於テ要求成立セズト雖モ、行政裁判所ニ出訴シテ目的ヲ遂スルコトアルベク、此場合ニ於テハ同一ノ事件上ニ二個ノ權利存立スルモノニシテ、其權利ハ二個全ク別物ト見做サザルヲ得ズ。

既ニ前述セル如ク、同一ノ事件ヨリ二個ノ性質ノ異レル訴訟起ルヿアルモ、固ヨリ兩裁判所ハ獨立ニ之ヲ裁判ス。然レドモ通常裁判所ノ裁判ニ於テ行政ノ行爲ヲ解釋シ、先決スベキ必要アル場合ニ處スルノ方法ハ國ニ依リテ異レリ。佛國ニ於テハ三權分離ノ原則ニ依リテ、通常裁判所ハ自ラ之ヲ決スルヿヲ得ズ、必ズヤ行政權卽チ行政官廳ノ裁決ヲ要ストセリ。獨逸特ニ孛國ニ於テハ、通常裁判所ハ其權限ニ屬スル事件ニ付キテハ、行政行爲ノ解釋及ビ裁決モ自ラ之ヲ爲スヿヲ得ト定ム。例ヘバ國家ヲ私法上ノ法人ト見做ス場合ニ、國家ノ代理者タル其官吏ノ取結ビタル契約ハ、適法ニ取結ビタル者ナルヤ否ヤニ付キ、裁決ヲ爲スノ權ヲ有スル如キ是ナリ。

以上縷述セル所ノ外、行政裁判ト通常裁判又ハ特別裁判トノ關係ニ付キテ尙ホ緊要ナルコトアリ。玆ニ甲裁判所ニ出訴中ノ訴訟ハ、乙裁判所ニ出訴中ノ訴訟ニ於テ定マルベキ權利ノ成立又ハ不成立ニ關係スル場合アリ。例ヲ擧グレバ或人ガ他人ノ租税ヲ納ムルコトヲ契約ニテ引受ケタル事ニ付キ民事裁判ノ起ルコトアリテ、同時ニ或人ノ納ムル義務ガ爭トナリタル場合ニハ、第一ノ訴訟ニ於テ定マルベキ義務ノ有無ニ關係スルモノトス。又或場合ニハ行政裁判ノ訴訟ガ民事裁判ノ訴訟ノ判決ニ關係スルコトアリ。例ヘバ行政裁判ノ訴訟ニ於テ、官廳ト某一個人トノ間ニ道路ニ付キテ行政訴訟ノ起ルコトアリテ、同時ニ某一個人ガ土地所有者タルコトノ民事ノ爭或ハ訴訟アル場合ニハ、民事訟訴ハ行政訴訟ノ基礎トナルモノト云フベシ。

我國ノ行政裁判法ニ據レバ、行政裁判所ノ職權ハ全ク獨立ニシテ通常裁判所ノ職權ト相關涉セズ。同事件ニ付キテ兩種ノ訴訟起ルトキハ、各獨立ニ裁判ヲ爲ス。然レドモ以上述ベタル場合即チ民事裁判又ハ特別裁判ノ訴訟ニ於テ定マルベキ權利關係ノ成立又ハ不成立ガ行政裁判ノ判決ノ必要ノ條件トナル場合ニハ、行政裁判所ハ他ノ裁判所ノ判決ヲ待ツノ必要アリ。此時ニ於テハ行政裁判所ハ行政裁判法第三十九條ニ依リ、其裁判ヲ中止シテ他ノ裁判所ノ裁判ノ確定ヲ待ツコトヲ得ベキモノトス。民事訴訟法ニテモ凡ソ之ト同一ノ規定アレドモ、通常裁判所ノ職權ニ關シテ規定セルモノナルヲ以テ敢テ茲ニ述ベズ。

行政裁判法第二十條ニ「行政裁判所ハ其權限ニ關シテ自ラ之ヲ決定ス」トアリ。然レドモ行政裁判所ト他ノ獨立官廳トノ間ニ於テ、權限ノ爭ヲ生ズルコトアリ。此權限爭ニ付キテハ、別ニ第四編ニ於テ詳論スル所アルベシ。

第四章　行政裁判ノ手續

裁判ハ、原告、被告双方ノ權利、義務ニ付キ判決ヲ下スモノナレバ、當事者双方其權利ヲ主張スル爲メニ、事實上及ビ法理上必要ノ事柄ヲ提出スルコトヲ得セシムルニハ一定ノ裁判手續ヲ必要トス。而シテ一定ノ裁判手續ニ依ラザレバ裁判所ハ必要ナル理由ヲ得ルコト能ハズ、又一定ノ手續ニ依リ裁判セザレバ充分ノ信用ヲ得ベカラズ、是レ訴訟手續ヲ必要トスル所以ナリ。

裁判手續ニハ、原告、被告ノ當事者ヲ定ムルヲ要ス、刑事ニ於テハ檢事ヲ以テ原告トス。尤モ此場合ハ形式的ナレドモ、民事ノ訴訟ニ於テハ一己人ガ各自ノ權利義務ニ付キ事ヲ爲スモノナレバ、其原告、被告ノ差別ハ實質的ノモノナリトス。

民事訴訟ノ場合ニハ、裁判所自ラ進ンデ訊問ヲ爲サズ、訴訟ヲ提起スル者アリテ之ニ依リテ判決ヲ下スモノナリ。行政訴訟モ亦權利ヲ侵害セラレタリトスル者訴訟ヲ提起シ、裁判ヲ請求スル場合ニ於テ裁判所ハ判決ヲ下スモノニシテ、其裁判ノ手續ハ民事訴訟ノ原則ニ依リタル點多シ。然レドモ行政裁判ニ於テハ、民事裁判ニ於ケル如ク原告、被告ガ各自ノ權利、義務ニ付キテ爭フ場合ナキニアラザレドモ、行政訴訟多數ノ場合ニ於テハ、一已人ガ行政官廳ノ處分ニ對シテ訴訟ヲ提起スルモノニシテ、民事訴訟ノ原告、被告トハ自ラ其性質ヲ異ニス。即チ原告ハ行政處分ニ依リ權利ヲ侵害セラレタルニ依リ、行政官廳ノ處分ニ對シテ裁判ノ判決ヲ請求スルモノニシテ、此場合ニハ民事訴訟ノ如ク對手ノ双方ガ自己ノ權利、義務ニ付キテ爭フモノニアラズシテ、國家ノ行政機關ト一已人間ノ爭ナレドモ、訴訟ノ形式上ニ於テハ猶ホ一私人間ノ訴訟ノ如ク、原告及ビ被告トシテ裁判ヲ爲ス。

被告タル行政官廳ハ、其官吏又ハ其中立ニ依リ、主務大臣ヨリ命ジタル委員ヲシテ訴訟代理ヲ爲サシムルコトヲ得。而シテ此代理人ハ委任狀ヲ以テ、其代理人タルコトヲ證明スルヲ要ス。此他總テノ代理人ニ關シテ特別ノ規定ノ設ケアラザルヲ以テ、民事訴訟法ニ依ルベキモノトス。然レ𪜈行政裁判所又ハ行政訴訟ノ辯護人ニ付キテハ、特別ノ規定ヲ設ケタリ。即チ行政裁判所ノ辯護士タル者ハ、行政裁判所ノ認許シタル者ニ限ルモノトス。此事ニ付キテハ別ニ述ブルコトナク、唯ダ特別ノ規定アルヲ知レバ足レリ。

行政裁判ハ公ノ利害ニ關スルコト最モ多シ、故ニ官廳ヲ相手取ル場合ニ於テモ他ノ行政部ノ利害ニ關スルコト少ナカラズ。然レドモ又行政裁判ニ於テハ公益ヲ代表スベキ檢事ノ制ヲ設ケズ、故ニ主務大臣ハ必要ト認ムル場合ニハ、公益ヲ保護スル爲メニ委員ヲ命ジ審庭ニ差出スノ權ヲ有ス。而シテ又行政裁判所ハ判決ヲ下ス前ニ、ソノ委員ヲシテ意見ヲ陳述セシムルコトヲ要ス。此ノ如ク行政裁判ハ公ノ利害ニ關スルコト少ナカラザルノミナラズ。民事訴訟ノ爭ニ比シテ第三者ノ利害ニ關スルコト亦尠ナカラズ。故ニ行政裁判所ハ訴訟ノ審問中其事件ニ利害ノ關係アル第三者ヲ訴訟ニ加ハラシメ、又ハ第三者ノ願ニ依リ訴訟ニ加ハルコトヲ許可スルノ權ヲ有セリ。而シテ此ノ如ク第三者ヲ訴訟ニ加ハラシメタル場合ニハ、行政裁判所ノ判決ハ第三者ニ對シテモ亦タ効力ヲ有ス、即チ其判決ハ又第三者ヲ拘束スルモノナリ。

前述セル如ク行政裁判所ガ第三者ヲ訴訟ニ加ハラシメ、若シクハ訴訟人ノ願ニ依テ第三者ヲ加ハラシムルハ、事實上及ビ法律上第三者ガ訴訟ニ必要ノ事柄ヲ提出シ得ルトキニ於テセザルベカラズ。而シテ第三者ヲ訴訟ニ加ハラシムルノ目的ハ、同一ノ權利關係ニ付キテ訴訟ヲ數回提起スルヿヲ省畧スルニ在ルモノナリ。例ヘバ道路修繕ノ義務ニ付キ行政官廳ガ數人ニ對シテ或處分ヲ爲シタル場合ニ、此處分ニ對シテ其一人ガ行政訴訟ヲ提起スル場合ニハ、同一ノ處分ヲ受ケタル他ノ者モ亦此訴訟ニ付キ利害ノ關係ヲ有スルモノナレバ、第三者ノ願ニ依リ或ハ行政裁判所ノ命令ニ依リテ、其訴訟ニ加ハラシムルコトアリ。

既ニ述ベタル如ク、行政訴訟ハ一定ノ場合ヲ除クノ外、行政處分ニ依リ權利ヲ害セラレタリトスル者ノ提起スルモノナレバ、訴訟手續ハ民事訴訟法ニ基キタルコトヲ多ク、權利ヲ侵害セラレタリトスル場合ニ訴訟ヲ提起スベキヤ否ヤハ當事者ノ隨意ナリトス。而シテ行政裁判所ハ民事訴訟ノ原則ニ依リ訴訟ノ提起ニ依リテ裁判ヲ為スベキモノニシテ、其判決ハ唯ダ原告、被告双方及ビ要求シタル事件ニノミ及ブモノトス。而シテ又一タビ訴訟ヲ提起シタル後、訴訟ノ願下又ハ權利ノ放棄又ハ和解ニ依リテ訴訟ヲ終止スベキヤ否ヤハ、行政裁判法ニ於テ之ヲ規定セズト雖モ行政訴訟手續ニ關シ行政裁判法ニ規定ナキモノハ、行政裁判所ノ定ムル處ニ依リ民事訴訟ニ關スル規定ヲ適用シ得ルヲ以テ、裁判ヲ終止スルコトヲ得ベキヤ疑ナシ。

次ニ行政訴訟提起ノ期日ニ付キテ述ベントス、此期日ニ付キテモ行政裁判法ニ特例ヲ設ケタル外ハ、民事訴訟法ノ原則ニ依ルベキ者ニシテ、一定ノ期日ヲ怠ル者ハ、行政訴訟提起ノ權利ヲ失スルモノトス。行政訴訟ハ行政廳ニ於テ處分書、若クハ訴願ニ對スル裁決書ヲ告知シタル日ヨリ六十日以内ニ提起スベキモノトス、此日限ヲ經過シタルトキハ行政訴訟ヲ提起スルノ權利ヲ失フ。然レドモ六十日ハ一般ノ期限ニシテ法律又ハ勅令ニ特別ノ規定ヲ設ケ、此期限ヲ伸縮セル場合ハ例外ナリトス。而シテ又訴訟提起ノ日限及ビ其他行政裁判法ニ依リ行政裁判所ノ指定セル日限ノ計算ハ、民事訴訟法ノ規定ヲ適用スベキモノトス。

行政訴訟ハ、必ズ文書ヲ以テ行政裁判所ニ提起スベキモノニシテ、其訴狀ハ左ノ事項ヲ記載シ、原告ノ署名捺印スルヲ要ス。

第一、原告ノ身分、職業、住所、年齡、

第二、被告ノ行政廳又ハ其被告、

第三、要求ノ事件及ビ其理由、

第四、立證、

第五、年月日、

右ノ條件ヲ具ヘタル訴狀ニ、原告ノ經歷シタル訴願書、裁決書幷ニ證據書類及ビ被告ニ送付スル爲メニ必要ナル文書ノ副本ヲ添ヘテ差出スヲ要ス。

行政裁判ハ又ハ民事及ビ刑事裁判ノ如ク、口頭對審裁判ヲ公開スルヲ以テ通則トス、然レドモ訴訟ノ提起ハ必ズ文書ヲ以テセザルベカラズ、故ニ裁判ヲ開ク前ニ訴訟ヲ提起スル者アレバ、行政裁判所ハ原告ノ訴狀ニ付キテ審査ヲ爲シ、若シ法律及ハ勅令ニ依リ行政訴訟ヲ起スベカラザルモノナルカ、又ハ適法ノ手續ニ違背セルトキハ其理由ヲ付シテ其訴狀ヲ却下スベク、又或ハ訴狀ノ認メ方方式ニ適合セザル場合ニハ、其訴狀ヲ改正セシムル爲メ期間ヲ定メテ之ヲ還付スベキナリ。訴訟ヲ提起セントスルトキハ、訴狀ニ必ズ副本ヲ添フベキモノナリ。是レ其副本ハ被告ニ送付シ、期間ヲ定メテ答辯書及ビ原告ニ送付スル爲メ必要ノ副本ヲ添ヘテ出サシムルガ爲メナリ。此手續ヲ經テ一タビ答辯ヲ爲シタル後、行政裁判所ガ尙ホ必要ト認ムルトキハ、原被双方ニ辯駁及ビ再度ノ答辯書ヲ出サシム。是等附屬ノ文書ハ原告、被告ニ送付スルモノナレドモ、裁判所ノ意見ニ依リ之ヲ送付セズシテ裁判所內ニテ閱覽セシムルコトヲ得。而シテ此ノ如キ手續ヲ經、豫メ指定シタル期日ニ於テ原告、被告及ビ第三者ヲ召喚シテ口頭審問ヲ爲シ、双方ノ辯明ヲ聞クベキモノナリ。然レドモ原告、被告及ビ第三者共ニ口頭審問ヲ望マザルコトヲ申立テタル場合、又ハ是等ノ者ガ出廷セザルトキハ、口頭訊問ヲ行ハズシテ裁判所ハ文書ニ基テ判決ヲ爲スコトヲ得。又召喚ノ期日ニ原告、被告又ハ第三者出頭セザルモ、行政裁判所ハ裁判ヲ中止セズシテ之ヲ續行ス。

行政裁判ハ、公開ヲ通則トスレドモ安寧、秩序又ハ風俗ヲ害スル憂アル場合、又ハ行政官廳ノ要求アル場合ニハ、行政裁判所ハ公開ヲ停ムル決議ヲ爲スノ權ヲ有ス。然レドモ公開ヲ停ムル議決ヲ爲シタル場合ニハ、分衆ヲ退カシムル前其言渡ヲ爲サヾルベカラズ。

原告、被告及ビ第三者ハ自ラ證據ヲ提出スベキモノナリ。而シテ文書ニ於テ既ニ證據ヲ提出スト雖モ、口頭辯論ニ於テ事實上又ハ法律上文書ニ盡サヾル點ヲ補足シ、又文書ニテ提出シタル誤謬ノ點ヲ變更シ、又ハ新ナル證據ヲ提出スルコトヲ得。此ノ如ク證據ノ提出ハ、原告、被告又ハ第三者ノ提出スベキモノナレドモ、裁判所ガ必要ト認ムルトキハ、是等ノ者ニ出廷ヲ命ジ、證據ヲ採リ證人鑑定人ニ證明又ハ鑑定ヲ爲サシメ、口頭審問ノ時ニ於テ行政裁判所ハ自ラ進ンデ擧證ノ手續ヲ爲シ、評定官又ハ通常裁判所及ハ行政官廳ニ囑托シテ證據ヲ調査セシムルノ權ヲ有ス。斯ク裁判所ガ證人、鑑定人ヲ呼出ス場合ニ、其證人、鑑定人ノ義務ニ付キテハ民事訴訟法ノ規定ヲ適用ス。而シテ民事訴訟法ニ於テハ、第二百八十九條以下第三百三十三條ニ於テ其義務ヲ規定セリ。

證人又ハ鑑定人其義務ヲ盡サヾル場合ニハ、其科罰ハ行政裁判所自ラ判決スベキモノトス。固ヨリ民事訴訟法ノ規定ニ從ヒ科罰ノ程度及ビ種類ヲ定ムルハ、行政裁判所ノ權內ニ在リ。

行政訴訟ハ一定ノ場合ヲ除ク外、行政處分ニ對シテ提起スルモノナレバ、訴訟提起ノ爲メ行政ノ活動ヲ牽制シ、公益ヲ害スルコトナキニアラザレバ、法律又ハ勅令ニ特別ノ規定ヲ設ケタル場合ノ外、行政訴訟ノ爲メニ行政廳ノ處分又ハ裁決ノ執行ヲ停止セザルモノトス。其之ヲ停止セル爲メ原告ガ害ヲ受クルコトアル場合、又ハ事實上及ビ法律上ノ關係ヲ變更シ爲メニ裁判上ノ不都合ヲ來ス恐アル如キ場合ニハ、行政裁判所ハ其職權ニ依リ又ハ原告ノ願ニ依リテ、其處分又ハ裁決ヲ停止スルコトヲ得。此ノ如キ理由アル場合ノ外ハ、訴訟提起ノ爲メニ行政廳ノ處分又ハ裁決ノ執行ヲ停止セザルヲ通則トスレドモ、裁判ノ判決ハ總テ其事件ニ付キ關係ノ行政廳ヲ拘束スル効力ヲ有スルヲ以テ、行政廳ハ必ズ其判決ニ服從セザルベカラズ。

行政訴訟ハ、一定ノ場合ヲ除ク外、權利ヲ侵害シタリトスル行政處分ノ取消、又ハ變更ヲ目的トスルモノニシテ判決ノ効力ハ直接ニ行政處分ニ及ブモ、其處分ノ基ク通則、命令ニ及ブコトナシ。換言スレバ行政裁判所ハ、處分ノ基ク所ノ通則ガ法律ニ違背セル理由ヲ以テ、其通則ニ基キタル處分ヲ取消スヲ得ルト雖モ、其判決ハ通則ニ及バズ、依然トシテ存スルヲ以テ又何時ニテモ之ヲ適用スルコトヲ得。判決ノ宣告書ハ、理由ヲ付シ裁判長、評定官及ビ書記之ニ署名捺印シ、宣告書ノ謄本ニ行政裁判所ノ印章ヲ捺シ、之ヲ原告、被告及ビ第三者ニ交付スベキモノナリ。而シテ行政裁判所ノ文書ハ、通常裁判所ノ如ク總テ訴訟用印紙ヲ帖用スルヲ要セザルナリ。

行政裁判所ハ、唯ダ東京ニ一個アルノミ、通常裁判所ノ如ク各地方ニ下級ノ裁判所ヲ設置セズ。故ニ行政裁判所自ラ悉ク判決ヲ執行スルモノトスレバ爲メニ不便ヲ生ズルコト少ナカラザルヲ以テ、行政裁判法ハ又特例ヲ設ケ、其判決ノ執行ヲ通常裁判所ニ囑托スルコトヲ得セシメタリ。

行政裁判所ノ訊問ニ對シ當事者不服ナリト雖モ、行政裁判所ハ固ト一個ノ獨立裁判所ニシテ、他ノ裁判所又ハ行政官廳ノ監督ノ下ニ立ツモノニアラザレバ、其中立ハ總テ行政裁判所ニ爲スベク、行政裁判所ハ自ラ之ヲ判決スルノ權ヲ有ス、即チ行政裁判所ノ判決ヲ以テ終局トシ、裁判ノ手續ニ付キテ他ニ救正ノ手續ナシ。

以上述ベタルハ、行政裁判法ニ規定シタル行政裁判手續ニ關スル要點ニシテ、此要點ノ外行政裁判手續ニ關シ行政裁判法ニ規定ナキモノハ、行政裁判所ノ定ムル處ニ依リ、民事訴訟法ノ規定ヲ適用スベキモノナリ。而シテ諸君ハ既ニ民事訴訟法ヲ學得セラレタレバ、余ハ別ニ其規定ヲ講述スルノ必要ナキヲ以テ、本講義ハ是レニテ終局ヲ告ゲントス。

第四編　英佛獨各國權限裁判

余ノ講義ハ英、佛、獨各國權限裁判ト題セリ。然レドモ英國ニ就テハ僅ニ其要領ヲ說クニ止メテ、專ラ佛蘭西及ビ獨逸聯邦中ノ一ナル普魯西亞ノ權限裁判制度ノ大躰ヲ說クベシ。之レヲ說クノ前ニ先ヅ從來行ハレタル種々ノ制度ヲ述ベ、而シテ後現今行ハルヽ所ノ制度ニ說キ及バントス。

權限裁判トハ如何ナル場合ニ起ルベキモノナルカヲ說クノ前ニ於テ一言ス可キコトハ、法律ヲ以テ如何程精細ニ國家ノ各機關ノ職務權限ヲ確定スト雖モ、實際ノ場合ニ於テ其事項ガ甲ノ機關ノ職權ニ屬スベキモノナルヤ、又ハ乙ノ機關ノ職權ニ屬スベキモノナルヤニ就テ權限ノ爭ヲ惹起スコトハ免レザル所ナリ。故ニ或ハ行政機關ト行政機關トノ間ニ權限ノ爭ヲ生ズルコトモアルベク、或ハ又裁判所ト裁判所トノ間ニ權限ノ爭ヲ生スルコトモアルベシ。此場合ニ於テハ其上班ニアル所ノ機關ガ其爭ヲ裁決スルノ權利ヲ有セリ。今其一例ヲ擧グレバ或縣內ノ甲郡長ト乙郡長トノ間ニ權限ノ爭ヲ生ズルトキハ其上班ニ立ツ所ノ知事ハ之ヲ裁決スルコトヲ得ベク。又甲縣ノ知事ト乙縣ノ知事ト或事件ニ就キ權限ノ爭ヲ生ズルトキハ、其事件ヲ管轄スル所ノ大臣、例ヘバ文部ニ關スル事件ハ文部大臣之ヲ裁決シ、内務ニ關スル事件ハ内務大臣之ヲ裁決スルコトヲ得ベキガ故ニ、此ノ如キ場合ニ於テハ特ニ權限裁判ノ制度ヲ設クルヲ要セズ、即チ高等機關ノ監督ノ下ニ立ツ所ノ間ニ起レル爭ハ容易ニ採決スルコトヲ得ベキハ固ヨリ多言ヲ要セズシテ明カナリ。故ニ余ガ此ニ權限裁判ト題シタルハ此ノ如キ場合ヲ指示スルニアラズシテ、即チ行政權ト司法權ト或ハ語ヲ換ヘテ之ヲ云ヘバ行政機關ト司法機關トノ間ニ起レル權限ノ爭ヲ裁決スル場合ヲ云フニアリ。此行政權ト司法權トハ各獨立ノ職權ヲ有スルガ故ニ、此間ニ就テハ特別ノ裁判制度ヲ要スルコトナリ。而シテ此行政權ト司法權トノ間ニ起レル權限ノ爭ヲ裁決スルノ方法ニ付キテハ凡ソ四種アリ。」

(第一)ノ方法ハ君主國ニ於テハ君主之ヲ裁決スルノ權利ヲ有シ、又共和國ニ於テハ其裁決權ヲ立法官ニ屬スルコトヲ得ルモノコレナリ。佛國ニ於テハ嘗テ千七百九十年ノ法律ヲ以テ、權限ノ爭ハ内閣ノ決議ヲ經テ君主之ヲ裁決スト定メタルコトアリ、且ツ其裁決ニ就テ立法部ニ屬スベキ手續等ヲ定メタルコトアリ。又普國ニ於テモ千八百二十八年ノ勅令ヲ以テ、權限ノ爭ハ閣議ヲ經ヲ國王之ヲ裁決スルノ方法ヲ設ケタリ。此他此方法ヲ用ヰタルノ例少ナカラズ。然ラバ此方法ハ適當ノ良法ナルカト云フニ、此方法タル國家ノ統治權ヲ總攬セル君主、或ハ共和國ニ於テハ立法部ガ行政機關ト司法機關トノ間ニ起レル權限ノ爭ヲ裁決スルモノナレバ、表面上ヨリ見ルトキハ甚ダ適當ノ良法ナルガ如シト雖モ、實際ニ於テハ最モ不適當ノ方法ナリトス。何トナレバ權限ノ爭ハ畢竟法律ノ解釋ニ依リテ其事件ノ孰レニ屬スルカヲ決スルニアルヲ以テ、此問題ヲ決スルニハ純粹ノ法律問題トシテ裁決セザルベカラズ。然ルニ今若シ此裁決權ヲ君主ニ委任センカ、君主ハ常ニ大臣ノ輔佐ニ依リテ國家ノ政務ヲ行フガ故ニ、純粹ナル法律問題トシテ之ヲ決スルヨリモ、寧ロ政治問題トシテ行政上ノ便利ヲ計リ、或ハ一時ノ便宜ヲ計リ、之ヲ裁決スルノ弊害ヲ生スベシ。又立法部ニ屬スルトキト雖モ是亦政治問題ヲ主トシテ裁決スベケレバ、到底純粹ナル法律問題トシテ裁決スルコト能ハザルベシ。一例ヲ擧グレバ現今英國ニ於テハ樞密院ガ或裁判權ヲ有シ上院モ亦或裁判權ヲ有セリ。然レドモ此例ヲ以テ一般ニ本問題ノ可否ヲ判定スルハ不可ナリ。何トナレバ英國ニ行ハルヽ所ノ制度ハ歷史的ニ成立シタルモノニシテ、英國ニ於テ特ニ行ハルヽモノナレバナリ。上院ガ此ノ如キ權利ヲ有スルハ畢竟古來貴族ガ社會上又ハ政治上ノ權利ヲ掌握シタルニ原由シ未ダ上下兩院ノ制ナキ以前ヨリシテ、此裁判權ヲ有シタリシナリ。即チ現今有スル所ノ權利ハ其遺物ニシテ、今日ニ在リテハ既ニ有名無實ノモノトナレリ。而シテ實際ニ在リテハ是等ノ裁判ニ關スルコトハ純粹ノ判官又ハ判官ノ資格ヲ有スル者之ヲ司ドリ、決シテ內閣ガ政治問題トシテ之ヲ裁決シ若シクハ干涉スルコトナシ、上院ニ於テモ亦然リ。故ニ斯ノ如キ歷史的ノ關係ヨリシテ成立チタルモノヲ以テ、一般ノ場合ヲ論斷スルコト能ハザルナリ。

（第二）ノ方法ハ總テ法律上ノ爭ハ之ヲ司法權ニ屬スベキモノトナス主義ニ基キタルモノニシテ行政及ビ司法ノ間ニ起ル權限ノ爭ハ畢竟法律上ノ爭ナルガ故ニ其裁決權ハ通常裁判所ノ職權ニ屬スベキモノトスルノ制度コレナリ。此制度タル頗ル完全ナルガ如シト雖モ、論理上ニ於テハ到底非難ヲ免レザルノ制度ナリトス。何トナレバ行政權ト司法權トノ爭ハ、一般司法上ノ爭ト同ヂカラザレバナリ。蓋シ一般司法上ノ爭ノ起リタル場合ハ、裁判所ハ甲乙ノ對手外ニ立チテ裁判ヲ下スコトヲ得レドモ、權限爭ノ場合ハ然ラズ。行政權ガ司法權ニ對シテ爭ヲ起シタルハ果シテ適法ナリヤ否ヤヲ爭フノミニアラズシテ、其事件ガ行政權ニ屬スベキモノヲ、司法權ガ奪ヒタリトノ爭ナルガ故ニ、此裁決權ヲ裁判所ノ管轄ニ屬スルトキハ、爭ノ對手ヲシテ自ラ裁判ヲ爲サシムルニ均シキモノナリ。故ニ論理上ヨリ之ヲ言ヘバ此方法タル、決シテ完全ノモノト言フベカラズ。此制度ハ獨逸各邦中ノ或ル小邦ニ行ハレ又白耳義、和蘭、伊太利及ビ英國等ニ行ハルト雖モ、佛國ノ如キ三權獨立ヲ以テ憲法ノ大主義ト定ムル所、及ビ普國ノ如キ行政權ノ强大ナル所ニアリテハ、此制度ハ決シテ採用スルコト能ハザルナリ。

(第三)ノ方法ハ裁決權ヲ參事院或ハ樞密院ニ歸スルノ制コレナリ。此制モ嘗テ佛國ニ行ハレタルコトアリ。即チ佛國ノ第一共和政ノ時、及ビ千八百五十二年ノ憲法ニ於テ此方法ハ採用シタリ。又伊太利ニ於テモ千八百六十五年ノ法律ヲ以テ此方法ヲ採用シタリシガ、其後伊太利ニ於テハ此制ヲ廢シタリ。佛國ニ於テモ現今ハ之ヲ採用セズ。固ヨリ權限爭ノ對手ナル行政權ノ一機關ヲシテ裁決ヲ爲サシムルモノナレバ、對手自ラ其爭ヲ裁決スルト一般ナリ。加之ナラズ行政機關ヲシテ裁判ヲ司ラシムルトキハ、其爭ヒヲ法律上ノ爭トシテ裁決セズ、之ヲ政治上ノ點ヨシテ裁決スルノ弊ヲ生ズルコトハ事實ニ於テモ其例アリ。又論理上ニ於テモ明白ナリトス。故ニ此方法モ亦甚ダ適當ナリト謂フベカラズ。

（第四）ノ方法ハ特ニ權限裁判所ヲ組織シテ、權限爭ノ裁判ヲ司ラシムル方法ナリ。而シテ此權限裁判所ヲ組織スルニハ、通常裁判所ノ判事及ビ行政官吏各數名ヲ以テ組織ス。故ニ行政權及ビ司法權ノ獨立ヲ以テ緊要トナス國躰ニ於テハ、此制度ハ比較的完全ナルモノト言ハザルヲ得ズ。此制度ハ現今佛國及ビ普國ニ行ハルヽ所ノ制度ナリ。佛國ニ於テハ千八百四十八年ノ憲法ヲ以テ此方法ヲ採用シ、其翌年即チ千八百四十九年ニ法律ヲ以テ裁判所ノ組織ヲ定メタリ。然ルニ千八百五十二年ニ至リナポレオン三世ノ憲法改正ニ依リ一タビ之ヲ廢シタリシガ、ナポレオン三世亡ビテ現今ノ共和國創設セラルヽニ至リ、千八百七十二年ノ法律ヲ以テ更ニ特別ナル權限裁判所ヲ組織シタリ。今其大躰ヲ述ベンニ現今佛國權限裁判所ノ組織ハ左ノ人員ヲ以テ之ヲ組織セリ

（第一）　司法大臣（即チ議長）、

（第二）參事院議官ノ選擧スル三名ノ參事院議官、

（第三）大審院判事ノ選擧スル三名ノ大審院判事、

（第四）以上ノ判事ノ選擧スル副議長一名及ビ二名ノ判事補欠員、
右ノ如クナルガ故ニ權限裁判所ハ恰モ行政官ト司法官トノ寄合裁判所ニ似タリ。而シテ右權限裁判所ノ判事ハ三年毎ニ改選シ、幾回ニテモ再選セラルヽコトヲ得。此他ニ權限裁判所ノ檢事アリ。而シテ檢事ハ二名ノ政府委員之ヲ司レリ。其二名ノ政府委員ハ大統領ノ選任スルモノニシテ其任期ハ一年トス。而シテ其二名ノ内一人ハ參事院ノ議官補ヨリ選任シ、他ノ一名ハ大審院ノ檢事ヨリ選任ス。此他二名ノ檢事補欠員ヲ選擧ス、此補欠員ハ前ノ檢事ガ故障アル場合ニ其職ヲ執ルモノニシテ、是又一名ハ參事院議官補中ヨリ選任シ、一名ハ大審院檢事中ヨリ選任ス。次ニ此裁判ハ如何ニシテ開クカト云フニ、裁判ハ議長タル司法大臣ノ召集ニ依リテ開キ、而シテ其裁判ヲ開クニハ少ナクトモ前ニ述ベタル判事五名ノ出席ヲ要ス。若シ五名ニ滿タザルトキハ補欠員ヲ以テ之ヲ補助ス。

茲ニ一言ノ注意スベキハ、此權限裁判所ナルモノハ右ニ述ブル如ク寄合裁判ニシテ、參事院議官ト大審院判事トガ重ナル原素ナリト雖モ、裁判ヲ開クニ當リテハ必ズシモ參事院議官ト大審院判事ト同數ノ出席ヲ要セズ、啻ニ同數ノ出席ヲ要セザルノミナラズ、此一ガ全ク缺ケタリトモ有效ノ裁判ヲ爲スヿヲ得ベキヿトナレリ。次ニ普國ノ制ニ就テ一言スベシ。普國ハ千八百四十七年ニ彼ノ佛國ニ行ハル、所ノ行政、司法分離ノ主義ヲ採用シ、初メテ特別ナル行政裁判所ヲ設ケタリ。而シテ判事及ビ行政官吏數名ヲ以テ此特別ナル權限裁判所ヲ組織シタリシガ、千八百七十九年ニ獨逸帝國裁判所構成法ニ於テ、權限裁判所ニ關スル通則ヲ定メタルガ故ニ、各邦ノ權限裁判所ノ構成ハ、爾來此通則ノ範圍内ニ於テ、定メザルベカラザルヿトナレリ。茲ニ少シク附言センニ、獨逸帝國ノ法律ハ各聯邦ノ法律ニ先ダツヿハ是レ其大原則ナリ。故ニ此大原則タル所ノ法律ニシテ制定セラル、トキハ、各聯邦ノ法律ニシテ之ト相矛盾スルモノハ廢止セラルベク、又獨逸帝國ノ法律ト相矛盾スルガ如キ法律ヲ制定スルコト能ハザルナリ。故ニ各邦ノ權限裁判所ノ組織ヲナス塲合ニ於テモ、亦此通則ニ依ラザルベカラズ。左レバ普國ニ於テモ亦此通則ニ從ヒ、從來ノ裁判組織ノ權限ヲ改正シタリ。即チ其改正シタルモノ是レ現今ノ權限裁判所ノ組織ナリトス。而シテ其權限裁判所ノ組織ハ十一名ノ判事ヲ以テ成リ、其內六名ハ伯林ノ高等裁判所ノ判事中ヨリ任命シ、他ノ五名ハ高等行政官又ハ判事タルノ資格ヲ得タルモノヨリ任命セザルベカラザルノ制度ナリ。而シテ其任期ハ他ニ本官ヲ有スルモノハ其本官ノ任期ト同ジク、他ニ本官ナキモノハ終身官トス。其他權限裁判所ノ判事ノ選任又ハ免職ハ、通常裁判所ノ判事ト同一ノ手續ニ依ラザルベカラズ、即チ法律ノ規定ニ依リテ行ハザルベカラズ。又此權限裁判ヲ開クニハ幾人ノ出席數ヲ要スルカト云フニ、十一名ノ內七名ノ出席ヲ要スルモノトス。而シテ其裁判所ノ構成法ハ極メテ簡略ナルモノナリ。其他檢事ノ職權ニ關スルコト及ビ裁判ノ事務規則等ノ如キモノハ、裁判所自ラ之ヲ起草シテ內閣ノ認諾ヲ經テ定ムルモノトス。

以上ニ於テ組織ノ大躰ヲ說キ了レリ、要スルニ普國モ佛國モ寄合裁判ニシテ、此寄合裁判ガ行政權ト司法權トノ間ニ起ル權限ノ爭ヲ裁決スルモノトス。

次ニ說明スベキハ此權限ノ爭ニ消極的ト積極的トアルコトコレナリ。即チ如何ナル場合ニ於テ此權限ノ爭ヲ起スコトヲ得ルカ。又孰レノ機關ガ權限爭ヲ起スコトヲ得ルカ。語ヲ換ヘテ之ヲ云ヘバ司法權ガ權限ノ爭ヲ起スコトヲ得ルカ、或ハ行政權ガ爭ヲ起スコトヲ得ルカ、又行政機關ノ內ニ於テ孰レノ機關ガ爭ヲ起スコトヲ得ルカ等ノ問題是レナリ。并ハ後段ニ於テ之ヲ說カン。

前段ニ於テハ英、佛、獨權限裁判ノ組織ノ事ヲ述ベタリ。次ニ予ハ第一ニ權限裁判ニ積極的ト消極的トノ差別アルヿ、及ビ何人ガ其裁判ヲ起シ得ルカ、又如何ナル事件ニ就テ起ス可キカ等ノコトニ付キ其大要ヲ述ブ可シ。而シテ最後ニ我邦ノ權限裁判ノ事ニ就キ一言シ、尙ホ序デニ佛國、普國ノ行政官吏ノ行爲ニ關シテ、通常裁判所ト行政裁判所トノ關係ニ就キ一言セント欲ス。

權限裁判ニ積極的ト消極的トノ差別アリ。積極的ノ權限裁判トハ行政及ビ司法ノ双方ガ、共ニ同一ノ事項ニ就テ其管轄ノ孰レニ屬スルカヲ爭フ塲合ヲ云ヒ、消極的ノ權限裁判トハ行政及ビ司法ノ双方ガ、共ニ同一ノ事項ニ就テ其管轄ヲ自己ノ權內ニ屬セシメズ、或ハ其權內ニ屬スルコトヲ拒ム塲合ヲ言フナリ。先ヅ積極的權限裁判ヲ述ベンニ、其權限ヲ爭フニ就テ第一ニ起ル所ノ問題ハ、誰ガ此爭ヲ提起シ得ルカト云フコトヲ是ナリ。司法行政共ニ此爭ヲ起シ得ルカト言フニ、否ラズシテ司法權ハ決シテ權限爭ヲ起スコトヲ得ズ。權限爭ヲ起スモノハ必ズ行政權ニ限レリ。又行政權ガ權限爭ヲ起スコトヲ得レドモ、之ヲ起シ得ル者ハ特ニ一定ノ行政機關ニ限レリ。一定ノ行政機關トハ如何ナルモノヲ言フカ、佛國ニテハ此權限爭ヲ起シ得ル者ハ縣知事ニ限ルコトヽセリ。佛國ハ諸君ノ知ル如ク八十有餘ノ「デパルトマン」ニ別レ居リテ、國ハ日本ヨリ少シク大ナレドモ、縣ハ日本ヨリモ小ナリ、此縣ヲ司ル所ノ知事ガ此特權ヲ有ス。但巴里ノミハ警視總監モ亦權限爭ヲ起スコトヲ得ルコトヽセリ。而シテ此知事ノ上ニ立ツ所ノ大臣ハ決シテ自ラ爭ヲ起スコトナシ、必ズ之ヲ部下ノ縣知事ニ爲サシムルコトトセリ。佛國ハ此ノ如シ。普國ニ於テハ如何ト云フニ普國モ亦司法權ガ權限爭ヲ起スコトヲ得ザルノ制ヲ採レリ。而シテ此權限爭ヲ起ス所ノ者ハ行政權ノ一定ノ機關ニ限レリ。其一定ノ機關トハ何ヲ指スカト云フニ、中央ノ行政官及ビ州ノ行政機關ガ之ヲ有セリ。今普國地方制度ノ區劃ヲ言ヘバ、州（プロビンス）ノ下ニ縣（レギールングス、ベチルク）アリ、縣ノ下ニ郡（クライス）アリ、郡ノ下ニ區アリ、區ノ下ニ町村アリ。故ニ此州行政機關ノ中ニハ縣知事、陸軍ノ會計官、伯林ノ警視總監等ヲ含メリ。

次ニ如何ナル事件ニ就テ權限爭ヲ起シ得ルカト云フニ、畢竟行政權ガ自己ノ權内ニ屬スベキコトヲ主張シタル場合ニ於テ權限爭ヲ起スモノナルガ、普國ト佛國トハ此點ニ就テ著シキ差異アリ。蓋シ佛國ハ三權獨立ヲ以テ國家組織ノ基礎トナスガ故ニ、普國ニテハ通常ノ裁判所ニ屬ス可キ事件モ、佛國ニテハ行政權ニ屬スベキ場合多シ。故ニ普國ト佛國ト比照スルトキハ其管轄上ニ著シキ差アリト雖モ、先ヅ佛國ニ於テハ如何ナル事件ニ就テ此權限爭ヲ起スカト云フニ。佛國ニテハ重罪裁判事件ニ於テハ決シテ權限爭ヲ起スコトナシト雖モ、輕罪裁判事件ニ於テハ一定ノ場合ヲ限リ、權限爭ヲ起スコトヲ得ルコト、爲セリ。其他一般ニ權限爭ヲ起ス場合ハ、民事裁判所ニ於テ行政權ニ屬スベキ事件ニ就キ裁判ヲナストキニ限レリ。而シテ此權限爭ヲ起スニハ、必ズシモ其訴訟事件ニ就テ爭フノミナラズ、訴訟ニ關シテ先ヅ裁判ス可キ事項及ビ之ニ附屬スル事項ニ就テモ、倘ホ權限爭ヲ提起スルコトヲ得ルナリ。又此權限爭ヲ始審ニテ起スカ、控訴ニテ起スカト云フニ、始審控訴孰レニテモ起スコトヲ得。而シテ裁判確定シタル後ニハ權限爭ヲ起スコトヲ得ザルハ一般ノ通則ナリ。其他權限爭ヲ起ス手續等ニ就テ言フ可キコトアレドモ、詳細ノコトハ此ニ之ヲ述ベザルベシ。蓋シ諸君ヲ益スルコト少ナケレバナリ。

先ヅ積極的權限裁判ノ大要ハ以上述ブル所ノ如シ。次ニ消極的權限裁判ノ起ル場合ハ如何ト云フニ、此場合ニハ通常司法、行政ノ間ニ爭ヲ起スト異ナリ、行政權ニ對シテ一ノ處分又ハ裁判ヲ求メタルニ、行政權ハ其ノ處分又ハ裁判ヲ拒ミ、司法權ニ對シテ一ノ處分又ハ裁判ヲ求メタルニ、司法權モ亦其處分又ハ裁判ヲ拒ミタル場合ニシテ、直接ニハ双方ノ間ニ爭ナク只ダ其權限ノ所在ヲ知ルコト能ハザル場合ヲ云フナリ。斯ノ如キ場合ニ於テ普國ニテハ其拒マレタル一方ノ者ヨリ訴訟ヲ提起スルコトヽセリ。佛國ハ少シク之ト異ナリ、其處分又ハ裁判ヲ拒マレタル者ヨリ訴訟ヲ起ス外ニ國家ノ利益ニ關係スル事項ト看做ストキハ、其事件ヲ管轄スル所ノ大臣ガ此訴訟ヲ起スコトヽセリ。以上述ブル所ニテ權限裁判ニ關スル諸問題ノ大要ヲ說キ終リタレバ、次ニ我邦ニ權限裁判ノ付キ一言スベシ。

我邦ノ權限裁判ハ行政裁判法第二十條及ビ第四十五條ニ規定セリ。行政裁判法第二十條ニ「行政裁判所ハ其權限內ニ關シテハ自ラ之ヲ決定ス」。第二項ニ「行政裁判所ト通常裁判所又ハ特別裁判所トノ間ニ起ル權限ノ爭議ハ、權限裁判所ニ於テ之ヲ裁判ス」トアリ。又同法第四十五條ニハ「第二十條第二項ノ權限爭議ハ權限裁判所ヲ設クル迄ノ間、樞密院ニ於テ之ヲ裁判ス」。第二項ニ「裁定ノ手續ハ勅令ノ定ムル所ニ依ル」トアリ。此他ニハ權限裁判ニ關スル規定ナシ。依テ此二個ノ條文ニ就テ之ヲ見ルニ、我邦ニ於テモ權限ノ爭議ニ就テハ、特ニ權限裁判所ナルモノヲ設クルニアレドモ、未ダ之ヲ設クル場合ニ至ラザルヲ以テ、其之ヲ設クル迄ノ間ハ假ニ樞密院ヲシテ裁判セシムルノ制度ヲ採レリ。而シテ其假ノ制度ハ前ニ述ベタル第三種ノ制度ニシテ、即チ行政機關ヲシテ權限裁判ノ事ヲ司ラシムルモノナリ。我邦ノ樞密院ノ制度ハ既ニ諸君ノ知ル如ク、裁判官ニ要スル資格ナキモノ、即チ行政官トシテ行政ニ從事シタル者ガ其多數ヲ占メタリ、故ニ純粹ナル行政ノ原素ヲ以テ組織シタルモノト見テ可ナリ。純然タル行政官ヲシテ其權限ノ爭ヲ裁判セシムルハ、少シク穩當ナラザルガ如クナレドモ、之ハ權限裁判所ヲ設クル迄ノ假ノ制度ナレバ別ニ喋々ヲ須ヒズシテ可ナリ。然レドモ單ニ此二個ノ條文ニ依リテ考フルトキハ、我邦現今ノ制度ハ普國及ビ佛國ノ制度ト大ニ差異アルコト明カナリ。先ヅ第一ニ普國及ビ佛國ト異ナル所ノ點ハ、行政裁判法第二十條ニ規定セル權限ノ爭ハ行政權ト司法權トノ爭ヲ言フニ非ズシテ、行政裁判所ト司法裁判所トノ爭ヲ言フニアルガ故ニ、行政ト司法トノ關係ニアラズ。然ルニ普國及ビ佛國ニ於テハ此ノ如ク司法裁判所ト行政裁判所トノ間ニ、直接ニ爭ヲ起スコトナキヲ以テ、我邦トハ全ク反對ナリ。何トナレバ彼國ニテハ行政裁判所ガ其管轄ニ屬スルコトニ就キ、權限ヲ爭ハントスルトキニハ、行政權ヲシテ權限ノ爭ヲ起サシムルトモ、直接ニ行政裁判所ト司法裁判所トガ權限爭ヲナスコトナシ。然ルニ我邦今日ノ規定ハ直接ニ行政裁判所ト司法裁判所トノ爭ヒニシテ一般ノ行政ニ關係シタルモノニアラズ。

次ニ一言ス可キハ我邦今日ノ規定ノミニテ、若シ司法ト行政トノ權限ノ爭起リタルトキハ如何ト云フニ、司法權ハ法律ニ依リテ其權限ヲ定ムルモノニシテ、權限ヲ爭フ場合ニハ司法權ガ之ヲ裁決スルノ權ヲ有スルナリ。此點ニ就テモ普國及ビ佛國ト大ニ關係ヲ異ニセリ。且ツ又行政裁判法ニ依レバ行政權ト行政裁判所ト爭ヲ起スコトナクシテ、若シ權限ニ就キ爭ノ起ルトキハ、行政裁判所自ラ之ヲ決定スルノ權ヲ有ス。此ノ如クナルガ故ニ、我邦ノ行政權ト司法權トノ關係ハ佛國及ビ普國ノ關係ト異ナリ、行政權ハ司法權ニ制限セラルヽモノト言ハザルベカラズ。然レドモ或人ハ既ニ憲法ノ定ムル所ニ依リ行政權ノ獨立ヲ有スル以上ハ、若シ司法ト行政トノ間ニ於テ權限裁判ヲ起ストキハ、天皇陛下ニ奏請シテ裁判ヲ請フコトヲ得ベシト云フモノアレドモ、單ニ此二個ノ法文ノミニテハ頗ル困難ノ場合アラン。之ヲ要スルニ我邦現今ノ規定ハ、一般ノ司法ト行政トノ關係ハ英吉利、伊太利等ニ類似シ、普國及ビ佛國トハ大ニ異レリ。

次ニ行政權ト司法權トノ關係ニ就キ最モ著シキ事件ハ、即チ官吏ノ行爲ニ就テ此兩權ノ間ニ生ズル關係ナリ。今其要點ヲ述ベンニ、先ヅ佛國ノ制ヲ説キ、次ニ普國ノ制ニ及ブベシ。佛國ニ於テハ革命前ニハ行政官吏ニ對スル訴訟ニ就テハ國王之ニ干渉シタリシカドモ、革命ノ時ニ至リテ其干渉ハ廢止トナレリ。然レドモ官吏ノ行爲ニ對シテ裁判所ガ勝手ニ裁判ヲナシ得ザルハ倘ホ從來ノ如シ。而シテ行政官吏ヲ保護スルガ爲メニ、憲法ニ依リ一ノ制限ヲ設ケタリ。此制限ハ千八百七十年現今ノ共和政ノ起ル時マデ持續セリ。此制限法ニ依レバ各大臣ヲ除キ、其他ノ官吏ニ對シテハ參事院ノ裁決ニ依ラザレバ、其職務ニ關スル事件ニ就キ、裁判所ニ訴訟ヲ提起スルコトヲ得ザルコトヽセリ。然レドモ若シ其行爲ガ行政官吏タルノ資格ニ關係セザルモノト見做サル、場合ニハ、固ヨリ此制限ナキモノトス。然レドモ凡ソ官吏ニ就キ訴訟ヲ提起スル時ニハ、其訴訟ヲ起ス前ニ參事院ニ認可ヲ請求セザルベカラズ。而シテ參事院ガ其訴訟事件ニ裁決ヲ與ヘタルトキハ、初メテ訴訟ヲ裁判所ニ起スコトヲ得ルナリ。但シ其裁判ニ對シテ異議ヲ申立ツルコトヲ許サズ。此ノ如キ手續ニ依リテ官吏ノ行爲ニ對シ訴訟ヲ起スコトヲ得ルナリ。換言スレバ官吏ハ其行爲ニ對シテ、特別ニ裁判ニ就テノ自由ヲ有セリ。而シテ參事院ガ認可ヲ與ヘタルトキハ、其官吏ノ行爲ハ眞ニ行政官吏ノ行爲ナルカ、或ハ官吏一身ノ行爲ナルカヲ調査スルハ一ニ裁判權ニ屬ス。此規定ハ千八百七十年迄行ハレテ此年遂ニ之ヲ廢止シタリ、然レドモ尙ホ其制限ハ依然トシテ存セリ。何トナレバ前ニモ述ブル如ク佛國ニ於テハ三權分立ハ憲法ノ大原則ナルガ故ニ、此原則ニ依リ行政處分ガ適法ナルヤ否ヤノ問題ニ就キ疑アル場合ハ、裁判所ガ勝手ニ之ヲ裁決スルコトヲ得ズ。此場合ニハ三權分立ノ原則ニ基キ、行政ノ裁定ヲ要スルモノトス。此點ヨリシテ自然制限セラル、モノニシテ、官吏ニ對シ訴訟ヲ起ス場合ニハ、行政部ニ裁定ヲ請ハザルベカラズ。其裁定ヲ請ヒタル後行政上ノ行爲ナルヤ否ヤノ裁決アリシトキハ、初メテ裁判所ニ向テ訴訟ヲ起スコトヲ得ルナリ。今其廢止以前ノ法ト廢止以後ノ法トヲ對照センニ、舊法ハ總テ裁判ヲ起ス前ニハ必ズ參事院ノ認可ヲ要シタレドモ、新法ニテハ之ヲ要セズ獨立シテ裁判ヲ起スコトヲ得ルナリ。但シ行政上ノ解釋ニ就テ疑アリテ裁決ヲ要スル場合ハ、行政權ノ裁定ヲ要スルコト、シタリ。是レ其差異ノアル所ナリ。次ニ講究ス可キハ、此官吏ノ行爲ト見做スコトニ就キ官吏ノ位置ニ依リ異ナルコトアリ。蓋シ官吏ト稱スル者ノ中ニハ、行政權ノ一部ヲ自ラ行フコトヲ許サレタル者ト、又其上官ノ命令ヲ受ケテ器械的ニ働ク者トノ差異アリ。而シテ自ラ行政權ノ一部ヲ行フコトヲ許サレタル者ハ、自己ノ意思ヲ以テ行政ノ事ヲ行フガ故ニ、行政官タル行爲ト一個人タル行爲トノ間ニ畫然タル差別ヲ附スルコト難シ。大抵職務上爲シタルモノハ行政ノ行爲ト見做サルヽ場合多シ。然レドモ上官ノ命令ヲ受ケテ器械的ニ働ク所ノ者ハ、之ハ職務上ノ行爲ナリ、之ハ一私人ノ行爲ナリトノ別ハ明カニ之ヲ知ルコトヲ得ル場合多シ。次ニ普國ノ制ニ就キ一言スベシ。普國ニ於テハ官吏ニ特別ノ制限ナキカト云フニ、是亦特別ノ制限アリ。而シテ普國モ亦近年ノ改正ニ依リ以前トハ大ニ異レリ。現今ノ獨逸帝國ガ未ダ建設セラレザル以前ニアリテハ、各邦ノ多クハ佛國ニ行ハレタル如キ制限ヲ設ケタリ。即チ官吏ニ對スル訴訟ハ認可ヲ要スルコト、シタリ。然ルニ帝國憲法ハ一ノ通則ヲ定メ、此通則ニ從ヒ各邦ノ官吏ニ對スル制限ヲ定メタリ。其通則ハ如何ト云フニ千八百七十九年ノ帝國法律ヲ以テ、官吏ニ對スル訴訟ニ就テノ特別ノ條件ハ之ヲ廢止ス。但シ各邦ノ法律中官吏ニ對スル訴訟ニ就キ、其官吏ノ行爲ヲ特別ニ裁決スルノ制ヲ設クルコトヲ得。而シテ此場合ハ一ノ制限アリテ、官吏ガ其職權ヲ犯シタルカ、又ハ越權ノ處分ヲナシタルカ、又ハ其處分ヲ怠リタリヤ否ヤノ疑點ヲ裁決スルニ限レリ。第二ニ此判決ヲ司ル者ハ一定ノ官吏ニ限ル、即チ高等行政裁判所ノ在ル邦ニテハ其判決ハ高等行政裁判所ニ屬シ、其ナキ所ニテハ帝國裁判所ニ屬ス。此規定ニ依リ前ニ述ベタル各邦ニ存スル官吏ニ對スル訴訟ニ就テノ種々ノ制限ハ廢止ニ歸シタリ。故ニ獨逸各邦ハ固ヨリ認可ノ制度ヲ採ラザルコト、セリ。依リテ現今獨逸各邦ニ於テハ、此通則ニ從ヒテ官吏ニ對シ訴訟ヲ起ス場合ニハ、其訴訟ノ事件ガ越權ノ行爲ナルカ、又ハ職權上ノ行爲ナルカヲ裁決スルハ、高等行政裁判所ガ之ヲ裁定スルコト、セリ。

以上述ブル所ニ依リテ權限裁判ニ就テノ大要ハ說キ終レリ。權限裁判ノコトハ其問題ハ小ナリト雖モ、其關スル所甚ダ重大ナルガ故ニ、簡單ニシテ無味ナル話ナレドモ、聊カ諸君ノ清聽ヲ汚シタルナリ。

比較國法學　大尾

附録

第一　公法國法憲法ト云フ言語ニ就テノ話

古代羅馬國ニ於テ、始メテ公法、私法ノ差別ヲ爲シ、私法ニ屬セザル者ハ、皆ナ公法ニ屬セリ。「ゼルマン」法ニ於テハ、公法、私法ノ差別ヲ爲サズ。歐洲中世ニ於テハ、全ク公法ヲ私法ノ中ニ混入シ、其法理ヲ以テ公法ヲ説キタリシガ、近世ノ初期頃ヨリ、漸次ニ公法、私法ノ差別ヲ採用スル學者增加シ、遂ニ法理上欠クベカラザルノ差別ト爲スニ至レリ。而シテ現今ハ、國際公法モ、之ヲ包括シテ公法ト稱スルモノアレドモ、國際公法ハ、獨立不羈ノ各國家間ニ行ハルベキ法則ニシテ、一國家主權者ノ强行スル法則ニアラザレバ、之ヲ公法ノ中ニ包括セズ。憲法、行政法刑法、刑事訴訟法、民事訴訟法、及ビ寺院法ヲ包括シテ公法ト稱セリ。但シ民事訴訟法ヲ以テ、私法ニ入ルヽ者アリ。此ノ如ク公法ノ中ニ、刑事訴訟法等ヲ包括スルヲ以テ、普通ノ用方ト爲スト雖モ、此諸法學科ハ、憲法及ビ行政法トハ、大ニ原理ヲ異ニスル所アリ。各別ニ完全ナル一學科ヲナスガ故ニ、之ヲ公法ノ内ヨリ省キ、專ラ憲法及ビ行政法ヲ合セテ、公法ト稱スル者アリ、獨リ憲法及ビ通例成文憲法ニ載スル所ノ國民ノ權利義務ヲ包括シテ、公法ト稱スル者アリ。例ヘバ、佛人バトビーカ、其著書ヲ公法及ビ行政法ト題名スルハ此ノ用例ニ依リ、公法トハ憲法及ビ國民ノ權利、義務ヲ指スニ外ナラズ。更ニ又一層狹隘ノ意義ヲ取リ、獨リ國民ノ權利、義務ノミヲ公法ト稱スル者アリ。佛人セリニーハ、此用例ヲ採リ、國民ノ權利、義務ヲ論著シタル者ヲ公法ト稱セリ。國法（スタートツレヒト）ト云フ言語ハ、獨逸人ノ常ニ用ヰル所ニシテ、我國ヘモ獨逸書ノ反譯及ビ獨逸風ノ學者ヨリシテ、廣ク播傳シタルガ如シ。此言語モ亦數種ノ意義ニ於テ用ヰ公法ト全ク同一ノ意義ニ於テ用ヰル者アリ。又公法トハ、其用法ヲ異ニシ、之ヲ公法ノ一部トナシ、憲法及ビ行政法ヲ合シテ國法ト稱スル者アリ。蓋シ獨逸國ニ於テ、始メテ國法ヲ判然區別シ、憲法及ビ行政法ノ二箇ノ法學科ト爲シタルハ、ロベルト、フヲンモールニシテ、爾來用例ヲ採ル者少ナカラズ。例ヘバ、リヨンネ普國公法、ボルンハク普國國法ノ類ハ、皆國法トハ憲法及ビ行政法ヲ指ス者ニシテ、決シテ憲法ト同一ノ意義ニ用ヰルニアラズ。斯ニ此用方ノ實例ヲ示ス爲メニ、ボルンハクガ、普國々法ト題名スル著書中ニ論述スル所ノ科目ヲ擧グレバ、即チ氏ハ、國法ハ憲法及ビ行政法ノ二法科ヲ包括スル者トシ、其著書ヲ分チテ四編トシ、第一編ヲ普國憲法歴史、第二編ヲ總論、第三編ヲ憲法トシ、此編ニ於テハ國家統治ノ主躰、統治ノ物躰、政府權、立法、及ビ司法權ヲ論述シ、第四編ヲ行政法トシ、此編ニ於テハ行政總論、官吏法、行政組織、及ビ外交政、司法行政、警察、財政、及ビ宗教ヲ論述セリ。現今ハ此用方ヲ採ル者多シトス。然レドモ又國法ヲ、憲法ト云フ言語ヲ其廣義ニ於テ取ルト、同一例ニ於テ用ヰル者アリトス。而シテ憲法ニ於テ規定スルト、通常法律ヲ以テ規定スルトニ關セズ、汎ク國家統治權ノ分任、及ビ其運用ノ綱領ヲ規定スル法則ヲ總括シテ憲法ト稱スル者アリ。更ニ又一層廣義ニ於テ用ヰ、國家統治權ノ分任、及ビ其運用ノ綱領ヲ規定スル法則ノ外ニ、國民ノ權利義務、行政ノ組織、及ビ行政原則ヲ包括シテ憲法ト稱スル者アリ。此場合ニ於テハ、國法ト云フ言語ヲ狹義ニ於テ用ヰルト、同一ノ意義ヲ含ム者トス。我國ニ於テモ亦憲法ト國法ト、同一義ニ用ヰル者アルベシト雖モ、帝國大學各分科大學ノ講座ヲ定ムル勅令ハ、憲法ト國法ト同一義ニ於テ用ヰザルヿ疑ナシ該勅令ニ憲法、及ビ國法學ノ講座アリ。而シテ若シ憲法ト國法トハ、全ク同一ノ意義ヲ含ム者トスレバ、憲法及ビ國法學ト云フハ、憲法及ビ憲法學ト云フト同一ニシテ憲法トハ、之ヲ學科トシテ講究スルヲ云フニ外ナラザレバ、憲法、國法學ノ二語中ノ一ハ、無用ナリト云ハザルヲ得ズ。然レ圧該勅令ハ、如此無用的ノ言語ヲ用井ザルベシ。故ニ此兩語ハ、決シテ同一ノ意義ニ於テ用井ズ。憲法トハ、國家統治權ノ分任、及ビ其運用ノ綱領ヲ規定スル法則、若シクハ成文憲法ノ講究ヲ指ス者ニシテ、國法學トハ、憲法及ビ行政法ノ通則ノ講究ヲ指スト云ハザルヲ得ズ。然レドモ亦憲法モ國法學モ共ニ大日本帝國ノ憲法、及ビ憲法行政法ヲ講究スル者ト爲セバ、倘ホ言語ノ重複ヲ免ルヽ能ハズ。憲法及ビ行政法ヲ合シテ國法ト云フ時ハ、國法學ト云ヘバ、憲法及ビ行政法ノ講究ヲ指スニ外ナラザレバ、憲法及ビ行政法ノ二語ハ不用重複ナリ。或ハ憲法及ビ行政法ト云フ時ハ、更ニ國法學ト云フ言語ヲ用井ルニ及バザルベシ。故ニ該勅令ハ、國法ト憲法トヲ同一ノ意義ニ於テ用井ズ。而シテ又共ニ大日本帝國憲法ノ講究ヲ指スニアラズ。憲法及ビ行政法トハ、大日本帝國憲法、及ビ行政法ノ講究ヲ指シ、國法學トハ、立憲、及ビ行政法ノ原則ヲ汎論シ、又政事上、及ビ學問上ノ最モ緊要ナル立憲國憲法、及ビ行政法ノ原則ヲ講究シ、其異同アル理由ヲ論辯スルノ類ヲ指スト云ハザルヲ得ズ。

第二 立憲君主國

獨逸人ハ、通例君主ガ國家ノ權ヲ總攬スル國ヲ、純粹ノ君主國ト稱セリ。而シテ君主ハ、國家ノ權、即チ國家統治權ヲ統一總攬スト雖モ、之ヲ隨意亂用セズ、其運用ハ、確定ノ形式ト、一定機關ノ參與ヲ要シ、之ヲ規定スル典章ヲ有スル國家ヲ、立憲君主國ト稱セリ。共和國ニ於テモ亦、凡テ國家ノ權ヲ、一人ノ元首、或ハ數人ヲ以テ組成スル會議躰ヘ、統一總攬セシムルノ組織ヲ設クルヲ得ベシト雖モ、共和國ノ元首ハ、國民或ハ國民中ニ於テ、特別ノ地位ヲ有スル人民ノ委任ニ由テ、國家ノ權ヲ掌握スル者ト爲セリ。之ニ反シテ純粹ノ立憲君主國ニ於テハ、國家ノ統治權ハ、君主ガ自ラ之ヲ總攬スル者ニシテ、共和國ニ於ケルガ如ク、國民或ハ國民中ニ於テ、特別ノ地位ヲ有スル人民ノ委任ニ由リ、之ヲ掌握スルニアラズ。是レ共和國ト、純粹立憲君主國トヲ、差別スルノ要點ナリトス。然リ而シテ純粹ノ立憲君主國ニ於テハ、君主ガ國家ノ權ヲ統一總攬スル者ト爲セリト雖モ、決シテ國家ハ君主是レナリト爲スニアラズ、君主ト國家トハ同一物ニアラズ、君主ハ法人タル國家ノ元首トス。此ノ理論ハ、歐洲古代ノ政理學者ノ已ニ明言スル所ナリト雖モ、中世時代ニ至リテハ、反テ君主ト國家トノ差別ヲ爲スヲ知ラズ、凡テ法律ハ、一箇人ト一箇人トノ關係ヲ、規定スル者ト爲シタリシガ、十六世紀以來、國家ヲ以テ法人ト爲シ、君主ヲ以テ國家ノ元首ト爲スノ理論再興シ、十八世紀ニ至リテハ、君主自ラ之ヲ明言スルアリ。亦國家ノ法律ニ於テ之ヲ確認スルアリ。即チ當時歐洲ニ於テ、最モ英明ノ君主ト稱セラルヽ、普國フレデリッキ大王ハ、自己ノ著書ニ於テ、君主ハ、國家ノ第一有司ナリト明言セリ。是レ君主ハ、國家ノ元首ナリト云フ意義ヲ、稍々謙遜的ノ言語ヲ以テ露出シタル者ナリ。而シテ亦普國普通法典ニ於テ、凡テ國家ノ權利、義務ハ、國家ノ元首之ヲ總攬スト云ヘリ。是レ已ニ君主ト國家トノ差別ヲ認メタル者ナリトス。然レドモ國家ト君主ト同一物ト爲スノ説モ、亦專政主義ト共ニ十八世紀ニ至リテ、其極度ニ達シタリ。而シテ現今尚ホ公法ヲ論述スル者ノ中ニ、此主義或ハ之レト同一ノ結果ヲ生ズル説ヲ主張スル者ナキニアラズ。例ヘバ、獨逸人サイデルハ、其著國家汎論ニ於テ、此説ヲ祖述シ、マウレンブレハルハ、其著現今獨逸國法原論ニ於テ、同樣ノ説ヲ主張セリ。此ノ如ク、現今尚ホ國家ト君主トヲ、同一物ト爲スノ説ヲ依持スル者アリ。而シテ其所説モ進步シ、高尚ノ議論ヲ以テ之ヲ修飾セリト雖モ、是レ一般普通ノ說ニアラズ。之ニ反シテ君主ハ國家ノ元首ニシテ、國家ト同一物ニアラズト爲スノ理論ハ、憲法制定ニ由リテ、普通ノ定說ト爲スニ至レリ。以上述ベタル如ク君主ヲ以テ國家ノ元首ト爲シ、國家ト同一物ト爲サズト雖モ、亦獨逸君主國ノ憲法ハ、概シテ君主ハ國家ノ統治權ヲ統一總攬シ、憲法ノ規定ニ依リ、之ヲ行フト云フ主義ヲ取ル者ニシテ、各國ノ憲法ノ條項ニ於テ、之ヲ特載スル者アリ、然ラザル者アリト雖モ、特ニ揭載スルト否トニ由リ、其主義ニ差異ヲ爲スニアラズ。我國ノ憲法モ、亦獨逸人ガ、純粹ノ立憲君主主義ト稱スル者ト、同一ノ主義ヲ取ル者ナリ。憲法第四條ニ曰ク、天皇ハ國ノ元首ニシテ、統治權ヲ總攬シ、此ノ憲法ノ條規ニ依リ之ヲ行フ。又憲法ノ前文ニ曰ク、朕祖宗ノ遺烈ヲ承ケ萬世一系ノ帝位ヲ踐ミ、朕ガ親愛スル所ノ臣民ハ、卽チ朕ガ祖宗ノ、惠撫慈養シタマヒシ所ノ臣民ナルヲ念ヒ、其康福ヲ增進シ、其懿德良能ヲ發達セシメムコトヲ願ヒ、又其翼贊ニ依リ、與ニ俱ニ國家ノ進運ヲ扶持セムコトヲ望ミ、……茲ニ大憲ヲ制定シ、朕ガ率由スル所ヲ示シ、朕ガ後嗣及ビ臣民及ビ臣民ノ子孫タル者ヲシテ、永遠ニ循行スル所ヲ知ラシム。ト又曰ク、國家統治ノ大權ハ、朕ガ之ヲ祖宗ニ承ケテ之ヲ子孫ニ傳フル所ナリ。朕及ビ朕ガ子孫ハ、將來此ノ憲法ノ條章ニ循ヒ、之ヲ行フコトヲ愆ラザルベシ云々。天皇ハ國ノ元首ニシテト云ヒ、又與ニ倶ニ國家ノ進運ヲ扶持セムコトヲ望ミ云々ト記シ、天皇、臣民、國家ノ三者ヲ並擧スルヲ見ル時ハ、我國憲法ハ、君主ト國家ト、同一物ト爲スノ説ヲ取ル者ニアラザルコトヲ知ルニ足レリ。而シテ國家統治ノ大權ハ、朕ガ之ヲ祖宗ニ承ケテ、之ヲ子孫ニ傳フル所ナリ云々、又天皇ハ、國ノ元首ニシテ、統治權ヲ總攬シ云々ノ言語ニ由ルトキハ、國家ノ大權ハ、君主之ヲ統一總攬スル者ト爲スヲ以テ、我國憲法ノ主義ト爲スヲ知ルニ足レリ。然レドモ亦朕ガ率由スル所ヲ示シ、朕ガ後嗣、及ビ臣民ノ子孫タル者ヲシテ、永遠ニ循行スル所ヲ知ラシム、又曰ク、朕及ビ朕ガ子孫ハ、將來此ノ憲法ノ條項ニ循ヒ、之ヲ行フト云フ言語ヲ見ルトキハ、統治ノ大權ハ、必ズ憲法規定ノ制限内ニ於テ行フベキ者ニシテ、憲法ハ、君主、臣民共ニ守ルノ法典ト爲スノ主義ヲ取ル者タルコト明カナリ

第三　立憲君主制

獨逸國ノ國法學家ノ見解ニ依レバ『立憲君主制ニ於テハ、主權ハ君主ニアリトスル

ヲ通例トス。然レドモ君主ヲ以テ主權者トナスモノハ、皆同一ノ理由ニ依ルニアラズ。或國法學家ノ說ニ依レバ、君主ガ主權者ナリト雖モ、國家ノ機關ニシテ、無制限ノ主權ヲ有スルニアラズ。無制限ノ主權ハ、法人タル國家ニ屬シ、其機關タル君主ニ屬セズ。主權ト云フ言語ヲ君主ニ就テ用ヰルトキハ、無制限ノ意義ニアラズ。而シテ國會ハ立法ニ協贊ヲナスノ機關ニシテ、君主ノ權ヲ制限スル重ナル元素ナレドモ、凡テ法律ハ君主ノ裁可ヲ以テ成立シ、國會ハ唯ダ法律トナスベキ事項ニ協贊ヲナスニ過ギズ。立法權ヲ君主ト共有スルニアラズ。故ニ主權ノ共有者ニアラズ。唯ダ君主ガ掌握セル主權ノ運用ニ就テ、制限的ノ元素タル者トス云々』此レ廣ク獨逸國ニ行ハレタル穩和折衷ノ說ニシテ、最モ俗耳ニ適スル者ナレドモ、論理ノ貫通セザル所アリ。此說ハ主權ト云フ言語ヲ二樣ノ意義ニ用ヰ、君主ヲ主權者ト云フ塲合ニハ、無制限ノ意義ニ用ヰルニアラズ、無制限ノ主權ハ、法人タル國家ニ屬スベキ者トスルガ故ニ君主ハ眞ノ主權者ニアラズ、而シテ君主ノ掌握セル制限的ノ權ニ主權ト云フ名目ヲ付スルニ過ギズ。而シテ國家ハ無形ノ法人ナレバ、國家ニ無制限ノ主權アレバ必ズ其運用者アルヲ要ス。主權ト其運用者トハ、同時ニ存立廢亡スベキ者ニシテ、國家主權ノ有無ハ、其運用者ノ有無ニ依リテ之ヲ知ルヲ得ベシ。然ルニ此說ニ依レバ、國家ハ無制限ノ主權者ナリトスレドモ、君主ノ外ニ主權ノ運用者ヲ認メズ。而シテ君主ノ主權ニハ制限アリトスレバ、無制限ノ主權ノ運用者ニアラズ。無制限ノ運用者ヲ認メズシテ、尙ホ無制限ノ主權アリト云フハ豈奇ナラズヤ。而シテ又立法權ヲ以テ、主權ノ要素ト爲シ、國會ノ協贊ハ、君主ノ裁可ヲ以テ成立スルガ故ニ、立法權ハ、君主ノ獨リ掌握セル所ナリト云フヲ以テ緊要ノ論點トス。此亦事實ニ違背セル空論ト謂ハザルヲ得ズ。蓋シ國會協贊ノ法律ノ成立ニ必要ナルハ、裁可ノ必要ナルニ異ナルヿナシ。協贊ヲ經由シタル者ニアラザレバ、裁可ヲ以テ法律トナスベカラズ。協贊ナケレバ法律ノ成立スルヲ得ザルコト、裁可ナケレバ法律ノ成立スルヲ得ザルト、事實上差異アルコトナシ。立法權ハ、君主及ビ國會ノ共同運用セル者ナリト謂フヲ當然トス。故ニ立法權ノ運用者ヲ以テ主權者ト爲スハ、英國ニ於ケルガ如ク、主權ハ君主ト國會トノ共有ナリト謂フベシ。

主權者ヲ國家ト爲シ、立憲君主制ニ於テハ、君主ガ主權者ニシテ、即チ國家ナリト云フヲ以テ、主論トスル國法學家アリ。而シテ君主ト國家ト同一視スルニ關セズ、尙ホ君主ノ權ニ制限アリト爲シ、曰ク『專制ノ君主ガ固有ノ無制權限ヲ以テ憲法ヲ制定シ、君主ガ國家法人トシテ發表スベキ意思行爲ノ方式手續ヲ確定シ、立法ハ國會ノ協贊ヲ要シ、凡テ君主ノ行爲ハ大臣ノ副署ヲ要シ、司法權ハ獨立ノ裁判所ヲシテ之ヲ行ハシムベシ云々ト確定シタリ。故ニ君主ガ國家法人タルノ資格ニ於テ發表スル意思行爲ハ、凡テ此方式手續ニ依ラザルベカラズ。之ニ依ラザル者即チ違憲ノ意思行爲ハ、君主ガ國家法人タル資格ニ於テ發表スル者ト看做スベカラズ。一箇私人ノ意思行爲ト看做スベキ者ニシテ、法理上効力ヲ有スベキ者ニアラズ。而シテ此方式手續即チ憲法ハ、特ニ其條項ノ中ニ確定セル方式手續ニ依リ、之ヲ修正スルヲ得ベシ之ニ依ラザル憲法ノ廢止變更ハ、君主ガ國家法人タル資格ニ於テ發表シタル者ニアラズ。故ニ効力ヲ有セズ。而シテ又前君主ト其繼承者トハ、國法上同一ノ法人ト看做スベキ者ナレバ、凡テ君位ノ繼承者ハ、前君主ノ確定セル方式手續ニ依ラザルベカラズ云々』此說モ亦論理ノ貫徹セザル所アリ。蓋シ君主ハ即チ國家ナリト云フハ、此說ノ主論ナリ。而シテ君主ノ意思行爲ハ、憲法ニ準據セザルベカラズ。準據セザル者ハ効力ヲ有セズト云フニ齊シ。故ニ國家ハ憲法ノ制限ニ從ハザル可ラズ。而シテ君主ハ確定ノ方式手續ニ依リ、憲法ヲ修正シ得ルガ故ニ、憲法ニ準據スルヲ以テ制限ト看做ス可ラズト謂ヘリ。然レドモ國會ノ協贊ヲ以テ、手續中ノ要件トスルガ故ニ、君主ハ國會ノ同意ヲ得ザレバ、有効ノ修正ヲナスヲ得ズ。然レバ主權者タル君主ハ、其服從者ヨリ制限ヲ受クト謂ハザルベカラズ。即チ國家ガ其服從者ノ制限ヲ受クト謂フニ齊シ。是レ最モ不都合ナル論點ナリトス。

案ズルニ立憲君主制ニ於テハ、君主ヲ以テ主權者ナリトスルニハ、君主ハ國家至高ノ法典タル憲法ヲ、法理上隨意ニ制定、廢止スルノ權ヲ有スベシト解セザルベカラズ。憲法修正ノヿハ、其條項ノ中ニ於テ規定セルガ故ニ、憲法ノ範圍内ニアル者ニシテ、國會ノ協贊ヲ要セザルベカラズ。之ニ反シテ憲法ノ制定、廢止ハ、其全躰及ビ基礎ニ關スル者ニシテ、條項ノ修正ト同ジカラズ。之ヲ行フ權ハ、憲法ノ範圍外ニ在リテ、君主ノ掌握セル者ナリト解スルヲ得ルニアラザレバ、君主ガ主權者ナリト云フヲ得ズ。何トナレバ、君主ガ國家至高ノ法典タル憲法ヲ、法理上隨意ニ制定、廢止スルノ權ヲ有セザレバ、君主ノ權ハ、憲法ノ範圍内ニ在リテ、其制限ヲ受クベキ者ナレバナリ。而シテ憲法ハ國家至高ノ法典、即チ至高ノ命令ナレバ、其制定、廢止ノ權ガ、君主ニアリト解スルヲ得ルトキハ、憲法ハ君主ガ主權ヨリ出ヅル國家ノ諸權ヲ、運用スル方式、手續ヲ確定シタルトキノ意思ヲ、變換セザル者ト看做スヲ得ベシ。故ニ君主ノ行爲ハ、憲法ニ準據セザルベカラズ。凡テ違憲ノ行爲ハ、法律上効力ヲ有セズトスルモ、敢テ君主ガ主權者ナリト云フ主義ニ違背スルコトナシ。憲法ノ存セル間ハ、君主ハ之ヲ制定シタルトキノ意思ヲ變換セズ、自ラ制限シテ之ニ從フ者ニシテ、凡テ違憲ノ行爲ハ、君主ガ統治者ノ資格ニ於テ、發表スル者ニアラズト、看做スベキナリ。或ハ曰ク、立憲君主制ニ於テハ、君主ヲ以テ主權者トナスガ故ニ、凡テ君主ノ行爲ハ憲法ノ範圍外ニ在リテ、法律ノ制裁ニ從ハズ。違憲ノ行爲モ亦効力ヲ有スベシト云フ者アリト雖モ、此レ立憲君主制ト專政君主制トヲ、差別スル要素ヲ減却スル者ニシテ、採ルニ足ラズト云フベシ。次ニ主權者ハ、必ズ立法權ノ運用ヲ全有セザルベカラズト云フハ、殆ド國法學家一般ノ說ニシテ、裁可ニ重キヲ置キ、法律ハ裁可ヲ以テ成立シ、而シテ君主ハ國會ノ可決シタル者ニ、裁可ヲ與ヘザル權アリ。故ニ立法權ノ運用ハ、君主之ヲ全有シ、國家ト共有スルニアラズトス。然レドモ已ニ述ベタル如ク、國會ノ協贊ヲ經由セザル者、又ハ其否決シタル者ニ、裁可ヲ與ヘテ法律ト爲スヲ得ズ、故ニ事實上立法權ノ運用ハ、君主ト國會ト共有スルナリ。而シテ立法權ハ、憲法ニ於テ之ヲ規定シ、其範圍内ニ於テ運用スベキ者ナレバ、君主ガ法理上、憲法ノ制定、廢止ノ權ヲ有スト解スルヲ得ルトキハ、立法權ノ運用ハ、君主ト國會ト共有スル者ト爲スモ、尙ホ君主ヲ以テ主權者ト云フヲ得ベシ。但シ英國ノ如ク、憲法ト通常ノ法律ト、法理上差別ヲナシ得ザル所ニ於テハ、立法權ノ運用者ハ即チ主權者ナリトス。顧フニ憲法ハ、政治上及ビ德義上、永世廢止スベカラザル者ニシテ、社會ノ進歩ニ伴ヒテ、必要ノ修正ヲナスニ過ギズ。而シテ又社會ノ元力ガ、憲法ヲ權護スルガ故ニ、容易ニ廢止、變更ヲ爲シ得ザルコト明カナリ。而シテ政治上及ビ德義上ノ論ハ、前ニ述ベタル法理上ノ見解トハ、全ク特別ナリト看做スベキ者ナリ。

第四　國家元首ノ立法權ニ就テノ俗話

純正ノ立憲君主制ト稱スル者ニ於テハ、君主ガ國家ノ統治權ヲ總攬スル者トスルガ故ニ、立法權モ亦君主ノ掌握スル所ト爲セリト雖モ、之ヲ行フニハ、必ズ議會ノ參與ト、一定ノ手續トニ由ルヲ要スルコ論ヲ待タズ。議會ノ參與ト、憲法規定ノ手續トニ由ラザレバ、法律ヲ制定スルヲ得ズ。普國ハ、即チ此主義ヲ採ル者ニシテ、立法權ハ君主ト議會トノ共同ニ依リテ行フト雖モ、君主ハ凡テ國家ノ權ヲ統一シ、立法權ノ主掌者ニシテ、議會ハ唯ダ其運用ニ參與スル者ナリトス。獨逸帝國ニ於テハ、帝ハ統治權ノ總攬者ニアラズ。故ニ立法權ハ帝ニ屬セズ。獨逸二十五邦統治權總攬者ノ委員ヲ以テ組織スル團躰、即チ聯邦共議院ガ、帝國統治權ノ總攬者ニシテ、立法權ヲ主掌シ、而シテ之ヲ行フニハ、必ズ帝國議會ノ協同ヲ要スルコト、猶ホ普國ニ於ケルガ如シ。我國憲法モ亦、獨逸國公法家ノ純正君主制ト稱スル者ト、同一ノ主義ヲ採ル者ナリ。憲法第五條ニ、天皇ハ帝國議會ノ協贊ヲ以テ、立法權ヲ行フト云フガ故ニ、天皇ヲ以テ立法權ノ主掌者トシ、而シテ天皇ガ此權ヲ行フニハ、必ズ議會ノ協議贊成ヲ要セリト爲スナリ。之ニ反シテ、英國ニ於テハ、立法權ハ、君主ト上下兩院ト協同掌握スル所ナリ。君主及ビ上下兩院ヲ以テ組成スル共同躰、即チ國會ガ、之ヲ掌握スル者トシ、君主ヲ掌握者トシ、議會ヲ副助者トスルガ如キ主義ヲ採ルニアラズ。佛國及ビ北米合衆國ノ共和制ニ於テハ、立法權ハ議會ノ掌握スル所ニシテ、大統領ハ立法權ノ機關ニアラズ。唯ダ一定ノ場合ニ於テ、立法權運用ノ節制者タルニ過ギズ。

前ニ述ベタル如ク、純正立憲君主制ノ國ニ於テハ、君主ヲ以テ立法權ヲ主掌スル者ト爲スコトハ、獨逸公法家ノ定論ト云フベシト雖モ、君主ノ裁可ト議會ノ議決トノ關係ニ就キ、二箇ノ說アリ。或者ハ、特ニ君主ノ裁可ニ重要ヲ歸シ、裁可ガ法律案ニ法律ノ效力ヲ與フル者ニシテ、議會ノ參與ハ、唯ダ法律案ノ事柄ヲ議シ、法律ヲ制定スルノ要件ヲ定ムルニ止マラズ、法律ノ效力ヲ定ムルコニ及ベリ。法律ハ、議決ト裁可トノ成果ナリ。此兩者ノ一ヲ欠ケバ法律ヲ爲サズト云フヲ以テ、普國及ビ其獨逸君主制憲法ヲ採ル主義トス。我國憲法ハ、此第一ノ主義ヲ採ル者ニシテ、裁可ニ重キヲ歸シ、裁可ガ法律ヲ爲ス者トスルガ故ニ、憲法ノ條項ニ不裁可ノ權ヲ明揭セズト雖モ、議會ノ議決シタル者ニ、君主ガ裁可ヲ與ヘザルノ權アルコト、固ヨリ知ルベキナリ。普國及ビ獨逸帝國ノ聯邦共議院モ亦、此權ヲ有セリ。此不裁可權ニハ、敢テ制限ヲ設ケズ、政府ノ起草ニ成ル法律案ニシテ、議會ハ之ニ少シモ修正ヲ加ヘズ、原案ノ通リ議決シタル者ト雖モ、尙ホ君主ハ之ヲ裁可セザルノ權ヲ有セリト爲スヲ以テ、我國憲法、普國、及ビ獨逸帝國憲法ノ原則トス。然レドモ裁可ノ時期ニハ制限アリトス。我國議院法第三十二條ニ、兩院ノ議決ヲ經テ奏上シタル議案ニシテ、裁可セラルヽモノハ、次ノ會期迄ニ公布セラルベシト爲スガ故ニ、次ノ會期マデニ公布セラレザル者ハ、不裁可ノ議案ニシテ、廢棄トナレリ。普國ニ於テハ、裁可ノ期限ニ關スル規定ナシ、而シテ次ノ會期ヲ以テ期限ト爲スヿヲ主張スル者アリト雖モ、是レ正說ト爲スベカラズ。現在成立スル議院ノ協議ヲ經テ、法律ヲ制定スルヲ以テ原則ト爲スガ故ニ、議院ノ改選ヲ以テ裁可ノ期限トシ、改選期迄ニ公布ナキ者ハ、裁可セザル者ト見做スベシ。獨逸帝國ニ於テハ、共議院ノ議決ヲ以テ裁可セリ。而シテ亦裁可ニ期限ヲ設ケズ。故ニ普國ニ於ケルガ如ク、議會ノ改選期ヲ以テ、裁可ノ期限ト爲スベキナリ。英國ニ於テモ、亦君主ノ同意ヲ經テ、始メテ議案ヲ有効ノ法律ト爲スト雖モ、君主ノ同意ハ、法律制定ノ一部ト見做スベキ者ニシテ、我國ニ於テ持ニ君主ノ裁可ニ重要ヲ歸スルト同ジカラズ。而シテ英國君主ハ、上下兩院ノ可決シタル議案ニ、全ク同意ヲ拒ムノ權ヲ有スト雖モ、千七百七年以來、兩院ノ可決シタル法律案ニ、同意ヲ與フルヲ拒ミタルヿナシト云フ。佛國及ビ北米合衆國ニ於テハ、立法權ハ議會ノ掌握スル所ニシテ、大統領ハ唯ダ節制權ヲ有シ、兩院ノ可決シタル法律ニ不同意アル時ハ、之ニ其理由ヲ附シ、議院ニ返付シ、再議ヲ要求スルノ權ヲ有スルニ過ギズ。而シテ佛國大統領ハ、議會ノ制定シタル法律ハ、之ヲ受取リタル日ヨリ、一ケ月內ニ公布スルヲ要シ、兩院ガ至急發布ヲ要スト議決シタル者ハ、三日內ニ發布スルヲ要スト雖モ、大統領ガ不同意ノ法律ハ、右ノ期限內ニ理由ヲ附シ、議院ニ再議ヲ要求スルノ權ヲ有シ、兩院ハ此要求ヲ拒ムヲ得ズ。而シテ此再議ニ於テ、兩院共ニ多數可決スル時ハ、大統領ハ之ヲ發布執行スルヲ要セリ。北米合衆國ニ於テハ、兩院ノ議決シタル法律案ハ、之ヲ大統領ニ送附シ、記名ヲ得ル迄ハ法律ノ効力ヲ有セザル者トス。而シテ大統領若シ法律案ニ不同意アル時ハ、其理由ヲ附シ、之ヲ法律案ノ發議者タル議院ニ返附シ、再議ヲ要求スルノ權ヲ有スト雖モ、再議ニ於テ、兩院共ニ三分ノ二ノ多數ヲ以テ可決スルトキハ、則チ法律トナレリ。亦大統領ガ法律案受理ノ日ヨリ、日曜日ヲ除キ、十日以內ニ議院ヘ返附セザル場合ニハ、其案ハ即チ法律トナレリ。合衆國ニ於テハ、大統領ノ節制ノ權ヲ拒否ト稱スルト雖モ、是レ憲法準據ノ名稱ニアラズ。元來拒否トハ立法權機關ノ一部ヲ爲ス者ガ、法律案ニ同意ヲ拒ムノ名稱ナルガ故ニ合衆國ノ如ク、立法權ハ議會ノ掌握スル所ニシテ、議會ト大統領ト、共同掌握スル所ト爲サヾル組織ニ於テハ、大統領ノ立法ニ關スル權ヲ拒否ト稱スルハ、事理ニ適スル名稱ニアラズ。

次ニ、法律ハ、此迄述ベタル手續ヲ經テ已ニ成立シ、公布ノコトハ、寧ロ政府ノ權ニ屬スベキ行ナリト雖モ、此ニ其大畧ヲ記スベシ。法律ノ公布ニ正式ト否ラザル者トノ差アリ。英國ニ於テハ、ジヨルジ第三世迄ハ、法律ハ、之ヲ制定シタル國會開期ノ始メヨリ、効力ヲ有スル者ト爲セシガ、此時之ヲ改正シ、凡テ法律ハ、其効力ヲ有シ始ムル時期ヲ、特ニ規定セザルトキハ、則チ國王ガ同意ヲ與ヘタル時日ヨリ、效力ヲ有スベシト定メタリ。而シテ論理上人民ハ、國民代表者ニ於テ、皆法律制定ニ參與スル者ト爲スガ故ニ、正式公布ヲ要セズト雖モ、實際之ヲ人民ニ公知スルヲ必要トスルヲ以テ、國王ノ印刷官ハ、之ヲ公知スルノ義務アリトス。北米合衆國モ、亦英國ト同樣ノ主義ヲ取ル者ナリ。之ニ反シテ、我國、及ビ佛、普兩國、及ビ獨逸帝國ニ於テハ、正式公布ヲ要セリ。而シテ法律ハ、公布前已ニ成立スト雖モ、人民ニ對シ法律ノ效力ハ、公布ニ由リテ始マル者トシ、佛國ニテハ、公布ハ大統領ノ職權ニ屬セリ。而シテ又執行處分ト公布トヲ差別スル者アリト雖モ、所謂執行處分ハ、公布ノ手續ノ緊要ナル準備ニ外ナラザルヲ以テ、此ニ之ヲ公布ノ内ニ包括セシム。我國及ビ普國ニ於テハ、公布ヲ命ズルコトハ、君主ノ大權ニ屬シ、我國ニ於テハ官報、普國ハ法律全集ヲ以テ公布シ、獨逸帝國ニ於テハ、帝之ヲ掌リ、帝國法官報ヲ以テ公布セリ。

第五　憲法ノ性質及ビ修正手續

憲法ナル語ニ二樣アリ。即チ單ニ成文憲法ヲ指スト、汎ク國家統治權ノ組織、及ビ其運用ノ綱領ヲ定ムル法則ヲ總括シテ稱スルトノ別是レナリ。我國及ビ歐米各國、成文憲法ハ、其規定スル條項ニ、繁簡詳略、多少ノ差異アリテ、必ズシモ其國家統治權ノ組織及ビ其運用ノ綱領ヲ規定スル法則ヲ總括スル者ニアラズ。甲國憲法ニ載スル條項中緊要ナル規定ニシテ、乙國憲法ニ載セザル者アリ。例ヘバ、佛國現行ノ憲法中ニハ、國會ノ每年召集スベキコト、法官ノ轉免スベカラザルコト、及ビ國民ノ權利、義務ハ、一モ明揭規定セズ。故ニ專ラ成文ニ規定スベキ法則ヲ指シテ、憲法ト稱スルトキハ、此等ノ如キ事項ハ、勿論、憲法ニ屬スベキモノナレドモ、佛國憲法中ニハ、曾テ包容セラレザルナリ。即チ偏ニ成文ノ規定ヲ以テ憲法ト稱スル時ハ、佛國現行ノ憲法ハ、簡略ニ過グル者ト謂ハザルヲ得ズ。又英國憲法ハ、我國及ビ歐米各國憲法トハ、其成立ヲ異ニシ、漸次ニ補足シ來レル者ニシテ、成文ノ規定ニ成ル者甚ダ少シ。且ツ憲法ト尋常法律トノ間ニ於テ、我國及ビ歐米各國ノ如ク、法力ノ等差ヲ認メザル故ニ英國制法ノ全部ヲ捜索スルモ、尋常法律ノ上ニ位シ、憲法ノ名義ヲ附シタル條項ヲ發見スルヲ得ズ。即チ單ニ尋常法律ノ上ニ位スル成文ノ規定ヲ指シテ、憲法ト稱スルトキハ、英國ニハ、憲法ナシト謂フモ可ナリ。之ニ反シテ、第二義、即チ汎ク國家統治權ノ組織、及ビ運用ノ綱領ヲ規定スル法則ヲ總括シテ、憲法ト稱スル時ハ、成文憲法ノ正條ニ含蓄セラレズシテ、尋常法律ヲ以テ規定シ、或ハ慣習法、若シクハ慣習ニ成立スル者ト雖モ、苟モ國家統治權ノ組織、及ビ、其運用ノ綱領ヲ規定スル者ハ、總テ之ヲ憲法ノ一部トシテ不可ナシ。乃チ憲法ナル語ヲ此意義ニ用ヰルトキハ、佛國ノ如ク、古來ノ憲法ニ包含セラレ、既得權ト成リタル規定、其他行政法的ノ原則ヲ規定スル條項ヲ擧ゲテ、憲法ノ成文ニ明掲セザルモ、尙ホ之ヲ以テ佛國憲法ノ一部ヲ組成スル者ト爲スベク、例ヘベ、毎年國會ヲ召集スベキヿ、法官ノ轉免スベカラザルヿノ類ハ、皆其憲法ノ一部ヲ爲セル者ト云フベキナリ。又英國憲法ハ、漸次ニ發達セル者ニシテ、成文ノ規定甚ダ少ク而カモ我國、及ビ歐米合衆國成文憲法ノ如ク、尋常法律ノ上ニ位スル者ニアラズト雖モ、既ニ已ニ、慣習法、又ハ慣習規則ヲ以テ成立スル者充分ナルガ故ニ、右第二義ニ依リテ觀察スレバ、英國憲法ハ寧ロ歐米憲法中、尤モ完備セル者ト云ハザルヲ得ザルナリ。

憲法ノ修正

人民ト國土トハ、國家ノ二大元素ナリ。人民相集リテ一定ノ國土ニ住シ、永久共同ノ社會ヲ成シ、獨立法人タルノ組織ヲ有スルトキハ、即チ是レ國家ニシテ、此社會ヲ支配スル權力ヲ規定制限スベキ法則ヲ憲法ト云フ。然ルニ、此ノ國家ノ基礎トモ目スベキ社會ハ、常ニ變轉シテ靜止セザルガ故ニ、之ヲ支配スル權力ノ規定制限タル憲法モ、亦其社會ノ進度ニ應ジテ、適當ノ改正ヲ要スベキハ、理ノ然ルベキ所ニシテ、實ニ憲法中、其修正ノ手續ヲ設クルハ、避クベカラザルコトナリトス。然ルニ、英國ニ於テハ法力上、憲法ト尋常法律トノ差別ナキガ故ニ、二者共ニ同一ノ立法手續ニ依リテ制定修正セラル。我國憲法修正ノ事ハ、憲法ノ前文及ビ憲法第七十五條ニ於テ之ヲ確定シ、特ニ鄭重ノ規準ヲ設ケテ、他ノ法律制定ノ手續ニ由リ、之ヲ修正スルヲ得ザラシムルハ、佛、普各國ト異ナルコトナシ、然リト雖モ、或ハ國體ノ異ナルヨリ、或ハ國體ニ大差ナキモ、其憲法制定ノ手續ニ於テ多少ノ差異ナキ能ハス。

我國ノ憲法ハ、　天皇ノ親ラ制定シ玉フ所ナリ。故ニ其ノ修正權モ亦　天皇ニ屬シ且ツ修正案起草權モ、全ク　天皇之ヲ掌握シ、敢テ議會ニ分與セズト雖モ、憲法ハ國家基本ノ條章ニシテ、君民共ニ守ルノ法典ナレバ、君主ノ專意ヲ以テ、變更スベカラズ、故ニ議會ヲシテ議決ノ權ヲ有セシメ、之ヲ議センニハ、兩議院各總議員三分ノ二以上ノ出席ヲ要シ、且ツ其議決モ、出席總議員三分ノ二以上ノ多數ヲ要スト爲セリ是蓋シ憲法ハ、國家ノ全組織ヲ規定スル至高ノ法典ナルガ故ニ、特ニ其修正手續ヲ鄭重ニスルニ原キタル者ナリ。又皇室典範ハ、憲法ニ於テ之ヲ認メ、皇位ノ繼承ハ、其定ムル所ニ依ルト爲スト雖モ、是皇室部內ノ法典タルニ止リ、敢テ憲法ノ上ニ位スル國家ノ大典ニアラザレバ、固ヨリ皇室典範ヲ以テ、憲法ヲ變更スルヲ得ズ。既ニ皇室典範ハ、皇室部內ノ法典ナレバ、之ヲ改正スルニモ、議會ノ議決ヲ要セザルナリ。右ノ外尙ホ制限ヲ設ケ、憲法及ビ皇室典範ハ、攝政ヲ置クノ間ニ變更スルヲ得ザラシムルハ、憲法ハ國家基本ノ大典、皇室典範ハ皇室部內至重ノ法典ナルガ故ニ、假攝ノ位ニ居ル者ノ、得テ干涉存廢スベキニアラザレバナリ。

普國ハ、國家統治權ヲ以テ、君主ノ總攬スル所ト爲スコト、我國ト同樣ナリト雖モ、其憲法ハ、我國憲法ノ如ク、純粹ノ欽定ニアラズ。政府之ヲ制定シ、兩院ノ修正議決ヲ經テ、國君之ヲ裁可シ、始メテ効力ヲ有スル者トナス。故ニ其修正起草權モ、亦國君及ビ各院並ニ之ヲ有シ、尋常立法ノ規定ニ由リ、之ヲ修正シ得ベシトシ、便チ尋常法律ヲ制定スルガ如ク、貴族院及ビ衆議院ニ於テ、出席議員過半數ノ可決ト、國君ノ裁可トヲ以テ修正スル、ヲ得ルコトトセリ。然リト雖モ、尋常法律ノ制定ニ比スレバ、一層其議決ノ手續ヲ鄭重ニシ、必ズ二回ノ可決ヲ要シ、且ツ第一回ノ議決ト第二回ノ議決トノ間ニ、少クモ二十一日ヲ經過スルヲ要セリ。

佛國憲法修正ハ、國老院、衆議院總合會ニ於テ、之ヲ行フ者ニシテ、其手續ノ要領ヲ擧グレバ、先ヅ大統領ノ請求、或ハ兩議院ノ內一院ノ發議ヲ待チ、兩院各自ニ、憲法修正ノ必要アルヤ否ヤヲ議シ、各出席員ノ過半數ヲ以テ、修正ノ必要アリト決シタル時ハ、特ニ兩院聯合總會ヲ組成シ、其修正ノ議決ハ、總議員ノ過半數ヲ要スル者トス。此總會ハ、尋常ノ立法院、即チ兩院各自獨立ニ組成スル議會ノ上ニ位スル者ニシテ、大統領ハ、起草權、及ビ此總會ヲ閉鎖シ、或ハ解散スルノ權ヲ有セズ。大統領ハ、尋常ノ法律案ノ再議ヲ要求スルノ權ヲ有スト雖モ、憲法ノ修正ニ關スル議決ニ於テハ、再議ヲ要求スルノ權ヲ有セザルナリ。實ニ憲法ノ修正權ハ、獨リ此總會ノ掌ル所トス。

獨逸帝國憲法ノ修正モ、亦尋常ノ立法方法、即チ帝國共議院ト衆議院トノ協同ニ由ルコトナリ。然レドモ、共議院ニ於テ、殊ニ十四票ノ反對説アルトキハ、此憲法修正ノ項ハ、廢棄スベキ者トス。是レ一般ノ手續ナレドモ、元來獨逸帝國ハ、獨逸廿五邦ヲ聯合組成シタル者ニシテ、憲法ノ基礎ハ、即チ此ノ聯邦間ノ條約ヨリ成レル者アルガ故ニ、此條約ニ基因セル各部ノ權利、憲法ニ規定セル各邦ノ特別權利、及ビ帝國創建ノ際ニ、此獨逸聯邦ト南獨逸諸邦トノ間ニ、締結シタル約定ニ基ク所ノ、某邦ノ特別權利ハ、各々之ヲ有スル邦々ノ同意ヲ得ザレバ、敢テ變更スルヲ得ズ。但シ此ノ如キ特別ノ場合ヲ除クノ外ハ、獨逸帝國ニ於テハ、中央立法ノ機關、獨リ能ク其憲法ヲ修正スルヲ得ルト雖モ、北米合衆國ニ於テハ、中央立法ノ機關、獨リ能ク其憲法ヲ修正スルヲ得ズ。而シテ其修正ニ二樣ノ手續アリ。即チ第一種ハ、各邦立法院總數三分ノ二以上ノ請求、即チ合衆國ニ三十八邦アリトスレバ、其内二十有六邦以上ノ請求ニ由リ、合衆國議會ハ、憲法修正議會ヲ召集スルヲ得、斯クノ如クシテ、此議會能ク憲法修正案ヲ議決シ、之ヲ各邦ノ認可ニ付スルナリ。然レドモ、合衆國ニ於テハ、憲法制定以來、未ダ曾テ此手續ヲ用井タルヿアラズ。是迄只ダ第二種ノ手續ヲ用井タルノミ、即チ第二種ノ手續ニ於テハ、修正案ヲ議會ニ於テ起草シ、國老院及ビ衆議院ニ於テ、三分ノ二ノ多數ヲ以テ可決シタル後、各邦立法院ノ認可ヲ得ルヲ要セリ。而シテ大統領ハ、此憲法修正案ノ議決ニ對シ、不裁可權ヲ有セズ。然レドモ各邦ニ在リテハ、此兩院議決ノ修正ヲ認可スルト否トハ、各自ノ權内ニアルコトトス。但シ又合衆國議會ハ、之ヲ各邦箇々ノ立法院ニ付シテ認可セシムベキヤ、或ハ各邦箇々ノ特派議會ヲ召集シテ、認可セシムベキヤヲ確定スルヲ得、要スルニ、以上二樣ノ修正手續ハ、其中孰レヲ用井ルモ、聯邦總數四分ノ三ノ多數認可ヲ得ルニアラザレバ、無効ナリトス。

第六　英佛普各國憲法性質ノ差異

現今文明ノ域ニ達シタル歐米各國ニ在リテ、憲法ノ制定、國會ノ設立アラザル者ナキハ、世人ノ熟知スル所ナリ。而シテ憲法ノ主義ハ、元來英國ニ發源シ、漸次生長完備シ、遂ニ各國憲法ノ淵源模範ト爲リ、北米合衆國及ビ佛、普各國ノ憲法ハ、皆百十有餘年以來、直接ニ其模範ヲ英國憲法ニ取リテ、制定セル者ニ非ザルハナシ。然レドモ此各國憲法ト、英國憲法トハ、決シテ同一樣ノ者ニ非ズ。其成立制定ノ方法ヲ異ニシ、其修正ノ手續ヲ異ニシ、從テ其尋常諸種ノ法律ニ於ケル關係ヲ異ニシ、實ニ又其法律上ノ性質ヲ異ニセリ。蓋シ英國憲法ハ、國王ノ欽定ニ由リテ成立シタル者ニ非ズ、官民ノ協同ニ由リテ制定シタル者ニ非ズ、亦革命ニ起因シ、民約主義ニ由リテ成立シタル者ニ非ズ。其淵源ヲ尋ヌレバ、歷史家ノ云ヘル如ク、遠ク千七百年前ノ昔ニ溯リテ、已ニ其制度ノ、日耳曼人種中ニ存在セルヲ見ル者アリ。全ク他ノ尋常諸種ノ法律ト同ジク、漸次ニ成長完備シタル者ニシテ、慣習及ビ慣習法之ガ大原泉タルガ故ニ何人ト雖モ、正シク何レノ時代ヲ以テ、現今英國憲法ノ發端ト爲スベキ哉ヲ、確言スルヿ能ハズ。其一大淵源ト稱スル大憲章、即チ十三世紀ノ始メニ當リ、貴族ガ國王ジヨンニ迫リ、約束セシメタル大憲章ヲ始メ、爾後發布シタル准許典章、並ニ十七世紀ノ終ニ確定シタル署名ノ權利條欵ノ類モ、決シテ當時新創セルモノニ非ズ。已ニ慣習及ビ成規中ニ存立シ、或ハ慣習法中ニ含蓄セル原則ヲ、更ニ證明確定セル者多キ、ニ居レリ。英國憲法ハ、此ノ如クニシテ、漸次ニ生長シ、十三世紀ニ於テ、代議士ハ、已ニ租税賦課ヲ認可スルノ權ヲ得、十四世紀ノ中頃ニハ、又立法ニ參與スルノ權利ヲ得テ、法律ノ制定、或ハ廢止ハ、代議士ノ同意ヲ要スルコトトナリ、十五世紀ノ末ニハ、立法ノ手續頗ル完備シ、貴族院及ビ代議院ガ、法律制定ニ參與スルノ成式、殆ド現今ノ制ノ如クナルニ至レリ。而シテ憲法ノ緊要ナル事項中、最モ晩レテ進歩シタル者ハ、立法院ト行政府トノ關係ニシテ、代議政躰ノ組織ハ、ウイリアム第三世以來殊ニ開進シ、十八世紀ノ末頃ニハ、内閣ハ、代議院ニ多數ヲ占ムル黨派ノ首領ガ、之ヲ組成スルノ慣習ヲ成スニ至レリ。サレバ、英國憲法ハ、歐米各國憲法ノ如ク、尋常諸種ノ法律ト其等級ヲ異ニシ、法律上、諸法律ノ上ニ位スル國家最高ノ法ナリトシテ、一時ニ制定シタル者ニアラズ。而シテ十八世紀ノ末、佛、普各國及ビ北米合衆國憲法ノ、未ダ制定セラレザル前、已ニ頗ル完備ノ度ニ達シタレバ、遂ニ直接或ハ間接ニ、此各國憲法ニ好摸範ヲ與フルニ至レリ。

憲法ト云フ語ヲ、哲學的ノ意義ニテ用ヰル時ハ、專政國ト法治國トヲ分タズ、凡テ國家ト稱スル者ハ、皆憲法ヲ有セザルハナク、革命前ノ佛國ニモ憲法アリ、千八百五十年前ノ普國ニモ憲法アリト云ハザルヲ得ズト雖モ、專政國ニ對シテ云フ法治國ノ憲法ハ、前ニ述ベタル如ク、英國ニ成長、完備シ、佛、普各國及ビ北米合衆國、直接ノ摸範ヲナシタル者トス。北米合衆國ノ憲法ハ、千七百七十五年北米殖民地十三州委員集會ニ於テ、聯合政府ヲ設立シタルニ起因シ、千七百八十七年憲法制定ノ爲メ、特ニ會議ヲ開キ、起草議定シテ後、各部ノ認可ヲ經テ、終ニ之ヲ公布スルニ至リシモノ、即チ現行ノ憲法是ナリ。佛國憲法ハ、革命ノ時ニ創始シ、千八百七十五年現行憲法ノ確定マデ、憲法ヲ變換スルコト大小凡ソ十二度ニシテ、其內七回ヲ最モ緊要ナル者トス。獨逸聯邦中普國ハ、佛國第三革命、即チ千八百四十八年ノ革命騷擾ニ激動セラレテ、現行憲法ノ制定ニ着手シ、兩院ノ協議ヲ經テ、終ニ之ヲ確定シ、千八百五十年之ヲ公布セリ。此ノ如ク北米合衆國及ビ佛、普各國ノ現行憲法ハ、皆一時ノ制定ニ成リ、始メヨリノ憲法ヲ以テ、尋常法律ノ上ニ位スル國家最高ノ法ト爲セリ。佛國憲法ノ如キハ、大小十二度ノ改正ヲ經タリト雖モ、其國家最高ノ法トシテ、尋常ノ法律トハ、法律上ノ等級ヲ異ニシ、高ク其上ニ位スル者タルハ、終始一轍ナリトス。

英國ト佛、普各國及ビ北米合衆國トハ、其憲法ノ成立ニ差異アルコト、前ニ述ベタル如シ。而シテ憲法修正ニ至リテモ、亦其方法ヲ異ニシ、此點ニ於テハ、佛、普兩國ト北米合衆國トノ間ニモ、亦幾許ノ差異アリ。何レモ皆必用ヨリ生ジタルモノニシテ、憲法成立ノ差異ノ如ク、憲法ト尋常ノ法律トノ關係、及ビ國會ノ立法權、及ビ國家ノ組織ニ緊要ナル關係ヲ有セリ。英國ニ於テハ、佛、普兩國及ビ北米合衆國ニ於ケルガ如ク、憲法修正ニ特別ノ手續ヲ設ケズ、亦特ニ鄭重ナル議決ノ成式ヲ用ヰズ。例ヘバ、上下兩院ノ組織ヲ改正スル法律案モ、地方制度ヲ改正スル法律案モ、學制ノ法律案モ、他ノ一局一部ニ涉ル事項ニ關スル法律案モ、皆國會ニ於テ同一ノ手續ニ由リ、議決制定スルヲ常トス。之ニ反シテ、佛國及ビ北米合衆國ノ憲法ハ、尋常ノ立法手續ヲ以テ、之ヲ修正スルヲ得ズ。但シ普國ニ於テハ、尋常ノ立法手續ヲ以テ、憲法ヲ修正シ得ベシトスレドモ、全ク其手續ヲ同一ニスト云フニハアラズ。之ヲ要スルニ、此等ノ諸國ハ、皆憲法修正ノ爲メニ、多少特別ノ手續ヲ設ケザルナシ。而シテ北米合衆國ニ於テハ、啻ニ其修正手續ヲ、尋常ノ立法手續ト異ニスルノミナラズ、更ニ特別機關ノ參與ヲ要セリ。佛國現行ノ憲法修正ハ、國老院合衆總會ニ於テ之ヲ行フモノニテ、其手續ノ要領ヲ擧グレバ、大統領ノ請求、或ハ議院ノ發議ニ由リ、兩院各自ニ憲法修正ノ必用アルヤ否ヤヲ議シ、各過半數ヲ以テ、修正ノ必用アリト決シタル時ハ、修正ノ爲メ兩院聯合總會ヲ組成シ、其議決ハ、議員過半數ノ可決ヲ要スルモノトス。此總會ハ、尋常ノ立法院、即チ兩院各自ノ議會ノ上ニ位スル者ニシテ、大統領ハ此總會ヲ閉鎖シ、或ハ解散スルノ權ヲ有セズ。又尋常ノ法律制定ニ關シテ、大統領ハ、兩院ノ議決シタル法律案ノ再議ヲ請求スルノ權ヲ有セリト雖モ、憲法修正ニ關スル總會ノ議決ニ至リテハ、之ガ再議ヲ請求スルノ權ヲ有セズ。故ニ憲法ヲ修正スルノ權ハ、獨リ此總會ノ掌ル所タリ。普國ニ於テハ、憲法ノ修正ハ、尋常ノ法律制定ノ手續ヲ以テ爲スヲ得。即チ尋常ノ法律ヲ制定スルガ如ク、上院及ビ代議院ニ於テ過半數ノ可決ト、國王ノ裁可トヲ待チ、佛國ニ於クルガ如ク、總會ヲ設クルヲ要セズト雖モ、尋常ノ法律制定ニ比スレバ、一層其議決ヲ鄭重ニシ、二回ノ可決ヲ要シ、第一回ノ議決ト、第二回ノ議決トノ間少クモ二十一日ヲ經過スルヲ要ス。又修正案起草ノ權ハ、國王及ビ兩院ニ屬セリ。北米合衆國憲法修正ノ手續ニハ二樣アリ。即チ其一種ハ、各邦立法院總數三分二以上ノ請求、即テ合衆國ニ三十八邦アレバ、其内二十有六邦以上ノ請求ニ由リ、合衆國々會ハ、憲法修正議會ヲ召集スルヲ要ス。而シテ此議會ハ憲法修正案ヲ創制議決シテ、之ヲ各邦ノ認可ニ付ス。合衆國憲法制定以來、未ダ此手續ヲ用ヰタルコトアラズ。是迄修正ノ爲メ用ヰタルモノ、別ニ第二種ノ手續アリ。此第二種ノ手續ニ於テハ、修正案ヲ國會ニ於テ起草シ、國老院及ビ代議院ニ於テ、三分二ノ多數ヲ以テ可決シタル後、各邦立法院ノ認可ヲ得ルヲ要セリ。大統領ハ、憲法修正案ノ議決ニ對シ、不裁可權ヲ有セズ。亦各邦ガ、兩院ノ議決シタル修正ヲ、認可スルト否トハ、各邦ノ權內ニアリト雖モ、合衆國々會ハ、各邦ノ立法院ヲシテ、認可ヲ爲サシム可キヤ、或ハ特別ニ議會ヲ召集シテ、認可ヲ爲サシムベキヤヲ確定スルヲ得。以上二樣ノ修正手續ノ內、孰レヲ用ヰルモ、聯邦總數四分三ノ多數認可ヲ得ザレバ、憲法ヲ修正スルヲ得ズ。此ノ如ク佛、普兩國及ビ合衆國憲法ハ、尋常ノ法律ヲ制定スル手續ヲ以テ、之ヲ修正スルヲ得ズ。而シテ又タ北米合衆國ノ憲法修正ハ、佛、普各國ノ如ク、唯ダ其議決ニ鄭重ノ方法ヲ設ケ、或ハ唯ダ特別ノ成式、手續ヲ設クルノミニ止マラズ、憲法修正ニハ、特別機關ノ參與ヲ要シ、即チ必ズ各邦ノ認可ヲ要ス。是レ合衆國全躰ノ組織ニ基因スルノ必要ヨリ生ズル者ニテ、合衆國ハ各邦ノ總合ヲ以テ組成シ、其憲法ニ於テ中央政府ノ權限ヲ確定シ、各邦ノ權利ヲ侵凌スルヲ得ザラシムル事トシタレバ、若シ佛、普各國ニ於ケルガ如ク、憲法ノ修正ニ、唯ダ特別ノ手續ヲ設ケ、或ハ其議決ヲ鄭重ニスルニ止マリ、敢テ各邦ノ同意ヲ要セズシテ、之ヲ修正スルヲ得ルトスル時ハ、中央政府ノ意ヲ以テ、各邦ノ權利ヲ左右スルヲ得ベク、遂ニ合衆國タルノ特性ヲ失フベシ。此點ニ就キテハ、英國ノ憲法家ダイシー氏詳ニ之ヲ論述セリ。英國憲法ハ、尋常ノ法律ト同様ノ手續ヲ於テ成立シ、亦之ヲ尋常ノ法律制定ト同一ノ手續ヲ以テ修正スルヲ得ルガ故ニ、法律上ヨリ見ル時ハ、憲法ト尋常ノ法律トハ、同等ニシテ、齊シク國家最高ノ意思ヲ表スル者ナリ。而シテ憲法ト尋常ノ法律トノ差別ハ、唯ダ其確定スル事柄ノ性質ニ存シ、法律上ノ差別アリテ、尋常ノ法律ノ上ニ位シ、其範圍トナル者ヲ指シテ憲法ト稱スルニ非ズ。茲ニ佛國憲法ニ關スル一事ヲ擧ゲ、其含蓄スル事柄ノ性質ニ付キ、憲法ト稱スルト、法律上ノ成式ニ付キ、憲法ト稱スルトノ差別ヲ例示スベシ。佛國ノ現行憲法ハ、從來ノ憲法ニ比スレバ、甚ダ簡單ニシテ、唯政躰ノ組立ニ必要ノ事項ヲ確定スルノミニシテ、判事ノ轉免スベカラザルヿ、每年財政法案ヲ議決スル等ノ事柄ヲ明記セズ。然レドモ之ヲ成文憲法ニ載セザルノ故ヲ以テ、直ニ之ヲ廢止シタルモノト見做スヲ得ズ。有名ノ法學家ジユペン氏ノ言ニ、一箇ノ新政府ガ、一箇ノ舊政府ニ代リ、國家大權ノ組立ヲ變換スル時ハ、凡テ舊政躰ニ關スル條項ハ、廢止セリト雖モ、行政法的主義ヲ確定スル條項ノ類ハ、政躰組織ノ變換ニ由リ、廢止シタル者ト爲スヲ得ズ、ト云ヘリ。此理由ニ從フ時ハ、判事ノ轉免スベカラザルコト、每年財政法案ヲ議定スル等ノ事項ハ、之ヲ憲法ノ成文ニ載セズト雖モ、其法ハ尙ホ効力ヲ存スル者トス。而シテ憲法ト其他ノ法律トヲ、事項ノ性質ニ付キテ云フ時ハ、此ノ如キ事項ハ、緊要ノ主義ヲ確定スル者ニシテ、其性質ハ、憲法ト稱スベキ者ナレドモ、現今憲法ノ成文ヲ載セザルガ故ニ、法律上成式ニ付キテ云フ時ハ、憲法ノ成文ニ登載セル事項ト同シク、尋常法律ノ上ニ位スル者ニアラズ。是ヲ以テ之ヲ憲法ト稱スルヲ得ズ。是レ確定スル事項ノ性質ニ付キテ、憲法ト稱スルト、法律上成式ノ差異ニ付キテ、憲法ト稱スルトノ區分ナリ。扨テ前ニ述ベタル如ク、普國憲法ハ、尋常ノ法律ト、其成立修正ノ手續ヲ同一ニシ、法律上ノ成式ニ付キテ見ル時ハ、憲法ト尋常法律トノ差別アラズ。而シテ憲法ト尋常ノ法律トノ差別ハ、事項ノ性質ニ付キテ爲ス者ニシテ、國家ノ組織及ビ大躰ノ主義ヲ確定スル緊要ノ法律、及ビ慣習成規ヲ指シテ憲法ト稱シ、否ザル者ヲ尋常ノ法律ト稱ス。英國ニ於テモ、國家ノ組織及ビ大躰主義ニ關スル法律案ヲ議定スルニ當リテハ、政府、議院共ニ鄭重ノ熟議ヲ盡シ、人民モ特ニ之ニ注意シ、些細ノ事項ニ關スル法案ヲ議決スルト、大ニ差異アルベシト雖モ、是レ政論的ノ差異ニシテ、法律上成式ニ付キテノ差異ニアラズ。佛、普各國及ビ北米合衆國ニ於テ、憲法ト稱スル時ハ、概シテ成文ノ憲法ニ注目シテ云フモノニテ、成文憲法ハ、其制定ノ際ヨリ、尋常ノ法律ヨリハ、一層高等ノ地位ヲ有スル者トナシ、憲法ヲ以テ尋常ノ法律ノ範圍ト爲セリ。故ニ尋常ノ立法手續及ビ尋常ノ議決方法ヲ以テ、憲法ヲ改正シ、或ハ憲法ニ違背スル法律ヲ制定スルヲ得ズ。此ノ如ク英國及ビ佛、普各國、北米合衆國ニ於テ、憲法ト尋常ノ法律トノ關係ヲ異ニスルノミナラズ、又法律上ニ於テ、憲法ノ性質ヲ異ニスル點アリ。英國々會(國王及ビ兩院ヲ總合シテ云フ)ハ、法律上最高ノ立法權ヲ有スル者ニシテ、其性質ノ憲法ト稱スベキ法律ト否トヲ分タズ、總テノ法律ヲ制定シ、廢止シ、修正スルノ權ヲ有シ、法律上成式ニ於テ、憲法ト尋常法律トノ差別アラザルガ故ニ、尋常ノ法律ガ、憲法ニ違背スルノ理由ヲ以テ、無効ト爲スノ權ヲ有スル國家機關アラズ。而シテ其性質ノ、憲法ト稱スベキト、尋常ノ法律ト稱スベキトヲ論ゼズ、之ヲ實際ニ强行スルノ權ハ、法衙ニ屬セリ。而シテ法衙ガ、法律ガ强行スルノ權ヲ有スルト否トハ、即チ憲法中ニ於テ、慣習成規ト稱スベキ者ト、眞正法律ト稱スベキ者トノ區分ノ由リテ生ズル所ナリ。此慣習成規ハ、英國憲法ニハ、甚ダ多ク憲法ノ大部ヲ組成セリト雖モ、慣習成規ノ事ハ、暫ク此ニ之ヲ畧セリ。英國憲法中ニ於テ、眞成ノ法律ト稱スベキ者ニ付キテハ、法衙ガ其實行ヲ强ヒルノ權ヲ有スルㇷ、猶ホ北米合衆國ニ於ケルガ如シト雖モ亦大ニ異ナル點アリ。北米合衆國ニ於テハ法律上ノ成式ニ於テ、憲法ハ、尋常法律ノ上ニ位シ、尋常ノ法律ハ、憲法ニ違背スルヲ得ザル者トシ、法衙ハ、法律ガ憲法ニ準據スルヤ否ヤヲ審判シ、憲法ニ抵觸スルモノヲ無効ト爲スノ權ヲ有ス。然レドモ法衙ガ憲法ニ違背スルノ理由ヲ以テ、之ヲ全躰ニ廢止スルノ權ヲ有スルニ非ズ。一箇一箇ノ場合ニ於テ、訴訟ノ起ルコトアル時、憲法ニ違背スルノ法律ハ、其訴件ニ付キ無効ト爲スノ權ヲ有スルヲ云フ。佛、普各國ニ於テモ、亦前ニ述ブルが如ク、憲法ハ、尋常ノ法律ノ上ニ位シ、尋常ノ法律ヲ制定スルニハ、常ニ憲法ヲ以テ範圍トスルヲ以テ、主義ト爲スト雖モ、北米合衆國ニ於ケルガ如ク、此主義ヲ强行スル機關アラズ。故ニ此兩國ノ憲法ハ、北米合衆國憲法ト、法律上大ニ其性質ヲ異ニスル所アリ。例ヘバ、佛國ニ於テ、兩院ガ實際憲法ニ違背スル法律ヲ制定スルコトアルモ、北米合衆國ノ如ク、其憲法ニ違背スル廉ヲ以テ、直ニ之ヲ無効ト爲スノ權ヲ有スル機關ナシ。憲法ニ違背スル法律案ニハ、大統領意見ヲ付シテ再議セシメ、暫時其有効ノ法律ト成ルヲ止ムルヲ得ベシト雖モ、兩院ニ於テ再ビ可決スル時ハ、有効ノ法律ト爲サヾルヲ得ズ。普國ニ於テモ、亦規定ノ手續、成式ニ由リテ、制定發布スル者ハ、實際憲法ニ違背スルコトアルモ、之ヲ控制スル機關、或ハ法術アラズ、普國憲法第百六條ニ依レバ、成式ニ從ヒ發布シタル法律、及ビ勅令ハ、人民必ズ遵奉スベキ義務ヲ有シ、又式ニ從ヒ發布シタル勅令ノ、法律トナスベキ哉否ヤヲ判定スルハ、諸部官衙ニ屬セズ、獨リ兩院ニ屬スト爲スガ故ニ、普國ニ於テハ、法術ハ、成式ヲ以テ制定發布シタル法律ガ、憲法ニ準據スル哉否ヤヲ判定スルノ權ヲ有セザルノミナラズ、亦國王ノ發スル布令ガ、法律ニ違背スルヤヲ判定スルノ權ヲ有セズ。是豈世ノ有爲家中、普國ノ制度ヲ愛慕スル者、多キ一理由ニアラズヤ。

第七　英佛獨普各國及ビ北米合衆國比較憲法ノ俗話

國家ノ元首

歐洲公法學ニ於テ、國家ト云フ言語ニ、數箇ノ意アリ。第一、確定ノ國土ニ永住スル人民ガ、共同ノ目的ヲ充實スルノ必要ニ由リ、成立スル獨立不羈ノ社會ニシテ、永遠ニ統治ノ組織ヲナス者ヲ、國家ト稱ス。第二、此ノ如キ社會ニシテ、純然タル獨立不羈ノ權ヲ有セズト雖モ、其權內ニ於テ、獨立ニ統治ノ組織ヲ爲スノ權、及ビ一定ノ政務ヲ獨立ニ治理スルノ權ヲ有スル者モ、亦國家ト稱ス。即チ獨逸國各邦ヲ指シテ、國家ト稱スル類是レナリ。第三、此ノ如キ社會ノ至高統一權、或ハ其掌握者、即チ主權、或ハ主權者ヲ指シテ國家ト稱ス。此內第一ノ意義ヲ以テ、最モ普通用ノ者トス。我國憲法ニ於テモ、亦國家ト云フ言語ハ、此第一ノ意義ニ於テ用ヰルヿハ、憲法第四條ヲ本據トシ、之ニ憲法ノ前文ヲ參照セバ、自ラ明了ナリトス。次ニ國家ノ元首ト云フ言語ハ、獨、佛各國ノ憲法、及ビ法律ニ於テ用ヰル所ナリ。例ヘバ、佛國ルイ十八世ノ欽定憲法ニ、國王ハ國家ノ最高元首ナリト云ヒ、千八百五十二年ノ憲法ニ、大統領ハ國家ノ元首ナリト云ヒ、亦普國ノ普通法典ニ、凡テ國家ノ權利、義務ハ、國家ノ元首之ヲ總攬スト云フガ如シ。而シテ此用例ニ由レバ、國家ノ元首トハ、必ズシモ國家ノ統治權ヲ總攬スル君主ニノミ用井ルニ非ズ、獨リ行政權ヲ統一スル大統領ニモ亦適用セリ。單ニ國家ノ元首ト云フ時ハ、汎ク君主及ビ大統領ヲ總稱スル者ト知ルベシ。立憲君主制ノ普國ニ於テハ、君主ハ總テ國家ノ權ヲ統一スル者ニシテ、即チ主權ノ掌握者ナリト雖モ、之ヲ行フニハ、必ズ憲法規定ノ制限ニ從フヲ要セリ。君主ヲ主權者ト云フトハ、主權ト云フ言語ハ、憲法ノ制限ナキト云フ意義ニ於テ用井ルニ非ズ、君主ヲ國家ノ元首ト爲シ、國家ト云フ言語ヲ、此章ノ端首ニ列擧シタル第一義ニ於テ用井ルヲ以テ、獨逸公法家ノ多ク採ル所トス。然レドモ、亦國家ト云フ言語ヲ、第三ノ意義ニ於テ用井、君主ハ即チ國家ナリトシ、君主ト國家トヲ同一視シ、君主ハ主權者ニシテ、憲法ハ、君主ノ權ニ制限ヲ置ク者ニ非ズト爲ス所ノ公法者流アリ、其所説ニ由レバ、憲法ハ、各官衙ニ對シ、君主ノ命令ナリト爲セリ。然レドモ憲法ノ歷史的ノ起原、及ビ全躰ノ構造、及ビ其條章ノ文句、言語ノ意義ヲ正當ニ解スレバ、憲法ハ、各官衙ニ對スル命令ト爲スヲ得ズ。例ヘバ、普國憲法第五十五條ニ、國王ハ、兩院ノ承諾ヲ得ルニ非ザレバ、兼テ外國ノ君主タルコトヲ得ズト云ヒ、第六十二條ニ、立法權ハ、國王ト兩院ト共同シテ行フ。凡テ法律ヲ制定スルニ、國王ト兩院トノ協同ヲ必要トストス云フガ如キ類ノ規定ハ、其文句言語ノ意義ニ由レバ、之ヲ以テ獨リ議會其他ノ官衙ニ命令シタル者ト爲スヲ得ズ。然リ而シテ欽定憲法トハ、主權者ガ自ラ制定スル者ナルガ故ニ、之ヲ以テ主權者ノ權ヲ制限スル者ト爲サンニハ、主權者自ラ其權ヲ制限スト云ハザルヲ得ズ。自ラ制限スル點ヨリ見レバ、憲法ノ規定ハ、法理的制限ト云フヲ得ザルニ似タリト雖モ、憲法ノ欽定ニ由リ、臣民ハ主權ノ運用ニ參與スルノ權ヲ以テ惠賜セラレタル者ナリ。英國ニ於テモ、元來臣民ノ權利ハ、君主ノ惠賜ニ由ル者トス。而シテ惠賜ハ、主權者自ラ制限スルニ原ヅク者ニシテ、自ラ制限スルト云フコトハ、法理的ノ制限ニ非ズ。然レドモ惠賜ニ由リ、已ニ臣民ガ參與ノ權ヲ得タル後ヨリ見レバ、則チ君主ハ任意ニ憲法ヲ改正スルヲ得ズ、必ズ一定ノ成式ニ從ヒ全國民ノ代表者ル議會ノ參與ヲ以テ、改正スベキ者トス。而シテ憲法ハ、國家至高ノ法書ニシテ、尋常立法權幷ニ行政、司法權ハ、其範圍ヲ越ユ可カラザル者ナリ。憲法制定ノ後ニアリテハ、從來之ヲ改正スルノ權ハ、即チ國家至高權ノ存スル所ナリ。君主ハ此權ノ淵源ニシテ、掌握者ト爲スト雖モ、之ヲ行フニ際シテハ、議會ノ參與權アリテ、其制限トナレリ。故ニ君主ノ大權ニ議會ノ參與權ヲ副加セザレバ、憲法上無制限ノ主權ノ運用アラザルコト、憲法條規ノ文句ニ見ルガ如シ。君主ノ憲法ニ違背ノ行爲、制裁ナシ。制裁ナキ制限ハ、法理的制限ニアラズ。故ニ立憲君主國ノ憲法ハ、君主ノ大權ニ制限ヲ置ク者ニアラズト云フ者アリト雖モ、政躰ノ如何ニ關セズ、概シテ君主ノ行爲ニ對シテハ、補佐ノ責任ニ憲法ノ成式ニ違背スル行爲ハ、法理上効力ヲ有セズト爲スノ外ニ、法律ノ制裁ナシ。故ニ此點ニ由リ、君主ノ大權ニ制限ナシトセバ、政躰ノ如何ニ關セズ、凡テ君主國憲法ハ其君主ノ大權ヲ制限スル者ニアラズト爲スベキノミ。憲法ノ欽定ナルト否トニ依リ制限ノ有無ヲ別ツベカラズ。獨逸帝國統治權ノ總攬者ハ、即チ獨逸二十五邦ノ委員ヲ以テ組織スル聯邦共議院ナリ。帝ハ此共議院首坐ヲ占シ、帝國統治權ノ一部ヲ掌握スル者ナリ。而シテ之ヲ行フニ帝國ノ名ニ於テシ、君主國ノ君主トハ、其地位ヲ異ニセリ。帝國行政權ノ大部ハ帝ノ權ニ屬シ、頗ル共和國大統領ニ類似スト雖モ、其實權強大ナリトス。獨逸聯邦中ニ於テ、普國ノ地位、聯邦共議院ノ組織、及ビ兵馬權ハ、即チ帝ノ實權ヲシテ、强大ナラシムル原力ノ主タル者トス。英國ニ於テハ、立法權ハ、君主ト兩院ト共同掌握スル所ニシテ、司法權ハ、君主ノ名ニ於テ行フペク、行政權ハ、專ラ君主ニ屬セリト爲スト雖モ、是歷史的成立ニ基因スル名義上ノコトナリ。現今立法ノ實權ハ衆議院ニアリ。行政ノ實權ハ內閣ニアリ。而シテ內閣ヲ組成スル大臣ハ、國王之ヲ任命スト雖モ、必ズ國會ニ於テ多數ヲ占有スル黨派首領ノ內ヨリ、選任セザルヲ得ザルノ慣例ナルガ故ニ、實際多數ヲ占有スル黨派ノ委員ヲ以テ內閣ヲ組成スル者トス。共和制ノ佛國及ビ北米合衆國ニ於テハ大統領ハ行政權ノ掌握者トス。而シテ、合衆國憲法ハ、立法、司法、行政ヲ分離、對等ナラシムルノ極點ヲ採ル者ニシテ、大統領ハ、佛國ニ比スレバ、其職權ニ就キ議會ノ干涉ヲ受クルヿ少シ。其實權ハ、英國王ヨリモ大ナリト云フ。佛國現行憲法ニ由レバ、大統領ハ政事上ノ行爲ニ就キ無責任ニシテ、大臣ハ、大統領ノ任命スル所ナリト雖モ、英國ニ於タルガ如ク、衆議院ノ有力者ノ內ヨリ選任スルヲ通例トシ、所謂共和代議政躰ヲ爲シ、而シテ大統領ハ、北米合衆國大統領ニ比スレバ、名義上稍々大ナル權ヲ有スト雖モ、實際行政權ノ運用ハ、大臣ノ掌握スル所トス。我國憲法第一條ニ曰ク、大日本帝國ハ、萬世一系ノ天皇之ヲ統治ス。是レ我國ハ萬世不窮君主國ニシテ、皇位ハ必ズ一系ノ皇統ニ限リ、國ニ二王ナカルベキヿ、猶ホ天ニ雙日ナキガ如ク、而シテ天皇ヲ以テ統治ノ主トナスヿヲ明ニスト雖モ、此條ニ於テハ、未ダ我國ハ專政ノ君主國ナル哉、或ハ所謂立憲君主國ナル哉、否ヤヲ知ルヲ得ズ。又我國憲法ハ、君主ハ即チ國家ナリト云フ説ヲ取ル哉、否ヤモ亦知ル可ラズト雖モ、第四條ニ於テ、天皇ハ、國ノ元首ニシテ、統治權ヲ總攬シ、此ノ憲法ノ條規ニ依リ、之ヲ行フト規定シ、我國ハ立憲君主國タルコトヲ明ニシ、而シテ天皇ハ、國ノ元首ニシテト云ヒ、又憲法ノ前文ニ、朕祖宗ノ遺烈ヲ承ケ、萬世一統ノ帝位ヲ踐ミ、朕ガ親愛スル所ノ臣民ハ、即チ朕ガ祖宗ノ惠撫慈養シタマヒシ所ノ臣民ナルヲ念ヒ、其康福ヲ增進シ、其懿德良能ヲ發達セシメムヿヲ願ヒ、又其翼贊ニ依リ、與ニ倶ニ國家ノ進運ヲ扶持センヿヲ望ミ云々、ト云フ文句ヲ參考セバ、則チ我國憲法ハ、國家ト云フ言語ハ、此篇ノ端首ニ列擧シタル意義ノ中ニ於テ、第一ノ意義ニ於テ用ヰ、君主ハ國家ノ元首ナリト云フ意義ヲ採ルコト明ナリ。

君位ノ繼承

我國ハ、萬世一系ノ皇統ニシテ、皇位ハ、男系男子ノ繼承スルヲ以テ法例ト爲シ、而シテ皇室典範ハ、建國以來、皇室ノ舊法古例ヲ修訂シテ、憲章ト定メタル者ナリ。歐陸各國ニ於テハ、古代、及ビ中古マデハ、君主ヲ選立スルノ法例、行ハレシ者少ナカラズト雖モ漸次ニ改廢シ近代ニ至リテハ、君位世襲ヲ以テ、各國王家ノ通則ト爲シ、王室典範ヲ制定シ、君位繼承ノ要件ヲ確定シタリ。普國ニ於テモ、亦君位繼承ノコトハ、夙ニ王室典範ノ規定アリテ、循依スル所ナルガ故ニ、其憲法ヲ制定スルニ際シ、唯ダ憲法中ニ君位ハ、皇統男系ノ男子、長幼近親ノ次序ニ由リ、之ヲ繼承スベキコトヲ明掲スルニ過ギズ。現行獨逸帝國憲法ニ依レバ、帝位ハ常ニ普國王、之ヲ兼ヌルヲ以テ法ト爲スガ故ニ、帝位繼承ト君位繼承トノ間ニ、要件ノ違別スベキモノナシ。因テ其帝國憲法中ニハ、繼位ノ要件ヲ規定セズ。英國ニ於テモ亦王位繼承ニ定法アリト雖モ、此國ハ憲法ト尋常法律トニ、差別ヲ立テザルガ故ニ、單ニ法律ヲ以テ改定スルヲ得ベシ。又歐洲中古ニ於テハ、君位ノ繼承ヲ私法上ノ相續ト同視シ、加之國ヲ分割シテ繼承スルノ法アリシガ、繼承法ノ進歩ニ從ヒテ漸次ニ其意義ヲ變換シ、君位繼承ハ公位ノ權ニシテ私事ニアラズ。國ハ分割繼承スベキモノニアラズト爲スニ至リ、現今ハ、疆土ハ分割スベカラズ、國ニ二王ヲ立テズ、繼位ハ公法上ノ權ト爲スヲ以テ、歐洲各國ノ通法ト爲シタリ。此レ固ヨリ我國ニ於テモ、古來不易ノ法ト爲ス所ナリ。若シ夫レ、君位ハ一日モ曠闕スベカラズ、君主崩ズレバ、即時ニ繼承權ヲ有スル者、位ニ立ツベキコト、亦我國及ビ英、普各國ノ通法トスル所ニシテ、即位ノ式、或ハ其他一定ノ儀式ヲ經テ、始メテ繼位ノ定マルニアラズ。但シ我國ト英、普各國トノ間ニ、多少ノ差異ナキ能ハズ。英、普兩國ニ於テハ、君位ヲ繼承シタル者ハ、憲法ノ規定ニ從ヒ、憲法及ビ法律ヲ確守スベキノ誓ヲ宣スルヲ要セリ。其誓ハ、國異ナレバ、英、普互ニ言詞ニコソ差異ハアレ、意義ノ大躰ニ至リテハ同一ナリトス。而ルニ英國ニ於テハ、君位繼承者ニシテ、若シ誓言ヲ宣ブルコトヲ拒絶スル時ハ、之ヲ以テ君位ヲ辭スル者ト爲シ、特ニ君主ノ資格ヲ以テ行ヒタルコトノミ、凡テ効力ヲ有スル者ト爲セドモ、普國ニ於テハ然ラズ、誓言ヲ拒絶スルヲ以テ、君位ヲ辭スルモノト看做スヲ得ズ。是ニ於テカ公法家ニ二樣ノ意見コソ生ジタレ。或ル一家ノ推論ニ由レバ、宣誓ハ憲法確定ノ大法ナレバ、若シ嗣君ニシテ之ヲ旨セザルアラバ、即チ憲法規定ノ義務ヲ拒絶スル者ナルガ故ニ、實際統治權ヲ行フコトアリト雖モ、其行爲ハ法律上効力ヲ有スル者ト爲スベカラズ。但シ後日ニ至リ誓ヲ宣ブル時ハ、宣誓前ニ爲シタル行爲モ、亦法律上ノ効力ヲ有スルヲ得ベキナリト爲セリ。然レドモ多數ノ公法家ハ、全ク之ニ反對ノ説ヲ抱キ、君主タルノ權ヲ得ルハ、誓言ニ關スルモノニアラズ。故ニ統治權ヲ行フモ亦宣誓アリテ後効アリトセズ。其他即位ノ儀式及ビ之ニ類似ノ成式ハ繼位ノ權ニ關シ、法律的ノ効力ヲ有スル者ト爲サズ。

次ニ君位繼承ハ、男系ノ男子ニ限ルト、女系ノ女子モ、亦其權ヲ得ルトノ二別制アリ。我國ニ於テハ、男系ノ男子ノ繼承ヲ以テ皇家ノ定制ト爲セリ。普國ニ於テモ、亦王位繼承ハ、男系ノ男子ニ限レリ。之ニ反シテ英國ニ於テハ、男系ノ女子、及ビ女系ノ所出モ、長幼ノ次第ニ由リ、均シク君位ヲ繼承スベシト爲シ、特ニ其制ヲ定メテ、兄弟、姉妹即チ同等親ノ内ニ於テハ、常ニ男子ヲ先ニシテ女子ヲ後ニシ。若シ男子アラザルトキニ當リテハ、女子亦長幼ノ先後ヲ以テ、其位ヲ繼承スルヲ得ルコト、猶ホ男子ノ繼承ニ於テ、長ヲ先ニシ、幼ヲ後ニスルガ如シ。其他英、普兩國ニ於テ、近親相繼グノ次第ハ、我ガ皇家ノ定制ト異ナルコトナケレバ、コヽニ之ヲ擧ゲズ。而シテ英國ニ於テハ、君主ノ許可ヲ以テ行フトコロノ正婚タル時ハ、貴族或ハ平民ノ女子ヲ娶ルヲ論セズ、其所出ハ凡テ王位ヲ繼承スベシト定ムレドモ、之ニ反シテ普國ニ於テハ、同等正婚ノ所出タルヲ要ス。同等正婚トハ、即チ高等貴族ノ女子ト正當ニ婚スル者ヲ云フナリ。

攝政

攝政トハ、君主ノ大權ヲ攝行スル者ニシテ、君主ノ大權ヲ承襲スル者ニアラズ。唯ダ暫時帝王ニ代リテ、大權ヲ運用スルニ過ギズ。我國ニ於テモ攝政ノコトハ、憲法上ニハ唯ダ第八十七條ニ於テ、攝政ヲ置クハ、皇室典範ノ定メニ依ルコト、攝政ハ天皇ノ名ニ於テ大權ヲ行フコト、及ビ第七十五條ニ於テ攝政ヲ置クノ間ハ、憲法及ビ皇室典範ヲ改正スルコトヲ得ザルノ三件ヲ規定スルノミナレドモ、其他ノ要目ハ、凡テ皇室典範ニ於テ規定セリ。時ニ憲法及ビ法律ヲ以テ、典範ノ規定ヲ變更スルヲ得ザルノ例ヲ明掲セルハ、即チ臣民ヲシテ皇室ノコトニ、干與スルヲ得ザラシムルノ理由ニ基クナリ。普國ニ於テハ、攝政ノコトヲ憲法ニ於テ規定シ、而シテ王位繼承ノ權利ヲ有スル者ノ攝政タルベキ次第ハ、王室典範ニ由ル。英國ニ於テハ、攝政ノコトハ、之ヲ置クノ必要アル塲合ニ臨ミ、法律ヲ以テ定ムルコトトス。我國皇室典範及ビ普國憲法及ビ英國ノ慣例ニ據ルニ、共ニ其攝政ヲ置クノ塲合ヲ二トナス。第一、君主未ダ成年ニ達セザルトキ、即チ滿十八歳以下ナルトキ。第二、君主永時間事故ヲ以テ、親ク其大權ヲ行フ能ハザルトキ是ナリ。我國ニ於テハ、此第一ノ塲合ニハ、皇族會議ノ手續ヲ要セズ、直ニ攝政ヲ置クベシトシ。第二ノ塲合ニ於テハ、愈々攝政ヲ置クノ必要アル哉否ヤニ就テハ、事情ノ疑ハシキコトアルヲ免レザル故ニ、必ズ皇族會議及ビ樞密顧問ノ審議ヲ經テ、之ヲ置ク者トス。普國ニ於テハ、攝政ヲ置クノ必要アリテ、王位繼承ノ權利ヲ有スル成年ノ男子アル時ハ、中ニ就テ第一ニ王位ヲ繼クノ權利ヲ有スル者、自ラ攝政タルノ權利ヲ得。然レドモ果シテ攝政ヲ置クノ必要アルヤ否ヤハ、攝政トナル者豫メ議院ヲ召集シテ衆議ニ諭ヒ、若シ必要ナシト議決スル時ハ、攝政タルヲ得ズ。

攝政タルベキ者ノ次第ハ、我國ニ於テハ、皇室典範ノ規定ニ由リ、皇族成年男子ノ中ニ就テ、皇位繼承ノ次第ニ順ヒ、親王若シクハ王、若シコレアルラザル時ハ、皇后、皇太后、太皇太后、内親王、及ビ女王ヲ、亦次序ニ順テ攝政ニ任ズ。但シ女子ヲ攝政ニ任ズルハ、其配偶アラザル時ニ限ル。普國ニ於テハ、攝政ハ王族成年ノ男子ニ限リ、王位繼承ノ次序ニ順ヒ、攝政タルノ權利ヲ有ス。故ニ議會ニ於テ、攝政ヲ置クノ必要アリト議決スル時ハ、攝政タルベキ權利ヲ有スル者ヲ除キテ、他者ヲ以テ攝政ト爲スヲ得ズ。而ルニ若シ成年ノ男子ナク、又豫メ法律ヲ以テ攝政タルベキ者ヲ定メタルコトナキ時ハ、殊ニ内閣ヨリ直ニ議院ヲ召集スルヲ要ス。因テ議院ハ兩院ノ併合會ヲ以テ、攝政選擧ノ議ヲ決ス。但シ其選定ヲ畢フル迄ハ、内閣假リニ攝政ノコトヲ行フ。而シテ議院ガ攝政ヲ選擧スルニハ、其候補タル者ニ制限ヲ加フルコトナシ。英國ニ於テモ、亦攝政ヲ置クノ必要アル場合ニハ、王位繼承者及ビ近親ノ次序ニ順ヒ、攝政ト爲スヲ慣例ト爲スト雖モ、故ラニ攝政タルノ權利ヲ有スル者トテハ、法律ノ定ニ由ルニアラザレハ之アルコトナシ。既ニ述ブルガ如ク、攝政ハ君主ノ大權ヲ代理シ、凡テ君主ノ名義ヲ以テ、之ヲ行フノミノ者ナレバ、君主ノ尊榮ニ至リテハ、之ヲ有スルヲ得ズ。特ニ我國ニ於テハ、攝政ハ憲法及ビ皇室典範ノ改正ヲ行フノ權ヲ有セザル所ナリ。但シ普國ニ於テハ、憲法改正ノヿモ、亦攝政在任ノ間ニ之ヲ行フヲ得ベシ。英國ノ實例ニ據レハ、攝政ノ職權モ亦其生ズル各々ノ場合ニ於テ、法律ヲ以テ之ヲ定ムベキ者トス。而シテ攝政ハ、之ヲ置キタル理由ノ消滅スル時ニ終止ス。但シ我國ニ於テハ、攝政タル者、疾病又ハ重大ノ事故アルトキハ、皇族會議及ビ樞密顧問ノ審議ヲ經テ、次序ヲ變換シ、其任ヲ移スヲ得ベク、皇太子及ビ皇太孫ノ成年ニ達スル時モ、亦從前攝政タリシ者ノ其任ヲ去ルヲ要ス。普國憲法ニ於テハ、攝政終止ノ事ヲ規定セズト雖モ、攝政ノ死去、自退、及ビ事故アリ、大權ヲ行フヲ得ザル場合ニ於テ終止シ、以上ノ理由アラザル間ハ、一旦攝政タル者ハ、之ヲ置キタル理由ノ消滅スル迄ハ、其任ヲ去ルコトナシ。

大統領ノ選任

北米合衆國ニ於テ、初メ憲法ヲ制定スルニ當リテ、行政權掌握者ノ組織ニ就キ、三種ノ法案ヲ議會ニ提出シタリ。第一、行政權ヲ會議躰ニ委任スルコト。第二、之ヲ一人ニ專任スルコト。第三、一人ニ任ジ、參議會ヲ置キテ、國家ノ重事ヲ議セシムルノ制ト爲スコト是ナリ。既ニシテ議決ニ至リ、此三種ノ中特ニ一人專任ノ制ヲ採用シタリ。即チ現今大統領ノ制是ナリ。佛國ハ革命以來、大小十二度ノ憲法變改アリ。其中數度共和政躰ヲ組織シテ、其制タルヤ會議躰ヲ設ケタルコトアリ。又參議會ノ如キ者ヲ設ケタルコトアリシガ、現今ハ、合衆國ト同樣ニ、獨任大統領ヲ置クノ制ヲ採レリ。又北米合衆國ニ於テ、大統領在職年限ニ就テモ、終身二十年、十五年、十一年、七年、四年ト種々ノ考察出デシガ、遂ニ四ケ年ト議定シタリ。佛國ニ於テモ、亦革命以來、大統領ノ年限ニ就キ屢々變換ヲ爲セシガ現今ハ七ケ年ト定ム。而シテ兩國共ニ大統領ハ、再選重任シ得ルノ制タリ。但シ合衆國ニ於テハ、其選擧三度ニ及ブヲ許サヽルヲ以テ、憲法上ノ成例トス。又合衆國ニ於テ大統領被選者ハ、合衆國出生ノ國民ニシテ、國內ニ十四年間住居シ、年齡三十五歲タルヲ要ス。佛國憲法ニハ、大統領被選權ニ特別ノ制限ヲ設ケズト雖モ、尙ホ一般公法ノ原則ヲ適用シ、公權ヲ全有スル者ニ限ルコトナルベキハ疑ナシ。殊ニ千八百八十四年ニハ、更ニ法律ヲ設ケテ、往昔佛國ニ君主タリシ王族ノ者ハ、大統領タルヲ得ベカラズト定メタリ。

北米合衆國ノ憲法草案ヲ議スルニ當リテ、大統領ノ選擧法ニ關シテモ、亦數種ノ考案出デタリシガ、終ニ復選法ヲ採ルコトニ議決シ、先ヅ各邦ニ於テ選擧セラレタル者ヲシテ、更ニ大統領ヲ選擧セシムルノ制ヲ設ケタリ。憲法第二章ニ依レバ、各邦ニ於テ選擧セラルヽ大統領選擧者ノ人數ハ、恰モ各邦ヨリ合衆國議院ヘ選出スル代議士、及ビ國老院議員ノ合數ト同ジキヲ要ス。而シテ國老院議員、代議士、及ビ合衆國官吏ハ、選擧者ニ選バルヽヲ得ズ。若シ夫レ選擧手續ノ概略ハ左ノ如シ。合衆國議會ハ、法律ヲ以テ選擧者ヲ選擧スベキ時日ヲ定ム。但シ選擧者ヲ選擧スルノ投票ハ、合衆國ヲ通ジテ同日タルベキヲ要ス。千七百九十二年ノ法律ニ據レバ、大統領ハ十二月第一水曜日ヲ以テ選擧スベク、又千八百四十五年ノ法律ニ據レバ、選擧者ハ十一月第一火曜日ヲ以テ選擧スベシト定ム。以上ハ選擧者ヲ選ブ手續ノ綱領ニシテ、其ノ細目ヲ定ムルコトハ、各邦隨自ノ權內ニアリ。而シテ現今ハ、各邦皆公民ヲシテ選擧セシムルノ法ヲ採リ、其當選ト定ムルハ、概シテ名籍投票ノ比較多數ニ由リ、斯クテ此ノ選擧セラレタル大統領選擧者ハ、更ニ大統領ヲ選擧スル爲メ、聯邦各々其首府ニ集會シ、匿名投票法ヲ以テ、大統領候補者一名、副統領一名ヲ別々ニ選擧シ、直ニ現場ニ於テ發函シ、乃チ投票記錄ヲ制シ、之ヲ秘封シテ國老院議長ニ宛テ送附ス。是ニ於テ國老院議長ハ、國老院議員、及ビ代議院議員總集會ノ席ニ於テ之ヲ開キ、明ニ投票數ヲ算シテ、選擧者總數ノ過半數ヲ得タル者ヲ以テ當選トス。過半數ヲ得タル者ナキ時ハ、其最多數ヲ得タル候補者三名ノ中ニ就テ、更ニ代議院ニ於テ投票ヲ爲ス。但シ投票ハ聯邦各々一票ト定メ、且ツ投票スルニハ、聯邦ノ總數三分ノ二ニ充チ其各議員一名以上ノ出席ヲ要シ、乃チ聯邦總數ノ過半數ヲ以テ當選トス。

佛國ニ於テハ、大統領ハ國老院及ヒ代議院ノ合併總會ニ於テ之ヲ選擧シ、總員ノ過半數ヲ得タル者ヲ以テ當選トス。選擧期ハ、大統領在職終期一ケ月前ニ、合併總會ヲ組成シテ之ヲ行フヲ要ス。若シ此總會ノ召集ヲ、大統領ヨリ命セザル場合ニハ、大統領在職終期ノ十四日前ニ於テ、議員自ラ集會シテ其選擧ヲ行フヲ得。若シ大統領選擧期ニ至リ、偶々代議院解散ノ時ニ際スルトキハ、直ニ議員選擧ヲ行フノ手續ヲナシ、且ツ國老議員ノ集會ヲモ要シテ、大統領ノ選擧ニ從フ。現行佛國憲法ニハ、副統領ヲ設クルノ條ナシ。故ニ大統領が、其在職終期前ニ死去、或ハ退職ニ由リ、其位ヲ曠ウスル時ハ、大臣會議ニ於テ、假リニ大統領ノ職權ヲ行ヒ、而シテ議會ハ直ニ集會シ、大統領ノ選擧ニ從事ス。之ニ反シテ北米合衆國ニ於テハ、既ニ副統領ノ設アリテ、其職權ハ、大統領存在ノ間ハ、敢テ行政權ニ參與セズ、專ラ國老院議長ノ任ニ居ルヲ務トナセドモ、大統領ノ死亡、退職、若シクハ永久其職ヲ行フ能ハザル場合ニハ、次ノ大統領選擧、就職期迄、大統領ノ職權ヲ行フヲ定トス。然ルニ大統領、及ビ副統領同時ニ其職權ヲ曠ウスル場合ノ如キハ、之ガ處置ヲ規定スルハ、議會ノ權內ニアルガ故ニ、議會ハ直ニ法律ニ由リテ、其空位ニ充ツベキ者ヲ、國老院副議長、及ビ代議院長ト、順次ニ選擧ヲ及ボシテ、大統領ノ職權ヲ行ハシムベシト定メタリ。而シテ次ノ大統領選擧期迄、之ヲ行ハシムルヤ否ヤハ、其假任期限ノ長短ニ由リ定ムル所ナリ。

國家元首ノ無責任

歐米各國中現行ノ憲法ニ於テ、君主ヲ以テ、神聖ニシテ侵スベカラズト爲スノ條項ヲ載スル者アリ、或ハ神聖ノ言語ヲ除キ唯ダ侵スベカラズト定ムル者アリ、或ハ單ニ君主ハ無責任ト爲スノ條項ヲ載スルニ止マル者アリ。顧フニ神聖ト云フ言語ハ、我國ト歐洲トハ、其起原本義ヲ異ニセリ。我國ニ於テ、天皇ハ、神聖ニシテ、侵スベカラズト爲スモノハ、我國固有ノ神統ニ淵源セル事實ニシテ、憲法制定ニ由リ、始メテ定マリタル者ニアラズ。之ト異ニシテ、歐洲ニ於テハ、古昔、羅馬國共和政躰ノ頃、其平民總代者ノ職位ヲ確保セン爲メ、此職位ヲ神聖ニシテ侵スベカラズトシ、侵スモノハ其身體財產共ニ沒收シ、犧牲トスル所トナルベシ、ト云フニ起原シ、羅馬國ノ政躰變更シテ、帝國トナルニ及ンデハ、更ニ帝ヲ以テ、神聖ニシテ侵スベカラザルモノトシ、又耶蘇敎ノ傳播スルニ及ンデハ、神聖ト云フ言語モ稍々意義ヲ變ヘテ、耶蘇敎ノ趣味ヲ含ムニ至レリ。我國憲法第三條ニ、天皇ハ、神聖ニシテ、侵スベカラズト爲シ、普國憲法ニハ、神聖ノ二字ヲ除キ、君主ハ、得テ侵スベカラズト爲セリ。獨逸帝國憲法モ、亦帝ハ侵スベカラズト定ム。按ズルニ法理上ヨリ見解ヲ下ストキハ、神聖ト云フ言語ノ有無ニ關セズ侵スベカラズト云フ意ニ就テハ二義ヲ生ズ。卽チ侵スベカラザルガ故ニ、都テ君主ハ、其行爲ニ就キ責任ナキ者トス。又犯スベカラザルノ尊嚴ヲ護スル爲メ、其君主ニ對スルノ罪ニハ、特別ノ刑罰ヲ科ス是ナリ。英國ニ於ケル君主無責任ノ制ハ、他ノ憲法ノ原則ト共ニ漸次ニ開進シ、夙ニ十七世紀ニ於テ大ニ完備シ、歐陸各國ノ摸範トナリタリ。而シテ其君主ノ尊嚴ヲ護スル爲メニ、特別ノ刑罰ヲ設クルコトハ、英國亦略々我國及ビ普、獨各國ト異ナルコトナシ。爾カク君主ヲシテ、均シク無責任ト爲ストトト雖モ、君主爲ス所ノ國家ノ政務ニ就テハ、君主ノ輔弼タルモノ、其責ニ任ズルヲ以テ、君主國憲法ノ通則トシ、因テ憲法ニ違背スル行爲ハ、概シテ法律的效力ヲ有セザルヲ以テ、憲法ノ特別制裁ニ付ス。然ルニ君主ノ行爲ニ就キ、輔弼ノ責任ヲ負フ所以ハ、敢テ君主ノ責任ヲ直ニ代理ストノ意ニアラズ。既ニ君主ハ、其行爲ニ付キ責任ナシト定マルノ必要ヨリシテ、輔弼責任ノ制缺クベカラズトシテ、英國ニ於テ漸次ニ完備シタルモノナリ。今日歐洲各國ノ其憲法ニ載スル所ハ、直接或ハ間接ニ、之ヲ摸倣シタル者タルコト明ナリ。若シ夫レ君主ニ對スル民事上ノ要求ニ關シテハ、英國ト普國及ビ獨逸帝國トノ間、其原則ヲ異ニセリ。英國ニ於テハ、君主ヘ對シ民事上ノ訴訟ヲ起スヲ得ズ。民事上ノ要求ハ、請願ノ手續ニ由ルベキノミ。之ニ反シテ普國及ビ獨逸帝國ニ於テハ、君主ニ對スル民事上ノ訴訟ヲ爲スヲ得。但シ此レトテモ直ニ君主ヲ被告トナシ得ルニ非ズ、殊ニ君主ノ會計ニ對シ起訴スルヲ法トス。又共和國ニ於テハ、國家元首ノ權ハ、國民ヨリ委任セラレタル者ト爲スガ故ニ、元首ハ其行爲ニ就キ、親ラ責任ヲ負フ者ト定ムルヲ通則ト爲スト雖モ、現今佛國ノ憲法ハ、大統領ガ國家ノ元首タル資格ヲ以テ爲ス所ノコト、大逆罪ノ場合ニ非ザルヨリハ、凡テ無責任トス。是レ蓋シ君主國ノ原則ヲ參酌適用シタル者ニシテ、其目的タル、敢テ立憲君主制ノ國ニ於ケルガ如ク、元首ノ尊嚴ヲ護センガ爲メニアラズ。特ニ代議政體ノ責任宰相ノ制ニ有効ヲ望ミテ、時勢ノ必要ニ應ジ、政治ヲ圓滑ナラシメン爲メナリ。且ツ又佛國大統領ハ、新聞紙上ノ誹謗罪ニ關シ、特別ノ保護ヲ受クト雖モ、之ニ反シテ北米合衆國大統領ハ、刑法上一切特別ノ權ヲ有セズ。而シテ共行爲ニ就テハ、凡テ國民ニ對シテ責任ヲ有スル所ナリ。

國家元首ノ立法權

通例獨逸國公法家ガ、定メテ以テ純正ノ立憲君主制トナス所ニ於テハ、國家ノ統治權ヲ總攬スル者ヲ其君主トスルガ故ニ、立法權モ亦君主ノ掌握スル所ト爲セリト雖モ、之ヲ行フニハ必ズ議會ノ參與ト、一定ノ手續トニ由ルヲ要スルコト論ヲ待タズ。故ニ議會ノ參與ト、憲法規定ノ手續トニ由ラザレバ、法律ヲ制定スルヲ得ズ。普國ハ即チ此主義ヲ採レル者ニシテ、立法權ハ君主ト議會トノ共同ニ操持スル所ナリ。然レドモ畢竟國家ノ權ヲ統一シ、立法權ヲ主張スル者ハ、君主ニ在リテ、議會ハ唯ダ其運用ニ參與スルノ權ヲ有スルニ過ギズ。然ルニ獨逸帝國ニ於テハ、帝ハ統治權ノ總攬者ニアラズ、從ツテ又立法權ヲモ有セズ。特ニ獨逸二十五邦ノ委員ヲ以テ組織スル團體、即チ聯邦共議院、即チ帝國統治權ノ總攬者ニシテ、立法權ヲ主掌シ、而シテ之ヲ行フニハ、勿論亦帝國議會ノ協同ヲ要スルコト、猶ホ普國ニ於ケルガ如シ。我國憲法モ亦獨逸國公法家ノ、所謂純正君主制ト同一ノ主義ニ由レルヲ見ル。即チ憲法第五條ニ、天皇ハ、帝國議會ノ協賛ヲ以テ、立法權ヲ行フト云フガ如キ、實ニ天皇ヲ以テ立法權ノ主掌者トシ、而シテ天皇ガ此權ヲ行フニハ、必ズ議會ノ協議贊成ヲ要セリト爲スナリ。之ニ反シテ英國ニ於テハ、立法權ハ、君主ト上下兩院ト合有共握スル所タリ。即チ君主、及ビ上下兩院ヲ以テ組織スル共同躰、之ガ掌握者タリ。敢テ君主ヲ主掌者トシ、議會ヲ副助者トスルガ如キ說ニ由ルニアラズ。佛國、及ビ合衆國ノ共和制ニ於テハ、立法權ハ、全然議會ノ掌握スル所ニシテ、大統領ハ、立法權ノ機關ハ備ハラズ、唯ダ一定ノ場合ニ於テ、立法權運用ノ節制者タルニ過ギズ。

右ニ述ベタル如ク、純正立憲君主制ノ國ニ於テハ、君主ヲ以テ立法權ヲ主握スル者ト爲スヿ既ニ獨逸公法家ノ一定論タリト雖モ、茲ニ又其君主ノ裁可ト議會ノ議決トノ關係ニ就テ、二派ノ見解起レリ。甲者ハ特ニ君主ノ裁可ニ重要ヲ歸シ、實ニ法律案ニ法律ノ効力ヲ與フル者ハ裁可ニシテ、議會ノ議決ハ、唯ダ參與權ヲ以テ法律案ノ事項ヲ議シ、法律立制ノ要件ヲ定ムル者ニ過ギズ。普國及ビ其他獨逸君主制國憲法ノ取レル主義是レニ外ナラズト論ジ、乙者ハ、全ク之ト反對ノ法理ニ原キ、法律ハ君主ト議會ト協同制定スル所ナリ。故ニ議會ノ決議ハ、唯ダ參與權ヲ以テ、法律案ノ事項ヲ議シ、法律立制ノ要件ヲ定ムルニ止マラズ、法律ノ有効ニ力ヲ加フルコト勿論ニシテ、法律ハ、議決ト裁可トノ成果ナリ。此兩者ノ一ヲ缺ケバ、法律ノ効力ヲ爲サズト云ヘリ。我國憲法ハ、此第一ノ主義ニ採ル者ニシテ、裁可ニ重ヲ歸シ、法律ハ正ニ裁可ヲ以テ定マル者トスルガ故ニ、此意ヨリ推セバ、憲法ノ條項ニ不裁可ノ權ヲコソ明掲セザレ、議會ノ議決シタル者ニ、君主ガ裁可ヲ與ヘザルノ權アルコト、自ラ知ラルルナリ。普國、及ビ獨逸帝國ノ聯邦共議院モ亦此權ヲ有セリ。而ルニ又此不裁可權ニハ敢テ制限ヲ設クルコト無ク、假令議會ガ政府ノ起草法律案ヲ、少シモ修正ヲ加ヘズシテ、原案ノ儘ニ議決シタル場合ト雖モ、尚ホ君主ハ之ヲ裁可セザルノ權ヲ有セリト爲スヲ以テ、我國憲法、普國、及ビ獨逸帝國憲法ノ原則トス。然レドモ裁可ノ時期ニハ、制限無キ能ハズ。我國議院法第三十二條ニ、兩院ノ議決ヲ經テ、奏上シタル議案ニシテ、裁可セラルヽモノハ、次ノ會期迄ニ公布セラルベシト爲スガ故ニ、次ノ會期マデニ公布セラレザル者ハ、不裁可ノ議案ニシテ、廢棄タルコト論ナカル可シ。又普國ニ於テハ、裁可ノ期限ニ關スル別段ノ規定ナケレバ、論者或ハ次ノ會期マデヲ其期限ト爲スベシト主張スト雖モ、是レ正説ト爲スベカラス。法律ハ現在成立スル議員ノ協議ヲ經テ制定スト云フヲ原則ト爲スガ故ニ、議員ノ改選ヲ以テ正ニ裁可ノ裁期限トシ、改選期迄ニ公布ナキ者ハ、裁可セザル者ト看做スヘシ。獨逸帝國ニ於テハ、其議院ノ議決ヲ以テ裁可セリ。去レドモ亦裁可ニ期限ヲ設ケズ。故ニ普國ニ於ケルガ如ク、議會ノ改撰期ヲ以テ、其裁可ノ期限ト爲スベキナリ。英國ニ於テモ亦君主ノ同意ヲ經テ、始メテ議案ヲ有効ノ法律ト爲スト雖モ、君主ノ同意ハ、法律制定部屬ノ一トモ看做スベキ者ニシテ、我國ニ於テ特ニ重ヲ君主ノ裁可ニ歸スルガ如キト同ジカラズ。然レドモ憲法上、英國君主ハ、上下兩院ノ可決シタル議案ニ對シ、同意ヲ背ゼサルノ權、則チ全拒ノ權ヲ有スルナリ。但シ實際ニ於テハ、千七百九年以來兩院ノ可決シタル法律案ニ就テ、同意ヲ拒ミタル例ナシト云フ。佛國及ビ北米合衆國ニ於テハ、立法權ハ、全ク議會ノ掌握スル所ニシテ、大統領ハ唯ダ節制權ヲ有スルニ過ギザレバ、若シ兩院ノ可决シタル法律ニシテ、不同意ノ條アル時ハ、其權唯ダ之ニ其理由ヲ附シ、議院ニ返付シ、再議ヲ要求スルマデニ止マレリ。而シテ佛國大統領ハ、議會ノ制定シタル法律ハ、之ヲ收受シタル日ヨリ一ヶ月内ニ公布スルヲ要シ、若シ又兩院ノ議决シテ、至急發布ヲ要スト定メタル者ヲバ、三日内ニ發布セザルベカラズト雖モ、大統領ハ此ノ法律ニ不同意ナルトキハ、右ノ期限内ニ理由ヲ附シ、議院ニ再議ヲ要求スルノ權ヲ有シ、兩院ハ此要求ヲ拒ムヲ得ズ。而シテ此再議ニ於テモ前案ヲ以テ兩院共ニ多數ニ决スル時ハ、大統領ハ之ヲ發布執行スルヲ要セリ。北米合衆國ニ於テハ、兩院ノ議决シタル法律案ハ、之ヲ大統領ニ送附シ、其記名ヲ得ルニ至リ、始メテ法律ノ効力ヲ有スル者トシ、若シ大統領ニシテ、此法律案ニ不同意ナル時ハ、其理由ヲ附シ、之ヲ法律案ノ發議者タル議院ニ返付シ、再議ヲ要求スルノ權ヲ有スト雖モ、再議ニ於テ尙ホ前案ヲ以テ兩院共ニ三分ノ二ノ多數ニ可决スルトキハ、即チ亦法律トナルナリ。加之大統領ガ法律案收受ノ日ヨリ、日曜日ヲ除キ十日以內ニ、之ヲ議院へ返附セザル塲合ニモ、其案ハ即チ法律トナル。合衆國ニ於テハ、大統領ノ節制ノ權ヲ指シテ通例拒否ト稱スト雖モ、是レ憲法ノ正準ニ合ヘル名稱ニアラズ。元來、拒否トハ、立法權ノ一部ヲ爲ス者ガ、法律案ニ、同意ヲ拒ムノ名稱ナルガ故ニ、合衆國ノ如ク、立法權ノ全然議會ニ歸シテ、議會ト大統領ト共同掌握スル所ト爲サザル組織ニ於テハ、立法ニ關スル大統領ノ權ヲ拒否ト稱スルコト、頗ル事理ニ適ハザルニ似タリ。偖テ法律ハ以上論述シタル手續ヲ經テ方サニ成立シ、而シテ其公布ノコトハ、寧ロ政府ノ權ニ屬スベキ者ナリト雖モ、尙ホ其大畧ヲ我國憲法ノ次第ニ順ヒテ記述スベシ。凡ソ法律ノ公布ニ、正式ト否ラザル者トノ差アリ。英國ニ於テハ、當初法律ハ之ヲ制定シタル國會ノ開期初時ヨリ、効力ヲ有スル者ト爲セシガ、ジヨルジ第三世ノ時、之ヲ改正シ、凡テ法律ハ其効力ノ始マル時期ヲ規定セザルトキハ、則チ國王ガ之ニ同意ヲ與ヘタル時日ヨリ効力ヲ有スベシト定メタリ。加之論理上人民ハ等シク皆國民代表者ニ依リテ、法律制定ニ參與スル者ナルガ故ニ、故ラニ正式公布ヲ要セザルニ似タレドモ、實際之ヲ公布セザレバ、一般人民ノ認知スル由ナキヲ以テ、國王ノ印行官ハ、之ヲ公布スル義務アリトス。北米合衆國モ、亦英國ト全例ノ主義ヲ取ル者ナリ。之ト異ニシテ、我國、及ビ佛、普兩國、及ビ獨逸帝國ニ於テハ、嚴然タル正式公布ヲ要セリ。蓋シ法律ハ公布前ニ成立ツ者ト雖モ公布ニ由リテ始メテ効力ヲ有スト爲スナリ。乃チ佛國ニテハ、公布ハ大統領ノ職權ニ屬シ、而シテ公布ヲ執行處分ト相殊別スル者アリト雖モ、所謂處分ハ公布ノ内ニ包括セシムベキ者タリ、我國及ビ普國ニ於テハ、公布ノ命令ヲ君主ノ大權ニ屬シ、即チ我ニ於テハ官報、普國ニ於テハ法律全集ヲ以テ公布シ、又獨逸帝國ニ於テハ、帝之ヲ掌リテ帝國法律紙ヲ以テ公布セリ。

議會ノ召集開會閉會停會及ビ衆議院ノ解散

議會ノ集會ヲ分チテ、定期、臨時ノ二種トス。我國及ビ英、普兩國ニ於テハ、議會ヲ召集スルハ、君主ノ特權ニ屬シ、君主ノ召集ニ由ラス、議院自ラ、擅ニ集會シ、議會ヲ組成スルヲ准サズ。獨逸帝國ニ於テモ亦同例ニ由ルト雖モ、議會ノ召集ヲ、帝ハ殊ニ聯合政府ノ名義ヲ以テ命セリ。共和制ノ佛國及ビ北米合衆國ニ於テハ、定期集會ハ、議院自ラ之ヲ爲スヲ得。而シテ臨時集會ハ、佛國ニ於テハ、大統領之ヲ召集スルノ權ヲ有シ、且ツ代議院及ビ國老院ノ過半數ヲ以テ請求スル集會モ、大統領認メテ之ヲ召集スルヲ要ス。北米合衆國ニ於テハ、議院自ラ其開會中ニ、次ノ臨時集會ヲ定ムルヲ得ベク、且ツ大統領モ亦此臨時集會ヲ召集スルノ權ヲ有ス。凡ソ我國及ビ英、佛、普、合衆國議會ハ、兩院ヲ以テ組織スル者ニシテ、兩院必ズ同時ニ召集スルヲ法トス。但シ北米合衆國ニ於テハ、大統領臨時ニ兩院ノ內一院ヲ召集スルヲ得。例ヘハ千八百十五年ニ、大統領リンコルンガ、上院ノミヲ召集シタルガ如キ是ナリ。蓋シ合衆國上院ハ、特ニ外交及ビ官吏任命等ノ行政事務ニ參與スルガ故ニ、獨リ上院ノミ召集ノ必要ヲ生ズルコ自然ノ勢ナリ。獨逸帝國ニ於テハ、議會ハ一院ヲ以テ成ルト雖モ、聯合政府ヲ爲ス者、則チ共議院ナルガ故ニ、必ズ先ツ此共議院ヲ召集シ。然ル後議會ノ召集ニ及バザルベカラズ。我國及ビ普、英兩國及ビ獨逸帝國ニ於テハ、開會モ亦國家元首ノ特權ニ屬シ、議會ハ此ノ開會ノ命ヲ待チ、始メテ議事ヲ取ルヲ得ベシ。故ニ開會前ニ爲シタル議事ハ、凡テ効力ヲ有セズ。以上各國ニ於テ、開會ハ元首自ラ之ヲ行フコトアリ、特命委員ヲシテ之ヲ行ハシムルコトアリ。英國ニテハ、國王自ラ之ヲ行フニ方テハ、親シク上院ヘ臨御シ、侍從長ヨリ上院ノ監守長ニ命ヲ傳ヘテ、代議院議員ヲ召集セシム。此ニ於テ代議々長ノ議員ヲ率ヰヲ上院ニ至ルヤ、國王親ラ勅語ヲ讀ムヲ以テ、開會式ヲ完ウスル者トス。特命委員タル尙書ヲシテ、開會式ヲ行ハシムルトキハ。亦代議員ヲ上院ヘ召集シ、國王ノ勅語ヲ通傳シ、若シ又改撰議院ノ開會時ナル時ハ、尙書ハ同時ニ議長ノ選擧ヲ命ズ。普國及ビ獨逸帝國ニ於テモ、亦國王親ラ開會式ニ臨マザル時ハ、通例大臣ニ命ジ、之ヲ行ハシム。佛國及ビ北米合衆國ニ於テハ、特ニ開會式ヲ要セス、但シ合衆國建國初二代ノ大統領ハ、當時尙ホ英國ノ制ニ摸倣シ、開會式ヲ擧ゲ、演說ヲナシタリト雖モ、此事爾來停廢シテ、現今ハ唯ダ書記官ヲシテ敎書ヲ議會ニ送付セシムルノミ。

停會ハ、英國ニ於テハ、兩院ノ各自隨意ニ爲ス所ニシテ、一院適々停會スルモ、他ノ一院ニハ關係セズトイフヲ以テ通則トシ、且ツ停會ノ日限ヲ定ムルコトモ、各院ノ權內ニアリテ、國王ノ命ヲ以テ其期ヲ伸縮スルヲ得ズ。加之、停會終期前ニ、別務ニ從ハシムルコトモ得ザルナリ。北米合衆國ニ於テモ、亦各院隨自ニ停會スト雖モ、三日以上ノ停會ニハ、必ズ他ノ一院ノ同意ヲ得ルヲ要ス。我國及ビ佛、普兩國及ビ獨逸帝國ニ於テハ、停會ハ元首ノ命ズル所ニシテ、議員隨意ニ停會ヲ爲スコトヲ准サズト雖モ、實際事務ヲ取ラズシテ、休會ニ居ルガ如キハ問フ所ニアラザルナリ。次ニ我國及ビ獨逸帝國憲法ニ據レバ、閉會及ビ解散ヲ命ズルコトハ、凡テ元首ニ屬シ、而シテ閉會ハ開會及ビ停會ト均シク全議會ニ關スル所ナレバ、兩院ヲ同時ニ閉ヅルヲ通則トス。但シ佛國ニ於テハ、定期集會ハ少クモ五ケ月間繼續スベキノ規定アルガ故ニ、大統領ハ此期限前ニ閉會處分ヲ爲スヲ得ズ。次ニ又解散ハ、英國ニ於テハ、之ヲ國會全體ニ及ブ者ト看做スト雖モ、素ト解散ノ要點ハ改撰ニ因テ輿論ノ屬望スル所ヲ視ルニアリ。故ニ實際衆議員ノ解散ヲ目的トナスコトナリ。普國憲法第五十一條ニ、國王ハ同時ニ兩院ヲ解散シ、或ハ其一院ヲ解散スルヲ得ト規定スレドモ、此モ亦其上院ハ、世襲及ビ終身議員ヲ以テ組織セラルヽ者ナルガ故ニ、實際解散ハ獨リ衆議院ニ止マレリ。佛國憲法モ亦解散ハ衆議院ニ限リ、而シテ大統領ハ、臨時解散權ヲ有スト雖モ、之ヲ行フニハ必ズ國老院ノ同意ヲ要ス。獨逸帝國議會ハ、既ニ一院ヲ以テ成ルモノナルガ、帝ハ共議院ノ議決ヲ經テ臨時解散ヲ命ズルノ權ヲ有セリ。獨リ北米合衆國ノ制ハ、以上ノ各國ト異ニシテ、大統領ハ議會ヲ閉會及ビ解散スルノ權ヲ有セズ。故ニ此國ニハ定例ノ解散ノ外ニ議會ノ解散ヲ見ルコトナシ。

官制及ビ官吏任命ノ權

凡テ立憲ノ國體ニシテ、法律ト命令トノ差別判然タル所ニ於テハ、裁判所ノ官制ヲ定ムルハ、憲法及ビ法律ニ由ルトナスコト、殆ド一ニ出ヅルガ如ク、我國憲法モ亦既ニ此原則ヲ採リ、其第五章ニ於テ、司法權ニ關スル通則ヲ規定シ、裁判所ノ構成ハ、法律ヲ以テ之ヲ定ムヘシト爲セリ。然レドモ行政官衙ノ組織及ビ職權ノ制定ニ至リテハ、我國及ビ英、佛、獨、米各國互ニ多少ノ差異ナキヲ得ズ。就中、我國及ビ佛、普兩國ニ於テハ、行政各部ノ官制ヲ定ムルノ權ヲ、元首ニ屬スルヲ以テ通則ト爲スコトナレドモ、亦此權ニ二箇ノ制限アリ。即チ法律及ビ豫算ノ制限是ナリ。但シ此ニ法律ノ制限トハ、官制ノ通則ヲ先ヅ法律ヲ以テ定メ置キ、其範圍內ニ於テ、命令ヲ以テ之ヲ立定スベシト云フニアラズ、法律ヲ以テ制定シタル官制ハ、命令ヲ以テ之ヲ變更スルヲ得ザルヲ云フ。我國憲法第十條ニ、天皇ハ行政各部ノ官制及ビ文武官ノ俸給ヲ定メ、及ビ文武官ヲ任免ス。但シ此憲法、又ハ他ノ法律ニ特例ヲ掲ゲタルモノハ、各其條項ニ依ルト規定スルガ故ニ、既ニ法律ヲ以テ規定スル者、及ビ憲法ニ於テ法律ヲ以テ制定スベシト爲ス所ノモノハ、命令ヲ以テ縦ニ之ヲ立定シ或ハ改正スルヲ得ズ。次ニ豫算ノ制限トハ我憲法第六十七條ニ、憲法上ノ大權ニ基ケル既定ノ歳出ハ、政府ノ同意ナクシテ帝國議會之ヲ廢除シ、又ハ削減スルコトヲ得ズト爲スガ故ニ、憲法施行前ヨリ既ニ確定ノ經常費額ヲ爲ス者、及ビ憲法施行後ト雖モ、歲出ノ一度豫算ニ於テ議了既定ニ屬シタル者ハ、次年ノ豫算ニ於テ、議會ハ政府ノ同意ナクシテ之ヲ廢除シ、又ハ削減スルコトヲ得ザルコトナレドモ、新ニ官職ヲ設置スル場合ニ於テ、之ヲ要スル經費ヲ營ムルニ當リテハ、固ヨリ帝國議會ノ協賛ヲ得テ、豫算ヲ定ムベキ者ナレバ、議會ハ當然其經費ニ付キ、修正ヲ爲スノ權ヲ有ス。尙ホ伊藤伯著憲法義解第六十七條ノ解釋ヲ參照スベシ。佛國ニ於テハ革命以來、二箇ノ場合ヲ除キ、各省ノ官制ヲ定ムルコトハ、例シテ之ヲ政府ノ權ニ屬シ、現行ノ憲法モ亦此主旨ニ則レルガ故ニ、大統領ハ勅令ヲ以テ各省ヲ廢立增減シ、其組織權限ヲ定ムベシト雖モ、之ガ爲メニハ、亦常ニ經費ノ增減ヲ生ズベキコト勿論ニシテ、其豫算ハ議會ノ議了ヲ待チテ定マルガ故ニ、則チ大統領ノ官制ヲ定ムル權ニ於テモ亦制限アリトス。但シ各省ノ官制ヲ定ムルノ權ハ、斯ノ如ク政府ニ屬スト雖モ、獨リ參事院ノ官制ハ、革命以來常ニ法律ヲ以テ之ヲ定ムルコトナク、又普國ニ於テモ行政各部ノ官制ヲ定ムルノ權ハ、國王ニ屬セリト雖モ、憲法上法律ヲ以テ定ムベシト爲ス者、及ビ憲法又ハ法律ヲ以テ定ムル者ハ、命令ヲ以テ制定シ、或ハ變更スルヲ得ズ。而シテ其新官職ノ設置、或ハ改正ノ爲メニ要スル經費モ亦議會ノ議決ヲ經テ、始メテ支出スルヲ得ルナリ。英國ノ官制ハ、其一部ハ慣習法ニ由リ、他ハ法律ヲ以テ定ムル者ニシテ、則チ法律ヲ以テ通則ヲ定メ、其内部ノ組織ハ、一ニ政府ノ定ムル所ニ放任スルヲ通則トス。但シ法律未定ノ場合ニ於テノミ、國王專ラ官制ヲ定ムルノ特權ヲ有スト爲セドモ、是唯ダ虛式ノ名義ノミニシテ、其實官制ノ大體ハ、皆法律ヲ以テ規定セリ。獨逸帝ハ、獨リ帝ノ職權ニ屬スル事項ヲ司ル所ノ官衙ヲ組織シ、其職權ヲ定ムルノ權ヲ有ス。北米合衆國憲法ニ依レバ、大統領ハ官制ヲ定ムルノ權ヲ有セズ。凡テ官制ヲ廢立スルノ權ハ、議會ニ屬シ、法律ヲ以テ定ムル者トス。概シテ各國共ニ文武官ノ任免ハ、國家ノ元首之ヲ掌ルヲ以テ通則トス。而シテ此任命權ニモ、法律ト豫算トノ制限アリ。我國憲法モ亦此ノ兩制限ヲ認ムル者ニシテ、憲法又ハ法律ニ於テ、某種官吏ノ任命ニ係ル要件ヲ規定シタル者ハ、各々其規定ニ依ルヲ要ス。例ヘバ裁判官ノ任職ハ、法律ニ依リ定メタル資格ヲ具フル者タルベク、又其免職ハ、刑法ノ宣告ニ由リ、又ハ法律規定ノ懲戒處分ニ由ルヲ要スルノ類是ナリ。斯ノ如ク法律ノ制限ト共ニ豫算ノ制限アリテ、渾テ新ニ官吏ヲ增置スルガ爲メ、經費ノ增額ヲ要スルコトアル場合ニハ、必ズ議會ノ協贊ヲ經テ之ヲ定ムルヲ要ス。英國ニ於ケル官吏任命ノ權ハ、名義上專ラ國王ニ屬セリト雖モ、亦慣例法律及ビ豫算ノ制限ニ準據スルヲ要ス。而シテ其免職ハ、裁判官及ビ會計檢查官ヲ除クノ餘ハ、別ニ法律的ノ制限ニ由ルニ非ズシテ、要スルニ政治上ノ慣例ニ依リ、大臣ト交迭スル所ノ、凡ソ六十名許ノ行政官ヲ除クノ外ハ、實際終身官タル者多キニ居レリ。佛、普兩國ニ於テモ、亦元首ノ有スル官吏任免權ニ、法律ト豫算トノ制限アリテ、之ニ關シ法律的規定ノ最モ完全ナルハ、普國ニシテ、官吏登用ノ要件ハ、大抵法律ヲ以テ之ヲ定ム。因テ又其免職モ、某種ノ定期任命ノ者ヲ除クノ外、餘ノ官吏ヲバ、法律規定ノ處分ニ由ラズシテ之ヲ爲スヲ得ザル者トス。此ノ制限ノ外ニモ、豫算ノ制限アルコト、英國ト異ナルコトナシ。凡テ任命ハ、豫算確定ノ俸給限內ニ於テ行フ者ニシテ、俸給ノ增額ヲ要スル場合ニハ、必ズ之ヲ議會ノ認可ニ附セザルベカラズ。獨逸帝國ニ於ケル官吏任命ノ要件ハ、一般ニ法律ヲ以テ之ヲ定メ、某種ノ官吏ヲ除キ、他ノ帝國官吏ハ、帝之ヲ任ズト雖モ、別ニ聯邦共議院、或ハ共議院委員ノ指名ニ由リ任命スル者アリ。而シテ又議院ノ同意ヲ要シテ任命スル者アリ。例ヘバ、領事ノ任命ニハ、商務委員ノ同意ヲ要シ、帝國裁判官及ビ檢事ノ任命ニハ、共議院ノ指名ニ由ルノ類ヲ云フ。北米合衆國憲法ニ據レバ、大統領ハ國老院ノ協議及ビ同意ヲ經テ、公使、領事及ビ裁判所判事ヲ任命スベシト定メタルノミナラズ、專ラ法律ニ由リ定ムル官吏ト雖モ、亦國老院ノ協議及ビ同意ヲ經テ、大統領之ヲ任命スベキ者トス。而シテ又部屬官吏ニ關シテハ、法律ヲ以テ其任命ヲ專ラ大統領及ビ其各部長官ニ委任スルコトナレドモ、其任命權ノ分配ヲ定ムルガ如キハ、憲法上特ニ規定シタルモノヽ外ハ、議會專ラ其權ヲ握ルコトナリ。但シ裁判官ハ、合衆國ニ於テモ、亦終身官トス。而シテ官吏彈劾制規ノ外ハ、一般官吏ヲ免職スルノ規定ナシト雖モ、立法司法、行政三種ノ分任原則ト、憲法制定以來ノ慣例トニ依レバ、免職權ハ亦任命權ヲ有スル者ノ掌ル所トス。但シ獨リ大統領ハ國老院ノ同意ヲ要セズ、官吏ノ免職ヲ專行スルヲ得ベシ。

開戰講和及ビ條約締結ノ權

凡テ國家外交ノ事件ハ、之ヲ處スルニ剛毅英斷迅速秘密ヲ要スルコト通例ナルガ故ニ、之ヲ一人ニ統率スルヲ適當トシ、各國概シテ此權ヲ元首ニ屬シ、特ニ君主國ニ於テハ、開戰、講和ノ權ハ勿論、條約締結ノ權モ、渾テ君主之ヲ掌握スルヲ以テ通則ト爲スト雖モ、或事項ニ關スル條約ハ、議會ノ認可ヲ經ザレバ、國內ニ通ジテ効力ヲ有スル者トナサズ。特ニ國民ノ權利義務ニ關スル件ニ於テ、直接或ハ間接ニ議會ノ認可ヲ經ルヲ要セリ。共和國ニ於テモ亦條約締結ノコトハ、概シテ之ヲ大統領ニ屬セリト雖モ、北米合衆國ノ如キハ、大統領ガ此權ヲ用非ルニ、特別ノ制限ヲ設ケタリ。我國ニ於テハ開戰、講和及ビ條約締結ノコトヲ、天皇ノ大權ニ屬シ、憲法上此ノ權ニ直接ノ制限ナキ者トス。英國ニ於テハ、開戰講和ノ權ハ國王ノ掌握スル所ニシテ。內閣員ノ協贊ニ由リ、樞密院令ヲ以テ之ヲ公布スルコトナレドモ、戰費ハ必ズ議會ノ認可ヲ須テ支出スベキモノナルガ故ニ、開戰ノ前ニ其理由ヲ議會ヘ通知シ、其參助協同ヲ求ムルヲ慣例トス。條約締結ノコトモ亦國王ノ特權ニ屬スルコトナルガ、此ハ特ニ議會ノ參與或ハ認可ヲ要セズ。故ニ未ダ批准ヲ經ザル條約ヲ議會ニ提出スルコトナク、又批准ヲ經タル者ト雖モ、間接ニ議會ノ參與ヲ要スルモノ、外ハ、之ヲ議會ニ出シ、故ラニ認可ヲ求ムルコトナシ。然レドモ凡テ法律ト關係シ、國內ニ施行スベキ事項ハ、議會ノ參與ヲ要シ、議會同意セザレバ、之ヲ國内ニ施行スルヲ得ズ。又條約ヨリ生ズル歳出ハ、凡テ議會ノ認可ヲ經ルヲ要スルコト論ヲ待タズ。獨逸帝國憲法ニ據レバ、帝ハ外交權ヲ掌握シ、開戰講和ノコトヲ、帝國ノ名ニ於テ布令スト雖モ、尚ホ開戰ハ共議院ノ同意ヲ要ス。但シ敵國來襲ノ場合ハ此限ニアラズ。且ツ條約締結モ亦帝國ノ名ニ於テ、帝之ヲ行フモ、特ニ帝國立法權ニ屬スル事項ニ係ル條約ハ、議會ノ協賛ヲ要ス。故ニ此ノ如キ條約ハ、批准ノ前ニ於テ、之ヲ議會ニ提出スベキ者ト爲ス。佛國憲法ニ據レバ、開戰講和ノコト、亦大統領之ヲ掌握スト雖モ、敢テ獨裁スルヲ得ズ、必ズ兩院ノ同意ヲ要セリ。條約締結モ亦凡テ大統領ノ掌握スル所ト爲スト雖モ、通商條約、國庫ノ負擔ヲ生ズベキ條約、及ビ國民ノ權利義務ニ關スル條約ハ議會ノ認可ヲ經テ始メテ有効ノ者トナルナリ。其他一般條約ニ至リテモ、國家ノ利益及ビ安寧ヲ害セザルノ限度ヲ守リテ、其款約ヲ速ニ議會ニ提出シ、其通知ヲ經ベキ者トス。蓋シ國家ノ利益及ビ安寧ヲ害セザル限度ニ於ケル款約ヲ、豫メ議會ヘ通知スベキコトハ、各國憲法ノ通則ト爲ス所ナリ。但シ之ヲ憲法ニ明掲スト否トノ差異アルノミ。北米合衆國憲法ニ據レバ、殊ニ開戰ノ權ヲ以テ議會ニ屬シ、而シテ講和及ビ其他一般ノ條約締結ヲ以テ大統領ノ掌握ニ歸シ、上院三分二ノ可決ヲ得テ始メテ其約定マル者トス。但シ上院ハ條約案ノ修正權ヲ有スト雖モ、發議權ハ獨リ大統領ニ屬セリ。總テ各國共ニ憲法ニ違背スル條約ハ、之ヲ締結スルヲ得ザルヲ以テ其通則ト爲ス。合衆國ニ於テモ亦此通則ヲ採ルコト論ヲ待タズト雖モ、獨リ上院ノ同意ヲ以テ締結シタル條約ヲ以テ、能ク法律ヲ廢シ、又法律ヲ以テ、條約ヲ廢スルコトヲ得ルナリ。又國庫ノ支出ヲ要スル條約ハ、必ズ其支出ヲ衆議院ノ認可ヲ經テ定メザルベカラズ。

命令權

我國憲法第第八條、及ビ第九條ニ於テ、命令ノコト三種ヲ規定ス。其第八條ニ載スルハ、緊急命令ニシテ、第九條ニ在ルハ、執行命令及ビ自立命令ナリ、即チ其文ニ法律ヲ執行スル爲メニ必要ナル命令ヲ發シ、又ハ發セシムト云フハ、已ニ成立スル法律ヲ應用執行スル爲メニ發スル命令ヲ指ス。故ニ之ヲ執行命令ト稱ス。又公共ノ安寧秩序ヲ保持シ、又臣民ノ幸福ヲ增進スル爲メニ必要ナル命令ヲ發シ、又ハ發セシムト云フハ、法律ノ存在セザル点ニ於テ發スル命令ヲ指ス。故ニ之ヲ今姑ク自立命令ト命名ス。顧フニ我國及ビ英、佛、普各國憲法ノ中ニ就テ、緊急命令ノヿヲ規定スルハ、唯ダ我ト普トノ二國アルノミ、英國及ビ佛國ニ於テハ、憲法上政府ハ緊急命令ヲ發スルノ權ヲ有セズ。但シ獨逸帝國政府ハ、三箇特別ノ場合ニ限リ、緊急命令ヲ發スルノ權ヲ有セリ。緊急命令トハ、特別ノ場合ニ於テ立法權ノ區域內ニ干渉スル命令ニシテ、法律ト同樣ノ効力ヲ有スル者タリ。其之ヲ要スル所以ハ、凡テ法律ノ廢止、停止、又ハ改正ハ、必ズ法律ヲ以テシ、命令ヲ以テスルヲ得ザルコト、立憲國ノ通則ナリト雖モ、急迫已ムヲ得ザル場合ニ於テハ、命令ヲ以テ法律ヲ變更セザルヲ得ズ。是レ此命令ヲ指シテ緊急命令ト稱スル由縁ナリ。而シテ我國及ビ普國憲法ニ據レバ、此命令ヲ發スルハ必ズ左ノ場合ニ限ル。第一公共ノ安全ヲ保護維持シ或ハ公共ノ災厄ヲ豫防救濟スル爲メニ、急須ノ處分ヲ要スルコト、第二、要務ノ起ル議會閉會ノ場合ニ在ル時ニ限ルコト是ナリ。然レドモ緊急命令ノ効力ニ就テハ、我國ト普國トノ間ニ著シキ差異アルガ如シ。伊藤伯ノ憲法議解及ビ其他一二ノ解釋ニ由レバ、我國ノ緊急命令ハ、凡テ各種法律ノ區域ニ及ブ者トス。即チ獨リ憲法及ビ皇室典範ヲ除キテ、其餘ノ法律ハ、性質ノ如何ニ關セズ、皆此命令ヲ以テ或ハ停止シ、或ハ廢止スルヲ得、又ハ法律ヲ以テ規定スベシト指ス事項ニシテ、法律ノ規定ナキ場合ニ於テモ、亦假リニ命令ヲ以テ之ヲ規定シ得ベシ。既ニ緊急命令ハ、政府ニ於テ之ヲ發スルノ必要アリト認ムルトキハ、凡テ各種法律ノ區域ニ於テ發スルヲ得ベキ者トスレバ、例ヘバ、議會閉會ノ時ニ際シテ、政府ガ緊急必要ト認ムル場合ニハ、亦命令ヲ以テ議院法選舉法ヲ停止シ、又假リニ議院法、若シクハ選舉法ヲ制定シ得ベク、裁判所構成法訴訟法、治罪法モ議會ヲ召集スル迄、之ヲ停止スルヲ得ベシ。此ノ如ク凡テ緊急ト認ムル場合ニハ、憲法第二章ニ掲グル臣民ノ權利義務ニ關スル法律ハ、皆暫時命令ヲ以テ、之ヲ停止又ハ廢止スルヲ得ベキナリ。緊急命令ノ權強大ナリト云フベシ。勿論議院法、選舉法等ニ就テハ、實際緊急ノ場合アルコトナカルベシト雖モ、尚ホ政府ガ之ヲ緊急ト認ムル場合ニ於テハ、其命令ヲ以テ、廢止或ハ變更セラルヽヲ免ガレザルナリ。普國ノ緊急命令ノ權根ハ、之ヲ解釋スル者ノ中ニモ、區域ヲ强大ニ解スル者ト、狹小ニ解スル者トアレドモ、要スルニ自己ノ政治上ノ主義ヲ以テ、曲ゲテ憲法ヲ解釋セント企ツル者ニ非ザルヨリハ、緊急命令ヲ、凡テ諸種法律ノ區域ニ及ブ者ナリトハ解釋セズ。殊ニ憲法ニ於テ特書シテ、立法手續ニ據リテ規定スベシトスルノ件ハ、緊急命令ヲ以テ、之ヲ廢止シ又ハ停止スベカラズト云フ說ハ、普國憲法解釋者中ニ多キヲ占ムルガ如シ。緊急命令ハ、次ノ會期ニ於テ議會へ提出シテ、其諾否ヲ詢ヒ、若シ承諾ヲ得ルトキハ、此命令始メテ眞ノ法律タルノ效力ヲ得テ、從前ノ法律ハ全ク廢止ニ歸ス。而シテ右ノ手續ヲ經タル命令ハ、眞ノ法律タルノ效力ヲ有シ、正シク法律ノ地位ヲ占ムル者ナレバ、後日之ヲ改正、又ハ廢止スルニハ、更ニ法律ヲ以テセザルベカラズ。之ニ反シテ兩院ノ承諾ヲ得ズ、或ハ兩院ノ內一院ノ承諾ヲ得ザレバ、該命令ハ廢止ニ歸シ、從前ノ法律復ビ效力ヲ有スベシ。然ルニ我國ニ於テハ、其效力ヲ失スルノ期ハ、政府ガ其效力ヲ失スルコトヲ公布スル迄ハ、人民ハ仍ホ遵由ノ義務ヲ有ス。之ニ反シ普國ニ於テハ、議會ノ承諾ヲ得ザレバ即チ其時ニ效力ヲ失スル者トス。但シ效力ヲ失スルトハ、將來ニ向ヒテ效力ヲ失スルノミ、前日ニ溯リテ效力ヲ取消スト云フニアラズ。夫レ既ニ憲法ニ於テ。緊急命令ヲ發スルコトヲ許スガ故ニ、政府ハ緊急必要アリト認メテ、之ヲ發スルハ固ヨリ憲法違背ノ處分ニアラズシテ、彼ノ英國ニ於ケルガ如ク、國法ノ緊急命令ヲ發スル權ヲ許サザルニ關セズ、國家ノ緊急ノ場合ニ於テ、政府自ラ憲法違背ノ責ヲ負任シテ、救護ノ處分ヲナスト同一視スベカラズ。故ニ又次ノ會期ニ於テ、議會ノ承諾ヲ求ムルコトモ、英國ニ於ケル責任解除ノ手續ト同例ニ視ルベカラズ。蓋シ英國ニ於テハ、法律ハ法律ニアラザレバ、之ヲ變更廢止シ、又ハ停止スルヲ得ズト云フ原則ヲ嚴ニ確守シテ、變例ヲ設ケズ。然レドモ國家ノ大政ヲ掌握スル者ハ、國家緊急ノ場合ニハ、自ラ憲法違犯ノ責任ヲ負ヒテ、臨機ニ救濟ノ處分ヲナシ、後日議會ニ我憲法違犯ノ處分ニ就キ、解責ヲ請求スルヲ以テ慣例トス。而シテ議會ハ、其臨機處分ヲ果シテ必要ト認ムルトキハ、容易ニ之ヲ可決スルコト、亦從來ノ慣例ナリ。」法律ヲ執行スル爲メニ必要ノ命令ヲ發スルコトハ、政府ノ法律執行權ニ屬シテ、英佛普、各國政府ノ同ジク有スル所ナリ。我國憲法ハ、第九條ニ於テ、之ヲ揭グルコト前ニ述ルガ如シ。此命令ハ、已ニ法律中ニ含蓄スル所ノモノヲ推衍應用スルニ在リテ、法律ノ規定外ニ出デ、更ニ人民ノ權利、義務ニ關スル規定ヲ設クルヲ得ズ。グナイストノ說ニ由レバ、英國王ハ、獨リ執行命令ヲ發スルノ權ヲ有スルノミナラズ、法律ナキ際ニ於テハ、命令ヲ發シテ法律ノ缺ヲ補フノ權ヲ有スト爲ス。然レドモ此說ハ歷史的ニ基クノ事實ヲ擧ゲタル者ニシテ現今ハ其權大ニ狹少シ、外交及ビ植民地ニ關シ、國王ノ特權ニ屬スル僅々ノ事項ニ就キテ、之ヲ發スルヲ得ルニ過ギズ。都テ其他臣民ノ權利義務ニ關スルコトハ、法律ヲ以テ之ヲ規定セザルベカラズ。然ラザレバ、法律ノ委任ニ由ラザルベカラズ。次ニ又グナイスト、及ビ獨逸國ノ一二公法家ハ、普國王モ亦法律ナキ際ニ於テハ、臣民ノ權利、義務ヲ規定スルノ命令ヲ發スルノ權ヲ有スト云フト雖モ、是レ憲法ヲ正當ニ解釋セシモノニアラズ。普國憲法中ニハ、議會ノ法律制定ニ參與スルノ權、及ビ政府ノ命令權ヲ明定スレドモ、特ニ法律ノナキ際ニ於テ、臣民ノ權利、義務ヲ規定スルノ權ヲ揭ゲザルガ故ニ、普王ノ此ノ權ヲ有セザルコト明ニシテ、又普國ニ於テハ、法律ヲ以テ中央及ビ地方官衙ヘ警察令ヲ發スルノ權ヲ委任シ、其命令ニハ一定ノ罰ヲ附スルヲ得セシム。即チ法律ノ委任ニ由リテ發スル警察命令ニ附スル最大ノ罰トシテ、四百「マルク」即チ凡ソ我國貨百五十圓以下ノ罰金、又ハ四周間以下ノ拘留ヲ科スルコトヲ許ス。顧フニ警察ハ、危險豫防、公安保護ノ爲メニ、勢ヒ人民ノ權利義務ニ干涉スルノ處分ヲ必要トスルコト每ニ多ク、隨ツテ其處分ハ、時ト所トニ由リ異ナラザルヲ得ザルモノ多キガ故ニ、豫メ法律ヲ以テ一般詳悉ニ之ヲ規定スルヿ難シ。是レ特ニ法律ヲ以テ、中央官衙ニ委任スルニ、警察命令ヲ發スルノ權ヲ以テスル所以ナリ。而シテ此權ハ中央官衙ヨリモ、寧ロ地方官ニ委任スルニ於テ大ナルヲ通例トセリ。原ヅクニ是レ一般ニ涉ル通則ハ、法律ヲ以テ規定スルコト易シト雖モ、各地各異ノ情況ニ應ジテ施ス危險豫防、公安保護ノ處分ハ、既ニ法律ヲ以テ、畫一ニ規定スルコト難キヲ慮リ、殊ニ此場合ヲ取捨損益シテ、地方官ニ委任スルニ、中央官衙ヨリモ較々大ナル權ヲ以テシタル所以ナルベシ。我國憲法ハ、第九條ニ於テ、公共ノ安寧秩序ヲ保持シ、及ビ臣民ノ幸福ヲ增進スル爲メニ必要ナル命令ヲ發シ、又ハ發セシムト定ムルガ故ニ、憲法上法律ヲ以テ規定スベシトナス事項ヲ除クノ外、餘ノ事項ニシテ未ダ之ヲ率スル法律ナキ場合ニハ、直ニ命令ヲ以テ規定スルヲ得ベク、又臣民ノ權利義務ニ關スル命令ヲ發スルヲ得ベシ。而シテ命令ニ對シ、臣民ノ服從ヲ强制スベキ罰則ナカルベカラザルコトナルガ、此レニハ憲法第二十三條ニ、日本臣民ハ法律ニ依ルニ非ズシテ、逮捕、監禁、審問處罰ヲ受クルコトナシト定ムルガ故ニ、其處罰ハ、必ズ法律ニ基カザルベカラズ。由リテ法律第八十四號ヲ以テ、憲法第九條ニ準據シテ發スル命令ニ附スベキ罰則ヲ規定シ其程限ヲ二百圓以內ノ罰金、若シクハ一年以下ノ禁錮トセリ。而シテ我國憲法第九條ニ據ルニ省、廳、府、縣等ノ行政機關ハ、獨立ノ命令權ヲ有セズ、特ニ天皇ノ委命ニ據リ命令ヲ發スルノ權ヲ有スル者ナルガ故ニ、某省令以下ニ附スル罰ハ、已ニ法律ヲ以テ定メタル命令ニ附スル罰則ノ程限內ニ於テ、亦勅令ヲ以テ之ヲ定ムルヲ適正トス。是レ勅令第二百八號ヲ以テ、省令、廳令、府縣令、及ビ警察令ニ關スル罰則ヲ定メタル者ナルベシ。以上ニ述ベタル如ク我國憲法ハ、第九條ニ於テ法律ノナキ際ニハ、其補欠ノ命令ヲ發スル了ヲ確認スレドモ、之ガ罰則例ハ、既ニ第三十二條ニ於テ日本臣民ハ、法律ニ依ルニ非ザレバ、逮捕監禁、審問、處罰ヲ受クルコトナシト云フ明文アルガ故ニ、法律ヲ以テ定メザルヲ得ズ。然レドモ一箇一箇ノ場合ヲ、盡ク法律ヲ以テ規定シ難ク、因リテ法律ハ、只ダ其通則、又ハ罰ノ程度ヲ定ムルノミニテ、所謂細目ハ、之ヲ命令ニ委任シ、時ト所トノ關係ニ由リ定ムルヲ得セシムト雖モ、尙ホ法律ニ踰越スルコトヲ得ザレバ、則チ法律第八十四號及ビ勅令第二百八號ハ、亦憲法ニ準據シタル者ナルベキ耶。

戒嚴令

戒嚴令モ、亦緊急命令ノ一種ナレドモ、其憲法ニ對スル關係ハ、兩命令互ニ異ナリ、緊急命令ハ、議會ノ開會セザル時ニ際シ、一時急務ヲ濟フ爲メニ、法律ヲ停止、又ハ廢止スルノ命令ニ過ギズシテ、之ヲ以テ憲法ノ條項ヲ停止スルヲ得ズ。之ニ反シテ戒嚴令ハ、戰時、又ハ其他國家ノ大事變ニ際シ發スル者ニシテ、臣民ノ權利ヲ確保スル憲法ノ條項ト雖モ之ヲ停止セザルヲ得ズ。而シテ此令ヲ宣告施行スベキ地方ノ行政及ビ司法兩權ノ全部、又ハ其一部ヲ擧ゲテ、司令官ニ委任スルヲ例トス。我ニ於テハ、戒嚴令ヲ宣告スルコトハ、天皇ノ大權ニ屬シ、而シテ戒嚴ノ要件、即チ戒嚴ヲ宣告スルノ時機、區域、及ビ急速ヲ要スル爲メ、假リニ該地司令官ヲシテ戒嚴ヲ宣告セシムル場合、其他宣告ニ必要ナル規程幷ニ戒嚴ノ効力即チ戒嚴令ノ權力ノ及ブ限界ハ、法律ヲ以テ規定スベキ者トス。獨逸帝國憲法ハ、戰時又ハ反亂ノ起ルヿアル場合ニ、非常警備トシテ全國又ハ各邦ノ一部ニ、戒嚴令ヲ宣告スルノ權ヲ皇帝ニ屬ス。而シテ戒嚴ノ要件及ビ効力ハ、法律ヲ以テ之ヲ規定スル迄ハ、千八百五十一年ノ普國法律ヲ適用スベシトセリ。此ノ如ク帝ハ、帝國內何レノ場所ニ於テモ、戒嚴令ヲ宣告スルノ權ヲ有セリト雖モ、又古來各邦ノ憲法ニ揭グル所ノ戒嚴令ヲ宣告スルノ權ハ、敢テ之ニ由リテ廢止セラルヽニアラズ。故ニ各邦モ亦其領內ニ戒嚴ヲ宣告スルヲ得。佛國ニ於テハ、戰時又ハ內亂ノ塲合ニハ、法律ヲ以テ戒嚴令ヲ宣告シ、幷ニ其區域及ビ期限ヲ定ム。若シ議會閉會ノ塲合ニ於テハ、大統領ハ大臣會議ヲ經タル勅令ヲ以テ之ヲ宣告ス。但シ戒嚴令ニ關シテハ、兩院ハ、二日後ニハ自ラ集會シテ議決ヲナスノ權ヲ有ス。而シテ若シ兩院ノ同意ヲ得ザルトキハ、此令ハ廢止ニ歸ス。又戒嚴令ハ、下院解散ノ時ニ際シテハ、更ニ議院ノ選擧ヲ完結スルヲ待ツニ非ザレバ、始メテ効力ヲ有スル者トセズ。但シ外敵來襲ノ塲合ハ、此限ニアラズ。英國及ビ北米合衆國ニ於テモ、亦法律ヲ以テ戰亂ノ時ニ際シテ、裁判所ガ行政機關ノ逮捕及ビ禁獄ニ對シ、逮捕禁獄シタル者ヲ引致セシムルノ令狀ヲ發スルノ權ヲ停止シ、行政權ニ臨機處分ヲナスヲ得セシムト雖モ、唯ダ國民ノ權利ノ一部ヲ停止スル者ニ過ギズシテ、歐洲大陸諸國ノ戒嚴令トハ自ラ同一ナラズト云フ。

統帥及ビ編制權

陸海軍ハ、國家ノ組織シタル力ニシテ、國家ガ外國ト對立シ、其獨立及ビ利益ヲ護衛シ、其統一安全ヲ保持スル爲メニ缺クベカラザル者タリ。故ニ陸海軍統帥ノ權ハ、國家ノ元首之ヲ掌握スルヲ通則トシ、毫モ分授割與スベカラズ。我國憲法第十一條ニ於テ、天皇ハ、陸海軍ヲ統帥スト特書シ、天皇ノ大權ニ屬スルコトヲ明ニセリ。英國ニ於テモ亦國王ヲ以テ陸海軍ノ統帥トス。ジョルジ第三世以來、國王自ラ戰場ニ臨ミテ軍隊ヲ統督シタルコトナシト雖モ、其ノ統帥權ヲ國王ノ特有ニ屬ストスルコトハ、古今改ムルコトナシ。獨逸帝國ニ於テモ、帝ヲ以テ獨逸國陸海軍ノ統帥トス。但シ海陸軍ニ由リテ些ノ差異アリ、即チ海軍ハ平時ト戰時トヲ論ゼズ、帝ノ統帥ニ歸スレドモ、陸軍ハ獨逸帝國ヲ組織スル各邦ノ兵ヲ以テ編制スルガ故ニ、平時ニ於テモ其統帥權ニ幾許ノ制限アリ。例ヘバ、バイエルン邦ノ軍隊ハ、平時ニ於テハ同國王之ヲ統帥スル者トシ、戰時ニ於テハ之ヲ帝ノ統帥ニ歸スルコトヽシ、少シモ變例ヲ設クス。佛國憲法ニ於テハ、大統領ハ全軍隊ヲ指揮スト定メ、此指揮權ハ、凡テ陸海軍ニ及ブ者トス。之ヲ統帥ト云ハズト雖モ、各國ノ憲法ニ於テ統帥ト云フニ比シテ、敢テ差別ナキガ如シ。北米合衆國憲法第二章ニ據レバ、大統領ヲ以テ陸海軍ノ統帥トシ、然ノミナラズ戰時ニ於テ、合衆國ノ爲メニ各邦ノ護國民軍ヲ使役スルトキモ、其統帥權ハ大統領ニ在リ。此ノ如ク共和國ニ於テモ、通ツテ統帥權ヲ大統領一人ニ歸スルモノハ、國家ノ獨立及ビ利益ヲ護衛シ、統一ニ安全ヲ保持スルニ缺グベカラザルガ爲メナリ。而シテ此ニ統帥トハ、必ズシモ自ラ戰地ニ臨ミテ軍隊ヲ統督スルノミヲ云フニアラズ、或ハ自ラ軍隊ヲ統督シ、或ハ將校ヲシテ統督セシムルコト、皆便宜ニ在リテ齊シク統帥權タルニ妨ナシ。

陸海軍編制ノ權ニ就キテモ亦、我國及ビ英、佛、獨、米各國ノ間ニ、多少ノ差異アリ。我國憲法第十二條ニ據ルニ、陸海軍編制ハ、全ク天皇ノ大權ニ屬シ、編制ノ事項、即チ軍隊艦隊ノ編制、管區ノ畫定、兵器ノ備用、軍人ノ敎育、撿閲、紀律、禮式、服制、衛戍、城寨、海防、守港及ビ出師ノ準備ノ類ハ、皆天皇ノ親裁スル所ナリ。顧フニ此ノ如キ事項ハ、皆直接ニ人民一般ノ權利義務ニ關スル者ニ非ズ。因リテ天皇ハ特ニ兵學ニ達シ軍機ニ熟スル者ヲシテ、適當ノ計劃ヲナサシメ、而シテ責任大臣ノ補翼ト、將校ノ謀議トヲ納レテ之ヲ裁定シ玉フヲ準トセリ。英國ニ於テモ亦我國憲法上、天皇ノ編制權ノ中ニ包括スベキモノニシテ、殊ニ海防守港ノ規定、及ビ其他ニ係ル、二三ノ事項ハ、國王ノ特權ニ屬スト雖モ、凡ヲ編制ニ關スル事項ヲ悉ク國王ノ特權ニ歸セリトハナスベカラズ。蓋シ常備軍ノ設置ハ、毎年法律ノ認可ヲ要スル者トシ、其他編制ニ屬スル事項ハ、獨リ臣民ノ權利義務ニ關スルモノヲ除クノ外、勅令及ビ省令ヲ以テ規定スルヲ通例トス。即チ隊伍ノ編制、士官ノ補任、管區、軍人ノ敎育、兵器準備、衛戍ノ類ハ、勅令又ハ省令ヲ以テ定ム。次ニ紀律ノコトハ、軍律ノ規定ニ準據シ、亦勅令及ビ省令ヲ以テ、護民軍編制ノヿハ、從來精細ニ法律ヲ以テ規定スル所ナリ。志願兵及ビ常備兵滿期ノ者ヲ以テ組織スル豫備軍ノ編制ニ關シテハ、概シテ法律ノ通則及ビ委任ニ由リ、勅令及ビ省令ヲ以テ規定セリ。又海軍ニ於テモ、通例陸軍常備兵ニ關シ、勅令及ビ省令ヲ以テ規定スル事項ハ、亦大概勅令、省令ヲ以テ規定セリト雖モ、外交ニ關係スル事項ニ就キテハ、特ニ勅令及ビ省令ノ區域ヲ廣カラシムルヲ以テ慣例トス。獨逸帝國ノ陸軍ハ、既ニ獨逸各邦ノ兵ヲ以テ成ルガ故ニ、其編制ニ就キテモ、各邦ノ君主ニ屬スル事項アリト雖モ、微少タルニ過ギズ。但シ特ニ他ノ小邦ヨリモ大ナル權ヲ有スルハサキソン、ウュルテンベルク、バイエルン三王國ナルガ、此ノ中ニ就キテバイエルン國ハ、編制ノコトニ關シテモ特別ノ地位ヲ有セリ。此ノ例外ト、法律ヲ以テ編制ノ通則ヲ定ムルヿトヲ除キテ、餘ハ一切帝權ニ屬シ、特ニ戰時ノ編制並ニ國民軍ノ制ハ、全ク帝ノ掌握裁定スル所タリ。次ニ海軍ハ、全ク帝國ノ管務ニシテ、海軍編制ノコトハ、今日迄法律ニ由ラズ、一ニ勅令ヲ以テ之ヲ規定セリ。佛國ニ於テハ、陸軍編制ノ通則ハ、法律ヲ以テ之ヲ定ム。即チ管區、軍隊ノ編制、兵器ノ設備、司令官補任ノ期限、撿閲ノ事項等、渾テ其大體ハ法律ヲ以テ之ヲ定ムルガ故ニ、政府ハ法律ノ範圍內ニ於テ、陸軍ノ編制及ビ軍務ヲ處辨スル者ト云フベシ。但シ海軍編制ニ關スルコトハ、法律ヲ以テ規定スルモノ甚ダ少シ。然レドモ海軍編制權ヲ以テ、大統領ノ特權トナスニアラザルコト論ヲ待タズ。

常備兵額ヲ定ムルコトニ就キテモ、我國及ビ歐米各國ノ間ニ多少ノ差異アリ。我國ニ於テハ、之ヲ天皇ノ大權ニ屬シ、議會ノ干涉スベカラザルモノトス。然レドモ新ニ兵額ヲ增加スル爲メニ、歲出ノ增加ヲ要スル場合ニハ、之ヲ議會ノ議ニ付シテ其決ヲ取ルヲ要ス。斯ク一度議決確定シタル後ハ、此增額ハ既定ノ歲出ニ屬スルガ故ニ、政府ノ同意ナクシテ之ヲ變更スルヲ得ズ。英國ニ於テハ、陸軍常備兵ノ設置、及ビ兵額ハ、每年議會ノ議決ヲ要ス。此年次ノ議決ヲ經ズシテ常備兵ヲ設置スルハ、違憲ノ處分ナリトス。次ニ海軍ノ兵額ハ、法律ヲ以テ定メズ、豫算ノ制限ニ據ルヲ例トス。此ノ如ク英國ノ陸軍常備兵ハ、法律ヲ以テ毎年認可セザレバ、定置スルヲ得ザレドモ、軍兵ハ國家ノ獨立安寧ヲ保護シ、各殖民地ヲ護衛スル爲メニ必要ナルガ故ニ、常備兵ノ員數ハ漸次ニ增加シテ、三十年以來緩急ノ有無ニ拘ラズ、常ニ略同數ヲ有セリ。獨逸帝國ニ於テハ、千八百七十四年以來ハ七ケ年ヲ定限トシ、法律ヲ以テ其兵額ヲ定ムト雖モ、若シ法律ヲ以テ定メタル終期ニ、更ニ法律ヲ以テ定メザルトキハ、特ニ豫算ヲ以テ定ムベキ者トス。而シテ帝ハ法律ノ定額内ニ於テ、現在屯集ノ額數ヲ定ムルヲ得ベシ。次ニ海軍ノ兵額ハ、法律ニ由ラズ、時ノ必要ニ從ヒ、帝ノ裁定スル所タリ。但シ豫算ノ制限內ニ於テスベキコト論ヲ待タズ。佛國ニ於テハ、常備兵額ハ毎年豫算ヲ以テ定ム。北米合衆國モ亦兵額ヲ定ムルノ權ハ、議會ニ屬スレドモ、英國ニ於ケルガ如ク、毎年法律ヲ以テ定ムルノ法ニ由ラザルヲ異ナル所トス。

議會

歐洲大陸諸國ニ於テハ、憲法制定以前ニモ各議會ナキニアラズ。然リト雖モ、其議會ハ、今ノ立憲制度ノ議會トハ、自ラ基礎ヲ異ニセリ。蓋シ立憲制度以前ニ於ケル議會ノ議員ハ、或ハ自己ノ權利ヲ以テ其任ニ上リ、或ハ各種自治體ヲ代表セル者ニシテ、既ニ此等ノ代表者ト云ヘバ、其自治體ノ依囑訓示ヲ受ケテ表決ヲ爲スベキ者ナレバ、即チ自治體ノ機關ニシテ國家ノ機關ニハアラズ。獨逸各邦中憲法制定ノ時ニ當リ、尚ホ此舊制議會ノ存立シタル所ニ於テハ、其基礎ニ由リ、立憲制ノ新議會ヲ組織シタル者アリシガ、佛國及ビ普國ニ於テハ、中央政府ノ權力ノ漸次盛大強固ナルニ及ンデ、舊制議會ハ、實際廢滅ニ屬シ、當時君主ハ、租稅徵集ニ付キテモ亦無制限ノ權ヲ有シタリ。然レバ佛國ニ於テハ、千六百十四年以來革命ノ時マデ、一回モ議會ヲ召集シタルコトナク。又普國ニ於テハ、現世紀ノ始ニ當リ、更ニ土地所有ヲ基礎トシ、各州ノ舊制議會ヲ復興召集シ、千八百四十七年ニ、各州議會ヲ聯合シ、中央議會ヲ組織シタリト雖モ、其翌年遂ニ之ヲ廢止シ、新ニ國民ノ選擧ヲ以テ成ル、議院ヲ召集スルニ至リタリ。

英國ニ於テハ、アングロサクソン王室時代ニ於テ、夙ニ議會アリシト雖モ、此レ亦貴族、高僧及ビ官職ヲ有スル者ヲ以テ成レル議會ニシテ、其議員ハ人民ノ選擧ニ由リテ人民ノ代表タル者ニアラズ、則チ亦タ現今ノ議會トハ、其基礎ヲ異ニセリ。案ズルニノルマン王ウイルリアムガ、英國ヲ略取シタルトキニ舊議會ハ廢滅シ、更ニ設立セシモノ、此レ國王顧問ノ議會ニシテ、其基礎亦前議會ト異ナルコトナカリシガ、此議會ヘハ、彼ノ著名ナル大憲章規定前ニ至リ、下級貴族ノ代表者ヲモ出シタルコトアリシト雖モ、始メテ市府ノ代表者ヲ召集シタルハ、千二百六十五年ノコトニシテ、爾後エドワルド第一世以來ハ、絶エズ各州各市府ノ代表者ヲ召集シタリ。然レドモ當時議會ノ性質ハ、尙ホ現今ノ議會トハ大ニ異ナル所アリ。即チ各州及ビ各市府ノ代表者ハ、其選擧人ノ委囑訓示ヲ受ケテ表決スル者ナレバ、未ダ以テ國民ヲ代表スト謂フベカラズ。斯クテ十五世紀ノ上半期ニ至リ、始メテ選擧人ノ委囑訓示ヲ受クルコ廢止ニ歸シ、漸次ニ國民代表者タルノ實擧ガリテ、其制度モ亦開進セリ。要スルニ歐洲大陸諸國ニ於テ、憲法ノ制定ニ由リ、一時ニ設置シタル代議ノ制ハ、英國ニ於テハ、舊制ノ議會ヨリ、漸次ニ數百年ノ沿革ヲ經テ進化完備シタル者ニシテ、上下兩院ヲ以テ議會ヲナスノ制モ、亦歷史的ニ成立シタル者ナリトス。

北米合衆國ニ於テ、當初憲法ヲ議定スルノ時ニ、一院ヲ以テ議會ヲナスト、二院ヲ以テ議會ヲナストノ可否得失ヲ討議シタリシガ、爾來此ノ議論ハ現今ニ至リ尙ホ一定セザルガ如シ。蓋シ此兩制ヲ可否スル者ノ意見甚ダ多ク、殆ド枚擧スルニ暇アラズ。中ニ就キテ最モ著シキ者ヲ列擧センニ、一院ヲ以テ議會ヲナスヲ可トスル者ノ曰ク、法律ハ國民ノ意思ヲ表出シタル者ナリ。國民ノ意思ハ一ナルベシ。然ルニ二院ヲ置キテ、二院共ニ同一ノ意思ヲ表センカ、二院ノ一ハ有リテ無要ナリ。若シ又之ニ反シテ、二院ガ各別ノ意思ヲ發スルトキハ、國民ノ意思ハ無效ニ屬スル者ナリ。又曰ク立法權ヲ二院ニテ分掌スルトキハ、最モ有益ノ改革ヲナスノ障礙トナルベシ。今議會ヲ一院ヨリ成ルトシ、其議員ノ總數六百ナリト假定セバ、法案ヲ廢棄スルニハ、尙ホ三百一ノ過半數ノ反對ヲ要スベシ。之ニ反シテ議會ハ二院ヨリ成ルトシ、二院ノ議員各〻三百名ナリトスレバ、畢竟法案ハ僅カニ百五十一ノ反對ヲ以テ廢棄セラルヽモノトナルベシ。又曰ク二院ヲ以テ議會ヲ組成スルトキハ、立法部內ニ爭議斷ユルコトナク、政治上緊急ノコトアルニ臨ミテ、大ニ國家ノ隆盛ヲ沮滯スル害ヲ生ズルコトアルベシ、次ニ二院制ヲ可トスル者、曰ク、立法權ヲ獨リ議會ノ掌握ニ歸スル國ニ於テハ、設シ議會ヲ一院ヲ以テ組成スルトキハ、其議會ハ無制限權ヲ有セン。勿論佛國及ビ北米合衆國ノ如キ共和政軆ニ於テモ、行政府能ク議會ヲ節制スルノ權ヲ有スト雖モ、未ダ之ヲ以テ十分ニ制限ノ効ヲナスニ足ラズ。既ニ制限ナキノ權力ハ、之ヲ一人ニ歸スルモ或ハ一箇ノ會議体ニ歸スルモ、齊シク壓制權トナルヲ免レザルベシ。況ンヤ政治上ノ激動甚ダシキ時ニ當リテハ、人々各十分ノ熟考ヲ施スニ遑ナク、最モ憂フベキ議決ヲナスコトアルベシ。且ツ一院ヲ以テ議會ヲ組成スルトキハ、有力ノ政事家一人ノ手ニ左右スル所トナルコト、之ヲ二院ヲ以テ組成スルモノニ比スレバ容易ナルベシ。此ノ如キ弊害ヲ制止スルニハ、二院ヲ以テ議會ヲ組成スルノ好手段トス。然ルトキハ、縱ヒ兩院ノ一ガ、一時ノ激動ニ由リ倉卒ニ議決ヲナスコトアリ。或ハ一人ノ左右スル所トナリ、疎漏ニ議決ヲナスコトアリト雖モ、他ノ一院能ク之ヲ制止スルヲ得ベシ。加之二院ヲ以テ議會ヲ組成スルトキハ、議院單獨ノ議決ト法律トノ差別ヲ明ニスルノ益アリ。又曰ク、凡テ立法制ヨリ作スノ變革ヲ、皆有益ノ者トナストキハ、二院制ハ固ヨリ有益ノ改革ヲ障礙スルコトアルベシト雖モ、改革ハ必ズシモ皆有益ノ者ニアラズ。因リテ二院ヲ以テ議會ヲ設クルトキハ、コノ有害ノ改革ヲ制止スルヲ得ベシ。又曰リ、兩院ノ爭議ハ或ハ立法事務ノ停滯ヲ來スコトアルベシト雖モ、苟モ愛國心アル議員ヲ以テ成ル議會ニ於テハ、斯カル争議ノ故ヲ以テ國家ノ大計ヲ誤ルノ甚ダシキニ至ラザルコト、之ヲ從來ノ事實ニ照シテ疑ナカルベシ。

然リ而シテ英國ニ於ケル二院ノ制ヲ察スルニ、此レ歴史的ニ成立シタル者ニシテ、初ヨリ右等ノ論理ニ由リテ制置シタル者ニアラズ。英國議會ハ、十三世紀ノ中頃マデハ貴族高僧ヲ以テ成リタリシモ、其後市府及ビ各州ノ代表者ヲモ召集シテ、齊シク此議會ニ參加シ會同ニ與カラシメシト雖モ、素ト貴族ト代議士トハ、其利害ヲ異ニシ、國政ニ對スル關係モ自ラ同ジカラザル所アルガ故ニ、已ニ十四世紀ノ始ニ於テ、分離集會ヲナシタルコトアリ。是レゾ二院制ノ胚胎ニシテ、遂ニ千三百七十七年ヲ以テ確然ト之ヲ分離シ、貴族院及ビ衆議院ヲナスニ至リタルモノナリ。斯クテ歐洲各國ガ憲法ヲ制定スルニ當リテ、大國ハ概ヲ二院制ヲ採用シタリ。北米合衆國憲法制定ノ當時ニ在リテハ、各邦中ニ未ダ二院ヲ置カザル者アリシガ、此亦尋デ二院制ヲ採ルニ至レリ。獨逸各邦モ、概シテ二院制ヲ用井、其一院ヲ以テ議會ヲナス者ハ小邦タルニ過ギズ。佛國ハ、革命以來憲法ノ變更頻々ナリシカバ、其革命ノ時期並ニ憲法變更ノ中間ニ於テコソ其制モ未定ナリケレ、其他ノ時期ハ常ニ二院ヲ置キタリ。現今我國及ビ英、佛、普各國、獨逸帝國及ビ北米合衆國ノ中、一院ヲ以テ議會ヲナス者ハ、唯ダ獨逸帝國アルノミ。凡ソ議會ヲ以テ國民ヲ代表スル所ノ國家機關トナスコトハ、歴史的成立ニ準據セル定説ナリトス。然ルニ論者中、或ハ曰ク、議會ノ一院ハ、國民ノ選擧スル所ノ議員ヲ以テ組成スト雖モ、國民又ハ選擧人ノ委囑訓示ヲ受ケテ、其職務ヲ行フ者ニアラズ。故ニ議會ハ、法理上人民ノ選擧ヲ以テ成立スル國家ノ機關ト看做スベキ者ナリト云フ者アリ。或ハ曰ク、議會ハ國民ヲ代表スル者ニシテ國家ノ機關ニアラズト云フ者アリ。或ハ曰ク、議會ハ君主ノ政務執行ノ爲メニ、設ケタル一箇ノ機關ナリトナス者アリト雖モ、要スルニ英國及ビ其他各國現今ノ議會ヲ通覽シ、其歴史的成立ヲ追跡スルニ、其議會ハ國民ヲ代表スル國家ノ機關トナスベキコト疑無シ。然レバ所謂議會ハ、國民ノ委囑訓示ヲ受ケテ、其職務ヲ行フ者ニアラズ。故ニ法理上國民ノ代表者ト爲スベカラズト云フ説ハ、歴史的成立ニ據ルノ説ニ戻レリ。又議會ハ君主ノ政務執行ノ爲メニ設ケタル機關トナスノ説モ、全ク憲法及ビ議會ノ歴史的成立ノ原則及ビ事實ヲ棄却シテ、議會ノ本躰ヲ以テ、特ニ私法ニ於テ進歩シタル古來ノ法理ヲ應用シテ、謾説シ去ラント試ムル者ナリトス。

我國及ビ英、佛、普及ビ北米合衆國現今ノ憲法ヲ案ズルニ、英國ニ於テハ、立法權ハ國王ト兩院ト共同シテ行フ者ナリトス。佛國及ビ北米合衆國ニ於テハ、立法權ハ、國老院ト衆議院トヲ以テ組成スル議會ノ專有スル所ニシテ、政府ノ之ニ參與スル所アリト雖モ、其權素ヨリ微少ニシテ、未ダ之ヲ以テ共同ニ立法權ヲ掌握スル者トナスヲ得ズ。普國ノ憲法ニ就キテハ、之ガ解釋者ノ中ニハ、其議會ハ立法ニ參與ノ機關ニシテ、全立法權ハ、君主ト議會ト共同シテ、行フ者ト爲ス者アリ。或ハ議會ハ立法ニ參與ノ機關タルニ相違ナケレドモ、唯ダ法律案ノ事項ヲ議決スルニ止マリテ、法律ノ効力ヲ確定スル者ニアラズ。故ニ立法權ヲ君主ト共同シテ、行フノ機關ト言ヒ難シト爲ス者アリ。我國憲法第五條及ビ第六條ニ據レバ、立法權ハ天皇ニ屬シ、議會ハ立法ニ參與スルノ機關ナリト雖モ、特ニ法律案ノ事項ヲ議決スルニ止マリテ、所謂法律ノ制定ハ獨リ裁可ニアリト云フ説ヲ採ル者ナリ。然リ而シテ立法權ハ、君主ト議會ト共同シテ行フト云ヘル説ト、議會ハ唯ダ法案ノ議決ニ止マルト云ヘル説トノ差異名義上ノミノ理論ニシテ、實際法律ハ裁可ト議決トノ合同ヲ以テ成ル者ニシテ、獨リ裁可ノミヲ以テ有効ノ法律ヲナスヲ得ザルヿ論ヲ待タズ。又議會ハ立法ノ外ニ尙ホ數種ノ職權アリ。中ニ就キテ最モ緊急ナル者ハ、即チ國計豫算ノ協贊ナリトス。歐米各國ノ憲法ニ由レバ、豫算モ亦法律タリト、ナセドモ、我國憲法ハ之ヲ法律ト區別スルガ故ニ、其職權ト立法參與ノ權トハ、別項トナシテ論ズルヲ適當トス。次ニ議會ガ一般ニ行政ヲ監視スルノ權モ、亦各國憲法ノ認ムル所ニシテ、我國憲法及ビ議院法ニ於テ、規定スル上奏、建議質問及ビ請願ノ受理ヲ得ルノ權ハ、正ニ行政ヲ監視スルノ一便法ナリトス。今一々此ニ列記セズ。以下各條ニ於テ處ニ隨ッテ之ヲ論述スベシ。

貴族院及ビ國老院

今ヲ距ルコト凡ソ八百年前、英國ニ於テ中央ノ參政權ヲ有スル者ハ、貴族及ビ高僧ニシテ、當時只ダ一箇ノ議院ハ全ク此二元素ヨリ成リタリ。其後十三世紀ニ至リ、已ニ前章ニ述ベタル如ク、始メテ衆議院ヲ成シ、以來數百年ヲ經、漸次ニ其組織ニモ幾許ノ沿革ヲ生シ、前二元素ノ權力大ニ減少シタリト雖モ、現今尙ホ貴族及ビ高僧ノミヲ以テ成ル議院ノ制ハ、依然トシテ繼續セリ。即チ現今ノ英國上院是ナリ。此議院ハ第一成年ノ親王及ビ英倫世襲貴族ニシテ、世襲議員タル者、第二、蘇格蘭ノ世襲貴族中ヨリ選擧セラル、議員ニシテ、其改選期ハ下院議員ノ改選ト同一ナル者、第三、愛爾蘭貴族中ヨリ選擧セラル、終身議員、第四、終身貴族ニシテ一定ノ官職ヲ有スル間議員タル者、即チ大僧正、僧正及ビ三名ノ司法官ヲ以テ組成セリ。而シテ議員ノ總數ハ五百有餘名アリト雖モ、親王數名、蘇格蘭貴族ヨリ選擧ノ議員十六名、愛爾蘭貴族ヨリ選擧ノ議員二十八名、及ビ大僧正三名、僧正二十四名、司法官三名ヲ除キ、其餘ハ皆世襲貴族ノ世襲議員タリトス。此ノ如ク英國貴族院ハ、全ク貴族ノミヲ以テ組成スルコトハ、英國特有ノ歴史的成績ニ由來スル者タリ。次ニ獨逸各邦貴族院ハ、其摸範ヲ英國ニ取リ組織シタル者ニシテ、其主トスル所ハ貴族ナリト雖モ、獨リ此族ニ限ラザルヲ通則トス。現今普國貴族院制ハ、千八百五十三年ニ制定シタル法律ノ全權ニ基キ、勅令ヲ以テ規定シタル者ニシテ、成年以上ノ親王、世襲貴族ノ世襲議員、及ビ國王敕任ノ終身議員ヲ以テ組成ス。但シ終身議員ニ勅任セラル、者ハ、第一、普國四大宮廷官、是ハ名譽ニシテ一定ノ職務アラザル者ナリ。第二、特ニ國王ノ親任スル者、第三、薦名權ヲ有スル者ノ薦名ニ由ル者是ナリ。凡ソ薦名權ヲ有スル者ニ六種アリ即チ三箇ノ僧門貴族、各州伯族組合、廣大ナル土地ヲ有スル門族、五十年以上一家特有ノ相續規定ニ由リ男子繼承セル因襲堅固ナル土地所有者ノ組合、大學、大都府是ナリ。即チ僧門貴族ハ、其族中ヨリ薦名シ、大學ニ於テハ、其評議員正教授ノ中ヲ薦名シ市府ニ於テハ、參事會ヨリ其會員中ヲ薦名シ、若シ參事會無ケレバ、市ヲ代表スル者ヨリ其市廳僚員中ヨリ薦名シ、其他廣大ナル土地所有ノ門族、及ビ組合等亦各其門族組合員中ノ者ヲ薦名セリ。普國貴族院ハ其全躰ニ就キテ觀ルトキハ、大ニ我國ノ貴族院ニ類似スル所アリ。但其相同シカラズト爲スハ、普國ニ於テハ自治躰ニ薦名權ヲ與フルト雖モ、我國貴族院令ニハ凡テ此ノ如キ權ヲ自治躰ニ與フルコトナク又普國ニ於テハ專ラ土地ノ所有ヲ以テ基礎トナスト雖モ、我國ニ於テハ土地所有幷ニ工商營業者ノ直接國税ヲ基礎トシ、之ニ薦名權ヲ與フルナリ。此ノ二事ハ、即チ兩國貴族院ノ組織ニ關スル著シキ差異ナリトス。

我國貴族院ノ組織ハ、憲法第三十四條ノ明文ニ由リ、敕令ヲ以テ制定スルコト、猶ホ普國ニ於テ法律ノ規條ニ由リ勅令ヲ以テ制定スルニ類似スト雖モ、此兩勅令、即チ我國ノ貴族院令ト普國ノ貴族院令トハ、全ク其法律ニ對スル關係ヲ異ニセリ。蓋シ普國ノ貴族院令ハ、法律ノ全權ニ基キ制定シタル者ニシテ、後來單ニ勅令ヲ以テ變更スベキ者ニ非ズ。之ヲ變更スルニハ、必ズ法律ヲ以テスルヲ要セリ、之ニ反シテ我國貴族院ハ、勅令ヲ以テ定ムベシト、憲法ニ於テ規定スルガ故ニ、貴族院制ハ、始終勅令ヲ以テ、制定改正スベキ者ニシテ、法律ヲ以テ之ヲ制定改正スルヲ得ズ。但シ貴族院令第十三條ニ、將來此ノ勅令ノ條項ヲ改正シ、又ハ增補スルトキハ貴族院ノ議決ヲ經ベシト定ムルガ故ニ、此貴族院令ハ、一般ノ勅令ト同ジカラズト雖モ、尙ホ兩院ヲ以テ組成スル議會ノ協贊ヲ經テ、制定スル法律ト同ジカラズ。便チ兩院ノ中、一院ノ議決ヲ經テ定ムル者タレバ、未ダ以テ此ヲ法律ト同樣ノ效力ヲ有スル者ト看做スベラズ。已ニ法律ニアラザレバ、貴族院令ニ於テ、他ノ法律ニ變更ヲ生ズベキ規定ヲ設クルヲ得ザルコト明ナリ。我國貴族院令ニ由レバ、其議院ハ、第一、皇族男子成年以上ノ者、第二、公侯爵ヲ有スル世襲議員、第三、伯子男爵者ノ選擧ニ由リ、各其同爵ノ中ヨリ七箇年ノ任期ヲ以テ議員ニ上ル者、但シ選擧ヲ受クル議員ノ數ハ、伯子男爵各總數ノ五分ノ一以內タルベシトス。第四、國家ニ勳勞アリ、又ハ學識アル者ノ中ヨリ、特ニ勅任スル終身議員、第五、各府縣ニ於テ土地或ハ工業商業ヨリ多額ノ直接國税ヲ納ムル者、十五人ノ中ニ就キテ一人ヲ互選シ、七箇年ノ期限ヲ以テ勅任セラレタル議員ヲ以テ成レリ。但シ第四種及ビ第五種ノ議員總數ハ、有爵議員ノ總數ニ超過スルヲ許サズ。佛國及ビ北米合衆國ノ國老院ハ、共ニ復選法ヲ以テ選擧スル所ノ議員ヲ以テ組成ス。即チ佛國ニ於テハ、國老院ノ議員ハ、各縣及ビ殖民地ノ首府ニ開設スル選擧會ノ選擧スル所トス。此選擧會ハ、衆議院ノ議員、縣會議員、郡會議員、及ビ各市町村ニ於テ其市町村內ノ選擧權ヲ有スル者ガ、市町村會ノ選擧ニ由リ委員トナル者ヲ以テ組成ス。凡ソ各縣ヨリ選出スベキ議員ノ數ハ、二箇ノ例外ヲ除キ、他ハ渾テ人口ノ多少ニ由リ二名乃至十名トシ、殖民地ヨリハ、各一名ヲ選擧スルヲ規定トス。北米合衆國ノ國老院議員ハ、各邦議員ノ選擧スル所ニシテ、各邦ハ其大小ニ關セズ、各二名ノ議員ヲ選擧スベキ者トシ、而シテ其任期ハ六ケ年ニシテ、二ケ年毎ニ全數三分ノ一ヲ改選スベシトス。但シ改選ノ順次ハ、始メテ議會ヲ召集シタル時ノ前後ノ定ニ由ル。佛國國老院ノ議員ノ任期ハ九ケ年ニシテ、三ケ年毎ニ其全數三分ノ一ヲ改選ス。改選ノ順次ハ千八百七十六年抽籤ヲ以テ定メタル例ニ由ル。

貴族院及ビ國老院議員ノ資格

議員ノ資格ニ就キテモ亦、各國互ニ多少ノ差異アリト雖モ。必ズ本國ノ國民タルヲ以テ須要ト爲ス事ハ、我國及ビ英、佛、普各國通ジテ動カスベカラザルノ原則トス。即チ英國貴族院議員ハ、英國臣民ニシテ成年以上ノ者タルヲ要シ、身代限ノ者、重罪ノ刑ニ處セラレ、未ダ其罰ヲ經過セザル者、及ビ議院ノ彈劾ニ由リ、上院議員ノ資格ヲ褫奪セラレタル者ハ議員タルヲ得ズ。普國貴族院ノ議員ハ普國民ニシテ本國ニ住居シ、滿卅歳以上ニシテ、國民ノ權利ヲ全有スル者トス。佛國國老院議員ハ、滿四十歳以上ノ佛國民ニシテ、私權公權ヲ全有スル者トシ、且ツ下院ノ議員タルノ資格ヲ有セザル者モ亦國老院議員タルヲ得ズ。此他佛國國老院議員ノ資格ニハ、尚ホ多少ノ制限アリト雖モ、後章衆議院議員資格ノ部ニ於テ述ブベケレバ、此ニ之ヲ記セズ。北米合衆國憲法ニ據レバ、國老院議員ハ滿三十歳以上ニシテ、九年以來合衆國民トナリ、住居ヲ選擧セラルヽ邦内ニ定ムル者トス。我國貴族院令ニ據ルニ、議員年齡ノ制限ハ貴族ト否ラザル者トニ由リテ差別シ、即チ貴族ノ議員ハ滿二十五歳以上トシ勅選ノ議員ハ滿三十歳以上トス。而シテ議員ニシテ禁錮以上ノ刑ニ觸レ、又ハ身代限ノ處分ヲ受ケタル爲メ、勅令ヲ以テ除名セラレタル者及ビ貴族院ノ懲罰ニ由リ勅裁ヲ經テ除名セラレタル者ハ、更ニ勅許アルニ非ザレバ、再ビ議員トナルコトヲ得ザル者トス。以上ニ述ブル如ク、君主國ニ於テハ、貴族院ヲ組成スルニ、獨リ貴族ノミヲ以テスルト否ラザルトノ差異アリト雖モ、要スルニ、其貴族院ニハ或等級ノ人民或ハ此等人民ノ選擧スル所ノ者ヲ以テ充タシテ、國民全躰ノ中ヨリ選擧スル所ノ議院ヲ以テ充タサザルヲ通規トシ、之ニ反シテ共和制ナル佛、米兩國ニ於テハ、國老院ハ、衆議院ト均シク、國民全躰ノ内ヨリ選擧スル所ノ議院ヲ以テ組成スルヲ定則トス。然レドモ其組織及ビ議員選擧ノ方法ヲ較々衆議院ト相異ニスルガ故ニ、自然ニ衆議院ニハ特別ノ性質ヲ有セリ。即チ議員ノ年齡ノ制限ヲ高クスルヿ、複選ヲ用ヰルコト、任期ノ長キコト、及ビ全員ヲ一時ニ改選スルコトノ如キ、皆國老院ハ衆議院ニ比スレバ保守着實ノ性質ヲ涵養スルノ躰ヲ存セリ。

第八　憲法ノ通俗解釋法

汎ク憲法ト稱スル時ハ、唯ダ成文憲法ノ條章ノミヲ指スト思フ可カラズ。尋常法律ヲ以テ明定スルコト、或ハ慣習例規ニ至ルマデ、苟モ國家統治權運用ノ綱領ヲ規定シ、其性質ノ正シク憲法ニ屬スベキ者ハ、皆之ヲ總合スルコトナリ。故ニ今此ニ憲法ノ通俗解釋ト云フモ、其憲法ニ入ルベキ條規ノ中ニ於テ、其性質ノ法ト稱スベキ者ノ法理ヲ解明スルヲ專ラトセズ、彼ノ慣習例規ニシテ、法律的ノ條規ト稱スベカラザル者ヲモ通釋シテ、汎ク憲法ノ法理及ビ其政治上ノ効用ヲ論述スルコトナリ。法理ノミノ純釋ト所謂通俗解釋トノ間ニハ、互ニ得失優劣無キ能ハズ。然ルニ今憲法ノ法理ト政理トヲ合論スル時ハ右二者ヲ混同シテ區別シ難キノ失アルガ故ニ、憲法ノ法理ノミヲ專ラ明ニスルニハ、其純釋方ニ由ルニ如クハナシト雖モ、憲法全躰ノ實際運用ヲ知ルニハ、通俗解釋ヲ以テ優レリトス。例ヘバ英國憲法ハ、漸次ニ成立完備シタル者ニシテ、即チ其一部ハ慣習例規ニ係リ、原來ノ法ト稱スベキ者ニアラザレドモ、此慣習例規中ニシテ、却テ政府ノ權ヲ制限スベキ要件モ頗ル多ニ居レリ。故ニ若シ英國憲法ノ條規中、唯ダ法ト稱スベキ者ノ法理ヲ純釋スルノミニテハ、英國憲法ノ完備スル所以、及ビ其運用ノ微妙藴旨ヲ知ルベカラズ。歐陸及ビ北米合衆國ノ憲法ハ、我帝國憲法ト均シク、主トシテ成文ノ條章ヲ以テ成リ、慣習ニ係ルノ例規之ヲ英國ニ比スレバ、甚ダ少シト雖モ、尙ホ且ツ憲法成文ヲ解明スルニ當リテハ單ニ法理ノ純釋ニ局限スルアラバ、以テ憲法全躰ノ運用ノ實況ヲ了知スベカラズ。而シテ、今ヤ通俗解釋ニ於テハ、憲法ノ法理ニノミ局限セズ、併セテ政治上實際ノ運用ニ論及スベシト雖モ、固ヨリ法理ト政理トハ、截然二者ニ種別シ、其相互ニ限制シ或ハ合同シテ動作スルノ實況ヲ判明ニ解示シ、决シテ混同曖昧ナラシムベカラザルナリ。

次ニ又通俗解釋ニ於テハ、各國憲法ニ普通ノ原則アルコト、及ビ其起原沿革ヲ詳ニスルヲ要ス。蓋シ此普通ノ原則ハ、多クハ其起原ヲ一ニシ、則チ其起原沿革ヲ詳ニスルニ因リテ、原則ノ意義自ラ釋然タル者ナリ。故ニ原則ノ意義ヲ解釋スルニ、起原沿革ニ由ラズ自家ノ法理論ヲ以テ簡單ニ說キ去ルガ如キハ、决シテ通俗解釋法ノ採ル所ニアラズ。抑所謂立憲制ノ憲法ハ、英國ニ於テ漸次ニ萠芽シ、北米合衆國ノ憲法制定及ビ佛國第一革命前、已ニ頗ル完備ノ度ニ達シ居レル者ニシテ、始メテ之ヲ歐陸ニ唱道シ、英國憲法ノ微妙ヲ贊稱論述シ、以テ廣ク各國ノ人民ニ知ラシメタルハ實ニ佛人モンテスキウ氏ナリトス。但シ佛國第一革命ノ時ニ際シテハ、ルーソー氏民約篇ノ勢力强盛ナリシカバ、モンテスキウ氏ガ、憲法論ノ影響ハ、左マデ大ナラザリシト雖モ、爾後ノ憲法制定ノ時ニ於テハ、氏ノ英國憲法ヲ根據シタル憲法論、大ニ勢力ヲ領有シタルコトハ、事實ニ徵シテ甚ダ明ナリ。又佛國各種憲法ノ中ニ於テ、獨逸各國憲法制定ニ最大勢力ヲ與ヘタル者ハ、ルイ十八世ノ欽定憲法ニシテ、其立案ノ精神及ビ細目ハ、固ヨリ英國憲法ト大ニ異ナル所アリト雖モ、其體面外貌ニ至リテハ、英國憲法ニ摸倣シタル者多シトナス。而シテ此憲法ニ於テ、實ニ君主ハ國家統治權ヲ總攬スル者ト爲シ、國權歸一ノ主義ヲ採リタリ。斯クテ南獨逸ノ諸國ハ、直ニ此欽定憲法ヲ摸範トシテ、其憲法ヲ制定シタレドモ、佛國第二革命後及ビ第三革命ノ時ニ際シテ、憲法ヲ制定シタル所ノ邦國、特ニ普、墺兩國ノ如キハ、ベルギー國憲法ヲ準據トシテ、其憲法ヲ制定セリ。然ルニベルギー憲法ハ、原來主トシテ佛國憲法ニ則リテ制定シタル者ナレバ、其源ハ依然一ナリトス。此ノ如ク乙國ハ甲國憲法ヲ摸範トシ、丙國ハ、乙國憲法ヲ參照シ、各自ニ其憲法ヲ制定シタルヲ以テ其原則タルヤ各國ニ普通ナルアリ、或ハ數箇國ニ普通ナル者アリ、或ハ唯ダ甲、乙兩國ニ普通ナル者アリテ、畢竟此等普通ノ原則ハ、一ノ淵源ヨリ出ヅルニ過ギザルヲ以テ、其起因及ビ沿革ノ了解ハ、其意義ノ解明ニ缺クベカラザルコト甚ダ多シトス。我國憲法ハ、歐洲各國中唯ダ一ケ國ノ憲法ヲ摸範トシテ制定シタル者ニアラズ。況ク英、佛、獨各國憲法及ビ憲法ニ關スル學説ヲ參照折衷シテ、設ケタルコト疑フベキニアラズ。故ニ我國憲法ノ條項ヲ解釋スルニハ、須ク廣ク彼各國憲法ノ條項、例規ヲ參照シ、諸種學説ヲ對比シテ説ヲ爲ス時ハ、庶幾ハ偏僻固陋ノ見解ニ陷ルヲ免レンカ。之ニ反シテ唯ダ一箇人ノ學説ヲ信守シ、或ハ一ケ國ノ憲法ヲ根基トシ、或ハ自己ノ法理論ヲ準據トシ、各條ノ意義ヲ簡單ニ説キ去リ、而カモ解明シ難キ者ハ、之ヲ無用ノ規定ト爲シテ度外ニ置クガ如キハ、憲法通俗解釋ヲ於テ、最モ人ヲ誤ランコトヲ恐ルヽ所ナリ。

以上述ベタル如ク、我國憲法ヲ解釋スルニ當リテハ、歐洲各國ノ憲法及ビ諸種學説ヲ參照スルヲ要用トスト雖モ、是固ヨリ通俗解釋ノ一適法ト爲スニ過ギズ。凡テ一國家ヲ爲ス者ハ、各々固有ノ國躰及ビ其他歴史的成立ノ特性ヲ有スルコト當然ナレバ、強ヒテ他例ニ據ルベキニ非ズ。彼ノ革命ノ騷亂ニ際シ、摸範ヲ一ニ他國ニ取リテ倉卒ニ憲法ヲ制定シタル國柄ト雖モ、尚ホ彼我相比スレバ、著シキ差違ヲ爲スコト常ナルノミニアラズ、言語上同一ノ規定ノ如ク見ヱテ、其實却テ意義自ラ異ナル者アリ。蓋シ各國固有ノ國體及ビ其國歷史的特性コソ、即チ此差違ヲ生ゼシムル原力ノ主タル者ナレ。我國成文憲法ハ、歐洲各國ガ革命騷亂ノ餘勢ニ强壓セラレテ、制定シタル憲法ノ比ニアラズシテ、神皇建國以來、固有ノ國躰及ビ歷史的成立ノ特性ヲ基礎トシテ制定シタル者ナルガ故ニ、之ヲ解釋スルニハ、歷史的ノ事實ヲ參考セザルベカラザルヿ固ヨリ多辯ヲ要セズト雖ドモ、既ニ成文憲法ノ解釋ト云ヘバ、憲法ノ條章ヲ説明スルヲ主トナスベシ。既ニ其條章ヲ説明スルヲ主トセバ、其文句言語ノ意義ヲ本據ト爲スベキコト當然ニシテ、是レ遺却スベカラザル所ナリ。夫レ歷史的事實、外國憲法ノ法理學説等ハ、一トシテ參考ノ供資ニ非ザルハナク、就中歷史的ノ事實及ビ憲法制定史ノ如キハ、最モ解釋ニ必要ナリトナセドモ、然レドモ是レ亦タ畢竟憲法條章ノ不備ヲ補修シ、意義ノ説明ヲ氷解セシムル媒助タルニ過ギズト爲スベキノミ。要スルニ成文憲法ヲ解釋スルニ當リテハ、主客ノ地位ヲ轉倒スベカラズ。則チ憲法ノ文句言語ハ主ニシテ、歷史的事實、學説等ハ客タルヲ了スベシ。然ルニ條章ノ文句言語ヲ根本トナサズ、反テ歴史的事實、學説或ハ一箇ノ外國憲法ヲ以テ本據トナシ、漫リニ解釋ヲ下シテ、憲法條章ノ意義ヲ左右スル如キハ、是レ一家ノ憲法私論或ハ憲法私評ト稱スベシト雖モ、決シテ憲法ノ正解ト稱スルヲ得ベキニアラザナリ。然リ而シテ憲法條章ノ文句言語ハ宜シク普通用ノ意義ヲ以テ解スベシ。普通ノ意義ヲ以テ明ニ解示セラルベキ者ヲ故ラニ特別ノ意義ヲ以テ解スルノ必要ナシ。而シテ其意義、特ニ法律ニ普通ニ用井ル者ナラバ之ヲ採ル愈々可ナリ。其普通ノ意義ヲ以テ、解釋シ得ベカラザルモノアルニ至リテ、方ニ立法者特別ノ用方ヲ探究スベシ。又一字一句ヲ分離異別ニ解スベカラズ。同言語ハ各所必ズシモ同意義ニ於テ用井ラルルモノト視ル可ラズ。全條ノ前後ヲ參照シ、遭際ニ應ヲテ解ヲ下スベシ。而シテ各條ハ、全章總躰ノ條項ヲ參照シテ解釋シ、各章ハ憲法總躰ノ條項ト照合シテ解釋スベシ。蓋シ憲法ハ各條各章ヲ總合シテ正ニ一箇ノ法書ヲ爲ス者ナルガ故ニ、各條各章ノ間ニ相反戻齟齬スル意義ヲ含マシムカラズ。又不用目的ナキ言語文句アリト爲シテ、其草畧ニナスベカラズ。乃チ以上ハ、成文憲法條章言語、文句ヲ解釋スル通則トナスベキ者ニシテ、諸條章、皆此通則ニ由リテ解釋シ得ラルベキ者ナルトキハ、今故ラニ或ル學説等ニ準據シ、所謂條章言語文句ノ普通用ノ意義ヲ棄テ、、特異ノ解釋ヲ構造スベキ理由ナキニ非ズヤ。然レドモ言語文句上ノミノ解釋ニテ、意義尚ホ明ナラズ、充分ノ要領ヲ得ザル時ハ、更ニ立法者ノ意思ニ立入リテ其言露シタル本旨ノ何處ニ在ルカヲ探求スベシ。我國ノ憲法ハ、欽定ニシテ憲法ト憲法緒言及ビ發布文ハ即チ立法者ノ意思理由ヲ求ムベキ最屈竟ノ者ナリ。若シ此兩勅語ト、歷史的ノ事實ト相比シテ反對スルコトアルヲ査出セバ、歷史的事實ヲバ廢棄シタル者トシテ專ラ勅語ノ意思ヲ採ラザルベカラズ。倘シ又二樣ノ解釋ヲ下シ得ルアラバ、就中、精確ノ目的アル者ヲ擇ブベキハ、固ヨリ論ヲ待タズ。以上ノ方法ニ由ルモ、尙ホ意義糢糊トシテ十分ノ結果ヲ得ズンバ、更ニ歷史的ノ事實、學説及ビ各國憲法條項ノ意義ヲ參照シテ、補充解明スベシ。特ニ歷史的事實ニ由ルヲ緊要トスルコトハ、我國憲法制定ノ事跡ニ於テ著然タリトス。

以上ノ方法ニ依ラズ、或ハ自家獨見ノ法理説、或ハ一箇ノ外國憲法、或ハ歷史的ノ事實ヲ論據トシ、此論據ニ符合セザルアル時ハ、一概ニ此ハ內規ナリ、此ハ法律ノ言語ニアラザルナリ云々ト論ジ去リ、獨リ我見解ニ符合スル條項ノミニ、重ヲ歸スルガ如キ解釋ヲ下スアラバ、何程ノ名説卓論ト雖モ、之ヲ通俗解釋ト稱スベカラズ。斯ノ如キハ、自家私見ノ憲法論或ハ大日本帝國憲法私評ノ名目ヲ付スベキノミ。例ヘバ彼レ主權論ヲ本據ト爲サンニ、法理上ニハ主權ヲ以テ無制限ト爲スベキノミナルガ故ニ、現憲法ノ正條ニ、此憲法ノ條規ニ依リ之ヲ行フ。又曰ク、將來憲法ノ條項ヲ改正スルノ必要アルトキハ、勅令ヲ以テ議案ヲ帝國議會ノ議ニ付スベシ。此場合ニ於テ、兩議院ハ、各其總員三分ノ二以上出席スルニ非ザレバ議事ヲ開クコトヲ得ズ。出席議員三分ノ二以上ノ多數ヲ得ルニ非ザレバ、改正ノ議決ヲ爲スコトヲ得ズト。此レ憲法、即チ國家至高ノ法律ヲ改正スルノ規定ニシテ、爾來此規定ニ由ラザレバ、憲法ノ條項ヲ改正スルヲ得ザルコト明ニシテ、此レ條項中最モ著シキ例證ヲ擧示セルモノナルガ、此憲法ノ條項ノ制限ヲ具フルコトハ、憲法緒言及ビ發布文ヲ參照セバ、自ラ明白ナリト雖モ、尙ホ之ヲシモ制限ニアラズト爲セバ、憲法ノ條項中或者ハ內規ト爲シ、或ハ法律的ノ條規ニアラズ、或ハ不用ノ規定ナリ云々ト爲サヾルヲ得ザルノ論結ヲ生ズベシ。夫レ憲法ノ條項ニ、此ノ如キ區別ヲ立ツルガ如キハ、自家私見ノ主權論ヲ標準ト爲シテ、妄リニ憲法ノ條項ヲ評論スル者ト謂フベク之テ解釋ト稱スベカラザルニ非ズヤ。

今通俗ノ解釋ニ由レバ、左ノ二法アルノミ。其一、憲法ヲ以テ一種ノ法律ト爲シ、其條章ノ意義ハ、主權ノ運用ニ制限ヲ爲ス者トスベク、而シテ臣民ハ、主權ノ運用ニ參與スルノ權ヲ惠賜セラレタル者ニシテ、法理上ヨリ見ルトキハ、完全ナル主權ノ運用ハ天皇ノ大權ニ臣民ノ參與權ヲ副加シテ成ル者タリ。然レドモ、大權ヲ總攬シ玉フ聖意ニハ臣民服從スベキナリ。故ニ政理上ヨリ見ルトキハ、無制限ノ主權天皇ニアリト爲スベシ。其二、法律上主植ニ制限ナシトセン乎、憲法ハ法律ニアラズシテ政治上ノ一規則トナル。然ルトキハ、憲法條章ノ言語ハ、法理上普通ノ意義ニ於テ解スルヲ得ズ。若シ然ラズシテ、既ニ憲法ヲ以テ法律トナセバ、法律ノ條項規定中ニ、法律ノ條項規定ニアラザル者ト、否ザル等トヲ區別スルノ不都合ヲ生ズベキナリ。

憲法上、君主大權ノ條欵ニ制裁ナシ。故ニ大權ニ制限ナシト爲ス者アリト雖モ、君主ガ主權ヲ有スルト爲ス國ノミナラズ、主權國會ニアリト爲ス國ニ於テモ、亦其君主ノ憲法規定ニ違背スル行爲ニ就キテハ、槪シテ制裁ヲ付スルヲ得ズ。獨リ其行爲ノ法律上効力ヲ有セザルト云フヲ以テ、憲法上特別ノ制裁ト爲スナリ。但シ此事ハ、後日論述スルコトアルベシ。

第九　英米佛普各國彈劾ニ就テノ俗話

抑彈劾トハ、一國官吏ノ職權ニ關シ、犯罪アルニ當リ、衆議院ノ起訴ヲ領シ、上院之ヲ訊問裁判シ、又ハ衆議院若シクハ上院ノ起訴ヲ領シ、高等裁判所之ヲ訊問裁判スルヲ云フ。案ズルニ彈劾ノ制ハ、昔時英國エドワルド第三世ノ朝ニ設定シタルヲ其創始トナスベク、其レヨリ漸次ニ進修シタル者ニシテ、佛、米、普各國ノ如キハ、皆後代直接或ハ間接ニ之ニ模倣シ、其原則ヲ憲法上ニ規定スルニ至レルナリ。故ニ其節目ノ如キ、亦多少ノ差異アリトス。蓋シ英國ニ於ケル彈劾ノ制ハ、往昔未ダ行政司法ノ區別判然タラズ。法治ノ機關未ダ具備セズ。從ツテ政府ト議會トノ間ニ、憲法上ノ爭議絶エザル時ニ當リ、議會ガ政府ノ擧措ヲ監視スルノ具ニ、最適切ナル便法トナシタリト雖モ、既ニ法衙ノ組織完備シ、其權力確定シ、代議政體ノ制モ亦開進シ、內閣ハ衆議院ニ於テ多數ヲ占有スル黨派ノ首領、之ヲ組成スルノ慣習ヲナスニ至リテハ、國家ノ政權ヲ掌握スル官吏ガ憲法及ビ法律ニ違背スルノ非擧ニ出ヅルコト甚ダ稀ニシテ、縱ヒ政府ニ其過錯アリトモ、議會ガ之ヲ監視スルニハ、通常建議、上奏、質問、不信任ノ表決等ノ手段ニ由ルガ故ニ、彈劾ノ制ハ、實際其功用ヲ減ズルニ至リタリ。去レバ千六百二十一年以來ノ彈劾ノ數ハ、合計五十四度餘ナリシト雖モ、百年前ヨリハ、唯ダ二回ノ彈劾アリシニ過ギズ、而シテ八十年前ヨリハ、一回モ彈劾ヲ實施シタルコトナシト云フ。此ノ如ク英國ニ於テハ、久シク彈劾ノ事、虛器ニ屬シタリト雖モ敢テ之ヲ廢止シタル者ニアラズ。之ヲ適用スル必要ノ場合ヲ生ズルコトナキガ爲メナリ。北米合衆國憲法ハ、三權分離ノ原則ヲ嚴重ニ採用セリト雖モ、尙ホ官吏彈劾ノ權ハ、議會ニ屬セリ。然レドモ議會ガ此權ニヨリテ官吏ヲ彈劾スルモ、只ダ其免職及ビ將來官吏タルノ資格ヲ褫奪スルニ止マリ、其他ノ刑罰ヲ科スルヲ得ズ。故ニ其彈劾ハ、司法職權上、之ヲ行フ者トナスヲ得ズ。

佛國現行憲法ハ、其第十二條ニ於テ、彈劾ノコトヲ明揭シ、而シテ其手續ハ、別法ヲ以テ之ヲ規定スベシトナシタレドモ、爾來未ダ此法律ヲ制定スルニ至ラズ、只ダ彈劾ハ舊例ニ準據シテ行フヲ得ベキモノタリ。普國憲法モ其第三十一條ニ於テ、議院ガ大臣ヲ彈劾スルノ權ヲ確定シ、而シテ大臣ハ如何ナル場合ニ責任ヲ有スルカ、幷ニ彈劾ノ手續、及ビ刑罰ノコトハ別法ヲ以テ之ヲ規定スベシトナスト雖モ、此レ亦爾來未ダ其法律ヲ制定スルニ至ラズ。然ルニ該國ニハ彈劾ノ舊例ナキガ故ニ、法律ヲ確定スル迄ハ、實際彈劾ハ行フヲ得ズト論ズルモノアリ。或ハ法律ヲ確定セザルモ彈劾ハ刑法、治罪法ノ原則ニヨリ、之ヲナスヲ得ベシト云フモノアリ。獨逸帝國ノ憲法モ亦大臣責任ノ原則ヲ取リ、帝ガ帝國ノ名ニ於テ發スル勅令ニ效力ヲ有セシムル爲メ、大宰相ノ副署ヲ要シ、大宰相ハ、即チ其責ニ任ズベシト規定セリト雖モ、獨リ彈劾ノコトニ至リテハ、曾テ規定スル所無キガ故ニ、獨逸帝國憲法ハ、議院ノ彈劾權ヲ認メザルモノト云フベシ、凡ソ彈劾起訴ハ、英、佛、兩國、及ビ北米合衆國ニ於テハ、衆議院ノ獨リ掌理スル所ナリト雖モ、之ニ反シテ普國憲法ニヨレバ、貴族院及ビ衆議院共ニ起訴スルヲ得、又兩院各別ニ起訴スルヲ得ベシト定メタリ。訊問及ビ裁判ハ、英、佛兩國及ビ北米合衆國ニ於テハ、上院ノ管掌ニ屬シ、普國ニ於テハ、殊ニ之ヲ貴族院ニ屬セズシテ、普國高等法衙ノ掌ルベキ所トナス。英國ニ於テハ、被告ニ立ツノ人ハ、或ハ大臣ナルト、或ハ國家ノ政權ヲ分任シ、顯要ノ地位ヲ有スル者、貴族ト平民トヲ論ゼズ、皆下院ノ起訴ニ應ジ、上院ノ裁判訊問ニ服スベシトナス。佛國現行憲法ニ據レバ、大統領ニ於テハ、獨リ其大逆罪ナル時、大臣ニ於テハ、凡テ其職權ヲ行フニ際シ、重罪ヲ犯シタル時、衆議院ノ起訴ニ由リ、上院之ヲ訊問裁判スルモノトス。但シ大臣以下ノ官吏及ビ其他一般ノ人民ニ關シテハ、國家ノ安寧ニ對スル犯罪ナル時ニモ、亦尋常法衙ノ管轄ニ屬スルヲ通則トナス。然レドモ、時ニ或ハ勅令ヲ以テ、上院即チ國老院ヘ裁判權ヲ與フルコトヲ得可シ。北米合衆國ニ於テハ、凡テ文官ニ就キテハ、其地位ノ高下ヲ論ゼズ、衆議院之ヲ起訴スルヲ得。但シ此ニ文官ト云フハ、行政官及ビ法官ヲ總稱スルモノニシテ、兩院ノ議員ハ其中ニ包括セズ。故ニ往昔千七百九十九年ニ方リ、國老院ノ一議員某ニ罪アリトテ、衆議院ガ起訴シタルコトアリシニ、當時國老院ハ、凡テ兩院ノ議員ハ、職權罪ニ付キ起訴セラルベキ官吏ト看做スベカラズト主張シ、遂ニ該訴訟ヲ棄却スルニ至レリ。起訴及ビ裁判ノ手續ハ、別法ヲ以テ之ヲ規定スベシト明示シナガラ、倘ホ未ダ之ヲ制定スルニ至ラズシテ、特ニ據ルベキモノハ、彼千八百三十年チヤールス第十世ノ、諸大臣彈劾ノ舊例ヲ以テ、最モ著シキモノトナスガ故ニ、其手續ハ、又英國及ビ北米合衆國ト大體同一ナリトス。次ニ彈劾ノ目的トナス犯罪ハ、英國ニ於テハ唯ダ憲法及ビ法律違背ノ職務罪ニ止マラズ、既ニ千六百七十八年、某官ヲ彈劾シタル例ヲ以テスレバ、凡ソ國政ヲ掌握スル官吏ハ、政治上ノ行爲ノ正實有益ナルベキコトニ付キ、責任ヲ負フコト勿論ナルガ故ニ、現實憲法及ビ法律ニ違背セズトモ、其行爲ニシテ不正實、且ツ國家ニ不利益ヲ來スト
ノ實跡アレバ、尙ホ之ヲ以テ告訴ノ目的トナスヲ得ベシトス。メーン氏曰ク、衆議院ハ犯罪ノ何種ヲ問ハズ、籍ノ貴族平民ヲ問ハズ、等シク起訴スルヲ得可シト云フモ、實際衆議院ノ起訴ト云フハ、非常ノ犯罪ト非常ノ罪人トニ限レリ云々。北米合衆國憲法ニハ、謀反、賄賂幷ニ其他ノ重輕罪ニ付キ、彈劾ヲ行フベシト例示スレドモ、此數語ノ中ニハ、如何ナル罪目ノ包括セラルヽヤハ、法律上明示スル所ナキガ故ニ、之ヲ定ムルハ一ニ尋常法ト、議會ノ實例トニ依ルベキモノナリ。佛國現行憲法モ、亦犯罪ノ種目ヲ定メズ。而シテ之ヲ定ムル如キハ、舊例ニヨレバ衆議院及ビ國老院ノ權內ニ屬スルモノトス。但シ如何ナル犯罪ヲ以テ起訴ノ目的トナスベキカハ、衆議院ノ定ムル所ニ係リ、又如何ナル犯罪ヲ裁判スベキ乎ハ、國老院ノ定ムル所トナスナリ又如何ナル刑罰ニ處スベキカノ定案ハ、英國ニ於テハ上院ノ權內ニアリ。之ニ反シテ北米合衆國ニ於テハ、上院ハ官位褫奪、幷ニ將來有給、及ビ無給官吏タルノ資格ヲ

剝奪スルニ限レリ。因リテ上院ハ他ノ刑罰ニ就キテハ自ラ宣告スルヲ得ズ、即チ他ノ刑罰ニ處スル如キハ、尋常法衙ノ職權ニ屬セリ。佛國現行憲法ニハ、既ニ刑罰ノ種類スラ定メズ。而シテ當例ニヨレバ、之ガ種類ヲ定ムル如キハ、國老院ノ權內ニアルコト、前已ニ示ス處ナルガ如シ。而シテ殊ニ刑法ニ規定スル刑罰種目ノ內ニ於テ、之ヲ選ブベタ、更ニ特別ノ刑名ヲ設クルヲ得ズト云フヲ以テ、其制限トナスノミ。次ニ又彈劾ニ關シ、國家元首ノ赦罪權ニ於テモ、亦英、佛、米各國互ニ多少ノ差異アリ。即テ英國ニ於テハ、國王ハ衆議院ノ起訴ニヨリ、上院ノ宣告シタル刑罰ニ對シ、減刑或ハ特赦ノ權ヲ有スト雖モ、裁判ヲ停止スルノ權ヲ有セズ。之ニ反シテ北米合衆國大統領ハ、凡テ國老院ノ處罰シタルモノニ對シ特赦ノ權ヲ施スヲ得ズ。然ルニ佛國ニ於テハ、別ニ大統領ガ上院ノ處罰シタル者ヲ特赦シ得ザルコトヲ明定シタル法律ナキガ故ニ、論理上ヨリ推理スル時ハ、大統領ニ此權アルコト、尋常刑罰ニ於ケルガ如シト爲スベシ。以上ハ唯ダ彈劾ノ概要ヲ示スニ過ギズ。尙ホ一言スベキハ、要スルニ彈劾ハ、議會ノ閉會或ハ議員ノ解散ニヨリテ、之ヲ廢棄或ハ中斷スルコトナシト云フヲ以テ、各國憲法ノ原則トナスコト是ナリ。

第十　ボルンハク普國國法ヲ讀ム

普國國法ノ著家、ボルンハクノ氏名ハ獨逸書ヲ讀ムノ外ハ、之ヲ知ル者少シト雖モ、其論説ハ、已ニ我國ニ傳播シ、多少勢力ヲ有セリ。然レドモ其論説ニハ、不可ナリト謂フ點少カラズ。氏ノ所説ニ依レバ、國家ハ獨立不羈ノ統治權ナリ、主權ナリ、統治者ナリ。而シテ統治ノ主躰及ビ淵源ガ、國民ナルトキハ、國家ト國民ト同一物ニシテ、國民乃テ主權者ナリ。國家ノ機關ハ、唯ダ主權者ヨリ委任セル國家權ヲ行フ者ニ過ギズ。此ノ如ク國家ノ一部ノ執行ヲ委任セラルヽ機關ノ世襲ナルト、定期選任ナルトノ差異ニ依リ、代議君主制ト共和制トノ差別アリト雖モ、共ニ國民ガ主權ヲ有スル國家トス。パトビノ言フ如ク、代議君主制ノ君主ハ、世襲ノ大統領タルニ過ギズ。而シテ共和制ノ大統領ハ、定期就任ノ代議制君主ナリ。フレデリック大王ガ、朕ハ國家第一ノ有司ナリト云ヒタルハ、主權ノ國民ニアルコトヲ認メタル者ナリ。國家ト國民ト同一視シ、君主ヲ以テ國民ノ執行機關ト看做ス者トス、立憲君主制ノ國家ニ於テハ、君主ハ統治ノ淵源及ビ主躰ニシテ、佛國ルイ第十四世ノ云フ如ク、君主乃チ國家ナリ。總テ國家ノ權ハ、君主ヨリ出ヅル者ニシテ、總テ國家及ビ國法ハ、君主權及ビ君主法ニ外ナラズ。而シテ君主ノ統治權ハ、他ヨリ之ヲ得タル者ニアラズ、獨立不覊ノ權ナリ。故ニ國法上、君主ノ外ニ國家アルコトナシ。立憲君主制ノ憲法ヲ以テ、君主及ビ國民間ノ約束ニ基シタル者ト看做スハ、大ナル誤謬ナリ。君主ト國民トハ、同等ノ地位ニ居ル者ニアラズ。君主ハ命令者ニシテ、國民ハ服從者ナリ。即チ統治ノ物躰ナリ。故ニ此兩者ノ間ニ、憲法上双方ノ權利義務ヲ約束的ニ確定セル者ト云フハ、誤謬ノ甚ダシキ者ナリ。國民ノ選擧スル代議士ノ協賛ニ依リ、憲法ヲ制定スト雖モ、尙ホ國家權ノ意思ヲ、君主一方ニテ發表スル者ニシテ約束ニアラズ。此ノ如ク立憲君主制ニ於テハ、君主ハ乃チ國家ニシテ、統治權ノ淵源及ビ主躰ナリト雖モ、君主ハ或場合ニ於テハ、其權ヲ運用スルニ一定ノ機關ノ參與ヲ要ス。君主ガ統治權ヲ運用スルニ付キ、制限アルト否トニ依リ、專制君主制ト、立憲君主制トノ差別ヲ生ズ。而シテ立憲君主制ハ、代議君主制ニ同一ナル事柄アリト雖モ、其性質ハ全ク異ニシテ、立憲君主制ハ、寧ロ專制君主制ニ近キ者ナリ。

以上ポルンハクノ立憲君主制ニ關スル論説ノ要領ナリ。而シテ氏ノ論説ノ不可ナル點ヲ擧グレバ、第一、氏ハ立憲君主制ト代議君主制ト、其性質全ク異ナル者トシ、代議君主制ノ國家ニ於テハ、主權國民ニアルコトト、共和制ノ國家ト異ナルコトナシト說キ、バトビノ言ヲ引證セリ。然レドモ氏ノ所說、及ビバトビノ言ハ、共ニ誤謬ヲ免レズ。盖シ此兩氏ノ言說ハ、ベルジック國憲法ニ基シタル者ナリ。此國ノ憲法ニ依レバ、君主ハ國民ノ受委任者ニシテ、主權國民ニアリトス。然レドモベルジック國ノ制度ハ、代議制ノ一種タルニ過ギズ。凡テ代議君主制ハ、ベルジック國憲法ト同一ノ法理ヲ採ル者トナスハ、誤謬ノ見解トス。代議君主制ノ最モ著シキ者ハ、英國ニシテ、君主ノ權ハ君主固有ノ權ナリ。他ヨリ之ヲ得タル者ニアラズ。國民ノ委任ニ依リ、其權ヲ行フ者ニアラズ。蓋シバトビガ代議君主制ノ君主ハ、世襲ノ大統領ナリ。共和制ノ大統領ハ、定期ノ代議制君主ナリト云フハ、英國代議制ノ性質ヲ看誤リタル者ナリ。英國ノ如キ代議君主制ノ君主ト、共和大統領ノ差異ハ、唯ダ世襲ト定期就職トニアリトスルハ、皮相ノ見解トス。君主ノ權ト大統領ノ權トハ、其性質全ク異ナリ、大統領ノ權ハ國民ヨリ委任セラレタル者ナレドモ、君主ノ權ハ固有ノ權ナリ。故ニ此兩制ニ於テハ、國家主權ノアル所同一ナラズ。共和制ニ於テハ、主權國民ニアリトス。英國ノ如キ代議君主制ニ於テハ、主權ハ君主ト議會トノ共同躰ニアリトス。而シテボルンハクハ、代議制ニ於テモ亦主權國民ニアリトシ、主權又ハ統治權ハ君主一人ニアラザレバ、獨リ國民ニアリ、必ズ此兩者ノ一ニ屬シ、君主及ビ議會ノ共同躰ニ屬スルコトナキガ如ク説クハ、氏ノ論説ノ中ニ就キテ、第二ノ不可ナル點ナリ。英國近時ノ憲法學者ノ所説及ビ憲法ノ法理ヲ案ズルニ、英國ニ於テハ法律上國家ノ命令、乃チ法律ヲ發スル者ハ、君主及ビ上下兩院ノ共同躰ニシテ、此命令ハ法衙之ヲ强行スベキ者ナリ。下院ガ政治上何程大ナル實權ヲ有スト雖モ、下院ノミニテハ有効ノ法律ヲ制定スル能ハズ。而シテ又國民ガ政治上何程大ナル實力ヲ有スト雖モ、國民ノ意思ハ直ニ國家ノ命令タルノ効力ヲ有セズ。故ニ英國ニ於テハ、法律上主權ハ君主ト上下兩院トノ共同躰ニアルヿ明ナリ。然ルニボレンハクガ主權國民ニアリトスルハ、下院ガ政治上實力ヲ有スルガ故ニ、國民ガ主權者ナリトシ、政治上ノ實力ト國法上ノ主權トヲ混同スル者ナリ。第三、ボルンハクハ、立憲君主制ノ國家ニ於テハ、君主乃チ國家ナリト云フ説ヲ採ルコトハ、已ニ之ヲ述ベタリ。而シテ此説ノ基礎トナルベキ論理擧證共ニ微弱ナルガ如シ。凡ソ森羅萬象ノ變化ハ天則ナリ。國家ノ統治權及ビ國法モ亦、此天則ノ範圍外ニ出ヅルヲ得ザルベシ。故ニ憲法ノ制定ニ依リ、君主ハ其權ヲ運用スルニ一定ノ機關ノ參與ヲ要シ、憲法ノ方式ニ違背スル君主ノ行爲ハ、國法上効力ヲ有セズト爲スニ關セズ、尙ホ君主ノ主權ノ運用ニ變化ヲ生ゼズ。一定ノ機關ノ參與ハ、君主ノ主權ニ制限ヲナス者ニアラズ。君主乃チ國家ナリト云フニハ、十分ノ論理及ビ擧證ヲ要ス。而シテボルンハク所說ノ要領ヲ擧グレバ、立憲制君主ノ權ハ、君主ガ憲法制定前ヨリ有シ、他ヨリ之ヲ得ル者ニアラズ。憲法制定ニ依リ、君主ガ其權ヲ行フニ付キ、一定ノ機關ノ參與ヲ要スト雖モ、國家ノ意思ハ、君主ガ之ヲ發表スル者ニシテ、議會ノ協贊ニ依ラザレバ、法律ヲ制定スル能ハズ。然レドモ法律ハ、君主ノ裁可ヲ以テ成立シ、乃チ君主ガ國家ノ意思ヲ定メ、人民ニ命令スルナリ。議會ハ國民ノ代表者ニシテ、君主ガ統治權ヲ行フ爲メニ要スル機關及ビ統治ノ物躰ニシテ、君主統治權ニ參與スル者ニアラズト云フニ過ギズ。其論理ノ微ニシテ、擧證ノ弱ナルノ感アリ。而シテ氏ハ立憲君主制ノ憲法ヲ以テ、君主及ビ國民間ノ約束ニ成リタル者ト看做スノ誤謬ヲ論ジ、君主ト國民トハ、同等ノ地位ニ居ル者ニアラズ。君主ハ命令者ニシテ、國民ハ服從者ナリ。即チ統治ノ物躰ナリ、故ニ此兩者間ニ、私法上ノ約束ノ如ク、憲法上双方ノ權利義務ヲ約定スルノ理由ナシト云フハ、至當ノ言ナリ。然レドモ此レ唯ダ立憲君主制ノ憲法ハ、君主及ビ國民ニ權利ヲ與フルコトナク、國民ハ約束ニ依リ、權利ヲ得ルコトナキコトヲ證明スルニ過ギズ。ボルンハクハ、專政ノ國家ニ於テハ、固ヨリ君主ハ乃チ國家ニシテ、國家ハ無制限權ヲ有スル者ナレバ、國家ト同一ナル君主ノ權ハ無制限ナリトス。故ニ此說ニ依レバ、君主ガ從來ノ王位繼承ノ順次ヲ變更シ、王位ヲ臣下ニ讓與シ、主權ヲ國民ニ付與スルコトアルモ、法律上制限アルコトナシ。道義及ビ政治上ノ制限又ハ公議輿論ノ制限アルベシ。然レドモ法律上ノ制限ト全ク異ナル者ナリ。法律上專政ノ君主ハ、唯ダ其權ノ全部ヲ他人ニ讓與シ得ルノミニアラズ、其權ノ一部モ亦讓與シ得ベシ。故ニ憲法ノ制定ニ依リ、統治權ノ運用ニ參與スルノ權ヲ國民ニ付與スルコトヲ得ザルノ理由ナシ。而シテ無制限權ヲ有スル者ガ、其權ノ全部ヲ其臣下ニ讓與シ、其權ノ相續者トナスハ、無制限權ヲ有スル者ノ、自己ノ意思ニ由ル者ナリ。乃チ自制ナリ。而シテ自制トハ、其權ヲ讓與スル當時ニ就キテ云フニ外ナラズ。自制ニ依リ、其權ヲ讓與シタル後ニ就キテ見レバ、自制ニアラズ。其讓與シタル者ヲ隨意ニ取返スヲ得ズ。故ニ憲法ノ制定ニ依リ、若シ君主ガ其國民ニ統治權ノ運用ニ參與スルノ權ヲ付與スルヿアレバ、是レ君主ガ自ラ其權ヲ制限スルナリ乃チ自制ナリ。然レドモ自制トハ、參與權ヲ付與スル當時ニ就キテ云フナリ。之ヲ付與シタル後ニ於テハ、隨意ニ取返スヲ得ザルベシ。故ニボルンハクガ、國民ハ憲法ノ制定ニ由リ、約束的ニ權利ヲ得ルコトヲ得ズト云フ説ハ總テ立憲制ノ國民ハ、憲法ノ制定ニ由リ、統治權ノ運用ニ參與スルノ權ヲ得ルコトナキヲ證明スル者ニアラズ。

第四、已ニ述ベタル如ク、ボルンハクハ、立憲君主制ニ於テモ亦、君主ハ統治ノ淵源及ビ主體ニシテ、君主乃チ國家ナリト云フ説ヲ採リナガラ、尙ホ立憲制ノ君主ノ權ニハ制限アリ、君主ハ其權ヲ行フニ、一定ノ機關ノ參與ト、一定ノ方式ヲ依ルヲ要スト爲ス。而シテ其所説ノ要領左ノ如シ。專政ノ君主ハ、其無制限ノ立法權ニ依リ、憲法ヲ制定シタリ。而シテ憲法ノ制定ニ依リ、其政府權ヲ行フニハ、一定ノ方式ニ依ルヲ要シ、立法權ヲ行フニハ議會ノ協贊ヲ要シ、司法權ハ獨立ノ法衙ヲシテ之ヲ行ハシムルヲ要シ、總テ君主ノ政府行爲ハ、大臣ノ副署ヲ要セリト確定セリ。君主モ亦此制限ヲ越ユルヲ得ズ。君主ハ憲法ノ制定ニ依リ、國家法人トシテ發表スル意思ノ方式ヲ確定シ、此方式ニ依リ發表セル意思ハ、國家法人タル君主トシテ發表スル意思ニアラズ。故ニ總テ君主ノ違憲ノ行爲ハ、國家法人タル君主ノ行爲ニアラズ、一箇私人ノ行爲ト看做スベキ者ナリ。而シテ叉憲法ノ制限ハ君主自ラ之ヲ定メタル者ナリト雖モ、君位ノ繼承者モ亦之ニ從ハザルベカラズ。如何トナレバ、國法上、君位繼承者ハ、前君主ト同一ノ國家法人ナルガ故ナリ。案ズルニ、ボルンハクノ此論說ハ、奇々妙々ナルニ似テ甚ダ非ナリ。君主ハ乃チ國家ナリト云フハ、氏ノ主論ナリ。而シテ君主ガ自己ノ意思ヲ以テ制定シタル憲法ニ準據セザルベカラズ。憲法ノ方式ニ準據セザル行爲ハ、國家法人タル君主ノ行爲ニアラズ、一箇私人ノ行爲ト看做スベキ者ト云フハ、尙ホ無制限權ヲ有スル國家ガ、其意思ヲ以テ定メタル憲法ニハ、國家自ラ之ニ從ハザルベカラズ、無制限權ヲ有スル國家ガ、自己ノ意思ヲ以テ永久ニ其無制限權ヲ制限シ。憲法ノ制定ニ依リ、國家ハ自ラ其無制限權ヲ失ヒタルト云フニ齊シ。此論ノ謬且非ナルコト多言ヲ要セズシテ明白ナリ。

ボルンハクノ大臣責任論、及ビ法律、命令論等ニ就キテモ、亦不可ナル論點少カラズ。然レドモ今之ヲ評論セズ。

第十一　行政學比較研究ノ必要ヲ論ズ

我國ノ學者中、或ハ唯ダ英學ヲ修メ、或ハ唯ダ獨逸學ヲ講ジ、或ハ唯ダ佛學ヲ攻メ、各其一ニ專ニシテ其他ヲ顧ミズ。先入主ト成リ、己ガ嘗テ學ビ得タル事ノミヲ贊美主張シ、漫リニ之ヲ我國ニ適用セントト欲スル者。往々之ナシトセズ。蓋シ歐洲ノ文明ハ、一國ノ力ニ成リタル者ニアラズ。寸短尺長ノ異ナルハ、各國ノ得テ免カル丶能ハザル所ニシテ、其遂ニ今日文化ノ盛ヲ致セシ所以ハ、互ニ長ヲ取リ短ヲ補ヒ、以テ彼此相濟ヒタル結果ニ出ヅルモノナリ。此レ學者ノ宜シク三復意ヲ致スベキ所ニシテ、彼ノ偏頗ノ弊ニ陷ルモノ丶如キハ、職トシテ之ヲ熟考セザルニ由ルモノナリ。我國ニ於テハ、其始メ獨ニ摸倣スルノ傾向アリ。次ニハ範ヲ佛國ニ取ルコト少カラズ。近時ニ至リテハ、專ラ獨逸學ヲ研究シ、徒ニ獨逸制度ヲ浮慕シテ、之ニ摸擬セントト欲スル者、頗ル勢力ヲ得タルガ如シ。夫レ獨逸學ヲ講ズルハ固ヨリ可ナリ。獨逸制度ノ善且美ナル、亦固ヨリ宜シク之ヲ稱揚スベシ。然レドモ、徒ニ典型ヲ茲ニ求メントスルハ、蓋シ其善美ヲ致シタル原因來歷ヲ、思容セザルモノト謂フベシ。凡ソ國家ノ興廢存亡スルヤ、其原因夥多ニシテ、一々之ヲ論述スルハ、一大至難ノ事業ニ屬シ、余ノ茲ニ爲シ得ベキモノニアラズ。暫ク我ガ從事スル學科ニ最モ關係アル事實ニ就キ、其大要ヲ論述セントス。

獨逸國ガ今日ノ强盛ヲ致シ、其諸制度頗ル完備シタル原因ハ、固ヨリ一二ニアラズト雖モ、余ハ茲ニ、此原因中ノ最モ著シキモノヲ述フベシ。獨逸國ハ、地理及ビ政治上ノ關係等、文明ノ進歩ヲ障礙スル原因種々アリテ、彼ノ文化ノ一大原素タル學制中、特ニ大學ノ如キハ、一千四百年代ヨリ、漸ク盛大ニ趣キタリト雖モ、大抵千八百年代ノ末迄ハ、全國ノ制度文物之ヲ隣國ニ比スレバ、著シキ發達ヲ見ルコトヲ得ザリキ。

第一世ナポレオンノ興ルニ及ビ、屢々之ト戰ヒテ屢々敗北シ、列國中最モ强ヲ以テ聞エタル普國ハ、千八百六年エナノ大敗ニ於テ、殆ド國土ノ大半ヲ失シタリシガ、是ヨリシテ、反テ一國ノ力ヲ奮起シ、非常ノ熱心ヲ以テ、國家諸制度ノ改良ニ着手シ、國民ノ獨立心ヲ鼓舞スルニ至リ、政府ノ先導ト人民ノ奮發トニ因リ、學術大ニ發達シ、遂ニ今日强盛ノ基ヲ開クニ至レリ。此改革ノ初ニ方リ、普國政府ハ、從來富强ヲ歐陸ニ爭ハント欲スルニハ、必ズ智識學術ヲ以テ基本ヲ鞏クセザルベカラザルコトヲ了察シ、國家危急存亡ノ秋ニ際シ、率先シテ學制ヲ改革シ、特ニ大學ノ豫備校タル中學(ギムナシウム)ニ著シキ改良ヲ加ヘタリシニ、他ノ獨逸列國モ、皆普國ノ制度ヲ摸擬シテ、同ジク改革ヲ施スニ及ベリ。而シテ普國ガ、他日强盛ヲ致セルノ地ヲ爲サントト欲シテ、其一大基礎タル學術ヲ盛大ニスルコトニ鋭意ナリシハ、唯ダ彼ノ中學以下ノ諸校ヲ改良セシニ止ラズ、千八百七年即チエナ大敗ノ翌年八月、普王フリドリヒ、ウ井ルヘルム第三世ガナポレオンノ許諾ヲ得テ、國都伯林ニ歸ルヤ、直ニナポレオンガ廢滅シタルハレ大學ノ教授ドクトル、シユマルツヲ引見シ、更ニ大學ヲ伯林ニ新設センコトヲ約セリ。其勅諭ニ曰ク『失ヒタル國力ハ、知識力ヲ以テ之ヲ補ハザル可ラズ』ト、佛朗西ノ一傑士、エルンスト、ラヴイス、此勅諭ヲ評シテ曰ク『エナノ一敗ニテ、衰微陵夷ヲ極メタル普國ヲ再興セシムルニハ、大學ヲ新設興隆スルヲ以テ、最モ實効ヲ奏スベキ好手段ナリト爲スト云ヘル事ニ付キ、國王ノ勅諭ハ、乃チ多數臣民ノ思想ヲ表出シタル者ナリ』ト、此勅諭ノ主旨ヲ達センガ爲ニ、千八百十年ニ、一宮殿ヲ以テ伯林大學ノ家屋ト爲シ、大學ノ費用トシテ、毎年十五萬「タミレル」ヲ國庫ヨリ支給スベキコトヽ定メタリ。千八百十五年、維也納《ウ井ンナ》ノ列國會議ニ於テ、普國ハライン河畔ノ侵地ヲ復スルヤ、直ニボン大學ヲ新設シ、ボン城ヲ以テ大學ノ家屋敷地トシ、勅諭ヲ下シ、臣民ノ厚ク學ニ志サンコトヲ勸奬セリ。而シテフリドリヒ、ウヰルヘルム第三世ノ勅諭ハ、現今ニ至ルモ尙ホ之ヲ確守シテ失フコトナク、千八百七十年、佛國トノ戰爭ニ於テ、エルサス及ビロトリンゲンノ地ヲ得ルヤ、直ニストラスブルグ大學ヲ改良盛興シ、良師ヲ延聘シ、大ニ學術ヲ奬勵セリ。其他獨逸帝國并普魯西王國太子ガ、自ラケンクスベルク大學ノ總長ト爲リ、又時トシテワイマル大公ガエナ大學ノ總長ト爲リ、バーデン大公ガ、ハイデルベルグ大學ノ總長ト爲リ、メクレンブルク大公ガロストク大學ノ總長ト爲ルガ如キハ、皆學問ヲ尊崇シ、學術ヲ以テ、國家ノ盛强ヲ致ス一大基礎ト爲スノ意ニ出デザルハナシ。是ニ於テカ、諸學術大ニ進歩シ、法政學者中ニハ、唯ダ自國ノ法律制度ヲ研究スルノミニ止マラズ、英、佛諸國ノ法度ヲ研究シ、其長短得失ヲ論述スル者、其人亦甚ダ多ク、遂ニ獨逸國ガ、外國諸法度ヲ比較シ、其長所ヲ取リ、我短所ヲ改良スル媒介トナルニ至レリ。即チグナイスト氏ガ英國ノ制度ヲ研究シ、之ヲ獨國制度ト比較論述シタルヨリ、普國並ニ其他獨逸諸邦ハ、之ヲ以テ制度改良ノ摸範トシタル如キハ、其好例證ナリト謂フベシ。

以上ハ、唯ダ獨逸國ガ、學問ヲ以テ、國家ノ盛强ヲ爲ス一大基礎ト爲シ、學問ノ盛大ナルガ爲メ、法政學者中ニ、多ク英、佛諸國ノ制度ヲ研究スル者ヲ出シ、英佛諸國ノ制度ヲ比較研究スル者多キヨリ、其國諸制度改良ノ媒介トナリタル事ヲ略述シタルノミ。次ニ例ヲ擧ゲ英、佛諸國ガ、互に相補益シタルコトヲ證明スベシ。

英國制度ノ第一淵源ハ、獨逸ノ舊法度ナリトス。五百年紀ノ頃、獨逸人種タル「アングロ、サキソン」ノ族、ブリテンノ島嶼ニ侵入セシ時、其風俗制度モ同時ニ之ヲ輸入シ、凡テ五百年間ハ、純然タル舊來ノ獨逸法律ヲ守リタリシガ、ウヰルリアム、コンクエロルガ英土ヲ畧取スルニ及ビ、舊來ノ制度ハ、始メテノルマン佛蘭西ノ制度ト混ジ、爾來千有餘年ヲ歷テ、漸次ニ進歩改良ヲ加ヘ、其新舊相錯綜セルヨリ、現今ニ至リテハ、改良ヲ要スベキモノ少カラズト雖モ、要スルニ、外國制度ノ摸範ト爲ルベキモノ亦甚ダ多シト爲ス。モンテスキユー、始メテ英國ノ憲法ヲ論述シテ以來、デロールム及ピウインング等、英國ノ制度ヲ講ズル者相踵ギテ起リ、英國ノ憲法ハ、歐洲大陸諸國憲法ノ摸範ト爲ルニ至レリ。故ニ深ク佛、獨諸國ノ憲法ヲ研究セントスルニハ、先ヅ其淵源摸範タル英國憲法ヲ研究セザルベカラズ。而シテ英國制度ガ、歐洲大陸諸國ノ摸範ト爲リタルハ、特ニ其憲法ノミニ止マラズ、輓近獨逸諸國中、特ニ普國ノ若キハ、其行政法ヲ改正スルニ當リテ、特ニ英國行政法ヲ參考セシコトハ、彼ノ獨逸列國行政制度ノ改良ヲ、學理上ヨリ計畫主唱シタルグナイスト氏、自ラ明言スル所也。キール大學敎授ブロクハウス曰ク、輓近ニ及ビテ、英國ノ制度ハ、直接ニ獨逸制度ノ進歩ニ著シキ勢力ヲ及ボセリ。モンテスキユー以來、佛國人ハ英國國家ノ組織、並ニ裁判ノ制度ヲ理會セズシテ、漫リニ之ヲ賛美シ、之ヲ摸擬シ、而シテ歐洲大陸ノ政治家ハ、其淵源ヲ英國ニ求メズシテ、佛國人ガ修飾シタル憲法説ヲ講究採取シ、英國行政法、及ビ訴訟ノ如キハ、唯ダ僅ニ之ヲ知ルニ過ギザリシガ、獨逸ノ學者出デヽ、始メテ英國制度ヲ分拆解明シ、之ヲ理會スルノ道ヲ歐洲大陸ニ開キタリ。近時ニ至リテ、獨逸國制度ハ、其摸範ヲ英國制度ヨリ得タルコト甚ダ多ク、又佛國ヨリ採取シタル獨逸現行刑事訴訟法モ、其眞正ノ淵源タル英國制度ト比較シテ、幾許ノ改正ヲ加ヘタリト。此ノ如ク英國制度ハ、其始メハ、間接ニ獨逸諸國制度ノ摸範淵源ト爲リ、近時ニ及ビテハ、直接ニ摸範淵源トナルガ故ニ、獨逸國ノ制度ノ摸範ト爲シ、我日本國ノ制度ヲ改良セントセバ、必ズ其淵源タリ、摸範タルモノヲ研究シ、其沿革進歩ヲ考察シ、而シテ、英國現今ノ制度ヲ比較參照スルニ非ザレバ、獨逸諸制度ノ進歩改良シタル所以モ、得テ了解スベカラズ。其得失長短ノ存スル所モ亦得テ理會スベカラズ。其進歩改良ノ由來ヲ解セズ、亦其得失長短ヲ審ニセズシテ、忘意之ヲ摸擬シ、以テ我國諸國制度ノ改良ヲ謀ラントスルハ、抑モ亦難イ哉。夫レ英國制度ハ、獨逸制度ノ摸範淵源ニシテ、必ズ互ニ相比較研究スベキコト、上ニ述ブルガ如シ。是ヨリ進ミテ、佛國制度ノ、獨逸制度ト著シキ關係アル所以ニ論及セントス。

佛國ノ大革命以來、佛國ノ制法ガ、獨逸諸邦ノ法制沿革改良ニ、著シキ關係ヲ及ボセシコト實跡明白ナリトス。佛國ノ五法、世ニ出デヽヨリ間モナク、當時佛國ノ領地ナリシライン河左岸ノ諸州ニモ、皆之ヲ實施シタリ。其後、此ライン河地方ハ、再ビ獨逸國ノ版圖ニ歸シタリト雖モ、佛國法ハ依然實行セラレ、漸次ニ擴マリテ、獨逸諸邦ニ行ハルヽモノアルニ至リ、佛國五法ガ、獨逸諸國立法ノ摸範淵源ト爲リタルコト甚ダ多シ。例ヘバ、民事訴訟法及ビ刑事訴訟法ノ類ハ、本ト、佛人其摸範淵源ヲ英國法度ニ取リテ之ヲ修飾シ、以テ自國ノ法ヲ改定シタルモノナリシガ、其ライン河地方ニ行ハレシヨリ、獨逸諸國ハ、ナポレオンノ時代ヨリシテ、此佛國制度ニ改良ヲ加ヘ之ヲ採用スルニ至レリ。而シテ佛國憲法ハ、其摸範淵源ヲ英國憲法ニ取レルコト、前ニ述ベタルガ如シト雖モ、直接ニ歐洲大陸諸國ノ摸範ト爲リタルハ、佛國憲法ニシテ、獨逸諸國ノ憲法ハ、皆之ヲ模倣制定セシ者ナリ。普國ハ憲法制定ノ時ニ當リ、其摸範ヲ白耳義國ニ取リシコト居多ナリト雖モ、白耳義國憲法ハ、佛國憲法ヲ摸擬增損シテ制定シタルモノナレバ、佛國及ビ白耳義國憲法ヲ以テ普國憲法ノ淵源摸範ナリト爲スベシ。抑モ佛國法制ガ、獨逸諸國ノ制度沿革ニ著シキ勢力ヲ有セシコトハ、唯ダ以上ニ記載セシ事ノミニ止マラズ、佛國行政諸制度ガ、獨逸國諸制度ノ淵源摸範ト爲レルコト、枚擧ニ遑アラズ。今諸法律ノ例ヲ擧ゲテ其一斑ヲ記スベシ。蓋シ現今歐洲諸國中、大學ノ盛ナルコト、獨逸ニ及ブモノアラズ。其制度ノ細目ニ至リテハ、間然スベキコト少カラズト雖モ之ヲ要スルニ、他國ノ大學制度ニ勝レルコト昭々タリ。然ルニ、大學ノ起原ハ、舊ト伊國及ビ佛國ニ在リ。獨逸大學ハ、即チ巴里ス大學ヲ摸倣シテ創定シタルモノニシテ、又獨逸工藝學校ハ、千七百九十四年巴里スニ設置シタル工藝學校ヲ、摸範ト爲シテ擬立シタル者ナリ。其他敎育ニ關スルコトニシテ、舊ト其摸範ヲ佛國ニ取リシコト甚ダ多シ。警察制度モ、現今ニ至リテハ、各國大ニ進步シタリト雖ドモ、警察法ノ基本ハ、始メテ佛國刑法ニ於テ確定セルモノナリ。又治外法權ノ存在スル國ニ行ハル、領事裁判ノ制ノ如キモ、獨逸國ハ、其摸範ヲ佛國制度ニ取リタルモノナリ。又獨逸國農事ニ關スル諸制度モ、其淵源摸範ヲ佛國ニ取レルモノ多ク、農民ヲ自由ニシテ、土地ニ關スル法度ヲ改良シタルガ如キモ佛國革命時代ヨリ漸致シタルモノナリ。此等ハ、特ニ百中ノ一二ニ過ギズ。獨逸諸國ノ制度ガ、淵源ヲ佛國制度ニ取レルノ夥多ナリシコトハ、諸書ニ散見スル所ニシテ、今盡ク之ヲ茲ニ列擧セズト雖モ、其事實ハ明白ナルベシ。今兩國ノ制度ヲ比較研究シ、以テ其得失長短ノ在ル所ヲ理會セバ、我國ニ適宜ノ摸範ヲ見出シ得ベキコト、蓋シ難シトセズ。抑モ獨逸國ハ、鋭意、英、佛諸國制度ノ長短ヲ比較シ、以テ自國ノ制度ヲ改良スルヲ以テ、現今ニ至リテハ、其諸制度大ニ完備シ、轉ジテ英、佛諸國ガ、兵制、學制、官吏登用法等ヲ改良制定スルニ當リ、獨逸ノ法度ヲ參考セシコトハ、法律案起草委員ノ報告書等ニ就キテ見ルヲ得ベシ。

本論ノ起手ニ於テ陳述セシ如ク、獨逸國ハ、學術ヲ以テ國家ノ盛強ヲ致ス一大基礎ト爲シ、學術ノ盛ナルコト諸國ニ冠タルヲ以テ、其勢力英、佛兩國ニ及ビ、間接ニ英、佛兩國ノ制度改良ニ補益ヲ與ヘタルコト少カラズ。而シテ獨逸學ノ勢力ハ、大抵先ヅ白耳義國、及ビジェウウア府ヲ經テ、佛國ニ及ボセルモノニシテ、直接ニ之ニ及ボセシニハアラズ。ブルンクニグ曰ク、ブロンドウ氏ガ創設セシ『テミス』ト題スル雜誌ハ、獨逸法律學ノ勢力、佛國ニ及ビタル嚆矢ト爲スベシト。爾來獨逸人ニシテ佛語ノ雜誌ヲ發刊シ、佛語ヲ以テ書ヲ著シ、或ハフルセル、リエジ、ジエ子ヴア及ビストラスブルグ(千八百七十年以前)諸大學ノ敎授ト爲リ、佛語ヲ以テ著述講義ヲ爲シ、獨逸學ノ勢力ヲ佛國ニ及ボシタル者其數甚ダ多シ。即チアルンス、ミッテルマイエル、ザガリアリヴイエル諸氏ノ如キ是ナリ。

英國ノ法政學ハ、頗ル一方ニ偏シ、法學ノ如キハ、專ラ實地ニ着目セルヲ以テ、其諸制度ハ、千百餘年ノ久シキ、漸ヲ以テ進歩ヲ加ヘ、頗ル見ルベキモノ多シト雖モ、行政ノ制度ヲ以テ一科ノ學問ト爲シ、之ヲ講究シタルモノハ、未ダ曾テ之アラズ。獨逸國人グナイスト始メテ其來歷、及ビ現行法ノ得失ヲ論著シテ以來、獨國法制學者中、英國制度ノ是非得失ヲ論述スル者少カラズ。英人ハ、獨逸人ノ著書ニ依リ、自國行政諸制度ノ全躰、及ビ其得失ヲ了知セシコト頗ル多シ。英國宰相グラッドストン氏ハ、嘗テ自家ノ卓子上ニ置クル、獨人ヒウベル氏著『英國大學史』ヲ指シ、獨逸ミユヘヘン大學教授ヂリンゲン氏ニ謂ッテ曰ク、『此書ハ余ガ坐右ニ最モ欠クベカラザルモノナリ。英人ノ著書中、未ダ曾テ此ノ如キ良書ヲ見ズ』ト、此一例ハ、以テ全躰ヲ證スルニ足ラズト雖モ、亦以テ、英國内政改革ノ先導者タルグラットストン氏ガ、注目スル所ノ一端ヲ知ルニ足レリ。夫レ是ノ如ク、英、佛、獨諸國ノ制度ハ、互ニ相裨補シテ以テ進歩改良ヲ致シ、其間ニ緻密ノ關係アルヲ以テ、我日本人ノ地位ヨリ見ルトキハ、必ズ其一國ニ偏セズ、三者ヲ取リテ之ヲ比較研究シ、其沿革、及ビ、長短得失ヲ熟知シ、三國制度ノ異同ヲ生ジタル理由ヲ考察シ、然ル後、我日本ノ地理、人情、風俗、及ビ文明ノ度ニ適スベキ摸範ヲ見出シ、以テ我諸制度ヲ改良スルノ資ト爲サバ、庶幾クハ大過ナカラン。

凡ソ法ト稱スル者ハ、人生事物ノ關係ヲ確定スルモノナレバ、法ハ特ニ空器ニシテ、人生事物ハ、則チ其中ニ實スル物ナリ。而シテ人生事物ハ、常ニ轉化變遷シテ止マズ。故ニ其關係ヲ確定シテ相犯スベカラズト爲ス法ノ條目モ、亦人生事物ノ關係ト共ニ轉化シ、其關係ニ異ナル所アレバ、之ヲ確定スル條目モ、亦異ナラザルヲ得ザルコト、法制沿革史上ニ明白ナリ。故ニ私法、公法、各轉化變遷アリト雖モ、一個私人ノ關係ハ、國家ノ關係ノ如ク各種各異ナラズ。從ツテ私法ハ、大ニ變化ヲ加ヘズシテ之ヲ採用スルヲ得ベシ。即チ例ヘバ、佛國爲替法大要ガ、已ニ二億三千三百七十萬人ノ間ニ行ハルヽニ至リタルガ如キハ、以テ好例證ト爲スヲ得ベシ。然レドモ、一個私人ノ結合ヨリ成立スル國家ノ關係ハ、千差萬別ニシテ一轍ニ出デズ。特ニ行政ノ事ハ、轉化變遷最モ甚シ。故ニ諸國ノ制度ヲ採用セントスルニ當リテハ先ヅ之ヲ比較研究シ、其之ニ由リテ確定スル所ノ事物ノ關係ヲ熟察シ、而シテ後適合ノ模範ヲ擇ブコト最モ必要ナリトズ。凡ソ行政法ヲ學ブモノハ、須ラク英、佛、獨ノ一國ニ偏スベカラズ。必ズ三者ヲ比較研究スベシト謂フモノハ、此ヲ以テナリ。

第十二　英佛普澳比較官吏法（殊ニ登庸法）

（大學通俗講談會ニ於ケル講演筆記）

今日私ガ御話致シマスル官吏法ノ事柄ハ、面白キ事トハ申シ難ケレドモ、此講談會ノ幹事菊地君ノ只今申サレシ如ク、目出度キ事ト申シテ宜シキコトト存ジマス。第一ニ、官吏登庸法ノ定マリタル國ニ於テハ、其政府ノ要路ニ立チ、實ニ國權ヲ掌握スル者ノ親戚故舊ト雖モ、尙ホ一般ノ順序ニ由リ、官吏登庸試驗ヲ經ザレバ、身ヲ官地ニ進ムルヲ得ズ。故ニ人ノ爲メニ官ヲ設ケ、無用ノ人ニ職ヲ授クルノ弊害ナシ。第二ニ、英、普、澳ノ各國ニ於テハ、登庸試驗ヲ經テ官吏ト爲リタルモノハ、過失ノ確證スヘキモノナケレバ、國政ヲ左右スル宰相大臣ノ權ト雖モ、勝手ニ之ヲ免黜スルヲ得ズ。故ニ官職ハ通例終身ノ業トナリ、所謂地震等他ニ顧慮スルコトナケレバ、人々心ヲ竭シテ全力ヲ官職ニ施スヲ得ベシ。是豈眞ニ目出度キ事ト申スベキニアラズヤ。官吏ハ種類ヲ分クレバ色々アレドモ、先ヅ大段ニ區別スレバ、文官ト武官トノ二ツデアリマス。現今武官ニ關スル法規ハ、歐洲各國概ネ皆整頓シ居ルコトハ、諸君モ略御承知ノ事ト存ジマスレド、彼ノ文明國中ノ强大國ト唱フル英國ノ如キハ、特ニ近來迄、武官制度ニ著シク不完全ナル點ノアリシコトニテ、勿論同國ニ於テモ、舊來ヨリ砲兵及ビ工兵士官ハ、砲工學校ニ修業シ、試驗ヲ經タルモノヲ採用スル規則ナレバ、此等ノ士官中ニハ、嘗テ官位賣買ノ慣習ナド行ハレシヿナケレドモ、騎兵及ビ步兵士官中ニハ、殊ニ中佐以下ニ於テ、千八百七十一年迄、官位賣買ノ弊習行ハレタルコトアリ。例ヘバ、一ノ聯隊中ニ於テ、一人ノ少佐其官位ヲ賣却シテ退職スル時ハ、其聯隊ノ大尉ノ中ニテ、奉職ノ最モ舊キモノ之ヲ買フノ權利ヲ有シ、次ニ又此大尉ノ官位ヲバ、中尉ノ中ニテ最モ奉職年限ノ永キモノ、之ヲ買フノ權ヲ有セシ類ナリ。而シテ此官位ニハ各相場アリテ、其價額ハ淺間シクモ千七百一年ノ勅令ヲ以テ定メタルモノトゾ。斯クテ此風荏苒一般ニ行ハレ來リシガ、クリミヤ戰爭ノ時ヨリ、當路者ノ中、到底兵制ヲ改良シ、軍備ヲ擴張セザレバ、舊來英國ノ地位ヲ保チ難シト了察セルモノアリ。乃チ兵制改正説起リタリト雖モ、宿襲ノ弊急ニ矯正スル運ビニモ至ラザリシニ、千八百七十年普佛戰爭ノ時ニ際シ、殊ニ英國々會及ビ民間ニ於テ此議ヲ促ガシ、實ニ之ガ革除改張ヲ行ハザレバ、從來英國ガ歐陸諸大國ニ對スルノ地位ハ、竟ニ保ツ能ハザル可シト云フニ至リ、千八百七十一年、遂ニ國會ハ兵制改良條例ヲ發シ、政府ヲシテ官位賣買ヲ廢止スルノ手續ヲナサシメ、次デ武官ノ試驗、任命、及ビ昇級等ノ制定アリタリ。乃チ武官ノ事ハ、大ニ文官トハ異ナル所アリテ、玆ニ述ベマス主意ニ與カルコト少ナケレバ、今全ク省キマス。

武官ヲ省ケバ、餘ハ皆文官ナレモ、文官ト申スハ、色々ノ種類ヲ込メタル總稱ニシテ、其區分ハ、行政學者ニ依リテ少々ノ差違ナキヲ得ズト雖モ、今官吏登庸法及ビ官吏ノ權利ヲ論述スルニ要スル所ハ、先ヅ文官ヲ主政官、行政官、法官ノ三種ニ大別スルコトデアリマス。即チ主政官トハ、內閣ヲ組成スル政事家、及ビ內閣ト共ニ進退更迭スル官吏ノ合稱ニシテ、此種類ノ官吏ハ、英國ニ最モ多ク、凡ソ五十名許トス。英國內閣ノ更迭ハ、平均四年餘ニ一度位ノ割合ナレドモ、佛國內閣ノ更迭スルコト一層頻々ナルハ、諸君モ能ク了知セラルヽコトト存ジマス。私ハ曾テ畧七十年前以來ノ佛國內閣更迭度數ノ統計ヲ記シ置キマシタガ、只今ハ記憶ニ上リマセン。然ルニ此種ノ官吏即チ主政官ハ、自ラ行政事務官ト同視スベカラザルノ點甚ダ多キコトナレモ、精シク述ブルニ遑アラザレバ、主政官ノ事ハ今日姑ク省略シテ講談致シマセヌガ、茲ニ政事家ノ教育、學識ニ關スル事ニ就テ、少々御話致サンニ、今モ尙ホ世人ノ中ニ、政事家ハ高尙ナル教育學識ヲ要セズト謂フモノガ希ニ見エマスガ、此ノ如キ考ハ全ク現時ノ實況ニ暗クシテ、特ニハ國家ノ元首ト政事家トノ辨別ヲ知ラザルニ坐スル者ナルベシ。獨逸國ノ一學士佛郞都ト云フ人ハ、千八百五十七年ニ國家生理學ト名ヅクル書ヲ著シ、政事家ニハ、偏ニ果斷剛毅ノ性質ノミヲ必要ナリト主張シ、即チ政事家ハ、敢テ高尙ノ敎育、學識ヲ要セザルガ如クニ論ジ、之ヲ證明スル爲メ、多ク古代羅馬及ビ希臘ノ事跡、幷ニ千八百年以前ノ事實、及ビ合衆國大統領ノ事ナドヲ以テシ、且ツ曰ク、方今室內ノ事務ト學問トハ愈紛多浩穰トナルニ迨ビテハ、斯カル治國ノ人材ヲ、事務局若シクハ書庫ノ中ヨリ出サンコトハ、實ニ覺束ナキコトニシテ、況シテヤ帳場若シクハ工場ヨリ之ヲ出サンコトハ、愈以テ難キコトナリ云々ト說キタリ。夫レ國柄ヲ執ル者ニ、果斷、剛毅ノ性質ヲ必要トナスコトハ、勿論疑フベキニアラズト雖モ、其斯カル人ニ高尙ナル敎育、學識ヲ要セザルガ如ク說クニ至リテハ、謬見モ亦甚ダシト云フベシ。顧フニ氏ハ國家ノ元首ト、元首ノ命ヲ奉ジテ國政ヲ執ル者トヲ、混合シテ論ジタリ。是レ氏ノ說ガ誤謬ニ陷リタル一原因ナリトス。現今英、佛、獨ノ三國ニ於テ、內閣ヲ組織シ、治國ノ任ニ當ルモノヲ觀察スルニ、高尙ナル敎育ヲ受ケズ、學識ヲ有セザル者ハ、甚ダ寥々タリ。見ヨ、英國ノ內閣ニ入レル政事家中ニ大學ヲ卒業セザル者ハ幾多アルゾ、守舊黨ノ政事家ニハ、オクスフオルド大學ニテ修業シタル者多ク、改進黨ノ政事家中ニハケンブリッヂ大學ニテ修業シタルモノ居多ナリ。獨リビーコンスフイルド侯ハ、嘗テ大學ニ於テ修業セズシテ、自ラ其例外ニ置クベキニ似タレドモ、尙ホ且ツ其學識アルコトハ、同氏ノ著書ニ就テ證知スルヲ得ベシ。現今ノ英國内閣ガ、前内閣即チグラッドストンノ内閣ニ更代シテ、其員ヲ組織セシ際、或新聞紙中、此新内閣員ノ小傳ヲ記載シタルヲ見シニ、内閣員中曾テ寺院ニ於テ敎育ヲ受ケタリトナス者數名アリタレバ、私ハ甚ダ疑ハシキコトニ思ヒ、直ニ外國新聞ニ載セタル小傳ニ就テ調ベシニ、寺院ノ敎育ヲ受ケタリト記セシハ、全ク飜譯ノ誤ニテ即チオクスフオルド大學ニハクライストチヨルチト稱スル分科大學アリ。新内閣員中、嘗テ此分科大學ニ於テ修業シタル者數名アリケルニヨリ、偖テコソ其名稱ヲ直譯シテ某々ハ寺院ニ於テ敎育ヲ受クト誤記シタルコト知ラレタレ。

凡テ英國ノ政事家ニハ、高尙ナル敎育、學識アルノミナラズ、事務ノ經驗ニ富メルモノ甚タ多シ。今如何ニシテ、斯クハ事務ノ經驗ヲ得ルカト尋ヌルニ、凡ソ貴族、豪家ノ子弟輩、既ニ高等普通學校、大學、或ハ法院ニ於テ業ヲ修シ了ルノ後ハ、概ネ地方ニ於ケル治安裁判官(ザヤッツ、ヲフ、ピース)若シクハ他ノ自治躰制ノ局員ト爲リ、事ニ習熟スルニ由ルト云フ。此治安裁判官ノ員數ハ、都府ヲ除キ、英土各地方ニノミ、大約一萬二千名許有リテ、渾テ名譽官ニ係リ、之ニ任ゼラル、ニハ、地租ノ額ヲ以テ定メ、其制限以上ノ地租ヲ納ムルモノニアラザレバ、當官ニ就クヲ許サズ。而シテ此地租額制限方ノ外ニハ、特別ニ資格ヲ要セザルコトナリ。蓋シ名譽官ニシテ俸給アラザルガ故ニ、其地方ノ富豪ニシテ高等ノ學識ヲ有スルモノヲ以テ、之ニ充ツルノミ。故ニ此官ハ英國政事家ノ事務見習官ト謂ウテ可ナラン。既ニシテ此官職ヲ勤メ終ルノ後、國會議員トナリ國會ニ於テ名高クナレバ、終ニハ内閣員ト爲ルニ至ルアリ。又普國ニ於テハ、内閣員即チ諸大臣ハ、通例高等行政官或ハ法官等ヨリ出身スルコトナルガ、此高等官トナルニハ、豫メ大學ニ於テ規定ノ修業ヲ卒ヘ、官吏登用試驗ヲ經タル者ニアラザレバ能ハズ。即チ普國内閣員ガ高尚ナル學識ヲ有スルコトハ、右高等官吏登庸試驗法ヲ履ミタルモノニ出ヅルニテ明白ナリトス。次ニ佛國ニ於テモ、政事家中、有力者ハ概シテ大學及ビ諸專門學校ニ於テ、嘗テ修業シタル者ナルコトハ、諸政事家ノ傳記、及ビ新聞、雜誌等ニ就テモ知ルヲ得可シ。以上ハ、單ニ近時政治家ノ教育ニ關スル一二事ヲ擧グルニ過ギズト雖モ、亦以テ現時英、佛、普、各國ノ樞軸者ガ、高等ナル學識ヲ享クタルモノタルヲ知ルニ足ルベシ。今日談論ノ主意ハ、專ラ行政官ニ關スルコトノミノ積リナルガ、此行政官ノ中ニモ亦省畧スベキ者アリ。元來行政官ニハ、第一ニ、直接官ト間接官トノ區別アリテ、間接官トハ、例ヘバ、町村・公會等ノ自治躰制ノ官吏ニ屬シ、即チ間接ニ國家ノ事務ニ服スルモノヲ云ヒ、第二ニハ、本職官吏ト名譽官吏トノ區別ニシテ、名譽官トハ、即チ俸給ヲ受ケズシテ、國家ノ事務ヲ取扱フ者ヲ云フ。因テ此名譽官ト間接官トノ事ハ、今皆省キテ述ベザルコトト致シマス。且ツ又行政官ト云ヘバ、林務官及ビ諸種ノ技師等モ含蓄スルコトナレドモ、此種ノ官吏ハ、其學科ノ差異ニ應ジ、登庸試驗法モ多少異ナリテ、之ヲ枚擧スレバ、徒ニ繁雜ヲ増スガ故ニ、此種ノ官吏ニ關スルコトモ、今務メテ省畧ニ從ヘリ。

前ニ申スガ如ク、今日ハ間接ノ官、名譽官、技師、林務官等ノ事ハ、一切除キテ、特ニ純粹ノ行政官ニ關スル法規ノ內、最要點ト認ムル者ヲ講述スルヲ目的ト爲セドモ、普、墺兩國ニ於テハ、行政官ト法官及ビ代言師トナル者ニ於テ、第一ノ試驗ヲ同一ニシ又英國ニ於テハ、代言師ヨリ判事ヲ選任スルノ慣例アルガ故ニ、爰ニ法官及ビ代言師ノ事モ、其大要ヲ講述セザルヲ得ズ。

乃チ官吏法ノ項目ヲ區分センニ、是レ亦行政學者ニ由リ、多少ノ差異ナキヲ得ズト雖モ、要スルニ此法ヲ大別シテ、任命、權利、義務ノ三項トナシ、任命ヲ再ビ分チテ、任命ノ式及ビ資格ノ二項トナスヲ得ベシ。然ルニ任命式ニハ、英、佛、普各國共ニ、國家元首ノ勅命ヲ以テ任命スル者ト、高等官衙ノ任命スルモノトノ差別アリト雖モ、此差別ハ必ズシモ高等官ト屬官トニ由リテ、區域ヲ立ツル譯ニハアラズ。即チ官吏ハ職務ノ種類ト學識ノ資格トニヨリテ、高等官、屬官、下官ノ三等ニ區分セラル丶モノニテ敢テ任命式ニ關カルニ非ズ。例ヘバ、獨逸帝國ノ法ニ據レバ、高等官ハ帝之ヲ任命スト下レドモ、普國ニ於テハ、上級ノ高等官ハ、悉皆國王之ヲ任命シ、下級ノ高等官ニ至ラバ、大臣ノ任命スル者アリ。奏任試補及ビ大學ノ員外敎授ノ類ハ、大臣之ヲ任命スト雖モ、此職固ヨリ高等官ノ部內ニ列スルモノナリ。

資格ニ數種アリ。第一、國民タルベキコト、第二、國民ノ榮譽權ヲ全有スルコト、第三、職務ニ任スベキ學識、器能ヲ有シ、併セテ年齡ノ制限、官職ノ種類ニ應シ、身元保證金ヲ納ル事等ナリ。然ルニ其資格中、最モ愼重ニ意ヲ用非ルモノハ、即チ職務ニ任ズベキ學識、器能ヲ有スルノ事ナリ。實ニ此ノ官吏ヲ任命スル前ニ、其學識、器能ヲ試驗スル規則コソ、所謂官吏登用試驗法ナレ。而シテ此ノ登用試驗法中、英、佛、普、澳各國ニ於テ、自ラ緊要ナル差異アリ。先ツ英國ニ於テハ登庸試驗ニ、學業履歷ヲ要スルコトナク且ツ高等行政官ニハ、登庸試驗ヲ施サズ。佛國ニ於テハ、之ニ反シテ學業履歷ヲ要シ、即チ試驗規則ニ於テ指定スル公立諸種專門學校、及ビ政府特許ノ私立專門學校ニ於テ、規定ノ修業ヲ經、卒業證書ヲ有スル者ニアラザレバ、登庸試驗ヲ受ケシメズ。或ハ又官職ノ種類ニヨリ、別ニ登庸試驗ヲ施スコトナク、單ニ登庸規則ニ指定スル學校ノ卒業證書、或ハ學位ヲ照スノミニテ登庸スルコトアリ。普、澳兩國ニ於テハ、試驗法最モ嚴重ニシテ、法官、代言人及ビ高等行政官ノ候補ハ、必ズ大學ニ於テ規定ノ修業ヲ終ヘタルモノニアラザレバ、登庸試驗ヲ受クルヲ得ズ。次ニ又英國ニ於テハ、中央考試委員アリテ、專ラ試驗ノコトヲ掌リ、佛國ニ於テハ、各官衙ニ考試委員ヲ置キ、各試驗ノ事ヲ分司ス。然ルニ普國ニ於テハ、法官、代言人、及ビ高等行政官ニハ、二度ノ試驗アリテ、第一、見習試驗ハ、地方高等裁判所ニ於テ之ヲ執行シ、第二、補助官試驗ハ、其判事補助官ニ係ル者ヲパ、判事官考試委員之ヲ掌リ、其行政官補助官ニ係ル者ヲパ、高等行政官考試委員之ヲ掌リ、澳國ニ於テモ亦法官、代言人、及ビ高等行政官ニ二度ノ試驗アリテ、第一、學識試驗ハ文部省之ヲ管掌シ、第二、實地試驗ハ、其法官、代言人ニ係ルモノハ、高等裁判所ニ於テ之ヲ執行シ、高等行政官ニ屬スルモノハ、地方廳ニ於テ之ヲ行ヘリ。併シナガラ、交際官登庸試驗ハ、普、澳共ニ、特ニ外務省ニ於テ之ヲ執行スルコトヽナリ、要之、英、佛、普、澳四國ノ內、官吏登庸法ノ最モ完備セルハ、普、澳兩國ニシテ、澳國高等官登庸試驗ハ、又遙ニ普國高等官試驗法ニ優レルモノ多シトナス。因テ今澳國ニ就テハ、專ラ其高等官登庸試驗法ヲ演述シ、其屬官及ビ下官ノ登庸試驗法ハ、之ヲ省略スルコトヽシ、而シテ普國ノ屬官及ビ下官登庸試驗法ノ要點ニ就テ談話スルアラントス。以上ハ只ダ英佛、普、澳各國ニ於ケル官吏登庸試驗法ノ差異ヲ概敍シタルニ過ギズ。尙ホ此等各國登庸試驗法ノ事情ハ、以下逐次ニ演述仕ルベシ。

英國ニ於テハ、歐陸各國ニ於ケルガ如ク、高等行政官ノ候補試驗アラズ。而シテ內閣員各官衙次官及ビ凡テ其他ノ主政官トナルモノヲバ、上下議院ノ議員中ヨリ之ヲ選出スルナリ。但シ主政官トナル者ノ敎育、學識ノ事ハ、已ニ其要ヲ演述シタレバ、今復茲ニ贅セズ。サテ每ニ內閣ト共ニ更迭スル、凡ソ五十名ノ主政官ヲ除キテ、其餘ノ行政官中、恰モ普、澳各國ノ高等行政官ニ對當スベキ官吏即チ英國ノ高等行政官吏ニハ、書記《クラーク》ノ中、材識アリテ事務ニ熟達スル者、代言師、諸種ノ技師、及ビ士官、僧官等ヲ各行政官衙ノ需要ト便宜トニヨリテ登庸スルコトナリ。故ニ英國ノ官吏登庸試驗ト云フハ、諸種技師、小中學敎員交際官等、某種官吏登庸ノ各專門學科試驗ヲ除キテ、纔ニ書記以下ニ施ス所ノモノニ係リ、其科目ハ彼此ニ稍ヤ難易アリト雖モ、要スルニ皆ナ普通學科試驗ナリトス。現行試驗法ハ、千八百五十五年ニ創制シ、千八百七十年ニ改正、删定シタルモノニシテ此試驗ノ定マラザル前ニハ官吏登庸ニ就テ、著シキ弊害アリキ。即チ書記ノ中ニハ、敎育未ダ不完全ニシテ、職務ニ適セザルモノ甚ダ多ク、勿論大藏、殖民、樞密院、軍務、及ビ租稅官衙ニハ、舊來ノ試驗法アリケレドモ此試驗タル、槪ネ各官衙ノ隨自勝手ニ定メタルモノニ屬シ、又試驗法ハ名ノミニシテ、實際之ヲ行ハザル場合モ甚ダ多カリキ。即チ試驗法ハ槪ネ有名無實ナリケレバ、主政官吏ノ有力者ニ緣故アルモノハ、無賴ノ少年ニシテ尙ホ其推擧ヲ以テ、書記ノ地位ヲ得ルノミナラズ、年月ヲ經テ漸次昇級シ、遂ニ恩給ヲ享クルニ至レリ。且ツ又行政事務官吏ノ任命ハ、當時內閣ヲ組織シ、政權ヲ掌握スル所ノ政黨員、即チ主政官吏ノ左右スル所ナリシヲ以テ、國會議員選擧ノ事ニモ幾許ノ弊害ヲ及ボセリ。假令バ、或ハ選擧地ニ於テ、選擧ニ權勢ヲ有スル者ノ子弟ニ、啗ハシムルニ官ヲ以テシテ、我黨ノ選擧ニ援勢ヲ加ヘシムル等ノ惡計ヲ爲ス如キハ、珍ラシカラヌコトニテ、甚ダシキニ至リテハ主政官ニ縁故アル者、若シ數人ノ男子ヲ有シテ、其内ノ一人ヲ書記ト爲サントスル時ニハ、中ニ就テ最モ不才怠惰ニシテ、獨立ノ事業ヲ爲シ得ル見込ナキ者ヲ選ビテ、之ニ充ツルガ如キ弊害一ニシテ足ラザリシカバ、千八百三十二年ノ行政改正案制定以後、國會ニ於テ大ニ官吏登庸法改正ノ事ニ付キテ議論ヲ起シ、遂ニ千八百五十五年ヲ以テ新ニ其登庸試驗法ヲ制定スルニ至レリ。然レドモ、此試驗法タル、書記ヲ登庸スルニハ必ズ試驗ヲ要スト定メタレドモ、其試驗ノ候補者タルニハ、矢張リ主政官ノ庇蔭ニ頼リ、主政官ノ指名シタル者ニアラザレバ、不可ナリトセシガ故ニ、學識、才能アリト雖モ、主政官ニ縁故ナキモノハ官吏タルヲ得ズ。即チ此試驗法ハ、舊來ノ官吏登用ノ弊害ヲ洗除スルニ足ラザルヲ以テ、千八百七十年及ビ七十一年ニ於テ、更ニ其試驗法ヲ改定シ、專ラ佛國ノ試驗法ニ摸擬シテ、競爭試驗ノ方法ト爲シ、且ツ見習時限ヲ六ヶ月間ト定メタリ。試驗ハ專ラ中央考試委員ノ掌ル所ニシテ、各官衙ノ需要ニ應ジテ及第者ヲ夫レ夫レ分配スルコトトス。實ニ此試驗法ニ於テハ、誰人ニテモ試驗ニ合格スル者ハ、官吏タルヲ得可シ。即チ現今四十四ノ官衙ハ、皆此法ニ循ツテ其事務官吏ヲ登庸セリ。

英國ノ現行試驗ハ、今分チテ二種トナスヲ得可シ。第一、普通學科試驗、第二、專門學科試驗是レナリ。第一種ハ、單ニ書記ノ試驗ニシテ、此書記ニ又三等ノ別アリ。一ヲ上級トシ、二ヲ下級トシ、次ハ少年ヲ書記ニ登用スルノ規則トス。凡ソ此三種書記登庸試驗ニハ、多少ノ難易アリト雖モ、要スルニ其科目ハ普通學ナリトス。又試驗ノ回數ハ二度ニシテ、第一回ノ試驗ニ及第セザルモノハ、第二回ノ本試驗ヲ受クルヲ得ズ。第二種ハ、諸種技師等ヲ登庸スルノ試驗ニシテ、其專門ノ差異ニヨリ、試驗科目モ自ラ異ナレリト雖モ、概スルニ一ニ普通學科、二ニ專門學科ノ兩ツニ外ナラズシテ、普通學科ノ試驗ニ落第スルモノハ、專門學科ノ本試驗ヲ受クヲ得ザルコトナリ。

佛國ニ於テハ、普、澳兩國ニ於ケルガ如ク、一般普通ノ登庸試驗法アラズト雖モ、概シテ官吏ハ、數多ナル諸種學校ノ卒業證書、學位ヲ徵認セラレ、間々官職ノ種類ニヨリテハ、特ニ試驗シテ登庸スルコトトシ、彼ノ英國登庸試驗ノ學業履歷ヲ要セズ、單ニ試驗ニ合格スルヲ以テ足レリト爲スノ比ニアラズ。況シテヤ高等官吏候補ノ試驗ニ至リテハ、一層嚴重ニシテ、此規則ニ指定セル學校ニ於テ、規定ノ修業ヲ經、卒業證書、或ハ學位ヲ有スルモノニアラザレバ、試驗候補者タルコトヲ得ザルヲ通例ト爲セリ。佛國登庸法ハ、茲ニ大別シテ三種トナス。第一、特別ノ學識、資格ヲ要セズシテ登庸スルコト、但シ特別ノ學識、資格ヲ要セズシテ、登庸セラルヽモノ、現今漸ク減少スルニ至レリ。第二、諸種學校ノ卒業證書、或ハ學位ヲ徵認シテ登庸スルコト。第三、特別ノ登庸試驗ヲ要スルコト。案ズルニ佛國ニ於テハ、官吏候補者養成ノ爲メニ、高等師範學校、及ビ文學部、理學部アリ。判事、檢事等ノ法官候補者養成ノ爲メニハ、法學部アリ。諸種技師養成ノ爲メニハ、工藝專門學校、及ビ土木工師專門學校アリ。鑛山冶金師養成ノ爲メニハ、鑛山學校アリ。通辨、譯官養成ノ爲メニハ、語學校アリ。其他山林學校等幾種ノ專門學校ヲ設ケ、官吏ノ候補者ヲ養成シ、都テ其規定ノ修業ヲ卒ヘ、卒業證書ヲ得、或ハ學位ヲ有スルモノヲ登庸セリ。現ニ司法省、文部省、及ビ海軍省ノ員外生ト稱スルモノ、此類例ナリ。次ニ特別ノ試驗ヲ以テ登庸スルモノニ就テハ、其内最モ著シキ例ヲ擧グレバ、即チ參事院見習生、交際官及ビ領事見習生、會計檢査院見習生、財務監督補助官、內務省、大藏省員外生候補ノ試驗等トス。此等ノ試驗ハ、各官衙ニ於テ其規則ヲ異ニシ、各自ラ試驗委員ヲ設ケテ、之ヲ執行セシムルヲ以テ、今一々枚擧スルニ暇アラズト雖モ、概シテ參事院、交際官、內務、大藏見習生候補ハ、競爭試驗ニシテ最高點ヲ得タルモノヨリ、順次ニ一定員ダケヲ採用スル者タリ。其試驗科目モ亦各官衙相同シカラズト雖モ、參事院、交際官、會計檢查院見習生、財務監督補助官及ビ內務省、大藏省員外生候補試驗科目ハ、專門學科ナリトス。凡ソ競爭試驗ニハ二種ノ區別アリ。第一ハ、作文ニシテ、此試驗ニ落第スル者ハ、第二試驗、即チ本試驗ヲ受クルヲ得ズ、但シ競爭試驗ノ法ニ由ラザル場合ニ於テハ、單ニ本試驗ヲ施スノミ。サテ本試驗ハ、書面及ビ口上ノ二樣ヲ課スルモノニテ、此試驗ニ及第シ、始メテ見習生トナルナリ。但シ此內定期ノ見習ヲ爲シタル後、復タ任官ノ候補試驗ヲ受クルヲ要スルモノアリ。即チ交際官試驗ノ如キ是レナリ。加之、財務監督補助官試驗モ亦此見習後、任官ノ候補試驗ニ當ル者トス。要スルニ、試驗ニ及第シ、或ハ卒業證書、或ハ學位ヲ以テ登庸セラルヽモノハ、皆見習生、員外生其他種々ノ名目ヲ以テ、見習ヲ爲サザルベカラズ。而シテ其期限ハ、官吏ノ種類ニヨリテ差異アリ。又見習生ニシテ、給料ヲ受クル者ト、全ク無給ナル者トアリ。大藏省ノ競爭試驗ニ於テ、見習生トナルモノヽ如キ見習年期間ハ、全ク無給料ナルヲ以テ、此年限中費用ヲ自辨スルノ資産アルモノニアラザレバ、其試驗ニ應ズルヲ得ズ。

以上ハ、普、澳兩國ノ高等官及ビ上級ノ屬官ニ對當スベキ佛國官吏登庸試驗ノ概略ナリ。抑佛國ニ於テハ、行政ノ統一ヲ專要トシ、特ニ大臣ノ國會ニ對スル責任ヲ重クスルヲ主意トシ、都テ行政ヲ嚴密ニ統理管制スルコト大臣ノ一手ニ歸シ、從ツテ其行政事務官ノ地位タル、普、澳兩國ノ官吏ニ比スレバ、頗ル卑下ナルヲ以テ、今佛國官吏ト普、澳各國官吏トノ登庸試驗法ニ關シテモ、精密ノ比較對照ヲ爲スコト難シ。且ツ又佛國ノ下等附屬員登庸法モ、極メテ區々ニシテ、一定ノ規則アラザルヲ以テ、亦此ニ明示スルヲ得ザルナリ。但シ文武官衙ノ附屬員中ニ、必ズ十二年間ノ兵役ヲ終ヘタル下士官ヲ登庸スルノ一規則アリ。

總之、英、佛、獨、墺各國中ニ於テ、官吏登庸法ノ最モ完備セルハ、獨逸國及ビ澳國ナリトス。而シテ獨逸聯邦中ノ官吏登庸試驗法ニハ、彼此多少ノ差異アリト雖モ、大抵ハ普國登庸試驗法ニ類似スルニ非ラザレバ、必ズ澳國登庸試驗法ニ相等シキモノナレバ、今此二國ノ登用試驗法ヲ擧グレバ、以テ他ハ類推スルヲ得ベシ。然ルニ普國登庸法中、今日ニ於テハ、較ヽ墺國及ビ南獨逸諸國ノ登庸試驗法ニ劣ル所ノモノナキニアラズト雖モ、元來官吏候補者ハ、學識、器能ノ試驗ヲ要スト云フ主義ヲ公法ト爲シタルハ、普國ノ創業ニ出デ、現今其他ノ獨逸聯邦ニ於テ、渾テ官吏登庸試驗法ヲ以テ、國家ノ公法ト爲セルモ、全ク普國ニ模倣セル所ナリ。抑普國ノ普通法典、及ビ憲法ニ據レバ、凡テ官吏候補者ハ、學識、器能ヲ證明スルヲ要ストナセリ。實ニ此學識、器能ヲ證明スト云フモノコソ、即チ登庸試驗ナレ。サテ試驗ノ手續、及ビ試驗ニ必要ノ學業履歷ハ、高等官屬官、及ビ下官、夫レ〳〵ニ區別アリテ、又高等官中ニモ、諸種技師、林務官、交際官等ハ、各其職掌ニ應ジ、登庸試驗ノ手續ヲ異ニスレドモ、概シテ高等官候補ハ、大學及ビ諸種ノ專門學校ニ於テ、規定修業ノ上、見習候補試驗ヲ經、更ニ定期見習後ノ任官候補試驗ヲ要スルナリ。

普國ニ於テハ、高等行政官及ビ法官候補者ハ、大學ニ於テ修業スルコト、少ナクモ三ケ年間ニシテ、特ニ其一ケ年半ハ、獨逸大學ニ於テ之ヲ爲シタル後、地方高等裁判所ニ於テ、見習候補試驗ヲ受ケ及第スルモノノ內、其法官候補者ニ在リテハ、更ニ四年間裁判所ニ於テ見習ヲナシタル後、一般普國ノ法官試驗委員ニ就テ、補助官試驗ヲ受ケ、又高等行政官候補者ニ在リテハ、二ヶ年間裁判所ニ於テ見習ヲナシタル後、縣廳若シクハ郡區役所等ニ於テ、行政事務ノ見習ヲナシ、而ル後更ニ高等行政官試驗委員ニ就キテ、補助官試驗ヲ受ケ、以テ補助官トナルナリ。第一試驗、即チ見習候補試驗ノ科目ハ、私法、公法、諸科法律、歷史幷ニ國家學ノ大要ニシテ、其方法ハ、論策及ビ口頭試驗ナリトス。第二試驗、即チ補助官試驗ニ於テハ、法官候補者ニ在リテハ、諸科法律幷ニ裁判ノ實務ヲ施シ、高等行政官候補者ニ在リテハ、普國現行ノ公法、私法中、特ニ憲法、行政法幷ニ應用經濟、及ビ財政ノ事ヲ施シ、亦同ジク論策、口頭ノ二方ヲ以テス。以上ハ、普國高等行政官及ビ法官登庸試驗ノ大略ナリトス。按ズルニ、獨逸帝國裁判組織法ニ於テハ、法官候補見習期限ヲ三ヶ年トシ、其內一ヶ年間ハ、行政官衙ノ事務見習ヲナスヲ得ベシトノ定ナレドモ、此見習期限ハ、聯邦各々其法律ニ因リテ、自由ニ延長シ得ルヲ以テ、今普國ノ如キモ仍ホ舊制ニ依リテ、之ヲ四年間ノ見習トナスモノナリ。

屬官中種類ニヨリテハ、武官ノ軍務ノ劇急ニ堪フル能ハザルニ至リタルモノ、及ビ下士官ノ服役十二年間ニ及ビタルモノヲ登庸シ、又州廳以下ノ屬官ニハ、此等解役武官及ビ他ノ屬官候補者ヲ交ヽ登用セリ。但シ此二種ノ解役武官ノ屬官候補者ト雖モ、試驗ヲ要スルコト勿論ニテ、且ツ國王ヘ奏上シ、閣會ヲ以テ屬官タルコトヲ特許セラルヽモノヽモ、一ニ武官ノ候補ト資格ヲ同ジウスルコトナリ。

屬官中ニ於テ武官ノ候補ヲ任用スル能ハザル地位ニハ、別ニ屬官員外生候補ト成ラバ、兵役サ卒ヘタル者ニシテ、三年間生計ヲ自辨シ得、高等中學第一級卒業證書、或ハ高等庶民學校ノ全科卒業證書ヲ有スルヲ要セリ。而シテ高等官候補見習生ナレバ、特別ニ試驗ヲ要セズシテ屬官トナルヲ得ルト雖モ、尙ホ事務ニ堪フルノ證明ヲナスコトヲ要ス。下官ニ至リテハ、通例解役下士官ヲ以テ任ジ、其中ニモ職務ノ殆ド器械的ニ過キザル驅使役ノ如キハ、一ケ月限ヲ以テ任用シ、其餘六ケ月ノ間試務官ト爲シ、然ル後本職ニ任ズルコトトス。

澳國官吏登庸法中、高等行政官及ビ法官ノ候補試驗ニハ、普國登任試驗ニ優レルノ條項少カラズ。乃チ左ニ概述スル所ヲ見テ知ルベシ。澳國ノ登庸試驗ハ學識試驗及ビ實務試驗ノ二種ニシテ、此學識試驗ト稱スル者ハ、普國ノ見習生候補試驗ニ對當シ、實務試驗ト稱スル者ハ、普國ノ補助官試驗ニ對當セリ。而シテ第一試驗、即チ學識試驗ハ、專ラ文部ノ管掌スル所ニシテ、殊ニ試驗委員ヲ任ジテ之ヲ施行セシム。而シテ委員ハ常ニ概ネ大學敎員ヨリ成レリ。

凡ソ高等行政官及ビ法官ノ候補ハ、四年間大學ニ於テ法律及ビ國家學ノ諸科目ヲ修業シ、右學識試驗ヲ三回受ケザルベカラズ。即チ第一度目ノ試驗ハ、法律歷史的試驗ト稱シ、其科目ハ、羅馬法、寺院法、獨逸民法及ビ獨逸澳國法律歷史ニシテ、其大學修業年間、二ケ年目ノ終ニ受クル者トス。且ツ此試驗ハ、博士ノ學位ヲ得ント欲スル者モ受クベキモノタリ。第二度目ノ試驗ハ、法律的試驗ト稱シ、其科目ハ澳國私法、澳國商法、及ビ爲替法、訴訟法、刑法、及ビ治罪法ニシテ、其四年間修業ノ終ニ之ヲ受クルモノトス。第三度目ノ試驗ハ、國家學的試驗ト稱シ、其科目ハ、統計、經濟、財政學ナリトス。其餘尙ホ國際公法、國法、法理哲學、行政學ハ、特ニ學識試驗ノ科目中ニ加ヘズト雖モ、必ズ併セテ修業セザルベカラズ。

第二試驗、即チ實務試驗ハ、凡ソ高等行政官ノ候補タル者、右學識試驗ヲ經、更ニ六週間以上三ケ月以內、假リニ試ミノ見習ヲナシ、始メテ見習生ニ任ゼラレ、少クモ一ケ年間、地方廳及ビ其他ノ行政役所ニ於テ事ニ從フノ後、方ニ地方廳ニ於テ之ヲ受クルモノトス。此實務試驗ハ、勿論實地事件ニ付キテ施行スルヲ本旨トナシ、書面及ビ口頭ノ二方法ヲ用井、乃チ書面試驗ニ於テハ、試驗場ニ入リ、豫定時間ヲ以テ官省ヘ差出スベキ報告書ノ草案、或ハ其他各般ノ行政事務ヲ處辨スルノ方案ヲ作ラシメ、口頭試驗ニ於テハ、官制及ビ行政官一般ニ必要トスル法律、幷ニ布告、直稅ニ關スル諸規則、事務章程及ビ事務ノ取扱方ヲ質詢スル者ナリ。

法官候補者モ亦高等行政官ト同樣ノ手續ヲ以テ、見習生ニ任ゼラレテ、少クトモ、一ケ年間裁判所ニ於テ事ニ從フノ後、方ニ高等裁判所ニ於テ實務試驗ヲ受クルヲ要ス。此試驗モ書面及ビ口頭ノ二方法ニヨリ專ラ實地ノ事件ニ就テ試ムルヲ目的トナスコト勿論ナリ。以上ハ法官及ビ純粹高等行政官ノ登庸試驗法ノ概要ニ過ギズシテ、此他尙ホ主稅官、林務官、諸種技師等ノ試驗アリ。各其科目ヲ異ニシ、從ッテ試驗手續モ亦異ナル所アリト雖モ、姑ク此ニ略ス。

抑澳國登庸試驗ノ普國ト異ナル要點ハ、登庸試驗候補者ノ修業年限、幷ニ見習年限、第二試驗ノ方法第三試驗委員、及ビ學位ニ關スル事等ニシテ、卽チ墺國登庸試驗ノ普國ニ優レル點ハ、實ニ此ニアリトス。普國ノ登庸試驗法ハ、初メノ程コソ獨逸聯邦ノ各模範トスル所トナリタレ、爾來學術益進歩シ、文運愈上達シタル今日ノ地位ヨリ見レバ、漸ク不完全ノモノトナリタルハ、免レザル所ナルヲ以テ、現ニ改正ヲ主張スルノ諸家少ナカラズ。中ニモ最モ著名ナルハ、ブルンチル、ダーンギルケ、ゴルドシュミド、グナルグマイエル、シユルテ、スタイン、グナイストノ諸氏ニシテ、此等諸氏ノ改正セント要スル件項ハ、單ニ一二ニ止マラズ。且ツ其意見モ互ニ多少ノ差異ナキ能ハズト雖モ、畢竟スルニ、其第一要點ハ即チ試驗候補者ノ修業年限ニアリ。夫レ普國ニ於テハ、依然舊時ノ制度ヲ株守シ高等行政官及ビ法官候補者ニ必者トスル大學修業年限ヲ三ケ年ト爲セリ。(但シ是ハ少ナクモ三ケ年ト云フ主意ニシテ、三ケ年以上修業スルヲ不可トスルニアラズ。)實ニ此三ケ年ト定メタルハ、當時ニ於ケル社會ノ有樣及ビ學術ノ進度ニハ、相當セル斟的ノ法ナルベシト雖モ、今ヤ社會ハ著シク上進シ、學業益高度ニ達シ、術藝愈々科目ヲ加ヘタルヲ以テ、三ケ年ノ大學修業ニテハ、決シテ高等行政官、及ビ法官ニ須要ノ諸學科ヲ學ビ得ルニ足ラザルナリ。ボン大學教授シユルテ嘗テ曰ク、余往時墺國ニ於テ、千有餘名ノ高等官候補者ヲ試驗シ、後八年來ハ、普國クルンニ於テ、高等官吏候補者ヲ試驗セシガ、相比スルニ概シテ墺國候補者ノ遙ニ長ク、試驗ノ預修ヲ備ヘ居ルコトヲ認メタリ云々、グナイスト、ゴルドシュミド、ゲヲルグマイエル諸氏モ、皆普國高等官吏候補者ニ要スル修業年限ノ短少ニシテ高等官吏ニ必須ノ諸學科ヲ學ヒ得ルニ足ラザルコトヲ慨歎シ、乃チ墺國ニ於ケルガ如ク、高等官候補者ノ大學修業年限ヲ四ケ年トナシ、見習年限ヲ三ケ年トナサンコトヲ主張セリ。第二、普國ニ於テハ、論策ヲ作ラシムルニ與フルノ時間六週ニ亘ルヲ以テ、其論策ハ假定他人ノ補助ヲ籍ラス自ラ作ルモノタルノ誓ヲナスニ關セズ、尚ホ他人ノ力ニ成ルノ虞慮アルヲ免レザルヲ以テ、是亦墺國ノ專ラ試驗場ニ於テ書面試驗ヲナスノ優レルニ若カズト爲スベシ。第三ニ、普國ノ見習候補試驗即チ第一登庸試驗ハ、單ニ大學ニ於テ法政諸學科ヲ修業シタル學生ニシテ、尚ホ實務ノ經驗ナキモノニ施スノ試驗ナレバ、即チ其目的モ亦候補者ノ、果シテ實務ニ通スルヤ否ヤヲ問フニアラズシテ、其高等官ニ須要ノ學識ヲ有スルヤ否ヤヲ證明セシムルニアリ。故ニ此見習候補試驗モ、墺國ニ於ケルガ如ク、專ラ文部省ニ於テ之ヲ管掌シ、學問ヲ本職ト爲ス者ヲ委員ニ選定シテ、試驗ヲ執行セシムルノ適當ナルニ若カズトナス。設シ然ラズシテ學術ノ宿修アル者ヲ以テ、偏ニ事務者ヲ選ビテ定メタル委員ノ手ヲ付シ、其實務ノ試驗ヲ爲サシムルニ至リテハ、候補者ノ迷惑モ亦幾許ゾヤ。然ルニ尙ホ普國ニ於テハ、高等行政官及ビ法官ノ見習生候補試驗、即チ學識試驗ヲ地方高等裁判所ニ於テ執行シ、其委員ノ多數ハ法官ヨリ成レリ。意フニ是レ歷史ノ事件ニ因襲セル者ニシテ、蓋シ舊ト普國ニ於テ大宰相ト稱スベキハ、國王ノ顧問官ニシテ、此官ニハ專ラ學者ヲ以テ任ジ、別ニ大臣ノ設ナカリシガ、爾後司法大臣ノ如キ官ヲ置キテ、大宰相ニ副貳シ、都テ司法及ビ敎育、宗敎ノ事務ヲ掌ラシメ、遂ニハ司法並ニ文部ノ事務部ヲ合成スルニ至レリ。斯クテ千八百八年頃、各省設立ノ際、一般ノ敎育事務ハ、内務省ニ附屬セシト雖モ、純粹學術試驗ノ事務ハ、仍ホ司法ニ於テ管掌シ、千八百十七年新ニ文部省ノ設立アルニ關セズ、續キテ今日迄其登庸試驗等ヲ專管シ、而シテ試驗委員ノ多數ハ實際家ヨリ選ブナリ。然リト雖モ、今日餘ノ獨逸邦ノ多數、即チ王國、バヽリア、サキソン、ヴュルテムベルク大公國、ヘツセン及ビメクレンブルグ等、並ニ澳國ニ於テハ、固ヨリ試驗委員ハ、概子敎員ヨリ選任スルコトヽス。

學位ノ事ニ付キテモ、佛、英米、獨、澳ノ各國、其制度ヲ異ニスルコト勿論ニシテ、特ニ獨逸國ニ於テハ、各大學ニ博士學位號ノ候補試驗アリ。各多少殊別ノ規則ヲ設クルヲ以テ、自然ニ博士ノ學位ハ、學者ノ名譽トスル所ナリト雖モ、普國ニ於テハ公法上博士號ヲ要シ、博士號ヲ以テ登庸試驗ニ必要トナス場合ハ、單ニ大學ノ教員候補者等ヲ試ムルノ際ノミニテ、博士號ハ、敢テ高等官登庸試驗ニ代用シ得ルモノニアラス。即チ全ク高等官吏登庸試驗トハ、相關カラヌナリ。之ニ反シテ佛國ニ於テハ、學士及ビ博士ノ學位ヲ以テ登用スルノ例甚ダ多ク且ツ專ラ試驗ヲ以テ登庸スル者ノ内ニ於テモ、會計檢查院見習生試驗ノ如キハ、法學士ノ學位ヲ有スル者ニアラザレバ、之ヲ受クルヲ得ズ。其他此ノ學位ヲ須要ノ資格ト爲ス、見習生候補試驗ノ類例頗ル多シト雖モ、交際官見習生及ビ參事院見習生候補試驗ニ於テハ、敢テ法學士號ヲ有スル者ヲ以テ限界ヲ立テズ。澳國ニハ、其普通ノ規則アリテ、自ラ獨逸トハ學位ノ制度ヲ異ニシ、即チ博士號候補試驗ハ、登庸試驗ノ第一試驗、即チ學士試驗ト同等ノ權力ヲ有スルナリ。故ニ墺國ニ於テ、博士號ヲ得タル者ハ、第一登庸試驗、即チ學識試驗ヲ受クルヲ要セズト雖モ、獨リ代言人ノ候補者ニアリテハ、第一登庸試驗ヲ受ケ、見習生タルノ間ニ於テ、特ニ此ノ博士號候補試驗ヲ受ケ以テ、博士號ヲ得ルヲ要ス。蓋シ代言人候補ノ見習年限ハ、共ニ三ヶ年ニシテ、其内ノ一ヶ年間ヲ博士ヲ得タル後ノ見習期トナシ、更ニ高等裁判所ニ於テ實務試驗ヲ受ケザルベカラズ。其試驗手續ハ法官候補試驗ト略同一ニシテ、特ニ試驗委員ノ內ヘ代言人一名ヲ加フルヲ異ナリトス。普國ノ代言候補試驗ハ、法官候補試驗ト同一ニシテ、又英國ニ於テハ、法官中純粹ノ法官ヲ代言人ヨリ選任シ、法官位階ノ差異ニ應シ、五年、七年、十年、十二年或ハ十五年間、代言業務ニ從事シタル者ヲ、之ニ適用スルノ定例アリトス。

凡ソ國ニ官吏登庸法ノ制定アリ、試驗ヲ嚴ニシ、選任ヲ公ニシ、親戚、故舊、公子、侯孫ト雖モ、一ニ此法ニ由リ試驗ニ及第スルモノニアラザレバ、之ヲ官ニセザルノ事ハ、洵ニ人ノ爲メニ官ヲ設クルカ如キノ弊ヲ塞グノ良法ナリ。然リト雖モ、尚ホ官吏ニ其官位ニ就テノ權利ナク、其免職或ハ非職ハ長官即チ主政官ノ隨意ニアリテ、主政官ノ更迭、變動每ニ、行政官ノ域內ニモ、風波震搖アラシムル時ハ、行政官吏タル者ハ、只ダ汲々トシテ一身ノ計ヲナシ、決シテ官務ヲ扱取フコト十分親切ナルベカラザルナリ。之ニ反シテ、既ニ公平嚴重ノ登庸試驗法アリテ、學識、器能ヲ具フル者ヲ各適任ニ置クノミナラズ、其官位ニ就テノ權利ヲ確定シ、官吏ニ怠慢、過失、或ハ其他免非職スベキノ事故アルモ、尙ホ且ツ一定ノ裁判手續ニ準ヒ、之ヲ公判ニ附セザレバ、沙汰スルヲ得ザラシムル時ハ、官吏ハ全力ヲ官職ニ盡シ、他ニ顧慮スルコトナク、其績ヲ効スヲ得ベシ。且ツ夫レ官吏登庸試驗法ヲ設クル以上ハ、世ノ官吏トナラント欲スルモノ、之ガ爲メニ久シキ年月ト、幾多ノ財貨トヲ費シ、以テ試驗ニ須要ノ學識ヲ得ルコトヲ務ムルコトナレバ、其漸クニシテ官吏トナリタルノ後、事故ナク之ヲ免非職スル時ハ、猶ホ商人ガ幾許ノ年月ト、金錢トヲ費シテ商業ノ準備ヲ爲シ、漸ク開店スルニ迨ビ、一朝水難火災等ノ爲メニ、盡ク其資ヲ奪ヒ去ラルヽト、殆ド相擇バザルベキナリ。故ニ官吏權利ノコトハ、甚ダ緊要ナル論題ナリト雖モ、此ハ今日論辯ノ主意ニアラザレバ、私ハ今只ダ英、佛、普三國ニ於ケル、官吏權利ノ概況ヲ擧ゲテ、姑ラク其優劣ヲ示サントス。凡ソ官吏權利ノ大綱ハ、玆ニ分チテ二種ト爲スヲ得ベシ。即チ官位ニ就テノ權利、及ビ官位ヨリ生ズル權利是ナリ。官位ニ就テノ權利トハ、官吏ガ其官位ヲ保有シ得ルノ權利ニシテ、主政官ノ隨意ニ之ヲ轉免非職シ得ザル者ヲ云フ。官位ヨリ生ズル權利トハ、位階、稱號、俸給、恩給、及ビ其他扶助金等皆其條目ナルガ故ニ、今別ニ詳說スルヲ要セザルベシ。乃チ伊、佛、普三國ノ官吏ガ、其權利ヲ有スルヤ否ヤヲ述ベンニ、英國ノ官吏中、純粋ノ判事ハ、皆終身官ニシテ、以上兩種ノ權利、即チ官位ニ就テノ權利及ビ官位ヨリ生ズルノ權利ヲ有セリ。(會計檢査官ノ內、若干員モ此兩種ノ權ヲ有ス。)然リト雖モ、行政官ハ概シテ法律上ヨリ見レバ、此兩種ノ權利ヲ有セズ。故ニ其官位或ハ俸給等ニ就テ訴訟ヲ起シ、又ハ免職ノ不當ヲ出訴シ、或ハ俸給ヲ要求スルノ權利ナシ。即チ主政官ハ、其部下ノ官吏ヲ隨意ニ免黜スルノ專權ヲ有スト雖モ、實際ハ大ニ之ニ反スルヲ見ル。蓋シ英國ニ於テハ、國會ノ勢力甚ダ大ニシテ、行政ヲ監視スルコト最モ嚴密ナルガ故ニ、官吏ニ確然タル過失等アリテ、免黜スベキ理由ノ顯然タルモノニアラザレバ之ヲ如何トモスル能ハズ。今最モ著シキ例ヲ言ハヾ、千八百四十八年頃ニ、一ノ郵便配達人ヲ免職シタルニ就テハ、殊ニ二千百六十枚ノ證據書類ヲ國會ヘ提出シテ、査明ニ充テタリト云フ。實ニ高等行政官ヲ免黜スル等ノ事ニ際セバ、國會ニ於テハ、一場ノ大議論ヲ生シ、恰モ之ヲ以テ國家緊要ノ一事項ノ如クニ看做セリ。此ノ如ク國會ノ監視、嚴密ナルガ故ニ、英國ノ行政官ハ、實際終身官ニシテ、免職ハ獨逸諸國ニ於ケルヨリモ却テ少ナシトス。乃チ一度官ニスル時ハ、之ヲ免黜スルコト甚ダ難キガ故ニ、下等官ノ內、其職務ノ、殆ド器械的使役ニ過ギザルモノニ至リテハ通例一週間位ノ定期雇ニ爲スヲ多シトス。但シ巡査ノ中ニハ免職數々ナリト云フ。

佛國ニ於テハ判事中會議制裁判所ノ判事及ビ會計檢査院僚員ハ終身官ニシテ前兩種ノ權利ヲ有セリ。然レドモ一般行政官ハ時宜ニ依リテハ其官位ヨリ生スルノ權利即チ俸給及ビ恩給等ヲ行政裁判ノ手續ニ準テ要求スルノ權利ヲ有スレドモ固ヨリ終身官ニアラザレバ當然官位ニ就テノ權利ナク隨時ニ免職セラルベキナリ。但シ其内ニモ參事院ノ僚員鑛山技師建築技師高等敎員等ヲ免黜スルニハ其理由ヲ證明シ同列員ノ意見ヲ諮詢スルヲ定例トス。

普國ニ於テハ凡ソ官吏ハ定期任命ノモノヲ除クノ外皆終身官ニシテ即チ其官位ヲ保有スルノ權利及ビ其官位ヨリ生ズルノ權利ヲ有スルニ因リ裁判ノ手續ニ依ラズ勝手ニ之ヲ免黜スルヲ得ズ。故ニ官吏ヲ免職スルニハ左ノ場合ニ限ルコトトス。

第一裁判上懲役ニ處セラレ或ハ庶民ノ權利或ハ官吏タルノ權利ヲ剝奪セラレタル者第二官吏懲戒例ニ於テ免職ノ裁判判決ヲ受ケタルモノナリトス。凡ソ前二條ノ場合ニアラザレバ、行政官ト雖モ、濫リニ免職スルヲ得ズ。但シ又行政官ハ左ノ場合ニ於テハ、裁判ノ手續ヲ要セズシテ處分セラルベシ。即チ前官職ト等給、及ビ俸給額ヲ同ジウスル官職ニ轉任セシメ、或ハ待命金ヲ給與シ、暫時之ヲ非職トナシ、或ハ疾病ニヨリ、永久職務ヲ執ル能ハサル確證アル者ニ、制規ノ恩給ヲ附與シ、免職スルノ類是ナリ。然レドモ判事ニアリデハ、裁判ノ手續ニ由ラザレバ、此處分ヲ爲ス能ハズ。行政官吏懲戒裁判ニハ、豫審ト口審トノ手續ヲ要シ、其裁判所モ、亦始審ト終審トノ二種アリ。凡テ國王及ビ大臣ノ任命シ、或ハ認可ヲ以テ任命シタル者ノ始審裁判所ハ、即チ伯林ニ設置スル懲戒裁判法院ニシテ自餘ノ官吏ノ始審裁判ハ、其所管地方ノ諸官衙ニ於テ、各裁判委員ヲ設ケテ之ヲ執行セシム。又終審ハ、内閣ニシテ、始審裁判ニ不服ノモノヲシテ上告スルヲ得セシムル處トス。伯林懲戒裁判法院ハ、内閣ノ直管ニシテ、其委員ハ判事長及ビ十名ノ判事ヨリ成リ、其内少クモ四名ハ伯林高等裁判所ノ判事ヨリ選抜スベキモノトシ、此等委員ノ在職期限ハ三ヶ年トス。而シテ裁判ヲ開クニハ、少クモ七名ノ委員ヲ要シ、其内少クモ二名ハ伯林高等裁判所ノ判事ナラザルベカラズ。以上ハ官位ニ就テノ權利ノ概況ニシテ、特ニ普國官吏ハ渾ヲ其官位ヨリ生ズル權利モ之ヲ有シ、即チ其官位ニ屬シテ收ムベキ俸給、及ビ其他手當金等ノ權利ハ、任命ト同時ニ得ル者ナリ。故ニ本人ノ所願ニテ辭職シ、或ハ裁判判決ニヨリ免職シ、或ハ懲戒裁判ノ手續ニ依ルモノニアラザレバ、之ヲ奪却スルヲ得ズ。而シテ其官職ヲ停止スル場合ニ於テハ、其間俸給ノ半額ヲ給與スルコトトセリ。

抑普國ニ於ケル如ク、官吏ノ權利ヲ鞏固ニシテ、而モ之ニ對スル義務ヲ嚴重ニセザレバ、到底官吏ノ怠慢ヲ戒飭シ、之ヲシテ小心翼々拮据其職務ニ從事セシムルコトヲ得ザルベシ。實ニ普國ニ於テハ、登用試驗法、權利、義務ノ三者、共ニ頗ル完備セリトイフベシ。英國ノ官吏法ハ、制法ヨリ見レバ、甚ダ不完全ナリト雖モ、實際ニ於テハ、權利、義務共ニ慣例ニヨリテ自ラ定立スルコト既ニ述ベタルガ如シ。蓋シ英國ノ行政官吏登用試驗法ト稱スル者ハ、即チ屬官登用試驗ニシテ、特別ニ學識ヲ要スル高等行政官ノ試驗法アラザルハ、甚ダ解シ難キガ如シト雖モ、元來英國ノ政躰ハ、代議政躰ニシテ、國會ガ行政ニ干渉スルコト嚴密ニシテ、內閣ト共ニ交迭スルノ主政官甚ダ多ク、既ニ此講演ノ發端ニモ述ベタルガ如ク、主政官トナル人ハ大學及ビ法院等ニ於テ、充分ノ修業ヲ經、高尙ナル學識ヲ有スル者タラザル可ラザル有樣ナルガ上ニ其國內地方自治ノ權限モ亦强大ニシテ、地方行政事務ハ、自治官吏躬ラ之ヲ處辨スルコト多キガ故ニ、佛、普澳各國ニ於ケルガ如ク、高等行政官ノ登用試驗ナキモ、實際ニハ著シキ弊害ヲ生ゼザルノミ。若シ夫レ佛國ニ於テモ、一般ノ官吏登用法ナシト雖ドモ、現ニ在任スル者ニ施ス所ノモノ頗ル嚴密ニシテ、官吏ノ義務ヲ鄭重ニス。但シ行政官吏ニ、其官位ニ就キテノ權利ヲ有セシメザルハ偏僻ノ制度タルヲ免レザレドモ、是レ行政ノ統一ヲ主トシ、大臣ガ國會ニ對スルノ責任ヲ嚴重ニスルヨリ生ジタル者トス。我國ノ官吏法ヲ制定スルニ際シテハ、英、佛、普各國ノ國吏法中、果シテ孰レヲ模倣スベキカ、是レ當局事者ノ規畫スル所ニシテ、余ノ干リ知ル事ニアラズト雖モ、余ハ尙ホ登用試驗法、權利、義務三者ノ完備スル眞ニ目出度キ官吏法ノ制定アランコトヲ希望スルナリ。諸君モ亦余ト感ヲ同ジウスルヤ否ヤ。

第十三　英、佛普比較地方制度要領

國民ヲシテ治國ノ事ニ參與シ、眞正ノ自由ヲ保有セシムル法二アリ。即チ立法及ビ行政ニ參與セシムル是ナリ。立法ノ自由ハ、憲法制定、國會ノ設立ニ由リテ得ルト雖モ、行政ノ自由ハ、獨リ憲法ノ制定、國會ノ設立ニ由リテ得ル能ハズ。政府ノ權力、責務ヲ確定シ、行政裁判ノ制度ヲ組織シ、國會ノ行政監視權、人民歎訴權ヲ確定スル時ハ、法律、布令達旨ノ調和ヲ保チ、諸般ノ行政ハ、皆憲法準據ノ者タルヲ得ルト雖モ、國會、政府共ニ、國家ノ中央機關ニシテ國內ノ各部各所ヲ集合統一シタル地位ニ立チ、而シテ政府ハ憲法準據ノ政務ヲ全國ニ執行スルヲ以テ職務ト爲シ、各地各所ノ便宜ト區々事物トノ關係ヲ一々斟酌シテ、各地各所ニ適合ノ政務ヲ執行スル能ハズ。故ニ行政ノ自由ハ、各地各所ノ便宜ト各箇事物トノ關係ヲ熟知シ、法律ノ範圍內ニ於テ政務ヲ實施スル地方行政機關ノ組織其宜シキヲ得、自治ノ權限其當ヲ得ルニアラザレバ、之ヲ得ル能ハズ。英國ノ如キ國會アリ、政府ヲ監視スルコト嚴密ナリト雖モ、英國ノ地方自治制ナクンバ、英國ノ行政自由ヲ得ル能ハズ。佛國國會ノ勢力强盛ニシテ、行政府ヲ監視スルコト嚴密ナリト雖モ、地方制度ハ官治ヲ主トシ、地方自治ノ權限甚ダ微少ニシテ、行政ノ自由甚ダ僅少ナリトス。是レ蓋シ佛國民ノ着實、進取ノ性質ニ乏シク、輙モスレバ國政ニ對シ不平心ヲ懷キ屢騷擾ヲ起スノ一原因ナルベシ。行政學者スタイン曰ク自治制度ハ、其自治共同躰ニ屬スル人民ヲシテ、其自治躰ノ區域內ニ起ル事件ヲ以テ、自己ノ事ノ如ク看做シ、其責任ヲ負フノ志氣ヲ養成シ、公安ヲ危害スルノ行爲ニ抗拒スル氣風ヲ奬勵セリ。故ニ自治制度ハ、啻ニ政務ノ執行ヲ容易ナラシムルノ實益アルノミナラズ、國家秩序ノ保持、社會文明ノ進歩ニ欠グベカラザル要具ナリ云々。行政學者サルヴヘー曰ク、地方ノ便益トヲ必要トヲ正シク熟知、斟酌シ得ルハ、自治躰ノ行政機關ニ及ブ者ナシ。而シテ又自治躰ノ機關ヨリ發布スル命令ハ、住民悅デ之ヲ遵守スルノ傾向アルヲ以テ、法治國、即チ立憲國ニ於テハ、自治制度ヲ以テ國家ノ行政ニ必須ナル制度ト爲シ、事物ノ關係ノ區々ニシテ、各地各方ニ於テ差異アル者ニシテ、法律ヲ以テ之ヲ規定シ得ザル者ハ、地方自治躰ノ機關ヲシテ之ヲ規定、處理セシム云々。地方自治制度ノ法治國ノ行政ニ必要ナルコトハ、英、佛、普各國制度ノ現情ニ就テ見ルヲ得ルコトナレバ、茲ニ喋々ノ論辯ヲ費スヲ要セズ。コノ頃我政府ニ於テハ、委員ヲ選任シ、地方制度ヲ草制セシム。是蓋シ我國憲法制定、國會設立ノ期近キニアルヲ以テ、其期ニ先チ地方制度ヲ改良シ、憲法準據ノ政務ヲ實施スルノ豫備ヲ爲シ、地方自治ノ精神ヲ奬勵スルノ意ニ出ヅル者乎。余輩ハ其如何ヲ知ルヲ得ズト雖モ、此時ニ際シ歐洲最文明國ト稱セラル丶英佛、普各國ノ地方制度ヲ比較講究シ其得失優劣ヲ知ルハ緊要ノ事ナルヲ以テ、斯ニ英、佛、普三國ノ地方制度即チ州、縣郡區、町、村制度ノ要領ヲ記述セントス。

地方行政ノ最小區ニシテ、自治制ノ基礎タル者ハ、佛國ニ於テハ「コミユン」ト稱シ、普國ニ於テハ、「ゲマインデ」ト稱セリ。其幅員ノ大小、自治ノ權限其他制度上、佛普兩國ニ於テ、多少ノ差異アリト雖モ、要スルニ比隣ノ人民團結組合ハ、法律上ノ無形人タル者ニシテ、其事務ハ自治ヲ主トシ官務ヲ攝行スル者ナルヲ以テ、之ヲ村邑組合ト譯稱シ得ベシ。英國ハ佛、普村邑組合ノ如ク、總テ其ノ區域內ノ利益ヲ共ニシ、其所ニ關スル諸政ヲ執行スル機關ヲ有スル村邑組合ヲ有セズ。英國地方行政ノ最小區ハ、「パリシユ」即チ寺區ト稱セリ。寺區ハ舊ト我國氏子連中ノ如ク、唯ダ宗教用ノ爲メニ設ケタル者ナリシモ、千六百年代ニ至リ、寺區ヲシテ濟貧事務ヲ負擔セシメ、遂ニ宗教及ビ行政事務ヲ負任スルノ組合ト成リタリト雖モ、其區域ノ幅員甚ダ不同ニシテ、其內ニハ甚ダ小ナル者多ク、社會ノ著シク進步シ、地方事務ノ大ニ擴張シタル今世紀ニ於テハ、從來ノ寺區ハ以テ地方事務ヲ負擔セシムルニ足ラザルニ至リ、遂ニ千八百三十四年、寺區ヲ根據トシ、濟貧聯合區ヲ組成シテ以來、道路修築、衞生等ノ爲メ、各自ノ事務區ヲ設置シ、特別ノ機關ヲシテ、其事務ヲ掌理セシムルガ故ニ、寺區ハ獨立行政自治區タルノ資格ヲ失シ、新設聯合區內ノ小區トナリ、租稅徵收及ビ議員選擧ノ小區タルニ過ギズ。千八百六十一年ノ調査ニ依レバ、英蘭及ビヴェールス寺區ノ總數ハ、一萬六千有餘ニシテ、寺區ニ屬セザル土地アラズ。寺區ノ幅員及ビ人口ハ甚ダ不同ニシテ、最小ナル者ハ僅ニ五十人位ヨリ成レル者アリ。最大ナル者ハ十萬人ニ達スル者アリト雖モ、三百乃至一千人ヨリ成レル者最モ數多ナリトニフ。普國村邑ノ幅員、人口ニハ、英國寺區ニ於ケルガ如ク、大小ノ差異アラズ。而シテ佛國村邑ニ比スレバ、概シテ小ナル者多ク、村邑總數ノ半ハ、二百六十名以下ノ人口ヨリ成リ、其最小ナル者ハ、百五十名ニ下レリ。千八百八十年ノ調査ニ依レハ、村邑ノ總數三萬七千六百有餘アリ。此外ニ獨立私領地一萬五千有餘アリテ、皆村邑ト同一ノ資格ヲ有セリ。佛國ニ於テハ、千七百八十九年及ビ千七百九十年、各所異樣ノ舊制度ヲ廢止シ、更ニ全國一定ノ村邑組織ヲ制定シ、四萬四千許ノ村邑ヲ設置セシ以後モ、村邑ノ狹小ナル者ハ、二三ヲ合併シテ一村邑ヲ爲シ、大ニ過グル者ハ、之ヲ分割シテ近隣ノ村邑ニ附合シ、或ハ更ニ獨立ノ一村邑ヲ設置シ、而シテ合併ヲ行ヒタル村邑ノ各自財產ハ、尙ホ之ヲ保存スルヲ得セシメ、幾許ノ權利ヲ保有セシムルニ由リ、村邑内ニ小區部ヲ生ジタリト雖モ、村邑ノ巨大ニ過ギ、狹小ニ失スルモノヲ減少シ、地方行政ノ便利ヲ增加セリ。普國ノ村邑ハ、幅員、人口ノ狹小ニシテ諸種警察及ビ其地方事務ノ負擔ニ堪ヘザル者甚ダ多シト雖モ、尙ホ佛國ノ如ク、地方施政ニ適合ノ新村邑ヲ設置スル爲メ、自治躰ヲ組成スル從來ノ村邑ヲ分割、合併スルヲ欲セズ。徒ニ比隣ノ獨立村邑或ハ私領地ヲ聯合シ、更ニ官區ヲ設置セリ。而シテ村邑或ハ私領ノ大ニシテ、官區ノ事務ヲ負擔スルニ足ルベキ者ハ、直ニ一村邑或ハ一私領ヲ以テ一官區ト爲セリ。官區設置法ノ大綱ハ、法律ヲ以テ確定シ、各官區人口ノ額數ヲ定ムルコトハ、政府ノ權限内ニ屬セリ。千八百七十三年ノ訓令ニ依レバ、一官區ノ人口ハ、八百乃至三千人タルヲ要セリ。而シテ爾來設置シタル官區人口ノ平均數ハ、千六百人ナリトス。諸種警察事件ヲ以テ、官區普通ノ主務ト爲スト雖ドモ、其權限ノ細目ハ、各地方ニ於テ多少ノ不同アリテ、幾許ノ村邑事務ヲ取扱フ者アリ。若シ村邑ト郡トノ組織其適度ヲ得バ、官區ノ設置ヲ要セザルベシ。普國行政法ノ著者、ヒユウ、デ、グレー曰ク、村邑組織改正ノ良法ヲ闕ギタルニ由リ、之ヲ補ハンガ爲メニ、郡ト町村トノ間ニ聯合村邑及ビ官區ヲ設置セシハ、其企圖ヲ過チタル者ノ如シ云々、知言ト謂フベシ。佛國ニ於テモ、村邑ト郡トノ間ニ、二千八百有餘ノ區ヲ設置セリ。玆ニ其適良ノ譯語ヲ得ザルガ故ニ、假リニ之ヲ官區ト譯稱スト雖モ、一區内ノ人口ノ平均數ハ普通官區ノ人口ニ七八倍シ、此ト彼トハ同視スベキ者ニアラズ。佛國官區ニハ區長及ビ區會ヲ置カズ、之ヲ普通行政區ト看做スヲ得ズ。而シテ毎區ニ治安裁判所ヲ設置セルヲ以テ、寧ロ司法制度上ニ緊要ノ區劃ナリト爲スベシト雖モ、亦徵兵撿閱使、統計委員、及ビ租稅官ノ出張事務及ビ郡會議員、州會議員ノ選擧區ト爲シ、毎區ニ各議員一名ヲ選擧シ、而シテ亦警察官ヲ置キ、其區ニ包括スル村邑ヲ管轄セシムル者少ナカラズ。

英國地方制度ノ一大欠點ハ、即チ佛、普各國ノ郡及ビ村邑ニ對當スル地方普通ノ政務ヲ施行スベキ單一ノ區劃ナキナリ。今世紀ノ初ヨリ、漸次ニ設置スル數種ノ自治行政區ハ、社會ノ進步ト人口ノ增殖トニ由リ、地方事務ノ擴張改良ヲ要スル者アル毎ニ、之ヲ設置シタル者ニシテ、其來歷ノ最モ著シキ者ハ、治安裁判官小會區ナリトス。古來州ノ下ニ伯區ト稱スル者アリテ、裁判、警察、及ビ兵役事務區タリシガ、其區劃ノ廣狹甚ダ不同ニシテ、地方事務ノ增加ト人口ノ增殖トニ由リ、益不便ヲ生ジタルヲ以テ、遂ニジョルジ第四世ノ時ニ當リ治安裁判官四季會ヲシテ、更ニ州ノ下ニ治安裁判小會區ヲ設置セシメタリ。而シテ千八百三十四年從來ノ濟貧寺區ヲ基礎トシ、更ニ濟貧聯區ヲ設置セシ以來ハ、成ル丈ケ小會區ノ境界ヲ濟貧聯區ノ境界ト合同センコトヲ務メタリ。千八百八十一年ノ國會年報ニ依レバ、英蘭及ビウエールスニ小會區ノ總數七百有餘アリテ、一小會區ノ人口二萬乃至三萬ノ者最モ多ク、一小會區ニ五名以上ノ治安裁判官アルベキ定ニシテ、一區ニ六名乃至二十名アルヲ通例ナリト爲ス。是外ニ各自ノ治安裁判官、四季會ヲ有スル市府百餘アリ。各自ノ治安裁判委員ヲ有スル者二百餘個アリ。玆ニ英國治安裁判官ト稱スル者ハ、佛國治安裁判官及ビ獨逸國區裁判官トハ、大ニ其職務ヲ異ニシ、諸種ノ警察及ビ行政事務ヲ取扱フヲ以テ、治安裁判官小會區ト稱スル者ハ、行政及ビ裁判事務區ナリトス。治安裁判小會區ヲ成ル丈ケ濟貧聯區ト合同シタルヲ以テ、其境界ヲ同ジウスル者甚ダ多シト雖モ、濟貧聯區ハ唯ダ事務取扱ノ便宜ヲ計リ、市場ヲ中央ト爲シ組成セシ者ニシテ、州境ヲ横斷スル者亦少カラズ。故ニ小會區ノ如ク、州內ノ區劃ト看做スヲ得ズ現今聯區ノ總數六百四十有餘アリテ、一聯區ノ人口平均三萬ナリトス。聯區ニ次ギテ重要ナル者ハ、衛生區及ビ國道區ナリ。衛生區ニ市部、鄕部ノ大別ヲ爲シ、而シテ又市部ニ、都府地方制度區及ビ改良條例ノ別アリテ、其組織ニ多少ノ差アリ。此事ハ地方行政機關ノ部ニ之ヲ記スベシ。鄕部ハ、濟貧區ヲ以テ、衛生事務區ト爲スト雖モ、一區劃ヲ爲シ、其人口ノ衛生事務ノ負擔ニ堪フル町村ハ、納税者ノ願ニ依リ、地方局ノ令ヲ以テ、別ニ一區ヲ爲スヲ得ベシ。千八百七十八年ノ國道條例ニ依レバ、衛生區ヲ以テ基礎トシ、成ル丈ケ國道區ヲ衛生區ト合同ナラシムベシト定メタリト雖モ、千八百八十年ノ調査ニ依レバ、尙ホ寺區ニテ國道ヲ維持スル者六千餘個アリテ、千八百三十六年ノ國道條例制定以來、設置シタル國道ノ惣數、三百四十有餘ニ過ギズトス。此外ニ教育ノ爲メニ、寺區ヲ根據ト爲シテ設置シタル小學區、出産、死亡、登記ノ爲メニ設置シタル濟貧聯區等アリト雖モ、玆ニ之ヲ擧ゲズ。

以上諸種ノ自治區ヲ設置スルノ初ニ當リ、遠ク地方諸政務一般ノ便益ヲ慮リ、從來ノ寺區及ビ治安裁判小會區等ヲ基礎ト爲シ、最下級ノ自治區ト中級ノ自治區トヲ設置シ、務メテ自治躰ノ發達ヲ奬勵シ、地方事務ノ中ニ於テ、狹小ナル區劃ノ負擔シ得ル者ハ、之ヲ最下級ノ自治區ニ負擔セシメ、區劃人口ノ稍大ナルヲ要スル者ハ、之ヲ中級ノ自治區ニ負擔セシムルガ如キ計畫ヲ爲シタランニハ、今日ノ如キ錯雜ト、事務ノ不便トヲ生スルコトナカルベシト雖モ、計慮此ニ及バス、社會ノ進歩、人口ノ繁殖等ニ由リ、地方事務ノ改良擴張ヲ要スル者アル毎ニ、目前ノ便宜ヲ計リ、一事務ニ適當ノ自治區ヲ設置シタルガ故ニ、其境界互重複錯雜シ、州府ノ境界ヲ橫斷スル者亦少カラズ、爲メニ漸次事務上ニ數多ノ不便ヲ增加シタルヲ以テ、近來地方制度改正論漸ク盛ナルニ至レリ、

（未完）

第十四　國際公法著書略評

此略評ハ、伊國國際法家フィオレ、露國國際法家マルテンス、白耳義國比律悉府大學法學部敎授リヴイエル諸氏ノ國際公法著書ノ評論ニ原キ稿ヲ起セル者ナリ。

ヒウゴ、グロシウスノ著書、一タビ世ニ出デテヨリ、國際公法ノ學、始メテ專問ノ一科ト爲リタレバ、後人遂ニ氏ヲ推シテ斯學ノ始祖ト仰ゲリ、然レドモ、氏ノ著書發兌ノ

前、已ニ國際公法ノ題目ニ關シテ論著シタル者少カラズ、就中最モ著名ナルハ、即チ西班牙國人フランシス、スアレツ、及ビ伊國人アルベリクス、ゲンチリスノ二人トス。フランシス、スアレツハ、千六百十九年出版ノ國際法的著書ニ於テ、萬國公法（ジユス、ジエンチウム）ト自然法トノ區劃ヲ辨定シ、以爲ヘラク、凡ソ耶蘇教ヲ共奉スル諸國ハ、古來條約ト慣習トニ依リ、相互ノ交渉ヲ規定シタルコトニテ、此條約慣習ニ原クル規定コソ、實ニ萬國公法ナレ。而シテコノ法ヤ、固ヨリ自然法ト同ジカラザルモノナリト。然レドモ其書素ヨリ秩然序ヲ逐ヒテ、斯法ノ全部ヲ論述セシ者ニアラズ。而シテ始メテ國際公法ニ、特殊ノ學科タルベキ品位ヲ付與シタル者ハ、即チアルベリクス、ゲンチリスナリ。氏ハ、千五百八十八年乃至千五百八十九年ノ間、英國倫敦府ニ於テ出版シタル著書ニ於テ、戰時法規、及ビ外交官ニ關スル法例等ヲ逐次論明シ、凡ソ歐洲諸國ニハ、共ニ遵守スベキノ法規アレバ、諸國相互ノ關係ハ、必ズ此法規ニ從ヒテ整理セザルベカラザルコトヲ主張セリ。氏ノ國際公法ニ於ケル、其功固ヨリ大ナリト雖モ、未ダ之ヲ以テ挺然獨立ノ學科ト爲スニ至ラズ。其能ク之ヲ成就シ、而モ其勢力以テ歐洲社會ヲ聳動スルニ至ラシメタル者ハ、實ニグロシウスナリトス。氏所著ノ戰時及ヒ平時法ト題スル書ハ、千六百廿七年ニ始メテ世ニ公ニセシヨリ、千七百五十八年迄ニ、羅甸語ニテ出版スルヿ凡ソ四十八回ニ及ベリト云フ。蓋シ氏ハ當時所謂三十年間戰爭(サルチー、イヤース、ヲワ)ノ慘毒苛酷ナルニ感憤シ、慨然トシテ以爲ヘラク、耶蘇教ヲ共奉スル諸國ハ、縱ヒ戰爭ヲ爲スノ權利ハアリトモ、人性固有ノ法ハ、猶ホ須ラク之ヲ尊重シテ、自ラ殘忍暴戾ヲ除カンコトヲ努メザル可ラズト。乃チ博ク古代及ビ中世ノ事跡、並ニ先哲ノ著書、格言ヲ引用シ、參酌論辯シテ以テ此書ヲ成セリ。顧フニ氏ノ本意ハ、主トシテ戰時法規ヲ明晰ナラシメントスルニ在リ。而シテ苟モ戰時ニ法規アルベキ理由ヲ十分明瞭ナラシメント欲セバ、到底法理ノ大要、及ビ國際公法ノ全躰ニ論及セザル可ラズ。是ニ於テカ、氏ハ輿論及ビ公衆ノ同意ヲ證トシテ、正理公道ヲ確認シ、之ヲ國際公法全躰ノ基礎ト爲シ、遍ク其法規ヲ諸慣例及ビ條約ノ中ニ捜求シ、多ク古代希臘、羅馬、及ビ中世ノ事跡、幷ニ先哲ノ著書、格言等ニ徴シテ、以テ完全ナル國際公法ヲ編成セント企テタルガ、顧テ其所説ノ稍穩當ナラザルヲ曉リ、更ニ之ニ道德ノ原則ヲ調和シ、以テ戰爭ノ荼毒ヲ制限センコトヲ務メタリ、而シテ其書ノ一タビ出ヅルヤ、忽チニシテ歐洲諸國ニ傳播シ、其勢力一世ヲ風靡シ、公法家中、專ラ氏ノ著書ヲ講述解釋スルニ從事スル者甚ダ多ク、獨逸國內數所ノ大學ノ如キ、グロシウス著書講演ノ爲メ、新ニ講師ノ員ヲ增設スルニ至レリ。其他或ハ之ヲ註解シ、或ハ之ヲ飜譯シテ、以テ世ニ公ニセルモノ亦尠シトセズ。就中佛國公法家、ブラツエルフヲデレノ飜譯增補ニ係ル者ヲ最良トスベシ。

グロシウス以後、國際公法學家ハ三派ニ分カレタリ。第一、哲學的國際公法學派、第二、實事的(ポヂチブ)國際公法學派、第三、哲學的幷ニ實事的ヲ參酌折衷シタル國際公法學派是ナリ。而シテ輓近ノ公法家、概ヲ此第三學派ニ屬スル者多シトス。哲學的學派ニ屬スル國際公法家中ニテハ、獨逸人サミウエル、ブヘンドルフ氏其最ニ居リ、而シテ此派ノ國際公法學ハ、氏ノ時ニ於テ其極盛ノ度ニ達セリ。氏ハ千六百七十二年出版ノ著書ニ於テ、國家ハ全ク主宰權ヲ有スル者ニシテ、別ニ國家ノ上ニ位シテ、主宰權ヲ有スベキ者アラズ。故ニ所謂諸國相互ノ同意ヨリ生ズル法規、即チ實事的國際公法ノ如キハ、自然法ニ合一同歸スルニアラザルヨリハ、決シテ諸國ヲシテ之ヲ遵奉セシムルノ權力有ルベカラズト論辯シ、特ニ自然法ト國際公法トヲ同視シ、自然法ヲ國家間ノ交際上ニ適用スル時ハ、即チ所謂國際公法ト成ルノミニシテ、自然法ノ外ニ國際公法ナル者アルベカラズト主張セリ。又獨逸人クリスチアン、ヴルフノ如キハ、人之ヲ哲學的國際公法家ナリト云ヒ、或ハ第三學派、即チ哲學的及ビ實事的ノ參酌折衷學派ニ屬スト云フ者アリト雖モ、要スルニ、氏ハ國際公法ノ根據ヲ獨リ自然法ノ論理ニノミ取ルヿナク、之ニ參フルニ諸條約及ビ慣習ノ實例ヲ以テシテ、之ヲ編成シ、實事的ノ法規モ、亦諸國ヲシテ遵守セシムベキ權力ヲ有スルモノナリト斷定シ、以テ自家公法ノ基礎ヲ較々鞏固ナラシメタリ。然レドモ又別ニ自ラ諸國ヲ總合スル普通共同ノ國家アリト臆想シ、乃チ此普通共同ノ國家ガ、能ク諸國ヲシテ實事的國際公法ヲ遵守セシムル權力ヲ有スト斷定スルニ至リテハ、實ニ氏ノ最大誤謬ナリトス。千七百四十九年ニ初メテ發兌シタル氏ノ萬國公法(ヂユスゲンチウム)ハ、佶屈聱牙ノ羅甸文ヲ以テ、數學的ノ論法ニ據リ、推斷ヲ下シタル者ナルノミナラズ、其引證モ冗長ニ過グルノ病アリシカバ、議論簡明暢達ナルヿ能ハズ。故ヲ以テ其書ハ、頗ル名説確論ニ富メリト雖モ、遂ニ廣ク世ニ傳播セザリキ。

スイツル國人ブアッテル氏ハ、ヴルフ國際公法中、普通共同國家ノ臆想説ヲ排除シ、特ニヴルフ國際公法ノ大要ヲ撰擇シ、自家ノ新見ヲ以テ之ヲ補修シ、千七百五十八年遂ニ佛文ヲ以テ、簡易明了ニ萬國公法(ドロア、デ、ジアン)ヲ著述シタリシガ、其名聲遠ニ四方ニ聞達シ、今日ニ至ル迄モ、猶ホ外交家ハ氏ノ此書ヲ以テ國際公法著書中ノ好袖珍ト爲セリ。然レドモ氏ノ著書中ニハ、概シテ皮相ノ見、矛盾ノ説ヲ存シ、且ツ國際公法ニ屬セザル事項ニマデ論及セルコトモ尠カラズ。即チ氏ノ功績ヲ言ヘバ、唯ダ國際公法ノ原理法例ヲ、官吏及ビ上流社會ニ傳播セシメタルニアルノミ。

顧フニ哲學的國際公法家ノ所説ハ、動モスレバ實事ニ適合セズ、往々推測臆想ニ係ルモノ少カラザルヲ以テ、其勢遂ニ振ハズ。之ニ反セル學派、即チ實事的學派、千七百年代ニ至リ最モ勢力ヲ得タリ。即チ此派ニ屬スル國際公法家ハ、專ラ慣例及ビ條約ヲ以テ、斯法ノ骨髓トナシ、毫モ自然法ノ介入スルヲ許サズ。既ニ哲學的國際公法ハ、一概ニ之ヲ排擊セリ。英國法學家サウチ氏、千六百五年ヲ以テ實事的國際公法ヲ著シ、國際公法ヲ普通國際公法及ビ特別國際公法ノ二種ニ區分シ、第一種ハ、諸國一般ノ同意ヨリ生ズルモノトシ、第二種ハ、甲乙或ハ甲乙丙等ノ各國ノ間ニ取結ビタル條約ヨリ成レルモノト定メ、之ヲ確明證定センガ爲メニ、特ニ歷史上及ビ現行ノ事實ヲ擧示セリ。蓋シ國際法(ジユス、インテル、グンテス)ノ名目ヲ採用シタルハ、實ニ氏ニ防マルト云フ。爾後事實的國際公法家ノ氏ニ踵ギテ起ル者陸續絶エズ。殊ニ獨逸人ヨハン、ヤコブ、モセル氏ノ著書出ヅルニ至リテ、實事的國際公法モ亦其極度ニ達セリ。氏ハ痛ク哲學的ノ論理ヲ排斥シ、以爲ヘラク、世間國際法家ガ往々國際公法ニ就キテ、之ガ成立ヲ疑ヒ、或ハ之ヲ遵守スベキ義務ノ有無ニ關シ、議論紛々トシテ決セザルハ、其原因果シテ何處ニカアル。是レ皆歐洲諸國間、現行ノ事實慣例ヲ誤解シ、或ハ領得セザルニ坐スルノミト云ヘリ。千七百三十二年出版ノ同氏國際公法ノ如キ、即チ唯ダ現行ノ例規及ビ條約ヲ纂集セシマデノ者ニシテ、毫モ論理ヲ用ヰテ推斷セズ。實事的國際公法ノ再ビ極度ニ達セル、亦此ノ著書ニ於テ之ヲ見ルト謂フベシ。

氏ト同時ニ最モ著名ナル國際公法家ハ、即チ蘭人ビンケルシエクニシテ、氏ガ千七百三十七年出版ノ國際公法ハ、哲學的及ビ實事的ヲ參酌シタル論法ニ據ルモノニシテ、即チ慣例條約及ビ諸國ノ同意ヲ國際公法ノ歸旨淵源ト爲シ、歷史ノ事實及ビ現行ノ事實ヲ援キテ其例證ヲ示シ、之ニ參フルニ哲學的理論ヲ以テセリ。氏以後ニ於ケル國際公法家ハ、今國ニ依リテ區分シ、就中最モ著名ナル者ノミヲ左ニ列敍スペシ。

獨墺兩國

グヲルグ、フリドリヒ、フォン、マルテンス氏ガ、千七百八十五年ニ著シタル歐洲國際法ト題スル一書ハ、專ラ歷史及ビ現行ノ事實ヨリシテ斯法ヲ搆成シ、殊ニ條約ヲ以テ其基礎ト爲セルモノナルガ故ニ、現今國際公法學ノ著シク進步シタル地位ヨリ見レバ、其組織不完全ナルコト固ヨリ疑フベカラズ。蓋シ氏ノ學タル、亦全ク哲學的理論ヨリ排斥スルノ流派ニアラズ。卽チ事實ノ缺漏ハ、哲學的ノ論理ヲ以テ之ヲ補足セルコト少カラズト雖モ、要スルニ事實ヲ蒐輯スルニ巧ニシテ、論理ヲ用ヰルハ其長ズル所ニ非スト謂ハザルヲ得ズ。氏ノ國際法ハ、千七百八十五年ノ發兌以後、數度ノ改版アリ。就中千八百五十八年、ヴヘルシユノ印行ニ係ル者ヲ最良トス。

クリウベル氏ハ、國法ニ長ジ、國際公法ニ通ゼル人ニシテ、其主旨ハ哲學的國際公法ヲ以テ、實事的國際公法ノ基礎トナスニ在リ。故ニ其編成セル國際公法ハ、條約及ビ慣習ヨリ成レリト雖モ、亦參フルニ幾許ノ哲學的論理ヲ以テセリ。元來氏ノ搆成法ハ、純全ト稱スルヲ得ズト雖モ、博學多聞ノ力ヲ以テ論述シタレバ、頗ル人ヲ驚カスニ足リテ、其著書一時ハ大ニ流行シタリキ。其初メテ上梓セシハ、千八百十九年ニ在リテ、後千八百七十四年オット氏ノ補修シテ出版シタル者ヲ最モ好書トス。

ヘフテル氏ノ國際公法ハ、現行ノ法規慣例ヲ論述シタル者ニシテ、卷冊繁浩ナラズ、材料ノ分合頗ル簡ニシテ要ヲ得タリト謂フベシ。蓋シ純正法律學ノ言語ヲ以テ明快ニ叙述シ、引證スルニ多ク歷史及ビ現行ノ事實ヲ以テセリト雖モ、敢テ冗長ニ流レズ。國際公法ノ硏究ニ從事スル者ハ、必ズ先ヅ熟讀セズンバアルベカラザル好書ナリ。氏亦專ラ現行ノ法規、慣例ヲ論述スルヲ主眼トスルモ、之ヲ釋明スルニハ論理ヲ以テシ、而シテ其哲學的論理ハ、ヘーゲル哲學ニ淵源スト云フ。氏ノ著書ハ、千八百四十四年ノ初版以來、千八百八十一年迄ニ、獨逸語ニテ發兌スルコト凡テ八回ニ上リ、且ツ佛語、希臘語、西班牙語、露語、ホンガリ語、及ビ日本語等ノ飜譯アリテ、國際公法ノ著書中其最ニ居レリ。然レドモ亦全ク間然スベキ所ナキニアラズ。氏ノ國際公法的見解ハ、舊規ヲ固守スルニ過ギ、現今斯法ノ著シク發達開進シタル地位ヨリ視レバ、時勢ニ晩レタルノ憾アルヲ免レズ。即チ其國際公法ニ冠スルニ、歐洲ノ字ヲ以テシテ、其區域ヲ狹隘ニ限レル如キ、以テ其一證トナスベシ。

ブルンチユリノ著セル現時國際法ハ、法規ヲ逐次ニ條項ト爲シ、之ヲ銘記シ易キ簡單ノ言語ヲ以テ敍述シ。毎條解釋ヲ施シタル者ナリ。而シテ千八百六十八年此書ノ初メテ出ヅルヤ、直ニ廣ク諸國ニ行ハレ、佛語西班牙語、露語、支那語等ノ飜譯アリト云フ。氏ハ仁義ヲ尊重セル人ニシテ、專ラ其說ヲ仁義ヨリ立テ、未ダ現行セザルノ主義ヲ國際公法ノ條項中ニ參取編入セリ。故ニ同氏ノ著書ヲ讀ム者ハ、須ラク現行法例ト未行說トヲ辨別スルコトニ注意セザルベカラズ。

又舊墺國維也納府大學敎授ノイマン氏ノ國際法原論、及ビハイデルベルグ大學敎授ブルメリンクノ國際法ハ、共ニ斯法ノ大要ヲ簡單ニ論述シタル者ニシテ、始メテ國際公法ヲ講習スル者ニハ、一讀シテ有益ノ書トス。

英國

英國ニハ、千七百年代以來、國際公法ヲ論著セル固ヨリ其人ニ乏シカラズ今玆ニハ特ニ其最モ著名ナル者ノミヲ列擧スベシ。サウチ以後、名譽最モ藉甚ナリシハベンザム氏ニシテ、氏ハ特ニ彼ノ實利幸福主義ヲ國際公法ニ適用シ、快敏ナル論理ヲ以テ其要旨ヲ説明シ、卓見名論多シト雖モ、要スルニ、其著書タル、原ト國際公法ノ全躰ヲ逐次論叙シタルモノニアラズ。然レドモインテルナショナルローノ語ハ、氏ノ初メテ之ヲ採用シテヨリ、今ハ遂ニ斯法ヲ稱スル普通汎用ノ語トナレリ。

ウイルリアム、ヲケ、マンニングノ著セル萬國法義解ト題スル書ハ、千八百三十九年ノ出版ニ係リ、專ラベンサム氏ノ實利主義ヲ基礎トシテ釋明シタル好書ナリ。氏ハ國際公法ノ全部ヲ論著スルノ本志ヲ抱キシモ、其成就セル所ノモノハ、特ニ國際公法義解及ビ歷史淵源及ビ戰時法ノミニ止マリ、全功ヲ修スルニ至ラザリキ。蓋シ國際私法ヲ、國際公法ヨリ分離スベキ所以ヲ論明セシハ、氏ノ主唱ニ出デタリト云フ。」

公法ノ諸大家モール、フイヲレ、リヴイエル、フリドリヒ、フヲン、マルテンスハ、皆フイリモル氏ノ國際法ヲ以テ、英人所著ノ國際法中、最モ良好ノモノナリト稱セリ。氏ハ啻ニ英國法律學ニ熟達セルノミナラズ、汎ク歐洲ノ法律學書ヲ通覽シ、乃チ國際法ノ全部ヲ法理學的精神ヲ以テ順次詳論シ、博ク事實ヲ援例證説シタレバ、其書ノ國際公法書中ニ最タルハ固ヨリ疑フベカラズ。氏ノ著書ハ二大部ヨリ成レリ。即チ一ハ國際公法ニシテ、一ハ國際私法トス。ツイス氏著ノ平時及ビ戰時法、幷ニホール氏著ノ國際公法ハ、孰レモ實事的ヲ主旨トシ、即チ專ラ歷史及ビ現行ノ事實ニ由リ、國際公法ノ法規ヲ證明論辯シタル書トス。但シツイス氏亦間々哲學的論理ヲ參用セル所アリト雖モ、原來外交事務ニ熟練セル人ナレバ、書中自ラ外交事務ノ實地ニ論及スルコト尠カラズ。以上諸家ノ外倘ホロリメル、シエリダン、アモス等、有名ノ公法家、其人ニ乏シカラズト雖モ、姑ク此ニ略ス。

北米合衆國

北米合衆國ニ於テモ、亦有名ノ國際公法家、前後輩出シテ大ニ斯法ノ進步ヲ助ケタリ就中最モ著名ナル人ヲ、ケント、フイルド、ボイトン、ハルレク、リベル、ウルシーノ諸氏トス。ケントハ、ストリトト相對時シテ北米合衆國ニ旗皷ヲ樹テタル巨擘ニシテ、特ニ國際公法ヲ以テ合衆國法律ノ一部ト看做シ、乃チ其撰述セル著名ナル合衆國法律解釋ノ首卷ニ於テ、國際公法ヲ論載セリ。要スルニ、氏ノ國際公法ハ、其絕群ノ通識ト親驗トヲ以テ論述シタル者ナレバ、固ヨリ實地ニ適合シテ乖離スルナカルベシト雖モ、唯ダ其白圭ノ大玷トモ云フベキハ、氏ガ輙モスレバ國際公法ノ事項ヲ論辯スルニ、米國ノ地位ヨリスルノ偏向ニアリトス。

合衆國々際法家中ニ於テ最モ著名ナルハ、蓋シホイトン氏ニ超ユルモノナカルベシ。千八百三十六年ノ國際法ノ發版以前ニ、氏ハ外交官ノ職ヲ帶ビテ、十有餘年間歐洲ニ駐在シ、外交ニ關スル報告書、及ビ國際法ニ關スル論著ヲ公ニシテ、夙ニ其名ヲ歐米ニ轟カセシト云フ。其著ハス所ノ國際法ハ、ファテル氏ノ書ト共ニ弘ク世ニ行ハレ、殊ニ外交家ニ稱揚セラル。要スルニ、氏ノ國際法ハ、縱ヒ其説ノ稍ヽ舊規ヲ株守スルニ失スル所アルモ、博識ト經驗トヲ以テ、精確ニ論明セル者ナレバ、最モ實用ニ適スル書ト謂ヒテ可ナリ。但シ氏ハ、元來反復剖解釋明シテ、始メテ、完然無瑕ノ原則トナスヲ得ベキ者ヲ、早計ニモ自ラ明白動カスベカラサル定案ト做シテ、論端ヲ此ヨリ起スコトアリ。是レ其最大誤謬ナリトス。氏ノ國際法ハ、佛語、伊語、西班牙語、及ビ支那語等ヲ以テ飜譯セルモノアリ。其他國際法ノ事項ニ關シテ、論述セル著書若干種ニ下ラズ。中ニモ最モ國際法研究ニ必要ナル者ハ國際法沿革史ナリトス。

ハルレック氏ハ、武官ニシテ久シク海陸軍ニ從事セシ人ナルガ、其著セル國際法原論ハ、元ト自己ノ便用ニ供センガ爲メニ纂集シタル材料ニ據リ、之ニ增補修正ヲ加ヘ、千八百六十六年ヲ以テ出版シタルモノナレバ、其歸趣眼目ハ、主トシテ國際公法ノ實用ニ在リ。而シテ最モ總論ノ部ヲ長トス。

ウールシー氏ハ、法理學、語學、及ビ神學ニ兼通セシ人ニシテ、二十有餘年間教授ノ職ニ在リ。其間積ム所ノ多年ノ講義ヲ修補シ、千八百六年、初メテ發兌シタル者、即チ其國際法初歩ニシテ、始メテ國際法ヲ研究スル者ニハ、實ニ最モ有益ナル書ナリトス。

千八百七十三年初メテ出版セシフイルド氏ノ著書ハ、博ク國際公法及ビ私法ノ法規ヲ條項ト爲シ、簡單ノ文辭ニテ敍述セルモノナレバ、段落、節目、條件繁多ニシテ、其大要ヲ理會スルニ苦ムモノアリト雖モ、意味自ラ明瞭ニシテ、固ヨリ完全ノ著書トナスベシ。佛語、伊語ノ飜譯アリテ、博ク歐米ニ行ハルト云フ。

著名ナル國際私法家ホワルトン氏、千八百八十四年ニ米國法律釋義ト題スル書ヲ著シ、其一部ニ於テ國際公法ヲ簡明ニ論述セリ。氏ハ旁ラ歐陸各國ノ著書ヲモ涉獵シ、説ヲ立ツルニ敢テ米國ニノミ偏私スルコトナキヲ以テ、其國際公法ハ、篇章簡單ナリト雖モ、自ラ廣義ヲ含蓄シ、頗ル有益ナル著述ナリトス。

佛國

佛國ニ於テハ、今世紀ノ始ヨリ國際公法ニ關シ、有益ナル纂集論著少カラズ、特ニ海上公法ニ關シテハ、ホートフェイル、コーシ、オルトラン諸氏ノ著書アリテ、其數猶ホ多シト雖モ、國際公法ノ全部ヲ逐次論述シタル良好ノ書ニ乏シト云フ。但シ千八百七十九年ニ初メテ出版シタル、巴黎府大學ノ名譽敎授ルイレノル氏著ノ國際法初步ハ、獨リ善書ノ稱アリト雖モ、是亦唯ダ國際法ノ大要ヲ撮論シタル者ノミ。千八百八十五年ノ出版ニ係ル、プラシエル、フヂデレ氏著ノ歐米國際公法ト題スル書ハ、詳細ニ斯法ヲ論辯シ、且ツ多ク國際公法諸大家ノ說ヲ引用シ、其組織ハ實事及ビ論理ヲ參合シタル者ニシテ、此等新著ノ書中ニ在リテ最良ノ稱アリ。クレルク及ビヴァレ合著領事々務案內ト題スル書ハ、領事職務ノ手續ヲ詳細記述セル者ニシテ、其局ニ當ル者ノ坐右ニ闕ク可カラザル所トス。

伊國南米國並ニ露國

千七百年代以來、伊國ニモ亦國際公法ノ論著家少カラズ。殊ニ千八百四十八年以後ハ、政治及ビ社會上ノ變動ニ激セラレテ、國際公法學モ亦頓ニ盛大ニ赴キ、殆ド斯學ノ新世紀ヲ作スニ至レリ。而シテ其先導木鐸ヲナセルハ、即チ有名ノ政治家ニシテ、公法學者タルマンチニー氏ニシテ、氏ハ「子ーション」(此ニ「子ーション」ト稱スルハ、血統、言論、風俗ヲ同ジウスル人民ガ、一定ノ國土ニ住シ、自然ニ共同ノ社會ヲ組成スルヲ云フ。)ヲ以テ、國際公法ノ主ト爲スベキノ說ヲ主張シタリシガ、爾來伊國々際公法家中ニハ、氏ノ說ヲ祖述シテ、斯法ノ基礎ト爲ス者多カリキ。中ニ就テ最モ著名ナル一人ハ、即チフイオチン氏ニシテ、嘗テ著ス所ノ國際公法、國際刑法、國際私法ノ三書ハ、共ニ良好ノ評ヲ得タリ。其千八百六十五年ニ初メテ出版シタル國際公法ハ、マンチニー氏ノ「子ーション」ヲ以テ、國際公法ノ主ト爲スノ說ニ本キタル者ナレドモ、其第二版、即チ千八百七十九年ヨリ千八百八十一年間ニ出版シタル書ニ於テハ、國際公法ノ主ハ「子ーション」ニアラズ。之ヲ第二版ト云ハンヨリモ、寧ロ新著ト呼ブヲ適當ナリトセン。是レ近時ノ國際公法中、最モ完全ナル一良書ニシテ、西班牙語及ビ佛語ノ飜譯アリ。

氏ノ外、尙ホ他國人ニシテ、此ニ特記スベキ國際公法家二名アリ。卽チ南米アルジェンタイン共和國ノ人カルボ氏、及ビ露國人フリドリヒ、フヲン、マルテンス氏トス。カルボ氏ハ外交官ニシテ、千八百六十年以來永ク歐洲ニ駐在シ、外交事務ニ熟練セルヲ以テ、其著ス所ノ國際法ハ、專ラ條約及ビ慣例ヨリ成リテ、夥多ノ事實ヲ包括シ、近著ノ國際公法書中ニ於テ、最好ノ一ト稱スベキハ疑ナシト雖モ、法理ノ論辯ハ、氏ノ長所ニアラズト云フ。此書佛語ヲ以テ著述シ、其第三版、卽チ千八百八十年、八十一年間ノ出版ヲ最近ノ發兌ト爲シ、共ニ四冊ヲ以テ全備セリ。其他尙ホ數種ノ著述アリテ、就中、千八百八十五年、初メテ發兌シタル國際公法、及ビ私法字書（佛語）ヲ以テ、最モ外交家ニ有益ナル者トス。此字書大小二種アリテ、大ハ二冊ヨリ成リ、小ハ一冊ヲ以テ編ヲ全クス。

露國人フリドリヒ、フヲン、マルテンス氏著ノ國際法ハ、千八百八十二年及ビ八十三年間ニ、露語ヲ以テ出版シタルヲ初トシ、別ニ獨逸語及ビ佛語ノ飜譯アリテ、亦良好ノ稱アリ。其他、千八百七十三年及ビ七十四年出版ノ領事法及ビ東洋領事裁判權限ヲ論著シタル一書ハ、專ラ領事ニ關スル事項ヲ裁セタル者ニシテ、此等ノ書中ニ在リテ、亦最モ有益ト稱セラル。

第十五　領事制度ニ就テノ俗話

領事制度ノ起原ニ就キテハ、其説二樣ニ分ル。其一ニ據レバ、古代埃及、希臘、及ビ羅馬ニ於テ、已ニ領事アリシト云ヒ、其二ニ據レバ、領事ノ制度ハ、中世ニ於テ、始メテ起リシ者ナリト云ヘリ。按ズルニ、古代埃及ニ於テハ、希臘人ノ居留地ニ領事ノ如キ者ヲ置キ、居留人ヲ管轄セシメタルコトアリト雖モ、確例ノ今ニ傳フル者甚ダ少ク。未ダ以テ之ヲ領事制度ノ起原トナスニ足ラズ。且ツ又古代希臘ニ於テハ、プロキゼネテント稱スル職員ヲ置キテ、外國人ノ保護ヲ司ラシメ、古代羅馬ニ於テモ、亦パトロチト稱スル職員アリテ、外國人ノ保護ヲ掌ラシメタリシカバ、之ヲコソ領事制度ノ起原ナレト主張スル者アレドモ、此ノ希臘及ビ羅馬ノ職員トテモ、現今ノ領事トハ、大ニ其性質ヲ異ニセリ。第一、此ノ職員ハ現今ノ領事ノ如ク、外國政府ヨリ、其國民保護ノ任命ヲ受ケ居タル者ニアラズ。第二、此ノ職員ハ、現今ノ領事ノ如ク、通商及ビ其他凡テ國民ノ交通ニ關スル事務ヲ管理スル者ニアラズ。則チ共ニ領事制度ノ起原トナスニ足ラザルガ故ニ、領事ノ制度ハ、中世ニ起原シタリト云フ說ヲ採ル者多シトス。蓋シ中世十字軍ノ起ルヤ、歐洲各國ノ商人、之ト共ニ小亞細亞及ビ埃及地方ヘ旅行シ、尋テ永ク同地方ニ在留シ、商業ヲ營ムニ至レルヨリ、茲ニ始メテ自國官吏ノ保護、及ビ自國法律ノ支配ヲ受クルノ制ヲバ生ジタリ。是レ猶ホ現今東洋諸國ニ於テ、歐米人ガ治外法權テ有スルニ類似セリ。斯クテ此ノ制度漸次ニ歐洲南部ノ通商塲ヘモ移リ及ボシ、特ニ十五世紀ニ至リテハ、歐洲西部各地ノ緊要ナル通商塲ニ於テモ、亦大抵領事ヲ置キ、其地ニ在留ノ自國民ヲ支配セシムルニ、各々自國ノ法律ヲ以テスルコト、猶ホ現今東洋諸國ニ行ハルヽ領事ノ制度ノ如ク大同小異タルニ過ギズ。然ルニ歐洲西部ノ各國ハ、國家ノ組織漸次ニ完備シ、中央政府ノ權力愈強盛ヲ加ヘシカバ、遂ニ我國內ニ在留ノ外國人ヲ要シテ、我國ノ法律ヲ遵守シ、我國ノ裁判權ニ服從セシメ、領事裁判ノ舊制茲ニ廢止セラレテ、領事ノ職權ニ變更ヲ生ジ、遂ニ今日ノ領事制度ヲナスニ至リタリ。然レドモ歐洲西部諸國ガ、土耳其ニ置クノ領事ハ之ニ反セリ。即チ其國ノ十五世紀以來權勢威力ヲ益スニ方リ、之ト特約ヲ締結シテ、從來ノ領事裁判ノ制、及ビ其他領事ノ權ヲ維持センコトニ力ヲ用ヰ、之ヲ繼續スルノミナラズ、條約及ビ慣例ニ據リ、却テ漸次ニ領事ノ職權ヲ擴張スルニ至レリ。斯クテ又歐洲諸國ガ、通商ヲ東方ニ擴ムルニ當リテハ、已ニ土耳其國ニ行ハルヽ所ノ領事制度ヲ摸範トシテ、東洋諸國トノ條約ニ於テ、領事裁判ノ制ヲ設ケタルガ故、遂ニ領事制度ニ、歐米各國間ニ行ハルヽ者ト、歐米各國ト東洋諸國ニ行ハルヽ者トノ差ヲ生ジタリ。然レドモ此兩制ノ差ハ、主トシテ領事ノ權利、及ビ領事裁判ニアリテ、領事ニ關スル組織、及ビ領事就職ノ手續ニ至リテハ、歐米各國間ニ行ハルヽ領事制度ト其東洋諸國トノ間ニ行ハルヽ者ニ就キ、緊要ノ差別アルコトナシ。寧ロ領事ニ關スル組織、及ビ領事就職ノ手續ハ、同一ナリト謂フベシ。凡テ領事ニ關スル組織ニ、三箇ノ要領アリ。第一、領事管理區、第二、領事ノ種類、第三、領事等級是ナリ。先ヅ領事ハ、管理區ヲ定メテ任命スルヲ例トシ、其區內ニ在留ノ自國民ニ關スル一切ノ事務ヲ掌ル者トス。次ニ領事ヲ分チテ、專任領事及ビ名譽領事ノ二種トシ、專任領事ハ、之ヲ任命スル國ノ行政官吏ノ一種トナシ、自國民ヲ以テ其職ヲ司ラシムルヲ通則トス。名譬領事ハ、之ニ反シテ多クハ同地在住ノ外國人ニ囑スルヲ例トシ、從ツテ之ヲ官吏ト看做サズ。次ニ又領事ニ四種ノ等級アリ。即チ總領事、領事副領事、及ビ領事代理是ナリ。總領事ハ通例某國各所ノ領事及ビ副領事ヲ總監スル者トシ、領事ハ、一都市又ハ一開港塲、即チ領事管理區ニ於テ、領事ニ屬スベキ事務ヲ掌ルヲ例トシ副領事ハ、其中單ニ領事ノ補助タルノ地位ヲ有スル者アリ、又獨立領事ノ地位ヲ有スル者アリ。領事代理ハ、領事ヲ置カザル地ニ於テ、領事ノ事務ヲ取扱ハシムル爲メニ、總領事之ヲ任ズルヲ例トス。因リテ領事代理ノ取扱フ事柄ニ付キ、本國政府ニ對スル責任ハ、總領事ノ負フ所タリ。然リ而シテ渾テ領事ハ、其等級ノ高下ニ關セズ、皆本國公使ノ管轄ニ屬シ、公使ハ、領事ノ職務ヲ監視シ、及ビ其權利ヲ保護スル任ニ居ル者ナリ。次ニ領事就職手續ノ要點ヲ述ベンニ。領事ハ先ヅ本國政府ノ任命書ヲ、其駐在執務スベキ國ノ政府ヘ差出スヲ要ス。而シテ其駐在執務スベキ國ノ政府ハ、其領事就職ニ故障スベキ理由ナシト認ムルトキハ、之ニ就職認可狀ヲ與ヘ、且ツ之ヲ公布シ、特ニ其領事ノ就職駐在スベキ地方官衙ニ通旨ス。之ニ反シテ故障スベキノ理由アルトキハ、就職認可狀ヲ與フルヲ拒ムノ權ヲ有セリ。且ツ夫レ凡テ獨立國ハ、我國內何レノ地方ニ外國ノ領事ヲ置クベキ乎ヲ、定ムルノ權ヲ有スルコト勿論タリト雖モ、領內某ノ地方ニ於テ、甲國ノ領事ヲ置クコトヲ認可スルモ、乙國ノ領事ヲ置クコトヲ拒ム如キハ、公法ノ通則ニ於テ得テ爲スベカラザル所トス。

已ニ述ベタル如ク、歐米各國間ニ行ハルヽ領事制度ト、此各國ト東洋諸國ニ行ハルヽ者トノ差ハ、主トシテ領事ノ權利及ビ領事裁判ノ制度ニアリ。故ヲ以テ東洋各國ニ駐在就職ノ領事ハ、治外法權及ビ其他ノ特權ヲ有ス。之ニ反シテ歐米各國間ニ於ケル領事ハ、絕エテ之ヲ有セザルヲ通則トナセリ。然レドモ領事ハ、一箇私人ト同ジカラザル幾許ノ權利ヲ有ス。今其權利ヲ分チテ二種トナスヲ得ベシ。即チ領事ノ身上ニ關スル權利、及ビ職務ニ關スル權利是ナリ。其身上ニ關スル權利ハ、條約及ビ最惠國相互ノ主義ニ基キ定ムル者ニシテ、未ダ國際公法上、確定ノ法例トナレルニアラズ。其職務ニ關スル權利ノ首ナル者ハ、即チ領事ハ、我カ領事館へ本國ノ旗ヲ立テ、本國ノ徽號ヲ揭グルノ權ヲ有シ、且ツ其掌ル公務書類ハ、侮辱ヲ加フベカラザルニ屬シ、在留國ノ裁判及ビ警察ノ權ト雖モ、决シテ沒收、搜索ヲ行フヲ得ザル者トス。サテ、又東洋各國ニ行フ所ノ領事裁判ノ制度ハ、十三紀以來、土耳其國ニ於テ結ビタル條約ト慣習トニ由リ、成立シ來ル摸範ヲ取リテ定メタル者ナリ。但シ又歐米各國ガ、東洋諸國ノ各通商塲ニ設クル領事裁判所ノ組織ハ、其摸範ヲ英國又ハ佛國ニ採リタル者多ク、獨逸國、伊國、白耳義國等ノ組織ハ、皆其摸範ヲ佛國ニ採リタル者ナリトス。

比較國法學附錄 終

明治三十二年十一月廿九日印刷
明治三十二年十二月一日發行
明治三十三年三月七日再版發行

定價金壹圓五拾錢

著者　故末岡精一
發行者　東京日本橋區本町三丁目八番地　大橋新太郎
印刷者　東京京橋區西紺屋町廿六七番地　石川金太郎
印刷所　東京京橋區西紺屋町廿六七番地　株式會社秀英舍

發兌元　東京市日本橋區本町三丁目　博文館

帝國百科全書

帝國百科全書定價

〔壹册（上製）金五拾錢六册前金貳圓八拾錢十二册前金五圓四拾錢郵稅拾錢（並製）金參拾五錢六册前金貳圓十二册前金三圓八拾錢郵稅八錢〕

文科之部

文學士 高山林次郎著

三版 世界文明史 全壹册

〔文明史は人類生活の統一的歷史なり、歷史的發達の精神は是によりて釋了せらる、本書は紀を有史以前の民族に起し佛國革命に至る迄革を重ぬる廿有五主さして宗教哲學文藝政治の上より東西歷史の隱微を擿破して逸す所なし。〕

文學士 笹川種郎著

支那文學史 全壹册

〔支那は東洋の古國にして特に其文學は日本文學の鼻祖さして苟くも日本今日の文學を研究せんさ欲せは必ず先つ支那文學を玩味して其淵源する所を知悉せさる可らす、本書は時代に依り種類を分ち各種文學の由來變遷を詳述せり。〕

文學士 木寺柳次郎著

日本歷史 全壹册

〔本邦史の上梓する者多きも、本書は從來の編纂さ大に其方法を異にし事實を採りしものは此に連絡せる諸種の關係沿革を集め未た定說なき者は先の哲說を挿み必要なる制度は稍精細に涉る事實正確繁閑其宜しきを得たり。〕

文科大學卒業 木村鷹太郎著

東洋西洋倫理學史 全壹册

〔道德は人間の重務なりさせは之を研究する所の倫理學は又重要の學科ならざる可からず、著者多年之を專攻し今本書を著はす、文章明晰其第一章の如き東西古今未た曾て類なきの說にして井上文學博士の校閱を經たる要書なり。〕

文學士 畔柳都太郎著

再版 邦語英文典 全壹册

〔本書ベイン、ネスフヰルド等の英文法書クレアブーク、ガスベイ、オツトー等の獨佛文法書等を參照し傍ら著者の創見を加味して此に完全なる一英文書を成す、分章するを十節を別つ數十秩序井然敍述簡明他に得難きの書なり。〕

文學士 武島又次郎著

再版 修辭學 全壹册

〔著者夙に詩文を以て名あり、本書記する所詩歌散文に關する事項は細大漏さす其種類組織より條章辭句に至る迄引例提喩周到を究め加ふるに行文流麗にして明珠の盤を走るが如し、文學に志ある者必讀必携の良本なり。〕

帝國百科全書

文科之部

文學士 姉崎正治譯
三版
宗教哲學
全壹册
（本書はカント、ヘーゲル、シエリングの宗教哲學論を統合し、シライエルマッヘル、ピーデルマンの基督教宗教學を批評し、吠檀多の無宇宙論佛教の涅槃論を精査して東西宗教の粋を蒐め、古今哲學の結果によりて宗教哲學の一大系統を組織せしものなり。）

文學士 高山林次郎著
再版
論理學
全壹册
（本書は著者が往年第二高等學校に教授たりし際講述したるものを基礎として愼密なる訂修を經たるもの條理井然文字簡明庶幾は斯學最新の體系たるを得ん乎、是れ著者が自ら賁て學界の批判を仰がるゝ所以なり。）

文學士 蟹江義丸譯補
倫理學
全壹册
（斯學に關する書少なからずと雖も多くは陳腐に流れ淺薄に失して共に正鵠を得たるものなし、譯者茲に見るありて兩學派を調和しパウルゼン氏の著者を執つて是を譯述し其文明快以て歐洲斯學の趨勢を卜知し得べし。）

文學士 蟹江義丸著
西洋哲學史
全壹册
（本書は古今哲士の列傳を紹介するに非ず内在的批評を以てターレスより近代に至る大思想を究め其生起變遷の原因を闡明して餘蘊なし哲學史本來の面目茲に存す蓋し本書は吾哲學界に於ける最も完全なる思想の歷史なり。）

文學士 高山林次郎著
近世美學
全壹册
（本書は上編に於ては希臘以來ヘーゲル氏に至るまでの美學思想の變遷を説明し下編に於てはキルヒマン、ハルマン、スペンサー等諸家の學説を敍述せり、文章明暢にして理義透徹、讀者は之に據りて容易に歐洲美學の歷史を會得すべし。）

文學士 藤井健次郎譯
哲學汎論
全壹册
（本書は獨逸の碩學フオン、キルヒマン氏が普通了解の便を與へんと欲し種々推究の末實在論的系統を採擇し好著を完ふせしもの其系統は特殊の科學に近邇し從つて初學者をして他の哲學系統をも完全に悟了し公平に其長所短所を發見せしむるに便あり。）

理學士 佐藤傳藏著
三版
日本新地理
全壹册
（天然地理人事地球地方誌の三項嶄新の事實により正確の統計を本とし巧妙の組織簡潔の敍述説盡して餘殘なし彼の臺灣と北海道とに至つては立論奇拔にして説明詳密なり中等教育教科用書として無比唯一の新地理書なり。）

帝國百科全書

科之部

植物營養論　全壹册
農學士　稻垣乙丙著

種藝の事たる先つ植物生育の理に通せさる可からす、就中之れが營養の法則に至つては大に研究なかるべからす、本書は植物の化學的組成を明かにし次に其解剖的構造を說き終に營養の法に及び最も詳密を究む實に農界の寶册といふへし。

農產製造學　全壹册
農學士　楠巖著

本書は斯學に精通する著者が幾歲月の苦心を重ね其製法及び生成物の性質を初めとして嶄新の學說最近の試驗成蹟を詳密に精述したるもの一讀以て其製法の巨細を知るへし實に是れ普通農家製造業者の最好指針といふへし。

再版　肥料學　全壹册
農學士　木下義道著

本書は學理の方面より又實地經濟の方面より全編を通して此天則說明に留意したり殊に間接肥料を分ちて有生無生となしたる如き先人未言の條項多し肥料書として世未た如斯ものあらず志士必讀の要書なり。

日用化學　全壹册
農學士　井上正賀著

化學の深遠高妙を以て之を日常生活の作用に應用する是れ本書の特色なり、即ち空氣、水、動植物、嗜好品、日用品、燃料、飲食物等に涉りて纒說明解獨り學者の寶典のみにあらず、世人一般に必讀すべき實驗學理なり。

森林學　全壹册
林學士　奥田貞衞著

本書は多年森林の學を修め學理と實驗に徵し具さに營林の方法を論し且つ林業盛大なる獨逸の歷史を引き如何に林業の有利なるやを說述し以て森林思想の觀念を喚起せる等叮嚀至らさるなし。

提要造林學　全壹册
林學博士　本多靜六著

本書前編には造林の豫備學として森林成立の原料を論じ本誌には森林立法、手入法、作業法の種類及變更の三編を以て一般林造學の原理方法を論述し各論には針葉林木濶葉林木各論を置き其造林手入保護法を詳述せり。

再版　法律汎論　全壹册
法學士　熊谷直太著

職業の如何を問はす安全に國民生活を爲さんと欲せば法律の大躰に通せざる可らず、本書は此目的を達するに於て最も適當なるものにして法律大躰の觀念を法理的に說明すると同時に主要なる法律の梗概を詳解せられたり。

帝國百科全書

法科之部

法理學 全壹冊　法學士 丸山長渡著

法理學の目的は法律顯象に關する通案を講究するにありて其業や甚だ至難なれども從來坊間に鬻く所のもの多く外國書の飜譯に過ぎずして我國の法理に適せず、本書は其時代と場所とに依て法理の何者たるを詳說せり蓋し斯學唯一の要書といふへし。

國際公法 全壹冊　法學士 熊谷直太 同 北條元篤 合著

こは國交際上の條規を定むるものなり、我國は已に世界の日本なり平時戰時共に國權を振暢せざるべからず是れ本邦臣民の公義務なり、本書は此義務に忠なるものにして鋭敏なる眼光を以て微妙の法理を發揮するものなり。

國際私法 全壹冊　法學士 中村太郎著

條約改正し內地雜居す、彼我法律內外交涉の生起亦昔日の比にあらず、今にして之を研究する急務といふべし、本書は諸問題を捉へて說明すること叮嚀親切讀者之を座右に備へて貴重の權利を保持すへきなり。

民事訴訟法釋義 全壹冊　法學士 梶原仲治著

訴訟の勝敗は手續に通ずると否とに關すること大なり、本書著者は多年斯學の研鑽に委身し複雜の規定を說くに簡淨の筆を以てし議論明確序次整然其規定する所の手續は卷を舒べて知るへし說去り說來つて釋義の實を全ふす。

民法 親族編 相續編 釋義 全壹冊　法學士 上田豊著

民法中吾人に最も緊切なるものを親族編相續編と爲す、而て此二編は本書に於て解說せらる著者多年研究以て法律の眞意と立法の精神とは兩々發揮せられて紙上に躍如たり、民法保護を要する士須く一本を備ふへきなり。

商法汎論 全壹冊　法學士 添田敬一郎著

商業に從事する者は、詳かに商法の規定を知らざるへからず本書は著者が新商法に就て其大體の法理と立法の趣旨とを基礎として最も簡易明瞭に論述したるものなり、各人先つ之を見は商法の條文を逐ふの煩勞なく商法の精神に通曉するを得へきなり。

民法 總則編 物權編 釋義 全壹冊　法學士 丸尾昌雄著

總則篇は民法全篇に通ずるの大則を定め、物權篇は吾人の有する物的權利の得喪變更に關する事を定む、其要重なるを知るへきなり、今此書、此二篇に就て說明すると叮嚀親切、而も繁冗に流れずして能く立法の精神を發揮する處、解釋の巧妙を見る。

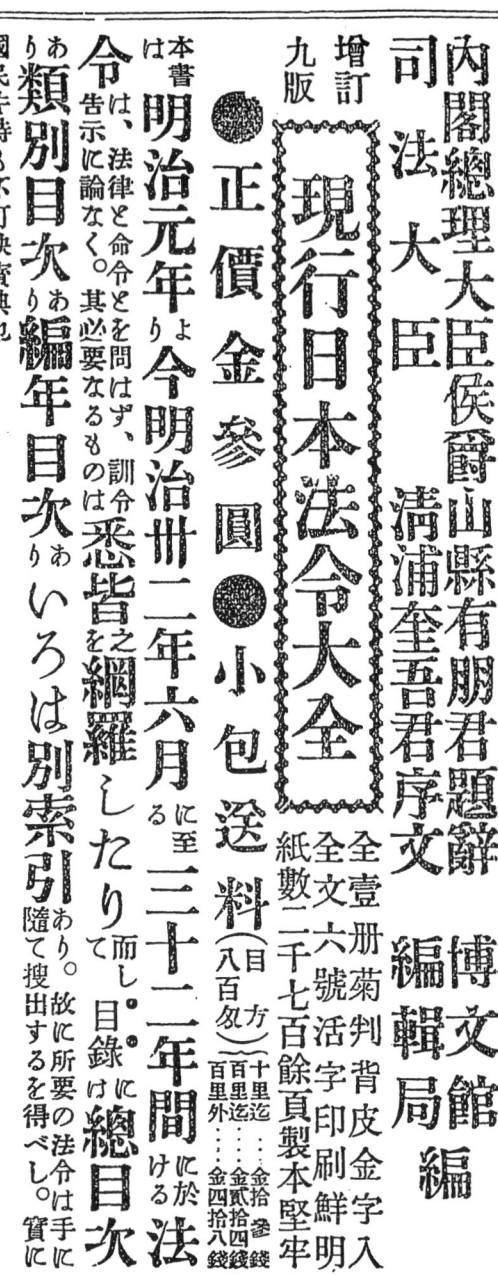

比較國法學　全　　　　別巻 1232

2019(令和元)年7月20日　　復刻版第1刷発行

著　者　末　岡　精　一

発行者　今　井　　　貴
　　　　渡　辺　左　近

発行所　信　山　社　出　版
〒113-0033　東京都文京区本郷6-2-9-102
モンテベルデ第2東大正門前
電　話　03（3818）1019
FAX　03（3818）0344
郵便振替　00140-2-367777(信山社販売)

Printed in Japan.

制作／(株)信山社，印刷・製本／松澤印刷・日進堂

ISBN 978-4-7972-7351-9 C3332

別巻　巻数順一覧【950～981巻】

巻数	書　名	編・著者	ISBN	本体価格
950	実地応用町村制質疑録	野田藤吉郎、國吉拓郎	ISBN978-4-7972-6656-6	22,000円
951	市町村議員必携	川瀬周次、田中迪三	ISBN978-4-7972-6657-3	40,000円
952	増補 町村制執務備考 全	増澤鐵、飯島篤雄	ISBN978-4-7972-6658-0	46,000円
953	郡区町村編制法 府県会規則 地方税規則 三法綱論	小笠原美治	ISBN978-4-7972-6659-7	28,000円
954	郡区町村編制 府県会規則 地方税規則 新法例纂 追加地方諸要則	柳澤武運三	ISBN978-4-7972-6660-3	21,000円
955	地方革新講話	西内天行	ISBN978-4-7972-6921-5	40,000円
956	市町村名辞典	杉野耕三郎	ISBN978-4-7972-6922-2	38,000円
957	市町村吏員提要〔第三版〕	田邊好一	ISBN978-4-7972-6923-9	60,000円
958	帝国市町村便覧	大西林五郎	ISBN978-4-7972-6924-6	57,000円
959	最近検定 市町村名鑑 附 官国幣社 及 諸学校所在地一覧	藤澤衛彦、伊東順彦、増田穆、関惣右衛門	ISBN978-4-7972-6925-3	64,000円
960	鼇頭対照 市町村制解釈 附 理由書 及 参考諸布達	伊藤寿	ISBN978-4-7972-6926-0	40,000円
961	市町村制釈義 完　附 市町村制理由	水越成章	ISBN978-4-7972-6927-7	36,000円
962	府県郡市町村 模範治績　附 耕地整理法 産業組合法 附属法令	荻野千之助	ISBN978-4-7972-6928-4	74,000円
963	市町村大字読方名彙〔大正十四年度版〕	小川琢治	ISBN978-4-7972-6929-1	60,000円
964	町村会議員選挙要覧	津田東璋	ISBN978-4-7972-6930-7	34,000円
965	市制町村制 及 府県制　附 普通選挙法	法律研究会	ISBN978-4-7972-6931-4	30,000円
966	市制町村制註釈 完　附 市制町村制理由〔明治21年初版〕	角田真平、山田正賢	ISBN978-4-7972-6932-1	46,000円
967	市町村制詳解 全　附 市町村制理由	元田肇、加藤政之助、日鼻豊作	ISBN978-4-7972-6933-8	47,000円
968	区町村会議要覧 全	阪田辨之助	ISBN978-4-7972-6934-5	28,000円
969	実用 町村制市制事務提要	河邨貞山、島村文耕	ISBN978-4-7972-6935-2	46,000円
970	新旧対照 市制町村制正文〔第三版〕	自治館編輯局	ISBN978-4-7972-6936-9	28,000円
971	細密調査 市町村便覧（三府 四十三県 北海道 樺太 台湾 朝鮮 関東州） 附 分類官公衙公私学校銀行所在地一覧表	白山榮一郎、森田公美	ISBN978-4-7972-6937-6	88,000円
972	正文 市制町村制 並 附属法規	法曹閣	ISBN978-4-7972-6938-3	21,000円
973	台湾朝鮮関東州 全国市町村便覧 各学校所在地〔第一分冊〕	長谷川好太郎	ISBN978-4-7972-6939-0	58,000円
974	台湾朝鮮関東州 全国市町村便覧 各学校所在地〔第二分冊〕	長谷川好太郎	ISBN978-4-7972-6940-6	58,000円
975	合巻 佛蘭西邑法・和蘭邑法・皇国郡区町村編成法	箕作麟祥、大井憲太郎、神田孝平	ISBN978-4-7972-6941-3	28,000円
976	自治之模範	江木翼	ISBN978-4-7972-6942-0	60,000円
977	地方制度実例総覧〔明治36年初版〕	金田謙	ISBN978-4-7972-6943-7	48,000円
978	市町村民 自治読本	武藤榮治郎	ISBN978-4-7972-6944-4	22,000円
979	町村制詳解　附 市制及町村制理由	相澤富蔵	ISBN978-4-7972-6945-1	28,000円
980	改正 市町村制 並 附属法規	楠綾雄	ISBN978-4-7972-6946-8	28,000円
981	改正 市制 及 町村制〔訂正10版〕	山野金蔵	ISBN978-4-7972-6947-5	28,000円